Die Einbeziehung ausländischer Beteiligter in US-amerikanische class actions

Studien zum vergleichenden und internationalen Recht -
Comparative and International Law Studies

Herausgeber: Bernd von Hoffmann, Erik Jayme
und Heinz-Peter Mansel

Band 117

PETER LANG
Frankfurt am Main · Berlin · Bern · Bruxelles · New York · Oxford · Wien

Vera Hoppe

Die Einbeziehung ausländischer Beteiligter in US-amerikanische class actions

Unter Berücksichtigung des Class Action Fairness Act 2005

PETER LANG
Europäischer Verlag der Wissenschaften

Bibliografische Information Der Deutschen Bibliothek
Die Deutsche Bibliothek verzeichnet diese Publikation in der Deutschen Nationalbibliografie; detaillierte bibliografische Daten sind im Internet über <http://dnb.ddb.de> abrufbar.

Zugl.: Köln, Univ., Diss., 2005

Gedruckt auf alterungsbeständigem,
säurefreiem Papier.

D 38
ISSN 0930-4746
ISBN 3-631-54185-6

www.peterlang.de

Meinen Eltern,
Barbara und Hans
und meinen Geschwistern
Hannes, Muriel und Isabel

"Class actions are unique creatures with enormous potential for good and evil"

(*Johnson v. General Motors Corp., 598 F.2d 432, 439 (1979)* Richter Fay, J. specially concurring)

Vorwort

Die vorliegende Arbeit wurde im Wintersemester 2004/2005 von der Juristischen Fakultät der Universität zu Köln als Dissertation angenommen. Für die Drucklegung konnten Änderungen bis Juli 2005 berücksichtigt werden, insbesondere der *Class Action Fairness Act 2005*.

Die Auswahl des Themas beruhte auf einer Faszination für ein Rechtssystem, das aus Sicht einer deutschen Juristin zuunächst in mancher Hinsicht schwer zugänglich und bei näherer Betrachtung oftmals nur in einer Zusammenschau mit Geschichte und Kultur der USA zu erfassen ist. Die *class action* ist in diesem System ein Teilbereich, der aufgrund seiner zunehmenden Bedeutung auf internationaler Ebene einen ebenso theoretisch reizvollen wie für die Rechtspraxis bedeutsamen Untersuchungsgegenstand darstellt. Die Aktualität der behandelten Fragen und die jüngsten Reformansätze des Gesetzgebers haben dabei die Fertigstellung der Arbeit zum Teil erschwert, gleichzeitig aber auch dafür gesorgt, dass das Interesse am eigenen Thema immer wieder neu geweckt wurde.

Besonderer Dank gebührt an dieser Stelle meinem Doktorvater, Prof. Heinz-Peter Mansel, der nicht nur die Anregung zur Bearbeitung des vorliegenden Themas gegeben, sondern die Arbeit auch zu allen Zeiten interessiert und kritisch begleitet hat. Für die hervorragende Betreuung meiner Arbeit von der ersten Stunde an schulde ich ihm besonderen Dank. Für die zügige Erstellung des Zweitgutachtens danke ich außerdem Prof. Barbara Dauner-Lieb.
Mein herzlicher Dank gilt auch der Studienstiftung des deutschen Volkes sowie der ZEIT-Stiftung Ebelin und Gerd Bucerius, die mich bei der Durchführung meines Vorhabens im Rahmen eines Promotionsstipendiums gefördert haben. Dank ihrer großzügigen Unterstützung konnte ich in den USA nicht nur wertvolles Material für diese Arbeit sammeln, sondern mich insbesondere über einen längeren Zeitraum dem behandelten Thema ausschließlich und aus nächster Nähe widmen. In diesem Zusammenhang danke ich auch Professor Hannah Buxbaum, die meine Arbeit an der Indiana University vorbildlich betreut und gefördert hat, sowie Peter Hook, der mich bei meiner Recherche vor Ort von Anfang an unterstützt hat und dessen Hilfe auch nach meiner Rückkehr von unschätzbarem Wert war.

Danke sagen möchte ich schließlich Sonja Locatelli, Martin Ries, Dr. Nicolai Seitz, Dr. Silke Jacobs, Judith Csaba und Pia Schuppert, ohne deren Freundschaft, Vertrauen und beständige Unterstützung während der letzten Jahre diese Arbeit nie erschienen wäre.

Köln, im September 2005

Inhaltsverzeichnis

Abkürzungsverzeichnis

A.B.A.	American Bar Association
A.B.A. J. E-Report	American Bar Association Journal E-Report
AG	Die Aktiengesellschaft
Ala. L. Rev.	Alabama Law Review
Alb. L. Rev.	Albany Law Review
Am. Crim. L. Rev.	American Criminal Law Review
Am. J. Comp. L.	American Journal of Comparative Law
Am. U.L. Rev.	American University Law Review
AnwBl	Anwaltsblatt
Ariz. L. Rev.	Arizona Law Review
Baylor L. Rev.	Baylor Law Review
B.U. Int'l L.J.	Boston University International Law Journal
B.U.L. Rev.	Boston University Law Review
BB	Betriebsberater
Brooklyn L. Rev.	Brooklyn Law Review
Bus. Law.	Business Lawyer
B.Y.U.L. Rev.	BYU Law Review
Cal. L. Rev.	California Law Review
Cal. W. Int'l L.J.	California Western International Law Journal
Ch.	Chapter
Cir.	Circuit
Co.	Corporation, Company
Colum. L. Rev.	Columbia Law Review
Conn. L. Rev.	Connecticut Law Review
Cornell L. Rev.	Cornell Law Review
Corp.	Corporation
Creighton L. Rev.	Creighton Law Review
D.	District
DB	Der Betrieb
DePaul L. Rev.	DePaul Law Review
Dick. L. Rev.	Dickinson Law Review
Drake L. Rev.	Drake Law Review
Duke J. Comp. & Int'l L.	Duke Journal of Comparative and International Law
Duke L.J.	Duke Law Journal
Duq. L. Rev.	Duquesne Law Review
DWiR	Deutsche Zeitschrift für Wirtschaftsrecht
E.D.	Eastern District
Emory L.J.	Emory Law Journal
EuZW	Europäische Zeitschrift für Wirtschaftsrecht

F.	Federal Reporter
F. 2d	Federal Reporter Second Series (United States Court of Appeals)
F. 3d	Federal Reporter Third Series (United States Court of Appeals)
F. Supp.	Federal Supplement (United States District Court)
F.Supp.2d	Federal Supplement Second Series (United States District Court)
Fed. Law	Federal Lawyer
F.R.C.P	Federal Rules of Civil Procedure
F.R.D.	Federal Rules Decisions
Ga. J. Int'l & Comp. L.	Georgia Journal of International and Comparative Law
Geo. J. Legal Ethics	Georgetown Journal of Legal Ethics
Harv. L. Rev.	Harvard Law Review
Hastings Int'l & Comp. L. Rev.	Hastings International and Comparative Law Review
Hast. L. J.	Hastings Law Journal
Hous. J. Int'l L.	Houston Journal of International Law
Ind. L. J.	Indiana Law Journal
Int'l Law.	International Law (Lexis/Nexis)
Int'l Rev. L. & Econ.	International Review of Law and Economics
IPRax	Praxis des internationalen Privat- und Verfahrensrechts
J.C. & U.L	Journal of College and University Law
JuS	Juristische Schulung
JZ	JuristenZeitung
La. L. Rev.	Louisiana Law Review
L.Ed.	Supreme Court Reports (Lawyer's Edition)
L.Ed.2d	Supreme Court Reports (Lawyer's Edition)
Loy. L.A. L. Rev	Loyola of Los Angeles Law Review
Ltd.	Limited
Me. L. Rev.	Maine Law Review
Mich. L. Rev.	Michigan Law Review
Minn. L. Rev.	Minnesota Law Review
Miss. L. J.	Mississippi Law Journal
MMR	Multimedia und Recht
MSU-DCL J. Int'l L.	MSU-DCL Journal of International Law
N.C. L. Rev.	North Carolina Law Review
Neb. L. Rev.	Nebraska Law Review
NJW	Neue Juristische Wochenschrift

Nw. U.L. Rev.	Northwestern University Law Review
N.Y.U.L. Rev.	New York University Law Review
NZG	Neue Zeitschrift für Gesellschaftsrecht
Ohio St. J. on Disp. Resol.	Ohio State Journal on Dispute Resolution
Pepp. L. Rev.	Pepperdine Law Review
RabelsZ	Rabels Zeitschrift für ausländisches und internationales Privatrecht
Rev. Litig	The Review of Litigation (Univeristy of Texas at Austin School of Law)
RIW	Recht der Internationalen Wirtschaft
S.Cal.L.Rev.	Southern California Law Review
S. Ct.	Supreme Court Reporter (West Publishing)
S. Tex. L. Rev.	South Texas Law Review
Seton Hall L. Rev.	Seton Hall Law Review
Stan. L. Rev.	Stanford Law Review
St. John's L. Rev.	St. John's Law Review
Temp. Int'l & Comp. L. J.	Temple International and Comparative Law Journal
Tenn. B.J.	Tennessee Bar Journal
Tenn. L. Rev.	Tennessee Law Review
Tex. Int'l L.J.	Texas International Law Journal
Tex. L. Rev.	Texas Law Review
Tex. Tech L. Rev.	Texas Tech Law Review
Tort & Ins. L. J.	Tort and Insurance Law Journal
Tul. Envtl. L. J.	Tulane Environmental Law Journal
Tul. L. Rev.	Tulane Law Review
U. Chi. L. Rev.	University of Chicago Law Review
U. Chi. Legal F.	University of Chicago Legal Forum
U. Cin. L. Rev.	University of Cincinnati Law Review
U. Col. L. Rev.	University of Colorado Law Review
U. Ill. L. Rev.	University of Illinois Law Review
U. Mem. L. Rev.	University of Memphis Law Review
U. Pa. L. Rev.	University of Pennsylvania Law Review
U.S.	United States Reports (Offficial Edition) (United States Supreme Court)
U.S.C.	United States Code
U.S.C.A.	United States Code Annotated
U.S.F. Mar. L.J.	University of San Francisco Maritime Law Journal
U.S.-Mex. L.J.	United States-Mexico Law Journal
U.Tol. L. Rev.	University of Toledo Law Review
U. Chi. L. Rev.	University of Chicago Law Review

U. Chi. Legal F.	University of Chicago Legal Forum
UCLA L. Rev.	UCLA Law Review
UMKC L. Rev.	University of Missouri at Kansas City Law Review
Va. L. Rev.	Virginia Law Review
Wake Forest L. Rev.	Wake Forest Law Review
Wash. L. Rev.	Washington Law Review
Wash. U. L. Q.	Washington University Law Quarterly
WiB	Wirtschaftsrechtliche Beratung
WM	Wertpapier-Mitteilungen / Zeitschrift für Wirtschafts- und Bankrecht
Wm & Mary Envtl. L. & Pol'y Rev.	William and Mary Environmental Law & Policy Review
Wm. and Mary L. Rev.	William and Mary Law Review
Wm. Mitchell L. Rev.	William Mitchell Law Review
ZZP	Zeitschrift für Zivilprozess
ZZPInt	Zeitschrift für Zivilprozess International

1. Teil: Überblick

A. Einleitung

Sammelklagen in der Art der US-amerikanischen *class action* sind dem deutschen Prozessrecht ebenso wie den meisten anderen europäischen Rechtssystemen zunächst einmal fremd[1]. So geht die *class action* im Gegensatz zu den hierzulande existierenden Formen von Gruppenklagen insbesondere in ihren (prozess)rechtlichen Wirkungen erheblich weiter[2]. Hier klagt eine Einzelperson stellvertretend als Repräsentant für eine Vielzahl von Personen (die *class*), ohne dass diese tatsächlich Parteien des Rechtsstreits werden, aber mit der Folge, dass sich die Rechtskraft des Urteils auf diese Personengruppe erstreckt und der jeweils zugrundeliegende Sachverhalt damit insgesamt – gerade auch unter schadensersatzrechtlichen Gesichtspunkten – abschließend geregelt wird.

In den USA stellen *class actions* inzwischen ein etabliertes prozessrechtliches Instrument für die unterschiedlichsten Problembereiche dar– Tendenz steigend[3]. So wird sie etwa benutzt, um sog. *mass torts* (Massenschäden) im Bereich der Produkt- oder Umwelthaftung zu begegnen, ist aber auch in anderen Rechtsgebieten bereits populär[4], und es scheint insgesamt kaum mehr Lebensbereiche zu geben, vor denen diese Form der Streitbeilegung halt macht[5]. Damit ist die *class action* auch in der öffentlichen Diskussion omnipräsent.

---

1 Few things are as American as the class action"*(Cox, 39 Ariz. L. Rev. 497 (1997)).*

2 Vgl. zu den existierenden Gruppenklagen in der EU Sherman, 52 DePaul L. Rev. 401, 418 ff (2002); zur Rechtslage im deutschen Recht insbesondere Eichholtz, Funktionsäquivalente, S. 225 ff.

3 Neuere Studien gehen davon aus, dass die Zahl eingereichter *class actions* sich in der letzten Dekade insgesamt verdreifacht hat, wobei insbesondere vor den *state courts* ein vermehrtes Ansteigen solcher Verfahren zu beobachten ist, siehe Beisner / Shors / Miller, 57 Stan. L. Rev. 1441, 1444 f. (2005); andere Studien gehen von einer Steigerung von *class action*-Verfahren zwischen 1988 und 1998 von 338 % vor den *federal* und mehr als 1000 % vor den *state courts* aus, siehe Hantler / Norton, 18 Geo. J. Legal Ethics 1343, 1344 (2005); auch die Kosten für *class actions* sollen in diesem Zeitraum um 1000 % gestiegen sein, Moyer, 52-APR Fed. Law. 10 (2005)

4 So fordern immer häufiger Anleger Schadensersatz von gefallenen Börsenstars. Neben Firmen sollen dabei neuerdings auch Investmentbanken sowie Analysten zahlen; siehe Handelsblatt vom 02. August 2001, www.handelsblatt.com/hbiwwwangebot/fn/relhbi/sfn/buildhbi/cn/bp_artikel. Allgemein zu Schadensersatzklagen im Kapitalanlagerecht Lenenbach, WM 1999, 1393 ff.

5 Man denke nur an die jüngsten Klagen gegen den McDonalds Konzern, der im Rahmen von Sammelklagen unter anderem für Diabetes und Fettleibigkeit zur Verantwortung gezogen werden soll; siehe z.B. Spiegel vom 21.11.2002 unter http://www.spiegel.de/ wirtschaft/0,1518,223822,00.html

Nicht zuletzt geht es im Rahmen dieser Verfahren regelmäßig um Schadensersatzsummen mindestens in Millionenhöhe, die der Beklagte –in der Regel ein großes Unternehmen – im Fall des Unterliegens, häufiger aber aufgrund eines ausgehandelten Vergleichs, an die Geschädigten zahlen muss. Für die Klägeranwälte winken äußerst lukrative Erfolgshonorare ebenfalls in Millionenhöhe, die im Hinblick auf die Klagesumme berechnet werden[6]. In vielen Bereichen ist die *class action* daher inzwischen zu einem von Anwälten iniziierten Verfahren degeneriert, bei dem die eigentlich Geschädigten nur noch eine Nebenrolle spielen[7].
Wichtige Änderungen hat das Recht der *class action* dabei – nicht zuletzt vor dem Hintergrund der in der Praxis immer eklatanter in Erscheinung tretenden Missbräuche dieser Klageform – in jüngster Zeit nicht nur durch die Zivilprozessrechtreform im Jahr 2003, sondern vor allem durch den viel beachteten *Class Action Fairness Act 2005* (*CAFA*) erfahren, der am 18. Februar 2005 in Kraft getreten ist. Angesichts seiner erheblichen Bedeutung für das Recht der *class action* in Zukunft, soll dieser im Rahmen dieser Arbeit an den relevanten Stellen behandelt werden[8].

In jüngerer Zeit waren es zudem erstmals die sog. Holocaust-Klagen der ehemaligen NS-Zwangsarbeiter, die auch international für Aufsehen und Diskussionsstoff sorgten und gleichzeitig diese Form der Rechtsverfolgung erstmals mehr in das Bewusstsein der europäischen Länder, insbesondere auch Deutschlands, gerückt haben[9]. Das Phänomen der *class action* ist seitdem insofern kein rein US-amerikanisches mehr, als es nicht länger an Staatsgrenzen halt macht[10].

---

6 Die eingeklagte Schadenssumme wird wiederum an der Masse der potentiell Berechtigten ausgerichtet, was die hohen Summen erklärt, vgl. Safferling, NJW 2000, 1922, 1923; dazu auch unten unter Teil 2 E.I und III.

7 Man spricht in diesem Zusammenhang von *„lawyer driven litigation"*, siehe etwa Fisch, 39 Ariz. L. Rev. 533, 551 f. (1997).

8 *Class Action Fairness Act 2005*, 109th Cong. (2005) (enacted), Pub. L. No. 109-2, 119 Stat. 4.

9 Vgl.zu den Holocaust-Prozessen allgemein die Beiträge von Heß, AG 1999, 145; Safferling, NJW 2000, 1922, 1923; allgemein zu US-amerikanischen Entschädigungsprozessen im Zusammenhang mit dem 2. Weltkrieg Bazyler, International Civil Liberties Report (2000); zu den rechtlichen Möglichkeiten, die Bundesrepublik Deutschland vor US-amerikanischen Gerichten zu verklagen: Reimann, IPRax 1995, 123; bzgl. Klagen gegen deutsche Unternehmen allgemein Reinisch, IPRax 2000, 32; aus amerikanischer Sicht dazu Neuborne, 80 Wash. U. L. Q. 795 (2002).

10 Die jüngsten US-amerikanischen Klagen gegen deutsche und österreichische Unternehmen im Zusammenhang mit dem Holocaust haben insofern tatsächlich betrachtet die US-amerikanische *class action* in ein „internationales Verfahren" verwandelt; Faulk, 10 MSU-DCL J. Int'l L. 205, 226 f. (2001).

Immer öfter sind es ausländische, vor allem multinational tätige, Unternehmen, die sich im Rahmen von *class actions* vor den amerikanischen Gerichten verantworten müssen. Insbesondere im Rahmen von Produkthaftungsfällen ist die Gefahr für den ausländischen Hersteller oder Zulieferer, einem Prozess vor einem US-amerikanischen Gericht ausgesetzt zu werden, nicht zu unterschätzen[11]. Die Anziehungskraft der US-amerikanischen Gerichte für internationale „*forum shopper*" und der traditionelle Widerwillen dieser Gerichte, auf ihre Zuständigkeit zugunsten ausländischer Gerichte zu verzichten, haben die amerikanische Rechtskultur zu einer Art „Allgemeingut" werden lassen, der sich kaum noch ein international agierendes Unternehmen entziehen kann.

Das „Zauberwort", mit dessen Hilfe die Gerichte dabei regelmäßig ihre Zuständigkeit über ausländische Unternehmen begründen, heißt „*minimum contacts*" und lässt bereits erahnen, wie vielfältig die mit seiner Hilfe erfassten Wirtschaftsbeziehungen ausgestaltet sein können[12]. Prozessrechtliche Instrumente wie die *class action* bieten dabei darüber hinaus Möglichkeiten der Rechtsverfolgung, die in dieser Form in den meisten europäischen Staaten nicht vorhanden sind[13]. Aus US-amerikanischer Sicht stellt sich in diesem Fall oftmals die eigene Zuständigkeit gleichzeitig als angemessene Antwort auf ein defizitäres europäischen Systems dar[14].

Den ausländischen Konzernen graut es vor diesen Prozessen vor allem aus zwei Gründen: den exorbitanten Schadensersatzsummen und den immensen Prozesskosten[15].
Nebenbei entdecken schließlich auch deutsche Anwälte die Möglichkeit, ihre (deutschen) Mandanten in solche *class actions* einzubinden[16]. Der Last für den potentiellen ausländischen Beklagten steht damit neuerdings ein möglicher Pro-

---

11 Siehe auch Grothe, RabelsZ 58 (1994), 686, 687 f.; ebenfalls dazu Hirte, NJW 2002, 345 ff.

12 Kritisch insofern auch Bernstein, GS Martens, S. 763.

13 Bernstein, GS Martens, S. 768, sieht sogar grundsätzlich den eigentlichen Grund für die Wahl eines US-amerikanischen Forums im Prozessrecht und der Prozesspraxis, d.h. *forum shopping* in Form des *procedure shopping*.

14 Mit den Worten eines US-amerikanischen Kommentators im Zusammenhang mit den "Holocaust-Prozessen" ausgedrückt: *"In short, the European courtroom is not currently a level playing field; it is a fortress for the powerful. Until European justice evolves into a level playing field, lawyers have no choice but to resort to an American courtroom as the only game in town"*(Neuborne, 80 Wash. U. L. Q. 795, 832 (2002)); zu dieser Tendenz auch Prütting, FS Jayme, S. 709, S. 714 f. m.w.N.

15 Günther, Versicherungswirtschaft 2002, 13.

16 Bei den *class actions* gegen deutsche Unternehmen in den USA wegen ihrer Verstrickung in den Holocaust, waren unter Anderem deutsche Rechtsanwälte beteiligt; vgl. Heß, NJW 1999, 2485; siehe auch zu der Problematik Bendref, AnwBl 6/1998, 309.

fit für den potentiellen ausländischen Kläger gegenüber. Der Justizstandort USA ist durchaus attraktiv geworden[17].

Die grundsätzliche Kritik an dieser besonderen Klageform, die enorme Missbrauchsmöglichkeiten birgt, muss damit nunmehr auch außerhalb der USA gelten[18]. Die *class action* ist zum „Exportschlager" geworden und kann als Risikofaktor von international tätigen Unternehmen nicht länger ignoriert werden. Der immer globaleren Wirtschaft steht damit quasi ein globaler Gerichtssaal gegenüber, der sich prozessualer Instrumente bedient, die in den meisten westeuropäischen Rechtsordnungen nicht vorgesehen sind[19]. Die (potentiellen und realen) extraterritorialen Auswirkungen, die sich aus dem *class action*-Missbrauch gegenüber ausländischen Beklagten ergeben, lassensich dabei aktuell wohl als das größte Übel dieser Klageform bezeichen[20].

B. Die class action im Rahmen dieser Arbeit

Das Gesamtthema der *class actions* [21] kann wissenschaftlich betrachtet von den unterschiedlichsten Perspektiven angegangen werden[22]. Aus Sicht des potentiellen ausländischen Beklagten stellt sich dabei an aller erster Stelle die Frage nach der Relevanz dieses prozessrechtlichen Instruments für sein eigenes wirtschaftliches Tun. Diese besteht immer dann, wenn ein US-amerikanisches Gericht sich zum einen für zuständig erklärt und außerdem die *class action* als besondere Klageform zulässt.

Die damit zusammenhängenden rechtlichen Fragen, lassen sich schwerpunktmäßig auf zwei Gebiete zusammenfassen. Zum einen ist das spezifische *class*

---

17 Der deutsche Anwalt Michael Witti erklärte etwa im Hinblick auf die Sammelklagen gegen den Bayer Konzern, dass die Anwälte damit verhindern wollen, dass Geschädigte in Europa „vor der Tür bleiben", wenn es um Entschädigungszahlungen gehe; im Internet unter www.3e3s.de .

18 Siehe dazu insbesondere auch erstmals die Entscheidung des Bundesverfassungsgerichts mit der im Verfahren der einstweiligen Anordnung die Zustellung einer *class action* auf Schadensersatz in Höhe von 17 Mrd. Dollar an ein Unternehmen in Deutschland ausgesetzt wurde, BvR 1198/03, IPRax 2004, 61.

19 Hierin liegt nicht zuletzt auch eine nicht zu unterschätzende Gefahr für die generelle Funktionsfähigkeit autonomer rechtlicher Systeme.

20 Siehe Faulk, 10 MSU-DCL J. Int'l L. 205, 235 (2001), der von der Gefahr eines noch nie da gewesenen „gerichtlichen Imperialismus" (*judicial imperialism*) spricht.

21 Aufgrund des spezifischen Charakters der US-amerikanischen *class action*, die keine Entsprechung im deutschen Prozessrecht hat, soll im Rahmen dieser Arbeit der Begriff beibehalten werden.

22 Vgl. dazu die unterschiedlichen Ansätze in der Literatur, dargestellt in Garth, 62 Ind. L. J. 497, 499 ff. (1987).

action-Risiko zu untersuchen und zu bewerten, d.h. es muss eine Auseinandersetzung mit den konkreten Voraussetzungen der spezifischen Klageart *class action* stattfinden. Diese hat ihre eigenen Regeln und ist spezifischen Grenzen unterworfen. Sind die gesetzlich festgeschriebenen Voraussetzungen nicht erfüllt, so scheidet jedenfalls eine Klage in den USA in Form einer *class action* aus. Damit ist im Zweifel bereits ein enormer Risikofaktor ausgeschaltet, da von einem finanziellen Standpunkt aus die *class action* gerade also solche oftmals desastreus wirkt und nicht selten den Bankrott des Beklagten nach sich zieht[23].

Neben den spezifischen rechtlichen Fragen, die die *class action* aufwirft, muss schließlich das allgemeine US-amerikanische internationale Zuständigkeitsrecht untersucht werden. Dieses stellt die Weichen dafür, ob überhaupt ein Forum in den USA gegeben ist, vor dem der Beklagte sich verteidigen muss. Unter der aktuellen Rechtslage bestimmt sich die Zuständigkeit über den oder die Beklagten im Rahmen von *class actions* dabei genauso wie im Rahmen jeder anderen Klageform[24].

Damit sich ein ausländisches Unternehmen im Ergebnis in den USA einer *class action* gegenüber sieht, bedarf es damit sowohl einer allgemeine Begründung der (internationalen) Zuständigkeit in Form der sog. *personal jurisdiction* (über den Beklagten) als auch der besonderen Zertifizierung der Klage als *class action*. „Persönliche Zuständigkeit" und „Zertifizierung" sind damit die Schlüsselbegriffe, um die sich die folgende Untersuchung dreht. Beide Aspekte sind dabei teilweise eng miteinander verknüpft[25] und bilden die Grundlage für die Beantwortung der Frage nach den aktuellen Möglichkeiten, ausländische Rechtssubjekte in US-amerikanische *class actions* einzubinden.

Besonders problematisch ist in diesem Zusammenhang das stark föderalistisch geprägte Verständnis des Zivilprozessrechtes und damit sowohl des *class action*-Rechts als auch des internationalen Zuständigkeitsrechts in den USA[26]. Auf diesem Gebiet fehlen nicht nur internationale Verträge, sondern bereits einheitliche bundesrechtliche Vorschriften[27]. Dieses Dilemma spiegelt sich in der Exis-

---

23 In den USA haben allein die "Asbest-Klagen" in den letzten 3 Jahren ca. 50 Firmen mit den aus ihnen resultierenden Haftungssummen in den Konkurs getrieben; vgl. New York Times v. 23.09.2002, p. A 18.

24 Newberg, § 13:38.

25 Und dürfen dennoch nicht einfach miteinander vermischt werden; Newberg, § 13.35.

26 Einen Überblick über das System gibt Junker, ZZP 101 (1988), 241 ff.

27 Für den Beitritt zu völkerrechtlichen Verträgen oder einer Lösung ähnlich der im Rahmen der Brüsseler Konvention für die EU gefundenen, plädiert insofern z.B. Ellencrig, 24 Cal. W. Int'l L. J. 363, 380 ff. (1994); Mckinnon, 21 Pepp. L. Rev. 1219, 1297 (1994); ähnlich insbesondere im Rahmen von Produkthaftungsfällen Occhialino, 4 U.S.-Mex. L.J. 147, 168 (1996).

tenz 50 verschiedener einzelstaatlicher (Prozess)Rechtsordnungen wieder, die als einzelstaatliches System neben dem bundesrechtlichen System co-existieren. In den meisten Fällen wird es insofern darauf ankommen, wie die Kontakte des Beklagten im Hinblick auf einen bestimmten Einzelstaat ausgestaltet sind. Gleichzeitig riskiert damit ein im Gesamtgebiet der USA agierendes Unternehmen potentiell die Zuständigkeit gemäß 51 verschiedener einzelstaatlicher Zuständigkeitsrechte plus dem Bundesrecht.

Allgemeingültige Anhaltspunkte zur Reichweite US-amerikanischer *class actions* finden sich aus diesem Grund in erster Linie in der Rechtsprechung des *Supreme Court*, der als Hüter der Verfassung gewisse Maßstäbe geschaffen hat, die im wesentlichen für beide Rechtssysteme Geltung beanspruchen und hinsichtlich der einzelstaatlichen Zuständigkeitsrechte einen einheitlichen Minimalstandard schaffen[28]. Die zuständigkeitsrechtliche Betrachtung im Rahmen dieser Arbeit wird sich daher besonders mit den durch die Rechtsprechung des *Supreme Court* geschaffenen verfassungsrechtlichen Grenzen sowie gewissen Entwicklungstendenzen innerhalb der unteren Gerichte auseinandersetzen.
Angesichts der Besonderheiten des amerikanischen Föderalismusmodells muss der potentielle Beklagte sich dabei nicht zuletzt mit der Frage auseinandersetzen, welcher der zwei Gerichtszweige im Einzelfall zuständig sein wird, bzw. vor allem ob und unter welchen Umständen die Zuständigkeit vor einem Bundesgericht gegeben ist und ob im negativen Fall Möglichkeiten bestehen, eine Verweisung zu erreichen. Aufgrund der komplizierten Interaktion der Bundesgerichte in beiden Systemen, sind hier unterschiedliche Konstellationen denkbar. Solche Fragen der sachlichen Zuständigkeit sind damit notwendiger Ausgangspunkt bei der Frage nach der Reichweite des internationalen Zuständigkeitsrechts und sollen daher am Anfang der zuständigkeitsrechtlichen Analyse stehen.

Schließlich und endlich muss von der theoretischen Betrachtung des Problems die praktische Relevanz der hier behandelten Fragen unterschieden werden.
Die tatsächliche Gefahr, die insbesondere für den ausländischen Beklagten von einer *class action* bzw. deren Folgen im Fall des Unterliegens ausgeht, fokussiert sich aus rechtlicher Sicht auf zwei denkbare Situationen: zum einen den Fall der Existenz ausreichender Vermögenswerte in den USA und zum anderen den Fall der Anerkennung des Urteils in seinem Heimatland.
Wie insofern von einem US-amerikanischen Kommentator in diesem Zusammenhang treffend bemerkt wird, ist ein Urteil zunächst einmal nicht mehr wert als das Papier, auf dem es geschrieben ist[29]. Verbietet das geltende Recht im

28 Siehe auch Lejeune, RIW 1998, 8, 12.
29 Hornbeck, 59 Alb. L. Rev. 1389, 1394 (1996).

Heimatland des Beklagten die Anerkennung des in den USA erstrittenen Urteils oder ausgehandelten Prozessvergleichs, so hat der Kläger einen nichtvollstreckbaren Titel in der Hand und der Beklagte nichts zu befürchten.
Die Zuständigkeit ist damit aus internationaler Sicht der erste Schritt und nur eine Seite der Medaille. Die Anerkennungssituation in Deutschland oder anderen europäischen Staaten ist damit für die Durchsetzung festgestellter Ansprüche des Klägers grundsätzlich von Bedeutung, kann und soll im Rahmen dieser Arbeit aber nicht analysiert werden[30]. Zweierlei soll diesbezüglich allerdings an dieser Stelle angemerkt werden:
Zum einen besteht die theoretische Möglichkeit, dass die – angesichts der unterschiedlichen Rechtskultur in den USA und den meisten westeuropäischen Nationen – zur Zeit noch bestehenden, oft nicht unerheblichen Anerkennungshürden im Rahmen von *class actions* durch die Bemühungen der Haager Konferenz um ein internationale Zuständigkeits- und Anerkennungsabkommen in der Zukunft hinfällig werden[31]. Allerdings sieht es aktuell noch so aus, als ob die diesbezüglichen Differenzen nicht in näherer Zukunft überwunden werden können[32]. Zum

---

30 Grundsätzlich ist die Anerkennung einer *class action* jedenfalls nicht ausgeschlossen, problematisch sind insbesondere die punitive damages sowie die Rechtswirkungserstreckung auf die nichtanwesenden Mitglieder der *class*; keine Anerkennung wird insbesondere im Fall von US-amerikanischer *transient jurisdiction* erfolgen, dazu Grothe, RabelsZ 58 (1994), 686, 699 ff. (ausführlich zur *transient jurisdiction* unten unter Teil 3 B.X.); Für einen Überblick über die Anerkennungssituation siehe z.B. Mansel, FS Jayme, S. 561 ff; Haas, IPRax 2001, 195 ff.; Schütze, WM 1979, 1147 ff.; ausführlich Geimer, Anerkennung; Derselbe, Internationales Zivilprozessrecht; Grothe, RabelsZ 58 (1994), 686; Mark, EuZW 1994, 238, 241 ff.; zur Anerkennung und Vollstreckung von Entscheidungen nach der Brüssel-II-Verordnung siehe Wagner, IPRax 2001, 73 ff.; im Hinblick auf Zwangsarbeiterprozess speziell Gebauer/Schulze, IPRax 1999, 478; außerdem zur Frage der internationalen Rechtshängigkeit durch *class actions* in den USA Oberhammer/Reinisch, IPRax 2001, 211ff.

31 Auf Initiative der USA hat die Haager IPR-Konferenz am 30.10.1999 erstmals den Entwurf für ein weltweites Übereinkommen zur Zuständigkeit und zur Anerkennung von Entscheidungen in Zivil- und Handelssachen vorgelegt (Der Entwurf ist abrufbar auf der homepage der Haager IPR-Konferenz unter http://www.hcch.net/e/conventions/draft36e.html . Die neuste Fassung datiert vom Juni 2001. Insbesondere die USA erhoffen sich von der Konvention eine nachhaltige Vereinfachung der transatlantischen Urteilsanerkennung. Vom Aufbau und von der Struktur her ist der Entwurf an das Europäische Gerichtsstands- und Vollstreckungsabkommen (EuGVÜ) angelehnt. Er ist als sog. Convention Double konzipiert, dh. er regelt ebenfalls sowohl die direkte internationale Zuständigkeit als auch die Anerkennung und die Rechtshängigkeit, geht allerdings weniger weit als das EuGVÜ. Siehe zum jüngsten Entwurf Silberman, 52 DePaul L. Rev. 319 (2002) und allgemein Wagner, IPRax 2001, 533 ff.

32 Sollte tatsächlich die Vollstreckung von *class action*-Urteilen in Zukunft regelmäßig auch gegen nicht-US-amerikanisches Vermögen möglich sein, so steht zu befürchten, dass die unternehmerisch denkenden US-Anwälte versuchen, die Vereinigten Staaten in

anderen ist die Frage nach der Anerkennungsfähigkeit eines US-amerikanischen *class action*-Titels in den Fällen hinfällig, wo der Beklagte über vollstreckbares Vermögen in den USA verfügt[33].

Im Rahmen dieser Arbeit soll insofern von der These ausgegangen werden, dass das Urteil entweder im Heimatland des Beklagten vollstreckbar ist oder jedenfalls ausreichende Vermögenswerte in den USA vorhanden sind. Insbesondere Letzteres ist angesichts einer immer globaleren Wirtschaft und der festen Implementierung großer ausländischer Konzerne in den USA in einer Vielzahl von Fällen inzwischen die Realität[34]. In diesen Fällen ist die Vollstreckung des US-amerikanischen Titels unproblematisch[35].
Aber selbst im Fall ungenügender finanzieller Ressourcen in den USA wird der ausländische Beklagte sich regelmäßig nicht unbedingt auf den Schutz seines Heimatrechts zurückziehen.Dabei sind insbesondere zwei Faktoren ausschlaggebend:
Zum einen ist die Vergleichsrate im Rahmen von *class action*-Verfahren überwältigend[36]. Zwar ist auch der gerichtliche Vergleich nur ein Titel, der theoretisch der Vollstreckung bedarf. Dennoch ist die Situation des „Beklagten" bzw. Vergleichspartners hier grundverschieden von der des Beklagten, der ein streitiges Gerichtsverfahren bis zum Ende, d.h. seinem – aus seiner Sicht ungerechtfertigtem – Unterliegen, ausficht. Lässt sich der ausländische Beklagte im Laufe des Verfahrens auf einen Vergleich mit dem Kläger ein, so kann er sich bereits aus Gründen des internationalen Ansehens und der Glaubwürdigkeit im internationalen Geschäftsverkehr nicht im nächsten Schritt auf eine unter Umständen bestehende anerkennungsrechtliche „Immunität" in seinem Heimatland zurückziehen.
Selbst ein streitiges Urteil wird der Beklagte oftmals freiwillig anerkennen und erfüllen, wenn er weiterhin den amerikanischen Markt für seine wirtschaftlichen Aktivitäten nutzen möchte[37]. Die im Vorfeld begründete Zuständigkeit der US-Gerichte wird also gewissermaßen freiwillig anerkannt, weil der Beklagte in der Praxis zukünftige ökonomische Möglichkeiten höher bewertet als die Gefahr der Zuständigkeit.

---

ein „*courthouse for the world*" zu verwandeln, was nicht zu unterschätzende Konsequenzen für die globale Wirtschaft hätte; Faulk, 10 MSU-DCL J. Int'l L. 205, 227 f. (2001).

33 Siehe so auch neuerdings ausdrücklich das Bundesverfassungsgericht, dass mit diesem Argument die Zustellung einer Klage in Deutschland aussetzt, IPRax 2004, 61, 64.

34 Silberman, 52 DePaul L. Rev. 319, 340 (2002), Schwung, AnwBl. 1993, 436, 444; und Heidenberger/Barde, RIW 1988, 683, 687.

35 Silberman, 52 DePaul L. Rev. 319, 340 (2002).

36 Wie auch im Übrigen in allgemeinen Zivilverfahren liegt der Anteil an Verfahren, bei denen es tatsächlich zu einer Hauptverhandlung (*trial*) kommt bei ca. 3 bis 6 %; siehe Willging/Hooper /Niemic, 71 N.Y.U.L. Rev. 71, 151 (1996).

37 Ellencrig, 24 Cal. W. Int'l L. J. 363, 380 (1994).

Damit ergibt sich in der Praxis folgendes Gesamtbild: Das US-amerikanische Rechtssystem verfügt über eine Konzeption von prozessualer Fairness, die von der dem Prozessrecht anderer (europäischer) Staaten zugrunde liegenden fundamental verschieden ist. Trotz der daraus regelmäßig resultierenden fehlenden Vollstreckungsmöglichkeiten außerhalb der USA, zwingt es seine rechtlichen Standards heute dennoch Unternehmen weltweit auf[38]. Die Gründe sind rein ökonomischer Natur: Die praktische Abhängigkeit vom Wirtschaftsstandort USA siegt insofern über die theoretischen Zufluchtsmöglichkeiten innerhalb des eigenen Rechtssystems. Damit wird in der Mehrzahl der Fälle die Entscheidungszuständigkeit (*jurisdiction to adjudicate*[39]) in den USA von ausschlaggebender Relevanz sein. Die Frage nach der Anerkennungsfähigkeit tritt demgegenüber aus Sicht der Praxis in den Hintergrund.

---

38 Mattei/Lena, 24 Hastings Int'l & Comp. L. Rev. 381, 400 (2001).

39 Diese ist zu unterscheiden von der Anerkennungszuständigkeit (*jurisdiction to enforce*).

2. Teil: Die US-amerikanische class action und ihre prozessrechtlichen Voraussetzungen

Systematisch soll im Folgenden ein Überblick über das Rechtsinstitut der *class action* und ihre spezifischen prozessualen Voraussetzungen vorangestellt werden auf deren Grundlage dann die zuständigkeitsrechtliche Betrachtung des Phänomens zunächst aus einzelstaatlicher sowie daran anschließend aus bundesrechtliche Sicht aufbaut.

A. Die class action im US-amerikanischen Recht

I. Systembezüge

Das amerikanische (Prozess)Recht bevorzugt den Kläger nachhaltig[40]: Weit ausgreifende Zuständigkeiten der Gerichte, eine unternehmerisch denkende, aggressive Anwaltschaft, ein Prozesskostensystem, das ohne Risiko eine Klageerhebung ermöglicht, sowie schließlich auch die Aussicht auf die Zuerkennung hoher Schadensersatzsummen durch eine Jury laden zur Rechtsverfolgung ein[41]. Im Zusammenhang damit wird verstärkt seit Beginn der 90er Jahre von vielen Seiten Kritik am US-amerikanischen Zivilprozessrecht und allgemein der Ruf nach einer neuen *„Civil Justice Reform"* laut[42].
Die *class action* nimmt dabei im Gesamtsystem des Zivilprozesses eine Sonderstellung ein und ist als prozessuales Instrument aus internationaler Sicht heute einer der größten Reize, die ein US-amerikanisches Forum für einen Kläger zu bieten hat[43]. Sie wurde 1966 in ihrer heutigen Form eingeführt und hat ihren gesetzlichen Niederschlag in *Rule 23* der *Federal Rules of Civil Procedure (FRCP)* gefunden.
Bemerkenswert ist besonders, dass das Recht der *class action*, das jahrzehntelang nur durch die Rechtsprechung geprägt wurde, jüngst sowohl durch die Reform des Zivilprozessrechtes im Jahr 2003, als auch durch die spezifische *class action*-Reform im Jahr 2005 einige wichtige Änderungen erfahren hat, deren konkrete Auswirkungen auf dieses spezifische Feld der Streitbeilegung zwar noch kaum absehbar sind, die aber Aufschluss über die besondere Bedeutung dieses Bereiches des Zivilprozesses und insbesondere die mit ihm in der Praxis

---

40 Mattei/Lena, 24 Hastings Int'l & Comp. L. Rev. 381, 393 (2001) sprechen von einem *„plaintiff's paradise"*.

41 Heß, aaO, AG 1999, 145; insgesamt einen Überblick über das Zivilprozessrecht gibt Schack, Einführung.

42 Dazu sowie zur Entwicklung des Zivilprozessrechtes insgesamt sehr differenziert Stiefel/Maxeiner, FS Beusch, S.853 ff.

43 Mattei/Lena, 24 Hastings Int'l & Comp. L. Rev. 381, 394 (2001).

inzwischen einhergehenden und nicht mehr zu leugnenden Fehlentwicklungen geben[44].

Ursprünglich ein Phänomen des anglo-amerikanischen Rechtskreises, bleibt sie auch heute noch den meisten anderen Rechtssystemen weitgehend unbekannt[45] und wird auch in Deutschland bislang in erster Linie mit Blick auf eng begrenzte Teilbereiche diskutiert[46]. In den USA dagegen hat sie ihren eigenen rechtskulturellen Hintergrund und ihre eigene rechtspolitische Funktion[47].
Die grundsätzliche Debatte über Ausmaß und Notwendigkeit der *class action* muss somit auch als eine Kontroverse über Grundsätzliches betrachtet werden, namentlich die Rolle des Zivilprozesses (*private litigation*)[48]. Verschiedene Kulturen haben unterschiedliche Ansichten zu diesem Thema. In den USA existiert insofern z.B. eine Tradition, sich gerade in *Civil Rights*-Angelegenheiten der *class action* zur Durchsetzung öffentlicher Interessen und zur Verhaltenssteuerung zu bedienen, während außerhalb der USA traditionell in diesem Bereich auf staatliche Regulierung und Durchsetzung gebaut wird[49]. In diesem Zusammenhang müssen nicht zuletzt auch die grundsätzlichen Unterschiede zwischen *common law*- und *civil law*-Systemen stets im Auge behalten werden. *Common law*-Prinzipien spiegeln eine Präferenz für Pluralismus wieder und den Vorrang von Zweck- bzw. Verhältnismäßigkeitskriterien (*reasonableness*), die in der Rechtsprechung von *civil law*-Systemen weniger bedeutsam sind. Anders als das

---

[44] Letzte Änderungen hat Rule 23 dabei erst jüngst durch die Zivilprozessrechtsreform erfahren, die am 1.12.2003 in Kraft getreten ist; siehe *108 th Congress, 1st session No. 2*, . Die damit erfolgten Neurerungen werden im Rahmen der einzelnen Voraussetzungen der *class action* in Teil 2. B. der Arbeit behandelt.; siehe auch zur Geschichte der *Rule 23* Mengler/Pea, ZZPInt 2 (1997), 297, 298 f. Darüber hinaus sind wichtige Änderungen auf bundesrechtlicher Ebene, insbesondere im Hinblick auf eine nunmehr erweiterte Zuständigkeit der Bundesgerichte für bestimmte *class actions*, durch den *Class Action Fairness Act 2005* am 18. Februar 2005 in Kraft getreten, die angesichts ihrer erheblichen zukünftigen Bedeutung für das Recht der *class action* im Rahmen dieser Arbeit an den relevanten Stellen jeweils kurz behandelt werden sollen. Siehe dabei allgemein sehr kritisch zu der aktuellen Reformbewegung Cabraser, 57 Stan. L. Rev 1475 (2005); zu den möglichen Auswirkungen Moyer, 52-APR Fed. Law. 10 (2005).

[45] Sie findet sich insbesondere neben den USA auch in Kanada, Australien, aber auch in China und jüngst nunmehr auch im englischen Recht. In Kontinentaleuropa liegt in Schweden ein Gesetzesentwurf zur Einführung von *class actions* vor; vgl. Stadler, Bündelung von Verbraucherinteressen.

[46] In diese Richtung geht etwa der Regierungsentwurf eines Gesetzes über Musterverfahren in kapialmarktrechtlichen Streitigkeiten (KapMuG), der am 18.03.2005 vom Bundestag verabschiedet wurde; siehe dazu Schneider, AGReport (Beilage 8/2005), R168.

[47] Siehe aber zu dem auch in den USA allgemein steigenden Misstrauen gegenüber diesem prozessualen Instrument Beisner / Shors / Miller, 57 Stan. L. Rev. 1441, 1444 ff. (2005).

[48] Faulk, 10 MSU-DCL J. Int'l L. 205, 207 (2001).

[49] Faulk, 10 MSU-DCL J. Int'l L. 205, 207 (2001).

civil law, beharrt das *common law* nicht immer auf der „richtigen Antwort", sondern begnügt sich mit einem „vernünftigen" Ansatz, der definiert wird als ein Ansatz, der grundsätzlich davon ausgeht, dass es auf ein Problem eine Vielzahl „vernünftiger" Antworten gibt[50]. Dies drückt sich insbesondere dadurch aus, dass den Gerichten ein weiter Ermessensspielraum und damit erhebliche Macht bei der Entscheidungsbildung zugebilligt wird. Hier wird weniger Recht im Sinne konkreter rechtlicher Vorschriften angewendet als vielmehr Recht im Sinne von „Gerechtigkeit" geschaffen.
Demgegenüber stützt sich das *civil law*-System in erster Linie auf spezifische normative Vorschriften und Regeln, die im parlamentarischen Prozess verabschiedet und von einer relativ unflexiblen Judikative angewandt werden. Die Rechtsprechung hat damit in beiden Systemen von vornherein eine unterschiedlich definierte Rolle. Im *civil law* wendet sie in erster Linie das ihr vom Gesetzgeber in Form von Normen zur Verfügung gestellte Recht in voraussehbarer Weise an, im *common law* ist sie kreativer, weil angesichts geringerer gesetzlicher Zwänge freier in der Wahl ihrer Mittel und der erzielbaren Ergebnisse. Negativ gesprochen ist das *common law* oftmals „unberechenbar", das *civil law* aber dagegen eingeengt durch Vorschriften, die oftmals nur geringen Interpretationsspielraum lassen[51]. Die *class action* muss vor diesem Hintergrund immer auch eingebettet in eine *common law*-Tradition betrachtet werden, in der die Funktion und Macht der Judikative grundsätzlich fundamental anders gestaltet ist als innerhalb eines *civil law*-Systems[52].

II. Die Grundidee der class action

Class actions, die auf Schadensersatz gerichtet sind, sind in den USA zunächst als Mittel zur Prozessführung im öffentlichen Interesse bzw. zum Verbraucherschutz entstanden und waren weniger zum Schutz individueller Rechtspositionen oder zur Bewältigung von Masseschäden größeren Ausmaßes gedacht[53]. Wo beispielsweise bei „Streuschäden"[54] reglemäßig der Anreiz für Individualklagen

---

50 *„(...)an approach that accepts that a problem has many reasonable answers"*, Faulk, 10 MSU-DCL J. Int'l L. 205, 212 (2001).

51 Zu kurz gegriffen ist es insofern sicherlich, wenn Reinisch in IPRax 2000, 32, 38 davon spricht, dass die Sammelklagen „als Ausdruck US-amerikanischer laissez-faire-Politik" zu verstehen sind.

52 In diesem Zusammenhang muss man auch die Frage stellen, ob eine Implementierung der US-amerikanischen *class action*-Praxis in einem *civil law system* überhaupt denkbar bzw. wünschenswert wäre; verneinend Faulk, 10 MSU-DCL J. Int'l L. 205, 223 u. 235 f. (2001).

53 Allgemein zur Entwicklung dieser Klageform und die Übernahme in den USA Spindler, Anerkennung, S. 77 ff.

54 Die sog. Streu- oder Bagatellschäden bezeichnen geringfügige Vermögenseinbußen, die etwa bei unwirksamen Regelungen für Bankgebühren in Allgemeinen Geschäftsbedin-

fehlt und damit die Gefahr besteht, dass der Schädiger trotz eines hohen Gesamtschadens sein Tun unsanktioniert fortsetzt, sollte die Bündelung in Form der Gruppenklage Abhilfe schaffen[55]. Hierin liegt bis heute ein klassischer Fall der *class action*[56].

Prozesstechnisch gesehen, beruht die *class action* auf einer einfachen Idee: Selbstgewählte Repräsentanten und ihre Anwälte, überwacht durch das Gericht, können die Mitglieder der *class* so ausreichend vertreten, dass die individuellen Rechte des Einzelnen nicht gefährdet werden[57]. Gleichzeitig ermöglicht sie es, Parteien so zu bündeln, dass im Rahmen einer einzelnen Klage über eine Vielzahl von selbständigen Ansprüchen ähnlicher oder gleicher Art abschließend entschieden werden kann. Das besondere Kennzeichen dieser Klage ist damit ihr *„binding effect"* für die nicht anwesenden Mitglieder der *class*, der es ihr ermöglicht, ein bindendes Urteil auch für außerhalb des eigentlichen Prozess stehende Personen zu erwirken[58]. Die *class action* ist damit eine Ausnahme von der Regel, dass Prozesse jeweils von und zugunsten der benannten Parteien geführt werden[59]. Dementsprechend verfolgt sie vom prozessrechtlichen Standpunkt betrachtet in aller erster Linie Ziele der Prozessökonomie und -effizienz[60].

III. Class action und complex litigation

Die *class action* ist heute in den USA zu einem dominanten Faktor innerhalb großer deliktsrechtlicher Haftungsfälle geworden und ist damit über die ursprünglich vom Gesetzgeber intendierten prozessökonomischen Ziele weit hinausgeschossen[61].
Im Bereich der Produkthaftung z.B., wo oftmals große Herstellerunternehmen auf Beklagtenseite einer Vielzahl von Opfern auf Klägerseite gegenüberstehen nimmt die *class action* heute eine wichtige Stellung ein. Sie deckt dabei heute so unterschiedliche Bereiche ab wie die Frage nach der Suchtgefährdung durch Zigarettenkonsum, Asbestschäden, Gesundheitsrisiken von Brustimplantaten,

gungen oder dem Unterschreiten der auf der Warenpackung angegebenen Füllmenge des Produktes im Einzelfall nur wenige Euro oder gar Cent betragen, in der Addition dem Anbieter aber beachtliche Summen rechtswidrig verschaffe.

55 Faulk, 10 MSU-DCL J. Int'l L. 205, 214 (2001); aus ökonomischer Sicht zum Vergleich zwischen der *class action* und dem Modell der Verbands- bzw. Vereinsklagen etwa im deutschen Recht Schäfer, Bundling of Interests, S. 20.

56 Siehe auch Cox, 39 Ariz. L. Rev. 497, 497.

57 So Garth, 62 Ind. L. J. 497, 497 (1987).

58 Zur Geschichte der Bindungswirkung siehe Hazard/Gedid/Sowle, 146 U. Pa. L. Rev. 1849 (1998)

59 5 Moore's Federal Practice, § 23.02.

60 5 Moore's Federal Practice, § 23.02.

61 Dazu Klonoff/Bilich, Non Federal Question, 389; Shreve, Civil Procedure, § 9.09 (2) (d).

den Einsatz von *„Agent Orange"* während des Vietnamkriegs oder die Sicherheit von Automobilzubehör[62].

Diese Entwicklung wurde nicht zuletzt dadurch gefördert, dass parallel zur faktischen Erweiterung des Zugangs zum Rechtschutz durch das prozessuale Mittel der *class action* auch die Gesamtzahl sowie die Komplexität der zivilrechtlichen Fälle „explodierte". Diese neue Form von Streitstoff wird häufig unter dem Stichwort *„complex litigation"* zusammengefasst und hat Einfluss auf das gesamte Zivilprozessrecht. Im Rahmen moderner *class actions* ist dabei besonders der Bereich der *„mass tort litigation"* von Bedeutung[63]. *Mass tort*-Verfahren sind dabei allgemein das Resultat eines einzelnen Katastrophenfalls oder aber einer Reihe von Vorfällen, die über einen längeren Zeitraum (Jahre oder Jahrzente) stattfinden[64]. Hier werden die Ansprüche einer Vielzahl Geschädigter zusammengefasst und anhand von *class action*-Verfahren gemeinsam abgehandelt. Materiellrechtlich handelt es sich hier oftmals um klassische Produkthaftungsfälle[65]. Außerdem fallen in den Bereich der *mass torts* Massenunfälle und insbesondere die wichtige Kategorie der sog. *toxic tort cases,* in denen große Umweltschäden, wie sie z.B. den sog. Asbest-Verfahren zugrunde lagen, behandelt werden[66]. Gerade diese Kategorie von Verfahren stellt sicherlich heute eines der größten Probleme dar, mit dem sich Gerichte im Rahmen von *class action*-Verfahren konfrontiert sehen[67].

---

62 Perino, 46 Emory Law Journal 85 (1997).

63 Oftmals werden die Begriffe *complex litigation* und *mass tort litigation* synonym benutzt, siehe z.B. Abbott/Mallette, 63 Miss. L. J. 363 (1994). Tatsächlich stellt der Bereich der *mass torts* allerdings nur einen Ausschnitt aus dem Bereichd der complex litigation dar; siehe zur Differenzierung Mullenix, 54 La. L. Rev. 977, 999 f. (1994).

64 Newberg, § 17:1.

65 Produkthaftung fällt unter die sog. *„strict liabilty"*, d.h. die verschuldensunabhängige Haftung (erstmals anerkannt in *Greenman v. Yuba Powers Products, Inc., 377 P 2d 897 (Cal. Supreme Court 1963).* Unter diesem Konzept haftet der *supplier* eines Produkts (Hersteller, Großhändler oder Verkäufer) für Personenschäden (*personal injury*) oder Eigentumsverletzungen (*property damage*) des Endverbrauchers oder Benutzers des Produkts, weil das Produkt in fehlerhaftem Zustand ist, der unverhältnismäßig gefährlich für den Verbraucher ist, siehe Burnham, Introduction, Ch. XI, 432. Zur Abgrenzung zu vertraglichen Ansprüchen (insbesondere aus *breach of warranty*) siehe *In re Bridgestone/Firestone, Inc. Tires Prods. Liab. Litig., 288 F.3d 1012, 1016 ff. (2002).*

66 Die *toxic tort-* Fälle beruhen insbesondere auf den Haftungstheorien von *neglicence* (Fahrlässigkeit), *nuisance*, trespass und *strict liabilty* for *ultrahazardous activities*, Burnham, Introduction, Ch. XV, 604; zu einer Diskussion verschiedener Haftungstheorien siehe *National RR. Passenger Corp. V. New York City Housing Authority, 819 F. Supp. 1271 (S.D.N.Y. 1993);* ausführlich zu dieser Fallgruppe von *class actions* in diesem Teil unter C.5.2.

67 Im September begann vor einem Gericht in West Virgina ein Asbest-Prozess mit 259 Beklagten, darunter einige der weltgrößten Firmen wie ExxonMobil and Honeywell In-

Entgegen der ursprünglichen ausdrücklichen Intention des Gesetzgebers wurde die *class action* damit, angefangen in den Achtziger und Neunziger Jahren, als Rechtsbehelf für die Bewältigung jeglicher Form von Masseschäden funktionalisiert[68].
Angedacht als Instrument der Prozessökonomie und Durchsetzung von Verbraucherinteressen insbesondere im Hinblick auf kleine Streuschäden, wird die *class action* somit heute vorwiegend als Mittel zur Bewältigung komplexer und umfangreicher Produkthaftungsfälle und Großschäden eingesetzt, für die spezielle und besser geeignete Verfahrensvorschriften noch fehlen. Die wenig spezifische *class action*-Vorschrift in *Rule 23 FRCP*, die insbesondere durch einen extrem weiten Ermessensspielraum im Rahmen der Zertifizierungsentscheidung gekennzeichnet ist, hat das Problem dabei von Anfang an verschärft[69]. Ob die im Dezember 2003 in Kraft getretenen Änderungen und Erweiterungen der Vorschrift zur Lösung dieser Probleme viel beitragen werden, bleibt abzuwarten, insbesondere vor dem Hintergrund, dass in erster Linie gewisse von der Rechtsprechung entwickelte verfahrenstechnische Standards positivrechtlich übernommen wurden.

Der enorme Reformbedarf angesichts der mangelhaften Regelungen und des enormen Missbrauchs in der Praxis ist offensichtlich und wird auch von vielen amerikanischen Stimmen betont[70]. Gleichzeitig wird die *class action* grundsätzlich weiterhin als unverzichtbarer Bestandteil der US-amerikanischen Zivilrechtslandschaft gehandelt und genießt so im Ergebnis seit den 70er Jahren eine Art *„Jekyll and Hyde"*-Reputation.[71]. Anders ausgedrückt ist sie das *„Frankenstein-monster"* auf der einen und der *„shining knight"* auf der anderen Seite[72]. Die jüngste Reform von *Rule 23* macht dabei das zugrunde liegende Problem

---

ternational. In den letzten Jahren sind über 50 Unternehmen aufgrund von Asbest-Klagen bankrott gegangen. Im Dezember 2002 waren noch mehr als 200.000 Klagen im Zusammenhang mit Asbest-Klagen anhängig (New York Times vom 23. September 2002).

68 Das *Advisory Comitee*, das den Entwurf von *Rule 23 FRCP* ausgearbeitet hatte, erklärt in der Kommentierung zu *Rule 23* (b) (3) ausdrücklich, dass insbesonder Massenunfälle (*mass accidents*), als Unterfall der Masseschäden, in der Regel nicht geeignet sind, im Rahmen einer *class action* geregelt zu werden; nachzulesen auch bei Mengler/Pea, ZZPInt 2 (1997), 297, 303; zur praktischen Anwendbarkeit bei *mass accidents* in diesem Teil unten unter C.V.1.

69 Faulk, 10 MSU-DCL J. Int'l L. 205, 216 (2001).

70 Siehe etwa Shreve, 54 La. L. Rev. 1139 (1994); zu verschieden vorgeschlagenen Änderungen des *Advisory Commitee* von 1997, Cooper, 40 Ariz. L. Rev. 923 (1998); Feldmann, 74 Tul. L. Rev. 1621 (2000); Faulk, 10 MSU-DCL J. Int'l L. 205, 234 f. (2001).

71 Mackay, 96 Nw. U.L. Rev. 755 (2002).

72 Seit einem viel beachteten Artikel von Professor Arthur Miller, 92 Harv. L. Rev. 664 (1979), ist das Bild von der *class action* als *"Frankenstein monster"* und *„shining knight"* ein viel zitierter Begriff.

besonders deutlich. So wird die *class action* zum einen grundsätzlich auch weiterhin als adäquates Mittel zur Bewältigung von *mass torts* und allgemein Fällen von *complex litigation* angesehen, zum anderen scheut sich aber der Gesetzgeber nicht nur davor, radikale Veränderungen im Hinblick auf das Verfahren herbeizuführen, sondern parallel dazu die notwendigen materiellrechtliche Reformen anzugehen[73]. Damit bleibt mehr oder weniger alles beim Alten.
Zumindest eingeschränkt muss dies wohl auch für die in erster Linie zuständigkeitsrechtlichen Neuerungen gelten, die im Rahmen des *Class Action Fairness Act 2005* (im Folgenden *CAFA*) soeben in Kraft getreten sind. Die mit ihnen unweigerlich verbundenen und auch gerade bezweckten Verlagerungen eines großen Teils des Prozessstoffes von den einzelstaatlichen Gerichten auf die Bundesgerichte wird – sosehr dieser Effekt auch gerade aus internationaler Sicht zu begrüßen ist[74] – insofern wohl vor allem aus Gründen der daraus resultierenden Überlastung der Gerichte faktisch – zunächst – zu einer gewissen Eindämmung dieser Klageform führen. Ein weitergehender postiver Effekt kann allerdings erwartet werden, wenn darüber hinaus die Bundesgerichte auch in Zukunft ihrem jüngsten Trend treu bleiben, bestimmte Großverfahren gar nicht erst als *class action* zu zertifizieren[75].
Abzuwarten bleibt auch, inwiefern sich positive Veränderungen insbesondere aus den im *CAFA* ebenfalls enthaltenen Regelungen eines „*Consumer Class Action Bill of Rights*“[76] in der Praxis ergeben werden, da letztere bewusst auf die Eindämmung bestimmter Missbrauchstatbestände abzielen[77]. Fakt bleibt, dass sie jüngsten gesetzlichen Neuerungen an der grundsätzlichen Stellung der *class action* innerhalb des prozessrechtlichen Systems nicht gerührt haben.

Solange also die vorgebrachten Reformvorschläge zur Bewältigung dieser neuen Art komplexer zivilprozessrechtlicher Verfahren außerhalb von *class actions* nicht positives Recht werden, wird damit auch die Bedeutung der *class action* nicht abnehmen[78]. Zum aktuellen Zeitpunkt sind solche, durchgreifenden Änderungen allerdings noch nichts weiter als Zukunftsmusik, was nicht zuletzt durch

---

73 Problematisch ist in diesem Zusammenhang sicherlich, dass der *Supreme Court* als zuständiges Organ für den Erlass des Verfahrensrechts vor den Bundesgerichten durch die Schaffung oder Änderung verfahrensrechtlicher Vorschriften nicht in das materielle Recht eingreifen darf (siehe *Rules Enabling Act 28 U.S.C. § 2072 und Hanna v. Plumer 380 U.S. 460 (1965))* und eine rein verfahrensrechtliche Reform ohne gleichzeitige Neuerungen im materiellen Recht gerade im Bereich der *complex litigation* nur begrenzt Lösungen verspricht.

74 Dazu unten unter Teil 3 B VI 4. (d).

75 Zu diesem Trend unten unter Teil 2 C. VI.

76 Siehe insofern Section 3 des *CAFA*.

77 Dazu ausführlich unten unter Teil 2 B. II. 5. und D. 3. (d), D 4. (b) (2.).

78 Zu Reformvorschlägen des ALI siehe Mullenix, 54 La. L. Rev. 977 (1994); Shreve, 54 La. L. Rev. 1139 (1994).

die letzte Reform von *Rule 23* wie auch den *CAFA* bestätigt wird. Fälle von *complex litigation* fallen so lange noch weitgehend in den Anwendungsbereich der *class action* und müssen mittels der dazu existierenden Vorschriften und deren Ausformung durch fast 40 Jahre Rechtsprechung bewältigt werden.

IV. Die unterschiedlichen Funktionen der modernen class action

Die *class action* erfüllt aktuell unterschiedliche Funktionen innerhalb des US-amerikanischen Prozessrechtssystems sowie allgemein innerhalb der US-amerikanischen Gesellschaft. Dabei muss allerdings zunächst zwischen den verschiedenen Kategorien innerhalb dieser Klageform unterschieden werden[79].

Die beiden ersten und schon älteren Kategorien der *class action* erfassen dabei vor allem Situationen, in denen faktisch eine einheitliche Entscheidung gegenüber allen Mitgliedern der *class* „notwendig" ist. Dies kann entweder dadurch bedingt sein, dass mangels einer einheitlichen Entscheidung, Mitglieder der Gruppe oder der Beklagte geschädigt würden. Möglich ist auch,dass das Risiko der Benachteiligung einzelner Gruppenmitglieder angesichts unterschiedlicher Behandlung durch den Beklagten besteht[80]. Damit werden in diesen Fällen vor allem faktische und rechtliche Diskriminierungen innerhalb einer homogenen Gruppe erfasst. Die neuere schadensersatzrechtliche *class action* hat dagegen inzwischen eine Vielzahl von unterschiedlichen Funktionen übernommen. Sie steht aktuell im Mittelpunkt des US-amerikanischen *class action*-Rechts, da hier der Schwerpunkt des Prozessstoffes liegt[81].
Sie erlaubt es zunächst einmal, durch ihre prozessrechtlichen Besonderheiten, in einem einzigen Prozess die entschädigungsrechtlichen Klagen quasi sämtlicher Beteiligter zu lösen. Damit wird klar, dass für eine *class action* nicht zuletzt Gründe der Prozessökonomie streiten. Sinn und Zweck ist insofern an erster Stelle die Bündelung von Einzelinteressen, die auf gleichgelagerten Sachverhalten beruhen und so gleichzeitig abgehandelt werden können[82]. Daneben stehen primär die angestrebte Rechtssicherheit auf Kläger wie auf Beklagtenseite und die Erleichterung der Rechtsverfolgung für den einzelnen Geschädigten im Vordergrund[83].

79 Schwarzer, 94 Mich. L. Rev. 1250, 1254 f. (1996).
80 In diesem Fall wird ein Unterlassungs- oder Feststellungsurteil angestrebt.
81 Starnes, 31 U. Mem. L. Rev. 175, 183 (2000).
82 So wurden beispielsweise bis 1997 200 000 Einzelklagen in Asbest-Fällen in Amerika erhoben, ebensoviele sind noch zu erwarten. Individuelle Rechtsverfolgung wird unter diesen Umständen quasi unmöglich; vgl. Mengler/Pea, ZZPInt 2 (1997), 297, 304.
83 Heß, JZ 2000, 373, 374; Mark, EuZW 1994, 238.

Daneben hat die *class action* aktuell allerdings auch einen politischen und einen sozialen Aspekt und geht damit über ihre Funktion als prozessökonomisches Instrument weit hinaus.
Sie erfüllt zum einen eine Art „Ergänzungsfunktion", in dem der Versuch unternommen wird, mit ihrer Hilfe Probleme zu lösen, die der Staat bzw. der Gesetzgeber nicht anpackt[84]. Die den *class actions* zugrundeliegenden tatsächlichen Probleme verlangen damit nicht per se nach einer gerichtlichen Lösung[85].
Wenn es etwa um die Entschädigung tausender Opfer in Produkthaftungsfällen geht, so ist deren Entschädigung im Rahmen einer Sammelklage nur eine Möglichkeit von vielen denkbaren[86]. Denkbare Alternativen sind insofern z.B. die Schaffung von Fonds im Rahmen von Entschädigungsgesetzen, die die notwendigen finanziellen Mittel zur Verfügung stellen[87]. Etwaige (Einzel-)Klagen sollen durch solche Gesetze in der Regel gerade ausgeschlossen werden und sind im Idealfall auch nicht mehr notwendig[88].
Die *class action* stellt damit nur einen der möglichen Wege dar, mit Masseschäden umzugehen und muss damit gerade in diesem Bereich immer im Zusammenhang mit ihrem rechtskulturellen Hintergrund betrachtet werden[89]. Sie bietet oftmals Lösungen an, die nach europäischen Rechtsverständnis im Verantwortungsbereich der Regierung bzw. des Parlaments und nicht der Rechtsprechung angesiedelt sind und von dort aus auch tatsächlich angegangen werden. In den

84 So z.B. im bekannten Fall der Klagen wegen der Gesundheitsschäden von Rauchern; Heß, AG 1999, 145, 147.

85 Siehe zu den verschiedenen Möglichkeiten etwa den Beitrag von Sherman, 52 DePaul L. Rev. 410 (2002).

86 Dazu auch Neuborne, 80 Wash. U. L. Q. 795, 819 ff. (2002).

87 Beispielhaft sei hier nur die deutsche Lösung im Rahmen der Zwangsarbeiterentschädigung genannt. Die Errichtung einer „Bundesstiftung Entschädigung für NS-Zwangsarbeit" sieht der Koalitionsvertrag vom 20.10.1998 vor; die am 16.02.1999 vom Bundeskanzler vorgestellte privatrechtliche Stiftungsinitiative deutscher Unternehmen („Erinnerung, Verantwortung, Zukunft") vermag für sich alleine diese Mittel nicht zu tragen, vgl. Heß, AG 1999, 145, 152; zu den verfassungsrechtlichen Problemen, Safferling, Kritische Justiz, 208.

88 Im Zuge des jüngsten Medikamenten-Skandals des Bayer-Konzerns plant die Bundesregierung nunmehr ein Gesetz, das geschädigten Patienten zu Schadensersatz verhelfen soll.Die Bundesregierung will den Patienten dann Anspruch auf Schadensersatz einräumen, wenn sie durch die Einnahme fehlerhafter Medikamente geschädigt wurden. Die Haftung der Hersteller wird dabei als Gefährdungshaftung ausgestaltet, d.h. der Patient muss nicht mehr die Schuld an der Fehlerhaftigkeit nachweisen. Patienten, die durch den Cholesterinsenker Lipobay geschädigt wurden, werden allerdings nicht von einem solchen Gesetz profitieren. Eine Rückwirkung des Gesetzes soll nicht in Frage kommen. Dazu: www.spiegel.de/politik/deutschland/0,1518,150045,00.html .

89 Siehe dazu insgesamt Maxeiner, RIW 1990, 440 ff., der die bessere Geeignetheit des amerikanischem Systems für komplexe „Großfälle", nicht dagegen für den klassischen zivilrechtichen Streit betont.

USA fehlt dabei oftmals weniger die Ermächtigungsgrundlage als vielmehr die Initiative von Seiten der Politik, Lösungen anzubieten. Die Rechtsprechung springt dann quasi „in die Bresche“[90]. Dennoch entspricht diese Praxis aber gleichzeitig auch dem grundsätzlichen US-amerikanischen Verständnis von seinem Deliktsrechtssystem, das als überlegenes Mittel gegenüber administrativen und legislativen Lösungen in Entschädigungsfragen angesehen wird[91]. Schließlich vertrauen die US-Amerikaner aber auch ganz allgemein gesprochen traditionell auf die Justiz, wenn es um die Lösung sozialer Probleme geht[92]. Demgegenüber gehen die meisten anderen westlichen Demokratien davon aus, dass das Deliktsrecht weder eine effiziente noch effektive Methode darstellt, um allgemein soziale Gerechtigkeit zu erreichen, sondern vielmehr Sozialversicherungssysteme das Hauptinstrument zum Schutz und zur Kompensation geschädigter Bürger darstellen sollten[93].

Aus einer ähnlichen Philosophie heraus bedient man sich der *class action* schließlich auch als einer Art Druck- und Kampfmittel der Gesellschaft bzw. einzelner Betroffener gegen übermächtige Konzerne und Unternehmen, die sich Kraft ihrer faktischen Marktstellung unlauterer Geschäftspraktiken oder sonstiger illegaler Methoden praktisch ungehindert bedienen und denen der einzelne machtlos gegenübersteht[94]. In diesem Fall spricht man auch von *„regulation through litigation“*[95]. Hier greift die *class action* auf der sozialen Ebene ein, indem sie ein Instrument bietet, den Finger auf Missstände der Gesellschaft zu legen und Verhaltensänderungen herbeizuführen[96]. In diesem Fall liegt der Akzent vor allem auf der Verhaltenssteuerung (potentieller) Beklagter, teilweise auch ganzer Industriezweige[97]. Der Ausgangspunkt ist dabei ähnlich wie im Rahmen der Entschädigungsfunktion: Die Gerichte übernehmen Aufgaben, die der Gesetzgeber nicht angeht. Wo also Exekutive und Legislative keine Lösungen für die Opfer von Masseschäden bereithalten oder das Marktverhalten mächtiger

---

90 Insofern ist es als ein Art “Ausnahmefall” zu betrachten, wenn der *Congress* in Reaktion auf die Anschläge des 11. September spontan einen Entschädigungsfonds (sog. *9-11 Act*) zugunsten der Opfer geschaffen hat; siehe Weinstein, 76 St. John's L. Rev. 379, 393 f. (2002).

91 Siehe so ausdrücklich Weinstein, 76 St. John's L. Rev. 379, 394 f. (2002).

92 Hensler, 11 Duke J. Comp. & Int'l L. 179, 212 (2001).

93 Faulk, 10 MSU-DCL J. Int'l L. 205, 208 f. (2001).

94 So heißt es auf der amerikanischen Internetseite zu *class actions*: *„Class action litigation is a necessary procedure to protect the public from unethical and improper business practices“*, www.classactionlitigation.com/ .

95 Siehe kritisch zu dieser Funktion Schwarz/Lorber, 33 Conn. L. Rev. 1215 (2001).

96 Sie wird insofern auch als *„tool of social enforcement“* und *„vehicle of social reform“* bezeichnet; Mengler/Pea, ZZPInt 2 (1997), 297, 301, 303.

97 Schwarz/Lorber, 33 Conn. L. Rev. 1215 f. (2001).

Konzerne direkt sanktionieren, wird auf gerichtlichem Weg ein Ausgleich zwischen Schädigern und Geschädigten gesucht.
Die *class action* füllt aber nicht nur gesetzliche Lücken oder ersetzt mangelndes Aktivwerden des Staates. Sie wird ebenso teilweise ganz bewusst zum adäquaten Mittel erklärt, um existierende Gesetze gegenüber den Normadressaten durchzusetzen. Das dahinter stehende Konzept wird auch als *„privat attorney general"*-Theorie bezeichnet[98], insofern als hier der Kläger – bzw. sein Anwalt – nach Ansicht der Verfechter dieser Theorie quasi in die Rolle eines privaten Staatsanwaltes schlüpft[99]. Er repräsentiert dann in dieser Funktion – angeblich – das öffentliche Interesse und benutzt das Rechtssystem – in Opposition zum parlamentarischen System –, um soziale Ziele voranzutreiben oder öffentliches Fehlverhalten zu sanktionieren[100]. In Wahrheit wird er hingegen meistens in erster Linie persönliche finanzielle Interessen verfolgen[101].
Die *class action* ist insofern aber inzwischen auch ein primäres Mittel der modernen Rechtsprechung zur effektiven Durchsetzung von Gesetzen im Bereich des Kartellrechts, des Aktienrechts, der Bürgerrechte sowie des Verbraucherschutzes, da viele dieser Gesetze auf dem Prinzip der privaten Durchsetzung beruhen (sog. *private enforcement*[102]). Private Durchsetzung aber ist ökonomisch gesehen oft nur mittels des Instruments der *class action* möglich[103]. Die Effektivität vieler Gesetze hängt insofern davon ab, ob sich jemand der in ihnen vorgesehenen Mechanismen zur Durchsetzung bedient oder nicht[104].
Schließlich und endlich ist die *class action* nicht zuletzt ein Mittel, gegen den Staat selbst vorzugehen und so etwa fundamentale Grund- bzw. Bürgerrechte einzelner Bevölkerungsgruppen durchzusetzen oder Entschädigung für erlittenes Unrecht zu erstreiten[105].

98 Zu den zwei verschiedenen Theorien hinsichtlich des *private attorney general*-Konzepts siehe Garth/Nagel/Plager, 61 S. Cal. L. Rev. 353 (1988).

99 Kritisch zu dieser Funktion Cooper, 40 Ariz. L. Rev. 923, 931 f (1998) ; ebenso – zu Recht – auch unter Berufung auf rechtssystematische Erwägungen Beisner/Shors/Miller, 57 Stan. L. Rev. 1441, 1442 ff. (2005).

100 Siehe etwa Faulk, 10 MSU-DCL J. Int'l L. 205, 207 f. (2001).

101 Beisner/Shors/Miller, 57 Stan. L. Rev. 1441, 1442 ff. (2005).

102 Siehe zu diesem Konzept allg. *Alyeska Pipeline Serv. Co. v. Wilderness Soc'y, 421 U.S. 240, 263 (1975);* beispielhaft für den Fall gewisser kartellrechtlicher Klagen *NHL Players' Ass'n v. Plymouth Whalers Hockey Club, 166 F. Supp. 2d 1155, 1160 (2001).*

103 Newberg, § 4:41.

104 Siehe z.B. *Reiter v. Sonotone, 442 U.S. 330 (1979),* wo die Verbraucher gem. *§ 4 des Clayton Act* prozessrechtsbefugt waren. Diese Schadensersatzvorschrift wurde vom *Congress* extra geschaffen, um privates Vorgehen gegen die Verletzung von Kartellrecht zu fördern. In diesem Zusammenhang wurde außerdem besonders die Bedeutung von *Rule 23* betont *(442 U.S. 330, 344).*

105 Aktuell klagen 300,000 amerikanische Indianer in einer Schadensersatz Sammelklage vor einem Bundesgericht gegen die Bundesregierung (das Innenministerium) um die Summe von 137, 2 Billionen Dollar, die die Regierung in den letzten 115 Jahren unge-

Die *class action* ist damit inzwischen zu einem prozessrechtlichen *multi-task* Instrument in der Hand der Juristen zum Einsatz für die verschiedensten Ziele und Interessen geworden.
Eine einzige Vorschrift wird damit zu einer Art „Allheilmittel“ für die unterschiedlichsten Krankheiten der Gesellschaft erklärt.
Hier liegt eine der großen Schwierigkeiten in der Anwendung der *class action*[106]. Die diversen Probleme, die mit ihrer Hilfe gelöst werden sollen, lassen sich in Wahrheit kaum sinnvoll mit einer einzigen, relativ allgemein gefassten Regel erfassen[107]. Sieht man einmal ab von rechtsethischen und verfassungsrechtlichen Problemen, die mit dieser Art von „Repräsentativklage“ grundsätzlich zusammenhängen, so erscheint bereits rechtssystematisch gesehen eine spezifische Regel für den jeweils verfolgten spezifischen Zweck wünschenswert, wenn nicht gar dringend erforderlich[108]. Die „Allgemeinheit“ der Vorschrift findet daher – wenig verwunderlich – ihre Entsprechung in einer Rechtsprechung, die ebenso diversifiziert ist wie die verschiedenen Ziele, die bei ihrer Anwendung inzwischen anvisiert werden. Eindeutige Kriterien hinsichtlich der Voraussetzungen der Zertifizierung der Klage als *class action* oder der Genehmigung des Vergleichs fehlen fast vollständig[109].Die Folge davon ist gleichzeitig eines der Hauptprobleme der Vorschrift: Mangelnde Rechtssicherheit im Hinblick auf das „Ob“ und „Wie“ ihrer Anwendbarkeit[110].

V. Der gesetzliche Niederschlag der class action

Die *class action* wird zunächst einmal geregelt in *Rule 23 Federal Rules of Civil Procedure* (*FRCP*) und damit in einem Bundesgesetz[111]. Die Zuständigkeit zum Erlass der *FRCP* liegt allerdings nicht mehr beim *Congress,* sondern wurde von diesem an den *Supreme Court* delegiert [112]. Die Vorschriften finden dabei An-

---

rechtfertigt den Indianern vorbehalten haben soll; siehe New York Times vom 7. Januar 2003, A 14.

106 So auch Fisch, 39 Ariz. L. Rev. 533, 551 (1997).

107 Schwarzer, 94 Mich. L. Rev. 1250, 1258 (1996), spricht insofern von einer „*single generic class-action rule*“.

108 Zu Reformforschlägen in diese Richtung siehe Schwarzer, 94 Mich. L. Rev. 1250, 1258 ff. (1996).

109 Daran wird voraussichtlich auch die jüngste Reform der Vorschrift nichts ändern, die zum 1.12.2003 in Kraft getreten ist und im Hinblick auf diese Fragen keine Klarstellung gebracht hat.

110 Schwarzer, 94 Mich. L. Rev. 1250, 1266 (1996).

111 Zur Entstehung der *FRCP* Junker, ZZP 101 (1988), 241, 254 ff.

112 Aufgrund des *Rules Enabling Acts* von 1934 (28 U.S.C. 2072) ist der *Supreme Court* autorisiert, prozessrechtliche Vorschriften zur Geltung in *federal courts* zu erlassen. Diese werden dabei zunächst von einem mit Juristen aus verschiedenen Professionen besezten Beratungskommitee (*Advisory Commitee*) ausgearbeitet und nach Abschluss eines

wendung auf jede in einem unterinstanzlichen Bundesgericht anhängige Klage, so dass eine *class action* theoretisch in allen Fällen von „Bundesklagen" möglich ist[113].

1. Bundesrechtliche und einzelstaatliche class action

Die *FRCP* gelten grundsätzlich nur für Klagen vor Bundesgerichten, da die Einzelstaaten nicht nur über eigenes materielles Recht, sondern ebenso über eigene Zivilprozessordnungen verfügen[114]. Obwohl die Vorschriften des Zivilprozessrechts also von Staat zu Staat variieren können, hatten bis 1986 dreiundzwanzig Staaten die *FRCP* mit geringen Modifikationen in ihr einzelstaatliches Recht übernommen[115]. Zu beachten ist also, dass soweit auch die verschiedenen einzelstaatlichen Ausgestaltungen von *class actions* leicht variieren[116].

Ungefähr zwei Drittel der Bundesstaaten haben allerdings ihre *class action*-Vorschriften dem Vorbild von *Rule 23* nachgebildet[117]. Zum Teil wird die Bundesrechtsprechung herangezogen, um Vorschriften auszuarbeiten, die sich mit der Analyse der Bundesgerichte decken. Andere Staaten nehmen im Gegenteil Abstand von der Rechtsprechung der Bundesgerichte, um die Erreichbarkeit der *class action* nicht einzuschränken und vielmehr so oft wie möglich die Zertifizierung einer Klage als *class action* möglich zu machen. In anderen Staaten wiederum ist der Anwendungsbereich von *class actions* etwas enger als auf Bundesebene[118]. Die verschiedenen Kategorien der bundesrechtlichen *class action* in *Rule 23* werden zum Teil übernommen, zum Teil ist nur die schadensersatzrechtliche *23 (b) (3) class action* im einzelstaatlichen Recht vorgesehen[119].

---

komplizierten Verfahrens unter Beteiligung unterschiedlicher Gremien vom *Supreme Court* verabschiedet. Wenn der *Congress* daraufhin nicht innerhalb einer bestimmten Zeitspanne widerspricht, werden die Vorschriften bzw. Änderungen (*Amendments*) rechtswirksam. Zum Verabschiedungsverfahren (*Rulemaking Process*) anschaulich die Seite http://www.uscourts.gov/rules/proceduresum.htm.

113 Vgl. *Rule 1 FRCP.*

114 Siehe *Automobile Workers v. Scofield; 382 U.S. 205, n 10 (1965).* Zur horizontalen Verteilung von zivilrechtlichen Streitigkeiten zwischen *state* und *federal courts* siehe unten unter Teil 3 B.

115 Formal vom Gesetzgeber erlassenes Zivilprozessrecht (*rules of civil procedure*) existiert dabei inzwischen in 40 Bundesstaaten, einen Überblick geben Oakley/Coon, 61 Wash. L. Rev. 1367 (1986); zur grundsätzlichen Unterscheidung zwischen *rules* und *statutes*, siehe Shreve, Civil Procedure, § 1.02.

116 Missisippi ist dabei der einzige Staat ohne eine eigene class action-Vorschrift; dazu Feldman/Fleischmann, 288.

117 In einigen Staaten gilt noch die alte *Rule 23* in ihrer Form vor 1966, siehe Newberg, § 13:3.

118 Newberg, § 13:13.

119 Newberg, § 13:13.

Die Kriterien, wann genau diese *class action* im Interesse der Prozessökonomie zulässig sein soll, sind in manchen Staaten ebenfalls eindeutiger[120].
Multinationale *class actions*, d.h. solche, die Kläger aus verschiedenen Bundesstaaten versammeln, sind in den meisten Einzelstaaten zugelassen, Variationen ergeben sich allerdings insbesondere im Hinblick auf die Möglichkeit, aus einer *class action* „auszusteigen" (*opt out*) bzw. sich ihr anzuschließen und den damit zusammenhängenden Benachrichtigungserfordernissen[121]. Dennoch hat heute die große Mehrheit der Staaten entweder *Rule 23* wortgleich oder abgewandelt übernommen, so dass die *state courts* in ihrer Behandlung der *class action* inzwischen mehr mit den Bundesgerichten übereinstimmen[122]. Angesichts der teilweisen Neuregelung der bundesrechtlichen Vorschrift im Rahmen der zum 1.12.2003 in Kraft getretenen Zivilprozessrechtsreform bleibt abzuwarten, inwieweit die Bundesstaaten auch diese Neuerungen übernehmen werden[123].

2. *Das Problem paralleler Prozesse: „overlapping class actions"*

Angesichts der Vielzahl von einzelstaatlichen Regelungen der *class action* plus der bundesrechtlichen Regelung erklärt sich das Phänomen der *„dueling"*[124] oder auch *„overlapping"*[125] *class actions*, d.h. der Existenz einer Vielzahl von *class actions* in der gleichen Sache zugunsten der gleichen (oder annähernd gleichen) Gruppe[126], anhängig vor verschiedenen einzelstaatlichen oder/und Bundesgerichten zur gleichen Zeit[127]. Parallel zu diesen Verfahren können dann außerdem noch Individualverfahren anhängig sein[128].

---

120 etwa die Vorschrift in Michigan, die unter anderem darauf abstellt, ob die wahrscheinlich von den einzelnen Mitgliedern erstrittene Summe ausreichend sein wird, um eine *class action* zu rechtfertigen.

121 Während die Bundesvorschrift entweder eine zwingende *class* (*mandatory*) vorschreibt oder aber die Möglichkeit des *opt-out* vorsieht, besteht in einigen Staaten im Gegenteil nur die Möglichkeit des „*opt-in*", d.h. der Kläger muss aktiv werden, um Gruppenmitglied zu werden und so von der Bindungswirkung des Urteils erfasst zu werden, siehe Klonoff, Non Federal Question, 345.

122 Newberg, § 5:35.

123 Zu den Neuerungen gleich unten unter 4.

124 Dazu insgesamt der Beitrag von Wasserman, 80 B.U.L. Rev. 461 (2000).

125 Miller, 71 N.Y.U. L. Rev. 514, 516 (1996).

126 Im Rahmen der Bayer-Klagen sind etwa eine Vielzahl von *class actions* anhängig, sowohl vor einzelstaatlichen als auch vor Bundesgerichten; teilweise zugunsten weltweiter Patienten, teilweise zugunsten nur amerikanischer Patienten; siehe dazu z.B. im Internet http://mastervault.com/leflawnet/baycol/*class*action.html.

127 Dazu insgesamt Miller, 71 N.Y.U. L. Rev. 514 (1996).; Wasserman, 80 B.U.L. Rev. 461 (2000) dem Beispiel der Produkthaftungsverfahren gegen General Motors (siehe *In re General Motors Corp. Pick-up Truck Fuel Tank Prods. Liab. Litig., 55 F.3d 768, 779 (3d Cir. 1998)*) wo in 26 federal und 11 *state courts* Klagen eingereicht worden wurden.

128 Dazu Newberg, § 13:28.

Diese Situation bringt eine Vielzahl von Problemen mit sich, insbesondere im Hinblick auf potentielle Interessenskonflikte der Klägeranwälte, die Verschwendung richterlicher Ressourcen und die Präklusion von Ansprüchen, wenn ein Prozess schließlich entschieden wird[129]. Die Effizienzgewinne, die das Instrument *class action* gerade erreichen soll, werden durch die beinahe unbegrenzten Möglichkeiten paralleler Prozesse mit mehr oder weniger gleichem Streitgegenstand tatsächlich ins Gegenteil verkehrt[130]. Insbesondere existieren kaum wirkungsvolle Mechanismen, um dieser „Prozessflut" Herr zu werden, da insbesondere die Möglichkeiten der Zusammenführung von verschiedenen Verfahren zur Zeit noch relativ beschränkt sind[131]. Auch das wirkungsvollste Mittel zur Verhinderung von Mehrfachklagen, die Klageverbots-Anordnung (sog. *antisuit injunction*), steht nur sehr begrenzt zur Verfügung[132]. Das Gericht untersagt in diesem Fall den Parteien, den geltend gemachten Klageanspruch auch an einem anderen Gericht zu erheben oder die bereits anhängige Klage fortzusetzen. Findet ein solches Verfahren im Verhältnis zwischen zwei *state courts* Anwendung, so kommt es zu Souveränitätskonflikten, weshalb nur in besonderen Einzelfällen ein Gericht das Verfahren in einem anderen Staat untersagt[133]. Gerade aus Rücksicht auf Souveränitätsinteressen anderer Staaten wird die Klageverbotsanordnung oftmals abgelehnt[134].

Selbst, wenn tatsächlich eine *injunction* erlassen wird, so ist nach h.M. diese aus Souveränitätsgesichtspunkten nicht aufgrund der *„Full Faith and Credit"*-Klausel bindend für das Gericht zu dessen Lasten sie ergeht[135]. Hinzu kommt, dass es die Möglichkeit von *counterinjunctions* gibt, die wiederum von dem anvisierten Gericht an das die *injunction* erlassende Gericht gerichtet sind[136]. Im Verhältnis zwischen Bundes und einzelstaatlichen Gerichten besteht diese Möglichkeit nicht, so dass *injunctions* von einem Bundesgericht and ein einzelstaat-

---

129 Zu rechtlichen Lösungsvorschlägen siehe Wasserman, 80 B.U.L. Rev. 461, 524 ff. (2000).

130 Kahan/Silberman, 73 N.Y.U.L. Rev. 765, 779 (1998).

131 Dazu unten unter Teil 3 B.VII.

132 Dazu sowie zu anderen Möglichkeiten, Mehrfachklagen zu verhindern ausführlich Eichholtz, Funktionsäquivalente, S. 124 ff.

133 *"Irreparable injury is, of course the sine qua non of injunctive relief." (Household Int'l v. Eljer Indus.", 1994 Del. Ch. LEXIS 135, 9 f. (Court of Chancery of Delaware, New Castle 1994)).*

134 Siehe z.B. *Pfaff v. Chrysler Corp., 610 N.E.2d 51 (Supreme Court of Illinois 1992);Gannon v. Payne, 706 S.W.2d 304 (Supreme Court of Texas 1986)* (Aussetzung des Verfahrens in einer fremden Nation).

135 *Cook v. Delmarva Power & Light Co., 505 A.2d 447, 449 (Del. Super. 1985);*Miller, 71 N.Y.U. L. Rev. 514, 524 m.w.N (1996).

136 Miller, 71 N.Y.U. L. Rev. 514, 525 (1996); ein Fall von *"dueling injunctions"* war etwa *Lowe v. Norfolk & W. R. Co., 421 N.E.2d 971 973 f.* (Ill. App. Ct. 1981).

liches Gericht wirkungsvoller sein können. Allerdings ist im Gegenzug der Anwendungsbereich einer solchen Anordnung besonders eng[137]. Im *class action*-Kontext wird er in der Regel nicht eröffnet sein[138]. Angesichts der insgesamt sehr begrenzten Möglichkeiten, Mehrfachklagen zu unterbinden und der Zurückhaltung, mit der die Richter von ihnen Gebrauch machen, ist das Problem paralleler Prozesse weiterhin akut.

Der *Supreme Court* hat in einer neueren Entscheidung schließlich ausdrücklich entschieden, dass grundsätzlich vor einem einzelstaatlichen Gericht – auch mittels Vergleich – eine abschließende gerichtliche Lösung für sämtliche – auch ausschließliche bundesrechtliche – Ansprüche möglich ist, mit der Folge, dass auch diese mit Genehmigung des Vergleichs präkludiert sind[139]. Es können somit Ansprüche im Rahmen eines Vergleichs erledigt werden, die gerichtlich, d.h. rein zuständigkeitsrechtlich, in diesem Forum nicht hätten verhandelt werden können. Damit wird nicht nur erheblich die sachliche Zuständigkeit der Bundesgerichte beschränkt – bzw. die der *state courts* unzulässig erweitert – , sondern hängt auch die materiellrechtliche Entscheidung des Prozesses noch mehr davon ab, welcher Kläger und welches Gericht in der Sache am schnellsten sind[140].

Das grundsätzliche Problem ist dabei systemimmanent. Es gilt, einen Kompromiss zwischen zwei grundsätzlich antagonistischen Zielen im Föderalismusmodell der USA zu finden: Den zwischen der effektiven Rechtsdurchsetzung auf der einen Seite und dem Respekt für das System „multipler Souveränität" auf der anderen Seite[141]. Die Lösung des Dilemmas könnte dabei, insbesondere für komplexe Großverfahren, z.B. das Modell eines exklusiven Forums für solche Verfahren darstellen[142]. Hier müssten insofern allerdings Effizienzargumente gegenüber dem sturen Beharren auf föderalistischen Strukturen überwiegen.

---

137 Geregelt ist diese Ausnahme im *Anti-Injunction Act, 28 U.S.C.A. §§ 2283*; dazu Miller, 71 N.Y.U. L. Rev. 514, 531 f. (1996).

138 Miller, 71 N.Y.U. L. Rev. 514, 532 (1996).

139 *Matsushita Electric Industrial Co. v. Epstein 516 U.S. 367, 385 (1996)*; ausführlich zu der Entscheidung Wasserman, 80 B.U.L. Rev. 461, 498 ff. (2000); insgesamt zu den *Matsushita class actions* Kahan/Silberman, 73 N.Y.U.L. Rev. 765 (1998).

140 Unklar ist allerdings, inwieweit die abwesenden Gruppenmitglieder die Entscheidung des ersten Forums (*state* oder *federal*) weiterhin mit dem Argument der nicht angemessenen Vertretung (*adequacy of representation*) im Prozess vor dem zweiten Forum (*state* oder *federal court*) angreifen können; so nämlich die umstrittene Entscheidung des Berufungsgerichts in *Matsushita* nach der Rückverweisung; siehe *Matsushita II, 126 F.3d 1235 (9th Cir. 1997).*

141 Miller, 71 N.Y.U. L. Rev. 514 516 (1996).

142 Siehe etwa Miller, 71 N.Y.U. L. Rev. 514, 517 (1996), der als Lösungsweg die „Auktion" von Großverfahren vorschlägt.

Eine gewisse Entspannung der Situation könnte allerdings aktuelle bereits durch den *CAFA* und die damit einhergehende erweiterte Zuständigkeit von Bundesgerichten in mulitnationalen *class actions* in Zukunft eintreten, da dieser dafür sorgt, dass eine Masse an Großverfahren in Zukunft vor ein Bundesforum getragen werden wird, so dass parallel dazu die konkurrierenden Verfahren vor den *state courts* proportional abnehmen werden[143].

3. *Rule 23 FRCP als Schwerpunkt der prozessualen Betrachtung*

Da nicht alle Staaten im Hinblick auf die Besonderheiten ihres Prozessrechts einzeln untersucht werden können, wird im Folgenden anhand der bundesrechtlichen *class action* beispielhaft die Problematik erläutert[144]. Dafür spricht nicht zuletzt die Tatsache, dass trotz eines in den letzten Jahren umgekehrten Trends jedenfalls traditionell ein Großteil des Prozessstoffes im Rahmen von *class actions* vor die Bundesgerichte getragen wurde[145] und dass gerade einige internationale Großverfahren oftmals vor Bundesgerichten entschieden wurden[146].
Seit Inkraftreten der jüngsten *class action*-Reform in Form des *CAFA*[147] wird dies in Zukunft umso mehr zutreffen, da nunmehr für Verfahren, die ab dem 18. Februar 2005 anhängig werden, erheblich erweiterte Möglichkeiten bestehen, multinationale – und damit auch internationale – class action Verfahren originär vor ein Bundesgericht zu bringen oder aber an ein solches zu verweisen[148]. *Rule 23* und die darauf gestützte Rechtsprechung der Bundesgerichte wird daher von nun an für das Recht der *class action* in den USA erheblich an Bedeutung gewinnen.

Vor dem Hintergrund, dass zudem die meisten Einzelstaaten die bundesgerichtliche Rechtsprechung bei Zertifizierungsfragen als *„persuasive authority“*[149] ansehen, sind die Entscheidungen zu *Rule 23* außerdem insgesamt von allgemeinem Wert[150]. Daneben können grundsätzlich auch Entscheidungen einzel-

---

143 Dazu gleich unten unter 5.

144 Eine Übersicht der einzelstaatlichen *class action* Vorschriften findet sich bei Newberg, Appendix zu § 13.

145 siehe Kubes, 77 Ind. L. J. 825, 832 (2002).

146 Siehe insofern zur Situation der sachlichen Zuständigkeit unten unter Teil 3 B.

147 *Class Action Fairness Act 2005*, 109th Cong. (2005) (enacted), Pub. L. No. 109-2, 119 Stat. 4.

148 Dazu auch gleich unten unter Teil 3 B. VI. und B VIII. 2.

149 Ein *persuasive precedent* bezeichnet im *common law* einen „zur Nachahmung empfohlener Präzedenzfall“; *persuasive authority* meint insofern einen als „empfehlenswert“ zu betrachtenden Maßstab im Sinne einer Art Präjudiz.

150 Siehe z.B. *State Farm Mut. Auto. Ins. Co. v. Mabry, 556 S.E. 2d 114, 117 (Ga. 2001); Williamson v. Sanofi Winthrop Pharms., Inc., 60 S.W.3d 428, 434 f.(Ark. 2001)*; ausführlich Feldman/Fleischmann, 288.

staatlicher Gerichte im Einzelfall zur Erläuterung herangezogen werden, da die Grundzüge der *class action* in den meisten Staaten inzwischen mit der Bundesvorschrift übereinstimmen. Die Entscheidungen des *Supreme Court* haben schließlich in beiden Systemen gleichsam Bedeutung, da sie die verbindlichen verfassungsrechtlichen Grenzen für die Anwendung dieser Klageform festlegen.

Die meisten *class actions* vor Bundesgerichten werden dabei von *Rule 23* regiert[151], die in ihrer grundsätzlichen Form so seit 1966 existiert[152]. Zweck der Revision der ursprünglichen Vorschrift war damals eine bessere Erreichbarkeit von *class actions* in bestimmten Situationen und die Vereinfachung der Anwendbarkeit der Vorschrift zu garantieren, insbesondere durch die Schaffung besonderer Kategorien der Klageform[153]. Für das Jahr 1997 war dann erstmals eine erneute Reform geplant. Zu diesem Zweck wurden vom *Advisory Committee* verschiedene Änderungen der damaligen *Rule 23* vorgeschlagen und veröffentlicht. Insbesondere sollte der von der Rechtsprechung kreierte und in der Praxis besonders bedeutende Fall der *„settlement class action"* explizit in die Vorschrift aufgenommen werden[154]. Aufgrund eines zu diesem Zeitpunkt vor dem obersten Gericht anhängigen Verfahrens in einem Vergleichsfall[155] wurde entschieden, die Änderungen zugunsten einer erhofften Klärung durch den *Supreme Court* zurückzustellen[156]. Das Resultat war, dass 1998 schließlich nur eine einzige bedeutsame Neuerung eingeführt wurde[157]. Am 1. Dezember 2003 ist schließlich die jüngste Reform der Vorschrift in Kraft getreten, wodurch diese namentlich um zwei weitere Abschnitt *(g)* und *(h)* ergänzt wurde, die nunmehr ausdrücklich die Auswahl des Klägeranwalts durch das Gericht und die Grundsätze der Entscheidung über dessen Entlohnung. Darüber hinaus wurde in Abschnitt *(e)* n.F. das Verfahren im Fall eines Vergleichs einer ausführlichen Regelung zugeführt.

---

151 Vor der Neufassung von *Rule 23* 1966 fielen unter diese Vorschrift auch die nun in *Rule 23.1* und *Rule 23.2* geregelten Verfahren; dazu Moore`s Federal Practice § 23.2.02.

152 1937 erließ der Supreme Court zunächst die ursprüngliche *Rule 23*; dazu Henderson, 27 Wm. Mitchell L. Rev. 489, 493 f. (2000).

153 Zur Entwicklung von *Rule 23* in ihrer heutigen Form siehe Schwarzer, 94 Mich. L. Rev. 1250, 1251 f. (1996) und Henderson, 27 Wm. Mitchell L. Rev. 489, 493 ff. (2000).

154 Eine Ergänzung zur expliziten Autorisierung von *settlement class*es war in *Rule 23 (b) (4)* vorgesehen; zur *settlement class* in diesem Teil unten unter B.

155 Das Verfahren mündete in der Entscheidung *Amchem Prods., Inc. v. Windsor, 521 U.S. 591 (1997).*

156 Siehe das Statement des Kommittees in: Minutes of the Civil Rules Advisory Commitee, *FRCP* Minutes 5/2/97, 1997 WL 1056241 (J.C.U.S.), at. 4 f.

157 Die Möglichkeit, die Zertifizierungsentscheidung anzugreifen wurde in *Rule 23 (f)* eingeführt; siehe dazu in diesem Teil unten unter F.VI.

4. Die Rule 23 Amendments vom 01.12.2003

Am 01.12.2003 ist mit Inkraftreten der jüngsten bundesrechtlichen Zivilprozessrechtsreform auch die *class action*-Vorschrift geändert und ergänzt worden. Als Antwort auf die nicht mehr zu ignorierenden erheblichen Missbräuche der *class action* (*class action abuses*), insbesondere durch die Klägeranwälte und die damit einhergehenden öffentlichen Diskussionen und Reformvorschläge wurde mit der Neufassung der Vorschrift versucht, spezifische Probleme im Zusammenhang mit dem bisherigen *class action*-Verfahren gezielt anzugehen. Die Reform beschränkt sich dabei auf prozessuale Fragen und verzichtet insofern etwa auf die Festlegung inhaltlicher Standards im Hinblick auf die Zertifzierung einer Klage als *class action*[158].

Ein Kernpunkt der Reform ist dabei der Versuch, den Richter in seiner Position innerhalb des *class action*-Verfahrens zu stärken und ihn so dazu zu bringen, stärkeren Einfluss auf die Abläufe und Ergebisse zu nehmen, um so im Ergebnis „gerechtere" Ergebnisse zu erzielen[159].
Nicht zuletzt soll dies im Hinblick auf die Auswahl des Klägeranwalts durch das Gericht und die später in einem eigenen Verfahren von ihm festzusetzenden Honorare der Anwälte gelten. Beides wurde in den neu angefügten Abschnitten *23 (g) und 23 (h)* ausführlich geregelt.

Die besonders „sensiblen" und grundsätzlichen Fragen im Zusammenhang mit dem Institut der *class action*, etwa im Zusammenhang mit *settlement-only classes*, *future claimants* oder *opt-in class actions*, die auch im Rahmen dieser Arbeit behandelt werden, wurden dagegen bewusst ausgeklammert und zugunsten einer eher bescheiden Reform, die vor allem die Anwendung der aktuellen Vorschrift in Zukunft optimieren soll, zunächst zurückgestellt[160]. Eine Folge ist, dass die Hauptkritikpunkte im Zusammenhang mit dieser Klageform auch in Zukunft noch unveränderte Bedeutung haben werden.

---

158 *"The proposals focus on class-action procedures rather than on substantive certification standards";* siehe das Excerpt from the report of the Judicial Conference Committee on Rules of Practice and Procedure, 215 F.R.D. 158; sehr kritisch zu den erfolgten Änderungen insgesamt Rosenberg, 2003 U. Chi. Legal F. 19 (2003); ebenfalls kritisch Manesh, 18 Geo. J. Legal Ethics, 923 (2005)..

159 So auch Beshar/Jones, New York Law Journal, Vol. 230-No. 109 (2003).

160 *„The purpose is to improve the administration of Rule 23";* siehe so ausdrücklich der Bericht des *Advisory Committees* zu der Reform, im Internet abrufbar unter http://www.uscourts.gov/rules/congress0303/CV-Redline.pdf.

5. Die Rechtslage nach dem Class Action Fairness Act 2005

Der *CAFA*[161], der am 18. Februar 2005 in Kraft getreten ist, bringt darüber hinaus ebenfalls für die bundesrechtliche *class action* eine Reihe relevanter Änderungen mit sich, indem er zwar nicht die Zertifizierungsvoraussetzungen für *class actions* unter *Rule 23 FRCP* modifiziert, aber dafür die bundesgerichtliche Zuständigkeit für bestimmte *class actions* mit mindestens 100 Mitgliedern erheblich erweitert sowie einen sog. *„Consumer Class Action Bill of Rights"*[162] etabliert, in dem er Vorschriften schafft, die bestimmte missbräuchliche Praktiken im Zusammenhang mit *class action*-Verfahren, insbesondere im Zusammenhang mit den oftmals erzielten höchst problematischen Vergleichen, in Zukunft unterbinden soll[163]. Für alle Rechtssubjekte, die potentiell (auf Kläger- oder Beklagtenseite) mit *class action*-Verfahren konfrontiert sind, sind diese Neuerungen und ihre Kenntnis daher von erheblicher Bedeutung[164]. Sie gelten dabei für alle *class actions*, die ab dem Tage des Inkraftretens anhängig gemacht werden, nicht hingegen für bereits zu diesem Zeitpunkt anhängige Verfahren[165].

Als notwendige – wenn auch indirekte – Folge der Reform ist damit auch die Bedeutung von *Rule 23* als zentraler Vorschrift für *class action*-Verfahren vor Bundesgerichten erheblich gestiegen, da diese in Zukunft erheblich öfter direkt zur Anwendung gelangen wird[166].
Ziel der Erweiterung der bundesgerichtlichen Zuständigkeit ist dabei letztlich die Bekämpfung der in der Vergangenheit immer populärer gewordenen Praxis exzessiven und missbräuchlichen *forum shoppings* durch die Kläger bzw. ihre Anwälte, welches zu einer „Explosion" von staatenübergreifenden *class actions* (sog. *interstate oder multistate class actions*) insbesondere in bestimmten, als *class action*-freundlich bekannten Einzelstaaten, sog. *„magnet jurisdictions"*,

161 *Class Action Fairness Act 2005*, 109th Cong. (2005) (enacted), Pub. L. No. 109-2, 119 Stat. 4 (kodifziert in verschiedenen §§ von *Title 28 U.S.C.*)

162 Siehe *Sec. 3* des *CAFA* bzw. das in *Title 28 U.S.C.* neu eingefügte *Chapter 114*.

163 Siehe für einen knappen Überblick über die Neuregelungen etwa Callow, 52-May Fed. Law 26 (2005); Blumstein, 41 Tenn.B.J. 16 (2005).

164 Callow, 52-May Fed. Law 26 (2005).

165 Siehe *Sec. 9* des *CAFA*.

166 Neben der *class action* regelt der *CAFA* im übrigen auch sog. *„mass actions"*, definiert als Verfahren, bei denen mind. 100 Kläger aufgrund gleicher faktischer oder/und rechtlicher Grundlage – ähnlich einer Streitgenossenschaft – gemeinsam klagen. Solche Klagen werden in Zukunft hinischtlich der Frage nach der *diversity*-Zuständigkeit und den damit zusammenhängenden Verweisungsmöglichkeiten an ein Bundesgericht den *class actions* unter bestimmten Umständen gleichgestellt. Siehe dazu auch unten unter Teil 3 B. VI. 1.

geführt hat[167]. Durch eine bewusste Öffnung der Bundesgerichte für bundesstaatenübergreifende sowie internationale *class actions* soll somit insbesondere den Beklagten die Möglichkeit eingeräumt werden, in Zukunft gegen sie anhängige *class action*-Verfahren von einem aus *forum shopping*-Gesichtspunkten von den Klägeranwälten bewusst ausgewählten einzelstaatlichen Gericht ohne konkreten Bezug zum Streitgegenstand an ein Bundesgericht verweisen zu lassen (sog. *removal*[168])[169]. Dies nicht zuletzt auch vor dem Hintergrund, dass die US-amerikanische Verfassung mit der dort vorgesehenen bundesrechtlichen *diversity*-Zuständigkeit nach Ansicht des Gesestzgebers gerade den Bundesgerichten die Möglichkeit einräumen wollte, bundesstaatenübergreifende Fälle von nationaler Bedeutung anstelle einzelstaatlicher Gerichte zu entscheiden[170].
Keine Anwendung findet der *CAFA* dabei allerdings auf die meisten Klagen aus dem Bereich des Kapitalmarkt- und Gesellschaftsrechts[171].

Einfluss könnte die Reform dabei auch auf das oben angesprochene Problem paralleler Verfahren vor *state* und *federal courts* haben (*overlapping class actions*). Denn je mehr Verfahren in Zukunft über kein potentielles einzelstaatliches Forum mehr verfügen, umso weniger solcher konkurierenden *state class actions* existieren insgesamt und umso mehr bundesgerichtliche Verfahren können dann letztlich mittels des existierenden Instruments der *consolidation* in einem weiteren Schritt zur Klärung wichtiger Vorfragen konsolidiert werden[172].

B. Zertifizierung einer Klage als class action / Rechtliche Voraussetzungen der bundesrechtlichen class action

Bei der *class action* handelt es sich um einen eigenständigen Verfahrenstypus, der die Durchsetzung kollektiver Interessen erleichtern soll.
Grundsätzliche Besonderheit dieses Verfahrens ist, dass einzelne Geschädigte als „Repräsentanten“, sog. *named plaintiffs*[173], für die gesamte Gruppe, die durch ein Schadensereignis oder auch in anderer Hinsicht betroffen ist, ohne

---

167 Zu aktuellen Beispielen wie etwa Madison County, Illinois, siehe die Aufzählung auf der Seite des Institute for Legal Reform unter ww.insituteforlegalreform.com/issues/ sowie Beisner/Shors/Miller, 57 Stan. L. Rev. 1441, 1445 (2005).

168 Dazu ausführlich unten unter Teil 3 B. VIII. 1. u. 2.

169 Dazu auch Schneider, AGReport (Beilage 8/2005), R169, 170.

170 Siehe so ausdrücklich Sec. 2 (b) des *CAFA* (purposes); zur von den Gegnern der Reform zu diesem Ansatz vorgebrachten Kritik siehe Moyer, 52-APR Fed. Law. 10 (2005).

171 Siehe die Ausnahmen in dem neu eingefügten *28 U.S.C. § 1332 (d) (9)*.

172 Zu den Konsolidierungsmöglichkeiten vor den Bundesgerichten siehe unten unter Teil 3 B. VIII. 4.

173 Meistens handelt es sich um mehr als einen einzigen Repräsentanten; siehe Shreve, Civil Procedure § 9.09.

Absprache mit den anderen Gruppenmitgliedern klagen[174]. Formelle Parteistellung erlangen nur die repräsentierenden Kläger[175]. Die repräsentierten Gruppenmitglieder werden weder namentlich genannt, noch müssen sie vor Gericht erscheinen[176].

Um eine Klage in Form der *class action* durchführen zu können, bedarf es der Zertifizierung der Klage als *class action* durch das zuständige Gericht. Die Zulassungsentscheidung liegt dabei im Ermessen des Richters, der hierüber aufgrund einer zweistufigen Prüfung befindet[177]. *Rule 23* stellt diesbezüglich gewisse Voraussetzungen auf, die im Hinblick auf die zukünftige „*class*" erfüllt sein müssen, damit die Zulassung erteilt werden kann. Diese Voraussetzungen prüft das Gericht zu Beginn des Verfahrens und erlässt daraufhin im positiven Fall eine spezielle *class certification*. Für das Vorliegen der Voraussetzungen der Zertifizierung trägt dabei grundsätzlich der Kläger die Beweislast[178].

I. Voraussetzungen der Zertifizierung

Damit eine Klage als *class action* zugelassen wird, müssen zunächst die allgemeinen Voraussetzungen von *Rule 23 (a)* vorliegen. Schließlich muss die Klage in eine der verschiedenen Kategorien in *Rule 23 (b)* passen[179]. Nur wenn beide Voraussetzungen erfüllt sind, darf eine positive Zertifizierungsentscheidung ergehen. Die Erfolgsaussichten der Klage dürfen dabei grundsätzlich nicht im Rahmen der Zertifizierung in Betracht gezogen werden[180].

---

174 In einigen Fällen ist die „Gruppe" auf Beklagtenseite und nicht auf Seiten des Klägers zu finden; siehe dazu (N.N.) Comment, Defendant Class Actions and Federal Civil Rights Litigation, 33 UCLA L. Rev. 283 (1985); Newberg, § 4:46.

175 Heß, AG 1999, 145, 146.

176 Allerdings besteht theoretisch die Möglichkeit, vor Gericht zu erscheinen oder sogar unter Umständen aktiv mit den Repräsentanten zusammen am Verfahren teilzunehmen, Shreve, Civil Procedure, § 9.09; ausführlich Newberg, § 1:3.

177 Die Entscheidung erwächst nicht in Rechtskraft und bindet das Gericht nicht; *General Telephone Company of the Southwest v. Falcon, 457 U.S. 147, 160 (1982).*

178 *Medicare Beneficiaries' Defense Fund v. Empire Blue Cross Blue Shield, 938 F. Supp. 1131, 1139 (E.D.N.Y. 1996);* Shreve, Civil Procedure, § 9.09 (1) (a).

179 Siehe *Eisen v. Carlisle & Jaquelin, 417 U.S. 156, 162 f. (1974).*

180 Dieser Grundsatz ist in der sog. „*Eisen rule*" enthalten, die in der Leitentscheidung des *Supreme Court* in *Eisen v. Carlisle & Jacquelin, 417 U.S. 156, 178 (1974)* aufgestellt wurde.

II. Gemeinsame Voraussetzungen gem. Rule 23 (a)

Die allgemeinen Voraussetzungen von *Rule 23 (a)* müssen nach der Rechtsprechung grundsätzlich einer strengen Prüfung unterzogen werden[181].

1. Numerosity

Die *numerosity*-Voraussetzung[182] verlangt zunächst, dass die angegebene Gruppe (*class*) so viele Mitglieder hat, dass eine Klageverbindung (*joinder*) hinsichtlich der Klagen der einzelnen Mitglieder nicht „praktikabel" wäre[183]. Dabei gibt es keine genaue Zahlengrenze, ab der die *numerosity*-Voraussetzung als erfüllt angesehen werden kann[184]. Die besonders problematische „Grauzone" liegt aber wohl zwischen 21 und 40 Mitgliedern[185]. Die Darlegung exakter Zahlen ist hier allgemein nicht erforderlich, allerdings ist die Voraussetzung nicht erfüllt, wenn die Größe der Gruppe auf reiner Spekulation beruht[186].

Das Gericht entscheidet hier vor allem darüber, ob theoretisch ein Verfahren, das mit allen individuellen Gruppenmitgliedern – ob dutzende, hunderte oder tausende – als „Mitklägern" in ein und dem selben Prozess durchgeführt würde, praktikabel wäre. In diesem Fall besteht keine Notwendigkeit für eine *class action.*

2. Commonality

Commonality bedeutet soviel wie "Gemeinsamkeit". Diese Zulassungsvoraussetzung verlangt, dass mindestens einige der aufgeworfenen rechtlichen und tatsächlichen Fragen allen Gruppenmitgliedern gemeinsam sind. Das heißt nicht, dass alle tatsächlichen und rechtlichen Probleme identisch sein müssen[187]. Der Kläger muss nur darlegen, dass substantielle rechtliche oder tatsächliche Fragen

---

181 *General Telephone Company of the Southwest v. Falcon*, 457 U.S. 147, 162 (1982).

182 Z.B. *General Tel. Co. of Southwest v. Falcon, 457 U.S. 147 (1982).*

183 Wobei „unpraktikabel" nicht gleichzusetzen ist mit "unmöglich", siehe *Doe v. Guardian Life Ins. Co. of America, 145 FRD 466, 471 (N.D. Ill 1992).*

184 Siehe z.B. *Shaw v. Toshiba America Information System, Inc., 91 F. Supp. 2d 942 (E.D. Tex. 2000)* (Zertifizierung einer class, die insgesamt 5 mio Toshiba Laptops besitzt und in den gesamten USA ansässig sind); dagegen *Cf Ansari v. New York University, 179 F.R..D. 112 (S.D.N.Y. 1998)* (35 Mitglieder waren nicht ausreichend).

185 *Cf Ansari v. New York University, 179 F.R..D. 112, 114 (S.D.N.Y. 1998); Town of New Castle v. Yonkers Contracting Co., 131 F.R.D. 38, 40 (1990)* aber siehe *z.B. Grant v. Sullivan, 131 FRD 436, 446 (MD Pa. 1990)* (14 Mitglieder).

186 Newberg, § 3:5.; siehe z.B. auch *Makuc v. American Honda Motor Co., Inc., 835 F.2d 389, 394 (1st. Cir. 1987).*

187 Z.B. *Port Auth Police Benevolent Assn v. Port Auth, 698 F2d 150 (2d Cir. 1983),* wo die gemeinsame Frage der Unterdrückung des Rechts zur freien Meinungäußerung gegenüber individuellen Fragen hinsichtlich der einzelnen Mitglieder überwog.

existieren, die die Ansprüche aller Gruppenmitglieder betreffen[188]. Im Fall einer der Asbest-Klagen waren dies z.B. unter anderem die generelle Gefährlichkeit von Asbest für die Gesundheit, das Wissen bzw. Wissenmüssen der Beklagten von dieser Gefahr und deren Versäumnis, vor dieser Gefahr zu warnen[189].

3. *Typicality*

Unter der *typicality*-Voraussetzung unter *23 (a) (3)* prüft das Gericht, ob die von den repräsentierenden Klägern (*class representatives*) behaupteten Ansprüche „typisch“ für die Ansprüche der Gruppe als Ganzes sind. Dargelegt werden muss, dass der oder die Repräsentant(en) in der gleichen oder ähnlicher Weise geschädigt wurden wie die übrigen Gruppenmitglieder[190]. Der Kläger muss also darlegen, dass der Anspruch des Repräsentanten im Kern mit den Ansprüchen der Mitglieder übereinstimmt und dass, obwohl gewisse Unterschiede existieren können, der Repräsentant das gleiche Interesse verfolgt und die gleichen Schäden erlitten hat wie die Gruppenmitglieder[191]. Das *typicality*-Erfordernis kann insbesondere dann problematisch sein, wenn enorme individuelle Unterschiede zwischen den einzelnen Schäden existieren, wie beispielsweise in medizinischen Haftungsfällen[192].

4. *Adequacy of representation*

Die Vertretung der Gruppe durch den Repräsentanten und die Anwälte ist prozessual gesehen das „Kernstück“ der *class action*. Das gesamte System der *class*

---

188 *Central Wesleyan College v. WR Grace & Co, 143 FRD 628, 636 (DSC 1992), affirmed, 6 F3d 177 (4th Cir. 1993)*; siehe auch Newberg, § 3:12.

189 *Central Wesleyan College v. WR Grace & Co, 143 FRD 628, 636 (DSC 1992), affirmed, 6 F3d 177 (4th Cir. 1993).*

190 *Mullen v. Treasure Chest Casino, LLC, 186 F.3d 620; 625 (5th Cir. 1999)* (typicality bejaht, weil sowohl Repräsentanten wie die anderen Mitglieder der Gruppe an Atemwegserkrankungen litten, *cert. Denied, 120 S. Ct. 1169 (2000)*)

191 “*The class representatives must „posess the same interest and suffer the same injury as the class members“, East Texas Motor Freight System, Inc. v. Rodriguez, 431 U.S. 395, 403 (1977).*

192 So z.B. Unterschiede im Hinblick auf die Intensität und Zeitspanne, die ein Patient einer Substanz oder Behandlung ausgesetzt war; siehe *Cf. Blaz v. Galen Hosp. Ill., 168 FRD 621 (ND Ill 1996)*, wo die Zertifizierung in einem Fall von Behandlung mit Röntgenstrahlen von 5000 Personen in einem Zeitraum von 30 Jahren mangels typicality abgelehnt wurde. Siehe auch die negative Zertifizierungsentscheidung in einem der Verfahren gegen den Bayer-Konzern im Zusammenhang mit der Einnahme des Cholesterinsenkers Lipobay, *In re Baycol Products Litigation, 218 F.R.D. 197 (2003)*, wo bereits die *typicality* aufgrund der unterschiedlichen Dosierungen und der teilweise kombinierten Einnahme mit anderen Arzneimitteln verneint wurde (at 205 ff.).

action ist aufgebaut auf der Idee von Repräsentation[193]. Angesichts der damit zusammenhängenden Bindungswirkung des Urteils für die nicht anwesenden Gruppenmitglieder stellt sich die Voraussetzung der angemessenen Vertretung damit als die Quintessenz der in der Verfassung verankerten prozessrechtlichen Garantie auf ein faires Verfahren (*due process*-Garantie[194]) im Rahmen von *class action*-Verfahren dar[195]. Der Beklagte wird daher oftmals versuchen, die Zertifizierung der *class action* unter Berufung auf die unangemessene Vertretung der *class* durch den Repräsentanten bzw. den Anwalt zu verhindern[196].

Die angemessene Vertretung der Gruppenmitglieder gem. *23 (a) (4)* hat dabei zwei Komponenten[197]: Zum einen wird ein Blick auf die oder den Repräsentanten (den *named plaintiff*) geworfen, zum anderen auf die Klägeranwälte[198]. Die Rechtsprechung verlangt hier konkret, dass einerseits der Rechtsanwalt des Klägers qualifiziert, erfahren und allgemein in der Lage sein muss, den anvisierten Prozess zu führen und dass auf der anderen Seite der Repräsentant selber keine denen der Gruppe zuwiderlaufende Interessen verfolgt[199].
Angesichts der „Laienhaftigkeit" der Repräsentanten wird die Frage nach der angemessenen Vertretung im Prozess also zuerst und vor allem am „Können" der Anwälte gemessen[200]. Darüber hinaus spielt insbesondere etwaiges unstandesgemäßes Verhalten eine Rolle[201]. Auch die Tatsache, dass der Anwalt neben der *class* noch Individualkläger vertritt, kann die angemessene Vertretung entfallen lassen[202]. Klare Maßstäbe existieren hier insgesamt allerdings nicht[203].

Im Hinblick auf die Repräsentanten hat die Frage nach der angemessenen Vertretung einen anderen Schwerpunkt. Hier wird gefordert, dass keinerlei existierende Konflikte zwischen ihren und den Ansprüchen der Gruppenmitglieder be-

---

193 *„Class action procedure relies on aggregation by representation"*; Cooper, 40 Ariz. L. Rev. 923, 926 (1998).

194 Vg. Das V. und XIV. *Amendment* der Verfassung.

195 *Hansberry v. Lee, 311 U.S. 32 (1940);* ausführlich zum Konzept der angemessenen Vertretung auch *In re Agent Orange Prod. Liab. Litig., 996 F2d 1425, 1435 (2d Cir. 1993), cert. Denied, 114 S.Ct. 1125 (1994);* außerdem Cooper, 40 Ariz. L. Rev. 923, 926 ff. (1998).

196 Newberg, § 15:30.

197 Insgesamt dazu Pucket, 77 Tex. L. Rev. 1271,1287 ff. (1999).

198 Siehe *Stirman v. Exxon Corp., 280 F.3d 554, 563 (5th Cir. 2002).*

199 Vgl. Insofern die Leitentscheidung *Hansberry v. Lee, 311 U.S. 32 (1940).*

200 Cooper, 40 Ariz. L. Rev. 923, 927 (1998).

201 Newberg, § 15:30, m.w.N.

202 Ortiz, at. 852. Zu weiteren möglichen Konflikten siehe Pucker, 1292 ff.

203 Sieh insofern Pucker, 1291 m.w.N.

stehen[204]. Ein unüberwindbarer Konflikt kann etwa darin liegen, dass innerhalb der Gruppe selbst zu unterschiedliche Interessen bestehen, mit der Folge dass die Repräsentanten die Interessen der Gruppe nicht adäquat repräsentieren können[205]. Inwieweit neben diesen Faktoren die Kenntnis der Fakten, die finanzielle Situation und die körperliche Kondition des Repräsentanten eine Rolle spielen dürfen, wird dagegen sehr unterschiedlich beurteilt[206].

Mit der zum 1.12.2003 in Kraft getretenen Reform von *Rule 23* existiert darüber hinaus mit *23 (g)* erstmals ein eigener Abschnitt, der sich ausdrücklich mit dem Problem der Vertretung der *class* durch die Rechtsanwälte (*class counsel)* beschäftigt und damit die Brisanz des Themas verdeutlicht[207]. Darin ist erstmals die grundsätzliche Ernennung eines Anwalts als Vertreter der *class* durch das Gericht im Rahmen der Zertifizierungsentscheidung vorgeschrieben[208] und es werden darüber hinaus spezifische in Betracht zu ziehende Kriterien für das Gericht genannt, die sicherstellen sollen, dass der Anwalt die Interessen der *class* fair und angemessen vertritt, was nur im Sinne von *Rule 23 (a) (4)* zu verstehen ist[209]. Nicht zuletzt wird dem Gericht ausdrücklich die Möglichkeit eröffnet, im Rahmen seiner Ernennungsentscheidung bei potentiellen Kandidaten Informationen im Zusammenhang mit der Ernennung sowie insbesondere Vorschläge im Bezug auf die zu vereinbarenden Anwaltshonorare und zu ersetzenden nicht steuerpflichtigen Kosten einzuholen[210].
Mit dieser Vorschrift haben die Gerichte in Zukunft die Möglichkeit, schon ganz zu Beginn des Verfahrens Einfluss darauf zu nehmen, wie der Klägeranwalt im Falle seines Sieges entlohnt werden wird[211]. Damit steht ihnen ein wirksames Instrument zur Verfügung, sich in den Prozess der Honorarvereinbarungen ein-

---

204 Siehe etwa , *Rosmer v. Pfizer, Inc., 2001 U.S. Dist. LEXIS 6678, 15 (2001)* (angemessene Vertretung durch den Repräsentanten verneint).

205 So z.B in *Amchem Prods., Inc. v. Windsor, 521 U.S. 591, 625 (1997)*, wo eine einzige *class* gebildet wurde, in der sowohl aktuell Geschädigte als auch zukünftige potentielle Geschädigte vertreten waren *(„currently injured“* und *„exposure only“ plaintiffs*). In diesem Fall besteht der Interessenkonflikt darin, dass die aktuell Geschädigten schnell ausgezahlt werden wollen, während die potentiellen Geschädigten die Entschädigungssumme möglichst erhalten wollen für ihre später möglicherweise auftretenden Schäden; siehe Henderson, 27 Wm. Mitchell L. Rev. 489, 513 (2000).

206 Einen Überblick gibt Newberg, § 3:33.

207 So auch ausdrücklich die *Advisory Committee Notes zu Rule 23 (g).*

208 *Rule 23 (g) (1) (A)* i.V.m. *Rule 23 (c) (1) (B).*

209 In *Rule 23 (g) (B)* heißt es nur abweichend von der Formulierung in *23 (a) (4) „represent“* statt *„protect“.*

210 *Rule 23 (g) (1) (C) (iii)* lautet: *(in appointing class counsel, the court)...may direct potential class counsel to provide information on any subject pertinent to the appointment and to propose terms for attorney fees and nontaxable costs*

211 Siehe insofern auch die *Advisory Committee Notes* zu *Rule 23 (g).*

zumischen und diesbezüglich – im Interesse der *class* – Druck auf die am Verfahren interessierten Anwälte auszuüben. Inwieweit die Richter allerdings die ihnen nunmehr ausdrücklich zugebilligten Einflussmöglichkeiten in der Praxis tatsächlich nutzen werden, ist fraglich. Nicht zuletzt handelt es sich weitgehend um Ermessensfragen, so dass die konkrete Anwendung der neugeschaffenen Möglichkeiten damit – realistisch betrachtet – nicht zuletzt davon abhängen wird, wie viel zusätzliche Zeit und Energie ein Richter bereit ist, in ein gründliches Auswahlverfahren zu investieren. Angesichts der chronischen Überlastung der US-amerikanischen Zivilgerichte muss die dahingehende Prognose wohl eher negativ ausfallen.

5. Exkurs: Die Rechtslage nach dem CAFA

Auch durch den *CAFA* ist eine Neuerung betreffend die Entlohnung der Anwälte eingeführt worden. Danach wird in bestimmten Verfahren, den sog. *„coupon settlements"*, in denen im Rahmen eines gerichtlichen Vergleichs die *class* statt durch Zahlung von Geld durch die Ausgabe von Gutscheinen für Waren oder Dienstleistungen der Beklagten „entschädigt" wird, eine stärkere Kontrolle der von den Anwälten in diesen Fällen erzielten Honorare festgeschrieben[212]. Hier wurde vom Gesetzgeber somit bewusst ein spezifisches Problem im Zusammenhang mit der Entlohnung der Anwälte herausgegriffen, welches nicht zuletzt in der Öffentlichkeit schon länger für Aufsehen und Unmut gesorgt hatte[213]. Jedenfalls in diesem speziellen Bereich des *class action*-Streitstoffes ist damit in Zukunft eine gewisse Kontrolle hinsichtlich einer angemessenen Relation zwischen den Anwaltshonoraren auf der einen und der tatsächlich erreichten Entschädigung für die betroffene *class* andererseits gewährleistet. Das oben angesprochene grundsätzliche Problem des Interessenkonfliktes zwischen Anwalt und *class* ist damit allerdings nicht gelöst.

6. Die beiden ungeschriebenen Voraussetzungen

Die Rechtsprechung hat zwei weitere Voraussetzungen geschaffen, die nicht explizit in *Rule 23* genannt sind, aber grundsätzlich erfüllt sein müssen.
Die Gruppe muss zum einen „definierbar" sein. Sie muss tatsächlich existieren und so ausreichend umschrieben werden, dass das Gericht sowie die Gegenpartei sich ein klares Bild davon machen können, um welche Dimension von Klä-

---

212 Dazu ausführlich in diesem Teil unten unter D. I. 4. (b) (2); allgemein zu den *settlements* in diesem Teil unten unter D.

213 Siehe insofern zur Kritik an der alten Rechtslage und zu konkreten Fällen von eklatantem Missbrauch aus der Rechtsprechung im Rahmen von *"coupons settlements"* die Seite des Institutes for Legal Reform unter www.instituteforlegalreform.com/issues/

gern es geht[214]. Außerdem müssen die Repräsentanten Mitglieder der Gruppe sein[215]. Dies ergibt sich allerdings wohl bereits aus der Voraussetzung der *typicality*, in deren Rahmen geprüft wird, inwieweit die Ansprüche der Repräsentanten typisch für die Mitglieder der Gruppe sind. Schließlich erfüllen die Repräsentanten dadurch auch erst die von Art. III der Verfassung aufgestellte Voraussetzung der Prozessführungsbefugnis[216].
Umstritten ist dagegen, ob der Repräsentant gleichzeitig Anwalt für die *class* in dem gleichen Verfahren sein kann bzw. Anwälte seiner Kanzlei als Berater beauftragen kann. Überwiegend wird dies aufgrund möglicher auftretender Interessenkonflikte per se abgelehnt[217].

III. Die drei Kategorien von class actions

Sind die allgemeinen Zertifizierungsvoraussetzungen aus *Rule 23 (a)* erfüllt, so ist in einem zweiten Prüfungsschritt die Klage in eine der drei Fallgruppen von *Rule 23 (b) FRCP* einzuordnen. Der Kläger muss hier darlegen, dass die Klage in eine der drei geregelten Kategorien von *class actions* passt[218]. Obwohl im Rahmen dieser Arbeit die „allgemeine", d.h. die schadensersatzrechtliche *class action* im Vordergrund steht, soll zum besseren systematischen Verständnis an dieser Stelle ein kurzer Überblick über alle drei Kategorien gegeben werden.

1. Class action gem. Rule 23 (b) (1)

Unter *Rule 23 (b) (1)* fallen *class actions*, bei denen mangels Zertifizierung das Risiko der Benachteiligung bestimmter Personen bestehen würde. Zertifizierung unter dieser Kategorie ist angebracht, wenn eine einheitliche Entscheidung in der Sache unentbehrlich ist[219].

Dabei sind in dieser Kategorie zwei Unterkategorien vorgesehen:

---

214 *Guillory v. Am. Tobacco Co., 2001 U.S. Dist. LEXIS 3353, 8 (2001).*

215 *Cf. General Tel. Co. of the Southwest v. Falcon, 457 U.S. 147, 156 (1982); Medicare Beneficiaries' Defense Fund v. Empire Blue Cross Blue Shield, 938 F. Supp. 1131, 1139 (E.D.N.Y. 1996).*

216 *Ortiz v. Fiberboard Corp., 527 U.S. 815 (1999);* ausführlich dazu auch *In re Ski Train Fire in Kaprun, Austria on November 11, 2000, 2003 U.S. Dist. LEXIS 17958, 5.*

217 Siehe z.B. *Kramer v. Scientific Control Corp., 534 F.2d 1085 (3rd Cir. 1976)* im Hinblick auf die bundesrechtliche *class action*-Regelung; außerdem z.B. *Barliant v. Follet Corp., 384 N.E.2d 316 (Supreme Court of Illinois 1978);* für zulässig erklärt wurde die Doppelfunktion dagegen in *In Re Cadillac V8-6-4 Class Action, 461 A.2d 736 (Supreme Court of New Jersey 1983).*

218 Siehe auch Mengler/Pea, ZZPInt 2 (1997), 297, 300 f.

219 *In re Joint Eastern and Southern Dist. Asbestos Litigation, 129 B.R. 710, 824 (E.D.N.Y. 1991).*

Im Fall von *23 (b) (1) (A)* würden die nachteiligen Konsequenzen den Gegner der Gruppe betreffen (in der Regel also den Beklagten). Ihm würden als Folge von unterschiedlich ausfallenden Gerichtsentscheidungen zugunsten der einzelnen Gruppenmitglieder nicht miteinander kompatible Verhaltensweisen auferlegt werden[220].
Der Beklagte legt hier Verhaltensweisen an den Tag oder unterlässt sie, die rechtlich oder tatsächlich allen Gruppenmitgliedern gegenüber gelten müssen[221]. Die Klage ist unter anderem auch geeignet in Fällen, in denen gleichzeitig eine Verfügung und ein Zahlungstitel erwirkt werden sollen[222].

Im Fall von *23 (b) (1) (B)* besteht dagegen die Gefahr nachteiliger Konsequenzen für Dritte, deren Rechte ohne Zertifizierung als rein praktische Konsequenz gefährdet oder beeinträchtigt würden. Hier wird eine *class action* zwingend gemacht, um zu verhindern, dass Einzelklagen die Ansprüche Dritter präkludieren. Diese Art der *class action* wird auch als *„limited fund" class action* bezeichnet, da hier ihr Hauptanwendungsbereich liegt[223]. Wenn etwa eine Anzahl von Einzelklägern im Bezug auf einen begrenzten Fonds klagen, aus dem sie Schadensersatz verlangen, würde eine individuelle Behandlung der Klagen zu einem sog. *race to the courthouse door* führen und so ermöglichen, dass ein Einzelner seine gesamten Ansprüche befriedigt und damit den Fonds ausschöpft. Allen folgenden Klagen wäre damit die Basis entzogen, da die zur Befriedigung der Geschädigten zur Verfügung stehenden Mittel verbraucht wären. Hier würde jeweils der Schnellste voll entschädigt, wären alle anderen leer ausgehen müssten. Ein solches Ergebnis soll mittels der *class action* in diesem Fall verhindert werden. Soweit sich der Kläger auf die Existenz eines *limited fund* beruft, muss dieser allerdings objektiv existieren und kann nicht etwa im Rahmen eines globalen Vergleichs zwischen den Parteien „vereinbart" werden[224]. Klassische *limited fund class actions* gibt es in Fällen, in den Ansprüche geltend gemacht werden gegen einen *trust* oder ein Bankkonto, den Erlös eines Schiffsverkaufs im Rahmen eines Prozesses aus einer Schiffskatastrophe oder auch gegen Vermögen einer Gesellschaft in Liquidation[225].

---

220 Siehe Supreme Tribe of Ben-Hur v. Cauble, 255 U.S. 356, 366 f. (1921).

221 In *Murray v. Local 1620, Dist. Council 57, 192 F.R.D. 629 (N.D. Cal. 2000)* ,unter Berufung auf *Chicago Teachers Union, Local No. 1, AFT, AFL-CIO v. Hudson, 475 U.S. 292 (1986,)* ging es um den Abzug von Gewerkschaftsbeiträgen vom Lohn bei nicht gewerkschaftlich organisierten Arbeitern. Die Klage wurde sowohl unter *23 (b) (1) (A)* als auch *23 (b) (2)* zertifiziert.

222 Newberg, § 4:8.

223 Newbwerg, § 4:9; insgesamt zur Reichweite und Anwendbarkeit von *Rule 23* (b) (1) ausführlich: *Ortiz v. Fibreboard Corp., 527 U.S. 815, 834 , 845 (1999)*

224 Eindeutig diesbezüglich *Ortiz v. Fibreboard Corp., 527 U.S. 815, 849 ff. (1999).*

225 *Ortiz v. Fibreboard Corp., 527 U.S. 815, 834 (1999).*

Die Existenz eines *limited fund* ist allerdings keineswegs zwingende Voraussetzung für eine *class action* dieser Kategorie. Ebenso darunter fallen z.B. gewisse *shareholder actions*, in denen Aktionäre z.B. die Ausschüttung einer Dividende verlangen oder die Anerkennung und richtige Handhabung gewisser Rechte[226]. Schließlich ist die Zertifizierung dieser Kategorie im Rahmen von *class actions*, die von vornherein auf einen Vergleich ausgerichtet sind, grundsätzlich problematisch[227].

2. *Class action gem. Rule 23 (b) (2)*

Die *class action* im Fall von *Rule 23 (b) (2)* ist besonderer Natur, da sie in erster Linie auf ein Feststellungsurteil bzw. die Anordnung eines bestimmten Verhaltens durch Erlass einer Verfügung abzielt[228]. Voraussetzung ist, dass die Partei, die der Gruppe als Gegner gegenübersteht, ein Verhalten gezeigt oder gerade unterlassen hat, dass die Gruppe als Ganzes betrifft und damit gegen ein gesetzliches Gebot bzw. Verbot verstößt[229].
Hierunter fallen traditionell Fälle, in denen es um die Einforderung und Durchsetzung von Grund- bzw. Bürgerrechten (*Civil Rights*) geht, wie z.B. Wahlrechte[230]. Oftmals liegt damit tatsächlich eine Diskriminierungssituation zugrunde und die diskriminierte Gruppe, deren Mitglieder als solche nicht einzeln aufgezählt werden können, bilden dann die *class*[231].
Ein klassisches Beispiel ist etwa der Fall, in dem eine öffentlichen Schule nur männliche Schüler aufnimmt. Hier ist die Diskriminierungspolitik allgemein für die gesamte ausgeschlossene *class* (also alle weiblichen Schüler) gültig, unabhängig davon, ob sich faktisch unter Umständen nur eine geringe Anzahl der Mitglieder tatsächlich diskriminiert fühlt[232].

---

226 Diese *shareholder actions* sind dabei streng zu unterscheiden von den „*derivative actions*" von Aktionären, die in der neuen *Rule 23*.1 geregelt sind.

227 Im Rahmen dieser „*settlement-only*" *class actions* wird angesichts der schwachen Stellung der passiven Mitglieder der Gruppe aufgrund der fehlenden Verhandlung vor Gericht sowie der fehlenden Möglichkeit des *opt-out* in dieser Kategorie, in der Regel keine Zertifizierung möglich sein; siehe *Ortiz v. Fibreboard Corp., 527 U.S. 815, 846 ff. (1999);* dazu ausführlich in diesem Teil unten unter D.III.5.(b).

228 Diese Klage wird daher allgemein auch als *"injunctive class action"* bezeichnet.

229 Newberg, § 4:11.

230 Newberg, § 4:11.

231 Vgl. *Potts v. Flax, 313 F.2d 284 (5th Cir. 1963); Bailey v. Patterson, 323 F.2d 201 (5th Cir. 1963), cert. Denied, 376 U.S. 910, (1964).*

232 Siehe *Newberg v. Board of Public Education, 330 Pa. Super. 65 (1984);* sehr weitgehend mit nur 89 Mitgliedern und verschiedenen Unterklassen *Christina A. ex rel. Jennifer A. v. Bloomberg, 197 F.R..D. 664 (D.S.D. 2000).*

Ein Fall der aktuell für Gesprächsstoff sorgte, war die *class action* von zwei weißen Studenten, die sich durch das Zulassungsverfahren einer Universität diskriminiert fühlten, bei dem mittels eines Punktesystems bestimmte Minderheiten nur aufgrund ihrer Zugehörigkeit zu dieser Minderheit im Auswahlverfahren bevorzugt werden. In diesem Zusammenhang entfachte sich im ganzen Land eine heftige Diskussion über das Für und Wider der in den USA weit verbreiteten Maßnahmen zur Förderung von Minderheiten in Form von „positiver Diskriminierung" (sog. *affirmative action*). Der konkrete Fall ist nunmehr vom *Supreme Court* zugunsten der beiden Schüler entschieden worden, nachdem nach Ansicht des Gerichts die Rasse zum ausschlaggebenden Auswahlkriterium erhoben wurde und somit die *Equal Protection Clause*[233] des XIV. Amendments der Verfassung verletzt sei[234].

Anzumerken ist schließlich, dass diese Kategorie der *class action* nicht auf *Civil Rights*-Fälle beschränkt ist[235]. In den gesetzlichen Anmerkungen zu der Vorschrift werden ausdrücklich andere Anwendungsbereiche genannt[236] und auch die Rechtsprechung hat den Anwendungsbereich dieser Kategorie inzwischen erheblich ausgeweitet[237]. Die Vorschrift wird allerdings allgemein so verstanden, dass sie jedenfalls nicht auf solche Fälle ausgeweitet werden soll, in denen das Klageziel ausschließlich oder vornehmlich ein Schadensersatzurteil ist[238]. Dennoch sind damit nicht automatisch Fälle ausgeschlossen, in denen sowohl Schadensersatz als auch ein Feststellungs- bzw. Verfügungsurteil angestrebt wird[239].

---

233 Die *Equal Protection Clause* garantiert die Gleichheit vor dem Recht (*equal protection of the laws*).

234 *Gratz v. Bollinger, 2003 U.S. LEXIS 4801 (23.06.2003)*. Am gleichen Tag wies der *Supreme Court* eine parallele Individualklage gegen die juristische Fakultät derselben Universität ab mit der Begründung, dass in diesem Fall die Auswahlkriterien ausgeglichen seien, so dass keine Verletzung des Gleichheitssatzes vorläge; siehe *Grutter v. Bollinger, 2003 U.S. LEXIS 4800 (23.06.2003)*.

235 Siehe z.B. *White v. National Football League, 822 F. Supp. 1389 (D. Minn. 1993)*.

236 Z.B. bestimmte kartellrechtliche Fälle; siehe die *Advisory Commitee Notes* zu *Rule 23 (1966), 39 FRD 69, 102 (1966)*.

237 Newberg, § 4:11.

238 *Advisory Committee Notes (1966)*; *Lukenas v. Bryce's Mountain Resort, Inc., 538 F2d.* 594 (4th Cir. 1976) (cert. Denied, weil in erster Linie Schadensersatz begehrt wurde); *In re School Asbestos Litigation, 789 F.2d 996, 1008 (3rd Cir. 1986)*.

239 *White v. National Football League, 822 F. Supp. 1389 (D. Minn. 1993)* (Kartellrecht); Newberg § 4:14 m.w.N.

3. *Class action gem. Rule 23 (b) (3): the "catch all"*

Die letzte Kategorie ist die sog. *damage* oder *common question class action* in *Rule 23 (b) (3),* die im Folgenden im Vordergrund stehen soll. Hier liegt angesichts der Vielseitigkeit dieser Kategorie der Schwerpunkt der heutigen *class action litigation*[240].

IV. Die Besonderheiten der schadensersatzrechtlichen class action gemäß Rule 23 (b) (3)

In Situationen, in denen diese Form der *class action* anwendbar ist, ist die Notwendigkeit für diese Klageform weniger offensichtlich als in den anderen Kategorien, sie kann aber unter bestimmten Umständen passend und wünschenswert sein[241].

Umfasst sein sollen von dieser Kategorie ursprünglich die Fälle, in denen eine *class action* Zeit, Aufwand und Kosten spart und die Einheitlichkeit von Entscheidungen gegenüber Personen fördert, die sich in ähnlichen Situation befinden, ohne dabei die prozessrechtliche Fairness zu opfern oder zu anderen unerwünschten Ergebnissen zu führen.

1. Rechtliche Voraussetzungen

Der Ausgangsgedanke, dass bestimmte Klagen aufgrund der Natur der ihnen zugrundeliegenden Sachverhalte nach einer einheitlichen Entscheidung verlangen, hat gesetzestechnisch seinen Niederschlag in zwei zusätzlichen Voraussetzungen gefunden[242].

Zum einen wird verlangt, dass die gemeinsamen, alle Mitglieder der *class* betreffenden Fragen gegenüber nur einzelne Mitglieder betreffenden Fragen überwiegen. Außerdem muss dargelegt werden, dass die *class action* anderen Arten der gerichtlichen Streitentscheidung überlegen ist, also insbesondere „geeigneter" erscheint als eine Regelung im Einzelfall.

Weitere Besonderheit ist, dass in diesem Fall die Möglichkeit für die Mitglieder der *class* besteht, durch die Ausübung eines sog. *opt-out*-Rechtes aus der Klage auszusteigen und damit der Bindungswirkung des Urteils oder gerichtlichen Vergleichs zu entgehen.

---

240 Cooper, 40 Ariz. L. Rev. 923, 928 (1998).

241 Siehe die *Advisory Committee Notes* zu *Rule 23.*

242 Newberg, § 4:22.

(a) Predominance / Überwiegen gemeinsamer Fragen

Nur wenn die gemeinsamen Fragen überwiegen, wird mittels der *class action* das Ziel der Prozessökonomie wirklich erreicht[243]. An dieser Stelle wird also überprüft, inwiefern tatsächlich ein Bedürfnis nach einheitlicher Entscheidung der verschiedenen potentiellen Einzelansprüche der Gruppe besteht bzw. ob nicht im Gegenteil eine Summe ganz individueller Tatsachen und Rechtsfragen vorliegen, die wenig Gemeinsamkeiten aufweisen mit der Folge, dass sie getrennt behandelt werden müssen. Nur wenn tatsächlich das „Gemeinsame" der Einzelansprüche die individuellen Unterschiede überwiegt, besteht Anlass und eventuell Notwendigkeit, diese gemeinsam zu judizieren[244].

Die Beurteilung dieser Voraussetzung ist in hohem Maße abhängig von dem jeweiligen Einzelfall. So kann unter Umständen ein Betrugsfall für diese Kategorie geeignet sein, wenn etwa mittels ähnlicher Falschangaben gegenüber verschiedenen Personen ähnliche Schäden entstanden sind. Andererseits kann trotz eines gemeinsamen „Kerns" ein Betrugsfall ungeeignet sein, wenn die betrügerischen Mittel oder auch das Maß des entgegengebrachten Vertrauens im Einzelfall stark variieren[245]. Relativ unproblematisch ist diese Voraussetzung daher oft im Rahmen von schadensersatzrechtlichen Klagen im Kartellrecht und Aktionärsklagen, wo eine einheitliche Firmenpolitik gegenüber allen Betroffenen Ausgangspunkt der haftungsrechtlichen Betrachtung ist[246].
Dagegen kann insbesondere das erhebliche IPR-rechtliche Problem unterschiedlicher anwendbarer materieller Rechtsvorschriften auf die einzelenen Ansprüche in den sog. *multi-state* oder *nationwide class actions*[247] in vielen Fällen gegen das Überwiegen gemeinsamer Fragen sprechen und spielt daher eine überragende Rolle in der Zertifizierungsentscheidung[248]. Die *predominance*-Voraus-

---

243 Das *predominance*-Kriterium darf vor allem nicht mit der *commonalit*-Voraussetzung in *Rule 23 (a)* vermischt werden, sondern ist systematisch von diesem klar zu trennen. *Predominance* verlangt weit mehr als *commonality*; *Amchem Prods., Inc. v. Windsor, 521 U.S. 591, 623 f. (1997)*; siehe auch Feldmann, 74 Tul. L. Rev. 1621, 1623 (2000).

244 Das Überwiegen gemeinsamer Fragen war insbesondere im Rahmen der Asbest-*class actions* ein Problem; siehe Newberg, § 4:26; *Georgine v. Amchem Prods, 83 F3d 610, 626 f. (3d Cir. 1996).*

245 Oppenheimer v. F.J. Young & Co., Inc., 144 F.2d 387 (2d Cir. 1944); *Miller v. National City Bank of N.Y., 166 F.2d 723 (2d Cir. 1948).*

246 Newberg, § 6:22.

247 *Multi-state* bzw. *nationwide class actions* sind *class actions*, bei der die *class* aus Angehörigen verschiedener bzw. aller Bundesstaaten besteht; siehe auch Newberg, § 6:7.

248 *Stirman v. Exxon Corp., 280 F.3d 554, 564 (5th Cir. 2002); Zinser v Accufix Research Inst., Inc., 253 F.3d 1180,1190, amended by and rehearing denied, 273 F.3d 1266 (9th Cir. 2001).*

setzung wird so oftmals die erste große Hürde für den Kläger im Rahmen der Zertifizierung sein.

(b) „Überlegenheit" der class action

Über das Erfordernis des Überwiegens gemeinsamer Fragen hinaus verlangt die *23 (b) (3) class action* außerdem, dass die *class action* anderen Arten der Streitbeilegung „überlegen" ist, also prozessual geeigneter erscheint als z.B. eine Entscheidung über mehrere Individualklagen oder auch die Möglichkeit von Klageverbindungen[249].
Die *class action* muss das überlegenere Mittel der Prozessführung sein[250]. Es reicht also nicht, dass die gemeinsamen Fragen überwiegen, solange nicht feststeht, dass eine Bewältigung des Streitstoffes anders als durch eine *class action* weniger vorteilhaft wäre.
Dennoch hängen predominance und Überlegenheit (*superiority*) eng zusammen und werden oftmals in einem Atemzug genannt[251].
Wenn kein Überwiegen gemeinsamer Fragen besteht, wird regelmäßig keine Überlegenheit der *class action* gegenüber anderen Mitteln vorliegen. Ebenso geht ein Mangel an Überlegenheit meistens mit einem Mangel am Überwiegen gemeinsamer Fragen einher[252]. Die *class action* ist ja gerade dann nur optimaler als andere Lösungen, wenn die gemeinsamen Fragen nach einer gemeinsamen Abhandlung der Materie verlangen. Das Überwiegen gemeinsamer Fragen hat damit Indizwirkung im Hinblick auf die Frage nach der Überlegenheit der *class action*. Überwiegen die gemeinsamen Fragen, bestehen gute Chancen, dass die *class action* das adäquate (weil prozessökonomischste) Mittel zur Bewältigung des Streitstoffes darstellt. Überwiegen sie nicht, so scheitert die *class action* regelmäßig bereits an dieser Stelle.

Das Überlegenheitsargument spielt insbesondere bei bestimmten Verbraucherklagen eine große Rolle, den sog. *small consumer claims* als klassischem Anwendungsbereich dieser Kategorie der *class action*. Ohne das Instrument der *class action* würde in diesen Fällen eine Vielzahl der Geschädigten rechtlos stehen, da angesichts der relativ geringen Einzelansprüchen kein Verbraucher tatsächlich die Kosten eines Individualprozesses auf sich nehmen würde[253]. Hier spiegelt sich insofern wieder ein zentraler Aspekt der ursprünglichen Intention

[249] Zu den Alternativen siehe Newberg, § 4:27.
[250] Dazu *Castano v. American Tobacco Co., 84 F.3d 734, 746(5th Cir. 1996).*
[251] Etwa Feldmann, 74 Tul. L. Rev. 1621, 1623 (2000) („*The predominance (and superiority) test of Rule 23 (b) (3) requires...*")
[252] Siehe *Georgine v. Amchem Prods, 83 F.3d 610, 626 f. (3d Cir. 1996)*, wo beide Punkte auch gemeinsam abgehandelt wurden.
[253] Newberg, § 4:27, m.w.N.

des Gesetzgebers wider: eine Möglichkeit zu schaffen, um eine Vielzahl kleiner Einzelansprüche auf effektive und ökonomische Weise gerichtlich geltend zu machen.

Auf der anderen Seite wird im Fall „unreifer" Masseschäden inzwischen die Überlegenheit der *class action* zur Streitbeilegung teilweise von der Rechtsprechung verneint und damit eine Zertifizierung als *class action* verhindert[254]. Die fehlende „Reife" (*maturity*) eines Schadens bezeichnet dabei einen Zeitpunkt, in dem Ansprüche verhandelt werden sollen, deren Existenz oder jedenfalls Ausmaß auf noch ungewissen wissenschaftlichen Zusammenhängen beruhen, da es sich bei den zugrunde liegenden Schäden, Langzeit bzw. Latenzschäden handelt[255]. Hier wird neuerdings immer öfter gefordert, dass eine Zertifizierung ausbleiben soll, solange nicht gesichertes Wissen über die tatsächlichen Umstände und Kausalzusammenhänge besteht[256].

Hochproblematisch ist in diesem Zusammenhang gerade die Einbindung „potentieller Geschädigter", sog. *future claimants*, bei denen zum Entscheidungszeitpunkt noch keinerlei Schäden aufgetreten sind, solche aber für die Zukunft jedenfalls eventuellzu erwarten sind oder aber zumindest noch keine gesicherten Erkenntnisse über den zukünftigen Verlauf bestimmter Schäden existieren[257]. Eine endgültige Entscheidung über solche „zukünftigen Ansprüche" bisher nur „potentieller Geschädigter" oder auch bereits tatsächlich Geschädigter, bei denen ein endgültiger Schadensverlauf noch nicht abzusehen ist, erscheint unter dem Gesichtspunkt der „Überlegenheit" des *class action* Verfahrens angesichts der mit ihm einhergehenden endgültigen und abschließenden Sachverhaltsregelung äußerst fraglich[258]

Das bereits angesprochene Argument, dass in *multi-state class actions* oft eine Vielzahl unterschiedlicher Deliktsrechte angewendet werden muss, wird schließlich im Rahmen dieser Zulassungsvoraussetzung ebenso wie im bei der Frage nach der *predominance* angeführt und kann gleichsam gegen die Überlegenheit der *class action* sprechen[259].

---

254 *Castano v. American Tobacco Co., 84 F.3d 734, 746 (5th Cir. 1996).*

255 So z.B. im Fall der Raucher- oder Asbestschäden.

256 Zum Vorschlag, die *„maturity-* Frage mit in die Liste der vom Gericht zu beachtenden Faktoren in *23 (b) (3) (C)* aufzunehmen, siehe Cooper, 40 Ariz. L. Rev. 923, 955 ff. (1998).

257 Dazu ausführlich in diesem Teil unten unter (e).

258 Hinsichtlich der Gegenüberstellung von noch gar nicht konkret geschädigten sowie bereits geschädigten Personen ist dabei bereits das Vorliegend der *predominance-* Voraussetzung höchst problematisch.

259 *Castano v. American Tobacco Co., 84 F.3d 734, 749 (5th Cir. 1996);* siehe auch *In re Baycol Products Litigation, 218 F.R.D. 197, 209 f. (2003).*

(c) Die relevanten Faktoren in Rule 23 (b) (3) (A)-(D)

In *Rule 23 (b) (3) (A) – (D)* werden vier Faktoren genannt, die das Gericht bei seiner Entscheidung hinsichtlich der Voraussetzungen der *superiority* und damit hinsichtlich der Zertifizierung der Klage als *23 (b) (3) class aciton* in Betracht ziehen soll, die allerdings nicht abschließend sind[260].

Zunächst sollen das etwaige Interesse der Mitglieder der *class* an einer individuellen Rechtsverfolgung betrachtet (A)[261] sowie das Ausmaß und die Art bereits anhängiger Verfahren einzelner Mitglieder mit in die Abwägung einbezogen werden (B)[262]. In Betracht zu ziehen ist außerdem, wie wünschenswert oder nicht die Konzentration des Streitstoffes in dem jeweiligen Forum ist (C)[263] und welche Schwierigkeiten voraussichtliche mit der prozessualen Bewältigung der *class action* zusammenhängen werden (D)[264]. Der letzte Faktor, der unter dem Stichwort *„manageability"* behandelt wird, ist dabei der umstrittenste im Rahmen der Zertifizierungsdiskussion und gleichzeitig der am häufigsten angeführte Grund für die Ablehnung der *superiority* der *class action* durch die Gerichte und die damit einhergehende negative Zertifizierungsentscheidung[265]. Insbesondere bundesweite und internationale *class actions* in *mass tort*-Verfahren werden mit Blick auf „Management-Probleme" abgelehnt[266].

---

260 Siehe *Advisory Committee Notes* zu *Rule 23 (1966)*, 39 FRD 69, 104 (1966); zu den vom *Advisory Committee* vorgeschlagenen Änderungen, siehe Cooper, 40 Ariz. L. Rev. 923, 950 ff. (1998).

261 Diese wird insbesondere dann als gering betrachtet, wenn die Einzelschäden der Gruppenmitglieder sehr gering sind; siehe *Zinser v. Accufix Research Inst., Inc., 253 F.3d 1180, 1190 (9th Cir. 2001)*.

262 Die Tatsache, dass bereits Individualprozesse anhängig sind, kann sowohl für ein besonderes Interesse an individueller Rechtsverfolgung sprechen als auch im Gegenteil für die Notwendigkeit einer *class action* insofern, als eine *class action* einer Vielzahl gleichartiger Einzelprozesse aus Gründen der Prozessökonomie vorzuziehen ist; Newberg, § 4:30.

263 Bejaht wurde die Überlegenheit des Forums ohne weitere Probleme zunächst for dem *Judicial Panel of Multidistrict Litigation* (dazu unten unter) etwa im Fall des Verfahrens im Zusammenhang mit dem Seilbahnunglück in Kaprun, Österreich, insbesondere, weil das Forum das von allen Klägern gewünschte war, siehe *In re Ski Train Fire in Kaprun, Austria on November 11, 2000, 2003 U.S. Dist. LEXIS 17958, 10 f.;* siehe aber die danach folgende Entscheidung gegen den österreichischen Beklagten Gletscherbahnen Kaprun AG *In re Ski Train Fire in Kaprun, Austria on November 11, 2003 WL 22909153 (S.D.N.Y.)*.

264 Die Frage nach der *managability* ist dabei Tatsachen- nicht Rechtsfrage, siehe 431 PLI/Lit. 7, 180.

265 Newberg, § 4:32.

266 Z.B. *Guillory v. Am. Tobacco Co., 2001 U.S. Dist. LEXIS 3353, 30 (2001)* (*"In this case, the proposed class action is unmanagable."*); zur Entwicklung der Rechtsprechung in diesem Teil unten unter C.VI.

Neben den ausdrücklich genannten Faktoren, die bei der Beurteilung der Überlegenheit der *class action* in Betracht gezogen werden sollen, sind schließlich diejenigen von Bedeutung, die den rechtspolitischen Zielen von *Rule 23* entsprechen: Förderung von Prozessökonomie, die Schaffung eines Forums für Kläger mit relativ geringen Ansprüchen und mit Blick auf die potentiellen Beklagten, Abschreckung von illegalen Aktivitäten bzw. Durchsetzung rechtsstaatlichen, gesetzestreuen Verhaltens[267].

(d) „Notice"- und „opt-out"-Verfahren

Der größte verfahrenstechnische Unterschied zwischen der *23 (b)(3) class action* und den beiden anderen Kategorien ist, dass es im Rahmen der letzteren grundsätzlich weder der Benachrichtigung der einzelnen Mitglieder der *class* durch sog. *notice* bedarf, noch für diesen die Möglichkeit besteht, aus der Klage „auszusteigen" (*opt-out*) und sich so der mit dem Urteil oder genehmigten Vergleich einhergehenden Rechtskrafterstreckung zu entziehen[268]. Allerdings sieht die Neufassung von *Rule 23* nunmehr in *23 (c) (2) (A)* ausdrücklich die Möglichkeit einer Benachrichtigung der Mitglieder in *(b) (1)* und *(b) (2) actions* durch *„appropriate notice"* vor[269]. Die Benachrichtigung muss dabei aber nicht dem für die schadensersatzrechtliche *class action* geltenden Standard entsprechen und ist insbesondere gerade nicht mit einer *opt-out*-Möglichkeit verbunden[270]. Damit bleibt die grundsätzliche Unterscheidung zwischen den „zwingenden" Kategoriene in *(b) (1)* und *(b) (2)* und der *opt-out*-Kategorie in *(b) (3)* erhalten[271].

---

267 Ausführlich Newberg, § 4:38 ff. m.w.N.

268 Diese Kategorien werden daher auch als *„mandatory class actions"* bezeichnet; vgl. dazu *Ortiz v. Fibreboard Corp., 527 U.S. 815, 834 (1999).*

269 Von der Einführung einer zwingenden Benachrichtigung im Rahmen dieser *class action*-Kategorien wurde letztlich abgesehen, da man befürchtete, dass aufgrund der damit verbundenen Kosten für den Kläger in diesem Fall eine Vielzahl „berechtigter" *class action*-Verfahren nicht geführt würden; siehe insofern die *Advisory Committee Notes* zu *Rule 23 (c) (2) (A)* n.F.

270 Excerpt from the Report of the Judicial Conference Commitee on Rules of Practice and Procedure, 215 F.R.D. 158.

271 Dabei gilt allgemein, dass die praktische Bedeutung des *opt-out*-Rechts limitiert ist. Abgesehen von Fällen mit hohen Einzelschäden oder solchen, in denen der erzielte Vergleich als extrem unfair angesehen wird, liegt der Durchschnitt der ausscheidenden Gruppenmitgliedern vor Bundesgerichten bei 0, 1 bis 0, 2 Prozent; Willging/Hooper /Niemic, 71 N.Y.U.L. Rev. 74, 135 (1996); ausführlich Eichholtz, Funktionsäquivalente, S. 149 m.w.N; für die grundsätzliche Abschaffung dieser Möglichkeit plädiert Rosenberg, 2003 U.Chi. Legal F. 19 (2003).

Gem. *23 (c) (2) (B)* muss das Gericht dagegen die repräsentierenden Kläger im Fall einer *23 (b) (3) class action* anweisen, die abwesenden Gruppenmitglieder einzeln über die Natur sowie die Anhängigkeit der Klage zu informieren. Die *notice* muss sie dabei insbesondere über ihr Recht aufklären, aus der *class action* „auszusteigen“ (*right to opt out*), mit der Folge, dass das später gefällte Urteil keinerlei Rechtskraft ihnen gegenüber entfaltet. Die Neufassung von *Rule 23* enthält schließlich nunmehr eine genaue Aufzählung der darüber hinaus in der *notice* aufzuführenden Tatsachen und Rechtsfolgen, wobei die *notice* selbst klar und in leicht verständlicher Form abgefasst sein muss[272].

Wie bereits dargestellt, kann schon die Zertifizierung der *class action* daran scheitern, dass das Interesse der einzelnen Mitglieder an individueller Rechtsverfolgung nach Ansicht des Gerichts allgemein überwiegt. Wird dagegen eine *class action* unter *23 (b) (3)* erst einmal zugelassen, so schützt *23 (c) (2) (B)* durch die Möglichkeit des individuellen *opt-out* – jedenfalls theoretisch – immer noch das einzelne Gruppenmitglied in seinem Recht auf einen eigenen Prozess[273]. Versäumt das Gruppenmitglied allerdings, von seinem *opt-out*-Recht Gebrauch zu machen, so wird das spätere Urteil bzw. der erzielte Vergleich grundsätzlich ihm gegenüber bindend und es besteht keine Möglichkeit mehr, individuellen Rechtsschutz im Hinblick auf den zugrunde liegenden Sachverhalt in Anspruch zu nehmen[274]. Das Schweigen auf die Benachrichtigung von der Klage bzw. das Verstreichenlassen der gleichzeitig gesetzten *opt-out*-Frist wird damit als Zustimmung zur Teilnahme am Verfahren gewertet und löst die Bindungswirkung aus[275].. Solange der potentielle Kläger also nicht aktiv tätig wird, hat er keine Chance, sich den prozessualen Wirkungen der *class action* zu ent-

272 Siehe *Rule 23 (c) (2) (B)*.

273 Zusätzlich sind in *23 (d)* nicht abschließende Gründe für weitere Benachrichtigungen der Gruppenmitglieder während des laufenden Verfahrens aufgezählt. Diese Benachrichtigungen liegen im Gegensatz zu der unter *23 (c) (2) (B)* geregelten im Ermessen des Gerichts und können insbesondere in *23 (b) (3) actions* von Bedeutung sein, um etwa den Mitgliedern die Möglichkeit zu geben, Einspruch gegen die Art und Weise ihrer Vertretung (*representation*) zu erhebeben; siehe *Advisory Commitee Notes* zu *subdivision (d) (2)*.

274 Da teilweise faktisch keine Benachrichtigung erfolgt, führt die Erstreckung der Rechtskraft auch auf nicht benachrichtigte Gruppenmitglieder für diese quasi zu einem gesetzlichen Ausschluss der Individualklage. Darin läge aus deutscher Sicht jedenfalls ein Verstoß gegen den verfassungsfest verbürgten Zugang zu Gericht; Schmidt-Aßmann ,in: Maunz/Dürig, Art. 103, Rn. 46.

275 Allerdings besteht nach der jüngsten Reform von *Rule 23* nunmehr für das Gericht die Möglichkeit, in bestimmten Situationen eine zweite *opt out* Möglichkeit zu verlangen, dazu in diesem Teil unten unter D.I.3.(b).

ziehen[276]. Damit kehrt die *class action* – dem vermuteten ökonomischen Interesse des Gruppenmitglieds entsprechend – die „Initiativlast" für die Klageerhebung um: statt aktiven Tätigwerdens „für", bedarf es aktiven Tätigwerdens „gegen" eine Klageerhebung[277].

Da grundsätzlich die Gruppenmitglieder in den „zwingenden" (*mandatory*) *class action*-Kategorien *23 (b) (1)* und *(2)* nicht wählen können, ob sie an der *class action* teilnehmen wollen, müssen sie auch nicht benachrichtigt werden[278]. Angesichts der unterschiedlichen Zielrichtung der beiden anderen Kategorien wäre eine solche Option oftmals auch nicht wünschenswert: In diesen Fällen geht es in erster Linie um die Vermeidung divergierender Entscheidungen sowie die Durchsetzung einheitlicher Verhaltensmaßstäbe bzw. die gleichmäßige Verteilung begrenzter Mittel. Die *23 (b) (3) class action* ist dagegen – jedenfalls theoretisch – zunächst ein reines Instrument der Prozessökonomie. Die ihr zugrundeliegenden Sachverhalte machen nicht zwingend eine einheitliche Entscheidung erforderlich, sondern könnten ebenso im Rahmen einer Vielzahl von Individualprozessen verhandelt werden. Dem Mitglied der *class* muss aus diesem Grund das Recht vorbehalten werden, seine persönlichen Ansprüche alternativ in einem eigenen Prozess durchzusetzen.
Die Homogenität der Ansprüche ist ist in den ersten beiden Kategorien dagegen bereits grundsätzlich der Ausgangspunkt, so dass – anders als in Fällen von *(b)(3)* – ein Bedürfnis nach einem *opt-out*-Recht nicht besteht[279]. Dies gilt insbesondere, wenn Streitgegenstand die Durchsetzung bestimmter Verhaltensmaßstäbe oder Feststellungsbegehren sind, ebenso aber auch, wenn nur zusätzlich Entschädigung in Geld beantragt wird[280]. Bei der Schaffung der ersten beiden Kategorien hatte der Gesetzgeber insofern spezielle Situationen im Auge, mit der weiteren Konsequenz, dass grundsätzlich *class actions*, die in dieses Schema passen, auch nicht unter der dritten Kategorie zertifiziert werden können bzw. sollen[281]. Denn in den hier speziell anvisierten Fällen ist es gerade nicht wün-

---

276 Dies gilt sogar, wenn bereits ein Individualprozess anhängig ist. Auch dann muss das Mitglied der Gruppe aktiv von seinem *opt-out*-Recht Gebrauch machen, um nicht am Ende vom Urteil erfasst zu sein; siehe etwa *In re Prudential Secs. Ltd. Pshps. Litig., 164 F.R.D. 362, 370 (1996); Supermarkets General Corp. v. Grinnell Corp., 490 F.2d 1183. 1186 (2nd Cir. 1974).*

277 Hirte, FS Leser, S. 337.

278 Dementsprechend müssen die Mitglieder in den beiden anderen Kategorien auch nicht einzeln benannt werden, sondern es reicht aus, dass diese allgemein "beschrieben" werden, während unter *(b) (3)* die Kläger einzeln bezeichnet werden müsssen (siehe *23 (c) (3)*).

279 Newberg, § 4:20.

280 *DeBoer v. Mellon Mortg. Co., 64 F.3d.* 1171, 1175 (8th Cir. 1995).

281 So die h.M in Rspr. und Literatur; siehe *Van Gemert v. Boeing Corp, 259 F Supp. 125, 130 (SDNY 1966);* Newberg, § 4:20 m.w.N .

schenswert, dass es zu Paralellprozessen kommt, wie es im Rahmen von *(b) (3) actions* nach vorheriger Ausübung des *opt-out*-Rechts grundsätzlich immer möglich ist[282].
Das Notizifierungsverfahren selbst orientiert sich dabei an dem in der Verfassung festgelegten Grundsatz auf einen fairen Prozess (*due process clause*) und dessen Anwendung auf Zustellungsfragen in normalen Zivilsachen[283].
Die *due process clause* verlangt dabei nach der Rechtsprechung in *23 (b) (3) class actions* vom Kläger bzw. Klägeranwalt die „bestmögliche Benachrichtigung unter den gegebenen Umständen", d.h. eine Benachrichtigung aller einzelnen Mitglieder, die mit angemessener Anstrengung ermittelbar sind[284]. Grundsätzlich wird insofern eine Unterscheidung zwischen den „identifizierbaren" und den „nicht identifizierbaren" Mitgliedern der *class* gemacht[285]. Während Erstere einen Anspruch auf individuelle Benachrichtigung haben, reicht für Letztere eine andere Form der Information[286]. In der Regel wird die persönliche Zustellung in diesen Fällen durch unterschiedliche Formen der Veröffentlichung ersetzt[287]. Relevant wird diese Methode dabei insbesondere, wenn ein Teil der potentiellen *class* Mitglieder sich im Ausland befindet. Dann kann die *„notice"* z.B. durch Veröffentlichung in verschiedenen Zeitungen in den Ländern ausreichend sein, in denen die Mehrzahl der unbekannten Mitglieder der *class* vermutet wird[288].

Problematisch im Zusammenhang mit dem *notice*-Verfahren ist schließlich noch die Tatsache, dass die Kläger seit einer Entscheidung des *Supreme Courts* die Kosten der Notifizierung tragen müssen, was angesichts der Höhe der Kosten insbesondere viele Verbraucherklagen von vornherein zum Scheitern verurteilt[289]. Endet das Verfahren dagegen bereits vor der Zertifizierung durch Klage-

---

282 *Van Gemert v. Boeing Corp, 259 F Supp. 125, 130 (SDNY 1966).*

283 Vgl. Die Leitentscheidung *Mullane v. Central Hannover Bank & Trust Co., 339 U.S. 306 (1950) und Hansberry v. Lee, 311 U.S. 32 (1940).* Siehe aber *Vancouver Women's Health Collective Soc. V. A.H. Robins Co., Inc., 820 F.2d 1359, 1363 (4th Cir. 1987),* wo das Gericht davon ausgeht, dass ausländische Kläger, die nicht in den USA leben nicht in den Schutzbereich der *due process* clause fallen, so dass von vornherein weniger strenge Maßstäbe für die Notifizierung gelten sollen.

284 *„(...) best notice practicable under the circumstances, including individual notice to all members who can be identified through reasonable effort"* (*23 (c) (2) (B)*).

285 Dazu auch Solovy et al., Class Action Controversies, 276 ff.

286 *In re U.S. Financial Sec. Litigation, 69 F.R.D. 24, 53 (1975)* unter Berufung auf die Entscheidung in *Eisen v. Carlisle & Jaquelin, 417 U.S. 156, 173 (1974).*

287 Ausführlich dazu Solovy et al., Class Action Controversies, 278 f.

288 *In re U.S. Financial Sec. Litigation, 69 F.R.D. 24, 54 f. (1975).*

289 Siehe die Leitentscheidung *Eisen v. Carlisle & Jacqelin, 417 U.S. 156 (1974).*

verzicht (*voluntary dissmissal with prejudice*), so bedarf es keiner Benachrichtigung der potentiellen Mitglieder der *class*[290].

(e) Das Problem der future claimants

Die *opt-out*-Voraussetzung im Rahmen von *23 (b) (3) actions* ist außerordentlich problematisch im Hinblick auf die *future claimants* im Rahmen von *mass torts*. Hierbei handelt es sich um Gruppenmitglieder, die Teil der *class* sind, obwohl im aktuellen Zeitpunkt des Prozesses keine Schäden vorliegen[291]. Dennoch besteht theoretisch die Möglichkeit, diese Personen mit in die Klage einzubinden und ihnen damit angesichts der Bindungswirkung des Urteils oder Vergleichs
ebenfalls den Weg zu einer späteren (auch individuellen) Rechtsdurchsetzung abzuschneiden. Diesen Gruppenmitgliedern wird die Bürde eines *opt-out* auferlegt, um sich dadurch potentielle zukünftige Ansprüche zu sichern. Machen sie von dieser Möglichkeit keinen Gebrauch, so gilt auch ihnen gegenüber das später erzielte Ergebnis der *class action*.
Hier werden im Ergebnis noch nicht existierende Ansprüche pauschal für die Zukunft präkludiert, ohne dass bereits absehbar ist, ob sie *überhaupt* entstehen, geschweige denn, welchen Umfang sie in diesem Fall haben werden.
Rechtspolitisch ist diese Verfahrensweise höchst fragwürdig, im Hinblick auf die Verfassungsgarantie des *due process* ist sie darüber hinaus wohl auch als unzulässig zu betrachten. Ein Verfahren, dass in vielen Fällen dazu führt, dass über noch gar nicht existierende Ansprüche sogar ohne ausdrücklichen Verzicht der Berechtigten rechtskräftig entschieden wird, ist insofern wohl kaum noch als „fair" im Sinne der Verfassung angesehen werden, um so mehr, wenn es sich bei dem Verfahren um einen von vornherein zwischen Kläger und Beklagtem ausgehandelten Vergleich handelt, der die materielle Rechtslage außen vor lassen kann und oftmals auch wird und ein „Verfahren" im prozessualen Sinne nicht einmal mehr erfordert.

Der *Supreme Court* hat in einer jüngeren Entscheidung im Rahmen eines *settlement*-Verfahrens angedeutet, dass es jedenfalls fraglich ist, ob das *notice requirement* – dass ja in erster Linie den Zweck erfüllt, den Gruppenmitgliedern die Möglichkeit des *opt-out* zu eröffnen – in diesen Fällen überhaupt in Einklang

290 Siehe , *In re Nazi Era Cases Against German Defendants Litig., 198 F.R.D. 429* (2000), wo die Kläger freiwillig mehrere Klagen zurückgenommen hatten, um die Entschädigung durch einen multinationalen Fonds zu erleichtern.

291 Siehe dazu insbesondere die Entscheidung *Amchem Prods. v. Windsor, 521 U.S. 591, 628 (1997*), wo die Bindungswirkung im Hinblick auf potentielle, zukünftige Geschädigte als hochproblematisch angesehen wurde; ausführlich dazu in diesem Teil unten unter D.III.5.(a).

mit der Verfassung und *Rule 23* erfüllt werden kann[292]. Leider hat er es damit gleichzeitig versäumt, eindeutig Stellung zu nehmen und die Rechtslage zu klären, ob *future claimants* überhaupt grundsätzlich als Teil einer *class* zertifizierbar sind[293]. Die faktische Ungleichheit innerhalb einer Gruppe, die aus Opfern und *future claimants* besteht, müsste insofern bereits als eklatanter Verstoße sowohl gegen die Voraussetzungen von *Rule 23* – insbesondere etwa gegen das *predominance*- und das *superiority*-Kriterium – als auch gegen das Grundrecht auf ein faires Verfahren gelten[294].

Abgeschwächt muss dabei das gleiche Argument für solche Gruppenmitglieder gelten, die etwa *tatsächlich* nicht von der Klage erfahren bzw. denen etwa die Reichweite der Konsequenzen eines fehlenden *opt-out*s nicht bewusst ist. In der Praxis wird es insofern immer Mitglieder der Gruppe geben, die zu Gunsten individueller Rechtsverfolgung von ihrem *opt-out*-Recht Gebrauch gemacht hätten, wären sie in vollem Bewusstsein aller Fakten gewesen[295]. Reformvorschläge, die aus den genannten Gründen eine vierte Klagekategorie in Form einer *„opt-in class action"* in *23 (b) (4)* vorsahen, um insbesondere Streuschäden im Rahmen von *mass torts* besser bewältigen zu können, wurden allerdings bisher abgelehnt[296]. Im Rahmen der jüngsten Reform von *Rule 23* war die Schaffung einer *opt-in*-Möglichkeit zwar bereits im Gespräch gewesen, wurde aber letztlich nicht umgesetzt[297].

Allgemein wird befürchtet, dass die Gerichte eine solche Möglichkeit benutzen könnten, um *class actions* im herkömmlichen Sinne zu umgehen. Außerdem befürchtet man, dass im Rahmen der *opt-in class actions* im Ergebnis eine viel ge-

---

292 *Amchem Prods. v. Windsor, 521 U.S., 591,628 (1997)("we recognize the gravity of the question whether class action notice sufficient under the Constitution and Rule 23 could ever be given to legions so unselfconscious and amorphous");* ausführlich zu dieser Entscheidung unten unter D.III.5.(a).

293 Nicht angesprochen wurde auch die Frage, ob überhaupt die Prozessführungsbefugnis unter Art. III der Verfassung der repräsentierenden Kläger für diese Personen bejaht werden kann (*standing*). Art. III verlangt insofern insbesondere, dass der Kläger eine "tatsächliche Verletzung" (*injury in fact*) erlitten hat; siehe dazu *Lujan v. Defenders of Wildlife, 504 U.S. 555, 560 (1992).*

294 Zum Teil wird insofern vorgeschlagen, eine neues Element in die Zertifizierungsprüfung im Rahmen von *(b) (3) actions* einzuführen. Das Gericht soll insofern im Rahmen der Überlegenheitsfrage überprüfen, ob die Beweismittel im wesentlichen dieselben für die Ansprüche aller *class*-Mitglieder sein werden würden; Cooper, 40 Ariz. L. Rev. 923, 923 (1998).

295 Cooper, 40 Ariz. L. Rev. 923, 933 (1998).

296 Dazu Cooper, 40 Ariz. L. Rev. 923, 959 f. (1998).

297 Siehe *Minutes, Civil Rules Advisory Committee, Oct. 14 15 1999,* erhältlich unter www.us-courts.gov.

ringere Anzahl an Gruppenmitgliedern zusammenkommen würden als im Fall einer klassischen *opt-out class*, insbesondere in Fällen mit vielen realtiv geringen Einzelschäden[298]. Beide Befürchtungen sind sicherlich nicht von der Hand zu weisen und zeigen gleichzeitig das eigentliche Dilemma der *opt-out class action.*

Die Akzeptanz der *opt-out class* wird begründet mit der Prämisse, dass das Nichtausüben des *opt-out*-Rechts auf einer bewussten, gründlich überdachten Entscheidung beruht, Mitglied der *class* sein zu wollen[299]. Wäre dies aber der Fall, so bestünde kein Grund zur Annahme, dass derjenige, der den tatsächlichen Willen hat, Mitglied der *class* zu sein, dieses auch durch ein positives Signal zu verstehen geben würde. Die Verringerung der Gruppengröße im Fall von *opt-in class actions* kann gerade *nicht* für sich genommen als Argument gegen dies Form der Klage herhalten. Sie beweist vielmehr, dass die Mehrzahl der Gruppenmitglieder in der Praxis gerade nicht die Mühe auf sich nimmt, gründlich das Für und Wider einer Teilnahme an der Klage abzuwägen, sondern den Weg des geringsten Widerstandes wählt: passiv zu bleiben!

Diese Realität aber muss gerade das schlagende Argument *für* eine Änderung des status quo sein, hin zu der bewussten Einbeziehung der Gruppenmitglieder in die Entscheidung für oder gegen eine Teilnahme[300]. Gerade in Fällen, in denen das Problem der *future claimants* zum Tragen kommt, ist ein solches Teilnahmeverfahren mit umgekehrten Vorzeichen sicherlich unverzichtbar[301]. Die umgekehrte Argumentation ist so verlogen wie durchschaubar: Von der Größe der *class* profitieren am Ende eines Verfahrens regelmäßig nicht deren einzelne Mitglieder, sondern in erster Linie die Anwälte.

2. Die Bedeutung der Zertifizierungsentscheidung

Die Zertifizierungsentscheidung im Rahmen einer *class action* ist aus mehreren Gründen von grundsätzlicher Bedeutung. Zum einen steigt der „Wert" der Klage mit der Zertifizierung als *class action* enorm, so dass der Beklagte oftmals erst ab diesem Zeitpunkt die vom Kläger behaupteten Ansprüche überhaupt ernst

298 Cooper, 40 Ariz. L. Rev. 923, 960 (1998).

299 Cooper, 40 Ariz. L. Rev. 923, 960 (1998).

300 Interesanterweise hat vor kurzem eine Bundesrichterin im Rahmen des vorprozessualen Verfahrens vor dem *Judicial Panel of Multidisctrict Litigation* (dazu ausführlich unten unter Teil 3 B.VII.3.) in einem Verfahren in Zusammenhang mit dem Seilbahnunglück in Kaprun, Österreicht, auf Antrag der Kläger das *opt-in*-Model trotz fehlender ausdrücklicher Grundlage in *Rule 23* praktiziert und die Zulässigkeit dieses Vorgehens mit der dem Gericht gegebenen *equitable powers* begründet; siehe *In re Ski Train Fire in Kaprun, Austria on November 11, 2000, 2003 U.S. Dist. Lexis 17958,11 ff. (S.D.N.Y. Oct. 8, 2003)*, dazu auch Cabraser, 57 Stan. L. Rev. 1475, 1517 ff.

301 Leider hat die jüngste Reform von *Rule 23* es versäumt, wenigstens ausdrücklich die Möglichkeit von *opt-in class actions* in die Neuregelung mit aufzunehmen.

nimmt[302]. Der Vergleichsdruck auf den Beklagten steigt damit im Moment der Zertifizierung enorm[303]. In der Praxis werden zwischen 62 und 100% der anhängigen *class actions* nach einer erfolgten Zertifizierung verglichen, während im Fall der Verweigerung der Zertifizierung die Vergleichsrate nur bei 20 bis 30% liegt[304].
Schließlich wird in diesem Moment insgesamt auch die „Reichweite" der Klage festgelegt, auf die sich beide Parteien nunmehr einstellen müssen sowie eine erste Idee von der allgemeinen Haltung des zuständigen Richters im Hinblick auf *class action*-Verfahren vermittelt[305].

Über die Zulassung der Klage soll das Gericht dabei möglichst früh und durch gesonderten Beschluss (sog. *certification order*) entscheiden[306]. Im Interesse der Parteien soll so früh wie möglich Klarheit darüber bestehen, ob eine Klage, die als *class action* anhängig gemacht wurde, als solche bestehen bleibt oder nicht[307]. Gem. *Rule 23 (c) (1) (B)* muss die *certification order* nunmehr insbesondere die Ernennung des Klägeranwalts nach den Grundsätzen von *23 (g)* beinhalten[308].

Die Zulassung konnte dabei bis vor kurzem gem. *Rule 23 (c) (1)* auch vorläufig sein (*conditional*), so z.B. unter der Bedingung erfolgen, dass die Repräsentation der Gruppe durch die Intervention zusätzlicher Parteien verbessert wird[309]. Nach der jüngsten Reform ist eine vorläufige Zertifizierung nicht mehr möglich. Das Gericht soll seine Zertifizierungsentscheidung nunmehr vorbehaltslos und damit erst fällen, wenn es sich seiner Sache sicher ist. Angesichts der regelmäßig langen Zeitspannen zwischen Einreichung der Klage und der Zertifizierungsentscheidung in der Praxis, wird diese Änderung allerdings keine große Bedeutung haben[310]. Allerdings kann die Zertifzierungsentscheidung bis zur entgültigen Entscheidung in der Sache abgeändert oder ergänzt werden oder es können Mitglieder der Gruppe ausgeschlossen werden, um die Zertifizierung zu ermögli-

---

302 Garth, 62 Ind. L. J. 497, 501 (1987).

303 *" (...)certification is a settlement-significant event"*, Willging /Hooper /Niemic, 71 N.Y.U.L. Rev. 74, 175 (1996); so auch Cabraser, 57 Stan. L. Rev. 1475, 1482 (2005).

304 Willging /Hooper /Niemic, 71 N.Y.U.L. Rev. 74, 143 (1996).

305 Garth, 62 Ind. L. J. 497, 501 (1987).

306 Siehe *Rule 23 (c) (1) (A) n.F.*

307 Während schwebender Vergleichsverhandlungen wird das Gericht allerdings oftmals die Zertifizierungsentscheidung verschieben, um im Fall eines positiven Ergebnisses nur eine einzige kombinierte Benachrichtigung an die Mitglieder der *class* über Zertifizierung und Inhalt des Vergleichs verschicken zu müssen; Newberg, § 17:22.

308 Darüberhinaus muss sie die Definition der *class,* die geltend gemachten Ansprüche sowie besondere Streitfragen oder Verteidigungsmittel nennen.

309 Siehe *Advisory Committee Notes* zu *23 (c) (1) n.F. (2002).*

310 So ausdrücklich die Anmerkungen des *Advisory Commitee* zu dieser Vorschrift.

chen[311]. Bis zur Sachentscheidung ist auch eine Dezertifizierung durch das Gericht noch jederzeit möglich[312]. Dies gilt auch noch nach der Neufassung von *Rule 23 (c) (1)*[313].

Gem. *Rule 23 (c) (4) (A)* kann das Gericht auch nach seinem Ermessen die Zertifizierung nur für bestimmte Fragen vornehmen oder das gesamte Verfahren „splitten", um so zur „Überlegenheit" der *class action* zu gelangen und das Ziel der Prozessöknomie zu erreichen[314]. Angesichts der steigenden Zahl von *class actions* und der Probleme im Zusammenhang mit *complex litigation*, hat diese Möglichkeit in der Praxis enorm an Bedeutung gewonnen[315]. Sie erlaubt den Gerichten angesichts hochkomplexer Sachverhalte vor allem, jedenfalls im Hinblick auf bestimmte Fragen eine Zertifizierung vorzunehmen und damit die Kläger nicht vollständig abzuweisen. Etwas Ähnliches gilt für *Rule 23 (c) (4) (B)*, wonach das Gericht die *class* bei der Zertifizierung auch in weitere Untergruppen (*subclasses)* eingeteilen, die dann im Verfahren jeweils als eigenständige *class* zu behandeln sind[316].
Im Rahmen der Zertifizierungsentscheidung bekommt der Prozess damit seine eigentliche Kontur durch die Festlegung der näheren Umstände der *class*[317]. Besondere Bedeutung kommt der Zertifizierung außerdem daher zu, weil eine negative Zertifizierungsentscheidung in vielen Fällen das Ende des Prozesses bedeutet. Der Druck, der von der *class action* als solcher ausgeht und von den Klägeranwälten bewusst als Verhandlungsstrategie ausgenutzt wird, entfällt in diesen Fällen[318]. Für den Beklagten bedeutet dies vor allem, dass er alles daran setzen sollte, bereits im Zertifizierungsstadium zu obsiegen, indem er eine solche gerade verhindert.

---

311 *In re Holocaust Victim Assets Litigation, 225 F.3d 191, 201 (2d Cir. 2000).*

312 Siehe etwa in *Doe v. Karadzic, 192 F.R.D. 133(United States District Court for the Southern District of New York 2000).*

313 Siehe *Rule 23 (c) (1) (C)* und die *Advisory Commitee Notes* zu *Rule 23 n.F.*

314 Siehe z.B im Fall *Simon v. Philip Morris, 200 F.R.D. 21 (2001),* wo das Gericht das Verfahren in unterschiedliche Fragen aufgeteilt hatte, die von unterschiedlichen Jurys entschieden wurden.

315 Newberg, § 17:5.

316 In einem der Verfahren gegen den Bayer-Konzern hatten die Kläger – erfolglos – die Zertifizierung von drei verschiedenen Gruppen beantragt, von denen eine aus tatsächlich geschädigten Konsumenten (*personal injury class)*, eine aus noch symptomfreien Konsumenten (*medical monitoring class)* und eine aus allen Käufern des Medikaments für den persönlichen oder familiären Gebrauch (*refund class)* bestand; siehe *In re Baycol Products Litigation, 218 F.R.D. 197, 202 (2003).*

317 Garth, 62 Ind. L. J. 497, 500 (1987).

318 Garth, 62 Ind. L. J. 497, 500 (1987).

C. Praktische Anwendbarkeit der Schadensersatz class actions

Die Schadensersatz *class action* im Sinne von *Rule 23 (b) (3)* ist so etwas wie die „allgemeine" *class action*, da sie sich für die denkbar unterschiedlichsten Situationen eignet, in denen das Instrument der *class action* keineswegs zwingend, sondern vielmehr diese Form der Klage aus prozessökonomischen Gründen als wünschenswert betrachtet wird. Ihr Anwendungsbereich ist damit von vornherein ein anderer als in den anderen Kategorien von *Rule 23*.

I. Präferenz von 23 (b) (1) und 23 (b) (2) actions

Die in *Rule 23(b) (1)* und *(b) (2)* vorgesehenen Kategorien von *class actions* betreffen im Gegensatz zu *Rule 23 (b) (3)* Fälle, die recht eindeutig eine Behandlung einer bestimmten Klage als *class action* notwenig erscheinen lassen. Dennoch gilt, dass die verschiedenen Kategorien von *class actions* sich nicht zwingend gegenseitig ausschließen. So können etwa gewisse *class actions* sowohl unter *(b) (1)* oder *b (2)* fallen und gleichzeitig unter *(b) (3)*[319]. In diesem Fall kann eine Zertifizierung unter *(b) (1)* oder *(2)* von Vorteil sein, da in diesem Fall das Erfordernis der Benachrichtigung der Gruppenmitglieder und damit auch die Möglichkeit des *opt-out* entfällt[320]. Die Rechtsprechung zieht in diesem Fall ebenfalls die Zertifizierung unter einer der ersten Kategorien vor[321]. Problematisch ist dabei, dass hier der Schutz der Gruppenmitglieder deutlich eingeschränkt wird, da es keinerlei Möglichkeit gibt, sich der Rechtswirkung des Urteils zu entziehen[322].

II. Die Multifunktionalität der Rule 23 (b) (3) action / Versöhnung von Prozessökonomie und public law enforcement

Das Hauptziel bei der Schaffung von *Rule 23 (b) (3)* war die Förderung der Prozessökonomie[323]. Typisch ist diese Art der Klage daher als Verbraucherklage bei Bagatellschäden (*small claim consumer class actions*). Hier entspricht ihre Anwendung am ehesten noch der ursprünglichen Intention des Gesetzgebers, inso-

---

319 Newberg, § 4:20.

320 Siehe aber *Ortiz v. Fiberboard Corp., 527 U.S. 815 (1999),* wo dieser Versuch fehlschlug, da nicht dargelegt werden konnte, dass ein *limited fund* vorlag, so dass die Zertifizierung abgelehnt wurde.

321 Siehe z.B. in *Van Gemert v. Boeing Corp., 259 F. Supp. 125 (S.D.N.Y. 1966);* Newberg, § 4:20 m.w.N.

322 Siehe *Van Gemert v. Boeing Corp., 259 F. Supp. 125, 130 (S.D.N.Y. 1966).*

323 *„Subdivision (b) (3) encompasses those cases in which a class action would achieve economies of time, effort, and expense, and promote uniformity of decision as to persons similary situated, without sacrificing procedural fairness or bringing about other undesirable results."* (Rule 23 Advisory Committee Notes (1966)).

fern als viele, relativ geringe und in der Charakteristik sehr ähnliche Einzelschäden, die ohne eine *class action* wahrscheinlich nicht individuell verfolgt würden, gemeinsam auf befriedigende Weise gerichtlich abgeurteilt werden können[324]. In diesen Fällen kann die *class action* als sinnvolles und wirksames Instrument zur rechtlichen Bewältigung der zugrunde liegenden Sachverhalte angesehen werden[325].

Daneben wird heute verstärkt die sog. *private attorney-general theorie* vertreten, wonach die *(b) (3) class action* vor allem die weitere Funktion erfüllt, den Bürger in die Position zu versetzen im öffentlichen Interesse zu klagen und damit insbesondere Mitglieder der Allgemeinheit zu schützen, wenn diese nicht in der Lage sind sich selbst zu schützen[326]. Dies gilt nicht zuletzt wiederum die Fälle der *small claim consumer class actions,* bei denen der Anspruch des einzelnen Geschädigten zu klein ist, als dass er einen Prozess lohnend erscheinen lassen würde, mit der zusätzlichen Folge, dass der Schädiger im Ergebnis schadlos gehalten wird[327]. Problematisch wird diese Sicht der Dinge allerdings, wenn sie dazu führt, dass durch die *class action* Streitstoff geschaffen wird, der ohne sie gar nicht judizierbar wäre. Geschaffen, um die Prozessökonomie zu fördern, hätte die (b) (3) action dann den genau gegenteiligen Effekt erreicht[328]. Viele Spezialisten auf dem Gebiet der *class actions* glauben insofern, dass *Rule 23* zum Teil neuen, nicht wünschenswerten Streitstoff geschaffen und damit einen Konflikt zwischen Prozessökonomie und der Durchsetzung öffentlichen Rechts (*public law enforcement)* heraufbeschworen hat[329]. Ein gewisser Konflikt, der sich aus beiden „Funktionsansätzen" ergibt, ist dabei sicherlich nicht zu leugnen. Die Durchsetzung bestimmter Verhaltensmaßstäbe gegenüber Unternehmen oder ganzen Branchen im Interesse der Allgemeinheit lässt sich mit dem grundsätzlichen Ziel der Prozessöknomie schwer im Rahmen eines einzelnen prozessualen Instruments vereinbaren[330].

---

324 Schwarzer, 94 Mich. L. Rev., 1255 ff. (1996).

325 So auch Hirte, FS Leser, S. 337.

326 Hier geht es also um ein Tätigwerden im Sinne eines „privaten" Staatsanwaltes; siehe dazu bereits in diesem Teil oben unter A.IV. und den Beitrag von Garth/Nagel/Plager, 61 S. Cal. L. Rev. 353 (1988).

327 Ausführlich zu den sog. *small-claim class*es Cooper, 40 Ariz. L. Rev. 923, 929 ff. (1998).

328 Shreve, Civil Procedure, § 9.09 (1) (b).

329 Cooper, 40 Ariz. L. Rev. 923, 924 (1998).

330 Dennoch kann wohl die faktische Nicht-Justiziabilität bestimmter Ansprüche – gerade im Rahmen der *small consumer claims* – nicht per se als Argument gegen diese Form der Klage verwendet werden. Schließlich wurde sie gerade auch mit dem Ziel geschaffen, solche faktisch – nicht dagegen rechtlich – nicht durchsetzbaren Ansprüche tatsächlich justiziabel zu machen und gleichzeitig dabei so prozessökonomisch wie möglich zu verfahren. Im Ergebnis dann die (notwendige) Schaffung neuen Streitstoffs durch die *class action* zu beklagen, ist in dieser Grundsätzlichkeit sicherlich nicht berechtigt. Darüber hinaus liegt wenigstens auch zum Teil in der Natur der Sache, dass die Schaffung einer

Darüber hinaus werden heute im Rahmen von *class action*-Verfahren oftmals Ergebnisse erreicht, die der Gesetzgeber mit der Schaffung der Vorschrift in keiner Weise intendiert hat. Insbesondere steht die Schlagkraft dieser Klageform, die allein durch die Masse an hier zusammengefassten (potentiellen) Ansprüchen entsteht, oftmals in keinerlei Verhältnis mehr zu der zugrundeliegenden Haftungssituation und den tatsächlich erlittenen Schäden.

Der aktuelle Anwendungsbereich dieser Klageform spielt sich dabei zwischen zwei Extremen ab. An einem Ende der Skala befinden sich Gruppen, deren Mitglieder alle geringe individuelle Schäden erlitten haben, während sich am anderen Ende die Gruppen befinden, deren Mitglieder ernste körperliche und gesundheitliche Schäden oder sogar den Tod erlitten haben. Dazwischen liegt die große Masse von Gruppen, deren Mitglieder unter den verschiedensten tatsächlichen und rechtlichen Umständen zu Schaden gekommen sind[331].

III. Small consumer claims

Einen großen Teil der Klagen machen weiterhin die klassischen Verbraucherklagen aus. Hier ist die *class action* grundsätzlich geeignet, angemessene Lösungen zu bieten für Ansprüche, die ohne dieses prozessrechtliche Instrument wahrscheinlich gar nicht durchsetzbar wären[332].
Charakteristisch ist in diesen Fällen, dass eine Vielzahl geringer Einzelschäden vorliegt, die individuell in der Praxis nicht justiziabel sind und bei denen im Ergebnis die Abschreckung und Verhaltenssteuerung im Hinblick auf das schädigende Unternehmen als rechtspolitisches Ziel mehr im Vordergrund steht als die tatsächliche Entschädigung des Einzelnen. Das Problematischste an diesen Klagen ist damit nicht die Ungeeignetheit der *class action* als Klageform, sondern vielmehr die oftmals horrenden Summen, die die Anwälte in diesen Fällen kassieren und die einem im Gegensatz dazu geringen Nutzen für das einzelne Mitglied der *class* gegenüberstehen[333].

---

prozessualen Möglichkeit, Bagatellschäden insgesamt gerichtlich geltend zu machen, eine Verhaltenssteuerung des Schädigers notwendig impliziert und damit ein gewisses *public law enforcement*-Kriterium beinhaltet.

331 Cooper, 40 Ariz. L. Rev. 923, 928 (1998).

332 Newberg § 5:44; so auch ausdrücklich *Gasperoni v. Metabolife, 2000 U.S. Dist. LEXIS 20879, 24* („*Class suits should rarely be denied or decertified solely because class management problems are complex.The interests of justice require that in a doubtful case... any error, if there is to be one, should be committed in favor of allowing the class action. This is especially so in a case such as here, where the individual damage claims are so small that denial of class certification would effectively eliminate the litigation. In such circumstances, courts should be liberal in granting class certification (quoting Anchem)*").

333 Schwarzer, 94 Mich. L. Rev. 1250, 1256 (1996).

IV. Antitrust und securities fraud suits nach dem PSLRA

Klassischer Anwendungsbereich der *23 (b) (3) action* sind außerdem *antitrust* und *securities fraud suits*[334]. Die kartellrechtlichen *antitrust*-Klagen beinhalten dabei oft Kollusion (*conspiracy*) und Preisabsprachen (*price-fixing*)[335].
Securities fraud suits sind oftmals Klagen kleinerer und größerer Investoren gegen Investmentbanken wegen Täuschung (*misrepresentation)*[336]. Die *class action* bietet sich hier insbesondere an, weil die einzelnen Ansprüche der Investoren oftmals zu klein sind, um Einzelklagen zu rechtfertigen[337].
Diese Klageform wurden durch den *Private Securities Litigation Reform Act* von 1995 reformiert und als einzige *class action*-Kategorie zusätzlichen speziellen Regelungen zugeführt, die neben *Rule 23* anwendbar sind[338]. Insbesondere wurde zur Vermeidung gewisser Interessenkonflikte zwischen Klägeranwälten und *class*, ein sog. *lead plaintiff* eingeführt, der die Interessen der *class* wahrnimmt und deutlich mehr Einfluss auf das Verfahren nehmen kann und soll als der *representativ* im Rahmen klassischer *class action*-Verfahren[339]. Trotz erheblicher Einschränkungen der securities *class actions* durch den *PSLRA* erfreuen sie sich immer größerer Beliebtheit und bilden einen Rekordanteil innerhalb der *class action*-Verfahren[340].

Angesichts einer meist einheitlichen Firmenpolitik, bzw. eines einheitlichen Verhaltens im Hinblick auf alle Betroffenen, ist die *class action* im Kontext von *antitrust*-Klagen oft relativ unproblematisch anwendbar[341]. Der individuelle Schaden des Einzelnen lässt sich außerdem in beiden Kategorien in der Regel anhand objektiver Maßstäbe genau bemessen[342], im Rahmen der Aktionärskla-

---

334 Wright/Miller/Kane, § 1781.

335 Wright/Miller/Kane, § 1781; dazu insgesamt Calkins, 39 Ariz. L. Rev. 413 (1997).

336 Mengler/Pea, ZZPInt 2 (1997), 297, 301; zu *securities class actions* siehe den Beitrag von Cox, 39 Ariz. L. Rev. 497 (1997); allgemein zum Rechtsgebiet der *securities fraud* siehe Hall/Schoeberlein, 37 Am. Crim. L. Rev. 941 (2000); zu zivilrechtlichen Klagemöglichkeiten geschädigter Kapitalanleger in Deutschland siehe Wunderlich, DB 1993, 2269 ff.

337 Siehe 431/PLI Lit. 7, 157.

338 Dazu Cox, 39 Ariz. L. Rev. 497 (1997).

339 Dieser hat regelmäßig einen besonders umfangreichen Schadensersatzanspruch und damit auch ein besonderes ökonomisches Interesse am Ausgang des Verfahrens; Cox, 39 Ariz. L. Rev. 497, 515 ff. (1997); kritisch zur Effektivität solcher prozessrechtlichen Reformen zur besseren Kontrolle von class *action*-Verfahren Fisch, 39 Ariz. L. Rev. 533 (1997).

340 In 2002 wurden 260 Unternehmen in den USA wg. *securities fraud* vor Bundesgerichten verklagt und damit 54 % mehr als im Vorjahr. Die Vergleiche waren z.T. über mehr als 75 Mio. Dollar; siehe Los Angeles Times vom 8. Januar 2003.

341 Wright/Miller/Kane, § 1781.

342 Siehe Coffee, 100 Colum. L. Rev., 370, 386 (2000).

gen insbesondere anhand der notierten Kurse der Aktien. Im Rahmen von *securities fraud*-Klagen ergeben sich dagegen unter Umständen Probleme, wenn individuell im Rahmen der Kausalitätsfrage festgestellt werden muss, inwiefern der einzelne Geschädigte sich auf die Information des Bankers verlassen hat[343] und damit, welcher Schaden tatsächlich *kausal* durch die Täuschung des Beklagten entstanden ist[344]. Das persönliche Vertrauen kann hier unter Umständen nicht allgemein für alle Mitglieder der *class* einheitlich feststellbar sein. Allerdings hat die Rechtsprechung hier die sog. *fraud on the market presumption* entwickelt, nach der die Falschdarstellung/Täuschung (*misrepresentation*) gegenüber dem einzelnen Aktionär nicht mehr bewiesen werden muss, sondern nunmehr vermutet wird[345].
Zu erwähnen ist schließlich noch ein besonders brisantes Problem im Rahmen der Anlegerklagen, das mit der materiellen Rechtslage zusammenhängt: Da in diesen Fällen regelmäßig keine persönliche Haftung der verantwortlichen Personen innerhalb des Unternehmens vorgesehen ist, sondern allein die Gesellschaft als juristische Person haftet, sind es im Ergebnis oftmals die Aktionäre selbst – und damit auch die Mitglieder der *class* – , die die mit der *class action* erstrittene Schadensersatzsumme sowie die sonstigen mit dem Verfahren zusammenhängenden Kosten tragen[346].

V. Mass tort cases

Entgegen der gesetzgeberischen Absicht werden unter dieser Kategorie der *class action* heute vor allem drei Typen von Fällen behandelt, die unter dem Begriff *mass torts* zusammengefasst werden[347]. Darunter fallen zunächst einmal große Produkthaftungsfälle mit einer Vielzahl von geschädigten Konsumenten[348]. Wei-

343 Dazu insgesamt Wright/Miller/Kane, § 1781.

344 Materiellrechtlich besteht insofern nur eine Haftung für die Verluste, die gerade aufgrund der Täuschung beim Anleger entstanden sind. Zu deren Ermittlung stehen dann wiederum die unterschiedlichsten Berechnungmethoden zur Verfügung; siehe Cox, 39 Ariz. L. Rev. 497, 502 ff. (1997).

345 *Basic Inc. v. Levinson, 485 U.S. 224, 241 (1988);* dazu Amchen/Cordova/Cicero, 39 Am. Crim. L. Rev. 1037, 1047 (2002).

346 Das gilt jedenfalls, soweit keine diesbezügliche Versicherung existiert; zu diesem Problem Cox, 39 Ariz. L. Rev. 497, 509 f. (1997).

347 In den Anmerkungen des *Advisory Committees* wird eindeutig erklärt, dass Massenschäden, insbesondere Massenunfälle, aufgrund der unterschiedlichen faktischen und rechtlichen Fragen im Hinblick auf die große Anzahl von Opfern für *class action*-Prozesse nicht geeignet seien; siehe *Advisory Committee Notes* zu *Rule 23 (1966 Amendments)* und ausführlich zu der Problematik die Entscheidung *Georgine v. Amchem Prods., Inc., 83 F.3d 610 (3d Cir. 1996).*

348 Zu den Produkthaftungsfällen als Unterkategorie der *mass torts*, siehe *In re Telectronics Pacing Sys., 164 F.R.D. 222; 227 (1995).*

terhin gehören dazu die klassischen „Massenunfälle", wie etwa Flugzeugkatastrophen und ähnliches[349]. Schließlich fallen unter diese Kategorie die zunehmende Anzahl sog. *toxic (environmental) torts*, in deren Rahmen insbesondere Umweltschäden abgehandelt werden[350]. Auch wenn diese sicherlich den umstrittensten Anwendungsbereich der *class action* darstellen[351], so lässt sich allgemein beobachten, dass im Rahmen der *mass torts* das der *class action* inhärente Repräsentationsprinzip am eindeutigsten an seine Grenzen stößt[352].

1. Mass accidents

Zur Zeit der Einführung von *Rule 23* existierte die Form von *mass tort litigation*, wie wir sie in den letzten 20 Jahren kennengelernt haben, noch nicht. Unter den Begriff *mass tort* wurde insofern ein einziges Ereignis subsummiert, das eine Vielzahl von Schäden hervorruft. Klassisches Beispiel ist der Flugzeugabsturz. Für solche Ereignisse kann die *class action* unter bestimmten Umständen noch ein adäquates prozessrechtliches Instrument darstellen, da jedenfalls zunächst eine einzige gemeinsame Ursache sowie ein einziger „Unfallort" für alle Schäden existiert[353]. Damit sind bereits gewisse Fakten einheitlich für die Gesamtheit der Betroffenen bestimmbar und vor allem Kausalitätsfragen relativ eindeutig zu beantworten[354].

Je nachdem, wie vergleichbar darüber hinaus die erlittenen Schäden sind, kann die *class action* unter Umständen das passende Mittel zur rechtlichen Bewältigung solcher Unfälle sein[355]. Aufgrund der Wahrscheinlichkeit allerdings, dass wichtige Fragen, die z.B. die einzelne Schadenshöhe, aber auch die grundsätzliche Haftung oder rechtfertigende Umstände betreffen können, hinsichtlich der einzelnen Gruppenmitglieder unterschiedlich zu beantworten sind, wird die *class action* bereits im Rahmen klassischer Massenunfälle regelmäßig nicht das

---

349 Massenunfälle werden dabei definiert als die Verletzung einer Vielzahl von Personen durch ein einzelnes Ereignis; siehe Newberg § 17:6.

350 Zum Teil existieren schließlich auch „hybride" Fälle, in denen etwa ein Massenunfall als einmaliges Ereignis mit den Langzeiteffecten eines toxic tort kombiniert werden ; so etwa in *In re Three Mile Island Litigation, 87 F.R.D. 433 (M.D. Pa. 1980).*

351 Siehe Cooper, 40 Ariz. L. Rev. 923, 933 (1998).

352 *„Rule 23 is caught up in the continuing dilemma of „mass tort" litigation";* Cooper, 40 Ariz. L. Rev. 923, 924 (1998).

353 *In re Northern Dist. of California, Dalkon Shield IUD Products Li..., 693 F.2d 847,853 (9th Cir. 1982); In re American Medical Sys., 75 F.3d 1069, 1084 (1996).*

354 So etwa auch die Entscheidung *In re Ski Train Fire in Kaprun, Austria on November 11, 2000, 2003 U.S. Dist. LEXIS 17958, 8* vor dem *Judicial Panel of Multidistrict Litigation* im Zusammenhang mit dem Seilbahnunglück in Kaprun in Österreich.

355 Feldmann, 74 Tul. L. Rev. 1621, 1624 (2000).

geeignete prozessuale Mittel darstellen[356], was im Übrigen bereits von den Schöpfern der Vorschrift ausdrücklich angemerkt wurde[357]. Außerhalb von klassischen Massenunfällen ist das Problem a fortiori noch brisanter[358].

2. *Produkthaftung und toxic tort cases*

Produkthaftungsfälle, wie z.B. auch im medizinischen und pharmazeutischen Bereich sind sicherlich eines der größten Probleme, mit dem die *class action* heutzutage fertig werden muss, ohne tatsächlich das passende Instrument dafür zu sein[359]. Dazu gehören unter anderem auch die Klagen gegen die Tabakindustrie aufgrund durch das Rauchen verursachter Schäden[360]. Ähnliche Probleme bereitet die spezielle Fallgruppe der *toxic torts*, unter die z.B die bekannten Asbest-Klagen fallen. Diese stellen sicherlich die problematischste Haftungskategorie dar, weil hier sowohl die Ursachen als auch die Schäden selbst mit den größten Unsicherheiten behaftet sind[361]. Die grundsätzliche Charakteristik beider Fallgruppen ist dabei ähnlich. Allgemein wird im Rahmen von Produkthaftungsfällen dabei differenziert zwischen *personal injury mass torts* und *product liability mass torts*. Erstere erfassen dabei Personenschäden, während letztere die „klassischen" Produkthaftungsfälle umfassen, in denen es in erster Linie um Sachschäden durch fehlerhafte Produkte sowie daraus hervorgehende Werteinbußen geht[362]. Im Unterschied zu den *small consumer claims* ist der einzelne Schaden in all diesen Fällen größer, so dass bereits aus diesem Grunde theoretisch ein ausreichendes Interesse besteht, eine individuelle Klage einzureichen[363].

Im Rahmen klassischer Produkthaftungsfälle wird oftmals noch eine gemeinsame Charakteristik im Hinblick auf das defekte Produkt (als Ursache der Schäden) bestehen. Aber bereits die verschiedenen Schadensfälle selbst und die ein-

---

356 Siehe bereits Pennsylvania R.R. v. United States, 111 F.Supp. 80, 91 (D.N.J. 1953) (Explosion mit einer Vielzahl von Personen- und Sachschäden).

357 *"A "mass accident"resulting in injuries to numerous persons is ordinarily not appropriate for a class action because of the likelihood that significant questions, not only damages but of liability and defenses of liability, would be present, affecting the individuals in different ways"* (vgl. die *Advisory Committee Notes zu 23 (b) (3)*).

358 Schwarzer, 80 Cornell L. Rev. 838 f. (1995).

359 *„..more often than not, class actions are not judicially efficient, especially in the context of products liability disputes"*, Feldmann, 74 Tul. L. Rev. 1621, 1621 (2000).

360 Siehe etwa *Castano v. American Tobacco Co., 84 F.3d 734 (5th Cir. 1996);* einer *class action* von Rauchern, die unter anderem auf *"strict product liability"*, also eine verschuldensunabhängige Haftung gestützt war.

361 Schwarzer, 94 Mich. L. Rev., 1250, 1257 (1996).

362 Coffee, 95 Colum. L. Rev. 1343, 1414 (1995).

363 Schwarzer, 94 Mich. L. Rev. 1250, 1256 (1996).

zelnen Mitglieder der Gruppe sind schwieriger zu ermitteln als z.B. im Rahmen eines Massenunfalls. Im Gegensatz zum klassischen Massenunfall führt hier nicht mehr ein einzelnes Ereignis zu einer Vielzahl ähnlich gelagerter Schäden am gleichen Ort[364]. Vielmehr handelt es sich in der Regel um „Streuschäden", die über das ganze Land, theoretisch sogar über die ganze Welt verteilt sein können und deren Bewältigung im Rahmen von *class actions* ein enormes Problem darstellt[365].

Auch die tatsächlich bestehenden, individuellen Unterschiede werden in den meisten Produkthaftungsfällen enorm sein[366]. Angesichts der Vielzahl anwendbarer Rechtsordnungen entstehen darüber hinaus auch noch enorme IPR-rechtliche Probleme, die im Ergebnis zu einer Anwendung einer Vielzahl materieller Rechtsordnungen führen[367]. Einheitliche Ergebnisse, wie sie im Rahmen einer *class action* angestrebt werden, bedürfen aber grundsätzlich der Anwendung eines einheitlichen materiellen Rechts[368].

Kausalitätsfragen im Zusammenhang mit der Fehlerhaftigkeit des Produkts und dem daraus resultierenden Schaden sind oft nicht allgemein zu entscheiden, sondern von Fall zu Fall eigenständig zu prüfen[369]. So kann etwa die Einnahme eines Medikaments bei bestimmungsgemäßer Dosierung ungefährlich sein, bei falscher Dosierung oder insbesondere im Zusammenspiel mit anderen Medikamenten dagegen zu schweren Gesundheitsschäden führen[370]. Im Rahmen von *toxic tort*-Fällen kommt erschwerend hinzu, dass oftmals lange andauernde *exposure times* oder Latenzzeiten vergehen, bis sich überhaupt Schäden zeigen und die *class* wird außerdem oftmals schwerer zu definieren sein, wenn ein Produkt sich hier auf den verschiedensten Wegen wie Luft Land und Wasser verteilt hat[371]. Typisch sind auch hier wiederum Unterschiede zwischen den einzelnen

---

364 *In re Northern Dist. of California, Dalkon Shield IUD Products Li..., 693 F.2d 847,853 (9th Cir. 1982).*

365 Cooper, 40 Ariz. L. Rev. 923, 946 (1998).

366 In *In re American Medical Sys., 75 F.3d 1069 (1996)* etwa benutzen die geschädigten Implantatsträger jeweils unterschiedliche Produkte, hatten unterschiedliche Schäden und unterschiedliche behandelnde Ärzte.

367 Kubes, 77 Ind. L. J. 825, 833 (2002); siehe speziell zu *toxic torts* auch Newberg § 17:6.

368 Cooper, 40 Ariz. L. Rev. 923, 949 (1998).

369 So reicht es etwa in Produkthaftungsklagen gegen Tabak oder Pharmaziekonzerne, wo es um die "Sucht" als erlittenen Schaden geht, nicht aus, eine allgemeine Kausalität zu beweisen in dem Sinne, dass Zigaretten oder verschreibungspflichtige Medikamente potentiell süchtig machen; siehe z.B. *Arch v. American Tobacco Co., 175 F.R.D.469, 488 (1997);* ausführlich Feldman/Fleischmann, 268 ff. m.w.N.

370 Dieses Argument spielte und spielt z.B. in den Verfahren gegen den Bayer-Konzern wegen der Todesfälle im Zusammenhang mit der Einnahme des Cholesterinsenkers „Lipobay" eine herausragende Rolle; siehe etwa *In re Baycol Products Litigation, 218 F.R.D. 197, 205 f. (2003)*, wo die Zertifizierung abgelehnt wurde.

371 Newberg, 17:6.

Verletzungen sowie im Hinblick auf die Disposition der einzelnen Personen (Geschlecht, Alter, etc.), die eine einheitliche Beurteilung der individuellen Ansprüche unmöglich machen[372].
Besondere Bedeutung hat schließlich auch das Problem der *future claimants* im Rahmen von *mass tort class actions*. Im Bereich der *mass torts* ergeben sich durch die Sonderstellung dieser Gruppe mehr noch als in anderen Bereichen Interessenkonflikte zwischen aktuell Geschädigten und potentiellen Opfern von Schäden[373]. Eine befriedigende Lösung, die beiden Seiten gerecht wird, bietet die *class action* hier nicht.

Faktische und rechtliche Unterschiede bezüglich einer Unzahl an Einzelansprüchen lassen in *mass tort*-Fällen damit die Überlegenheit der *class action* mehr als fraglich erscheinen. Man muss sich bereits fragen, ob überhaupt noch ein Überwiegen gemeinsamer Fragen in diesen Fällen bejaht werden kann[374]. Die notwendige „Einheitlichkeit" wird also gerade von der gegebenen „Einzigartigkeit" der einzelnen Ansprüche überwogen.
Damit degeneriert bei positiver Zertifizierungsentscheidung unter Umständen eine nach außen hin als *class action* geführte Klage in der Praxis zu einer Vielzahl einzelner Klagen, die einzeln entschieden werden müssen. Alternativ werden die faktischen und rechtlichen Unterschiede so weit wie möglich ignoriert und im Ergebnis eine mehr oder weniger einheitliche Lösung auf eine Vielzahl uneinheitlicher Sachverhalte angewandt. In all diesen Fällen stößt die *class action* als prozessuales „Allheilmittel" eindeutig an ihre Grenzen, so dass man sich fragen muss, ob die zugrundeliegenden Sachverhalte nicht befriedigender außerhalb privater Massenverfahren für alle Beteilgten zu regeln wären, zumindestens aber einem speziellen Gericht unterstellt werden sollten[375].

VI. Jüngste Entwicklungen in Rechtsprechung und Literatur im Hinblick auf mass tort class actions

Die modernen *mass torts*, die gekennzeichnet sind durch eine Vielzahl erheblicher Einzelschäden und ein großes Maß an Individualität im Hinblick auf den einzelnen Anspruch, sind keineswegs mit Hilfe der existierenden *Rule 23* zu

372 Siehe z.B. *Cf. Commonwealth of Puerto Rico v. M/V Emily S, 158 FRD 9 (DPR 1994)* (Gesundheitsschäden in Folge eines Öltankerunglücks vor Puerto Rico).

373 Coffee, aaO. 95 Colum. L. Rev. 1343, 1384 (1995).

374 Die notwendige Anwendung einer Vielzahl unterschiedlicher einzelstaatlicher materiellrechtlicher Vorschriften kann insofern auch die *predominance* entfallen lassen; siehe z.B. *Castano v. American Tobacco Co., 84 F.3d 734, 741, 746 (5th Cir. 1996).*

375 So auch Cooper, 40 Ariz. L. Rev. 923, 946 f. (1998), der die Schaffung eines neuen "*mass tort court*" vorschlägt.

bewältigen[376]. Die Rechtsprechung selbst hat dies in jüngerer Zeit ausdrücklich im Rahmen der Asbestverfahren betont und den Gesetzgeber daher aufgerufen lenkend einzugreifen[377]. Dieser Ruf ist bisher allerdings ungehört verhallt[378].

Auch in anderen Produkthaftungsfällen verhinderte aber die Rechtsprechung in den letzten Jahren immer häufiger die Zertifizierung von *class actions*, insbesondere unter Berufung auf das fehlende „Überwiegen gemeinsamer Fragen" *(predominance* von rechtlichen und tatsächlichen Fragen) und damit mit Rücksicht auf die Verschiedenheit der Sachverhalte, die den einzelnen Ansprüchen der Gruppenmitglieder nicht selten zugrunde liegen sowie gleichsam unter Umständen die Verschiedenheit der anwendbaren Rechtsordnungen[379]. Gleichzeitig wird in diesen Fällen zur Ablehnung der notwendigen Überlegenheit der *class action* (*superiority)* oftmals die fehlende *managability* des Prozesses gem. *Rule 23 (b) (3) (D)* als Argument herangezogen, insbesondere auch in Fällen, in denen eine Vielzahl materiellrechtlicher Rechtsordnungen zur Anwendung gelangen müsste. Das fehlende Überwiegen gemeinsamer Fragen und die fehlende Überlegenheit der Klageform, insbesondere mit dem Argument einer nicht möglichen prozessualen Bewältigung, werden hier zum „Aus" für große *class action*-Verfahren. Anders ausgedrückt führen die hier oftmals existierenden individuellen Besonderheiten der einzelnen Ansprüche der Gruppenmitglieder also dazu, dass die für die *23 (b) (3) action* sprechenden prozessökonomischen Argumente, die sich in ihren besonderen Voraussetzungen widerspiegeln, gerade verneint werden müssen.
Insgesamt ist insofern ein gewisser Trend der Bundesgerichte zu erkennen, in der Zertifizierung von *class actions* in Produkthaftungsfällen unter Berufung auf

376 Siehe zu dieser Diskussion etwa *In re Rezulin Prods. Liab. Litig., 2002 U.S. Dist. LEXIS 17204.*

377 *"The desirability of innovation in the management of mass tort litigation does not escape the collective judicial experience of the panel. But reform must come from the policy makers, not the courts."* (*Georgine v. Amchem Prods., Inc., 83 F.3d 610, 634 (3d Cir. 1996), bestätigt vom Suprem Court in Amchem Prods. v. Windsor, 521 U.S. 591, 628 f (1997));* siehe auch Feldmann, 74 Tul. L. Rev. 1621, 1625 (2000).

378 Insbesondere hat die jüngste Reform von *Rule 23* zur Lösung des Problems nichts beigetragen, da die Zertifzierungsvoraussetzungen selbst nicht angestastet wurden.

379 *Valentino v. Charter-Wallace, Inc., 97 F.3d 1227, 1234 f. (9th Cir. 1996)*(Dezertifizierung einer *class* von Klägern, die Verletzungen aufgrund eines Epilepsie-Medikaments behaupteten)*; Castano v. American Tobacco Co., 84 F.3d 734, 740 ff. (5th Cir. 1996)*(Dezertifizierung einer *class* von Rauchern)*; In r American Med. Sys., Inc., 75 F.3d 1069, 1080 ff. (6th Cir. 1996)* (Dezertifizierung einer *class* von Penis-Implantat-Patienenten)*; Kemp v. Metabolife Int'l, Inc., 2002 U.S. Dist. LEXIS 2435* (Keine Zertifizierung bei Gesundheitsschäden aufgrund von Einnahme von Diätprodukten).

die angesprochenen Defizite zögerlich zu sein[380]. So wird beispielsweise im Rahmen von medizinischen Haftungsklagen in jüngerer Zeit (zu Recht) die Zertifizierung nicht zuletzt aufgrund zu großer Individualität der zugrundeliegenden Ansprüche oft verweigert[381].
Aus deutscher Sicht ist diesbezüglich die Entscheidung des *District Courts* von Minneapolis von großer Bedeutung, die im Hinblick auf ein Verfahren gegen den Bayer-Konzern aufgrund von Todesfällen und Gesundheitsschäden im Zusammenhang mit dem Cholesterinsenker „Lipobay" im September 2003 ergangen ist[382]. Das Gericht lehnte hier ebenfalls die Zertifizierung einer US-weiten *class action* aufgrund der Existenz zu großer rechtlicher und tatsächlicher Unterschiede ab und folgte damit der Argumentation der Bayer-Anwälte. Es entschied, dass es bereits an der notwendigen *typicality* der Ansprüche der Repräsentanten sowie der *predominance* der gemeinsamen Fragen fehlte[383] und dass die *class action* auch aufgrund der verschiedenen anwendbaren Rechtsordnungen nicht *managable* sei[384]. Ein ähnlicher Trend ist schließlich im Rahmen der Tabakklagen erkennbar, die in jüngster Zeit nicht mehr zertifiziert werden[385].

Eine neuere Entscheidung eines *apellate court* in einem *class action*-Verfahren gegen einen Reifenhersteller in einem Produkthaftungsfall wegen defekter Reifen und Autos illustriert darüber hinaus auch noch eine neue Argumentationsrichtung.
In diesem Fall hob das Gericht die Zertifizierung einer *class action* auf, die zwei bundesweite Unterklassen von je mehreren Millionen Personen umfasste. Das Gericht stützte sich in seiner Entscheidung dabei explizit auf das IPR-rechtliche

---

380 So auch Feldmann, 74 Tul. L. Rev. 1621, 1631 (2000); siehe ausdrücklich auch m.w.N. Kemp v. Metabolife Int'l, Inc., 2002 U.S. Dist. LEXIS 2435, 1 1(„*Product liability class actions generally do not meet the predominance requirement*").

381 Siehe etwa *In re Rezulin Prods. Liab. Litig., 210 F.R.D. 61 (2002); Valentino v. Carter-Wallace, Inc. 97 F.3d 1227, 1235 (9th Cir. 1996)* (Dezertifizierung einer *class* im Fall eines Epilepsie Medikaments)*; In re Northern Dist. Of Cal., Dalkon Shield IUD Prods. Liab. Litig., 693 F.2d 847 (9th Cir. 1982); In re Orthopedic Bone Screw Prods. Liab. Litig., No. CIV.A.93 7074, 1995 WL 273597, 10 ff (E.D. Pa. Feb. 22, 1995)* (keine Zertifizierung von Patienten mit implantierten Knochenschrauben); *In re Tetracycline Cases, 107 F.R.D. 719, 735 ff. (W.D. Mo. 1985)* (keine Zertifizierung einer *class*, die angeblich durch ein Antibiotikum verletzt wurde).

382 *In re Baycol Products Litigation, 218 F.R.D. 197.*

383 *In re Baycol Products Litigation 218 F.R.D. 197, 206 und 207 ff. (2003).*

384 *"(…) plaintiffs have failed to demonstrate that, given the application of the various state laws, such a class action would be managable."(In re Baycol Products Litigation 218 F.R.D. 197, 209 f. (2003)).*

385 Siehe etwa *Castano v. American Tobacco Co., 84 F.3d 734 (1996); Arch v. American Tobacco Co., 175 F.R.D. 469(E.D. Pa. 1997); Smith v. Brown & Williamson Tobacco Corp., 174 F.R.D. 90 (W.D. Mo. 1997); Reed v. Philip Morris Inc., No. 96-5070, 1997 WL 538921, at 1 (D.C. Super. Ct. Aug. 18, 1997).*

Problem, wonach das Gericht nach *lex loci delicti*-Grundsätzen gezwungen gewesen wäre, im Ergebnis das Recht von 50 verschiedenen Staaten anzuwenden[386]. Der *district court* hatte das Problem ebenfalls gesehen und insofern entschieden, dass auf alle Ansprüche das Recht des Staates Indiana anwendbar wäre, dem Staat des Hauptgeschäftssitzes des Herstellers.
In der Berufung wurde diese Vorgehensweise angesichts der eindeutigen IPR-rechtlichen Prinzipien im Recht Indianas für unzulässig erklärt[387]. Angesichts der Notwendigkeit der Anwendung 50 verschiedener materieller Rechtsordnungen erklärte das Gericht die *class* für *„non-managable“* und hob die Zertifizierung auf[388]. Insbesondere stellte es darüber hinaus das „zentralistische System“ in Frage, in dem bundesweite Ansprüche in einem einzigen *mass tort*-Verfahren abgehandelt werden. Ein „dezentralisiertes“ Herangehen an diese Probleme im Rahmen mehrer Prozesse in verschiedenen Staaten würde insofern nach Ansicht des Gerichts nicht nur bessere Ergebnisse erzielen, sondern entspräche auch den Prinzipien des Föderalismus[389].

Dennoch wird *Rule 23* von vielen Stimmen in der Literatur[390] und von einem nicht ganz unerheblichen Teil der Rechtsprechung weiterhin als adäquates Mittel für die rechtliche „Behandlung“ von *mass torts* angesehen[391]. Eindeutige, allgemeingültige Maßstäbe sind demnach außerhalb des aufgezeigten Trends nicht erkennbar und die gerichtlichen Zertifizierungsentscheidungen in faktisch ähn-

---

386 Siehe *In re Bridgestone/Firestone, Inc., 288 F.3d 1012, 1016 ff. (7th. Cir. 2002);* im Ergebnis so auch *In re Am. Commer. Lines, LLC, 2002 U.S. Dist. LEXIS 10116.*

387 *"Neither Indiana nor any other state has applied a uniform place-of-the-defendant's-headquarters rule to products-liability cases. It is not hard to devise an argument that such a uniform rule would be good on many dimensions, but that argument has not carried the day with state judges, and it is state law rather than a quest for efficiency in litigation (or in product design decisions) that controls."(In re Bridgestone/Firestone, Inc., 288 F.3d 1012, 1016 (7th. Cir. 2002)).*

388 *In re Bridgestone/Firestone, Inc., 288 F.3d 1012, 1018 (7th. Cir. 2002).*

389 *„ No matter what one makes of the decentralized approach as an original matter, it is hard to adopt the central-planner model without violence not only to Rule 23 but also to principles of federalism. Differences across states may be costly for courts and litigants alike, but they are a fundamental aspect of our federal republic and must not be overridden in a quest to clear the queue in court.“ (In re Bridgestone/Firestone, Inc., 288 F.3d 1012, 1020 (7th. Cir. 2002)).*

390 Siehe etwa Newberg, 17:5; Pastor, 49 Am. U. L. Rev. 773 (2000); Roth, 79 B. U. L. Rev. 577 (1999); Nagareda, 115 Harv. L. Rev. 747 (2002).

391 Z.B. In *In re Telectronics Pacing Sys., 164 F.R.D. 222 (1995)* wurde die *class* definiert als bestehend aus allen Personen weltweit, die ein bestimmtes Herzschrittmachermodell implantiert bekommen hatten und die *class action* wurde als effizientestes und ökonomischstes Mittel angesehen, diese Art von Fällen zu lösen, siehe etwa *In re AH Robins Co. 880 F.2d 709 (4th Cir. 1989)* und etwas zurückhaltender bereits in *Central Wesleyan College v. W.R. Grace & Co., 6 F3d 177 (4th Cir. 1993).*

lich gelagerten Fällen widersprechen sich oftmals[392]. Schließlich ist auch eine wichtige Parallelentwicklung in *mass tort*-Fällen erkennbar: Angesichts der Probleme, die mit der gerichtlichen Bewältigung der zugrunde liegenden Sachverhalte zusammenhängen, versuchen die Parteien bevorzugt, sich innerparteilich zu einigen. *Mass tort*-Fälle enden insofern in der überwiegenden Zahl in außergerichtlichen Vergleichen, die nur noch gerichtlich abgesegnet werden (sog. *settlement class actions)*[393]. Rechtsanwendungsfragen und faktische Unterschiede spielen hier als klassisches *managability*-Problem im Hinblick auf den durchzuführenden Prozess keine Rolle, so dass das Hauptproblem im Rahmen der Zertifizierung gebannt ist[394]. Die hoch umstrittene Frage nach der *managabilty* einer *class action* durch das Gericht und die Jury wird somit in ihrer Bedeutung für die Praxis dadurch relativiert, dass sie mittels des zulässigen rechtlichen Instruments des Prozessvergleichs als Hürde der Zertifizierung „ausgeschaltet" wird[395].
Der Vorteil ist, dass damit jedenfalls zunächst mal auch dann eine „Lösung" erreicht wird, wenn die Bewältigung im Rahmen eines Prozesses nicht durchführbar wäre. Wir „gerecht" das Ergebnis des Vergleiches für die Beteiligten dagegen tatsächlich ist, ist sicherlich eine ganz andere Frage[396].

Ob die allgemeine Entwicklung im Rahmen von *mass torts*-Fällen damit tatsächlich weg von *class actions* geht, bleibt also abzuwarten. Angesichts der Untätigkeit des Gesetzgebers wird sicherlich das letzte Wort in diesem Zusammenhang noch nicht gesprochen sein. Die jüngste Reform von *Rule 23* wird in diesem Zusammenhang jedenfalls wohl wenig konstruktiv sein. Angesichts der relativ geringfügigen Änderungen, die insbesondere nicht die Genehmigungsentscheidung betreffen, ist keine tiefgreifende Änderung der *mass tort*-Rechtsprechung aus Gründen der Verfahrensreform zu erwarten[397].

---

392 Vgl. etwa *In re American Med System, Inc, 75 F3d 1069 (6th Cir. 1996)* (Zertifizierung abgelehnt (Verletzungen durch Penisimplantate)) und *Dante v. Dow Corning Corp, 143 FRD 136, 138 (SD Ohio 1992)* (Zertifizierung (Verletzungen durch Brustimplantate)).

393 Schwartz/Sutherland, 10 Tul. Envtl. L. J. 187, 216 f. (1997).Ein populäres Beispiel für einen genehmigten Vergleich ist etwa *Lindsey v. Dow Corning Corp. (In re Silicone Gel B., 1994 U.S. Dist. LEXIS 12521 (1994)*. Ausführlich zur Taktik der *settlement class action* in diesem Teil unter D.

394 Schwarzer, 94 Mich. L. Rev., 1250, 1257 (1996).

395 Solovy et al., Class Action Controversies, 180.

396 Zu Reformvorschlägen im Hinblick auf die Vergleiche in *mass tort*-Fällen siehe Schwarzer, 80 Cornell L. Rev. 837 (1995).

397 Insbesondere wurde die Erreichbarkeit der *class action* als Klage durch die Reform nicht eingeschränkt, so dass weiterhin in der Mehrzahl der Fälle diese Klageform zur Verfügung steht.

VII. Mögliche Auswirkungen des CAFA auf mass tort class actions und allgemeiner Ausblick

Fraglich ist allerdings, ob sich nicht die durch den *CAFA* soeben geschaffene erheblich erweiterte bundesgerichtliche Zuständigkeit für *class actions* faktisch auf den jüngsten Rechtsprechungstrend auswirken könnte. Dies vor dem Hintergrund, dass in Zukunft für viele *class actions* kein einzelstaatliches Forum mehr zur Verfügung stehen wird mit der Folge, dass eine erheblich erhöhte Anzahl von *mass tort*-Verfahren vor den Bundesgerichten abgehandelt werden muss und die bereits bestehende Problematik damit noch erheblich verschärft wird.

Bis zur tatsächlichen Umsetzung weiterer Reformen sind daher zwei Entwicklungen denkbar:

Trotz der erhöhten Vorsicht, mit der *class certifications* in *mass tort*-Verfahren in jüngerer Zeit erteilt werden, ist zunächst einmal davon auszugehen, dass solche Verfahren fürs erste ein fester Bestandteil der gerichtlichen Praxis bleiben. Es liegt in der Tradition der US-amerikanischen Gesellschaft, zur Lösung der mit den Masseschäden im Zusammenhang stehenden Probleme auf ihr materielles Deliktsrecht und dessen Durchsetzung mittels privatrechtlicher Zivilverfahren zu vertrauen, und zwar sowohl im Hinblick auf die Verhinderung, Abschreckung oder auch die Kompensation von Opfern[398]. Radikale Veränderungen im Sinne einer Hinwendung zu Methoden jenseits der gerichtlichen Lösung der zugrundeliegenden Probleme sind damit nicht zu erwarten[399].
Das bereits dargelegte und sicherlich größte Problem im Rahmen der Zertifizierung einer *multi-state class action*, das sich aus dem Überwiegen individueller tatsächlicher und rechtlicher Fragen ergibt, insbesondere auch durch die Existenz individueller Haftungsstandards in verschiedenen Staaten, könnte allerdings durch die vermehrte Anwendung von *class actions*, die beschränkt sind auf bestimmte *common issues* und durch die Kreation von *subclass*es überwunden werden[400].
Wir bereits erwähnt, kann gem. *Rule 23 (c) (4)(A)* eine Klage nur im Hinblick auf bestimmte Fragen als *class action* eingebracht und zertifiziert werden[401] oder

398 Newberg, § 17:5; im Ergebnis ebenso Weinstein, 76 St. John's L. Rev. 379, 394 f. (2002).

399 *„The tort system will remain our primary method of compensating the injured (...)";* Weinstein, 76 St. John's L. Rev. 379, 394 (2002).

400 So jedenfalls Newberg, § 17:5.; von einer *„counterreformation"* auch mittels dieser Instrumente gerade auch als Antwort auf die jüngsten *class action*-Reformen geht insofern aktuell auch Cabraser aus, siehe 57 Stan. L. Rev. 1475, 1478 (2005).

401 So kann etwa in einem Betrugsfall die Klage ihren *class action*-Charakter nur im Hinblick auf die Frage nach dem Haftungsgrund behalten, bezüglich der jeweiligen Höhe der

die Gruppe kann in Untergruppen unterteilt werden, von denen jede einzelne dann als eigene *class* behandelt wird[402]. Hier liegen also mögliche Wege für Kläger und Gericht, eine an sich unzulässige *class action* zu „retten“[403]. Angesichts der zum Teil erkennbaren Zurückhaltung einiger *federal courts* bei der Zertifizierung von *class actions*, versuchen die Kläger zum Teil bereits, über eine solche „Teilzertifizierung“ die *class action* aufrecht zu erhalten, so etwa bezüglich der Kausalitätsfrage oder eines bestimmten Mangels im Rahmen von Produkthaftungsfällen[404]. Die Bundesgerichte haben solche Versuche allerdings teilweise verworfen. Zum Teil sehen sie in einer solchen Klägertaktik den Versuch, die Voraussetzungen von *Rule 23 (b)* zu umgehen[405], zum anderen wirft die Teilzertifizierung erhebliche verfassungsrechtliche Probleme auf[406]. Schließlich besteht hier rein tatsächlich das Risiko, weitere Prozesse zu kreieren, da gerade nicht der gesamte Streitstoff bewältigt wird, weshalb die Gerichte teilweise ebenfalls zurückhaltend von dieser Möglichkeit Gebrauch machen[407]. Zum Teil wird dagegen eine Aufspaltung des Verfahrens in mehrere Verfahrensabschnitte gem. *Rule 42 (b)* (sog. *bifurcation*) angeordnet, um großer Prozesse Herr zu werden[408]. Schließlich werden auch verstärkt wieder Instrumente wie die klassische „Klageverbindung“ (*joinder*) gem. *Rule 20* versucht alternativ zur *class action* in *mass tort*-Fällen nutzbar zu machen[409].

Haftungssumme dagegen muss dann jedes Mitglied einzeln Beweis antreten (sog. *issue certification*; siehe Feldman/Fleischmann, 284).

402 Ausführlich dazu Feldman/Fleischmann, S. 262 f.

403 So ausdrücklich etwa *In re Simon II Litig., 2002 U.S. Dist. LEXIS 25632,287 ff. (United States District Court for the Eastern District of New York 2002)*; siehe dazu auch Solovy et al., Class Action Controversies, 185 f. und ausführlich zu den *"issues classes"* aktuell Cabraser, 57 Stan. L. Rev. 1475, 1499 ff. (2005).

404 z.B. *Rink v. Cheminova, Inc., 203 F.R.D. 648 (M.D. Fla. 2001), cert. denied; Arch v. American Tobacco Co., 175 F.R.D. 469, 496 (E.D. Pa 1997), cert. denied.*

405 Insbesondere die *predominance*-Voraussetzung; siehe z.B. *Castano v. American Tobacco Co., 84 F.3d 734, 745 n. 21 (5th Cir. 1996): "Severing the defendants' conduct from reliance under Rule 23 (c) (4) does not save the class action.";*ebenso *In re Baycol Products Litigation 218 F.R.D. 197, 208 f. (2003)*; Feldman/Fleischmann, 284 ff. m.w.N.

406 Das VII. *Amendment* gibt den Parteien das Recht, Tatsachenfragen von einer Jury entscheiden zu lassen und verbietet die erneute Prüfung durch eine zweite Jury; siehe z.B. *In re Rhone Poulenc Rorer Inc., 51 F.3d 1293 (7th Cir. 1995*); ausführlich Feldman/Fleischmann, 286 f. m.w.N.

407 Willging /Hooper /Niemic, 71 N.Y.U.L. Rev. 74, 123 (1996); zu dem in jüngster Zeit .dagegen wieder teilweise positiven Trend hin zu *issue certification* siehe Cabraser, 57 Stan. L. Rev. 1475, 1499 ff. (2005).

408 Siehe etwa die Tabakklage in *In re Simon II Litig., 2002 U.S. Dist. LEXIS 25632 (United States District Court for the Eastern District of New York 2002),* wo das Verfahren in drei Abschnitte aufgeteilt wurde

409 Siehe dazu vertiefend mit Beispielen Cabraser, 57 Stan. L. Rev. 1475, 1486 ff. (2005).

So lange der Gesetzgeber keine befriedigenden Lösungen für das Problem der *mass torts* schafft, bleibt zunächst abzuwarten, ob der zögerliche Trend weg von *mass tort class actions* bestehen bleibt[410]. Im positiven Fall könnte er insofern zum wirksamen Druckmittel der Rechtsprechung werden, um dringend notwendige Reformen herbeizuführen.

Denkbar ist aber auch, dass die Gerichte angesichts eines tatenlosen Gesetzgebers einerseits und der dennoch keineswegs abnehmenden Fälle von *complex* und *large schale litigation* andererseits weiterhin – im schlimmsten Fall sogar wieder verstärkt – auf die ihnen zur Verfügung stehenden Mittel zurückgreifen, um die Geschädigten nicht ganz rechtlos zu stellen. Die *class action* ist aus dieser Sicht dann die einzige Möglichkeit, den Geschädigten ihr Recht zu verschaffen und allein aus diesem Grund adäquat[411].

Ein solcher Trend könnte sich unter Umständen nicht zuletzt mittelbar durch den *CAFA* ergeben, da dieser dazu führen wird, dass eine Vielzahl von Verfahren in Zukunft nur noch vor Bundesgerichten behandelt werden können. Die *federal courts* sind damit plötzlich in der Situation, darüber entscheiden zu müssen, ob den Klägern überhaupt ein Forum für ihre *class action* zur Verfügung stehen soll oder ob man ihnen im Gegenteil diese Form der Streitbeilegung insgesamt versagt[412].

Nicht zuletzt gibt es aber auch aktuell noch genug Stimmen in der Justiz, die den status quo nicht einmal in Frage stellen und die zur Verfügung stehenden Instrumente in der Hand der Justiz als adäquates Mittel zur Bewältigung moderner *mass torts* erachten[413]. Eine andere Frage ist dann allerdings, inwieweit – gerade angesichts der nunmehr zu erwartenden Verfahrensschwemme vor den Bundesgerichten – in Zukunft nicht erst einmal faktisch ein Rückgang von *class action*-Zerfizierungen allein aus Gründen der Überlastung der Bundesgerichte als unmittelbarster Effekt zu beobachten sein wird[414].Da die konkreten Auswirkungen der jüngsten Reform auf das Verhalten von betroffenen Anwälten und Richtern

410 Von einem bereits einsetzenden gegeneteiligen Trend geht insofern Cabraser aus; siehe 57 Stan. L. Rev. 1475, 1481 (2005).

411 Siehe Newberg, § 4:32 m.w.N.

412 So im Ergebnis wohl auch Cabraser, die davon spricht, dass der *CAFA* eine neue Bürde und Verantwortung von unvorhersehbarem Ausmaß auf die Schultern der Bundesgerichte läd; 57 Stan. L. Rev. 1475, 1520 (2005).

413 *„Our legal system provides the tools to adjudicate the massive dispute now tendered, dispensing justice under the rule of law."(In re Simon II Litig., 2002 U.S. Dist. LEXIS 25632, 327 (United States District Court for the Eastern District of New York 2002))*; siehe auch zu der jüngsten Entscheidung in der Sache *Klay v. Humana, Inc., 382 F.3d 1241 (11tt Cir. 2004),*in der eine der größten *nationwide classes* der Geschichte zertifiziert wurde und die als diametral zu dem in *Rhone Poulenc* vertretenen Ansatz gesehen werden kann, Cabraser, 57 Stan. L. Rev. 1475, 1479 (2005).

414 Zum Problem der Überlastung der Bundesgerichte als Folge der Reform auch Morisson, 57 Stan. L. Rev. 1521, 1541 f. (2005); Moyer, 52-APR Fed. Law. 10 (2005).

zum jetzigen Zeitpunkt niemand sicher voraussagen kann, muss man letztlich ihre Rezeption in der Praxis abwarten[415].

D. Class action settlements und settlement class actions

Die Mehrheit aller *class actions* wird vor dem eigentlichen Gerichtsverfahren durch Vergleich beendet[416]. Dies entspricht dabei einer allgemeinen Tendenz, nach der grundsätzlich die meisten zivilrechtlichen Verfahren in den USA mit einem Vergleich enden[417]. In bestimmten Bereichen der *class action* liegt die Vergleichsquote bei mehr als 90%[418].

Es handelt sich hierbei zunächst einmal allgemein um „*class action settlements*", als eigenständige Fallgruppe der *class action*, die auf einer bestimmten Anwaltsstrategie auf Klägerseite beruht[419]. Das Ziel ist nicht ein obsiegendes Urteil zu erstreiten, sondern vielmehr zu einem Vergleichsschluss mit dem Beklagten zu gelangen, ohne dass es dabei auf eine tatsächliche und rechtliche Prüfung des Sachverhalts ankommt. Die *class action settlements* sind damit besonders deshalb unter Umständen problematisch, weil hier die rechtliche Betrachtung fast völlig in den Hintergrund gerät. Auf die materielle Rechtslage kommt es für den Abschluss des Vergleichs gerade nicht mehr an, vielmehr auf das Verhandlungsgeschick bzw. die Druckmittel der Parteien[420]. Dabei gilt allgemein, dass die Bundesgerichte im Kontext von *class actions* die Regelung des Prozessstoffes durch einen Vergleich nicht nur befürworten, sondern bevorzugen und dementsprechend fördern[421]. Im Rahmen der modernen, hochkomplexen *class action*

---

415 Siehe zu den zum Teil vertretenen konträren Auffassungen über die Auswirkungen der Reform auf die Praxis von *class actions* Carter, 4 NO. 7 A.B.A. J. E-Report 1 (2005).

416 So wurden beispielsweise von 46 untersuchten *class actions* im Nothern District of California, die zwischen 1979 und 1983 beendet wurden, 36 verglichen und 10 tatsächlich gerichtlich verhandelt (wovon in 5 Fällen Regierungen auf Seiten des Beklagten beteiligt waren); siehe Garth, 62 Ind. L. J. 497, 500 (1987); allgemein kann man vor den Bundesgerichten von einer Quote von 3 bis 6 % von Verfahren ausgehen, die tatsächlich bis zur Hauptverhandlung gelangen; siehe Willging /Hooper /Niemic, 71 N.Y.U.L. Rev. 74, 151 (1996).

417 Mehr noch als im Rahmen von *class actions*; Garth, 62 Ind. L. J. 497, 500 (1987).

418 Solche Prozentsätze werden insbesondere bei wertpapierrechtlichen Haftungsklagen erreicht. Dabei zahlten beispielsweise 1994 die beklagten Gesellschaften oder ihre Versicherungen 1,4 Milliarden US-$ an Vergleichen, wobei die durchschnittliche Vergleichssumme 8,6 Millionen US-$ betrug; vgl. Lenenbach, WM 1999, 1393.

419 Heß, JZ 2000, 373, 374.

420 Kritisch zu *class action settlements* insbesondere im Rahmen von Massenschäden siehe Carrington/Apanovitch, 39 Ariz. L. Rev. 461 (1997).

421 Newberg, 17:21; siehe auch *In re Michael Milken and Associates Securities Litigation, 150 F.R.D. 57, 65 (S.D.N.Y 1993); zit. Cotton v. Hinton, 559 F.2d 1326, 1331(5th Cir. 1977) ("Particularly in class action suits, there is an overriding public interest in favor*

Verfahren bedeutet ein Vergleich für das zuständige Gericht schließlich die Einsparung knapper gerichtlicher Ressourcen[422].

In *Rule 23 (e)* ist die grundsätzliche Beendigung des Verfahrens durch einen Vergleichsschluss inzwischen nicht mehr nur implizit vorgesehen, sondern seit der jüngsten Reform der Vorschrift explizit erwähnt und ausführlich geregelt. Kernvoraussetzung des gerichtlichen Vergleichs ist dabei auch weiterhin die Benachrichtigung aller Mitglieder der *class* sowie die inhaltliche Genehmigung durch das Gericht[423].

Im Hinblick auf den Prozessverlauf sind allerdings zwei Arten von *settlements* zu unterscheiden: Entweder haben die Parteien schon vor Einreichung der Klage einen Vergleich geschlossen und lassen diesen (außergerichtlichen) Vergleich gleichzeitig mit der Zertifizierung der *class* nur noch vom Gericht genehmigen[424] oder es kommt zunächst zu einem gerichtlichen Verfahren und in dessen Verlauf zum Vergleich.

Im ersten Fall geht es aus Sicht des Klägers nur noch darum, einen bereits existierenden Vergleich vom Gericht „absegnen" zu lassen und damit einen rechtswirksamen Titel in der Hand zu haben[425].

Rule 23 sah diesen Fall bis vor kurzem nicht ausdrücklich vor[426]. Dennoch lag hier schon länger ein Schwerpunkt des *class action* Streitstoffes; insbesondere im Rahmen von *mass tort*-Fällen, die der gerichtlichen Bewältigung schwer zugänglich sind[427]. Angesichts der komplexen Verfahren und der damit zusammenhängenden immensen Kosten sowie Problemen in der Judizierung, nicht zuletzt durch die Einschaltung einer Jury und die relative „Machtlosigkeit" des Richters im Hinblick auf die Durchführung des Beweisverfahrens (*discovery*), drängte sich der Vergleich als „Lösung" dieser *class action*-Probleme geradezu auf[428]. Die Durchführung einer zeit- und kostenintensiven Beweisaufnahme oder gar einer Hauptverhandlung unter Beteiligung einer Jury sind in diesen Fällen

---

of settlement"); White v. National Football League, 822 F.Supp. 1389, 1416 (D. Minn. 1993) ("the strong policy, favoring settlement"), aff'd, 41 F.3d 402 (8th Cir. 1994).

422 Solovy et al., Class Action Controversies, 215 und ausführlich in diesem Teil unten unter III. 1.

423 Siehe *Rule 23(e) (1) (A) und (B)* n.F.

424 Es handelt sich dann um eine sog. *„certification for class action settlement-only"*.

425 siehe z.B. *In re General Motors Corp. Pick-Up Truck Fuel Tank Product Liability Litigation, 55 F3d 768 (3d Cir.) (Dezertifizierungsentscheidung des Appelate Courts), cert. Denied, 116 S. Ct. 88 (1995).*

426 Die Vorschrift in der Fassung bis zum 1.12.2003 lautete:" *(e) Dissmissal or Compromise. A class action shall not be dismissed or compromised without the approval of the court, and notice of the proposed dismissal or compromise shall be given to all members of the class in such manner as the court directs."*

427 Schwarzer, aaO.,80 Cornell L. Rev. 837, 840 (1995).

428 Franklin, 53 Stan. L. Rev. 163 (2000); so im Ergebnis auch Heß, JZ 2000, 373, 374.

nicht beabsichtigt[429] und die Aufgabe des Gerichts wird von Beginn an beschränkt auf eine Art „Kontrollinstitution“, die den zwischen den Parteien ausgehandelten Kompromiss überprüft und vor allem rechtlich absichert. Man spricht bei dieser „Klageform“ von einer *„settlement class action“*, da sie – anders als im Fall des eigentlichen *class action settlements* – von vornherein auf einen Vergleich gerichtet ist[430].
Diese *settlement class action* entwickelte sich trotz fehlender gesetzlicher Grundlage im Laufe der Zeit zu einem eigenen Verfahrenstyp innerhalb des Bereiches der *class actions*[431] und wurde zu einem allgemein anerkannten prozessualen Instrument[432]. Seit der jüngsten Reform von *Rule 23,* die im Dezember 2003 in Kraft trat, ist sie nunmehr zumindest implizit auch im Gesetz vorgesehen[433].

In beiden Fällen des gerichtlichen Vergleichs wird dabei das Vorgehen gerade durch den beträchtlichen Zeitaufwand und die enormen, nicht erstattungsfähigen Kosten der Rechtsverfolgung in den USA nachhaltig begünstigt[434]. *Class action settlement* und *settlement class action* werden damit in der Praxis zum wirkungsvollen Instrument in der Hand der Klägeranwälte. Der finanzielle Druck, der auf den Beklagten allein aufgrund des Verfahrens selbst lastet, zwingt sie regelmäßig dazu, auch in Verfahren mit geringen Erfolgsaussichten einen Vergleich zu schließen[435]. Das gilt dabei für nationale wie ausländische Unternehmen gleichermaßen[436]. Angesichts der enormen praktischen Bedeutung der *class action settlements* und insbesondere der speziellen *settlement class actions*, soll

429 Feldman/Fleischmann, 280.
430 Es handelt sich hier genaugenommen nicht einmal mehr um eine *class action* im eigentlichen Sinn, da eine Klage *(action)* im eigentlichen Sinne fehlt.
431 Franklin, 53 Stan. L. Rev. 163, 166 (2000).
432 *„The use of the „settlement class“ has become commonplace;* siehe Solovy et al., Class Action Controversies, 217 m.w.N.
433 *23 (e) (1) (A)* spricht insofern z.B. nur noch von der Notwendigkeit der Genehmigung von Ansprüchen einer *„certified class“* im Gegensatz zum alten Wortlaut,der in diesem Zusammenhang nur von der *class action* und damit grundsätzlich von einer Klage sprach. Auch wird erstmals in der Vorschrift ausdrücklich die gängigere Vokabel *settlement* erwähnt, gegenüber dem allgemeineren *compromise* in der alten Fassung; siehe auch die *Advisory Committee Notes* zu *Rule 23 (e).*
434 Heß, JZ 2000, 373, 374.
435 Fisch, 39 Ariz. L. Rev. 533, 535 f. (1997).
436 Interessant aus deutscher Sicht ist dazu eine aktuelle Entscheidung des Bundesverfassungsgerichts, welches aufgrund der mit diesen Vergleichsverfahren einhergehenden Missbrauchsrisiken eine mögliche Verletzung von Art. 2 Abs. 1, 14 GG in Verbindung mit dem Rechtsstaatsprinzip befürchtet und aus diesem Grund im Verfahren des einstweiligen Rechtsschutzes nach § 32 BverfGG die Klagezustellung in einem *class action*-Verfahren gegen ein Unternehmen mit Sitz in Deutschland vorläufig aussetzte, siehe IPRax 2004, 61.

im Folgenden ein kurzer Überblick über die Besonderheiten des Verfahrens gegeben werden.

I. Die Besonderheiten des Verfahrens

Verfahrenstechnisch gelten zunächst einmal nach neuerer Rechtsprechung die in *Rule 23 (a)* und *(b)* vorgesehenen Zertifizierungsvoraussetzungen grundsätzlich auch für *class actions*, die von vornherein auf einen Vergleich angelegt sind[437]. Außerdem wird hier besondere Aufmerksamkeit und eingehende Prüfung hinsichtlich der die abwesenden Mitglieder schützenden Vorschriften gefordert[438]. Besonderheiten gelten auch hinsichtlich der notwendigen Benachrichtigung der Miglieder der *class* und der allgemeinen Rolle des Richters in Vergleichsverfahren. Schließlich ist die Genehmigungsentscheidung durch das Gericht von überragender Bedeutung.

1. Die Zertifizierungsentscheidung

Die Zertifizierungsentscheidung innerhalb einer *settlement-only class* ist zu unterscheiden von der Zertifizierungsentscheidung im Rahmen einer streitigen *class action*, auch wenn diese später, im Rahmen des eigentlichen Verfahrens in einem Vergleich endet (*class action settlement*). Die Parteien einigen sich im Rahmen dieser „Prozesstechnik" zunnächst hinsichtlich der Zusammensetzung der *class* und der Einzelheiten des Vergleichs. Die Mitglieder der *class* werden dann später von dem anhängigen Verfahren, der Zertifizierung und dem Inhalt des Vergleichs gleichzeitig informiert[439]. Hier finden also hinsichtlich der Benachrichtigung der Mitglieder der *class* gleichzeitig *Rule 23 (c) (2) (B)* und *(e) (1) (B)* n.F. Anwendung[440].

Eine *„settlement class"* ist insofern eine *class*, die integraler Bestandteil der Vergleichsvereinbarung ist. Das Gericht soll hier die *class* (in der Zusammensetzung, wie die Parteien sie definiert haben) zertifizieren, während es gleichzeitig den Inhalt des Vergleichs genehmigt[441]. Existiert also noch keine Zertifizierungsentscheidung, die die Gruppenmitglieder bindet, so muss das Gericht die

---

437 *Ortiz v. Fiborboard Corp., 527 U.S. 815 (1999); Amchem Products v. Windsor, 521 U.S. 591 (1997);* siehe dazu auch in diesem Teil unten unter III.5.(a) u. (b)

438 Siehe aktuell *Sheppard v. Consol. Edison Co. of N.Y., Inc., 2002 U.S. Dist. LEXIS 16314 (2002).*

439 Solovy et al., Class Action Controversies, 218.

440 Hinsichtlich der entsprechenden Vorschriften in *Rule 23(c) (2)* und *(e)* a.F. Newberg, § 8:21.

441 Schwarzer, 80 Cornell L. Rev. 837, 840 (1995).

class action in Verbindung mit der Genehmigung des Vergleichs zertifizieren[442]. Dieses Verfahren kommt damit zur Anwendung, wenn entweder von vornherein ein Vergleich existiert oder die Parteien bereits Vergleichsverhandlungen führen; ein Vergleich also im Raum steht. Das Besondere ist, dass bereits zum Zeitpunkt der Zertifizierungsentscheidung ein Vergleich existiert; die *class* also quasi nur noch „pro forma" zertifiziert wird. Der eigentliche Akzent liegt bereits zu diesem Zeitpunkt auf dem erzielten Vergleich, der gleichzeitig genehmigt wird. Die „*settlement class*" ist damit nicht zuletzt auch ein prozessuales Instrument, mittels dessen das Gericht die formale Zertifizierungsentscheidung hinausschiebt, bis die Parteien erfolgreich einen Vergleich gefunden haben. Dem Beklagten erlaubt dieses Vorgehen, sich auf Vergleichsverhandlungen einzulassen, ohne auf etwaige existierende Einwendungen im Hinblick auf die Zertifizierung zu verzichten[443].

2. *Die Rolle des Richters*

Das amerikanische Prozessrecht wird geprägt vom sog. *adversary system*. In diesem System treten die Parteien als Gegner gegeneinander an, während Jury oder Richter aus neutraler Distanz entscheiden, ohne im Übrigen auf die Gestaltung des Verfahrens Einfluss zu nehmen[444]. Allerdings gilt, dass das Gericht bei Sammelklagen, im Unterschied zum herkömmlichen US-amerikanischen Zivilprozess, eine aktivere Rolle übernimmt[445]. Dies gilt noch verstärkt im Rahmen von *class action settlements*.

Da von vornherein kein Endurteil angestrebt wird, ist die Aufgabe des Richters anders als sonst definiert. Er ist nicht länger „passiver Schiedsrichter", sondern übernimmt das sog. *managerial judging*[446]. Grund dafür ist die Missbrauchsanfälligkeit im Rahmen dieser besonderen „Klageform". Gerade in Fällen, in denen ein Vergleich schon vor Klageerhebung ausgehandelt wurde, besteht die Gefahr eines kollusiven Zusammenwirkens von Repräsentanten, ihren Anwälten sowie den Beklagten zu Lasten der repräsentierten Gruppenmitglieder[447]. Der Klageranwalt ist zu diesem Zeitpunkt vor allem dem Risiko ausgesetzt, dass der

---

442 Newberg, § 8:21.

443 Newberg, § 17:22. Allerdings wird sich der Beklagte oftmals verpflichten, die Zertifizierungsentscheidung nicht anzugreifen, sofern das Gericht positiv entscheidet, siehe Solovy et al., Class Action Controversies, 218.

444 Eichholtz, Funktionsäquivalente, S. 153.

445 Zur klassischen Rolle des Richters im Zivilprozess siehe ausführlich Shreve, Civil Procedure, § 1.

446 Garth, 62 Ind. L. J. 497, 501 (1987).

447 So z.B. im Fall *Mars Steel Corp. v. Continental Illinois National Bank and Trust Company of Chicago*, 834 F. 2 d, 677, 680f. (7 th Cir. 1987).

Beklagte sich mit einem anderen Anwalt bzw. einer anderen Sozietät auf einen – für den Beklagten günstigen – Vergleich hinsichtlich der betreffenden *class* einigt und er selbst damit nicht nur seinen Vertreterstatus, sondern vor allem jeglichen Anspruch auf ein Honorar verliert. Der Beklagte ist zu diesem Zeitpunkt in einer überlegenen Verhandlungsposition und der Klägeranwalt damit besonders anfällig dafür, einen inadäquaten Vergleich zu akzeptieren[448]. Das klassische *adversary*-Prinzip kann unter diesen Bedingungen nicht mehr funktionieren. Dem soll durch die neu definierte Rolle des Gerichts im Rahmen der Vergleichsverhandlungen entgegengewirkt werden.
Allerdings geschieht das *managerial judging* nicht nur im Interesse der Kläger. Grundsätzlich ist das primäre Ziel der richterlichen Tätigkeit der Abschluss eines Vergleichs, möglichst im Vorfeld des Prozesses, je nach Richterpersönlichkeit auch mit massivem Druck auf die Parteien und ihre Vertreter. Den Gerichten geht es dabei nicht zuletzt um eine Vermeidung der eigenen Überlastung durch die aufwendigen Gruppenverfahren[449].

Grundsätzlich besteht die Möglichkeit für den Richter, im Rahmen von komplizierten *class action*-Verfahren einen sog.*special master* oder *settlement master* als Hilfsperson des Gerichts einzusetzen[450]. Von dieser Möglichkeit wurde verstärkt in jüngster Zeit bei schwierigen und komplexen Verfahren Gebrauch gemacht[451], insbesondere zur Überwachung der *pretrial discovery*, zur Ermittlung technischer Fragen sowie zur Ausarbeitung eines Vergleichsvorschlags. Der *special master* hat dabei in etwa die Funktion eines Mediators, der die Vergleichsverhandlungen zwischen den Parteien ermöglichen und fördern soll[452]. Mit der jüngsten Zivilprozessrechtsreform, die am 1.12.2003 in Kraft getreten

---

448 Solovy et al., Class Action Controversies, 218.

449 Die 1983 neu gefasste *Rule 16 FRCP* eröffnet den Gerichten weite Ermessensspielräume und Sanktionsbefugnisse zur Förderung der Vergleichsbereitschaft. Bereits zu Prozessbeginn können sie die Parteien zu einer sog. *pretrial conference* laden, die sich über viele Stunden hinziehen kann. Erklärtes Ziel dieses Termins ist der Abschluss eines Vergleichs (*Rule 16 (e) (9) FRCP)*.

450 Ein Beispiel dafür ist die Einsetzung des früheren New Yorker Senators Alphonse D'Amato im Holocaust-Verfahren gegen deutsche und österreichische Banken; vgl. Heß, AG 1999, 145, 149; auch in den Bayer Verfahren vor den Bundesgerichten wurde ein special master eingesetzt; siehe im Internet unter http://www.mnd.uscourts.gov/Baycol_Mdl/.

451 Siehe *Rule* 53 *FRCP*; zur Historie sowie den Aufgaben des *special master* im Einzelnen Spindler, Anerkennung, S. 143 ff.

452 Zur Historie sowie den Aufgaben des *special master* im Einzelnen Spindler, Anerkennung, S. 143 ff.

ist, wurde die Rolle dieser *masters* allerdings zugunsten einer allgemeinen Stärkung des Richters zum Teil empflindlich geschwächt[453].

3. *Approval und notice*

Der Vergleich, den die named plaintiffs mit dem Beklagten aushandeln, unterliegt der gerichtlichen Genehmigung, die durch gesonderten Beschluss, das *approval*, erfolgt[454]. Erst durch diese Genehmigung tritt die Bindungswirkung gegenüber den repräsentierten Gruppenmitgliedern ein[455]. Bevor das Gericht seine Zustimmung erteilt, bedarf es allerdings gem. *Rule 23 (e) (1) (B)* n.F. der Benachrichtigung der Mitglieder der *class* von dem Vergleich[456].

(a) Benachrichtigung der Gruppenmitglieder gem. Rule 23 (c) (2) (B) und (e) (1) (B) n.F.

Im Rahmen der *settlement-only*-Verfahren, die von Anfang an auf einen Vergleich angelegt sind, ist die Benachrichtigung über den ausgehandelten Vergleich und dessen Inhalt gleichzeitig die *notice* von der Zertifizierung der *class action*. Die beiden eigentlich getrennten Notifizierungen fallen in diesem Fall zusammen. Ist die Klage also noch nicht als *class action* zertifiziert, wenn der Vergleich erzielt wird, so wird eine kombinierte *Rule 23 (c) (2) (B)* und *(e) (1) (B)* n.F. *notice* an die *class* gerichtet[457], die auch die Voraussetzungen beider Vorschriften gleichermaßen erfüllen muss[458]. Wird der Vergleich dagegen erst im Rahmen des eigentlichen Verfahrens erzielt, so bedarf es insofern auch einer getrennten Benachrichtigung der Gruppenmitglieder[459].

Die potentiellen *class members* werden in diesem Verfahren über die Massenmedien, durch Zeitungen, Fernsehen, Rundfunk oder per Internet aufgerufen, sich bei den Klägervertretern oder einem etwaigen *special master* zu melden[460].

---

453 Einen Überblick gibt Marino, The Metropolitan Counsel, Volume 11, No. 12, December 2003.

454 *Rule 23 (e) (1) (a) FRCP.*

455 *In re Holocaust Victim Assets Litigation, 225 F.3d 191, 201 (2d Cir. 2000)*

456 Die Benachrichtigung war vor Inkrafttreten der Reform in *Rule 23 (e)* vorgesehen.

457 Siehe zu den entsprechenden Regelungen gem. *Rule 23* a.F. etwa *Greenfield v. Villager Industries, Inc., 483 F.2d 824,833 (3rd Cir. 1973).*

458 Hinsichtlich der entsprechenden Regelungen gem. *Rule 23* a.F. Newberg, § 8:21; *Carlough v. Amchem Prods., Inc., 158 F.R.D. 314 , 331 (E.D. Pa. 1993).*

459 Zu beachten ist, dass in diesem Fall die zweite Benachrichtigung gem. *23 (e) (1) (B)* nicht individuell sein muss wie ausdrücklich im Fall von *23 (C) (2) (B).*

460 Bei internationalen Verfahren erfolgen Aufruf und Information dabei jeweils in der Muttersprache aller potentiellen Mitglieder; vgl. dazu die homepage des Vergleichs zwischen schweizerischen Großbanken und jüdischen Organisationen über die sog. „nachrichtenlosen Konten“ (Cv. 96/4849 E.D.N.Y.) www.swissbankclaims.com .

Alle, die dem Aufruf folgen, werden dann in einem ausführlichen Schreiben über das Verfahren, den Vergleich sowie die Möglichkeit, Einwände zu erheben, informiert (sog. *settlement notice*)[461]. Damit erhalten theoretisch alle Gruppenmitglieder die Möglichkeit, meist in einem besonders anzuberaumenden *fairness hearing* Einwendungen gegen den Vergleich vorzubringen[462]. Erst dann wird die endgültige Genehmigung des Vergleichs durch das Gericht erteilt[463]. In der Praxis wurden bisher allerdings im *fairness hearing* selten neue Tatsachen eingebracht, sondern es wurde nur noch einmal das aufgerollt, was bereits im Hinblick auf die Zertifizierungsentscheidung untersucht worden war[464].
Wichtig ist hingegen, dass sich die Gruppenmitglieder im Fall der *settlement-only class action* auch noch gem. *Rule 23 (c) (2) (B)* n.F. innerhalb der gerichtlich festgesetzten Frist durch einseitige Erklärung vom Verfahren ausschließen können (*opt-out*)[465]. In diesem Fall ist ja die *notice* gleichzeitig die erste Benachrichtigung vom Verfahren und muss somit die *opt-out*-Möglichkeit zwingend enthalten.

Neu ist schließlich *23 (e) (2),* wonach die Vergleichsparteien eine Erklärung abgeben müssen, in der sie jede Form etwaig getroffener Nebenvereinbarungen („*side agreements*") zum eigentlichen Vergleich dem Gericht offen legen müssen. Damit soll verhindert werden, dass der geschlossene Vergleich durch die „Hintertür" nicht offenbarter Nebenabreden zum Nachteil der *class* modifiziert wird[466].

(b) Zweite opt-out-Möglichkeit gem. Rule 23 (e) (3) n.F. bei späterem Vergleich

Nach der jüngsten Reform der Vorschrift, sieht *Rule 23 (e) (3)* nunmehr vor, dass das Gericht die Genehmigung des Vergleichs verweigern kann, wenn im Rahmen von Verfahren, die zunächst als Klage zertifiziert wurden, im Fall eines späteren Vergleichsschlusses jedes Gruppenmitglied nicht eine erneute Möglichkeit zum *opt-out* erhält[467]. Damit soll den Mitgliedern der Gruppe ermöglicht

---

461 Zur Benachrichtigung ausländischer Kläger siehe etwa *Vancouver Women's Health Collective Soc. V. A.H. Robins Co., Inc., 820 F.2d 1359 (4th Cir. 1987).*

462 aus der Rechtsprechung siehe insb. *Amchem Prods. V. Windsor, 521 U.S. 591, 620 (1997).*

463 Siehe nunmehr ausdrücklich *Rule 23(e) (1) (c)* n.F.; zur alten Rechtslage Solovy et al., Class Action Controversies, 215.

464 Pucket, 77 Tex. L. Rev. 1271, 1273 (1999).

465 Zu der entsprechenden Möglichkeit unter *Rule 23 (c) (2)* a.F. Newberg, § 8:21.

466 Siehe, Excerpt from the Report of the Judicial Conference Committee on Rules of Practice and Procedure, 215 F.R.D. 158.

467 Gegen diese Neurerung und für einen generellen Ausschluss der *opt-out* Möglichkeit in *23 (b) (3)-actions* Rosenberg, 2003 U.Chi. Legal F. 19 (2003).

werden, die Entscheidung über das *opt-out* im Ergebnis – sinnvollerweise – von dem tatsächlichen *Inhalt* des erzielten Vergleichs abhängig zu machen ohne wie bisher im Fall solcher, im Laufe des Prozesses erst erzielten Vergleiche, von vornherein an das Ergebnis gebunden zu sein[468]. Angesichts des quasi nichtexistenten Einflusses der Gruppenmitglieder auf die zwischen Kläger und Beklagten ausgehandelten Vergleiche, ist diese Neurerung sicherlich folgerichtig und damit zu begrüßen. Abzuwarten bleibt allerdings, wie großzügig die Gerichte von dieser bloßen *Möglichkeit* der Ablehnung der Genehmigung in solchen Fällen tatsächlich Gebrauch machen werden und ob die Mitglieder der *class* die Chance ergreifen und in höherem Maße als bisher von ihrem *opt-out*-Recht Gebrauch machen[469]. Allerdings setzt die Möglichkeit eines zweiten *opt-outs* in den relevanten Fällen grundsätzlich auch den Beklagten unter Druck. Dieser muss vor Abschluss des Vergleichs abwägen, wie viele „Noch-Mitglieder „ der *class* wohl nach der Benachrichtigung über den Vergleichsinhalt noch „aussteigen“ werden. Von dieser Prognose hängt dann wiederum auch der Inhalt des Vergleichs ab, da der nur erstrebenswert ist, wenn er durch eine möglichst hohe Zahl an eingeschlossenen *class*-Mitgliedern tatsächlich zu der angestrebten endgültigen und abschließenden Regelung des Sachverhaltes führt.
Die potentielle Gefahr einer hohen Anzahl von „Aussteigern“ nach Abschluss des Vergleichs könnte also dazu führen, dass der Vergleich die Interessen der Gruppenmitglieder stärker berücksichtigt, um zu verhindern, dass sich diese Gefahr tatsächlich realisiert[470]. Problematisch ist allerdings, dass es sich bei *Rule 23 (e) (3)* n.F. um eine Entscheidung handelt, die im Ermessen des Gerichts liegt, so dass abzuwarten bleibt, inwieweit davon überhaupt Gebrauch gemacht werden wird.

Im Rahmen von *settlement-only classes,* in denen Zertifizierungsentscheidung und Genehmigung des Vergleichs prozessual zusammenfallen, hat die Neuerung dagegen keine Bedeutung, da die Gruppenmitglieder in diesen Fällen gleichzeitig vom Vergleich und der Möglichkeit des *opt-out* informiert werden und damit von vornherein die Gelegenheit haben, ihre Entscheidung vom Inhalt des Vergleichs abhängig zu machen[471].

---

468 Hier geht es also um diejenigen Mitglieder der *class,* die es zu Beginn des Prozesses gerade versäumt haben, von ihrer *opt-out*-Möglichkeit Gebrauch zu machen; siehe so auch Marino, The Metropolitan Corporate Counsel, Vol. 11 Nr. 12, Dezember 2003.

469 Angesichts des bis auf wenige Ausnahmen traditionell geringen Prozentsatzes an „Aussteigern“, ist letzteres jedenfalls fraglich.

470 Zum Teil wird auch die gegenteilige Ansicht vertreten, dass die zweite *opt-out*-Möglichkeit gerade „gute“ Vergleiche vereiteln könnte; siehe die *Advisory Committee Notes* zu *(e) (3)* n.F.

471 Siehe so auch die *Advisory Committee Notes* zu *23 (e) (3)* n.F.

(c) Der Inhalt der Genehmigungsprüfung

Inhaltlich handelt es sich bei der endgültigen Genehmigung des Vergleichs um eine Art Zulässigkeits- und Inhaltskontrolle an wenig präzisen Maßstäben, einen von der Rechtsprechung entwickelten sog. Fairness-Test[472]. *Rule 23 (e)* a.F. selbst enthielt insofern bis vor kurzem keinerlei Maßstab hinsichtlich der Genehmigungsentscheidung[473]. Nach der jüngsten Reform der Vorschrift, wurde jetzt der von der Rechtsprechung entwickelte „Fairness-Test" wortgleich in *Rule 23 (e) (1) (c)* übernommen. Die Genehmigung wird danach erteilt, wenn der erzielte Kompromiss für alle Beteiligten fair, angemessen und verhältnismäßig (*fair, adequate and reasonable*) ist[474].
Die Fairness-Prüfung hat zwei Elemente: Geprüft wird zum einen die prozessuale und zum anderen die inhaltliche Fairness[475]. Dabei zielt das prozessuale Element auf den Verhandlungsprozess ab, durch den der Vergleich erreicht wurde[476], das inhaltliche Element auf das eigentlich erzielte Ergebnis[477]. Insgesamt stellen die Gerichte auf eine Vielzahl unterschiedlicher Faktoren ab, um zu entscheiden, ob der Vergleich insgesamt *fair, adequate and reasonable* ist[478]. Zu beachten ist dabei vor allem, dass das Gericht bei seiner Beurteilung nicht die Begründetheit der zugrundeliegenden rechtlichen Ansprüche in Betracht ziehen darf oder über die Exitenz oder Nicht-Existenz gewisser Rechte der Parteien entscheiden darf[479].

Dem Gericht ist mit der Zuständigkeit für die Genehmigung des Vergleichs eine starke Position innerhalb des Verfahrens eingeräumt worden[480]. Hier könnte theoretisch der Schlüssel zur Verhinderung von Missbräuchen und zur Erzielung adäquater Ergebnisse für beide Seiten liegen[481]. Angesichts weiten Ermessensspielraums des Gerichts wäre die Rechtsprechung in der Lage, einen rechtlichen Rahmen im Sinne konkreter Maßstäbe bezüglich der formellen und inhaltlichen Anforderungen an einen Prozessvergleich zu schaffen und damit effektiv über

472 Henderson, 27 Wm. Mitchell L. Rev. 489, 502 (2000).
473 Kritisch dazu Schwarzer, 80 Cornell L. Rev. 837, 842 (1995).
474 Siehe insofern aus der Rechtsprechung cert. Granted in *In re Holocaust Victim Assets Litig., 105 F. Supp. 2d 139, 145 (2000); Piambino v. Bailey, 610 F. 2 d 1306, 1328 (5 th Cir. 1980), cert. denied, 449 U.S. 1011 (1980).*
475 Siehe *Sheppard v. Consol. Edison Co., 2000 U.S. Dist. LEXIS 20629(2000).*
476 Unter anderem wird die Arbeit der Anwälte bewertet; siehe *Sheppard v. Consol. Edison Co., 2000 U.S. Dist. LEXIS 20629, 9 f. (2000).*
477 *Sheppard v. Consol. Edison Co., 2000 U.S. Dist. LEXIS 20629, 11 (2000).*
478 Dazu Pucket, 77 Tex. L. Rev. 1271 1276 f. (1999).
479 *EEOC v. Hiram Walker & Sons, Inc., 768 F.2d 884, 889 (7th Cir. 1985).*
480 Pucket, 77 Tex. L. Rev. 1271, 1317 (1999).
481 So auch Cox, 39 Ariz. L. Rev. 497, 524 (1997).

die Fairness der erzielten Ergebnisse zu wachen[482]. In der Praxis ist das Gegenteil der Fall. Der weite Ermessensspielraum führt gerade dazu, dass die Genehmigungen in erster Linie – intuitive – Einzelfallentscheidungen darstellen[483]. Insbesondere wird die Genehmigung grundsätzlich selten verweigert, die Verhandlungslösung dagegen in der Regel als bestmöglichstes Ergebnis gleichberechtigter Parteien akzeptiert[484].

Wie bereits angedeutet, liegt ein besonderer Anreiz der *settlement*s für die Richter darin, dass die ohnehin bereits überlaufenen Gerichtssäle von zeit- und kostenaufwendigen *class action*-Verfahren freigehalten werden[485]. Die Gerichte lassen sich daher allzu gerne von ihrer Verantwortung entheben und überlassen die Konfliktlösung den Parteien bzw. den jeweiligen Anwälten. Die Genehmigung des Vergleichs erscheint vor diesem Hintergrund sogar oft als nicht mehr als eine „Formalität“ und nicht die tatsächliche Überprüfung eines zwischen den Parteien ausgehandelten Kompromisses anhand differenzierter Fairness-Maßstäbe. Das gilt umso mehr, als das Gericht den vorgeschlagenen Vergleich nur genehmigen oder ablehnen, dagegen keinerlei inhaltliche Änderungen vornehmen kann[486]. Die Entscheidung ist damit eine „Alles oder Nichts“-Entscheidung und die Versuchung ist umso größer, auch einen suboptimalen Vergleich abzusegnen, um nicht einer möglichen Lösung des Streitstoffes ganz den Weg abzuschneiden.

Die wenig konkreten Maßstäbe, anhand derer hier letztlich das von den Parteien erzielte Ergebnis gemessen wird und die allgemeine Praxis der Rechtsprechung, kaum Einwände zu erheben, lassen das Instrument des *settlements* damit insgesamt als wenig effektiv erscheinen. Mit der gerade realisierten Reform von *Rule 23* wird sich an den bisherigen Problemen im Zusammenhang mit der Genehmigung von Vergleichen ebenfalls voraussichtlich wenig ändern, da abgesehen von der bereits in der Rechtsprechung anerkannten allgemeinen „Fairness-Formel“ keine weiteren konkreten inhaltlichen Vorgaben in die Vorschrift aufgenommen wurden[487].

---

482 Pucket, 77 Tex. L. Rev. 1271, 1276 (1999).

483 Pucket, 77 Tex. L. Rev. 1271; 1317 f. (1999) spricht in diesem Zusammenhang von „*unguided judicial intuition*“.

484 Stadler, Bündelung von Verbraucherinteressen.

485 Pucket, 77 Tex. L. Rev. 1271, 1317 (1999); Mengler/Pea, ZZPInt 2 (1997), 297, 303.

486 Evans v. Jeff D., U.S. 717, 726 f.(1986); Newberg, § 17:21; siehe auch etwa *Bowling v. Pfizer, Inc., 143 FRD 138, 139 (SD Ohio 1992).*

487 Problematisch ist diesbezüglich allerdings die Frage, inwieweit solche Vorgaben noch „prozessualer Natur“ wären und damit von der dem *Supreme Court* delegierten Zuständigkeit zum Erlass von Verfahrensrecht gedeckt wären; siehe oben Fn. 72.

(d) Die Rechtslage nach dem CAFA

Auch im Rahmen der jüngsten *class action*-Reform, dem *CAFA*, ist unter anderem eine Neuerung hinsichtlich der *notice*-Vorschriften im Rahmen von *class action settlements* in Kraft getreten. So wurde dieses Benachrichtigungsverfahren erheblich erweitert, indem es sich nunmehr auf bestimmte staatliche Stellen erstreckt.

Danach muss in Zukunft jeder Beklagte, der an einem settlement beteiligt ist ein besonderes Notifizierungsverfahren einleiten, bei dem er den zwischen den Parteien vereinbarten Vergleich sowie weitere gerichtliche Schriftstücke innerhalb von 10 Tagen an sog. *„appropriate state and federal officials"* zustellen muss[488].

Die endgültige Genehmigung des Vergleichs kann erst 90 Tage nach der ordnungsgemäßen Zustellung an die entsprechenden Personen oder Stellen erfolgen und class Mitglieder können die Bindung an den Vergleich verweigern, sofern die Zustellungsvorschriften nicht eingehalten wurden.

Der *appropriate federal offical* ist dabei regelmäßig der Generalbundesanwalt (United States Attorney General[489]) oder für den speziellen Fall, dass der Beklagte eine der enumerativ aufgezählten staatlichen Institutionen ist, eine bundeseigene Regulierungsbehörde unter deren Kompetenz der Beklagte fällt[490].

Auf einzelstaatlicher Ebene soll grundsätzlich die Person bzw. Stelle benachrichtigt werden, die primär regulatorische Befugnisse gegenüber dem Beklagten ausübt oder die ihm eine Genehmigung erteilt hat in einem Staat, in dem ein *class* Mitglied wohnhaft ist, Geschäftstätigkeit zu entfalten[491].

Ziel ist es, den zu benachrichtigenden staatlichen Stellen bzw. Personen die Möglichkeit zu eröffnen, bei Bedarf regulierend in das Vergleichsverfahren einzugreifen, falls sie den vorgeschlagenen Vergleich für unangemessen halten[492].

4. Die Entschädigung der class

Kaum bewältigt ist auch das Problem der notwendigen Verteilung des Schadensersatzes unter den Gruppenmitgliedern nach Verfahrensabschluss[493]. Im

488 *Title 28 U.S.C. Ch. 14 § 1715*; zu den übrigen Neuerung im Rahmen des *Consumer Bill of Rights* des *CAFA* ausführlich in diesem Teil unten unter IV.3.
489 *28 U.S.C. § 1715 (a) (1) (A).*
490 *28 U.S.C. § 1715 (a) (1) (B).*
491 *28 U.S.C. § 1715 (a) (2).*
492 Blumstein, 41 Tenn. B.J. 16, 17, 22 (2005).

Rahmen von *class action settlements* werden in der Regel umfangreiche Entschädigungsfonds geschaffen, sog. *common funds* oder *settlement funds*[494]. Aus den darin enthaltenen Mitteln werden nach Abschluss des Verfahrens in der Regel auch die Anwaltskosten beglichen[495]. Der Überschuss wird an die *class members* ausgekehrt. Dazu werden spezielle „*claim facilities*“ eingerichtet, die die Gelder verwalten und spezielle Anmelde-, Feststellungs- und Eingruppierungsverfahren für die Auszahlung erarbeiten[496]. Die Einrichtung und Verwaltung des Fonds erfolgt unter der Aufsicht des Gerichts, in der Vergangenheit zum Teil auch unter Einschaltung eines *special masters* [497].
Im Rahmen von *settlement class actions* ist das Honorar der Anwälte neben der Entschädigung der *class* oftmals Teil des ausgehandelten Vergleiches zwischen den Parteien, entweder als Teil eines gleichzeitig geschaffenen Entschädigungsfonds oder unabhängig von der Entschädigung der Mitglieder der *class*[498]. Auch deshalb ist ein Vergleich gerade für die Anwälte äußerst vorteilhaft. In *class action*-Verfahren werden regelmäßig Erfolgshonorare mit den Klägeranwälten vereinbart, mit der Folge, dass die Anwälte die Kosten des Rechtsstreits vorstrecken müssen und im Falle einer gerichtlichen Entscheidung nur dann ihre Kosten erstattet und ihr Erfolgshonorar ausgezahlt bekommen, wenn die Kläger obsiegen. Bei Prozessverlust gehen sie leer aus. Schließen sie dagegen einen Vergleich, können sie fest damit rechnen, die verauslagten Kosten und bis dahin angefallenen Gebühren zu erhalten, sofern die von den Beklagten bezahlte Vergleichssumme auch der Bezahlung der Anwälte dient. Dies ist aber nahezu immer der Fall, da die Anwälte den Inhalt des Vergleichs bestimmen. Je höher also das für die Anwälte ausgehandelte Honorar ausfällt, umso niedriger wird in der Regel die Entschädigung der Gruppe ausfallen.

Angesichts der bisher sehr großzügigen Genehmigungspraxis der Gerichte stellte die gerichtliche Kontrolle des Vergleichs dabei auch hinsichtlich des vereinbarten Honorars bisher nur eine geringe Beschränkung der Freiheit der Anwälte dar[499].

---

493 Stadler, Bündelung von Verbraucherinteressen.
494 Willging /Hooper /Niemic, 71 N.Y.U.L. Rev. 74, 138 (1996).
495 Solovy et al., Class Action Controversies, 235; generell zur sog. *common-fund doctrine Boeing Co. v. Van Gemert, 444 U.S. 472 (1980)*.
496 Dieses Vorgehen ist vor den Bundesgerichten in ca. 80 % der Fälle üblich; siehe Willging /Hooper /Niemic, 71 N.Y.U.L. Rev. 74, 138 (1996).
497 Das war unter anderem im Rahmen der *Agent Orange*-Verfahren der Fall, vgl. die Nachweise bei Heß, AG 1999, 145, 150.
498 Solovy et al., Class Action Controversies, 235.
499 Lenenbach, WM 1999, 1399.

(a) Das Problem der „coupon settlements“

Ein weiteres Problem im Zusammenhang mit der Entschädigung der *class* ergibt sich, wenn die Beklagten versuchen, Vergleiche auszuhandeln, die ohne eine Entschädigung in Geld auskommen (sog. *noncash* oder *coupon settlements)*. In diesem Fall werden z.B. Gutscheine (*coupons*) an die Mitglieder der *class* verteilt oder ihnen wird eine Dienstleistung, wie etwa die kostenlose Reparatur ihres Fahrzeugs, angeboten[500]. In der Praxis haben solche Vergleiche meistens nur zwei Folgen: Zum einen substantielle Gewinne für die Anwälte (die natürlich nicht mit *coupons* entlohnt werden!) und zum anderen für den Beklagten, der durch die Verteilung von Gutscheinen oder Ermäßigungen im Ergebnis seinen eigenen Umsatz ankurbelt[501]. Der Kläger dagegen geht im schlimmsten Fall sogar leer aus[502].

Allerdings wurde das Fehlen jeder Form von monetärerer Entschädigung von den Bundesgerichten in jüngerer Zeit oft als Hauptindikator für „verdächtige“ Vergleiche angesehen und insofern mit Skepsis betrachtet[503]. Dahinter steckt der Grundsatz, dass ein guter Vergleich sowohl unangenehm (*inconvenient*) als auch teuer für den Beklagten sein muss[504]. Fehlt es offensichtlich daran, so bestanden neuerdings große Chancen, dass das Gericht die Genehmigung verweigert. Dies galt umsomehr, wenn die Anwälte, verglichen mit der Entschädigung der *class*-Mitglieder, exorbitante Summen als Honorar einstrichen[505].

500 Siehe z.B. *In re General Motors Corp. Pick-Up Truck Fuel Tank Product Liability Litigation, 55 F3d 768, 784 (3d Cir. !995)* (Hier sollten die Mitglieder der *class* insbesondere durch die Reparatur ihres fehlerhaften Trucks entschädigt werden) und *In re Ford Motor Co. Bronco II Product Liability Litigation, MDL-991 Sec. G (ED La 1995)* (Hier war insbesondere ein „*Utility Vehicle Package*“ mit einem Video und einem Sticker vorgesehen; außerdem eine kostenfreie Inspektion); beide Vergleichsvorschläge wurden vom Gericht abgelehnt; siehe zu aktuellen Beispielen auch Beisner / Shors / Miller, 57 Stan. L. Rev. 1441, 1448 ff (2005).

501 Dazu insgesamt Hantler / Norton, 18 Geo. J. Legal Ethics 1343 (2005); siehe auch Cooper, 40 Ariz. L. Rev. 923, 936 (1998); Mengler/Pea, ZZPInt 2 (1997), 297, 302 sprechen auch von „*toothless settlements*“, da diese hohe Honorare für die Anwälte hervorbringen ohne erwähnenswerte Entschädigungen für die *class* vorzusehen.

502 In *in re General Motors* sollte jedes Mitglied der *class* nach dem vom *district court* genehmigten Vergleich einen Gutschein über $ 1000 erhalten, den er beim Kauf eines neuen (!) *GMC* oder *Chevrolet Trucks* einlösen konnte. Den Anwälten wurden $ 9, 5 Mio. Honorar sowie $ 451.912, 31 an Kosten zugesprochen; siehe dazu Wasserman, 80 B.U.L. Rev. 461, 467 (2000).

503 Hefferson / Thompson, 60 Bus. Law. 797, 806 (2005); Newberg, § 17:22

504 Newberg, § 17:22.

505 Newberg, § 17:22.

(b) Die Reaktion des Gesetzgebers

Der Gesetzgeber hat als Antwort auf die immer weiter ausgreifenden Missbrauchspraktiken und den offensichtlichen Fehlentwicklungen im Zusammenhang mit *class actions* und insbesondere den beliebten *settlement*-Verfahren im Rahmen seiner jüngsten Reform von *Rule 23* zunächst allgemein versucht, das grundsätzliche Problem der oftmals exessiv hohen Anwaltshonorare wenigstens teilweise zu regeln. Darüber hinaus hat er mit dem *CAFA* als jüngstem Reformpaket versucht, die *class*-Mitglieder in Zukunft im Rahmen von *settlement*-Verfahren besonders zu schützen, insbesondere vor Praktiken, die im Ergebnis zu unvertretbaren Relationen zwischen der vom einzelnen *class*-Mitglied erzielten – minimalen – Entschädigung und den von den Anwälten erzielten – maximalen – Honarare führen.

(1.) Neuerungen durch die jüngste Zivilprozessrechtsreform

Mit Neufassung von *Rule 23* wurdeden Gerichten nunmehr zunächst eine allgemeine Möglichkeit an die Hand gegeben, sowohl im Rahmen des neuen „Anwalts-Auswahlverfahrens“ gem. *Rule 23 (g)* bereits einen gewissen Einfluss auf das spätere Honorar zu nehmen[506] als auch im Rahmen des späteren Antragsverfahren hinsichtlich der zu verhängenden Kosten und Honorare (*motion for award of attorney fees)*[507]. In den Anmerkungen zu der Vorschrift wird dabei insbesondere an dir Gerichte appeliert, in Zukunft bei der Entscheidung über das zu verhängende Honorar stets die diesem gegenüberliegende Entschädigungssumme der *class* im Auge zu haben[508].

(2.) Neuerungen im Rahmen des CAFA

Der Gesetzgeber ist im Rahmen des *CAFA* und dem darin enthaltenen *Bill of Consumer Rights*[509] schließlich hinsichtlich der sog. *coupon settlements* sowie der vergleichbaren Kategorie der sog. *nett loss settlements*, bei denen der Vegleich regelmäßig zu einem - jedenfalls finanziellen – Nettoverlust der *class*-Mitglieder führt, noch einen Schritt weitergegangen, indem er die Zulässigkeit

---

506 Dazu auch in diesem Teil unten unter E.III.5.

507 Gem. *Rule 23 (h) (1)* bestimmt das Gericht nunmehr ausdrücklich den Zeitpunkt, zu dem der Antrag auf die Kostenfestsetzung bei Gericht vorliegen muss; also etwa im Zeitpunkt der Entscheidung über die Genehmigung eines Vergleichs. Damit kann es die enthaltenen Informationen in seine Genehmigungsentscheidung mit einbeziehen. Allerdings war das Gleiche bisher nach allgemeiner Anschicht auch schon gem. der vorher allgemein geltenden *Rule 54 (2) (B)* möglich und wurde von der Rechtsprechung auch praktiziert; siehe so die *Advisory Commitee Notes* zu *Rule 54 (2002-2003)*.

508 Siehe *Rule 23 Advisory Committee Notes* zu *Rule 23 (h)*.

509 Siehe *Section 3* des *CAFA* bzw. das neu eingefügte *Chapter 14* in *28 U.S.C.*

solcher *settlements* zum Teil strengen Voraussetzungen unterstellt hat bzw. Mechanismen vorsieht, die einen Ausverkauf der Interessen der *class* unter Übervorteilung der klägerischen Anwälte und oftmals auch der Beklagten unterbinden sollen.

So müssen in Zukunft Anwaltshonorare in Form von Erfolgshonoraren (*contingent fees*[510]) im Rahmen von *coupon settlements* nach dem Wert der im Ergebnis tatsächlich eingelösten (*redeemed*) *coupons* berechnet werden[511]. Diese Neuerung erklärt sich vor dem Hintergrund, dass in der jüngeren Vergangenheit in diesen Fällen oftmals nur ein minimaler Anteil der Summe der in dem Vergleich vereinbarten Gutscheine tatsächlich von den Mitgliedern beansprucht wurden, während die Anwälte Honarare erhielten, die auf der Basis einer fiktiven Vergleichssumme in Höhe des objektiven Wertes der ausgegebenen Gutscheine errechnet worden waren[512].

Die darüber hinaus existierenden – weiterhin möglichen – Formen der Honorarberechnung sollen sich hingegen grundsätzlich daran orientieren, wie viel Zeit die Anwälte tatsächlich für die Durchführung des Verfahrens aufgewendet haben und unterliegen insbesondere einer zwingenden Genehmigung durch das Gericht[513].

Im übrigen besteht die Möglichkeit für das Gericht nach seinem Ermessen auf Antrag einer Partei einen Sachverständigen heranzuziehen, um den tatsächlichen Wert der Gutscheine für die *class*-Mitglieder evaluieren zu lassen[514].

Schließlich soll das Gericht nach der Neuregelung in Fällen von *coupon settlements* allgemein dem *fairness test*[515] besondere Aufmerksamkeit widmen. Zu diesem Zweck muss insbesondere eine Anhörung stattfinden darüber, ob der Vergleich sich als *„fair adequate and reasonable"* darstellt und das (positive) Ergebnis darüber muss schriftlich festgehalten und begründet werden[516]. Das Gericht kann dabei nach seinem Ermessen festlegen, dass nicht in Anspruch ge-

---

510 Zu den Möglichkeiten der Honorarberechnung in diesem Teil unten unter E.III.

511 Siehe *28 U.S.C. § 1712 (a).*

512 So wurde etwa im Rahmen eines *coupon settlements*, der die Videoverleihfirma Blockbuster betraf, im Jahr 2001 die Vergleichssumme auf 460 mio $ festgesetzt, während Blockbuster davon ausging, dass weniger als 10% der coupons tatsächlich eingelöst werden würden. Die Anwälte erhielten Gebühren und Kosten in Höhe von 9,25 mio $; siehe dazu und zu weiteren Beispielen die Seite des Institute for Legal Reform unter www.instituteforlegalreform.com/issues/ ; siehe auch Hantler / Norton, 18 Geo. J. Legal Ethics 1343, 1344 f. (2005).

513 *28 U.S.C. § 1712 (b) (1)* und *(2).*

514 *28 U.S.C. § 1712 (d).*

515 Siehe dazu in diesem Teil oben unter D.III. (c).

516 *28 U.S.C. § 1712 (e).*

nommene Gutscheine im Einvernehmen mit den Parteien an gemeinnützige oder staatliche Organisationen verteilt werden[517].

Auch sog. *nett loss settlements* sind nur noch unter engen Voraussetzungen möglich. Bei diesen Vergleichen zahlen *class*-Mitglieder aus eigener Tasche einen Teil der Anwaltshonorare und erleiden im Ergebnis trotz Vergleichsschluss aufgrund der geringen Höhe der Einzelentschädigungssumme einen Nettoverlust[518]. In diesen Fällen darf das Gericht den Vergleich nur genehmigen, sofern es schriftlich begründet, dass die nichtgeldwerten Vorteile den finanziellen Nettoverlust erheblich überwiegen („*substantially outweigh*")[519].

II. Die Gefahr von„strike suits" und „rubber-stamp"-settlements

Die Zertifizierung einer Klage als *class action* vergrößert tendenziell die Anzahl geltend gemachter (unberechtigter) Ansprüche. Sie verzerrt damit nicht nur die rechtlichen Ergebnisse vieler Prozesse, sondern schafft durch das mit ihr einhergehende Anspruchsvolumen einen enormen Druck für die Beklagten, sich mit einem Vergleich einverstanden zu erklären. Das Risiko ein „Alles oder Nichts"-Urteil zu kassieren ist oft selbst dann zu hoch, wenn die Wahrscheinlichkeit des Unterliegens im Prozess gering ist[520]. Je größer dabei die Unsicherheit über die wirklichen Kausalzusammenhänge ist, desto eher besteht die Gefahr, dass entweder der Beklagte die Ansprüche der Betroffenen unter Wert abfindet oder dass der Rechtsanwalt mit seinem einer sog. *strike suit* Erfolg hat[521]. Als *strike suits* werden dabei *class actions* bezeichnet, die allein durch den Schaden oder die „Beeinträchtigung" (*nuisance*), die sie allein durch ihre faktische Existenz kreieren, einen Vergleichswert besitzen, der unabhängig von tatsächlich zugrundeliegenden Ansprüchen existiert (*independent of their merits*)[522].

Konkret bedeutet das: Selbst ein Fall mit geringen Erfolgsaussichten (etwa 5%) vor Gericht (sog. *meritless case*) muss verglichen werden, wenn die Klage Schadenersatzansprüche in Höhe von hunderten Millionen Dollars geltend macht[523]. Dabei spielt vor allem auch der sich aus den allgemeinen, mit der Klage an sich verbundenen Prozesskosten sowie einem möglichen, mit einem Pro-

---

517 In diesem Fall darf der entsprechende Anteil an *coupons* nicht in die Kalkulation der Anwaltshonorare mit einfließen; *28 U.S.C. § 1712 (3)*.

518 Siehe etwa ein Beispiel auf der Seite des Institute for Legal Reform unter www.instituteforlegalreform.com/issues/, wo die Mitglieder der class jeweils ca. $ 91 an Anwaltshonoraren zahlen mussten und demgegenüber eine Summe von jeweils $ 2,19 Schadensersatz zugesprochen bekamen.

519 *28 U.S.C. § 1713*.

520 So ausdrücklich *Castano v. American Tobacco Co., 84 F.3d 734,746 (5th Cir. 1996)*.

521 Klonoff/Bilich , Non Federal Question, 390, sprechen insofern von der "*implacable arithmetic of the class action*".

522 Siehe Brandl, 98 Dick. L. Rev. 355, 357 (1994).

523 Klonoff/Bilich, Non Federal Question, 390 f.

zess einhergehenden Reputationsverlust ergebende Vergleichsdruck eine erhebliche Rolle[524].

Nicht umsonst wird diese Art des gerichtlichen Vergleichs im Rahmen von *class action*-Verfahren daher auch von einigen Gerichten und Stimmen in der Literatur als „gerichtliche Erpressung" bezeichnet[525]. Auf der anderen Seite ziehen einige Richter *class actions* bewusst durch sog. *rubber stamp*-Vergleiche an. Angesichts der Möglichkeit sich mittels der Durchführung publikumswirksamer Großverfahren eine gewisse Reputation zu erwerben, werden dabei Vergleiche nur noch vom Richter „abgestempelt" ohne überhaupt auf ihre von der Rechtsprechung geforderte verfahrensrechtliche und inhaltliche Fairness hin geprüft zu werden[526]. Die Phänomene der *strike suits* und des *rubber stamp settlements* machen damit das der *class action* inhärente Missbrauchsrisiko besonders deutlich. Das zugrundeliegende Vefahrensrecht in *Rule 23* und dem allgemeinen Zivilprozessrecht macht eine Manipulation dieser Klageart durch die klägerischen Anwälte grundsätzlich möglich und wird von den Gerichten auf der anderen Seite toleriert oder sogar noch gefördert.

III. Erhöhte Zertifizierungschancen im Rahmen von settlement-only class actions

Prinzipiell gilt, dass Vergleiche im Rahmen von *class actions*, gerade auch im *mass tort*-Kontext oftmals positiv bewertet und von den Gerichten favorisiert werden[527].

Ein Vergleich wird insofern als adäquate Lösung der besonders komplexen Fälle angesehen, als durch den Verzicht auf das gerichtliche Verfahren nicht nur die extremen (flanziellen) Belastungen für die Parteien verringert werden, sondern damit auch eine Entlastung im Hinblick auf die knappen judiziellen Ressourcen

---

524 Eichholtz, Funktionsäquivalente, S. 25; Schäfer, Bundling of Interests, S. 6.

525 *"Judicial blackmail"*, siehe z.B. In re GMC Pick-Up Truck Fuel Tank Prods. Liab. Litig., 55 F.3d 768, 784 f. (3rd Cir. 1995); In re Rhone-Poulenc Rorer Inc., 51 F.3d 1293, 1299 (7th Cir. 1995); Henderson Jr., 80 Cornell L. Rev. 1014, 1021 (1995)(*"judicial-sanctioned blackmail"*).

526 Eichholtz, Funktionsäquivalente, S. 167.

527 Newbwerg, § 17: 21; *In re Michael Milken & Associates Security Litigation, 150 FRD 57, 65 (SDNY 1993); White v. National Football League, 822 F Supp. 1389, 1416 (D Minn 1993)("the policy in federal court favoring the voluntary resolution of litigation is particulary strong in the class action context.")*.

einhergeht[528]. Im Rahmen der großen Asbest-Verfahren etwa spielten diese Argumente eine entscheidende Rolle[529].

1. Bevorzugung durch die Rechtsprechung

Aus den oben genannten Gründen kann die Tatsache, dass ein Vergleich im Raum steht oder auch schon ausgehandelt ist, bereits entscheidende Bedeutung für die Zertifizierungsentscheidung des Gerichts haben[530]. Da die Gerichte auf eine gütliche Einigung zwischen den Parteien aus sind, werden sie eher geneigt sein, eine *class action* zu zertifizieren, wenn dies nur zum Zweck des Vergleichs geschehen soll.

Bis zu einer Entscheidung des *Supreme Court* Ende der neunziger Jahre herrschte insofern unter vielen Richtern die Auffassung, dass für den Fall, dass der bereits erzielte Vergleich als *fair, adequate und reasonable* im Sinne von *Rule 23 (e)* eingestuft würde, die Voraussetzungen der Zertifizierung der *class action* in *Rule 23 (a) und (b)* nicht mehr streng eingehalten werden müssten[531]. Damit wurde praktisch „durch die Hintertür" im Rahmen von *settlement classes* ein geringerer Zulässigkeitsstandard für die *class action* eingeführt[532]. Wurde der Vergleich inhaltlich für genehmigungsfähig gehalten, so sollte er insofern auch möglichst zulässig im Sinne von zertifizierbar sein. Dass hier nicht nur eine komplette Umkehrung der Prüfungs*reihenfolge*, sondern außerdem eine unzulässige Vermischung bzw. Verknüpfung von Zulässigkeits- und Begründetheitsfragen stattfand, war nach Ansicht der Gerichte offensichtlich unproblematisch. Umso deutlicher zeigt diese Praxis die grundsätzliche Bevorzugung des Vergleichs durch die Rechtsprechung und die daraus resultierende eindeutig „ergebnisorientierte" (Nicht)Anwendung der gesetzlichen Vorschriften. Die in *Rule 23* vom Gesetzgeber vorgesehenen Hürden in Form spezifischer Zertifizierungsvoraussetzungen, die einen Missbrauch des Instruments der *class action* gerade

---

528 *White v. National Football League, 822 F Supp. 1389, 1416 (D Minn 1993); In re General Motors Corp. Pick-Up Truck Fuel Tank Product Liability Litigation, 55 F3d 768, 784 (3d Cir. 1995)*

529 Angesichts der massiven Transaktionskosten und hoher *punitive damage*-Urteile bestand die Gefahr, dass die finanziellen Mittel, die sonst zur Entschädigung der verletzten Kläger zu Verfügung stehen würden, aufgebraucht würden; siehe *In re Joint E. & S. Dist. Asbestos Litig., 129 B.R. 710, 749 (E.D.N.Y., S.D.N.Y. & S.D.N.Y. 1991);* insgesamt dazu Harvard, Leading Cases II, 113 Harv. L. Rev. 306, 307 ff.

530 Newberg, § 17:19;siehe auch *Central Wesleyan College v. WR Grace & Co, 6 F3d 177, 185 (4th Cir. 1993).*

531 Unter Hinweis auf diese Praxis der Gerichte wurde dieses Vorgehen ausdrücklich für unzulässig erklärt in der Leitentscheidung des *Supreme Court* in *Amchem Products, Inc., et al., v. George Windsor et al., 521 U.S. 591, 681 (1997)* mit Nachweisen aus der Rechtsprechung; zu der Entscheidung ausführlich in diesem Teil unten unter 5.(a).

532 Dazu ausführlich Coffee, 80 Cornell L. Rev. 851, 853 f. (1995).

verhindern sollen, wurden hier zum Teil zugunsten des gewünschten Ergebnisses lange Zeit ignoriert.
Nach heutigem Standard muss dagegen die Zertifizierungsentscheidung im Hinblick auf die den Schutz der abwesenden Mitglieder betreffenden Voraussetzungen sogar erhöhte Aufmerksamkeit im *settlement-only*-Kontext genießen[533]. Zu diesen gehört insbesondere die Voraussetzung der angemessenen Vertretung durch Repräsentanten und insbesondere den Anwalt[534].

2. *Keine Berücksichtigung von managability Problemen*

Für eine bevorzugte Zertifzierung von *settlement-only class actions* spricht weiterhin ein besonderer Aspekt, der nur im Rahmen dieser besonderen Fallgruppe zum Tragen kommt. Wie bereits an anderer Stelle erörtert, ist eines der größten Probleme im Rahmen der Zertifizierung bundesweiter und multi-nationaler *class actions* die Voraussetzung der *managability* gem. *Rule 23 (b) (3) (D)* im Rahmen der „Überlegenheitsprüfung“[535].
Die Gerichte stützen ihre negative Zertifizierungsentscheidung inzwischen häufig auf Probleme im Zusammenhang mit der technischen Bewältigung des Hauptverfahrens, etwa im Hinblick auf die notwendige Instruktion einer Jury, wenn eine Vielzahl unterschiedlicher materieller Rechtsordnungen anwendbar ist. IPR-rechtliche Probleme werden zum ausschlaggebenden Faktor und lassen die Zertifizierung im Ergebnis oft scheitern[536].
Im Bereich von *settlement-only class actions* dagegen darf das Gericht das *managability*-Argument aus *23 (b) (3) (D)* nicht heranziehen. Hier wird ja von vornherein kein Prozess mit Durchführung einer mündlichen Verhandlung anvisiert, sondern nur ein bereits existierender Vergleich zur Genehmigung vorgelegt. Das Argument des nicht durchführbaren Verfahrens kann damit von vorn-

---

533 *„other specifications of the rule--those designed to protect absentees by blocking unwarranted or overbroad class definitions-- demand undiluted, even heightened, attention in the settlement context.“* (so *Amchem Products, Inc., et al., v. George Windsor et al., 521 U.S. 591, 620 (1997)*).

534 Problematisch konnte dies sein, wenn zum Zeitpunkt der Zertifizierung auf Klägerseite noch gar kein Anwalt eingeschaltet war, so dass das Gericht tatsächlich gar nicht die „angemessene Vertretung“ prüfen konnte, siehe *In re GMC Pick-Up Truck Fuel Tank Prods. Liab. Litig., 55 F.3d 768, 787 f. (3rd Cir. 1995)* m.w.N. aus der Rspr.; allerdings sieht *Rule 23 (g) (2) (A)* n.F. nunmehr ausdrücklich die Möglichkeit vor, dass das Gericht schon vor der Zertifizierungsentscheidung der *class* einen *interim counsel* zur Seite stellt.

535 Siehe dazu oben in diesem Teil unter B.IV.1.(c).

536 Siehe ausdrücklich die neue Entscheidung in *In re Bridgestone/Firestone, Inc., 288 F.3d 1012, 1016 ff. (7th. Cir. 2002)*.

herein nicht greifen[537]. Damit sind in diesem Fall die Chancen der Zertifizierung nach der aktuellen Rechtsprechung ungleich größer[538].

3. *Stärkung der Verhandlungsposition des Beklagten*

Angesichts der Tatsache, dass die *settlement-only class action* bis vor kurzem nicht ausdrücklich vorgesehen war, musste man sich zunächst einmal fragen, welche Berechtigung die in diesem Verfahren erzielten Vergleiche überhaupt hatten bzw. ob sie nicht grundsätzlich als unzulässig betrachtet werden müssten[539]. Mit der Neufassung von *Rule 23* sind Zweifel im Hinblick auf die Zulässigkeit dieser Verfahrensform ausgeräumt[540]. Bestehen bleibt dagegen das Problem der unterschiedlichen Zertifizierungsstandards von Klage und *settlement class*. Dieses ergibt sich daraus, dass zum einen im Rahmen eines Vergleichsverfahrens *tatsächlich* keine *managability*-Probleme der Art zu erwarten, wie sie die Durchführung eines (Jury-)Prozesses zwingend mit sich bringt und zum anderen die aktuelle Rechtsprechung gerade auf dieses Kriterium den Schwerpunkt ihrer Prüfung legt. Die leichtere Zertifizierung ist damit in erster Linie systemimmanent und nicht per se ein Missbrauch der vorhandenen Regeln[541].
Die grundsätzliche „Anomalie", dass im Rahmen der *settlement-only class action* eine *class* zertifiziert werden kann, die unter Umständen im Rahmen einer streitigen *class action* scheitern würde, weil gewisse gesetzlichen Voraussetzungen für eine solche Klage fehlen, stellt in der Praxis eines der Kernprobleme im Zusammenhang mit dieser Verfahrensart dar[542]. Ist ein solcher Fall gegeben, so fehlt den Klägeranwälten ihr wichtigstes Druckmittel gegenüber dem (potentiel-

537 So auch Hefferon / Thompson, 60 Bus. Law. 797, 800 f. (2005).

538 Siehe z.B. *In re LifeUSA Holding, 242 F.3d 136, 146, n. 10 (3rd Cir. 2001);Carpenter v. BMW of N. Am., Inc., 1999 U.S. Dist. LEXIS 9272, 7 (1999).*

539 Siehe etwa Schwarzer, 80 Cornell L. Rev. 837, 841 (1995) („*settlement classes rest on shaky legal grounds*").

540 Trotz der noch immer nicht expliziten Regelung, ist die *settlement class action* zumindest implizit in *Rule 23 (e)* geregelt.

541 Würde man dagegen die Zertifizierung nur zum Zweck des Vergleichs grundsätzlich für unzulässig erklären, so würde damit der Praxis der Boden entzogen, angesichts fehlender *managability* Betrachtungen, *settlement-only class actions* zu unbedacht zu zertifizieren. Ein Vergleich wäre dann immer erst möglich, nachdem die erste Hürde der Zertifizierung als Klage genommen wäre, unter Erfüllung aller dafür vorgesehenen Voraussetzungen, also insbesondere auch unter Berücksichtigung der Schwierigkeiten der Verfahrensdurchführung. Andererseits ist es gerade ureigene Charakteristik des Vergleichs, dass er rechtliche Fragen ausblendet und stattdessen einen tatsächlichen Kompromiss im Interesse der Parteien ermöglich, so dass eine solche Regelung faktisch zum Verbot von Vergleichen in den hier betroffenen Verfahren führen würde. Letztlich wäre auch ein solches Ergebnis denkbar und vertretbar. Für ein grundsätzliches Verbot der *settlement class actions* siehe insofern etwa Carrington /Apanovitch, 39 Ariz. L. Rev. 461 (1997).

542 Coffee, 95 Colum. L. Rev. 1343, 1456 (1995).

len) Beklagten im Rahmen der Vergleichsverhandlungen: Die Aussicht auf einen Prozess! Die *settlement class action* ist damit nicht nur von vornherein gar nicht darauf angelegt, im Fall einer nicht zu erzielenden Einigung einfach auf eine streitige *class action* umzusteigen, sondern ein solches Vorgehen ist oftmals auch rechtlich gar nicht möglich[543]. Die stärkere Verhandlungsposition liegt damit plötzlich beim „Beklagten" und zu seinen Gunsten „verzerrte" Ergebnisse sind vorprogrammiert.

IV. Überblick über die jüngeren Entwicklungen des Rechts der class action settlements

1. Lösungsvorschläge der Literatur

Vor dem Hintergrund des Risikos „billiger" Vergleiche zu Lasten der Gruppe spricht vieles für eine strengere Kontrolle bei der Genehmigung des Vergleichs durch das Gericht. Hier muss anhand konkreter Maßstäbe eine genaue Abwägung der widerstreitenden Interessen erfolgen[544].

Im Gegensatz zu dem extrem unbestimmten „Fairness Test", könnte an dieser Stelle allerdings auch ein mehr prozedural orientierter Ansatz zu gerechteren Ergebnissen führen[545]. Gerade vor dem Hintergrund, dass die inhaltliche Fairness-Prüfung durch die Gerichte bisher oft wenig erfolgreich war und nach verbreiteter Ansicht auch schwerer zu bewerkstelligen ist, da oft bereits die beschaffbaren Informationen nicht ausreichen, um tatsächlich zu überprüfen, ob die bestmöglichste Lösung gefunden wurde[546].

So wird in der Literatur darauf hingewiesen, das mit einer möglichst weitgehenden Ausschaltung der Gefahr von kollusivem Zusammenwirken von Klägeranwälten und Beklagten im Rahmen der Vergleichsverhandlungen durch eine minutiöse Kontrolle der prozeduralen Seite des Vergleichs eines der größten „Schreckgespenster" der modernen *class action* wirksam gebannt werden könnte[547]. Besteht Klarheit über die Fairness des Verfahrens, das zum Vergleich geführt hat, so soll anschließend auch einfacher über den Inhalt des erzielten Er-

---

543 Dazu in diesem Teil oben unter D.III.2.

544 Siehe insofern den Reformvorschlag von Schwarzer, 80 Cornell L. Rev. 837, 842 ff. (1995), der *Rule 23* (3) ergänzen will um Richtlinien für die Gerichte, an die sie bei der Genehmigung des Vergleichs gebunden sein sollen.

545 Diesen Vorschlag macht Pucker, 1318, wenn er einen *„procedural scrutiny"* Maßstab an Stelle des *„substantive fairness approach"* befürwortet.

546 Coffee, 100 Colum. L. Rev., 370, 438 (2000); Hensler, 11 Duke J. Comp. & Int'l L. 179, 206 (2001); a.A. Real, 31 Loy. L.A. L. Rev. 437, 448 f. (1998), der etwa auf *Rule 706* der *Rules of Evidence* verweist, wonach die Möglichkeit besteht, unabhängige Experten heranzuziehen und damit durch „Kenner" der jeweiligen Branche eine Einschätzung der materiellen Fairness des Vergleichs zu erhalten.

547 So Coffee, 100 Colum. L. Rev., 370, 438 (2000).

gebnisses geurteilt werden können. Ein faires Verfahren zwischen den Parteien indiziert insofern zumindest ein für beide Seiten faires Ergebnis.
In diesem Zusammenhang soll auch die genauere Überprüfung der „angemessenen Vertretung" im Rahmen der Zertifizierungsentscheidung angesichts der hochproblematischen Rolle der Anwälte innerhalb der Vergleichsverfahren einen möglichen Lösungsansatz bieten[548].

2. Der Lösungsansatz des Gesetzgebers im Rahmen der Reform von Rule 23: Stärkere Kontrolle der Anwälte

Mit der Ergänzung von *Rule 23* um die Abschnitte *(g)* und *(h)* hat der Gesetzgeber einen ersten Schritt in Richtung einer strengeren Verfahrenskontrolle getan, die allerdings nicht spezifisch auf die *settlement class action* zugeschnitten ist, sondern in allen *class action*-Verfahren gilt[549]. So muss die *class* nunmehr in jedem Fall spätestens zum Zeitpunkt der Zertifizierungsentscheidung einen Anwalt zur Seite gestellt bekommen, der darüber hinaus nach bestimmten Befähigungskriterien auszuwählen ist[550]. Das Gericht kann dabei bereits in diesem Stadium des Verfahrens von den möglichen Kandidaten Honarar- und Kostenvoranschläge einholen und danach seine Entscheidung treffen[551]. Darüber hinaus wird erstmals die Prozedur der späteren Festsetzung von Kosten und Honorar (*attorneys fee award)* ausdrücklich und umfangreich geregelt[552]. Ob damit in der Praxis eine strengere Kontrolle der Klägeranwälte erreicht werden wird und damit im Ergebis dem Missbrauch der *settlement class actions* wirksam entgegengewirkt werden kann, bleibt abzuwarten. Dies umso mehr, als die Neuerungen zum einen nicht spezifisch auf die *settlement class action* zugeschnitten sind, sondern allgemein gelten und zum anderen oftmals ermessensabhängig sind oder jedenfalls weite Beurteilungsspielräume eröffnen[553].
Darüber hinaus sind im Rahmen des *CAFA* einige spezifische Problemkreise der *settlement class action* angegangen worden.

3. Settlements und der „Bill of Rights" im Rahmen des CAFA

Unter dem Kapitel eines *Consumer Class Action Bill of Rights* hat der *CAFA* – neben dem anderen Hauptaspekt der Reform, der den erweiterten Zugang zu

---

548 Pucker, 1317 f.

549 Ebenso dazu im Rahmen der Behandlung der Anwaltshonorare im *class action*-Kontext in diesem Teil unten unter E.III.4.

550 Siehe *Rule 23 (g) (1) (c) (i)* n.F.

551 Siehe *Rule 23 (g) (1) (c) (iii)* n.F.

552 Siehe *Rule 23 (h)* n.F.

553 Für die Einführung spezifischer Regelungen im Hinblick auf die *settlement class action* insofern auch Carrington/Apanovitch, 39 Ariz. L. Rev. 461, 494 (1997).

Bundesgerichten betrifft, – wie bereits dargestellt – einige wichtige Neuerungen spezifisch für *class settlements* eingführt, um so bestimmten Missbräuchen ein Ende zu bereiten und die Gerichte zu einer stärkeren Kontrolle von – bestimmten – Vergleichen zu zwingen, insbesondere im Hinblick auf die von den Anwälten im Rahmen dieser Verfahren erzielten Honorare.
So ist zwar durch die stärkere Regulierung der Anwaltshonorare im Fall von *coupon settlements* nicht das Problem dieser Form von *settlements* insgesamt aus der Welt geschafft. Allerdings wird zum einen sichergestellt, dass sich nicht Anwälte und Kläger durch kollusives Zusammenwirken jeweils zu Lasten der Interessen der *class* übermäßig bereichern. Zum anderen ist zu erwarten, dass die nunmehr festgeschriebenen Kalkulationsmethoden für Honorare faktisch zu einem allgemeinen Rückgang solcher *coupon settlements* führen werden, da diese in Zukunft für die klägerischen Anwälte gerade wegen der strengen Kontrolle ihrer Gewinne kaum noch von Interesse sein werden.

Darüber hinaus wurden aber im Rahmen der Reform auch einige andere spezifische Probleme im Zusammenhang mit den *settlement*-Verfahren angegangen. So darf in Zukunft ein Vergleich dann nicht genehmigt werden, wenn er bestimmte *class*-Mitglieder durch das Zusprechen höherer Schadensersatzsummen privliegiert, nur weil diese ihren Wohnsitz im Forumstaat haben[554]. Dabei mutet es zwar bizarr an, dass eine solche „Selbstverständlichkeit" einer ausdrücklichen gesetzlichen Regelung bedarf, erklärt sich erschreckenderweise aber durch eine in der Vergangenheit Vielerorts tatsächlich bestehende Praxis der Gerichte, lokale *class*-Mitglieder im Rahmen von *settlements* zu bevorzugen[555]. Darüber hinaus soll durch das neu eingeführte Notifizierungsverfahren[556] eine Art „staatlicher Kontrolle" von *settlement*-Verfahren erreicht werden, indem man bestimmten Institutionen die Gelegenheit gibt, sich in die Verfahren einzuschalten oder ihre regulatorischen Befugnisse in adäquater Weise auszuüben.

Der *CAFA* ist damit der erste Schritt einer regulatorischen Umsetzung der immer mehr auch auf Gesetzgebungsebene umgreifenden Erkenntnis, dass *class action*-Verfahren und insbesondere die *settlement*-Verfahren aktuell in erster Linie von spezialisierten Anwälten zur Generierung aberwitziger Honorarsummen missbraucht werden, während die eigentlichen Geschädigten oftmals mehr oder weniger leerausgehen.
Insgesamt zeigt die Reform damit ein geändertes Bewusstsein hinsichtlich der Realität von *class action*-Missbräuchen, die erstmals aktiv – und teilweise sogar recht radikal – angegangen wurden. Insoweit ist der *CAFA* grundsätzlich gerade auch hinischtlich seiner die *settlement class action* betreffenden Regelungen zu

---

554 *28 U.S.C. § 1714.*
555 Blumstein, 41 Tenn. B.J. 16, 22 (2005).
556 *28 U.S.C. § 1715*; siehe dazu ausführlich bereits in diesem Teil oben unter D.I.3.(d).

begrüßen. Welche Auswirkungen er tatsächlich auf die Praxis dieser Verfahrensform haben wird, wird sich hingegen erst innerhalb der nächsten Jahre entscheiden. Angemerkt werden sollte an dieser Stelle aber auch, dass mit der in erster Linie erfolgten teilweisen Regulierung der besonderen Kategorie der *coupon settlements* die wichtigsten Fragen im Zusammenhang mit der notwendigen Eindämmung von Missbräuchen im Zusammenhang mit *class action*-Verfahren weiterhin offen bleiben[557].

4. Fazit

Trotz der jüngsten Reformen im Zusammenhang mit dem Recht der class action wird damit auch nach der aktuellen Gesetzeslage die *settlement class action* sicherlich auch in Zukunft ein fester Bestandteil der US-amerikanischen Klagelandschaft bleiben. Dies entspricht nicht zuletzt dem grundsätzlichen US-amerikanischen Rechtsverständnis, wonach das „Recht" für den Einzelnen vor allem im Ausgleich zwischen Schädiger und Geschädigten gesucht wird und damit im Rahmen von zivilrechtlichen Klagen oder auch Vergleichen. Nicht zu erwarten ist damit, dass der Gesetzgeber in nächster Zeit die Problematik in der Weise in Angriff nehmen wird, Lösungen außerhalb des Machtbereiches der Judikative und insbesondere außerhalb der *class action* anzubieten[558]. Die jüngste Reform der *class action*-Vorschrift hat dies insofern sicherlich ebenso wie der *CAFA* bestätigt. Zu hoffen bleibt allerdings, dass der Trend zu einer gesetzlichen Eindämmung der existierenden Missbrauchspraxis jedenfalls anhält und die Rechtsprechung die ihr damit an die Hand gegebenen Kontrollmöglichkeiten möglichst weitgehend ausschöpfen wird.

5. Exkurs: Die Rechtsprechung des Supreme Court im Hinblick auf die Voraussetzungen von settlement-only class actions

Zwei bereits angesprochene jüngere Entscheidungen des *Supreme Court* veranschaulichen das Problem der *settlement-only class*es und lassen ein aufkommendes Bewusstsein der Rechtsprechung für die Problematik und Missbrauchsanfälligkeit dieser Kategorie von *class actions* erkennen[559]. Sie stellen nicht zuletzt auch deshalb Meilensteine für die Entwicklung der bundesrechtlichen *class action* dar, weil der *Supreme Court* über 12 Jahre lang kein Wort über die *class action*-Vorschrift verloren hatte [560]. Schließlich sind die betreffenden Bereiche

557 So im Ergebnis wohl auch Beisner / Shors / Miller, 57 Stan. L. Rev. 1441, 1450 f. (2005).

558 Hensler, 11 Duke J. Comp. & Int'l L. 179, 212 (2001).

559 Coffee, 100 Colum. L. Rev., 370, 372 (2000); Insgesamt zu beiden Entscheidungen siehe J. Henderson, 27 Wm. Mitchell L. Rev. 489 (2000).

560 Siehe zuletzt *Phillips Petroleum Co. v. Shutts, 472 U.S. 797 (1985).*

auch weder durch die jüngste Reform von *Rule 23*, noch durch den *CAFA* berührt worden, so dass die Entscheidungen bis heute ihre Bedeutung behalten haben.

(a) Die Entscheidung in Amchem

Der Entscheidung *Amchem Prods. v. Windsor*[561] lag der Versuch der Kläger zugrunde, einen Vergleich im Hinblick auf eine *class* absegnen zu lassen, die alle Personen[562] umfassen sollte, die Asbest oder asbestenthaltenden Produkten ausgesetzt gewesen waren, die aus der Sphäre der Beklagten[563] stammten[564]. Die vom *district court* erlassenen Zertifizierungsentscheidung wurde in der Berufung aufgehoben, weil die Voraussetzungen von *23 (a) und (b) (3)* nicht erfüllt waren und insbesondere das Gericht nicht berechtigt gewesen war, die Tatsache, dass es sich um einen Vergleich handelte mit in die Zertifizierungsentscheidung einfließen zu lassen[565].

Der *Supreme Court* nahm das Urteil des Berufungsgerichtes zur Entscheidung an, um höchstrichterlich zu entscheiden, welche Rolle die Existenz eines Vergleichs unter der geltenden *Rule 23* im Hinblick auf die Zertifizierungsentscheidung spielt[566].
Der *Supreme Court* bestätigte die Entscheidung mit nur einer kleinen Abweichung, indem er entschied, dass die Tatsache, dass es sich um einen Vergleich handelt grundsätzlich mit in die Zertifizierungsentscheidung einfließen darf[567]. Er bestätigte ausdrücklich noch einmal, dass insofern im Rahmen von Vergleichsverfahren *mangability* Probleme keine Rolle spielen dürfen[568]. Auf der anderen Seite stellte er klar, dass im Fall von *settlement classes* die spezifischen

---

561 *521 U.S. 591 (1997).*

562 Personen wurden definiert als Menschen, die Asbest ausgesetzt waren oder ihre Ehegatten, Kinder oder andere Mitglieder des Haushalts; *Amchem Prods. v. Windsor, 521 U.S., 591,602 (1997).*

563 Beklagten waren die sog. *CRR companies*, eine Vielzahl unterschiedlicher Unternehmen; siehe Henderson, 27 Wm. Mitchell L. Rev. 489, Fn. 45. (2000).

564 *Amchem Prods. v. Windsor, 521 U.S., 591,602 (1997);* ausführlich zu der Entscheidung und ihrer Auswirkungen auf die Reichweite von *Rule 23* siehe Harvard, Rules Enabling Act, 111 Harv. L. Rev. 2294 (1998) sowie Kamer, 13 Ohio St. J. on Disp. Resol. 749 (1998).

565 *Georgine v. Amchem* Prods., *83 F.3d 610, 617 f. (1996).*

566 *"We granted review to decide the role settlement may play, under existing Rule 23, in determining the propriety of class certification."* (*Amchem Prods. v. Windsor, 521 U.S., 591,619 (1997)*).

567 *"We agree with petitioners to this limited extent: settlement is relevant to a class certification."* (*Amchem Prods. v. Windsor, 521 U.S., 591, 619 (1997)*)

568 *Amchem Prods. v. Windsor, 521 U.S., 591,620 (1997).*

Voraussetzungen in *Rule 23*, die zum Schutz der abwesenden Mitglieder geschaffen wurden, erhöhte Aufmerksamkeit genießen müssen, weil das Gericht in diesen Fällen nicht mehr die Möglichkeiten hat, die *class* unter Umständen zu modifizieren oder anzupassen, wie dies in einem Prozess der Fall wäre[569]. Hinzu komme, dass grundsätzlich das Schutzbedürfnis der abwesenden Gruppenmitglieder, welches sich in den spezifischen Zertifizierungsvoraussetzungen von *Rule 23 (a)* und *(b)* niederschlägt, im Kontext von *settlement-only class actions* das gleiche sei wie im Rahmen einer „konventionellen" *class action*[570]. Im Ergebnis wurde durch die Entscheidung in *Amchem* das größte globale *mass tort settlement*, das je ausgehandelt wurde, zurückgewiesen[571].

(b) Die Entscheidung in Ortiz

Die Entscheidung in *Ortiz v. Fibreboard Corp*[572] traf der *Supreme Court* fast exakt zwei Jahre nach *Amchem* in einem ähnlichen Fall[573]. Die Entscheidung untermauerte dabei noch einmal die in *Amchem* aufgestellten Grundsätze und betonte wiederum, dass die Voraussetzungen von *Rule 23 (a)* auch im Rahmen von
*settlement class*es erfüllt sein müssen[574].
Anders als in *Amchem* ging es hier allerdings um die Zertifizierung einer sog. *limited fund-class action* im Sinne von *Rule 23 (b) (1) (B)*, in deren Rahmen keine *opt-out* Möglichkeit für die *class members* besteht. Der *Supreme Court* stellte insofern klar, dass die „Begrenztheit" des Fonds nicht etwa zwischen den Parteien vereinbart werden kann, sondern objektiv vorliegen muss[575]. Könnte die Begrenztheit der zur Entschädigung zur Verfügung stehenden Mittel als fester Bestandteil des Vergleichs vereinbart werden, so könnte der Beklagte mit den Anwälten der Kläger gemeinsam die maximale Summe der Entschädigung frei aushandeln und sich gleichzeitig selbst vor jedweden weiteren Ansprüchen freistellen[576]. Damit wurde durch die Entscheidung auch ganz bewusst einer akuten Missbrauchspraxis im Rahmen von *limited fund actions* ein Riegel vorgescho-

---

569 *Amchem Prods. v. Windsor, 521 U.S., 591,620 (1997).*

570 *Amchem Prods. v. Windsor, 521 U.S., 591,621 (1997).*

571 Mullenix, ZZPInt 5 (2000), 337, 346.

572 *527 U.S. 815 (1999).*

573 Wiederum lag der Zertifizierung durch den *district court* ein *„asbestos class action settlement"* zugrunde.

574 *Ortiz v. Fibreboard Corp. 527 U.S. 815, 831 (1999)* (unter Berufung auf die in *Amchem* etablierten rechtlichen Standards).

575 *Ortiz v. Fibreboard Corp. 527 U.S. 815, 849 (1999).*

576 *District court* und *appelate court* hatten zuvor eine solche subjektive Definition von *limited fund* zugrunde gelegt, Henderson, 27 Wm. Mitchell L. Rev. 489, 508 (2000).

ben[577]. Mangels *opt-out*-Möglichkeit und der damit verbundenen Bindungswirkung für alle Mitglieder, soll eine solche *class* nämlich für den Beklagten den absoluten Schutz vor der Geltendmachung etwaiger weiterer Ansprüchen und damit vor späteren Prozessen garantieren. Die *limited fund class action* stellte aus diesem Grund seit Anfang der neunziger Jahre ein bevorzugtes prozessuales Mittel der Beklagten im Rahmen von *mass tort*-Verfahren dar, da es am geeignetsten eine endgültige Haftungsbefreiung ermöglichte[578].

Nunmehr ist diese Kategorie damit auf den engen Anwendungsbereich der Fälle beschränkt, in denen *objektiv* nur limitierte finanzielle Mittel auf Seiten des Beklagten zur Verfügung stehen, die verteilt werden müssen[579]. Insbesondere kann diese Voraussetzung also nicht durch die Vereinbarung im Rahmen eines Vergleichs umgangen werden. Ob *limited fund class actions* damit in Zukunft in *mass tort*-Fällen *grundsätzlich* ausgeschlossen sein müssen, lässt das Gericht allerdings offen[580].
Insbesondere auch das – verfassungsrechtliche – Problem im Zusammenhang mit großen *mass tort* und insbesondere den *toxic tort class actions* und *class action settlements*, ob potentielle zukünftige Geschädigte (*future claimants*) überhaupt wirksam in eine *class action* mit einbezogen werden können, wird vom *Supreme Court* nicht angesprochen[581].

(c) Impakt der Entscheidungen auf die Praxis von settlement-only class actions

Beide Entscheidungen zusammen wurden zum Teil als das Ende für die Praxis der *settlement-only class actions* bezeichnet[582]. Nach anderer Ansicht zeigen sie hingegen vor allem die Verantwortung, dic nach Ansicht des *Supreme Court* sowohl das Gericht als auch die Anwälte gegenüber den Gruppenmitgliedern haben und stärken damit die Position der abwesenden Gruppenmitglieder[583].

577 Zur Definition dieser Klagen durch den *Supreme Court* ausführlich J. Henderson, 27 Wm. Mitchell L. Rev. 489, 509 ff. (2000).

578 Sog. „*global peace*", siehe Mullenix, ZZP Int 5 (2000), 337, 350.

579 So auch unter Berufung auf *Ortiz, Doe v. Karadzic, 192 F.R.D. 133, 139 (United States District Court for the Southern District of New York 2000)*, wo die Zertifizierung einer *class action* von Regimeopfern gegen Radovan Karadzic mangels Darlegung eines *limited fund* abgelehnt wurde.

580 Dazu Stiegler, 78 N.C.L. Rev. 856 (2000).

581 In *Amchem* war zumindest die Problematik bereits angedeutet worden; siehe dazu in diesem Teil oben unter oben unter B.IV.1.(e).

582 Siehe z.B. Stiegler, 78 N.C.L. Rev. 856, 863 (2000); anders dagegen Weinstein, 76 St. John's L. Rev. 379, 382 ff. (2002).

583 Henderson, 27 Wm. Mitchell L. Rev. 489, 519 (2000).

Grundsätzlich bedeuteten sie jedenfalls eine Verschärfung der Zertifizierungsvoraussetzungen im Rahmen von *settlement class actions*[584].

Einen allgemeinen Rückgang von *class actions* und *class action settlements* vor Bundesgerichten haben die Entscheidungen damit in der Praxis offensichtlich dennoch nicht bewirkt[585]. Im Gegenteil ist diese Klageform in vielen Bereichen weiterhin auf dem Vormarsch und beliebter denn je[586] Dennoch wird vertreten, dass das besondere Instrument der *settlement-only class* einen Teil seines Schreckens verloren hätte, indem es zum Teil klarer hinsichtlich seiner Voraussetzungen und Grenzen definiert wurde[587]. Die Maßstäbe der Zertifizierung sind seit *Amchem* ausdrücklich die gleichen wie im Rahmen einer streitigen *class action*, wodurch das *settlement* jedenfalls nicht mehr von vornhereine als „billigere" Alternative für den Beklagten nutzbar gemacht werden kann[588]. Offen bleibt dagegen vor allem, wie ein *settlement* konkret aussehen muss, um den Anforderungen von *Rule 23* zu entsprechen[589]. Insofern kann der Rechtsprechung der Vorwurf gemacht werden, dass nur negativ festgestellt wurde, wie ein *settlement* nicht aussehen darf, ohne gleichzeitig den Anwälten positiv Maßstäbe an die Hand zu geben anhand derer sie einen akzeptablen Kompromiss ausarbeiten können.

Dem Missbrauch der beliebten *limited fund class action* durch Klägeranwälte und Beklagte wird durch die Klarstellung des Begriffes „*limited fund*" als einer der Disopsiton der Parteien entzogenen objektiven Tatsache in der *Ortiz*-Entscheidung in Zukunft ein Riegel vorgeschoben[590]. Damit wird insbesondere die Eliminierung der im Rahmen klassischer Schadensersatzklagen bestehenden,

---

584 Mullenix, ZZP Int 5 (2000), 337, 355.

585 *Report* des *Federal Judicial Center* vom 9. September 2002 über *„Effects of Amchem/Ortiz on the Filing of Federal Class Actions: Report to the Advisory Committee on Civil Rules"*, im Internet unter http://www.fjc.gov/public/pdf.nsf/lookup/AmChem.pdf/$file/AmChem.pdf, S. 44

586 So hat sich etwa die Einreichung von *personal injury class actions* von Januar 1994 bis Juni 2001 verdoppelt, wobei ein Ansteigen während der zwei Jahre nach *Ortiz* eingeschlossen ist; siehe insofern den Report des *Federal Judicial Center* vom 9. September 2002 über *„Effects of Amchem/Ortiz on the Filing of Federal Class Actions: Report to the Advisory Committee on Civil Rules"*, S. 2, im Internet unter http://www.fjc.gov/public/pdf.nsf/lookup/AmChem.pdf/$file/AmChem.pdf, S. 44

587 Mullenix, ZZP Int 5 (2000), 337, 359.

588 Kritisch wegen der damit einhergehenden Einschränkung des Rechtsschutzes dazu Harford, 38 Duq. L. Rev. 109, 137 (1999).

589 Kamer, 13 Ohio St. J. on Disp. Resol. 749,764 f. (1998).

590 Siehe etwa *Wish v. Interneuron Pharm., Inc. (In re Diet Drugs..., 1999 U.S. Dist. LEXIS 14881(E.D. Pa. 1999)*und *Beckert v. TPLC Holdings, Inc. (In re Telectronics Pacing Sys.), 221 F.3d 870 (6th Cir. 2000)*, wo die Gerichte unter Berufung auf *Ortiz* den Versuch scheitern ließ im Rahmen eines *settlements* einen *limited fund* zu „kreieren", der eindeutig weniger als das gesamte Vermögen der Beklagten umfasste.

die *class* schützenden Rechte auf *notice* und *opt-out* vereitelt[591]. Dennoch bleiben wichtige Fragen unbeantwortet.
Zwar wurde eindeutig geklärt, dass ein *limited fund* objektiv bestehen muss und nicht unter die Verhandlungskompetenz der Vergleichsparteien fällt. Wann aber konkret ein solcher existiert, wurde offengelassen[592]. Die in der Praxis hochrelevante Frage, wie nah an der Insolvenz ein beklagtes Unternehmen sich befinden muss, um objektiv einen *limited fund* zu rechtfertigen, wurde insofern ausdrücklich offen gelassen[593]. Damit mangelt es auch dieser Entscheidung an einer Formulierung positiver Definitionsmerkmale wichtiger Begriffe.

Wünschenswert wäre außerdem gewesen, dass der *Supreme Court* in *Ortiz* seine negative Zertifizierungsentscheidung – wenigstens auch – eindeutig auf die Verfassungswidrigkeit der Einbeziehung von *future claimants* gestützt hätte. Der *Congress* würde sich vielleicht eher veranlasst sehen, möglichst schnell legislative Lösungen in diesem Bereich zu präsentieren, wenn das Gericht eindeutig erklärt hätte, dass die Verfassung die Einbeziehung solcher „zukünftiger Geschädigter" in *class actions* unmöglich macht[594]. Aber auch unabhängig von solchen Überlegungen stellen die verfassungsrechtlichen Fragen im Zusammenhang mit *future claimants* ein zentrales Problem im Rahmen aller *mass tort*-Verfahren mit „Latenzgeschädigten" dar, so dass eine höchstrichterliche Klärung schon deshalb dringend notwendig wäre[595].

(d) Die 4:4-Entscheidung in Dow Chem

Ein entsprechender Fall ist vor kurzem vom *Supreme Court* zur Entscheidung angenommen worden. Darin bestritten *future claimants* aus den damaligen *„Agent Orange"*-Prozessen, ihre angemessene Vertretung[596]. Das Berufungsgericht hatte ihnen unter Berufung auf *Amchem* und *Ortiz* bereits Recht gegeben[597]. Der *Supreme Court* hat im Juni 2003 mit einem 4:4-Split das Urteil des Berufungs-

591 Siehe auch *Jefferson v. Ingersoll Int'l Inc., 195 F.3d 894 (7th Cir. 1999),* wo das Gericht die Ortiz Entscheidung heranzieht, um Missbräuche im Rahmen von *23 (b) (2) class actions* auszuschließen.

592 Kritisch insofern auch Mullenix, ZZP Int 5 (2000), 337, 357.

593 *„We need not decide here how closely to insolvency a limited fund defendant must be brought as a condition of class certification." (Ortiz v. Fibreboard Corp. 527 U.S. 815, 860 Fn. 34 (1999)).*

594 Siehe Harvard, Leading Cases II, 113 Harv. L. Rev. 306, 315 (1999).

595 Mullenix, ZZP Int 5 (2000), 337, 357.

596 *Dow Chem. Co. v. Stephenson, 123 S. Ct. 485 (2002)* (Annahme zur Entscheidung).

597 *Stephenson v. Dow Chemical,273 F. 3d 249 (2d Cir. 2001), citing the U.S. Supreme Court's rulings in Amchem Products Inc. v. Windsor,521 U.S. 591 (1997)* und *Ortiz v. Fibreboard Corp.,527 U.S. 815 (1999).*

gerichts bestätigt, die Sache zur Entscheidung zurückverwiesen[598]. Aufgrund des 4:4-Votums enthält die Entscheidung allerdings keine Gründe und die zugrunde liegende Problematik muss so lange als höchstrichterlich „unentschieden" gelten, bis in einem ähnlichen Fall eine Entscheidung ergeht. Der *Supreme Court* hat sich damit wieder einmal geschickt aus der Verantwortung gestohlen.

Die Frage nach der Einbeziehung von *future claimants* in Massenverfahren bleibt nach dieser *non-decision* höchstrichterlich und damit vor allem im Hinblick auf die wichtigen verfassungsrechtlichen Fragen weiterhin ungeklärt. Nur im Zuständigkeitsbereich des Berufungsgerichts des *Second Circuit*, der New York, Vermont und Conneticut umfasst, wird in Zukunft wenigstens eine gewisse Rechtssicherheit hinsichtlich bestimmter Fragen bestehen. Hier könnte mit Blick auf die bestätigte Entscheidung in Zukunft gelten, dass *future claimants* vor Bundesgerichten von *class actions* ausgeschlossen sein müssen, da ihre angemessene Vertretung gem. *Rule 23 (a) (4)* angesichts unüberwindbarer Interessenkonflikte mit den aktuell geschädigten Mitgliedern der *class* nicht gewährleistet ist[599].
Es bleibt zu hoffen, dass die Rechtsprechung in Zukunft sensibler mit den Problemen von *settlement class actions* umgeht. Solange der Gesetzgeber sich zu durchgreifenden inhaltlichen Reformen nicht durchringen kann, besteht allein von Seiten der Justiz die Möglichkeit, so weit wie möglich verantwortungsvolle Lösungen für die zugrunde liegenden Probleme zu entwerfen.

E. Rechtliche und tatsächliche Folgen von class action und settlement

Obwohl nur die repräsentierenden Kläger formelle Parteistellung erlangen, wirkt die Rechtskraft eines Urteils, aber auch die Bindungswirkung eines Vergleichs grundsätzlich für und gegen alle, die von der zertifizierten *class* erfasst waren[600]. Damit wird der streitige Sachverhalt bindend geregelt, was jedenfalls eine gewisse Rechtssicherheit bedeutet[601]. Angesichts immenser Summen, die im Rahmen von *class actions* auf beiden Seiten auf dem Spiel stehen, ergeben sich allerdings systemimmanente Probleme und Missbrauchsmöglichkeiten, die das rechtliche Ergebnis beeinflussen und verfälschen können. Auf einige dieser Probleme soll im Folgenden kurz eingegangen werden.

---

598 *Dow Chemical Co. v. Stephenson, No. 02-271, 2003 WL 21310274 (U.S. June 9, 2003).*

599 *Stephenson v. Dow Chemical,273 F. 3d 249, 261 (2d Cir. 2001).*

600 *"There is „no dispute that under elementary principles of prior adjudication a judgement in a properly entertained class action is binding on class members in any subsequent litigation."* (*Cooper v. Federal Reserve Bank, 467 U.S. 867, 874 (1984)*).

601 Siehe zu den Voraussetzungen der Präklusion einer späteren *class action: Twigg v. Sears, Roebuck & Co., 153 F.3d 1222 (11th Cir. 1998).*

I. Prozesskosten und Schadensersatz

Falls die Klage Erfolg hat, wird sich der Beklagte oftmals nicht nur horrenden Schadensersatzsummen gegenüber sehen, sondern außerdem noch seine Prozesskosten tragen müssen. Nicht selten sind Unternehmen an den Folgen einer *class action* zugrunde gegangen[602]. Von Seiten des Unternehmens gesehen gilt, dass im Fall der Abweisung der *class action* nicht alle Geschädigten ihre Ansprüche individuell verfolgen würden, so dass für den Beklagten in diesem Fall der finanzielle Schaden geringer wäre. Gerade aufgrund des „Bündelungseffekts" erreichen die Schadensersatzsummen der *class action* oft exorbitante Höhen[603]. Damit aber stellen die *class actions* nicht nur ein enormes Risiko für die potentiell involvierten Unternehmen, sondern zum Teil für gesamte Wirtschaftszweige dar[604]. Andererseits kann eine *class action* unter Umständen sogar im Interesse des beklagten Unternehmens sein. Zum einen ist mit Abschluss des Verfahrens das Risiko weiterer Verfahren gebannt, jedenfalls sofern alle Mitglieder der Gruppe an das Urteil oder den Vergleich gebunden sind, wie in Fällen der *mandatory class action*, bei der es keine Möglichkeit des *opt-out* gibt. Auch die prozessuale Möglichkeit, Unterklassen zu bilden, erweitert insgesamt den Personenkreis der *class* und bindet damit so viele Personen wie möglich[605].

Bei gravierenden Schadensfällen, die die Leistungsfähigkeit des Beklagten übersteigen, kann die *class action* unter Umständen sogar de facto eine Unternehmenssanierung bedeuten. Schließlich setzt das Gericht auch ein für alle mal die endgültige Schadensersatzsumme fest und kann dabei die finanzielle Situation des Unternehmens berücksichtigen[606]. Nicht ohne Grund ist daher in jüngerer Zeit eine Tendenz erkennbar, wonach die Beklagten selbst sich um eine Lösung im Rahmen von *class actions* bemühen, insbesondere im Rahmen von *settlements*[607]. Der klare Vorteil ist die abschließende Regelung einer Vielzahl einzelner komplexer Haftungsfälle - etwa im Zusammenhang mit einem bestimmten Produkt - , die dem Beklagten immerhin eine relative Rechtssicherheit beschert und damit jedenfalls (finanziell) kalkulierbar wird[608]. Dies gilt besonders, wenn bereits eine Vielzahl von Individualprozessen und/oder *class action* Verfahren geführt wurden oder für die Zukunft befürchtet werden, so dass mittels des *sett-*

---

602 So sind etwa durch Asbestklagen in den USA bereits mehr als 70 Firmen in die Pleite getrieben worden; siehe Süddeutsche Zeitung vom 28.04.2003.

603 Lenenbach, WM 1999, 1393, 1397.

604 nach Schätzungen der Experten einer Studie von Rand Corporation könnten sich allein die Schadensersatzzahlungen wegen Asbest in den nächsten Jahren auf bis zu 210 Milliarden Dollar belaufen; siehe Süddeutsche Zeitung vom 28.04.2003.

605 Hensler, 11 Duke J. Comp. & Int'l L. 179, 197 (2001).

606 Heß, JZ 2000, 373, 374.

607 Dazu Franklin, 53 Stan. L. Rev. 163, 164 ff. (2000).

608 Mengler/Pea, ZZPInt 2 (1997), 297, 307.

lements eine endgültige Regelung des Sachverhaltes herbeigeführt werden soll[609]. Den größten finanziellen Nutzen hat dennoch in der überwiegenden Zahl der Fälle der Anwalt, der die enormen, an der Klage bzw. Vergleichssumme orientierten Erfolgshonorare kassiert, gegen die die Entschädigung des einzelnen Gruppenmitgliedes oft bescheiden erscheint[610].

II. Punitive damages

Viel betont im Zusammenhang mit dem US-amerikanischen Zivilprozess wird das Problem der *punitive damages*, einer Art Strafschadensersatz, der dem Interesse des Staates dient, unrechtmäßiges Verhalten zu bestrafen und vor Wiederholungen abzuschrecken[611]. Dieser wird zusätzlich zur eigentlichen Entschädigung (*compensatory damages*) verhängt und mit an die Kläger ausgezahlt. Schadensersatz dient damit generell nicht nur der Kompensation des Geschädigten, sondern auch der Verhaltenssteuerung bzw. „Bestrafung" des Schädigers[612]. Gerade in großen Produkthaftungsfällen werden *punitive damages* als adäquates und wirksames Mittel der Abschreckung angesehen. Die potentielle Gefahr von *punitive damages* Sanktionen soll dabei dazu dienen, Firmen davon abzuhalten, vorsätzlich gefährliche Produkte zu vermarkten und so die öffentliche Sicherheit für Unternehmensgewinne aufs Spiel zu setzen. Unter solchen generalpräventiven Gesichtspunkten stellen sie eine „notwendige Beschränkung des Missbrauchs unternehmerischer Macht" dar[613].

Grundsätzlich findet das Konzept der *punitive dameges* auch bei *class actions* Anwendung, besonders im Rahmen von *mass torts*, wo es dazu dient, rücksichtsloses Verhalten zu bestrafen und eine abschreckende Wirkung zu erzielen[614]. Problematisch ist dabei vor allem, wie weit die *punitive damages* gehen sollen, ohne „disproportional" zu erscheinen. Angesichts der Vielzahl von zu-

---

609 Hensler, 11 Duke J. Comp. & Int'l L. 179, 197(2001); Rosenberg, 2003 U.Chi. Legal F. 19, 56 (2003).

610 Die Anwälte verdienten in den USA in den letzten Jahren ca. zehn Milliarden Dollar an Honoraren durch Schadensersatzklagen. Die Mandanten erhielten dabei von jedem Dollar Schadensersatz 39 Cent; Süddeutsche Zeitung vom 28.04.2003

611 Insgesamt zu den Voraussetzungen und verfassungsrechtlichen Grenzen Schmitz, JuS 1999, 941 ff.; Günther, Versicherungswirtschaft 2002, 13 ff; zur Anwendung im Bereich von *mass torts* Newberg, § 17:39.

612 Die Voraussetzungen, unter denen *punitive damages* zugesprochen werden dürfen, variieren dabei von Bundesstaat zu Bundesstaat, da die entsprechenden Vorschriften als Teil des materiellen Haftungsrechts der Kompetenz der Einzelstaaten unterfallen; Günther, Versicherungswirtschaft 2002, 13.

613 Pace, 46 Am. U.L. Rev 1573, 1575 (1997).

614 Newberg, § 17:30; grundsätzlich positiv diesem Rechtsinstitut gegenüber daher auch Schmitz, JuS 1999, 941, 946.

sammen abgehandelten Ansprüchen, können enorme Summen erreicht werden, da *punitive damages* nicht einmalig für ein Verhalten verhängt werden, sondern bezüglich des jeweiligen Einzelanspruchs[615]. Möglich ist allerdings auch, dass die Jury einen *aggregated punitive damages award* verhängt, der dann wesentlich geringer ausfällt[616]. Insbesondere in *mass tort*-Fällen kann der Beklagte dann mittels einer *class action* die Gesamthaftung für *punitive damages* gerade begrenzen und gleichzeitig eine Vielzahl von Einzelklagen vermeiden[617]. Im Rahmen von bundesweiten und internationalen *class actions* ergibt sich ein besonderes Problem daraus, dass die *punitive damages* sich nach dem materiellen Recht richten. Werden diese Ansprüche vom Kläger geltend gemacht, so müssen auch sie zertifiziert werden. Die unterschiedliche Ausgestaltung der Ansprüche im einzelstaatlichen Recht kann dann dazu führen, dass das Gericht die Zertifizierung verweigert, weil es die *managability* des Prozesses diesbezüglich verneint[618].

Insgesamt ist die Relevanz der *punitive damages* in der Praxis der *class actions* nicht überzubewerten[619]. Zum einen werden sie nicht zu oft verhängt[620], zum anderen ist das Problem bereits angesichts der enorm hohen Vergleichsquote weniger brisant[621]. So werden etwa die meisten *mass tort*-Fälle verglichen und ein solcher Vergleich ist umso wahrscheinlicher, wenn vorher bereits in Individualprozessen hohe *punitive damages* zugesprochen wurden. Der Beklagte ist dann eher geneigt sich auf einen globalen Vergleich einzulassen, um weitere solcher Einzelurteile zu verhindern[622]. Schließlich sind auch auf diesem Gebiet Reformen durchgesetzt worden, insbesondere haben einige Einzelstaaten die *punitive damages* ganz abgeschafft oder zumindest verfassungsrechtliche Höchstgrenzen geschaffen[623]. Auch der *Supreme Court* hat in einer jüngeren Entscheidung allgemein eine einschränkende Auffassung vertreten, nach der insbesondere auf eine Verhältnismäßigkeit zwischen eingetretenem Schaden und

---

615 *Roginsky v. Richardson-Merrell, Inc., 378 F.2d 832 (2d Cir. 1967).*

616 Newberg, 17:43.

617 Newberg § 5:39.

618 So geschehen in *In re Baycol Products Litigation, 218 F.R.D. 197, 215 f. (2003).*

619 Siehe allerdings *In re Agent Orange Product Liability Litigation, 100 F.R.D. 718, 727 ff. (E.D.N.Y. 1983),* wo eine bundesweite *class* für *punitive damages* zertifiziert wurde.

620 So etwa nur in 3, 3 % der vor den *state courts* eingereichten Schadensersatzklagen; Günther, Versicherungswirtschaft 2002, 14.

621 Allerdings spielten die *punitive damages* insbesondere im Rahmen der Asbest-Klagen eine nicht unerhebliche Rolle, siehe *In re Joint E. & S. Dist. Asbestos Litig., 129 B.R. 710, 749 (E.D.N.Y., S.D.N.Y. & S.D.N.Y. 1991).*

622 Newberg, § 17:47.

623 Dazu Weinstein, 76 St. John's L. Rev. 379, 381 (2002).

punitive damages geachtet werden muss[624]. Er hat diese Auffassung aktuell noch einmal ausdrücklich bestätigt und betont, dass die Gerichte sicherstellen müssen, dass die Strafmaßnahme sowohl verhältnismäßig als auch proportional zu dem Schaden des Klägers und dem insgesamt zugesprochenen Schadensersatz ist[625]. Damit werden in Zukunft jedenfalls *punitive damages* in hundert- oder mehrfacher Höhe des kompensatorischen Schadensersatzes ausgeschlossen sein[626]. Ohne sich auf ein bestimmtes Verhältnis festzulegen, deutet die Entscheidung an, dass in der Praxis wohl regelmäßig kein mehr als einstelliger Multiplikator mehr verfassungsgemäß sein wird[627]. Die Entscheidung dürfte insofern dazu führen, dass die – in der Vergangenheit oft den Hauptteil der Schadensersatzsummen ausmachenden – Millionen schweren *punitive damages* in Zukunft erheblich niedriger ausfallen werden. Für die (ausländischen) Unternehmen bedeutet die Entscheidung damit ein erhebliches Mehr an Planungssicherheit[628].

III. Exkurs: Fee regulation in class actions / Das ökonomische Interesse der Anwälte am settlement

Das US-amerikanische System der Kostenverteilung im Rechtsstreit, das auch im Rahmen von class action Verfahren gilt, führt zu Interessenkonflikten zwischen Klägeranwälten und Mandanten, die im Ergebnis zu verzerrten Ergebnissen gerade auch im Bereich von class action settlements führen. Es ist damit sicherlich als eines der Kernprobleme im Zusammenhang mit den erheblichen Missbräuchen im Zusammenhang mit class actions zu betrachten, das im Interesse der class Mitglieder angegangen werden muss.

---

624 *BMW of N. Am. v. Gore, 517 U.S. 559 (1996)*, ausführlich zu dieser Entscheidung und der Entwicklung der Rechtsprechung des Supreme Court Schmitz, JuS 1999, 941, 943 ff.

625 *State Farm Mut. Auto. Ins. Co. v. Campbell, 123 S. Ct. 1513 (2003)*(*"courts must ensure that the measure of punishment is both reasonable and proportionate to the amount of harm to the plaintiff and to the general damages recovered"*).

626 In *State Farm Mut. Auto. Ins. Co. v. Campbell, 123 S. Ct. 1513 (2003)* erklärte der *Supreme Court* insofern, dass ein *punitive damage award* in Höhe von 145 Mio. Dollar im Verhältnis zu 1 Mio. Dollar kompensatorischem Schadensersatz exzessiv sei und gegen die *due process clause* des XIV. *Amendments* verstoße.

627 *"(...)in practice, few awards exceeding a single-digit ratio between punitive and compensatory damages will satisfy due process."*(*State Farm Mut. Auto. Ins. Co. v. Campbell, 123 S. Ct. 1513, 1516 (2003)*).

628 Wünschenswert wäre darüber hinaus allerdings im Rahmen einer allgemeinen Deliktsrechtsreform, wie sie seit längerem diskutiert wird, eine bundeseinheitliche Regelung zu finden, um den Bereich der *punitive damages* im Interesse der Rechtssicherheit übergreifend und eindeutig zu regeln; zu diesbezüglichen Reformbestrebungen Pace, 46 Am. U.L. Rev 1573 ff. (1997)

1. American rule und common fund exeption

Die sog. *american rule* besagt, dass – anders als im englischen Recht[629] – Anwaltskosten nicht erstattet werden, sondern im Gegenteil sowohl die unterliegende als auch die obsiegende Partei ihre eigenen Kosten trägt, sofern nicht gesetzlich oder vertraglich etwas anderes vorgesehen ist[630]. Eine seltene Ausnahme ist die Pönalisierung von bösgläubigem oder betrügerischem Verhalten einer Partei durch die Auferlegung der Kosten[631]. Diese allgemeine Kostenregel gilt dabei nicht nur vor den Bundesgerichten, sondern auch vor fast allen Einzelstaaten[632]. Im Rahmen von *class actions* ist die Regel die Vereinbarung eines Erfolgshonorars (*contingent fee*)[633]. Traditionell umfasst die Summe dabei zwischen 30 und 50% der erstrittenen Summe[634].

Eine allgemeinere Ausnahme von der *american rule* ist die „*common fund exeption*, bei der das Gericht ermächtigt ist, aus einem existierenden „Fonds" Anwalts- und andere Prozesskosten begleichen zu lassen[635]. Voraussetzung ist insofern die Schaffung, Vermehrung oder Erhaltung eines solchen Fonds durch den Kläger im Rahmen eines Urteils oder Vergleichs[636]. Solche Entschädigungsfonds werden regelmäßig im Rahmen von *class action*-Verfahren geschaffen, um die spätere Entschädigung der Gruppenmitglieder zu erleichtern[637]. Der Beklagte stellt insofern das Geld im Rahmen eines Fonds zur Verfügung, gegen den sich dann die Ansprüche der Gruppenmitglieder richten und der auch von einem *special master* verwaltet werden kann, der die finanzielle Abwicklung nach Beendigung des Prozesses übernimmt. Der *common fund*-Ausnahme liegt dabei die Auffassung zugrunde, dass die repräsentierten Gruppenmitglieder in diesem Fall ungerechtfertigt bereichert sind, da sie von einem Prozess profitie-

---

629 Im Gegensatz dazu erlaubt die "*english rule*", dass die obsiegende Partei die Kosten von der unterliegenden Partei erstattet bekommt, siehe Newberg, § 14:1

630 Newberg, § 13:74; *Key Tronic Corp. v. United States, 511 U.S. 809, 814 f. (1994); Alyeska Pipeline Service Co. v. Wilderness Society, 421 U.S. 240, 247 (1975).*

631 Siehe grundsätzlich *Alyeska Pipeline Service Co. v. Wilderness Society, 421 U.S. 240, 258 f. (1975); Chrysler Corp. v. Carey, 186 F.3d 1016 (8th Cir. 1999).*

632 Nur Alaska folgt nicht *american rule*; Newberg § 13:74. Einige wenige Staaten sehen außerdem im Rahmen von *class actions* vor, dass die obsiegende Partei Anwaltskosten erstattet bekommt oder zumindest nach Ermessen des Gerichts bekommen kann; siehe dazu Newberg, § 13:74, § 13:75.

633 Newberg, § 15:29.

634 Newberg, § 17:25; In ihrer Untersuchung von bundesrechtlichen *class actions* in vier *districts* kommen Willging /Hooper /Niemic, 71 N.Y.U.L. Rev. 74, 155 (1996), auf eine Zahl von 20 bis 40% der Brutto-Vergleichssumme.

635 Die Leitentscheidung zur *common fund doctrine* ist *Boeing Co. v. Van Gemert, 444 U.S. 472 (1980).*

636 Newberg, § 13:76.

637 Willging /Hooper /Niemic, 71 N.Y.U.L. Rev. 74, 156 (1996).

ren zu dessen Kosten sie nichts beigetragen haben. Daher darf das Gericht die Anwaltskosten aus dem Fonds begleichen und so proportional unter den Nutznießern des Prozesses aufteilen[638]. Im Rahmen einer Repräsentativklage wie der *class action* ist dieses Vorgehen folgerichtig, da der tatsächliche Kläger hier nur stellvertretend für alle tätig wird und insofern auch nicht alleine die Kosten auferlegt bekommen kann.

Endet der Prozess in einem Vergleich wird in der Regel auch die Entlohnung der Klägeranwälte bereits darin geregelt sein (sog. *attorney fee agreement*)[639]. Die Berechnung erfolgt dabei entweder prozentual über einen gewissen Prozentsatz der Entschädigungssumme oder ein nachträglich kalkuliertes Stundenhonorar („*percentage of the fund*“ bzw. “*lodestar*” Methode)[640]. Die Bezahlung erfolgt dann aus dem geschaffenen Entschädigungsfonds[641].

Das Gericht hat theoretisch die Möglichkeit, das von den Parteien ausgehandelte Honorar herabzusetzen, da es selbst endgültig die Honorarsumme festsetzt. In der überwiegenden Zahl der Fälle, erhalten allerdings die Klägeranwälte zwischen 90 und 100% der von ihnen eingeforderten Summe auch tatsächlich zugesprochen[642].

2. *Der grundsätzliche Interessenkonflikt zwischen Anwalt und class*

Das System führt angesichts der immensen Kosten einer *class action*, insbesondere im Rahmen der *discovery*, zu erheblichen Problemen[643]. Insbesondere führt es zu beinahe unüberwindbaren Interessenkonflikten zwischen den Anwälten und der Gruppe und stellt damit eine der größten Gefahren innerhalb des Systems der *class action*-Verfahren dar[644].

Das finanzielle Risiko für den Anwalt ist angesichts der geltenden Honorarpraxis enorm. Er wird daher oftmals mit allen Mitteln versuchen, einen Vergleich und damit sein sicheres Honorar zu erreichen, anstatt sich auf den unsicheren

---

638 Siehe etwa *Boeing Co. v. Van Gemert, 444 U.S. 472, 476 (1980), Staton v. Boeing Co., 313 F.3d 447, 476(9th Cir. 2002).*

639 In *Wing v. Asarco Inc., 114 F3d 986 (9th Cir. 1997)* segnete das Gericht einen Vergleich über 67,5 Mio. ab und sprach den Anwälten davon 8 Mio. im Sinne angemessener Gebühren (*“reasonable attorney fees”*) zu.

640 Siehe dazu *Sheppard v. Consol. Edison Co. of N.Y., Inc., 2002 U.S. Dist. LEXIS 16314 (2002).*

641 Häufiger ist dabei die *percentage of fund*-Methode; siehe Hensler, 11 Duke J. Comp. & Int'l L. 179, 202 (2001).

642 Willging /Hooper /Niemic, 71 N.Y.U.L. Rev. 74, 164 (1996); Fisch, 39 Ariz. L. Rev. 533,
553 (1997).

643 Siehe allgemein zu den Kosten auch Weinschenk, RIW 1990, 435 ff.

644 Ausführlich auch zum sog. „*principal-agent conflict*“ im Rahmen von *class actions* Schäfer, Bundling of Interests, S. 11 f.

Ausgang eines streitigen Verfahrens zu verlassen, bei dem er am Ende unter Umständen ohne jede Entschädigung für seinen Kostenaufwand da steht[645]. Diese grundsätzliche Vergleichsbereitschaft geht zwingend einher mit der Gefahr, dass der Anwalt bereit ist, für den Preis des sicheren Vergleiches die Interessen seiner Mandanten zu kompromittieren[646]. Hinzu kommt erschwerend, dass im Gegensatz zum klassischen Zivilprozess, in dem der Einzelkläger letztlich die Entscheidung trifft, ob er sich mit seinem Gegner vergleichen will oder nicht, das einzelne Gruppenmitglied im *class action*-Kontext wenig bis gar keinen Einfluss darauf hat, ob der Prozess durch einen Vergleich beendet wird oder nicht[647]. Nicht einmal der repräsentierende Kläger kann insofern ein Veto einlegen[648].

Nach *Rule 23 (e) (4) (A)* n.F. besteht zwar nunmehr ausdrücklich die Möglichkeit für jedes Mitglied der *class,* Einwände gegen einen vorgeschlagenen Vergleich zu erheben, jedoch ohne dass daran eine zwingende Rechtsfolge genknüpft wäre.

Die fehlende Einflussmöglichkeit der repräsentierten Gruppe auf den Verlauf des Verfahrens ist dabei aber nur eine Ausprägung eines grundsätzlichen Dilemmas, das das Verhältnis zwischen Anwalt und Mandant(en) im Fall der *class action* prägt[649]. Der Anwalt vertritt hier eine Vielzahl „anonymer" Kläger, die er persönlich nicht kennt und zu denen er keinerlei Beziehung hat. Das klassische Vertrauensverhältnis zwischen Anwalt und Mandant wird damit „pervertiert" und der Anwalt zu einem *„litigation entrepreneur"* ohne persönliche Beziehung zu seinem Klienten und ohne eine diesbezügliche Notwendigkeit[650]. Dieses grundsätzliche Defizit in der Beziehung zwischen Anwälten und Klägern kombiniert mit dem vorrangigen Interesse der Anwälte an einem „siegreichen" Ausgang des Prozesses zur Deckung ihrer Kosten wird im Rahmen von *settlement class actions* potenziert, da in diesen Fällen gänzlich die korrigierende Instanz

---

645 Man spricht insofern von dem Problem der „Risiko Aversion" *(risk aversion)* der Anwälte, Rosenberg, 2003 U.Chi. Legal F. 19, 40 ff. (2003).

646 Wasserman, 80 B.U.L. Rev. 461, 462 (2000); a.A. Rosenberg, 2003 U.Chi. Legal F. 19, 40 ff. (2003), der dieses Risiko angesichts der Finanzkraft und des ausgefeilten Risiko Managements der heutzutage regelmäßig im Bereich der *class action* agierenden professionellen *multi-* und *mega-firms* als nicht relevant betrachtet.

647 Pucket, 77 Tex. L. Rev. 1271, 1271 (1999).

648 *Kincade v. General Tire & Rubber Co., 635 F.2d 501, 508 (5th Cir. 1981).*

649 Etwas anders stellt sich dabei inzwischen nach dem Gesetz die Situation im Rahmen der speziellen Kategorie der *securities class actions* dar. Dort übernimmt der sog. *„lead plaintiff"* die besondere Funktion, den systematischen Interessenkonflikt zwischen Anwälten und Gruppenmitgliedern auszugleichen und soll damit das Verfahren weniger anwaltsdominiert werden lassen; dazu Cox, 39 Ariz. L. Rev. 497, 515 ff. (1997); kritisch hinsichtlich der damit möglichen Eindämmung von class *action* Missbrauch der Beitrag von Fisch, 39 Ariz. L. Rev. 533 (1997).

650 Schäfer, Bundling of Interests, S. 1.

eines unabhängigen Gerichts ausgeschaltet wird. Im Rahmen der Vergleichsverhandlungen ist das finanzielle Interesse des Anwalts damit für die Mitglieder der *class* die größte Gefahr[651].
Hinzu kommt, dass die dem Anwalt vom Gericht aus dem Fonds zugesprochene Summe jeweils die den Gruppenmitgliedern zur Verfügung stehende Entschädigungssumme schmälert[652]. Damit besteht darüber hinaus das Risiko, dass der Anwalt mit dem Beklagten im Rahmen der Vergleichverhandlungen ein hohes Honorar für sich selbst gegen eine geringe Schadensersatzsumme „eintauscht“[653]. Das Interesse des Anwalts an seinem (möglichst hohen) Honorar und das der *class* an einer möglichst umfangreichen Entschädigung lassen sich oftmals nicht in Einklang bringen[654]. Die Folge ist dann oftmals der Ausverkauf der Interessen der *class*[655].

Besonders deutlich wird dabei das bestehende Missverhältnis zwischen Kompensation der Gruppe respektive der Anwälte oft im Fall der sog. *small consumer claims*, die von Anwälten initiiert werden und bei denen eine Vielzahl relativ geringer Einzelschäden von Verbrauchern eingeklagt wird. Hier kommt es im Ergebnis zu immensen Honorarsummen für die Klägeranwälte verglichen mit kaum bemerkenswerten Entschädigungssummen für den einzelnen geschädigten Verbraucher[656]. In diesem Fall fällt sogar ein direkter Vergleich zwischen der Gesamtentschädigung für die *class* und den von den Anwälten erzielten Honoraren nicht selten zu ungunsten der ersten Gruppe aus[657]
Allerdings hat die Rechtsprechung inzwischen wenigstens teilweise auf die Missbrauchspraxis reagiert. So werden in jüngster Zeit Vergleiche nicht zuletzt deshalb abgelehnt, weil das Gericht Anzeichen für ein kollusives Zusammenwirken zwischen Beklagtem und Klägeranwälten zu erkennen meint[658]. Ein bereits ausgehandeltes und extrem hohes Honorar für die Anwälte soll nach dieser

651 So auch *Sheppard v. Consol. Edison Co., 2000 U.S. Dist. LEXIS 20629, 10 (2000)*.
652 Newberg, § 15:31.
653 Diese Vereinbarung wird auch „*sweetheart settlement*“ genannt; Coffee, 54 Chi. L. Rev. 877, 883 (1987).
654 Wasserman, 80 B.U.L. Rev. 461, 470 (2000).
655 Schwartz/Sutherland, 10 Tul. Envtl. L. J. 187, 220 (1997).
656 Cooper, 40 Ariz. L. Rev. 923, 962 (1998); Fisch, 39 Ariz. L. Rev. 533, 536 (1997).
657 So war in drei von zehn untersuchten Schadensersatz *class actions* das den Anwälten ausgezahlte Honorar höher als die Gesamtsumme, die der *class* als Entschädigung zustand; siehe Hensler, 11Duke J. Comp. & Int'l L. 179, 203 (2001); siehe zu weiteren Beispielen auch die Seite des Institute for Legal Reform unter www.instituteforlegalreform.com/ issues/.
658 Siehe Newberg, § 17:22 unter Berufung auf *In re Ford Motor Co. Bronco II Product Liability Litigation, MDL-991 Sec. G (ED La 1995)* und *In re General Motors Corp. Pick-Up Truck Fuel Tank Product Liability Litigation, 55 F3d 768, 784 (3d Cir. !995)*, dazu auch Wasserman, 80 B.U.L. Rev. 461, 464 ff. (2000).

neueren Rechtsprechung zu der Vermutung führen, dass deren „Eifer" im Bezug auf die Entschädigung der Gruppe abgeschwächt ist und kann damit zum Versagen der Genehmigung führen[659].

3. „War of attrition" („Verschleißkrieg") und „reverse auction"

Das Verfahren der *class action* ähnelt oftmals einer Art „Verschleißkrieg", insofern als der, dem es gelingt, als erster die Ressourcen der anderen Partei zu verschleißen, am Ende als Sieger hervorgeht. Dies wird nicht in jedem Fall der Klägeranwalt sein. Die Partei, die mehr Geldreserven hat, gibt den Ton an und kann letztlich ihre Bedingungen diktieren.
In der Regel wird dabei das Geld der Klägeranwälte auf dem Spiel stehen, da die Gruppenmitglieder keinen finanziellen Einsatz leisten müssen. Der finanzielle Druck auf die Klägeranwalte kann dabei so groß werden, dass diese gezwungen sind, sich zu den Bedingungen der Beklagten zu vergleichen[660]. In solchen Fällen sitzt der Beklagte am längeren Hebel, die Machtverhältnisse sind plötzlich umgekehrt. Der Verlierer ist aber auch hier wieder die *class*, auf deren Rücken das Kräftemessen ausgetragen wird. Sie wird zum Spielball der Erpressungsversuche ihrer eigenen Anwälte ebenso wie der der Gegenpartei.

Das Problem wird in bestimmten Situationen noch verschärft. Dies ist zunächst der Fall, wenn gleichzeitig mehrere Verfahren in derselben Sache bei verschiedenen Gerichten anhängig sind, d.h. parallele *class actions* miteinander konkurrieren, also im Fall von *dueling class actions*[661]. Solche Mehrfachklagen sind in den USA ohne weiteres möglich, da die anderweitige Rechtshängigkeit einer Klage bis zum rechtskräftigen Abschluss eines Verfahrens hier kein Klagehindernis für nachfolgende Klagen ist[662].
Vergleicht sich der Anwalt hier nicht mit dem Beklagten, muss er davon ausgehen, dass es aller Wahrscheinlichkeit nach ein Anwalt in einem anderen Verfahren tun wird. Auf die Spitze getrieben wird dieses Spiel in der sog. *reverse auction* (umgekehrte Auktion). Hier „*shoppt*" der Beklagte Vergleichsangebote verschiedener Klägeranwälte, um herauszufinden, welcher bereit ist, sich zum ge-

---

659 *Ortiz v. Fibreboard Corp. 527 U.S. 815, 852 (1999);* zu den besonderen Einschränkungen, die durch den *CAFA* für die sog. „coupon settlements" eingeführt wurden gleich unten unter.

660 Pucket, 77 Tex. L. Rev. 1271, 1299 (1999).

661 Insgesamt zu diesem Problem die Beiträge von Wasserman, 80 B.U.L. Rev. 461 (2000); Weinstein, 75 N.Y.U.L. Rev. 1085 (2000).

662 Dazu Eichholtz, Funktionsäquivalente, S. 123 und bereits in diesem Teil oben unter A.V.3.

ringsten Preis zu vergleichen[663]. Sich „duellierende“ *class actions* erhöhen damit grundsätzlich die Wahrscheinlichkeit unangemessener Vergleiche[664].

Aber auch bereits im Vorfeld von *settlement-only* Verfahren ist dieser Mechanismus beliebt. Der Beklagte „checkt“ hier zunächst alle ihm angebotenen Vergleiche und geht dann mit dem besten vor Gericht, um es genehmigen zu lassen[665]. Man spricht insofern auch vom *„lawyer-shopping“* des Beklagten, da dieser hier in die Position versetzt wird, sich im Vorfeld der *class action* im Rahmen von informellen Vergleichsverhandlungen den Anwalt auszusuchen, der ihm im Ergebnis am weitesten entgegenkommt[666].
Der Klägeranwalt dagegen weiß, dass er nicht der einzige im Spiel ist, und dass der „kooperativste“ Anwalt – also der, der am wenigsten bietet – das Verfahren „gewinnt“. Lehnt er das Angebot ab, so ist die Chance groß, dass ein Konkurrent sich darauf einlässt. In diesem Fall verliert er den „Fall“ und damit natürlich auch ein mögliches Honorar[667]. Er steht unter enormem Druck einen beklagtenfreundlichen Vergleich zu akzeptieren[668].
Hier liegt der kritische Unterschied zum „konventionellen“ *class action*-Verfahren, in dem der Klägeranwalt im Fall des Scheiterns der Vergleichsverhandlungen immer noch die Option hat, sich über den Prozess „Recht zu verschaffen“, was ihm außerdem ein zusätzliches Druckmittel in die Hand gibt[669], ist der Anwalt im Rahmen der *settlement class action* von vornherein nur eingesetzt, um einen Vergleich zustande zu bringen. Hier hat der Beklagte von vornherein die überlegene Verhandlungsposition inne und dem Anwalt sind angesichts mangelnder Alternativen die Hände gebunden[670]. Angesichts der meist halbherzigen Überprüfung des Vergleichs durch das Gericht ist der Kläger kaum vor solchen Praktiken geschützt.

Gerade die *settlement-only classes* bergen damit insgesamt ein enormes Missbrauchspotential und nicht zuletzt das Risiko erheblicher Verletzungen treuhänderischer Pflichten der Klägeranwälte[671]. In diesem Kontext besteht insofern ein

---

663 Dazu Pucket, 77 Tex. L. Rev. 1271, 1298 (1999); Coffee, 80 Cornell L. Rev. 851, 853 (1995).
664 Wasserman, 80 B.U.L. Rev. 461, 462 (2000).
665 Coffee, 80 Cornell L. Rev. 851, 853 f. (1995); Schwartz/Sutherland, 10 Tul. Envtl. L. J. 187, 223 (1997).
666 Coffee, 95 Colum. L. Rev. 1343, 1379 (1995).
667 Schwartz/Sutherland, 10 Tul. Envtl. L. J. 187, 223 (1997).
668 Coffee, 80 Cornell L. Rev. 851, 853 (1995).
669 Coffee, 95 Colum. L. Rev. 1343, 1379 (1995).
670 Coffee, 95 Colum. L. Rev. 1343, 1453 (1995); Rosenberg, 2003 U.Chi. Legal F. 19, 58 f. (2003).
671 Schwartz/Sutherland, 10 Tul. Envtl. L. J. 187, 223 (1997).

systemimmanenter Interessenkonflikt zwischen Klägeranwälten und der Gruppe[672].

4. *Reaktion des Gesetzgebers bei der Reform von Rule 23 und des CAFA*

Der Gesetzgeber hat zunächst einmal erkannt, dass grundsätzlich die Auswahl und Arbeit der (Kläger-)Anwälte von entscheidender Bedeutung für Verlauf und Ausgang von *class action*-Verfahren ist und dass die Art und Weise wie die Anwälte das Verfahren bestreiten wiederum von der Aussicht auf eine möglichst hohe Vergütung geleitet wird[673]. Die sich aus diesem System ergebenden Interessenkonflikte zwischen der Gruppe und den sie vertretenden Anwälten können bei Beibehaltung des Systems nur durch eine „neutrale" dritte Partei gelöst werden: das Gericht.

Der Gesetzgeber hat insofern bei der Neufassung von *Rule 23* versucht, im Rahmen der grundsätzlichen Stärkung der Rolle des Gerichts, dem Ausverkauf der Interessen der Gruppe entgegenzuwirken.

So existieren mit *Rule 23 (g) und (h)* nunmehr zum einen ausdrückliche Regelungen im Bezug auf die Auswahl des Anwalts für die *class* durch das Gericht und es wurden zum anderen effektive Mechanismen eingebaut, bereits im Stadium vor der Zertifizierung die Honorarfrage zu thematisieren sowie auch im Rahmen des selbstständigen Verfahrens zur endgültigen Festsetzung der Honorare, diese genauer zu überprüfen. So muss etwa in Zukunft das Gericht auf den Kostenfestsetzungsantrag der Anwälte hin, seine Entscheidung tatsächlich und rechtlich begründen[674]. Die Anmerkungen zu den gesetzlichen Neuerungen weisen außerdem ausdrücklich darauf hin, dass die Gerichte bei der Beurteilung der Höhe des Honorars besonders den Umfang des der Gruppe zukommenden Betrages in Betracht ziehen sollen, um zu einem vernünftigen Verhältnis zwischen beiden Beträgen zu gelangen[675]. Auf die besonderen Probleme im Zusammen-

---

672 Schwartz/Sutherland, 10 Tul. Envtl. L. J. 187, 234 (1997).

673 So heißt es in den *Rule 23 Advisory Commitee Notes* zu *Rule 23 (h): "Fee awards are a powerful influence on the way attorneys initiate, develop, and conclude class actions."*

674 *Rule 23 (h) (3)* lautet:" *Hearing and Findings. The court may hold a hearing and must find the facts and state its conclusions of law on the motion under Rule 52(a)."*

675 Siehe insofern die *Rule 23 Advisory Committee Notes.*

hang mit möglichen *settlements* ist allerdings nicht eingegangen worden. Die Neuerungen in *Rule 23* gelten insofern für alle *class action*-Verfahren gleichermaßen.

Ein verstärktes „Sich-Einmischen" der Richter bei den Vergütungs- und Entschädigungsfragen könnte dabei allerdings gerade im Rahmen der *settlement*-Verfahren zu mehr Fairness verhelfen. Ob es allerdings angesichts der Neuerungen in Zukunft in der Praxis tatsächlich zu einer rigoroseren Kontrolle der Anwälte und insbesondere von deren Vergütungsansprüchen kommen wird, bleibt abzuwarten, die verfahrensrechtlichen Möglichkeiten bestehen jedenfalls mit der Reform mehr denn je[676].

Für den speziellen Fall der *coupon settlements* ist das Problem exessiver Anwaltshonorare, denen jeweils geringe bis gar keine (fianziellen) Vorteile für die *class*-Mitglieder gegenüber stehen, inzwischen durch die Neuregelungen im Rahmen des *CAFA* immerhin partiell geregelt worden, indem hier jedenfalls eindeutige Kriterien zur Berechnung der Anwaltshonorare festgelegt wurden, die so der Praxis ein Ende bereiten sollen, nach welcher solche *settlements* im Ergebnis zwar zu erheblichen Gewinnen für die Klägeranwälte führen, für die *class*-Mitglieder hingegen, wenn überhaupt, nur nominalen Nutzen bringen[677].

F. Überblick über den Ablauf des Zivilverfahrens nach den FRCP

Die *class action* folgt grundsätzlich dem normalen Zivilverfahren, wie es die *FRCP* vorsehen und das aus drei Verfahrensabschnitten besteht: den pleadings, der *pre-trial discovery* und dem *trial*. Im Anschluss an ein *class action*-Verfahren gibt es die Möglichkeit der Berufung sowie neuerdings auch unter bestimmten Voraussetzungen die Möglichkeit, die Zertifizierungsentscheidung separat anzugreifen.
Zum besseren Verständnis des Prozessablaufs, soll im Folgenden ein kurzer Überblick über den Gang des Verfahrens und die wichtige Neuerung der isolierten Angreifbarkeit der Zertifizierung der Klage als *class action* gegeben werden.

---

676 Kritisch diesbezüglich und für die Einführung einer *„ethical rule"* im Rahmen der Model Rules of Professional Conduct, die die Pflichten von *class action lawyers* festlegen soll Manesh, 18 Geo. J. Legal Ethics 923, 946 (2005).

677 Siehe dazu auch in diesem Teil oben unter D.I:4.(b)(2.).

I. Pleadings

Die *pleadings* sind Schriftsätzen im deutschen Zivilprozess vergleichbar; in ihnen wird die Klage erhoben und die Klageerwiderung vorgetragen[678]. An die Substantiierung der Klagebegründung wie der Klageerwiderung werden nur sehr geringe Anforderungen gestellt[679]. Der Kläger soll eine kurze und klare Darstellung der Tatsachen vorbringen, aus denen sich sein Anspruch ergibt[680]. Zweck der pleadings nach der *FRCP* ist es nämlich nicht, alle einen materiellen Anspruch begründenden Tatsachen möglichst detailliert darzulegen und schon durch Klage und Klageerwiderung die streitigen Tatsachenfragen herauszuarbeiten und die vorhandenen Beweise zu präsentieren[681]. Vielmehr soll dem Gegner und dem Gericht erst mal ein erster Eindruck vermittelt werden, auf welcher Tatsachenbasis welche Ansprüche erhoben werden, damit der Gegner weiß, auf welchem allgemeinen Sachverhalt die Klage beruht[682].

II. Pre-trial discovery

Die nächste Phase ist die *pre-trial discovery*, eine Art Beweisbeschaffungsverfahren, dass sich aber beinahe ausschließlich zwischen den streitenden Parteien abspielt[683]. Es hält fünf verschiedene prozessrechtliche Mittel bereit, insbesondere die ausführliche Befragung der gegnerischen Partei[684] und das Verlangen der Herausgabe verschiedenster Dokumente. Die Möglichkeiten der Parteien gehen hier insgesamt sehr weit[685]. Seit einer bedeutenden Reform des *discovery*-Rechts im Jahr 1993 existieren sogar besondere prozessuale Aufklärungspflichten, wonach die Parteien weitreichend zum *ungefragten* Austausch von Informationen verpflichtet werden (sog. *automatic disclosure*)[686].

---

678 *Rule 7 (a) FRCP.*

679 Anders dagegen seit 1995 im Rahmen der speziellen *securities class actions*, in deren Rahmen erhöhte Anforderungen gestellt werden; Cox, 39 Ariz. L. Rev. 497, 519 (1997).

680 *Rule 8 (a) FRCP.*

681 Lenenbach, WM 1999, 1393, 1396.

682 Sog. *notice pleading*; siehe die Leitentscheidung *Conley v. Gibson*, 355 U.S. 41, 47 (1957).

683 Insgesamt dazu Reitz, ZZP 104 (1991), 381 ff.

684 Die sog. *depositions* sind das Hauptinstrument, das in diesem Stadium des Verfahrens zur Informations- und Beweisbeschaffung eingesetzt wird. Hier werden sowohl Parteien als auch Zeugen vom jeweils gegnerischen Anwalt befragt und die Angaben festgehalten. Durch die Reform des *discovery* Rechts im Jahr 1993 wurde allerdings die Zahl der zulässigen *depositions* auf zehn beschränkt; dazu Reimann, IPRax 1994, 152, 154.

685 Vgl. zu den Einzelheiten Reufels, RIW 1999, 667, 668 f.; Lenenbach, WM 1999, 1393, 1396; ausführlich Lorenz ZZP 111 (1998), 35, 46 ff.

686 Dazu ausführlich der Beitrag von Reimann, IPRax 1994, 152; Lorenz, ZZP 111 (1998), 35, 51 ff.

Das Gericht hat dagegen im Wesentlichen die Aufgabe, Missbräuche abzuwehren und eine Partei, die sich weigert, bestimmte Beweismittel herauszugeben, durch Anordnungen und Sanktionen zur Herausgabe anzuhalten[687].
Für den Kläger bedeutet die *discovery* nicht zuletzt, dass ihm Instrumente an die Hand gegeben werden, der Beklagtenseite das Leben so schwer zu machen, dass sie vorschnell zu einem Vergleich bereit ist. Dies ist zum einen durch den enormen Arbeits- und Geldaufwand im Zusammenhang mit der *discovery* bedingt als auch vor allem durch die Gefahr, hochsensitive Informationen preisgeben zu müssen[688]. Gerade im Rahmen von *class actions* nimmt die *discovery* dabei allgemein immense Ausmaße an[689]. Sie kann hier auch bereits vor der Zertifizierungsentscheidung ins Spiel kommen und zwar sowohl im Hinblick auf spezielle Zertifizierungsfragen als auch darüber hinausgehend[690].

III. Discovery im internationalen Kontext

Besonders brisant werden Fragen der Beweiserhebung in Verfahren mit internationalem Bezug. Angesichts der Tatsache, dass das US-amerikanische Konzept der *discovery* für viele Rechtssysteme befremdlich ist, sind Konflikte vorprogrammiert, wenn im Rahmen US-amerikanischer Prozesse Beweismittel im Ausland beschafft werden müssen[691].
Discovery-Maßnahmen im internationalen Kontext fallen dabei oftmals in den Anwendungsbereich der Haager Konvention, deren Mitglied die USA sind[692]. Diese schreibt Verfahren vor für Fälle, in denen eine Beweisaufnahme in einem anderen Mitgliedstaat durchgeführt werden soll[693]. In Zivil- und Handelssachen kann die gerichtliche Behörde eines Vertragsstaates insofern nach seinen inner-

---

687 Nach *Rule 26 (c) FRCP* kann das Gericht z.B. die *discovery* durch *protective orders* untersagen oder einschränken. Auf Antrag kann das Gericht nach *Rule* 37 *FRCP* diverse Sanktionen gegen die Partei oder nach *Rule* 45 *FRCP* gegen einen Dritten erlassen, wenn diese sich weigern, einer zulässigen Aufforderung im Rahmen des *discovery*-Verfahrens nachzukommen; siehe dazu auch Reimann, IPRax 1994, 152, 154.

688 Schwung, AnwBl. 1993, 436, 440.

689 Begrenzt wurden die *discovery* Möglichkeiten dagegen im Rahmen von *securities class actions,* wo etwa die *discovery* so lange ausgesetzt wird, wie ein Antrag auf Klageabweisung im Raum steht (*motion to dismiss*)*;* Cox, 39 Ariz. L. Rev. 497, 519 (1997).

690 Der Ermessensspielraum des Gerichts ist hier insgesamt sehr weit; siehe z.B. *Kamm v. California City Dev. Corp., 509 F.2d 205, 209 (9th Cir. 1995);*allerdings kann in der Weigerung, discovery im Hinblick auf Zertifizierungsfragen zuzulassen ein Ermessensmissbrauch liegen; siehe z.B. *In re American Med. Sys., Inc. v. Tams-Witmark Music Library, Inc., 586 F.2d 962 (2d Cir. 1978).*

691 Speziell zu der Situation im Verhältnis zu Deutschland siehe Reufels, RIW 1999, 667 ff.

692 Siehe *Hague Convention on the Taking of Evidence Abroad in Civil or Commercial Matters, opened for signature Mar. 18, 1970, 23 U.S.T. 2555.*

693 Zu den Verfahren im Einzelnen siehe Brewer, 22 Hous. J. Int'l L 525, 531 f. (2000).

staatlichen Rechtsvorschriften die zuständige Behörde eines anderen Vertragsstaates ersuchen, eine Beweisaufnahme oder eine andere gerichtliche Handlung vorzunehmen[694]. Das Rechtshilfeersuchen wird dabei von der gerichtlichen Behörde nach den Formen erledigt, die ihr eigenes Recht vorsieht[695].

Dennoch entschied der *Supreme Court* in der Entscheidung *Societe Nationale Industrielle Aerospatiale v. United States District Court for the Southern District of Iowa*[696], dass die Konvention kein ausschließliches oder zwingendes Recht darstelle. Sie sei im Gegenteil nur *eine* Möglichkeit, Beweise aufzunehmen, und ergänze insofern nur die amerikanischen *discovery rules*[697].
Die Anwendung der Haager Konvention im Rahmen internationaler Beweisaufnahme zwischen den Mitgliedsstaaten ist vor US-amerikanischen Gerichten damit nur optional.
Allerdings soll nach Ansicht des *Supreme Court* das internationale *Comity*-Prinzip[698] manchmal dazu führen, dass ihre Regeln zuerst angewandt werden (*case by case balancing test*)[699]. Der diesbezüglich in der Entscheidung angedeutete Abwägungsmaßstab ist wenig konkret und hat den unteren Gerichten daher kaum Enscheidungshilfen geliefert.
Insgesamt haben seit *Aerospatiale* die unteren Gerichte überwiegend die Tendenz gezeigt, im Rahmen ihrer Abwägung ein Überwiegen der US-amerikanischen Interessen anzunehmen[700]. Die Entscheidung hat die Gerichte sogar ermutigt, extensive Beweisaufnahmen im Ausland auf dem „amerikanischen Weg" durchzuführen, also gerade nicht mittels der in der Haager Konvention vorgeschriebenen Verfahren[701]. Zum Teil wird die Konvention gerade dann für optional gehalten, wenn über die Zuständigkeit über den Beklagten noch nicht entschieden wurde und die *discovery* also geradc dazu notwendig sein soll[702]. Das Gericht soll insofern „zuständig für die Bestimmung seiner Zuständigkeit" sein, was dann – trotz ja gerade noch nicht etablierter Zuständigkeit ü-

694 Art. 1 Abs. 1 HBÜ.
695 Art. 9 Abs. 1 HBÜ.
696 *482 U.S. 522 (1987).*
697 *Societe Nationale Industrielle Aerospatiale v. United States District Court for the Southern District of Iowa 482 U.S. 522, 536 (1987).*
698 Unter dem vagen Begriff *international comity* (comitas gentium) wird – vereinfacht gesagt – völkerrechtliches Gewohnheitsrecht verstanden; siehe Reufels, RIW 1999, 667, 673 m.w.N.
699 *Societe Nationale Industrielle Aerospatiale v. United States District Court for the Southern District of Iowa 482 U.S. 522, 544 (1987);* zur Bedeutung der Comity in U.S.-amerikanischen Recht siehe Brewer, 22 Hous. J. Int'l L 525, 534 ff. (2000).
700 Born/Vollmer, 150 F.R.D. 221, 245 (1993); ausführlich Born/Hoing, 24 Int'l Law. 393 (1990).
701 Nafziger/Stoel, 38 Tex. Int'l L.J. 103, 106 (2003).
702 *Fishel v. BASF-Group, 175 F.R.D. 525, 529 (S.D. Iowa 1997),*

ber den Beklagten – die Durchführung von *discovery*-Maßnahmen außerhalb der Vorschriften der Haager Konvention erlauben soll[703].
Die *discovery* im Ausland soll dem Kläger damit im Ergebnis dazu verhelfen, den Beklagten unter die Zuständigkeit der US-amerikanischen Gerichte zu bringen. Dabei soll außerdem derjenige, der sich auf die Anwendbarkeit des Haager Beweisübereinkommens beruft und dies als Einwendung gegen *discovery*-Maßnahmen geltend macht, darlegen müssen, dass ein Verfahren nach dem Übereinkommen ebenso wirksam zur Ermittlung der Tatsachen führt wie das Verfahren nach den *FRCP*[704]. Ein solches Vorgehen führt im Ergebnis dazu, das Übereinkommen auf eine Einwendung seitens des Beklagten zu reduzieren, was mit völkerrechtlichen Grundsätzen ebenso wenig zu vereinbaren ist wie mit dem Grundsatz der *Comity*.

In der Praxis hat kaum ein Gericht sich dafür ausgesprochen, die Konvention tatsächlich vorrangig vor dem US-amerikanischen Zivilprozessrecht anzuwenden[705]. Sie wird damit in ihrer rechtlichen Bedeutung faktisch auf null reduziert. Das mit ihr verfolgte Ziel, die internationale justitielle Zusammenarbeit zu fördern, wird vereitelt. Solange die dort etablierten Vorschriften nur eine „Option" für den US-amerikanischen Richter darstellen, wird die Konvention im Rechtsverkehr mit den USA zur Farce. Unabhängig von der Frage der Exklusivität ihrer Normen, ist jedenfalls die in der Praxis aus der „Optionalität" resultierende faktische Nichtanwendung mit der erklärten völkerrechtlichen Bindung nicht zu vereinbaren[706].
Das Problem ist besonders im Rahmen von *class action*-Verfahren brisant. Internationale Beweisbeschaffung wird gerade in den hier oft zugrundeliegenden *„first-order"*-Fällen bedeutsam[707]. Aus US-amerikanischer Sicht steht dann die potentielle Blockade des Zugangs zu Beweismitteln auf dem Spiel, die im Ergebnis die Entschädigung der Opfer von Flugkatastrophen, kartellrechtlichen

---

703 *„The Court has jurisdiction to determine its jurisdiction"* (*Fishel v. BASF-Group, 175 F.R.D. 525, 529 (S.D. Iowa 1997))*; im Ergebnis ebenso *In re Vitamins Antitrust Litig., 120 F. Supp. 2d 45 (D.D.C. 2000)* (hier allerdings war der Beklagte nicht aus einem Mitgliedsstaat der Konvention).

704 *Fishel v. BASF-Group, 175 F.R.D. 525, 529 (S.D. Iowa 1997).*

705 Siehe aber *Geo-Culture, Inc. v. Siam Inv. Mgmt., 147 Ore. App. 536, 544 (Or. App. 1997)* wo das Gericht zumindest von der Vorangigkeit der Konvention ausgeht, wenn dem Kläger keine prima facie-Darlegung hinsichtlich des Vorliegens der Zuständigkeit über den Beklagten gelingt. In *Husa v. Laboratories Servier SA, SA, 326 N.J. Super. 150, 156 (N.J. Super. App. Div. 1999)* entschied das Gericht, dass die Konvention angewendet werden sollte, solange nicht dargelegt wird, dass ihre Anwendung substantiell der Wahrheitssuche schadet oder zu unangemessener Verzögerung führt.

706 Reufels, RIW 1999, 667, 672.

707 Nafziger/Stoel, 38 Tex. Int'l L.J. 103, 105 (2003).

Missbräuchen oder anderen entschädigungswürdigen Sachverhalten vereiteln kann[708].

Viele Länder – darunter auch die Bundesrepublik Deutschland – mit *civil law*-Tradition haben vor diesem Hintergrund sog. *blocking statutes* erlassen, um sich vor ausufernder amerikanischer *discovery* zu schützen[709]. Dabei handelt es sich um Vorschriften, die die Befolgung von *discovery*-Maßnahmen im eigenen Land untersagen und unter Strafe stellen[710]. Wirkt also die ausländische Partei „freiwillig" an *pre-trial discovery*-Maßnahmen mit, kann sie sich sogar eventuell im eigenen Land strafbar machen[711]. Problematisch ist in diesem Zusammenhang, dass das Gericht in den USA wiederum die mangelnde Kooperation der ausländischen Partei scharf sanktionieren kann. Während die *discovery* normalerweise ohne bedeutsame Mitwirkung des Gerichts abläuft, erlaubt Rule *37 (b) FRCP* den unteren Gerichten ausdrücklich die Verhängung von Sanktionen gegenüber den Parteien im Fall einer Weigerung, *discovery*-Anordnungen nachzukommen. Diese können von Geldstrafen bis zur Klageabweisung reichen[712]. Insbesondere besteht die Möglichkeit, als Sanktion, die Tatsachen, die aufgrund der Weigerung der Partei, der Anordnung nachzukommen, nicht eindeutig ermittelt werden können, als zugestanden im Sinne der beantragenden Partei anzusehen[713]. Außerdem besteht nach verbreiteter Auffassung die Möglichkeit, als Sanktion für mangelnde Kooperation innerhalb des *discovery*-Verfahrens die persönliche Zuständigkeit zu bejahen[714].
Nach einer immer noch gültigen Grundsatzentscheidung des Supreme Court hindert insbesonder die Existenz eines „blocking statutes" nicht die Anordnung von discovery-Anordnungen, solange es nicht zur Abweisung der Klage kommt715. Damit hat der Beklagte im Ergebnis nur die Wahl zwischen zwei Übeln. Entweder der Anordnung nachzukommen und dann unter Umständen sogar Sanktionen im eigenen Land erwarten zu müssen oder die oftmals extrem

708 Siehe Nafziger/Stoel, 38 Tex. Int'l L.J. 103, 105 (2003).
709 Die Möglichkeit bestimmte Beweisanforderungen abzulehen ist in der Konvention ausdrücklich in Art. 23 vorgesehen; dazu ausführlich Reufels, RIW 1999, 667, 669.
710 Dazu Brewer, 22 Hous. J. Int'l L 525, 526 (2000); zu den verschiedene Kategorien von *blocking statutes*: Gyandoh, 15 Temp. Int'l & Comp. L. J. 81, 87 f. (2001).
711 Inwiefern die Mitwirkung einer deutschen Partei nach deutschem Recht strafbar ist, ist umstritten; siehe dazu Reufels, RIW 1999, 667, 670 f.
712 Siehe *Rule 37 (b) (2) (c)*; dazu der Beitrag von Hornbeck, 59 Alb. L. Rev. 1389 (1996) m.w.N.
713 *Rule 37 (b) (2) (A); 37 (b) (2) (C)*, hierzu Brewer, 22 Hous. J. Int'l L 525, 552 f. (2000); Reufels, RIW 1999, 667, 671.
714 So Hornbeck, 59 Alb. L. Rev. 1389, 1408 f. (1996).
715 *Societe Internationale v. Rogers, 357 U.S. 197,* 212 (1958); siehe auch Heidenberger, RIW 1986, 489.

nachteiligen Sanktionen des US-amerikanischen Gerichts in Kauf zu nehmen[716]. Der internationalen Comity ist mit dieser Rechtslage sicherlich in keiner Weise gedient[717].

IV. Klageabweisung vor Hauptverhandlung und summary judgement

Nach Abschluss der *pre-trial discovery* findet die Hauptverhandlung (*trial*), vor dem Richter statt. Allerdings kann die Klage auch schon vor Durchführung der Hauptverhandlung vom Gericht entschieden werden. Die *FRCP* sehen insofern mehrer Möglichkeiten für den Beklagten vor, sich vor offensichtlich unbegründeten Klagen zu schützen[718].

So kann sie auf Antrag des Beklagten (*motion to dismiss*)[719] nach Rule *12 (b) FRCP* insbesondere wegen fehlender sachlicher, persönlicher oder örtlicher Zuständigkeit, fehlender bzw. unzureichender Zustellung oder wegen Unschlüssigkeit (*failure to state a cause of action*) abgewiesen werden. In letzterem Fall findet eine Schlüssigkeitsprüfung statt, und zwar indem geprüft wird, ob der geltend gemachte Anspruch, die Behauptungen in der Klage als wahr unterstellt, bestehen würde[720]. Es handelt sich also im Grunde um eine Art Vorverfahren, in dem zunächst über die Zulässigkeit der Klage verhandelt wird[721].
Unter Rule *12 (c)* kann außerdem ein *judgement on the pleadings* beantragt werden, d.h. nach Austausch der ersten Schriftsätze, wenn der Sachverhalt bereits zu diesem Zeitpunkt unstreitig ist und gem.*Rule 56* besteht die Möglichkeit eines *summary judgement*, durch das das Gericht auf Antrag den Rechtsstreit entscheidet[722].

---

716 Die *blocking statutes*, die vor ausufernder *discovery* schützen sollen, werden in der Praxis damit in der Regel wirkungslos; Reufels, RIW 1999, 667, 671.

717 Das behauptet allerdings Brewer, 22 Hous. J. Int'l L 525, 553 (2000).

718 Sog. „*frivolous actions*"; Newberg, § 15:29.

719 Newberg 15:29.

720 Aus diesem Grund ist eine Abweisung wegen Unschlüssigkeit in den meisten Fällen unwahrscheinlich, insbesondere angesichts der extrem knappen *pleading* Schriftsätze, die kaum ausreichende Fakten enthalten; siehe aber etwa *Perry v. Am. Tobacco Co., 2003 U.S. App. LEXIS 6571(6th Cir. 2003),* wo eine *class action*, bei der Versicherte wegen erhöhter Versicherungsprämien aufgrund der mit Tabakgesundheitsschäden zusammenhängenden Kostensteigerungen gegen die Tabakindustrie klagen wollten, gem. *Rule 12 (b) (6)* mangels Prozessführungsbefugnis (*standing*) der Repräsentanten abgewiesen wurde.

721 Theoretisch ist auch eine Abweisung gem. *Rule 11* möglich, wenn begründete Zweifel an der Gutgläubigkeit des Klägers bestehen. Allerdings wird diesen Anträgen selten entsprochen; Newberg, § 15:29.

722 Z.B. im Fall *Environmental Tectonics Corp., International v. W.S. Kirkpatrick & Co., Inc., 659 F.Supp. 1381 (D.N.J. 1987)*; zu dieser Entscheidung Ebke, IPRax 1991, 147, 148.

Voraussetzung ist, dass entscheidungserhebliche Tatsachen außer Streit stehen und daher zugunsten des Antragstellers eine Entscheidung ergehen kann. Hat das *discovery*-Verfahren bereits zur Aufklärung aller streitigen Punkte geführt und besteht damit kein Bedürfnis mehr für die Tatsachenentscheidung der Jury, so kann das Urteil erlassen werden. Angesichts der zu diesem Zeitpunkt in der Regel bereits fortgeschrittenen Sachverhaltsermittlung ist in eindeutigen Fällen ein *summary judgement* unter Umständen eine Möglichkeit, ein Verfahren vorzeitig zu beenden[723].

V. Der Juryprozess

In den meisten Schadensersatzprozessen haben die Parteien das Recht, den Sachverhalt nicht vom Richter, sondern von einer sechs bis zwölfköpfigen Jury entscheiden zu lassen[724]. Vor Bundesgerichten wird dieses Recht durch das VII. Amendment garantiert und die meisten Bundesstaaten haben ähnliche Vorschriften in ihrer Verfassung im Hinblick auf Verfahren vor ihren eigenen Gerichten[725]. Im Rahmen von *class actions* war unter den Gerichten zunächst umstritten, ob auch hier ein Recht auf einen Juryprozess besteht[726]. Der *Supreme Court* beendete in *Ross v. Bernhard* die Kontroverse und entschied in der Affirmative[727]. Angesichts der enorm hohen Vergleichsquote wird heutzutage allerdings nur selten ein Zivilprozess tatsächlich mit einem *jury verdict* abgeschlossen[728]. Im Rahmen von (*mass tort*) *class actions* gilt nichts anderes. Der überwiegende Teil dieser Prozesse wird vor dem eigentlichen Prozess entweder fallen gelassen oder endet im Vergleich[729]. Hinzu kommen die Fälle, in denen ein Prozess schon im Vorfeld durch *summary judgement* oder ein *judgement on the pleadings* beendet oder die Klage bereits als unzulässig abgewiesen wird[730]. In

723 Nicht zuletzt ist dieses Verfahren gerade deshalb interessant, weil es den Fall den Geschworenen entzieht; siehe insgesamt zum *summary judgement* Junker, ZZP 101 (1988), 241, 273.

724 Dagegen besteht dieses Recht nicht in den meisten *equity*-Fällen, d.h. den Fällen, in denen der Kläger nicht Schadensersatz oder Entschädigung sucht, sondern vielmehr Verbote oder Verfügungen erwirken will; zur rechtshistorischen Unterscheidung von Prozessen *„at (common) law"* und Verfahren *„in equity"* siehe Junker, ZZP 101 (1988), 241, 246 ff.

725 Insgesamt zum Institut des Juryprozess und der Kritik daran Heidenberger, RIW 1982, 872 ff.

726 Siehe dazu Wright/Miller/Kane, § 1801 m.w.N.

727 396 U.S. 531.

728 Nur etwa drei bis vier Prozent aller Zivilprozesse vor Bundesgerichten erreichen das *trial*-Stadium; Eichholtz, Funktionsäquivalente, S. 64 m.w.N.

729 Schuck, 48 DePaul L. Rev. 479, 482 (1998).

730 Siehe dazu in diesem Teil oben unter F.IV.

all diesen Fällen kommt es ebenfalls gar nicht erst zu einem *trial* unter Einschaltung einer Jury.

Kommt es doch zur Hauptverhandlung, so muss die Jury in der Regel einstimmig ihr Urteil fällen, welches entscheidet, welche der Parteien obsiegt und im Fall des Obsiegens des Klägers außerdem die Höhe des zu zahlenden Schadensersatzes festlegt. Zu diesem Zweck wird sie insbesondere vom Richter über die Rechtslage und die Anwendung des Rechts auf den Sachverhalt „instruiert“[731]. Sie entscheidet über Tatfragen, wozu allerdings etwa auch die Frage gehört, ob Fahrlässigkeit vorliegt oder nicht. Die Schlüssigkeit dagegen ist eine Rechtsfrage und wird neben anderen Fragen des materiellen und Prozessrechts vom Richter entschieden[732]. Gelingt es der Jury nicht, ein einstimmiges Urteil zu fällen bzw. die erforderliche Mehrheit dafür zu bekommen, muss eine neue Verhandlung vor einer neuen Jury geführt werden[733].

Der Kläger hat in Schadensersatzprozessen ein besonderes Interesse daran, den Fall von einer Jury entscheiden zu lassen, weil er hier in der Regel eine höhere Entschädigung erwarten wird[734]. Grunsätzlich lässt das Jurysystem ein großes Maß an Rechtsunsicherheit entstehen, da die Entscheidung der Jury oftmals wenig voraussehbar ist und die Manipulationsmöglichkeiten nicht zu unterschätzen sind[735]. Aus Sicht der Anwälte des Beklagten macht der Juryprozess damit die Verteidigung zu einem grundsätzlich schwierigen Unterfangen mit oft ungewissem Ausgang.

VI. Berufung und isolierter Angriff der Zertifizierungsentscheidung gem. Rule 23 (f)

Die Endentscheidungen der unteren Bundesgerichte (*federal district courts*) können in der nächst höheren Instanz von den *court of appeals* überprüft werden[736]. Eine Entscheidung des *Supreme Court* dagegen muss in der Regel mittels einer sog. *petition for a writ of certiorari* von Seiten des Berufungsgerichts nachgesucht werden, über das das Gericht in seinem Ermessen entscheidet. Die Endentscheidungen in *class action*-Verfahren können grundsätzlich wie jedes andere zivilrechtliche Endurteil mit der Berufung (*appeal*) angegriffen werden[737], wobei allerdings zu beachten ist, dass – anders als etwa im deutschen

---

731 Siehe die diesbezügliche Neuregelung in *Rule 51 FRCP* n.F.

732 Heidenberger, RIW 1982, 872, 874.

733 Insgesamt zum Verfahren der Auswahl der Jury Heidenberger, RIW 1982, 872, 875.

734 Report of the Proceedings of the Judicial Conference of the United States 136, Table C-2 (1999); Heidenberger, RIW 1982, 872, 874.

735 Kritisch insofern auch Heidenberger, RIW 1982, 872, 878.

736 28 U.S.C. § 1291 (1994).

737 Mitglieder der *class*, die von ihrem *opt-out*-Recht Gebrauch gemacht haben, könnnen allerdings nicht eine später ergangenes Urteil mit der Berufung angreifen, da sie gerade

Recht – die Berufung nur zur Überprüfung rechtlicher Gesichtspunkte dient und damit keine zweite Tatsacheninstanz darstellt[738]. Problematisch war allerdings bis vor kurzem, dass die Zertifizierungsentscheidung als bloßer Beschluss nach Ansicht des *Supreme Court* nach der sog. *final judgement rule* erst mit der endgültigen Entscheidung zusammen angreifbar war[739]. Davon wurde nur in besonderen Fällen eine Ausnahme gemacht[740]. Seit einigen Jahren gibt es allerdings eine besondere Möglichkeit, allein die Zertifizierungsentscheidung nach deren Erlass überprüfen zu lassen.

Die 1998 neu eingefügte Vorschrift in *Rule 23 (f)* ermöglicht nunmehr die isolierte Anfechtung der Zertifizierungsentscheidung des *district courts* vor einem *court of appeals* durch einen *interlocutary appeal*. Die Entscheidung, ob die Anfechtung zugelassen wird, liegt dabei allerdings im freien Ermessen des Berufungsgerichts[741].
Die Berufungsgerichte werden somit in die Lage versetzt Standards zu setzen, unter denen eine Anfechtung zulässig sein muss und können so indirekt die Rechtsprechung im Hinblick auf die Zertifizierung von *class actions* nachhaltig beeinflussen, indem sie bindende Zertifizierungsmaßstäbe kreieren[742].

Die Neuerung wurde aus zwei Gründen eingeführt, die jeweils unterschiedliche rechtliche Situationen zum Gegenstand haben. Zum einen kann eine ablehnende Zertifizierungsentscheidung den Kläger nachhaltig benachteiligen. Wenn die Entscheidung nicht anfechtbar ist, bedeutet das für den Kläger, dass er nur noch die Möglichkeit hat, seinen Anspruch alleine durchzusetzen. Dieser Einzelanspruch ist aber unter Umständen um ein Vielfaches geringer als die zu erwartenden Kosten des Verfahrens, mit der Folge, dass der Kläger von einem Individu-

---

nicht Prozessparteien waren; siehe *In re Brand Name Prescription Drugs Antitrust Litig., 115 F.3d 456, 457 (7th Cir. 1997).*

738 Schack, Einführung, S. 68 f.

739 *Coopers & Lybrand v. Livesay, 437 U.S. 463 (1978).*

740 Vor der Einführung von *Rule 23 (f)* wurde in seltenen Fällen eine Überprüfung durch die Berufungsgerichte insbesondere über den Weg einer speziellen Verfügung (*writ of mandamus*)erreicht, der es ihnen unter engen Voraussetzungen etwa erlaubte, das untere Gericht anzuweisen, die Zertifizierung wieder aufzuheben; siehe *In re Rhone-Poulenc Rorer Inc., 51 F.3d 1293 (7th Cir. 1995);* zur Funktion des *writ of mandamus* siehe Moore's Federal Practice , Volume 19, Chapter 204; zu den anderen Ausnahmen siehe Solimine/Hines, 41 Wm. and Mary L. Rev. 1531, 1552 ff. (2000).

741 Sog. *permissive interlocutary appeal;* diese Ermessensentscheidung ähnelt der des *Supreme Court* im Hinblick auf die Annahme von Entscheidungen aufgrund einer *petition for certiorari*; insgesamt zu der neuen Anfechtungsmöglichkeit Newberg § 7:38.

742 Um laufende Verfahren nicht zu verzögern, muss der Antrag auf Erlass einer Anfechtungsentscheidung innerhalb von zehn Tagen nach Ergehen der Zertifizierungsentscheidung gestellt werden; vgl. *Rule 23 (f)*.

alverfahren Abstand nehmen wird. Der Kläger ist damit faktisch rechtlos gestellt[743]. Auf der anderen Seite kann eine positive Zertifizierungsentscheidung den Beklagten vor dem Hintergrund der immensen Verfahrenskosten einer *class action* und dem zusätzlichen Risiko ruinöser Entschädigungssummen in einen Vergleich „zwingen“[744]. Den hier jeweils mit der Zertifizierungsentscheidung allein verbundenen Gefahren auf beiden Seiten der *class action* soll mit der Anfechtungsmöglichkeit Rechnung getragen werden. Zusammengefasst bedeutet dies, dass *Rule 23 (f)* „unfaire“ Bewilligungen bzw. Ablehnungen des *class action*-Status vermeiden soll[745]. Letztlich geht es also um ein Art Fehlerkorrektur im Hinblick auf die vom *district court* ergangene Zertifizierungsentscheidung. Ist ein solcher Fehler offensichtlich Grundlage der Entscheidung gewesen, so kann das Berufungsgericht nach seinem Ermessen die Anfechtung nach *Rule 23* (f) zulassen[746].
Eindeutige und vor allem einheitliche Maßstäbe hinsichtlich der Zulassungsvoraussetzungen bestehen bisher nicht, statt dessen haben die verschiedenen *circuits* angefangen, jeweils unterschiedliche und mehr oder weniger eindeutige Standards zu entwickeln[747]. Entscheidet sich das Gericht für die Zulassung, so wird im Folgenden die Zertifizierungsentscheidung daraufhin überprüft, ob ein Ermessensmissbrauch des erstinstanzlichen Gerichts zugrunde lag[748].

Die Bedeutung dieser noch recht neuen Möglichkeit, in einem relativ frühen Stadium der *class action* korrigierend einzugreifen ist grundsätzlich von hohem Wert[749]. Die Zertifizierungsentscheidung ist der kritische Punkt innerhalb eines *class action*-Verfahrens. Fällt sie positiv aus, so muss der Beklagte regelmäßig mit der Belastung durch enorme Prozesskosten und horrenden Entschädigungssummen rechnen. Fällt sie negativ aus, so bedeutet das für den Kläger unter Umständen den Verlust seiner Ansprüche, wenn er diese nicht individuell geltend machen will oder kann. Damit entscheidet sich an diesem Punkt des Verfahrens oftmals das Schicksal der auf dem Spiel stehenden Interessen.
Eine *class action*, die gleich nach der Zertifizierung gestoppt wird, kann kaum einen solchen Schaden anrichten, wie eine *class action*, die zunächst bis zum

---

743 Hier handelt es sich um die sog. „*death knell*“-Situation, siehe Erhard, 51 Drake L. Rev. 151,157 f. (2002); zur erfolgreichen Anfechtung einer Dezertifizierungsentscheidung *Smilow v. Southwestern Bell Mobile Sys., 2003 U.S. App. LEXIS 4020 (1st Cir. 2003)*

744 Vgl. *Advisory Committee Notes* zu *Rule 23 to Subdivision (f)*.

745 Mackay, 96 Nw. U.L. Rev. 755, 798 f. (2002).

746 Siehe z.B. *Blair v. Equifax Check Servs., Inc., 181 F.3d 832, 835 (7th Cir. 1999).* Ausführlich zur bisherigen Rechtsprechung Mackay, 96 Nw. U.L. Rev. 755, 771 ff. (2002); Erhard, 51 Drake L. Rev. 151, 159 ff. (2002).

747 Kritisch insofern Mackay, 96 Nw. U.L. Rev. 755, 809 (2002).

748 Siehe etwa *Smilow v. Southwestern Bell Mobile Sys., 2003 U.S. App. LEXIS 4020, 11 (1st Cir. 2003)* unter Berufung auf *Califano v. Yamasaki, 442 U.S. 682, 703 (1979).*

749 Positiv insofern auch Mullenix, 69 Tenn. L. Rev. 97 (2001).

Endurteil bzw. der Genehmigung des Vergleichs gelangt. Die Anfechtung der endgültigen Sachentscheidung (*final judgement*) ist insofern regelmäßig keine Alternative[750]. Gerade für den Beklagten ergibt sich damit eine Chance, sich mittels einer Anfechtung der Zertifizierungsentscheidung vor den desaströsen Auswirkungen eines bis zum Ende geführten *class action*-Verfahrens zu schützen[751].
Die Chancen, eine Aufhebung der Zertifizierung zu erreichen sind allerdings angesichts des Ermessenspielraums des Berufungsgericht hinsichtlich der Annahme zur Entscheidung und der wenig konkreten Zertifizierungskriterien der Rechtsprechung kaum kalkulierbar[752].
Insgesamt ist der Anwendungsbereich der Vorschrift in der Praxis – jedenfalls bis jetzt – nicht besonders groß[753]. Dennoch ist seit ihrer Einführung 1998 insgesamt ein positiver Trend erkennbar[754].

Grundsätzlich ist mit *Rule 23 (f)* eine wichtige rechtliche Möglichkeit geschaffen worden, die zentrale Frage der Zertifizierung unter Umständen noch einmal gerichtlich überprüfen zu lassen. Insbesondere die Kategorie der eindeutig missbräuchlichen Klagen (*strike suits*) ohne wirkliche Erfolgsaussichten in der Sache könnten in einigen Fällen mittels der Berufung nach *Rule 23 (f)* noch gestoppt werden, bevor es angesichts des Kostendrucks zu einem „erzwungenen“ Vergleich kommt[755].
Es ist allgemein bekannt, dass der Beklagte oftmals angesichts einer positiven Zertifizierungsentscheidung lieber den Vergleich sucht, als die horrenden Kosten eines gerichtlichen Verfahrens und einer eventuellen Berufung auf sich zu laden[756]. Selbst wenn er die Zertifizierung als *class action* also für nicht zulässig

750 Solimine/Hines, 41 Wm. and Mary L. Rev. 1531, 1535 (2000).

751 Nicht umsonst wurde insofern die Einführung der Vorschrift vor allem von Anwälten befürwortet, die mit Beklagten in *class action*-Verfahren zu tun haben, während im Gegenteil viele Klägervertreter sich eher gegen die neue Regelung aussprachen; siehe Solimine/Hines, 41 Wm. and Mary L. Rev. 1531, 1568 f. (2000); Mullenix, 69 Tenn. L. Rev. 97, 104 (2001).

752 Siehe aber erfolgreich etwa *Lienhart v. Dryvit Sys. Inc., 255 F.3d 138 (4th Cir. 2001)* (Aussetzung der Zertifizierungsentscheidung*); Stirman v. Exxon Corp., 280 F.3d 554 (5th Cir. 2002)* (Zertifizierung aufgehoben); *Berger v. Compaq Computer Corp., 257 F.3d 475 (5th Cir. 2001)* (Zertifizierung aufgehoben).

753 Mullenix, 69 Tenn. L. Rev. 97, 105 f. (2001); ausführlich zu ersten Rechtsprechungstendenzen der Appelate Courts, Mackay, 96 Nw. U.L. Rev. 755, 771 ff. (2002).

754 Insgesamt wuchs die Anzahl veröffentlichter Entscheidungsgründe, in denen ein Antrag nach *Rule 23* (f) behandelt wurde, von drei in 1999 auf neunzehn im Jahr 2001; siehe Erhard, 51 Drake L. Rev. 151, 172 (2002).

755 So auch Mackay, 96 Nw. U.L. Rev. 755, 809(2002) (Dies gilt allerdings nicht wegen der geringen Erfolgsaussichten an sich, die in die Prüfung nicht mit einfließen dürfen, sondern nur, sofern auch die Voraussetzungen der Zertifizierung nicht gegeben sind.)

756 Willging /Hooper /Niemic, 71 N.Y.U.L. Rev. 74, 174 (1996).

erachtet hat, wird er nicht das Risiko eines vollständigen Prozesses auf sich nehmen, um nach ergangener Entscheidung in der Sache die Zertifizierung anzugreifen, sondern wird vorher einen Vergleich in Kauf nehmen[757].
Gerade auch für den ausländischen Beklagten bedeutet damit die Anfechtung der Zertifizierung die letzte Chance, einen Prozess in Form der *class action* noch zu vermeiden und sollte daher trotz der ungewissen Erfolgsaussichten unbedingt genutzt werden. Unter Berücksichtigung der im Übrigen aktuell eher restriktiven Zertifizierungsrechtsprechung der Bundesgerichte in Produkthaftungsfällen, stehen die Chancen für eine erfolgreiche Verteidigung dabei sogar noch besser.

G. Zwischenergebnis

Die Zertifizierung einer Klage als *class action* birgt ein von den Erfolgsaussichten in der Hauptsache unabhängiges Risiko.
Die Chancen, dass eine Klage nach einer positiven Zertifizierungsentscheidung in einem Vergleich endet, sind außerordentlich groß. Der Beklagte wird oftmals den Zeit- und vor allem Kostenaufwand eines streitigen Verfahrens scheuen und als kleineres Übel einen Vergleich wählen, der zumindest finanziel kalkulierbar ist und nicht zuletzt unliebsame *discovery*-Maßnahmen vermeidet.
Mit der Zertifizierungsentscheidung steht und fällt damit überwiegend bereits der Erfolg des Prozesses. Für den ausländischen Beklagten bedeutet das, dass er zunächst einmal gut beraten sein wird, mit allen Mitteln die Zertifizierung zu verhindern.

Ein erster wichtiger Ansatz ist dabei die genaue Prüfung der allgemeinen Zertifizierungsvoraussetzungen auf eventuell bestehende Schwachstellen. Insbesondere im Rahmen des *managability*-Kriteriums gem. *Rule 23 (b) (3) (D)* im Rahmen der Frage nach der Überlegenheit der *class action* als Verfahrensform hat der ausländische Beklagte nach der aktuellen Tendenz in der Rechtsprechung keine schlechten Chancen, die Zertifizierung unter Umständen an zu großen rechtlichen und faktischen Unterschieden hinsichtlich der notwendigen Behandlung der einzelnen Gruppenmitglieder scheitern zu lassen. Das gleiche gilt dabei auch bereits für die vorrangige Frage nach der *predominance*, also nach dem Überwiegen der gemeinsamen rechtlichen und tatsächlichen Fragen im Hinblick auf die einzelnen Ansprüche der class Mitglieder und den diesen zugrunde liegenden Sachverhalten.
Bei schwierigeren Produkthaftungsfällen, etwa im medizinischen Bereich, werden oftmals bereits die Schäden selbst wie auch die näheren Umstände ihrer Entstehung so verschieden sein, dass dort ein guter Ansatzpunkt gegeben ist, um

---

757 Mackay, 96 Nw. U.L. Rev. 755, 762 (2002).

Sinn und Zweck einer gemeinsamen Abhandlung im Rahmen einer *class action* erfolgreich in Frage zu stellen. Hier fehlt es oftmals an einem Überwiegen gemeinsamer Fragen und nicht zuletzt gerade deshalb auch an einer Überlegenheit der *class action* gegenüber anderen Verfahren.
Besonders bedeutsam ist in nationalen (*multi-state)* und internationalen Verfahren das kollisionsrechtliche Argument der Anwendbarkeit einer Vielzahl unterschiedlicher materieller Rechtsordnungen, das ebenfalls im Rahmen der *managability* eine wichtige Rolle spielt.

Verfahrenstechnisch hat der Beklagte weitgehende *discovery*-Möglichkeiten, um mit Blick auf die Zertifizierungsentscheidung Material zu sammeln, das darlegt und beweist, dass die Zertifizierungsvoraussetzungen nicht vorliegen. Dies gilt noch verstärkt nach der in Kraft getretenen Neufassung von *Rule 23 (c) (1) (A)*[758].

Kommt es tatsächlich zu einer Zertifizierung als *class action*, so sollte der Beklagte die Möglichkeit der isolierten Anfechtung der Zertifizierungsentscheidung gem. *Rule 23 (f)* in Betracht ziehen, um unter Umständen nachträglich eine Aufhebung der Zertifizierung durch das Berufungsgericht zu erreichen. Da der allgemeine Trend vor den Bundesgerichten aktuell hin zu einer restriktiven Zertifizierungspraxis – insbesondere im Rahmen von *mass torts* – geht, stehen die Chancen unter Umständen nicht schlecht, dass das Berufungsgericht trotz seines relativ engen Spielraums die Zertifizierungsfrage anders beurteilt als das erstinstanzliche Gericht.

Im Rahmen von *settlement-only class actions*, die von vornherein nur auf das gerichtliche „Absegnen" eines bereits ausgehandelten Vergleichs ausgerichtet sind, muss nach der aktuellen Rechtsprechung des *Supreme Court* im Hinblick auf die Voraussetzungen von *Rule 23 FRCP* der gleiche Prüfungsstandard gelten wie im Rahmen eines streitigen Verfahrens. Der potentielle Beklagte wird damit im Rahmen des Zertifizierungsprozesses jedenfalls im gleichen Umfang geschützt, als wenn es tatsächlich zu einem Prozess kommen würde. Allerdings ist diesbezüglich eine wichtige Ausnahme zu beachten: Fehlende „*manageabilty*" im Sinne der Unmöglichkeit, den Prozessstoff praktisch zu bewältigen, kann in diesen Fällen kein Argument für eine negative Zertifizierungsentscheidung sein, da die Parteien ja gerade übereingekommen sind, dass es nicht zu einer eigentlichen gerichtlichen Verhandlung (*trial*) kommen wird. Die neuerdings häufig von den die Zertifizierung ablehnenden Gerichten als Argument herangezogene schwierige Handhabung des Prozessstoffes in der Verhandlung, besonders mit Blick auf die Arbeit der Jury, hat damit in *settlement-only*-Fällen keine Berech-

---

758 Siehe insofern die *Advisory Committee Notes* zu *Rule 23 (c) (1) (A)*.

tigung. Lässt sich also der Gegner von vornherein auf einen Vergleich ein, so kommt ihm die einschränkende Rechtsprechung nicht zu Gute und das Risiko der Zertifizierung wird vielfach höher sein. Für den ausländischen Beklagten bedeutet dies, dass Vergleichsverhandlungen jedenfalls nicht vor der Zertifizierungsentscheidung in Betracht gezogen werden sollten.

Eines der größten Probleme für den ausländischen Beklagten bleibt schließlich auch weiterhin die mangelnde Vorhersehbarkeit von Zertifizierungsentscheidungen. Das Recht der *class action* ist in der Tradition des *Common law* geprägt von einem enormen Ermessensspielraum des Richters, wie er in dieser Form den meisten westeuropäischen Rechtssystemen fremd ist. Folge ist eine systemimmanente Rechtsunsicherheit, die sich grundsätzlich negativ für den potentiellen Beklagten auswirkt, insofern als sichere Risikoprognosen in vielen Fällen unmöglich sind. Er muss daher grundsätzlich die Möglichkeit einer Zertifizierung einkalkulieren, um im positiven Fall strategisch für eine diesbezügliche Verteidigung gewappnet zu sein. Neben den zertifizierungsspezifischen Verteidigungsstrategien kommt natürlich den auf Klageabweisung zielenden Verteidigungsmitteln zentrale Bedeutung im *class action*-Verfahren zu. Dazu gehört für den aulsändischen Beklagten neben den materiellrechtlichen Einwendungen in erster Linie die Berufung auf das Fehlen der *personal jurisdiction* als im US-amerikanischen Prozessrecht unabdingbarer Prozessvoraussetzung.

3. Teil: Die Zuständigkeitsbegründung über ausländische Beklagte nach US-amerikanischem Recht

A. Abgrenzung der Materie

Nachdem ein Überblick über das Institut der *class action* im amerikanischen Recht gegeben wurde, soll im Folgenden untersucht werden, wie sich die *class action* aus Sicht des amerikanischen internationalen Zivilprozessrechts darstellt. Die *class action* mit all ihren Variationen, insbesondere der *settlement class action*, ist längst kein US-amerikanisches Phänomen mehr, das wir von außen betrachten und bewerten können ohne dass es für uns, da z.B. in Deutschland als Instrument des Prozessrechts unbekannt, praktisch relevant würde. Die „Arme" der US-amerikanischen Justiz sind lang und im Laufe der Zeit in vielen Bereichen immer länger geworden. Gerade in jüngster Zeit häufen sich die Fälle, in denen ausländische, multinational tätige Unternehmen sich in den USA. einer *class action* gegenübersehen. Die Palette der Fälle reicht von den beliebten Produkthaftungsklagen[759] über die Entschädigung von Zwangsarbeitern bis zu Anlegerklagen[760].

Einhergehend mit einer immer globaler agierenden Wirtschaft, in der Staatsgrenzen mehr und mehr an Bedeutung verlieren, haben sich somit auch die rechtlichen Rahmenbedingungen verschoben. Es reicht längst nicht mehr aus, sich als international tätiges Unternehmen den im Heimatland geltenden gesetzlichen Vorschriften anzupassen, um Rechtsverstöße zu vermeiden. Wer interna-

759 Der in Centerpulse umbenannte Medizintechnik-Hersteller Sulzer Medica hat wegen fehlerhafter Gelenkimplantate 1,05 Milliarden Dollar an geschädigte Patienten in Amerika gezahlt. Mit diesem Vergleich endete ein neunmonatiges juristisches Tauziehen; vgl. Süddeutsche Zeitung vom 03.06.2002; die Zahl der Klagen gegen den Bayer-Konzern wegen der Todesfälle im Zusammenhang mit dem Cholesterinsenker „Lipobay" hat sich im Januar 2004 auf 10.494 erhöht, die Zahl der Vergleiche auf 2.059, siehe die aktuellen Zahlen im Internet unter http://www.investor.bayer.de/116_home/home.php?PHPSESSID=1c961d4de244ceea9ffbd82c5bb89fd1 (mitte März 2003 waren 8400 Klagen anhängig und in 500 Fällen wurden bereits Vergleiche geschlossen, für die Bayer allein bis dahin weltweit etwa 140 Millionen Euro zahlen musste; siehe Süddeutsche Zeitung vom 05./06.04.2003).

760 Eine Anlegerklage unter Führung eines deutschen Repräsentanten gegen die deutsche Hugo Boss AG vor einem New Yorker Bundesgericht wegen Täuschung über die tatsächlichen Umsatzzahlen durch die amerikanische Tochtergesellschaft wurde im Juli 2003 schließlich mangels sachlicher Zuständigkeit abgewiesen, da weder der in diesen Fällen angewendete *conducts test* noch der alternative *effects test* eine solche Zuständigkeit begründen konnte, insbesondere weil die Aktien nur in Deutschland gehandelt wurden ; *Froese v. Marty STAFF, Vincent Ottomanelli and Hugo Boss AG, 2003 WL 21523979 (S.D.N.Y.).*

tional agiert, muss sich in vielen Fällen auch mit einer Vielzahl an fremden Vorschriften vertraut machen. Einen besonders wichtigen Ausschnitt bildet dabei das internationale Prozessrecht mit seinen Zuständigkeitsvorschriften. Immer wieder zu Recht betont wird die Schlagkraft, die ein ausländischer Gerichtsstand für den Beklagten haben kann. Dafür sind zunächst zwei Gründe ausschlaggebend: zum einen die Tatsache, dass das IPR des im Ergebnis zuständigen Forumstaates über das auf den Rechtsstreit anwendbare materielle Recht entscheidet und damit letztlich die Weichen für den materiellrechtlichen Ausgang des Verfahrens stellt. Zum anderen die in ihrer Bedeutung nicht zu unterschätzende Tatsache, dass das anwendbare Prozessrecht selbst nicht nur über die Zuständigkeit bestimmt, sondern vielmehr den weiteren prozessualen Weg des Verfahrens vorgibt. Den erheblichen Einfluss, den in dieser Hinsicht ein dem europäischen nicht vergleichbares Prozessrecht allein durch sein anderes Selbstverständnis auf den tatsächlichen Ausgang eines Prozesses haben kann, sollte nicht verkannt werden[761].

Im Rechtsverkehr mit den USA kommt dabei die besondere Problematik hinzu, dass das Zuständigkeitsrecht kaum vereinheitlicht ist und auch im internationalen Kontext in den meisten Fällen auf das Recht des Forumstaates abgestellt werden muss. Einen allgemein gültigen Zuständigkeitsstandard im Sinne gewisser Rahmenbedingungen bietet insofern nur die verfassungsrechtliche Analyse in Form der Rechtsprechung des Supreme Court.

Die spezifische Frage, auf die sich aus internationaler Sicht das hier behandelte Problem konzentriert, lautet dann, inwieweit multinational tätige Unternehmen in das Verfahren einer *class action* einbezogen werden können und damit, wie Beziehungen zu den USA konkret gestaltet sein müssen, damit die Gefahr der Bejahung der internationalen Zuständigkeit jedenfalls nicht mehr ausgeschlossen werden kann.

I. Zusammenspiel von Rule 23 FRCP und allgemeinem Zuständigkeitsrecht

Da die *class action* – bis auf die in Rule 23 ausgeführten Besonderheiten – vom allgemeinen Zivilprozessrecht regiert wird, liegen gerade hier in vielerlei Hinsicht die Schwierigkeiten für das ausländische Rechtssubjekt. Die (internationale) Zuständigkeit unterscheidet nicht nach der Art der Klage, so dass hier allgemeine Grundsätze des Zuständigkeitsrecht herangezogen werden müssen. Ob ein ausländisches Unternehmen insofern einer millionenschwere Sammelklage in Form der *class action* ausgesetzt sein kann, entscheidet sich zuständigkeitsrechtlich betrachtet nach den gleichen Regeln, die auch über jeden anderen zivil-

761 „*The selection of the forum is the selection of an entire decision-making regime*", Heise, 936.

rechtlichen Streit entscheiden. Zuständigkeit bedeutet in diesem Zusammenhang aus US-amerikanischer Sicht zunächst einmal Entscheidungszuständigkeit (*jurisdiction to adjudicate)* und behandelt die Frage nach den Voraussetzungen unter denen ein US-amerikanisches Gericht sich für eine Entscheidung in der Sache zuständig erklärt[762].

Hat die *class action* ihre ganz eigenen Gefahren in ihrer Eigenschaft als „Sammelklage", und damit insbesondere durch die entstehenden Bündelungseffekte, so wird sich im Rahmen der Untersuchung der internationalen Zuständigkeit ein anderer Schwerpunkt ausmachen lassen. Hier zeigen sich die Schwächen und Tücken des allgemeinen amerikanischen (internationalen) Prozessrechts, das bekannt ist für seine ausufernden Zuständigkeiten und die damit einhergehenden Gefahren für den ausländischen Unternehmer, der international agiert[763].
Im Ergebnis addieren sich also zwei potentielle Risikofaktoren: Das allgemeine amerikanische Zivilprozessrecht, mit seinen weitgefassten Zuständigkeiten, das den Ausgangspunkt bildet und die *class action* als besondere Klageform mit kaum wägbaren rechtlichen und finanziellen Risiken für den Beklagten. Letzterer hat damit im schlimmsten Fall nicht nur den Nachteil des ausländischen Gerichtsstands mit all seinen Unannehmlichkeiten und Unsicherheiten. Zusätzlich sieht er sich einer Form der Sammelklage gegenüber, die im europäischen Rechtskreis sowohl im Hinblick auf das Verfahren als auch hinsichtlich ihrer Rechtsfolgen keinerlei Entsprechung hat, so dass in der Regel auch versicherungsrechtliche Absicherungen im Hinblick auf ein solches Verfahren nicht existieren.

Die Gefahr für ein ausländisches Unternehmen, sich einer millionen- oder gar milliardenschweren *class action* gegenüberzusehen, lässt sich also definieren als die Gefahr ausufernder Zuständigkeiten im allgemeinen Prozessrecht kombiniert mit der Schlagkraft der besonderen Klageform der *class action*. Beides ist in diesem Fall untrennbar miteinander verbunden. Ohne die zahlreichen Möglichkeiten, eine internationale Zuständigkeit über ein ausländisches Unternehmen zu begründen, würde die *class action* viel von ihrem Schrecken verlieren. Sie wäre in diesem Fall wenn auch nicht immer ausgeschlossen, so jedenfalls aber als Risiko besser kalkulierbar.

---

762 Die Entscheidungszuständigkeit ist dabei insbesondere von der (auch gerichtlichen) Anerkennungszuständigkeit zu unterscheiden (vgl. § 328 Abs. 1 Nr. 1 ZPO), die die Frage beantortet, ob eine im Ausland ergangene Entscheidung anerkennungsfähig ist; siehe dazu Hoffmann/Hau, RIW 1998, 344 ff. und die weiteren Nachweise oben unter Teil 1 Fn. 29.

763 Hirte, NJW 2002, 345, spricht insofern auch davon, dass die weite Zuständigkeit der Gerichte einen „hegemonialen Zug" hat.

II. Die Domäne der class action litigation

Die *class action* begrenzt im materiellrechtlichen Bereich die relevante Materie für dieses besondere Verfahren. Es handelt sich dabei vorwiegend um Schadensersatzansprüche aus dem Deliktsrecht, insbesondere aus Produkt- oder Umwelthaftung (sog. *mass torts)*[764]. Der Bereich der vertraglichen Haftung im internationalen Wirtschaftsverkehr (*international business transactions*) hat im Hinblick auf prozessrechtliche Fragen dagegen andere Schwerpunkte. Hier steht eine Vielzahl von international zugänglichen Methoden der Vertragsgestaltung zur Verfügung.

Die potentiellen Streitparteien, d.h. die Vertragsparteien, können im Vorfeld im Rahmen der Vertragsgestaltung die Situation möglicher Konflikte antipizieren und entsprechende vertragliche Regelungen sowohl bezüglich der Art und Weise der Streitbeilegung als auch bereits des anwendbaren Rechts vereinbaren[765]. Insbesondere wird in diesem Bereich die Frage nach der persönlichen Zuständigkeit über ein ausländisches Rechtssubjekt oft weniger brisant sein, weil zuständigkeitsrechtliche Fragen im Hinblick auf potentielle Streitigkeiten mittels Gerichtsstands- oder Schiedsklauseln bereits konkreten Regelungen im Vertrag zugeführt werden. Im Kontext großer internationaler Wirtschaftstransaktionen liegt bei diesen rechtlichen Instrumenten oft bereits der Schlüssel zur Lösung zukünftiger Konflikte[766]. Wo aber keine vertragliche Basis zwischen den Parteien besteht oder eine Vielzahl von Beteiligten – die nicht Vertragsparteien sind – involviert ist, muss wieder auf das allgemeine Prozessrecht zurückgegriffen werden[767]. Zu diesem Bereich gehören insbesondere große Teile der *class action litigation*, die etwa im Bereich der *mass torts* Konflikte behandelt, die sich nicht direkt zwischen Vertragsparteien, sondern insbesondere im Verhältnis von Unternehmen zu Verbrauchern und Konsumenten ergeben.

III. Ausländische Beteiligte am Verfahren

Die prozessrechtliche Situation der *class action* stellt sich international betrachtet aus zwei verschiedenen Perspektiven dar: zum einen aus Sicht des Beklagten, d.h. dem ausländischen Unternehmen, das sich plötzlich einer *class action* gegenüber sieht; zum anderen aus Sicht potentieller ausländischer Kläger, die unter Umständen das Instrument der *class action* nutzen können, um so insbeson-

---

764 Siehe dazu oben unter Teil 1 C.5.

765 Die Parteien können in vielen Fällen Schiedsklauseln (*international arbitration*) oder Mediation vorsehen, sowie z.B. die Geltung der Regeln des Pariser ICC oder des UCC vereinbaren; vgl. zu alternativen Streitbeilegungsmechanismens insofern Nelson, Folsom/Gordon/Spongole, 1154.

766 Vgl. zu diesen Fragen insgesamt Han, Alien Defendants, Chapter V.

767 Nelson, Folsom/Gordon/Spongole, 1157.

dere Schadensersatzansprüche durchzusetzen, die in dieser Form in ihrem Heimatland schwer bzw. gar nicht realisierbar sind, weil entweder bereits eine derartige Haftungsgrundlage fehlt oder ein Individualprozess praktisch nicht durchführbar oder jedenfalls nicht lohnend wäre. Auch wenn aus Sicht der Praxis der Schwerpunkt aus internationaler Sicht aktuell auf dem ausländischen Beklagten liegt, so ist doch in letzter Zeit eine Tendenz erkennbar, dass sich ausländische Kläger – und Anwälte – an *class action*-Verfahren beteiligen[768].

Besondere Brisanz bekommt die Situation, wenn schließlich sowohl auf Klägerals auch auf Beklagtenseite (nur) Ausländer beteiligt sind[769]. In solchen Fällen wird der fremde Justizraum als Mittel zum Zweck instrumentalisiert, Ergebnisse zu erzielen, die im Heimatstaat aufgrund der rechtlichen Situation nicht vorgesehen sind[770]. Dabei zeigt sich ein ganz neuer Aspekt der *class action*: Nicht mehr nur das multinational tätige Unternehmen muss sich gegen die ihm in den USA drohenden Risiken absichern, die eine *class action* wirtschaftlich bedeuten kann. Nicht nur die amerikanische Justiz streckt ihre Arme weit aus und fühlt sich berufen, weit über nationale Grenzen hinaus ihre Beklagten zu suchen. Inzwischen haben auch Anwälte und Geschädigte jenseits des Atlantiks ihre Chancen erkannt und versuchen, sich dort das zu holen, was z.B. die deutsche Justiz ihnen (noch?) verwehrt[771]. Konkret bedeutet dieser Trend *forum shopping* als „Prozessrechtsshopping".

Eine solche Entwicklung, die schließlich dazu führt, dass man nationale Prozesse ins Ausland trägt, um sich die dort existierenden rechtlichen Instrumente zu Nutze zu machen, hat schließlich neben den negativen Folgen für die beteiligten Beklagten auch verheerende Auswirkungen auf die Souveränität von Staaten,

---

768 Siehe dazu z.B. Heß, NJW 1999, 2485; Bendref, AnwBl 6/1998, 309.

769 Im Fall des Gletscherbahnunglücks in Kaprun in Österreich, wollten deutsche Anwälte eine halbe Milliarde Euro Schadensersatz und Schmerzensgeld über eine Sammelklage in den USA erstreiten. Auf der Liste der Beklagten standen dabei unter anderem Zulieferfirmen wie Bosch oder Siemens oder auch das Land Österreich selbst. Die Klage gegen den österreichischen Beklagten Gletscherbahnen Kaprun AG wurde schließlich insbesondere wegen der nicht ausreichenden Beziehung zwischen Klagegrund und den Kontakten zum Forum abgewiesen (hier zwischen den Opfern des Unglücks und von Gletscherbahnen gewährten Rabatten gegenüber US-amerikanischen Kunden), außerdem sollte auch keine Deliktsortzuständigkeit gegeben sein, weil das Unglück selbst in Österreich passierte, *In re Ski Train Fire in Kaprun, Austria on November 11, 2003 WL 22909153 (S.D.N.Y.)*.

770 Im Rahmen der Zwangsarbeiter Sammelklagen zahlten souvernäne Staaten und internationale Institutionen im Rahmen von Vergleichen Milliarden von US Dollars, um Ansprüche von Personen zu befriedigen, die zu einem großen Teil außerhalb der USA ansässig sind und die aus Aktivitäten entstanden sind, die ausschließlich außerhalb der USA stattgefunden haben; vgl. Faulk, 10 MSU-DCL J. Int'l L. 205, 205 f. (2001).

771 Siehe auch dazu Occhialino, 4 U.S.-Mex. L.J. 147 (1996).

indem sie faktisch zu einer teilweisen Aushebelung nationaler Rechtsordnungen führt[772].

IV. Materiellrechtlicher und IPR-rechtlicher Rahmen der class actions

Der in dieser Arbeit untersuchte prozessrechtliche Aspekt findet sein Korrelat im materiellen Recht. Die USA sind ein Mehrrechtsstaat, mit mehreren eigenständigen Teilrechtsordnungen auf der einen Seite (*state law*) und Bundesrecht (*federal law*) auf der anderen.
Das US-amerikanische Recht unterscheidet dabei grundsätzlich zwischen sog. „persönlicher Zuständigkeit" (*personal jurisdiction)* und IPR-rechtlichen Fragen[773]. Die Tatsache, dass ein bestimmtes materielles Recht auf einen Sachverhalt anwendbar ist, heißt damit noch nicht, dass auch die *personal jurisdiction* zu bejahen ist[774]. Umgekehrt lässt sich von der Bejahung der *personal jurisdicitonnicht* automatisch auf die Anwendbarkeit des materiellen Rechts des Forums schließen[775].

1. Das materiell anwendbare Recht

Die Zuständigkeit eines Forums wird aber in der Praxis regelmäßig gesucht, um die damit zusammenhängende Anwendbarkeit eines bestimmten materiellen Rechts zu erreichen[776]. Die Zuständigkeit ist insofern nur der erste Schritt auf dem Weg zum eigentlichen Ziel, im besonderen Fall der *class action* jedenfalls nur einer der Schritte zum Ziel. Hier wird das vorteilhafte Prozessrecht, das die *class action* erst möglich macht, kombiniert mit dem Vorteil des materiell anwendbaren Haftungsrecht, das nicht nur im Hinblick auf die Haftungsbegründung, sondern gerade auch im Hinblick auf das Haftungsausmaß in vielen Bereichen günstiger gestaltet ist als die meisten europäischen Haftungsrechte.

---

772 Siehe auch Faulk, 10 MSU-DCL J. Int'l L. 205, 206 (2001)(„*The use of American or, for that matter, any other collective liability devices to resolve claims of non-resident foreign litigants represents a major intrusion into the internal social policies and cultures of other foreign states."*)

773 Vgl insofern die Leitentscheidung *Kulko v. Superior Court, 436 U.S. 84 rehearing denied, 438 U.S. 908 (1978);* außerdem *Keeton v. Hustler Magazine, Inc. 465 U.S. 770,778 (1984)* (*"The issue is personal jurisdiction, not choice-of-law."*); kritisch dazu *in re DES, 789 F.Supp. 552, 588 (1992).*

774 *" the fact that California may be the "'center of gravity'" for choice-of-law purposes does not mean that California has personal jurisdiction over the defendant."* (*Kulko v. Superior Court, 436 U.S. 84,98 (1978), citing Hanson v. Denckla, 357 U.S. 235, 254 (1958)*).

775 *Phillips Petroleum Co. v. Shutts, 472 U.S. 797, 821 (1985).*

776 Heise, 35 Wake Forest L. Rev. 915, 936 (2000); Ultsch, RIW 1997, 26, 27; Allgemein zu der Funktionsweise des *forum shopping* in den USA, Algero, 78 Neb. L. Rev. 79 (1999).

Dabei entspricht die Existenz 50 verschiedener Gerichtssysteme der Existenz 50 verschiedener materiellrechtlicher Rechtsordungen, die theoretisch zur Anwendung kommen können[777]. Dies gilt besonders im deliktsrechtlichen Bereich, also z.B. im Rahmen von Produkthaftungsfällen, da dieser fast ausschließlich einzelstaatlich geregelt ist[778]. Bundesrechtliche Vorschriften existieren so gut wie nicht, obwohl sie verfassungsrechtlich in vielen Bereichen möglich wären[779]. Grundsätzlich bedeutet dies, dass viele Probleme gerade im Zusammenhang mit *class actions* in dieser Brisanz nicht existieren würden, wenn materiellrechtlich ein einheitliches bundesrechtliches Deliktsrecht zur Anwendung käme[780].

US-amerikanisches Haftungsrecht[781] kann dabei aber auch in den USA nur Anwendung finden, wenn die Anwendung der einschlägigen IPR-Vorschriften in einem ersten Schritt zu einer Anwendung von US-amerikanischem materiellen Recht führt.

2. *Das internationale Privatrecht*

Aus europäischer Sicht ist es keineswegs zwingend oder auch nur überwiegend wahrscheinlich, dass ein international zuständiges Gericht in einem grenzüberschreitenden Sachverhalt materiellrechtlich zur Anwendung seines eigenen Rechts gelangen wird. Im Gegensatz dazu ist im amerikanischen Recht die Anwendung materiellen US-amerikanischen Rechts durch ein amerikanisches Gericht die Regel, die Anwendung fremden Rechts dagegen die Ausnahme[782].

(a) Forum shopping des Klägers

Ein internationales Privatrecht auf Bundesebene existiert dabei ebenso wenig wie ein generelles bundesweites internationales Zivilprozessrecht. Vielmehr hat jeder Bundesstaat seinen eigenen IPR-rechtlichen Ansatz[783]. Da Bundesgerichte oftmals im Rahmen der *diversity*-Zuständigkeit für *class actions* gegen ausländische Beklagte zuständig sind und dann einzelstaatliches (materielles) Recht an-

---

777 Zu den unterschiedlichen Sachrechten der Bundesstaaten und den kollisionsrechtlichen Problemen siehe zum Überblick etwa Droop, Jura 1993, 293.

778 Occhiali, 154.

779 Siehe U.S. Const. Art. I, § 8, Abs. 3 und 18.

780 Siehe dazu beispielhaft mit Blick auf die Problematik für die Opfer des 11. September den Beitrag von Kubes, 77 Ind. L. J. 825 (2002).

781 Der Terminus „US-amerikanisches Haftungsrecht" soll hier untechnisch benutzt werden. Tatsächlich existieren nur 50 verschiedene amerikanische Haftungsrechte in den jeweiligen Bundesstaaten.

782 Rose, 82 Ca. L. Rev. 1545, 1564 (1994).

783 Newberg, § 13:37; für die Schaffung eines einheitlichen IPR durch den *Congress* siehe Baker, 31 Seton Hall L. Rev. 698 (2001).

wenden müssen, ist das einzelstaatliche IPR von entscheidender Bedeutung[784]. Dieses entscheidet über das materiell anwendbare Recht und stellt damit in vieler Hinsicht die Weichen für den Ausgang des Prozesses. Aufgrund der Uneinheitlichkeit des IPR in den einzelnen Bundesstaaten ist *forum shopping* ein erhebliches Problem[785]. Die einzige allgemeingültige gesetzliche Grenze für die Wahl des Forumrechts ist dabei die US-amerikanische Verfassung und insbesondere das darin enthaltene *due process*-Gebot, das das Recht auf einen fairen Prozess statuiert[786].

In einer höchst umstrittenen Entscheidung hat der *Supreme Court* dabei die denkbar weiteste Interpretation der verfassungsrechtlichen Grenze für die Wahl des Rechts des Forums geliefert. In der Entscheidung *Allstate Insurance Company v. Lavina Hague*[787] stellte er die Formel auf, dass die Wahl des Forumrechts solange verfassungsmäßig ist, wie der Staat eine relevante Beziehung oder eine relevante Anzahl von Beziehungen[788] zum Sachverhalt hat, so dass die Wahl des eigenen Rechts weder willkürlich (*arbitrary*) oder grundlegend unfair erscheint (*fundamentally unfair*). Der in dem zugrundeliegenden Fall einzige wirkliche Kontakt des Sachverhalts mit dem Forumstaat war allerdings die Tatsache, dass die Witwe des Klägers inzwischen Staatsbürgerin (*citizen*) des Forumstaates war[789].

Damit sind die Möglichkeiten der Gerichte, materiellrechtlich das Recht des Forums anzuwenden, kaum begrenzt. Dementsprechend stellen die modernen IPR-Prinzipien oftmals eine Vermutung zugunsten der Anwendung des Forumrechts auf[790].

Prozesstaktisch gesehen wird der Klägeranwalt also versuchen, seine Klage bei einem Gericht anhängig zu machen, dessen IPR-Regeln zur Anwendung des für den Kläger günstigsten materiellen Rechts führen[791]. Oftmals wird dies das Recht des Forums sein. Stehen mehrere materiellrechtlich gleichwertige Foren zur Verfügung, so wird der Anwalt das Forum mit dem günstigsten Prozessrecht auswählen. Angesichts der nicht unerheblichen Unterschiede, kann ein bestimmtes Forum wichtige prozesstaktische Vorteile bieten, die ein anderes Forum

784 Kubes, 77 Ind. L. J. 825, 832 (2002).

785 Baker, 31 Seton Hall L. Rev. 698, 726 (2001).

786 Newberg, § 13:38.

787 *449 U.S. 302 (1981).*

788 *„significant contact or significant aggregation of contacts"*; siehe *Allstate Insurance Company v. Lavina Hague, 449 U.S. 302 (1981).*

789 Zum Zeitpunkt des dem geltend gemachten Anspruch zugrundeliegenden Unfalls ihres Ehemannes hatten dagegen beide ihren ständigen Wohnsitz (*citizenship*) in einem anderen Bundesstaat.

790 Das gilt umsomehr als der Kläger ein Bürger des Forumstaates ist; siehe etwa Twitchell, 101 Harv. L. Rev. 610 (1988), m.w.N.

791 Occhiali, 155; Heiss, 936.

nicht bietet. Hierzu gehören natürlich insbesondere die unterschiedlichen Ausgestaltungen der *class action*[792].

Zusammenfassend muss sich der ausländische Beklagte darüber im Klaren sein, dass die US-amerikanischen Gerichte sich nicht nur breitwillig für zuständig erklären, sondern mindestens ebenso leicht zur Anwendung ihres eigenen materiellen Rechts gelangen[793].
Das Zusammenspiel von IZPR und IPR im US-amerikanischen Recht potenziert damit beide Risiken oftmals zu einem beinahe unüberwindbaren Hindernis. Der Beklagte steht im Ergebnis vor einem fremden Forum und muss sich fremdes – im Vergleich zu seinem Heimatrecht ungünstigeres – Recht entgegenhalten lassen.

(b) Beklagtenvorteil im Rahmen von multi-state class actions

Allerdings kann im Rahmen von schadensersatzrechtlichen *class action*s dem Beklagten unter Umständen die Uneinheitlichkeit des IPR-rechtlichen Systems neuerdings auch zugute kommen. Insofern gilt eine Besonderheit im Rahmen von sog. *multi-state* oder *nationwide class action*s. IPR-rechtliche Probleme spielen bei diesen Klagen im Rahmen der Zertifizierungsentscheidung neuerdings eine gewichtige Rolle. Die Gerichte müssen hier nach der Rechtsprechung die Variationen im materiellen Recht beachten, wenn eine *class action* Kläger aus mehreren Zuständigkeitsbereichen (*jurisdictions*) – und damit einzelnen Bundesstaaten oder auch anderen Nationen – umfasst, bevor sie über die Zertifizierung entscheiden[794]. Zu große Unterschiede im anwendbaren Recht der jeweilig beteiligten Staaten können dann dazu führen, dass entgegen *Rule 23 (b) (3)* kein „Überwiegen gemeinsamer Fragen" mehr gegeben ist oder die „Überlegenheit" der *class action* als Klageform verneint werden muss[795]. Die IPR-rechtliche Untersuchung kann damit über das Schicksal der *class action* entscheiden. Lässt sich keine „gemeinsame Haftungsbasis" finden im Sinne eines „rechtlichen Konsens" (*consensus of law*) zwischen den verschiedenen Rechtsordnungen, wird die Zertifizierung in vielen Fällen scheitern[796]. Hier liegt unter

792 Zu den verschiedenen ausschlaggebenden Faktoren in der Wahl des Prozessrechts siehe Occhiali, 155 f; Mucchetti, WiB 1997, 444, 445.

793 Kritisch speziell zu beiden Bereichen im Kartellrecht siehe den Beitrag von Mckinnon, 21 Pepp. L. Rev. 1219 (1994).

794 *Castano v. American Tobacco Co, 84 F3d 734, 741 f. (5th Cir. 1996).*

795 *Castano v. American Tobacco Co, 84 F3d 734, 741 f. (5th Cir. 1996);* dazu ausführlich oben unter Teil 2 C.VI.

796 So in *Castano v. American Tobacco Co, 84 F3d 734 (5th Cir. 1996);* in *In re Rhone-Poulenc Rorer Inc., 51 F.3d 1293, 1300 f.(7th Cir. 1995)* wurde unter Berufung auf *Erie Railroad Co. v. Tompkins, 304 U.S. 64 (1938)*der Versuch des *district courts* verworfen, ein "Amalgam" aus 50 verschiedenen materiellen Haftungsrechten anzuwenden

Umständen eine prozesstaktische Chance für den Beklagten, der Zertifizierung zu entkommen, wenn es ihm gelingt, die Unterschiede im materiell anwendbaren Recht aufzuzeigen.

Ein weiterer Vorteil für den Beklagten stellt in diesem Zusammenhang die erhebliche Erweiterung der bundesgerichtlichen Zuständigkeit für eben solche staatenübergreifenden *class actions* durch den *CAFA* dar, deren Ziel gerade auch die Bekämpfung einer exessiven *forum shopping*-Praxis ist. Die von den Bundesgerichten neuerdings etablierte restriktive Zertifizierungspraxis großer *multistate class actions*, insbesondere im Bereich der *mass tort*-Verfahren, könnte dabei mittelbar durch die Reform in Zukunft in einer Vielzahl von Verfahren zur Anwendung kommen, die erfolgreich auf Antrag des Beklagten an ein Bundesgericht verwiesen werden[797].

V. Internationales Zuständigkeitsrecht als Angelpunkt

Das internationale Zivilprozessrecht ist der rechtliche Rahmen, in dessen Grenzen sich Prozesse mit Beteiligung von Nicht-Staatsbürgern abspielen. Hier liegen die Schlüssel zur Einbeziehung ausländischer Beteiligter ebenso wie zur Begrenzung zu ausgreifender Zuständigkeiten. Der Schwerpunkt dieses Teils der Arbeit wird daher auf dem US-amerikanischen Zuständigkeitsrecht, insbesondere dem internationalen Zuständigkeitsrecht, liegen. Um die Einbeziehungsmöglichkeiten auszuleuchten, die für ausländische Beteiligte im Hinblick auf US-amerikanische *class actions* bestehen, muss insofern eine intensive Auseinandersetzung mit den Regeln der internationalen Zuständigkeit im Allgemeinen an erster Stelle stehen. Darüber hinaus gilt es, die im Rahmen von *class actions* geltende Besonderheiten herauszuarbeiten, die die allgemeinen Regeln unter Umständen modifizieren können.

Um das amerikanische internationale Zuständigkeitsrecht zu verstehen, muss man die Systematik des allgemeinen Zuständigkeitsrechts als Ausgangspunkt nehmen. Die internationale Zuständigkeit stellt einen Ausschnitt aus dem allgemeinen Zuständigkeit dar und ist mit dieser eng verknüpft. Für das Verständnis der speziellen Fragen der internationalen Zuständigkeit im Rahmen von *class actions* ist damit zunächst ein Blick auf das US-amerikanische Zuständigkeitssystem als solches erforderlich.

---

797 Dazu ausführlich in diesem Teil unten unter B.VIII.2.

1. Zuständigkeitskategorien

Im US-amerikanischen Zuständigkeitsrecht sind zunächst zwei Arten der Zuständigkeit zu unterscheiden: Für die konkrete Zuständigkeit eines bestimmten Gerichts ist die sachliche Zuständigkeit (*subject matter jurisdiction*) zu berücksichtigen, aus der sich insbesondere die sachliche Zuständigkeit für bestimmte Rechtsgebiete ergibt[798]. Die sachliche Zuständigkeit entscheidet darüber, ob ein bestimmtes Gericht sich mit einer bestimmten Materie, im Zivilrecht also dem geltend gemachten Anspruch, beschäftigen darf, für diesen also sachlich zuständig ist[799].

(a) Sachliche Zuständigkeit

Die *subject matter jurisdiction* entscheidet dabei in den USA vor allem auch über die Zuständigkeitsverteilung zwischen Bundesgerichten und einzelstaatlichen Gerichten. Mit ihrer Festlegung wird damit eine erste Weiche hinsichtlich des weiteren Prozessverlaufs gestellt.

Unter Umständen kann die Klage auch bereits insgesamt mangels sachlicher Zuständigkeit der Gerichte abgewiesen werden. So kann ein Gericht eine Klage gegen einen ausländischen Beklagten nach den Grundsätzen der *political question doctrine* abweisen. Das Gericht lehnt in diesem Fall seine Rechtsprechungskompetenz ab, weil es sich inhaltlich um eine politische Frage handelt[800]. So wurden etwa Zwangsarbeiterklagen gegen deutsche Unternehmen mit Hilfe dieses Grundsatzes abgewiesen[801]. In den typischen *class action*-Verfahren gegen große Privatunternehmen, etwa aufgrund von Massenschäden im Bereich der Umwelt- oder Produkthaftung, spielt diese Doktrin allerdings keine Rolle. Diese *class actions* haben gerade keine hochpolitischen Fragen zum Gegenstand, welche als „nicht justiziabel“ eingestuft werden müssten, so dass dem ausländischen

---

798 Siehe dazu auch Lejeune, RIW 1998, 8.

799 *Pennoyer v. Neff, 95 U.S. 714, 733 (1877).*

800 Im US-amerikanischen Verfassungsrecht ist als Ausfluss des Gewaltenteilungsprinzips festgelegt, dass ein Gericht über politische Fragen nicht entscheiden darf. Dabei ist anerkannt, dass dieser Grundsatz gerade auch auf internationale Beziehungen durchschlägt, da im Bereich der auswärtigen Beziehungen die Exekutive sämtliche Kompetenzen habe, welche sich der Überprüfbarkeit durch nationale Gerichte entziehen, Safferling, NJW 2000, 1922, 1924.

801 Einer der wichtigsten Prozesse war in diesem Zusammenhang *Burger-Fischer u.a./Degussa AG und Lichtmann u.a./Siemens AG.* Hier wurde aufgrund der political question doctrine die Zulassung der Klage abgelehnt. Erhältlich unter http://www.lawlibrary.rutgers.edu/fed/html/ca98-3958-1/html .

Beklagten eine Berufung auf *political questions* zur Abwendung der sachlichen Zuständigkeit in der Regel versagt bleiben wird[802].

(b) Territoriale Zuständigkeit

Die sog. *personal jurisdiction* oder auch Zuständigkeit *in personam* definiert die Zuständigkeit über eine bestimmte natürliche oder juristische Person, entscheidet also darüber, ob ein bestimmtes Rechtssubjekt unter den Zuständigkeitsbereich einer Gerichtsbarkeit fällt[803]. Beide Zuständigkeiten sind unabdingbare Voraussetzung eines jeden Prozesses. Ein Gericht kann nur dann eine Entscheidung treffen, wenn es sowohl sachlich als auch persönlich zuständig ist.

Schließlich gibt es eine dritte Zuständigkeitskategorie, die sog. *jurisdiction in rem* bzw. *quasi in rem*. Diese ermöglicht die Begründung der Zuständigkeit im Einzelfall über den Umweg von im Forumstaat belegenem Vermögens. An diese Belegenheit wird unabhängig von den Beziehungen der Person des Beklagten zum Gerichtsstaat die Zuständigkeit geknüpft. Hier tritt insofern an die Stelle der Präsenz des Beklagten im Forum als Voraussetzung für eine Zuständigkeit über ihn die Präsenz seines Vermögens als Äquivalent[804].
Die beiden letzten Zuständigkeitskategorien werden zusammengefasst als *territorial jurisdiction* bezeichnet und vom Supreme Court wie folgt unterschieden: Ein *in personam*-Urteil spricht die persönliche Haftung oder eine persönliche Pflicht einer Person zugunsten einer anderen aus. Ein in rem Urteil betrifft die Interessen aller Personen hinsichtlich eines bestimmten Gegenstandes. Ein *quasi in rem*-Urteil betrifft die Interessen bestimmter Personen bezüglich eines bestimmten Gegenstandes[805]. Schließlich entscheidet die örtliche Zuständigkeit (*venue*), welches Gericht innerhalb eines Bezirks zuständig ist. Vor Bundesgerichten wird diese in *28 U.S.C. § 1391* geregelt. Für Ausländer gilt, dass sie in jedem *judicial district* verklagt werden können[806].

---

802 Quasi spiegelbildlich zur *political question*-Doktrin existiert eine spezielle Zuständigkeit über ausländische Beklagte in dem in *28 U.S.C.A. § 1350* kodifizierten *Alien Tort Claims Act* für Entschädigungsansprüche unter dem Gesichtspunkt der Verletzung von Völkerrecht oder Verträgen der USA, die aber ebenfalls im Rahmen der hier behandelten Verfahren in der Praxis grundsätzlich keine Rolle spielt, da der Beklagte zumindest de facto mit staatlicher Gewalt ausgestattet sein muss; Reinisch, IPRax 2000, 32, 33 ff.

803 *Kulko v. Superior Court of California, 436 U.S. 84, 91(1977).*

804 Ausführlich behandelt in *Shaffer v. Heitner*, 433 U.S. 186 (1977); außerdem dazu in diesem Teil unten unter C.XI.

805 *Hanson v. Denckla, 357 U.S. 235, 246 (1958).*

806 *28 U.S.C. § 1391 (d).*

2. *Personal jurisdiciton und deutsche Funktionsäquivalente*

Die Ausführungen in dieser Arbeit werden sich im Hinblick auf die Zuständigkeit in erster Linie mit Fragen der *personal jurisdiction* beschäftigen, insbesondere in Form der internationalen Zuständigkeit für Klagen gegenüber Einzelpersonen oder Firmen. Diese steht im Vordergrund dieser Untersuchung, da sie in aller Regel unabdingbare Prozessvoraussetzung für eine *class action* gegen einen ausländischen Beklagten ist. Muss ein Gericht seine persönliche Zuständigkeit über ein ausländisches Rechtssubjekt ablehnen, so ist der Weg für eine Klage in den USA in der übwerwiegenden Zahl der Fälle gesperrt. Angesichts der in der Praxis kaum relevanten Fälle fehlender sachlicher Zuständigkeit, steht und fällt also mit der Frage nach der *personal jurisdiction* die Entscheidung über den Prozess im US-amerikanischen Forum. Die *personal jurisdiction* wird damit zum Angelpunkt einer prozessrechtlichen Betrachtung über die internationale Zuständigkeit im Rahmen von *class actions* vor US-amerikanischen Gerichten.

Dabei soll im folgenden der Begriff der *personal jurisdiction* beibehalten werden, da eine „persönliche Zuständigkeit", in dem Sinne wie sie das US-amerikanische Recht versteht, im deutschen Recht nicht existiert. Vielmehr entspricht die *personal jurisdiction* insofern funktionell eher der „internationalen Zuständigkeit" innerhalb des deutschen internationalen Zivilprozessrechtes.
Diese internationale Zuständigkeit bestimmt dabei aus deutscher Sicht, ob ein streitiger Sachverhalt einen Inlandsbezug aufweist, der es rechtfertigt, den Rechtsstreit vor inländischen Gerichten zu entscheiden; sie grenzt also die gerichtlichen Zuständigkeiten zwischen verschiedenen (National-)Staaten ab[807].
Nach autonomem deutschen Recht, welches insbesondere im Verhältnis zu den USA zur Anwendung gelangt[808], bestimmt sich dabei regelmäßig aufgrund nur sporadisch existierender ausdrücklicher Regelungen[809] die internationale Zuständigkeit nach ganz h.M. aufgrund der ähnlichen Interessenlage in analoger Anwendung der Regeln über die örtliche Zuständigkeit: die örtliche Zuständigkeit indiziert also die internationale Zuständigkeit. Dennoch sind beide nicht identisch, sondern nur „in ihren Voraussetzungen miteinander verknüpft"; die Regeln über die örtliche Zuständigkeit sind damit „doppelfunktional"[810].
Darin liegt ein erheblicher Unterschied zum US-amerikanischen Recht, wonach die örtliche Zuständigkeit (*venue*) streng von der *personal jurisdiction* getrennt

807 V. Hoffmann/Thorn, S. 74.

808 In den Mitgliedsstaaten der EU – mit Ausnahme von Dänemark – gilt hingegen in vielen Fällen vorrangig die EuGVVO als vorrangige europarechtliche Regelung; Thomas/Putzo, Hüßtege, Vorbem. Rn. 4 ff.

809 Etwa im Familienrecht in § 606 a I ZPO für Ehesachen und in § 640 a II ZPO für Kindschaftssachen.

810 V. Hoffmann/Thorn, S. 78 m.w.N. aus der Rspr.

wird. Auch die Tatsache, dass die *personal jurisdiction* ursprünglich im Rahmen des zweigliedrigen Gerichtssystems der USA nur die Gerichtsgewalt der einzelstaatlichen Gerichte über Bürger anderer Bundesstaaten regelt, unterscheidet sie von der deutschen Internationalen Zuständigkeit. Letztere bestimmt insofern nur allgemein, ob „deutsche Gerichte" für den Rechtsstreit zuständig sind, ohne etwa bereits das konkret zuständige Gericht zu bestimmen[811]. Wegen unseres einheitlichen Instanzenzuges bedarf es dann nur noch einer konkreten Ortsbestimmung über das Rechtsinstitut der örtlichen Zuständigkeit. Demgegenüber stellt sich die *personal jurisdiction* in erster Linie als eine „interstaatliche" Zuständigkeit innerhalb des föderalistisch organisierten Gerichtssystems dar, die nur quasi „analog" auf die Situation der internationalen Zuständigkeit übertragen wird. Sie entspringt letztlich dem Prinzip der staatlichen Souveränität und Eigenständigkeit der einzelnen Bundesstaaten innerhalb der USA und bezieht sich damit gerade nicht auf den Gesamtstaat und seine Gerichte als Einheit[812]. Demgegenüber existiert ein zumindes funktionell der *personal jurisdiction* entsprechendes Rechtsinstitut aus deutscher Sicht höchstens in Form der – allerdings aber, wie oben dargestellt, gerade anders fundierten – internationalen Zuständigkeit.

Am Anfang einer zuständigkeitsrechtlichen Betrachtung steht dennoch die Frage nach der sachlichen Zuständigkeit US-amerikanischer Gerichte. Ein Gericht, dass für die „Sache" nicht zuständig ist, kann insofern seine Gerichtsgewalt niemals über den (potentiellen) Beklagten ausüben[813]. Die Frage nach der Reichweite staatlicher Gewalt, die sich im Rahmen der Zuständigkeit in personam immer stellt, kann erst relevant werden, wenn eine Entscheidung in der Sache überhaupt möglich erscheint[814]. Im US-amerikanischen Zuständigkeitsrecht ist dabei die sachliche Zuständigkeit in Form der *subject matter jurisdiction* deshalb von besonderer Bedeutung, da sie über die wichtige Frage entscheidet, ob ein und derselbe Fall von einem *federal court* oder einem *state court* ent-

---

811 Thomas/Putzo, Putzo, Vorbem. Zu § 1 Rn. 5; v. Hoffmann/Thorn, S. 75.

812 Zur Funktion der *personal jurisdiction* siehe auch in diesem Teil unten unter C.I.

813 Allerdings hat der *Supreme Court* ausdrücklich entschieden, dass ein Gericht grundsätzlich nicht daran gehindert ist, zuerst die Prozessvoraussetzung der *personal jurisdiction* zu prüfen. In dem der Entscheidung zugrunde liegenden Fall war die *personal jurisdiction* verneint worden, während sich die Frage nach der *subject matter jurisdiction* als nicht eindeutig klären lies. Der *Supreme Court* hielt insofern das „Vorziehen" der Prüfung der *personal jurisdiction* für zulässig; vgl. *Ruhrgas AG v. Marathon Oil Company et al., 145 F.3d 211 (1999), No. 98-470.*

814 Andersherum sagt aber die Bejahung einer sachlichen Zuständigkeit noch nichts über die Existenz der *personal jurisdiction* über den Beklagten aus. Im Zweifel ist letztere also entscheidend

schieden wird bzw. entschieden werden kann[815]. Aufgrund konkurrierender Zuständigkeiten ist in vielen Fällen sowohl das eine als auch das andere Gerichtssystem zuständig und der Kläger bzw. sein Anwalt wird sein Forum sorgfältig auswählen und der Beklagte seinerseits unter Umständen versuchen, eine Verweisung an ein anderes Gericht zu erreichen. Angesichts der Bedeutung, die der sachlichen Zuständigkeit in Form der *subject matter jurisdiction* im US-amerikanischen Prozessrecht zukommt, soll zunächst ein Überblick über Fragen der sachlichen Zuständigkeit gegeben werden, bevor im Anschluss auf die Fragen der internationalen Zuständigkeit eingegangen wird.

B. Sachliche Zuständigkeit über ausländische Beklagte vor US-amerikanischen Gerichten

Die USA mit ihren 50 Bundesstaaten und vier Territorien bilden ein System des „zwischenstaatlichen Föderalismus“[816]. Sie verfügen über ein zweigliedriges Gerichtssystem in dem die Gerichte der Einzelstaaten und die Bundesgerichte selbständig nebeneinander stehen[817]. Anders als in Deutschland, wo Bundes- und Ländergerichte einen einheitlichen Instanzenzug bilden, meist dasselbe Zivilrecht – nämlich Bundesrecht – anwenden und sich die Unterscheidung auf den Träger der Gerichtsorganisation beschränkt, bilden *federal courts* und *state courts* in den USA also zunächst einmal strikt voneinander getrennte Gerichtsbarkeiten mit vollem eigenem Instanzenzug[818]. Die Existenz zweier unabhängiger Gerichtssysteme hat vielfältige Verzahnungen und Überschneidungen und damit erhebliche Probleme der sachlichen Zuständigkeit zur Folge[819].

I. Die Organisation der beiden Systeme der Gerichtsbarkeit

Die Bundesgerichtsbarkeit besteht aus drei Ebenen[820]. Die erste Ebene bilden die *Federal District Courts*. Das Bundesgebiet ist zu diesem Zweck in *districts* auf-

---

815 Die *federal courts* müssen dabei von Amts wegen (sua sponte) prüfen, ob sie sachlich zuständig sind und im Falle der Unzuständigkeit die Klage abweisen; siehe *Rule 12 (h) (3);* dazu Shreve, Civil Procedure, § 5.01 (1).

816 „(...) *system of interstate federalism“, World-Wide Volkswagen Corp. v. Woodson, 444 U.S. 286, 294 (1980).*

817 *World-Wide Volkswagen Corp. v. Woodson, 444 U.S. 286, 294 (1980).*

818 Insgesamt existieren damit neben dem Bundesgerichtssystem 51 eigene Gerichtssysteme (der District of Columbia hat mit dem *District of Columbia Court Reform and Criminal Procedure Act of 1970*, Pub. L.. 91-358, 84 Stat. 570, sein eigenes Gerichtssystem erhalten).

819 Schack, Einführung, S. 18.

820 Eine anschauliche Übersicht über die Organisation der Bundesgerichtsbarkeit findet sich unter http://www.uscourts.gov/UFC99.pdf

geteilt, wobei jeder Staat über einen oder mehrere *districts* verfügt[821]. Obwohl es sich um ein Bundessystem handelt, wird eine Trennung nach Bundesstaaten aufrecht erhalten, d.h ein *district* umfasst niemals ein Gebiet, das in zwei unterschiedlichen Staaten belegen ist.
Über den *district courts* befinden sich die zwölf *United States Courts of Appeals* als Berufungsgerichte, die jeweils für einen der 12 *circuits* zuständig sind, in die das Territorium der USA zu diesem Zweck aufgeteilt ist. An der Spitze des Bundessystems sitzt der *United States Supreme Court* als Revisionsinstanz.
Die Gerichtssysteme der Einzelstaaten habe drei oder vier Ebenen, in jedem Fall aber ein oberstes Revisionsgericht, in Form eines *State Supreme Court*[822].
Der *Supreme Court* überprüft schließlich als oberste Instanz sowohl die Entscheidungen der *federal courts* als auch die der *state courts*, die bundesrechtliche Fragen betreffen und insbesondere die Übereinstimmung der Rechtsprechung mit der amerikanischen Verfassung. Er setzt damit die grundlegenden Standards im amerikanischen *common law*.

II. Interaktion über die Full Faith and Credit Clause

Die verschiedenen Gerichtssysteme sind schließlich auch insofern wieder miteinander verknüpft, als die sog. *Full Faith and Credit*-Klausel sie zwingt, die im jeweils anderen System ergangenen Entscheidungen zu respektieren. Die Verfassung sieht dabei zunächst einmal vor, dass jeder Bundesstaat die in einem anderen Bundesesstaat ergangenen Entscheidungen so zu behandeln hat, als wären sie im eigenen Staatsgebiet ergangen[823].
Ein und dieselbe Sache kann damit nicht erneut vor einem anderen Gericht in einem anderen Staat entschieden werden. Das gleiche gilt im Verhältnis zwischen Bundesgerichten und einzelstaatlichen Gerichten. Die Bundesgerichte müssen den Entscheidungen der Staatengerichte insofern ebenfalls den gleichen Präklusiveffekt zuschreiben, den diese nach dem geltenden Recht in dem Staat erhalten würden in dem sie ergangen sind[824] und umgekehrt müssen die einzelstaatlichen Gerichte den Bundesgerichtsentscheidungen *full faith and credit* gewähren[825]. Für *class action* Urteile gilt dabei nach einer jüngeren Entscheidung

---

821 Minnessota hat z.B. nur einen *district* (*District of Minnessota*).

822 Die Bezeichnung variiert dabei von Staat zu Staat.

823 *"Full Faith and Credit shall be given in each State to the public Acts, Records, and judicial Proceedings of every other State. And the Congress may by general Laws prescribe the Manner in which such Acts, Records and Proceedings shall be proved, and the Effect thereof." U.S. Const., Art. IV, § 1;* implementiert in der Bundesvorschrift *28 U.S.C.S. § 1738.*

824 Siehe die Leitentscheidung *Migra v. Warren City School Dist. Bd. of Education, 465 U.S. 75, 81 (1984).*

825 Siehe *Carr v. District of Columbia, 646 F.2d 599; 602(App. D.C. 1980)* (*" Under the full faith and credit clause, U.S.Const. Art. IV, § 1, and the federal statute associated with it*

des *Supreme Court* das Anerkennungsprinzip ausdrücklich im gleichen Ausmaß wie für jedes andere Urteil[826].

III. Grundsatz: Zuständigkeit der Staatengerichte

Die einzelstaatlichen Gerichte sind grundsätzlich für sämtliche Klagen sachlich zuständig, sofern nicht eine Sonderzuweisung an die Bundesgerichte vorliegt. Dabei sind sie sowohl in organisatorischer Hinsicht als auch bei der Entscheidungsfindung von den Bundesgerichten unabhängig[827]. Es ergibt sich also zunächst ein Regel-Ausnahme-Verhältnis, da grundsätzlich die Staatengerichte zuständig sind, während die Bundesgerichte im Gegenteil als Gerichte mit limitierter Zuständigkeit ausgestaltet sind[828]. In den meisten Fällen wird daher jedenfalls eine Zuständigkeit vor einem einzelstaatlichen Gericht gegeben sein, es sei denn, dass ausnahmsweise ein Fall von ausschließlicher Bundeszuständigkeit vorliegt. Im hier relvanten Bereich des Deliktsrechts ist dies regelmäßig nicht der Fall, da diese Materie fast ausschließlich durch einzelstaatliches Recht geregelt ist, mit der Folge, dass die meisten *class actions* materiellrechtlich von einzelstaatlichem Recht regiert werden.

IV. Bundesgerichte als Gerichte limitierter Zuständigkeit

Die Anrufung der US-Bundesgerichte erfordert einen speziellen Zuweisungsgrund. Eine Bundeszuständigkeit besteht nur, wenn die Verfassung eine solche erlaubt und der *Congress* ein dementsprechendes ausdrückliches Gesetz erlässt, in dem er den Bundesgerichten die Ausübung dieses in der Verfassung angelegten Rechts ermöglicht[829]. Die Verfassung regelt die Bundesgerichtsbarkeit in *Art. III § 1*, wo sie die Schaffung des *Supreme Court*s anordnet und dem *Congress* die Ermächtigung zur Schaffung unterer Bundesgerichte erteilt. Darüber hinaus schafft sie explizit in *Art. III § 2* originäre Bundeszuständigkeiten.

---

since 1790, 28 U.S.C. § 1738 (1977), it is the general rule that judgments are to have no lesser preclusive effects in any court within the United States than they have in the court from which they are taken. Under the full faith and credit clause, U.S.Const. Art. IV, § 1, and the federal statute associated with it since 1790, 28 U.S.C. § 1738(1977), it is the general rule that judgments are to have no lesser preclusive effects in any court within the United States than they have in the court from which they are taken."); so auch *Bennun v. Bd. Of Governors of Rutgers, 413 F.Supp. 1274 (D.N.J. 1976).*

826 *Matsushita Elec. Indus. Co., Ltd. v. Epstein, 516 U.S. 367, 373 f. (1996).*

827 Stürner/Bormann, JZ 2000, 81.

828 Man spricht insofern von „*courts of limited jurisdiction*“ in Gegenüberstellung zu den *state courts*, als „*courts of general jurisdiction*“, siehe *Chase Manhatten Bank v. South Acres Dev. Co.; 434 U.S. 236 (1978).*

829 *Sheldon v. Sill, 49 U.S. 441 (1850).*

Title 28 USC §§ 1332 ff. sind vom *Congress* erlassene Vorschriften, die die Zuständigkeit der *federal courts* näher ausgestalten.
Ausschließlich zuständig sind die Bundesgerichte dabei für Streitigkeiten die das Seerecht (*28 USC § 1333*), das Insolvenzrecht (*§ 1334*) sowie das Patent- und Urheberrecht (*§ 1338*) und andere bundesgesetzlich geregelte Materien betreffen. Nur in diesem engen Anwendungsbereich ist damit eine Klage vor einem einzelstaatlichen Gericht ausgeschlossen[830].

Die beiden wichtigsten und weitreichendsten Zuständigkeiten der Bundesgerichte sind die konkurrierenden Zuständigkeiten für *federal questions*, d.h. auf der Grundlage von Bundesrecht und die Zuständigkeit wegen *diversity of citizenship*, bei der Parteien aus unterschiedlichen Staaten beteiligt sind[831]. Hier besteht für den Kläger jeweils die Option, seine Klage alternativ vor einem Bundesgericht anhängig zu machen[832]. Beide sind ausdrücklich in der Verfassung verankert und werden von Bundesgesetzen näher ausgefüllt[833]. Schließlich bestseht noch eine besondere Bundeszuständigkeit „kraft Sachzusammenhang“, die sog. *supplemental jurisdiction*[834].
Durch die jüngste class action Reform, die im Rahmen des *CAFA 2005* umgesetzt wurde, ist dabei durch die Ergänzung der *diversity* Zuständigkeit um eine spezielle bundesgerichtliche Zuständigkeit für bestimmte, mehrere Einzelstaaten umfassende *class action* Verfahren (sog. interstate oder multistate class actions) eingeführt worden. Im Rahmen dieser speziellen Verfahren wird daher in Zukunft eine Vielzahl von Prozessen, die bis dato vor state courts geführt wurden, vor die Bundesgerichte gelangen.

1. Federal question jurisdiction

Federal question Klagen sind grundsätzlich Klagen, die Bundesgesetze betreffen, d.h. Fragen die einheitlich bundesrechtlich geregelt sind[835]. Diese Klagen

---

830 In wenigen Fällen verleiht *Art. 3* direkt dem *Supreme Court* die ursprüngliche Zuständigkeit, so etwa in Fällen, in denen ein Staat Partei ist oder wenn ausländische Diplomaten involviert sind.

831 Shreve, Civil Procedure, § 5.01 (2); weitere konkurrierende Zuständigkeiten sind etwa im Bundessteuerrecht, im Kartellrecht oder in *Civil Rights*-Angelegenheiten vorgesehen (vgl. *28 USC § 1337, § 1340, § 1343*); zur Abgrenzung der beiden Zuständigkeiten siehe die Leitentscheidung *Chase Manhatten Bank v. South Acres Dev. Co.; 434 U.S. 236 (1978)*.

832 Zu den prozesstaktischen Überlegungen siehe in diesem Teil unten unter B.VII.

833 Siehe *Art. III § 2 Const und Title 28 USC §§ 1331* und *1332*.

834 Siehe *Title 28 USC § 1367*.

835 In *28 USC § 1331* heißt es: *questions "arising under" federal law*. Zu den verfassungsrechtlichen Grenzen der *federal jurisdiction* vgl. *Osborn v. Bank of the United States, 22 U.S. (9 Wheat.) 738, 821 (1824)*.

können sowohl vor den Gerichten der Einzelstaaten als auch vor Bundesgerichten erhoben werden[836]. Die Streitwertgrenze, die zuletzt bei $ 10.000 lag, wurde 1980 abgeschafft.

Voraussetzung ist aber, dass das Bundesrecht auch einen „wesentlichen Bestandteil" der Klage ausmacht[837]. Der Klagegrund (*cause of action*) muss damit bundes- oder verfassungsrechtlichen Ursprungs sein, damit die Klage unter die Kategorie der Zuständigkeit fällt[838]. Im Ergebnis soll durch diese Form der Zuständigkeit eine einheitliche Auslegung des Bundesrechts erreicht werden.

2. *Diversity jurisdiction*

Im internationalen Kontext ist insbesondere die *diversity jurisdiction* der Bundesgerichte von Bedeutung, auf die daher im Folgenden noch ausführlich einzugehen ist[839]. Sie greift grundsätzlich jedes Mal dann ein, wenn der Beklagte einem anderen Staat angehört als der Kläger, wobei dieser Staat sowohl ein anderer US-Bundesstaat als auch ein fremder Staat sein kann[840], und zwar auch, wenn materiellrechtlich einzelstaatliches Recht zugrundeliegt[841].

3. *Supplemental jurisdiction*

Die dritte Kategorie der Bundeszuständigkeit wurde durch den *Judicial Improvements Act* von 1990 geschaffen. Die Vorschrift des *28 USC § 1367* schreibt seitdem fest, was in der Rechtsprechung bereits als *pendent-claim* und *ancillary jurisdiction* anerkannt war[842]. In der Sache geht es bei dieser Zuständigkeit um eine Art *subject matter jurisdiction* kraft Sachzusammenhang, die es dem Gericht erlaubt, Klagegründe, die sich eigentlich aus dem einzelstaatlichen Recht ergeben an sich zu ziehen[843]. Diese Zuständigkeit ist relativ weit gefasst, kann

---

836 Insbesondere gibt es kein universelles Recht, eine *federal action* vor einem Bundesgericht auszutragen; siehe *Allen v. McCurry, 449 U.S. 90 (1980).*

837 *"A right or immunity created by the Constitution or laws of the United States must be an element, and an essential one, of the plaintiff's cause of action."* (*Gully v. First Nat'l Bank, 299 U.S. 109, 112 (1936)*).

838 *Louisville & Nashville Railroad Co. v. Mottley*, 211 U.S. 149, 152 (1908); *Kerr-McGee Chemical Corp. v. Illinois, 459 U.S. 1049 (1982)*; Die fehlende *federal jurisdiction* kann auch nicht etwa durch Verzicht oder eine abweichende Parteivereinbarung überwunden werden; *Mitchell v. Maurer, 293 U.S. 237, 244 (1934).*

839 Dazu gleich in diesem Teil unten unter V. u. VI.

840 Wright/Miller/Cooper, § 3661.

841 Occhiali, 150.

842 Zur *pendent-claim jurisdiction Hurn v. Oursler*, 289 U.S. 238 (1933).

843 *28 USC 1367 (a)* erlaubt insofern *„supplemental jurisdiction over all other claims that are so related to claims in the action within such original jurisdiction that they form a part of the same case or controversy under Article III of the United States Constitution"*.

durch das Bundesgericht aber auch in einer Reihe von Fällen nach seinem Ermessen abgelehnt werden[844].
Zu beachten ist, dass das Bundesgericht gem. *§ 1367 (a)* zunächst originär zuständig sein muss, um im Folgenden über den Umweg der *supplemental jurisdiction* seine Zuständigkeit auch auf im Zusammenhang stehende Ansprüche zu erstrecken, die für sich genommen keine Bundeszuständigkeit begründen würden. Die originäre Zuständigkeit kann sich dabei etwa aus *federal questions* oder auch *diversity of citizenship* ergeben[845]. In diesem Fall erlaubt die *supplemental jurisdiction* dem Kläger, alle im genügenden Zusammenhang stehenden Ansprüche vor dem Bundesgericht entscheiden zu lassen und erspart ihm damit einen zweiten Prozess vor einem einzelstaatlichen Gericht. Im Rahmen von *class actions* kommt ihr besondere Bedeutung zu, da sie nach einem Teil der Rechtsprechung in bestimmten Fällen eine Bundeszuständigkeit begründen kann[846].

4. *Federal district court jurisdiction for interstate class actions*

Mit Inkraftreten des *CAFA* am 18. Februar 2005 existiert nunmehr erstmals eine spezielle bundesgerichtliche Zuständigkeit für bestimmte *class action*-Verfahren.
Das Gesetz schafft insofern in Zukunft eine bundesgerichtliche Zuständigkeit für bestimmte staatenübergreifende class actions, die einen gewissen Streitwert erreichen. Dabei geht diese besondere Zuständigkeit – obwohl an diese angelehnt – weit über die „klassische" *diversity*-Zuständigkeit hinaus indem sie insbesondere den Streitwert anders berechnet und außerdem eine weitere Definition der *„diversity"* zwischen Klägern und Beklagten zugrunde legt[847].

V. ***Klassische diversity jurisdiction als sachliche Zuständigkeit im internationalen Kontext***

Die in der Verfassung verankerte *diversity jurisdiction* erlaubt die (alternative) Klage vor einem Bundesgericht gem. *Title 28 U.S.C. § 1332* immer dann, wenn Kläger und Beklagter unterschiedlichen Staaten angehören[848]. Eine *class action*,

---

844 In den Fällen von *28 USC § 1367 (c)*.

845 Fehlt insofern bereits das *diversity*-Kriterium, so wird die Klage abgewiesen, auch wenn die Voraussetzungen der *supplemental jurisdiction* gegeben wären; siehe *Owen Equipment & Erection Co. v. Kroger, 437 U.S. 365 (1978)*.

846 Dazu gleich unten unter V.

847 Dazu gleich ausführlich in diesem Teil unter VI.

848 Das Familien- und Erbrecht, das traditionell in die Kompetenz der Einzelstaaten fällt ist allerdings ausgeschlossen; Scheidungs-, Unterhalts- oder Sorgerechtsstreitigkeiten gehören insofern auch bei *diversity* in die ausschließliche Zuständigkeit der Einzelstaaten; (die sog. *„domestic relation exeption" to diversity jurisdiction"*), siehe *Younger v. Harris, 401 U.S. 37 (1971)*.

die nicht auf Bundesrecht gestützt ist, kann daher nur innerhalb des Anwendungsbereichs der *diversity jurisdiction* vor ein Bundesgericht gebracht werden[849]. Man spricht insofern auch von „reinen“ *diversity*-Fällen, weil sich hier die Bundeszuständigkeit gerade nur aus dem Gesichtspunkt der *diversity* ergibt.

Da die meisten *class actions* materiellrechtlich nicht auf Bundesrecht gestützt sind und ihnen staatenübergreifende Sachverhalte zugrunde liegen[850], wird die *diversity jurisdiction* zur Schlüsselzuständigkeit vor den Bundesgerichten im Rahmen von internationalen *class actions*[851].

1. Beschränkungen der diversity jurisdiction

Problematisch ist die *diversity jurisdiction* in der Praxis besonders, weil sie eine enorme Arbeitsbelastung für die Bundesgerichte bedeutet, deren Notwendigkeit zumindest fraglich ist, und die Bundesgerichte in der Praxis von ihrer Hauptaufgabe ablenkt, das Bundesrecht zu formen und anzuwenden[852]. Dementsprechend unterliegt die *diversity jurisdiction* heute auch zwei erheblichen Einschränkungen, um so eine „Überlastung“ der Bundesgerichte mit *diversity*-Fällen zu verhindern. Zum einen besteht danach eine relativ hohe Streitwertgrenze und zum anderen bedarf es der sog. *complete diversity* zwischen mehreren Klägern bzw. Beklagten. Beide Voraussetzungen werden grundsätzlich eng ausgelegt, um so oft wie möglich eine Bundeszuständigkeit zu vermeiden[853]. Konträr zu diesem langjährigen Trend muss daher die jüngste *class action* Reform im Rahmen des *CAFA* gesehen werden. Durch die mit ihr umgesetzte erhebliche Ausweitung der *diversity*-Zuständigkeit im Rahmen bestimmter *class action* Verfahren wird diese Form der bundesgerichtliche Zuständigkeit in Zukunft erheblich an Bedeutung gewinnen, weshalb ihre Voraussetzungen im Anschluss an die Darstellung der klassischen *diversity*-Zuständigkeit genauer untersucht werden sollen. Bisher ungeklärt ist dabei nicht zuletzt, wie die Bundesgerichte in Zukunft diese neue Masse an Verfahren tatsächlich bewältigen sollen und ob eine solche *diversity*-Zuständigkeit unter umgekehrten Vorzeichen tatsächlich noch ihrem Verfassungsauftrag entspricht[854].

---

849 Siehe Feldman/Fleischmann, 197; Zu den Fällen von auf Bundesrecht gestützter internationaler *class actions* siehe in diesem Teil unten unter D.

850 So sind etwa Massenschäden regelmäßig nationaler Natur, da sie selten auf einen einzelnen Bundesstaat der USA beschränkt sind; Newberg, § 17:50.

851 Klonoff/Bilich, Non Federal Question, 367.

852 Shreve, Civil Procedure, § 5.04 (1)

853 So ausdrücklich *Stewart v. Fairbanks Capital Corp., 2003 U.S. Dist. LEXIS 9561, 4 (2003).*

854 Kritisch insoweit etwa Morrision, 57 Stan. L. Rev. 1521, 1525 ff. (2005).

(a) Streitwertgrenze und „aggregation of claims“

Im Rahmen der *diversity jurisdiction* muss jeder Kläger grundsätzlich die Streitwertgrenze von 75.000 $ erreichen[855]. Ausschlaggebend bei der Berechung ist dabei das, was der Kläger in gutem Glauben beansprucht[856]. Die Gerichte sind allerdings sehr großzügig bei der Berechnung des Streitwertes. Solange nicht offensichtlich ist, dass die angegebene Summe niemals erreicht werden kann, wird insofern die Streitwertgrenze als erreicht angesehen[857]. Insbesondere bei der Geltendmachung von nicht unbedeutenden deliktischen Schadensersatzansprüchen, die eindeutig im Voraus kaum bestimmbar sind, wird die Zuständigkeit daher in der Regel gegeben sein. Allerdings ergibt sich hier ein besonderes Problem im Rahmen von *class actions*, sofern eine Vielzahl kleinerer Einzelbeträge geltend gemacht wird.

(1.) Erfüllung der Streitwertgrenze bei class actions

Nach zwei Grundsatzentscheidungen des *Supreme Court* muss im Rahmen von *class action*-Verfahren jedes Mitglied der *class* die Streitwertgrenze erreichen[858].

Das gilt jedenfalls immer dann, wenn verschiedene Einzelansprüche der Gruppenmitglieder geltend gemacht werden (sog. *seperate and distinct claims*)[859], was regelmäßig der Fall ist[860]. Jedes Mitglied, das diese Voraussetzung nicht

---

855 Während der Streitwert zunächst bei $ 10.000 lag, dann bei $ 50.000, wurde die Schwelle 1996 auf $ 75.000 angesetzt.; vgl. Act of Oct. 19, 1996, Pub. L. No. 104-317, 110 Stat. 3850 (amending 28 U.S.C. § 1332 (a)). Falls dem Kläger im Urteil weniger als 75.000 $ zugesprochen werden, können ihm gem. *28 USC 3132 (b)* Kosten auferlegt werden.

856 *Mas v. Perry, 489 F .2d 1396; 1400 (5th Cir. 1974);KVOS, Inc. v. Associated Press, 299 U.S. 269, 277 (1936).*

857 Offensichtlich kann dies insbesondere in Vertragsstreitigkeiten der Fall sein, wo oftmals relativ unproblematisch festgestellt werden kann, welche Summe geschuldet wird.

858 Vgl. *Zahn v. International Paper Co., 414 U.S. 291 (1973)*, allerdings mit abweichender Meinung von drei Richtern, die dafür plädierten, dass nur die named plaintiffs die *diversity*-Voraussetzungen erfüllen müssen; und *Snyder v. Harris, 394 U.S. 332 (1969).*

859 Siehe *Eagle v. American Tel. & Tel. Co., 769 F.2d 541 (1985).*Wann *„seperate and distinct claims“* im Gegensatz zu *„common and undivided claims“* vorliegen, ist dabei nicht einheitlich zu beantworten und wird von den Gerichten unterschiedlich beurteilt. In der Regel liegen allerdings Einzelansprüche vor; vgl. dazu kritisch *Morrison v. Allstate Indem. Co., 228 F.3d 1255, 1262 (2000).*

860 Es sei denn, ausnahmsweise kommt die sog. *„common fund exeption“* zum Tragen, wenn mehrere Kläger ein gemeinsames oder unteilbares Interesse haben; siehe *Zahn v. International Paper Co., 414 U.S. 291,294 (1973);* verneint auch in *McCauley v. Ford Motor Co. (In re Ford Motor Company/Citibank 264 F.3d 952, 963 (2001)*

erfüllt, wird nach dieser Rechtsprechung von der *class action* ausgeschlossen[861]. Eine Kumulation der Einzelansprüche zum Zweck des Erreichens der Streitwertgrenze ist also grundsätzlich unzulässig.
Die Folge dieser Rechtsprechung war zunächst, dass die Mehrzahl aller *class actions*, die nicht auf Bundesrecht gestützt waren, vor Bundesgerichten plötzlich ausgeschlossen waren[862]. Dazu gehörten insbesondere Verbraucherklagen, die auf einzelstaatliches Verbraucherschutzrecht gestützt waren *(State Consumer Protection Act claims)* und regelmäßig kleinere Einzelansprüche der Gruppenmitglieder zum Gegenstand haben. Solche und andere sog. *small claim state law class actions* wurden so insgesamt von der Zuständigkeit der Bundesgerichte ausgenommen.

Seit der Einführung der *supplemental jurisdiction* mit dem neuen *§ 1367* im Jahre 1990 ist die Frage nach der Möglichkeit einer Kumulation von Ansprüchen unter den unteren Gerichten wieder stark umstritten. Die Vorschrift erweitert die sachliche Zuständigkeit in Form der *supplemental jurisdiction* der *federal courts* auf Fälle, die der Streitgenossenschaft oder Nebenintervention ähneln, d.h. im Hinblick auf Parteien, die normalerweise nicht unter die Zuständigkeit des Gerichts fallen würden[863]. Die Ausübung dieser Zuständigkeit liegt dabei im Ermessen des Gerichts.
Die in *§ 1367 (b)* statuierten Ausnahmen von der *supplemental jurisdiction* nennen nicht ausdrücklich die *class action*-Vorschrift *Rule 23*. Zum Teil wird daher vertreten, dass die gesetzliche Neuregelung dazu geführt habe, dass die sog. *Zahn*-Rechtsprechung des *Supreme Court* nicht mehr aufrecht erhalten werden könne, sondern dass es von nun an ausreichend sein müsste, dass die Streitwertgrenze von nur einem *class*-Mitglied erreicht werde. Das Gericht habe in diesem Fall die Zuständigkeit über seinen Anspruch und die Zuständigkeit über die Ansprüche der anderen class Mitglieder werde im Folgenden über den Umweg der *supplemental jurisdiction* erreicht[864]. Erreicht ein *named plaintiff* die Streitwertgrenze, so erfolge die Zuständigkeitsbegründung über die übrigen Ansprüche

861 Insofern wird nicht die gesamte *class action* als unzulässig abgewiesen, siehe *In re LifeUSA Holding ,136, 242 F.3d 142 (3rd. Cir. 2001);* allerdings kann beim Ausscheiden zu vieler Mitglieder die *class action* u.U. an der *numerosity*-Voraussetzung scheitern; *Krieger v. Gast, 197 F.R.D. 310, 314 f. (2000).*

862 Siehe Feldman/Fleischmann, 197; Anderson, 35 Creighton L. Rev. 325 (2002).

863 *"to include claims that involve the joinder or intervention of additional parties"*; siehe *28 U.S.C. § 1367 (a).*

864 Siehe z.B. *All AT&T Corp Fiber Optic Plaintiffs v. All AT&T C..., 2001 U.S. Dist. LEXIS 20026; Rosmer v. Pfizer Inc., 263 F .3d 110, 114 (4th Cir. 2001) citing Stromberg Metal Works, Inc. v. Press Mech., Inc., 77 F . 3d 928, 930-31 (7th Cir. 1996); Free v. Abbott Lab. (In Re Abbott Lab) 51 F .3d 524, 528 (5th Cir. 1995); Gibson v. Chrysler Corp., 261 F.3d 927, 934 (2001) .*

daher mittels der *supplemental jurisdiction* quasi „huckepack“ (*piggyback*) auf dieser[865].

Andere Gerichte folgen aufgrund einer historischen Auslegung der Vorschrift weiterhin der Rechtsprechung in *Zahn* und verlangen, dass jedes einzelne Mitglied der *class* in einem *diversity case* die Streitwertgrenze erreicht[866]. Die Erweiterung von *§ 1367* hat nach dieser Auffassung nichts an der rechtlichen Situation geändert. Damit werden weiterhin die Ansprüche von der Klage ausgeschlossen, die die Streitwertgrenze nicht erreichen, die *class action* selbst bleibt aber bestehen.

Vor dem Hintergrund, dass im Rahmen der zweiten Voraussetzung der *diverstiy jurisdiction*, dem Merkmal der *complete diversity* einzig auf die repräsentierenden Kläger abgestellt wird[867], müsste systematisch konsquent bei der Bestimmung der Streitwertgrenze das gleiche Prinzip gelten. Eine Ungleichbehandlung bei der *diversity*-Zuständigkeitsvoraussetzungen ist insofern nicht nachvollziehbar[868]. Um zu einer insgesamt kohärenten Zuständigkeitsbegründung zu gelangen, muss daher zunächst einmal entweder in beiden Fällen auf die ganze *class*, d.h. auf jedes einzlene Mitglied, oder insgesamt nur auf die Repräsentanten abgestellt werden[869].
Letzteres entspäche dabei aber vor allem auch dem Grundprinzip der *class action* als Repräsentativklage. Der Repräsentant klagt hier stellvertretend für die Gruppe als ganzes. Dies muss sich konsequenterweise auch bei der Bestimmung der sachlichen Zuständigkeit widerspiegeln. Plötzlich auf die einzelnen Individuen innerhalb der Gruppe abzustellen, bedeutet, das Prinzip der Stellvertretung im Rahmen der sachlichen Zuständigkeit zu ignorieren und die Systematik der *class action* als Klageform zu durchbrechen. Das Abstellen auf die einzelnen Mitglieder bei der Bestimmung des Streitwertes durch einen Teil der Rechtsprechung ist damit nicht nur als zuständigkeitsrechtlich inkonsequent abzulehen, sondern insbesondere auch nicht mit dem der *class action* inherenten Repräsentationsgedanken vereinbar.

---

865 Siehe *In re Brand Name Prescription Drugs Antitrust Litig., 123 F.3d 599, 607 (1997).*

866 Siehe etwa *Leonhardt v. Western Sugar Co., 160 F .3d 631, 637 f. (10th Cir. 1998)* und *Allendale Mut. Ins. Co. v. Excess Ins. Co., 62 F. Supp. 2d 1116 , 1130 (1999)* unter Berufung insbesondere auf die Intention des Gesetzgebers; *Meritcare Inc. v. St. Paul Mercury Ins. Co., 166 F.3d 214 (1999); Havens Protected "C" Clamps v. Pilkington PLC , 2000 U.S. Dist. LEXIS 4905; Spielman v. Genzyme Corp., 251 F.3d 1 (2001); In re Ciprofloxacin Hydrochloride Antitrust Litig., 166 F. Supp. 2d 740, 755 (2001); O'Keefe v. Mercedes-Benz United States, 214 F.R.D. 266 (2003).*

867 Siehe *Supreme Tribe of Ben-Hur v. Cauble, 255 U.S. 356 (1921)* und in diesem Teil gleich unten unter (b).

868 Kritisch insofern auch Shreve, Civil Procedure, § 5.11 (2) (b).

869 So auch Kaufmann, 52 Ala. L. Rev. 1029, 1051 (2001).

Dabei ist offensichtlich, dass dies in der Praxis zu dem Zweck geschieht, eine möglichst große Zahl von *class action*-Verfahren von den Bundesgerichten fernzuhalten. Der – legitime? – Zweck heiligt in diesem Fall die Mittel. Hinzu kommt, dass die Uneinigkeit, die innerhalb der Rechtsprechung zu dieser Frage herrscht, eine Einbuße an Rechtssicherheit bedeutet und zu sich widersprechenden Entscheidungen führt.

Der *Supreme Court* hatte in jüngerer Zeitdie Gelegenheit, die Kontroverse zu beenden. Unglücklicherweise kam es zu einer Patt-Situation zwischen den acht Richtern, so dass diese zuständigkeitsrechtliche Frage letztlich offen geblieben ist[870]. Aktuell ist allerdings wiederum ein Verfahren betreffend die Frage nach der Möglichkeit der aggregation vor dem Supreme Court anhängig, so dass zu hoffen ist, dass der Streit in naher Zukunft eindeutig entschieden wird[871]. Anderenfalls könnte der *Congress* sich zu einer gesetzlichen Regelung entschließt, um die bestehenden Unklarheiten zu beseitigen[872]. Solange beides nicht geschieht, bleibt ungeklärt, ob die dem Beklagten gegenüberstehende Gruppe jeweils hohe Einzelansprüche verfolgen muss, um im Rahmen der *diversity jurisdiction* vor einem Bundesgericht klagen zu können oder ob im Gegenteil ein einziger die Streitwertgrenze erreichender Anspruch des Repräsentanten ausreichend ist. Jedenfalls im Rahmen von *small consumer claims*, bei denen es ausschließlich um eine Vielzahl geringer Einzelansprüche von Verbrauchern geht, ist die *class action* durch die Streitwertgrenze der *diverstiy* jedenfalls regelmäßig ausgeschlossen[873].

(2.) Die Zusammensetzung des Streitwertes im Rahmen von class actions

Ein weiteres Problem im Zusammenhang mit dem *diversity*-Streitwert ist die Frage, welche Posten in die Kalkulation des Streitwertes mit einbezogen werden dürfen. Dabei geht es insbesondere um potentielle *punitive damages* und Anwaltshonorare. Die Frage ist von entscheidender Bedeutung, da beide Faktoren immense Summen repräsentieren können und daher im Falle der Einbeziehung oftmals darüber entscheiden werden, ob ein Forum vor einem Bundesgericht gegeben ist oder nicht.

Umstritten ist dabei zuächst, ob bei der Bestimmung des Streitwerts *punitive damages* überhaupt mit eingerechnet werden dürfen bzw. wie diese Summen

870 Siehe *Free v. Abbott Laboratories, Inc., 529 U.S. 333(2000).*

871 Siehe *Exxon Corp. v. Allapattah Services, Inc., 125 S.Ct. 317 (2004).*

872 Siehe zu den aktuellen Gesetzesvorschlägen Feldman/Fleischmann, 207 f.; allgemein Shreve, Civil Procedure, § 5.11. (2) (c) m.w.N.

873 Kritisch dazu Kaufmann, 52 Ala. L. Rev. 1029, 1052 (2001).

unter den Mitgliedern der class aufzuteilen sind. Ausgangspunkt ist dabei die Tatsache, dass die Kläger *punitive damages* zusätzlich zum Schadensersatz einfordern[874]. Der Anwalt des Beklagten wird dann argumentieren, dass die auf den einzelnen Kläger entfallende Summe aus Schadensersatz und punitive damages $ 75.000 übersteigen wird und somit eine Bundeszuständigkeit gegeben ist[875]. Die Antwort auf die Frage der Einbeziehung von punitive damages hängt dann davon ab, ob das einzelstaatliche Recht punitive damages für Fälle dieser Art vorsieht[876].

Ist dies der Fall, so soll sich die Verteilung der potentiellen *punitive damages* nach den rechtspolitischen Zielen, die der jeweiligen Vorschrift zugrunde liegen richten[877].

Die Mehrheit der Gerichte geht insofern davon aus, dass in *class actions punitive damages* nicht als Gesamtsumme mit in die Berechnung des Streitwertes einbezogen werden dürfen. Das Recht eines *class*-Mitglieds auf *punitive damages* ist getrennt, verschieden und unabhängig (*separate, distinct and independent*) von dem der anderen Mitglieder. Die Gesamtsumme von *punitive damages* darf damit nicht auf den einzelnen Anspruch zum Zweck der Erreichung der Streitwertgrenze aufgerechnet werden[878]. In vielen Fällen wird insofern eine pro rata-Aufteilung der Gesamtsumme auf die Anzahl der class Mitglieder vorgenommen[879].

Der *Supreme Court* hat vor kurzem eine Entscheidung angenommen, die erneut von der Unzulässigkeit der Kumulation von *punitive damages* ausgegangen ist[880]. Es ist also davon auszugehen, dass die umstrittene Frage bald ein für alle Mal höchstrichterlich entschieden sein wird.

---

874 Wird neben dem Schadensersatz ein *equitable relief*, also etwa ein Handeln oder Unterlassen eingefordert, so muss auch dessen Wert mit in die Berechnung mit einbezogen werden; Klonoff, Non Federal Question, 337.

875 Klonoff, Non Federal Question, 337.

876 *Sharp Elecs. Corp. v. Copy Plus, Inc., 939 F.2d 513, 515 (7th Cir. 1991).*

877 "*The policy underlying the state law punitive damages scheme*" (Feldman/Fleischmann, 213).

878 *Martin v. Franklin Capital Corp., 251 F.3d 1284, 1292 f. (10th. Cir. 2001); Gibson v. Chrysler Corp., 261 F.3d 927, 947 (9th Cir. 2001);Crawford v. F. Hoffman – La Roche Ltd., 267 F.3d 760, 765 (8th Cir. 2001); Gilman v. BHC Securities, Inc., 104 F.3d 1418, 1428 (2d Cir. 1992);* a.A. dagegen *Knauer v. Ohio State Life Ins. Co., 102 F. Supp. 2d, 443, 448.*

879 *Watson v. Shell Oil Co., 979 F.2d 1014, 1021 (5th Cir. 1992);Cohen v. Office Depot, Inc., 204 F.3d 1069 (11th Cir. 2000)* unter Aufgabe seiner frühreren Rechtsprechung in *Tapscott v. MS Dealer Serv. Corp., 77 F.3d 1353(11th Cir. 1996),* wo es die Gesamtsumme der punitive damages dem *named plaintiff* zugerechnet hatte.

880 *Ford Motor Co. v. McCauley, 122 S. Ct. 1063 (2002), cert. Granted;* die zugrundeliegende Entscheidung ist *In re Ford Motor Co./Citibank (South Dakota), N.A., 963 (9th Cir. 2001).*

Eine ähnliche Problematik betrifft die Einrechnung von Anwaltskosten. In der umstrittenen Entscheidung *In re Abbott*[881] ging es um die Frage, ob die potentiellen Anwaltskosten in die Kalkulation der *diversity*-Summe mit einkalkuliert werden dürfen und wenn, wie sie in diesem Fall zwischen den einzelnen Klägern verteilt werden müssten. Das Gericht entschied hier zum einen, dass die Anwaltshonorare nur den Repräsentanten angerechnet werden dürften und nicht auf sämtliche Mitglieder der class aufzuteilen seien[882]. Erreichen die Repräsentanten im Folgenden allerdings die Streitwertgrenze, so soll dies ausreichen, um sämtliche Ansprüche aller Mitglieder mit in die *diversity jurisdiction* einzuschließen[883]. Zuständigkeit besteht damit nach dieser Rechtsprechung für die gesamten Ansprüche der *class*. Allerdings lag der Entscheidung ein spezielles Gesetz im Staat Louisiana zugrunde, das die Verteilung von Anwaltshonoraren regelte. Außerhalb solcher spezieller Regelungen gilt in der Regel, dass die Kosten zum Zweck der Streitwertberechnung wie im Rahmen von *punitive damages* pro rata auf alle Mitglieder der class verteilt werden[884].

(3.) Fazit

Nach noch geltenden Rechtsprechung ist damit davon auszugehen, dass jedenfalls ein Mitglied der *class* dann das Streitwertgrenzen-Kriterium erfüllt, wenn es einen Schadenersatzanspruch geltend macht, der addiert mit einem pro rata Anteil der Anwaltskosten und potentieller punitive damages $ 75.000 übersteigt[885]. In allen anderen Fällen ist im Zweifel eine Entscheidung vor einem Bundesgericht ausgeschlossen. Ob es darüber hinaus für die sachliche Zuständigkeit über alle geltend gemachten Einzelansprüche ausreichend ist, dass zumindest ein *named plaintiff* die Streitwertgrenze überschreitet, hängt – jedenfalls zum jetzigen Zeitpunkt noch – von der Rechtsprechung im jeweiligen *circuit* ab[886].

---

881 *Free v. Abbott Lab. (In re Abbott Lab.), 51 F.3d 524 (1995).*

882 Es musste dabei eine Interpretation des diesbezüglichen *statutes* von Louisiana vorgenommen; *Free v. Abbott Lab. (In re Abbott Lab.), 51 F.3d 524, 526 (1995).*

883 Und zwar aufgrund von *supplemental jurisdiction* aus *§ 1367*, siehe *Free v. Abbott Lab. (In re Abbott Lab.), 51 F.3d 524, 529 (1995);* dagegen *Klempner v. Northwestern Mut. Life Ins. Co., 196 F. Supp. 2d 1233, 1239 (1997).*

884 *Martin v. Franklin Capital Corp., 251 F.3d 1284,1293 (2001); Coghlan v. Wellcraft Marine Corp., 240 F.3d 449, 455 (2001); Crawford v. F. Hoffman – La Roche, 267 F.3d at 766 f. (2001).*

885 Feldman/Fleischmann, S. 210 ff; *Morrison v. Allstate Indem. Co., 228 F.3d 1255, 1262,* 1272 *(2000).*

886 Feldman/Fleischmann, S. 209.

(b) Complete diversity

Die zweite Voraussetzung im Rahmen der *diveristy jurisdiction* ist das Vorliegen von *diversity of citizenship*, und zwar in Form der sog. *complete diversity*. Diese ist erfüllt, wen keiner von mehreren Klägern demselben Bundesstaat angehört wie einer oder mehrere Beklagte[887]. Allerdings kann der Gesetzgeber diese Zuständigkeit ausweiten, solange es dabei bleibt, dass die Gegner nicht Bürger des gleichen Staates sind[888]. In den modernen Mehrparteien-Prozessen war damit streng genommen die Zuständigkeit ausgeschlossen, wann immer ein einziger Kläger aus dem gleichen Staat kommt wie ein einzelner Beklagter[889]. Durch den *CAFA* wurde dieses Prinzip für eine Vielzahl von *class actions* hingegen gerade durch Einführung eines *„minmal diversity"*-Kriteriums umgekehrt[890].

Zu beachten ist dabei, dass der entscheidende Zeitpunkt, zu dem *diversity of citizenship* bestehen muss, nicht etwa der Zeitpunkt ist, an dem die der Klage zugrundeliegenden Ereignisse stattgefunden haben. Die *diversity* muss im Gegenteil in dem Zeitpunkt bestehen, zu dem die Klage eingereicht wird[891].
Außerdem muss das Kriterium der *diversity* über während des gesamten Prozessverlaufes bestehen. Ist es zunächst erfüllt und entfällt später, so kann die sachliche Zuständigkeit nachträglich noch entfallen. Dies muss insbesondere bei einer Klageerweiterung beachtet werden, da im Verhältnis zwischen dem hinzukommenden Beklagten und dem Kläger ebenfalls *diversity* bestehen muss, um nicht zu riskieren, dass die Klage wegen sachlicher Unzuständigkeit abgewiesen wird[892].

(1.) Staatsangehörigkeit (citizenship) von natürlichen und juristischen Personen

Die Frage nach dem Vorliegen von *diversity* ist eine Frage der sachlichen Zuständigkeit und darf insofern nicht gleichgesetzt werden mit der ähnlichen Problematik im Hinblick auf die Staatsangehörigkeit von natürlichen und juristischen

887 So bereits die Leitentscheidung *Strawbridge v. Curtiss, 7 U.S. 267 (1806);*ebenso *Caterpillar, Inc. v. Lewis, 519 U.S. 61, 68 (1996);Owen Equipment & Erection Co. v. Kroger, 437 US 365 (1978); Hooe v. Jamieson, 166 U.S. 395 (1897).*

888 *"Article III poses no obstacle to the legislative extension of federal jurisdiction, founded on diversity, so long as any two adverse parties are not co-citizens."* (*State Farm Fire & Casualty Co. v. Tashire, 386 U.S. 523, 531 (1967)*).

889 Shreve, Civil Procedure, § 5.04 (2).

890 Dazu gleich in diesem Teil unten unter VI.

891 *Mas v. Perry, 489 F .2d 1396; 1399 (5th Cir. 1974).*

892 Vgl. zu diesem Fall *Owen Equipment & Erection Co. v. Kroger, 437 US 365 (1978).*

Personen bei der Prüfung der *personal jurisdiction*[893]. Die *diversity* hat insofern ihr ganz eigenes Konzept im Hinblick auf Fragen der Staatsbürgerschaft. Während bei Fragen der *personal jurisdiction* vor allem generelle Kontakte mit einem bestimmten Staat im Vordergrund stehen und im Hinblick auf die örtliche Zuständigkeit die *residence* ausschlaggebend ist, kommt es im Rahmen der *diversity* auf die Staatsbürgerschaft im Sinne des Begriffs von *citizenship* an.
Die Staatsangehörigkeit im Sinne von *§ 1332* verlangt dabei grundsätzlich, dass die Partei sowohl US-amerikanischer Staatsbürger (*citizen of the United States*) als auch Bürger eines Bundesstaates sein muss (*domiciliary of that State*)[894]. Dabei ist das US-amerikanische Konzept der Staatsbürgerschaft grundsätzlich verschieden von dem der deutschen Staatsbürgerschaft. Die Staatszugehörigkeit natürlicher Personen wird dabei zunächst traditionell an das *domicile* geknüpft[895], dessen Definition wiederum dem einzelstaatlichen Recht zu entnehmen ist. Die Bestimmung der Staatsangehörigkeit einer Person für Zwecke der Bestimmung der *diversity of citizenship* ist dagegen Sache des Bundesrechts[896]. *Citizenship* und *domicile* sind im Ergebnis gleichlaufend, d.h. eine Person ist *citizen* eines Staates, in dem sie ihr *domicile* hat (und vice versa).

Das *domicile* setzt sich dabei aus zwei Tatbestandsmerkmalen zusammen: Der körperlichen Anwesenheit in einem bestimmten Staat sowie dem Willen dort unbegrenzt zu bleiben[897] oder anders ausgedrückt, der Abwesenheit der Intention woanders zu leben[898]. Eine Änderung des *domiciles* verlangt daher, dass die Person sowohl ihren Aufenthaltsort (*residence*) als auch ihre Intention im Hinblick auf ihren aktuellen Aufenthaltsort ändert[899]. Das *domicile* lässt sich damit als eine Art „Lebensmittelpunkt" einer Person charakterisieren, an dem diese in Zukunft bleiben will.

Von Bedeutung ist insbesondere die Unterscheidung zwischen *residence* und *citizenship*. *Residence* ist insofern nicht mehr als der gewöhnliche Aufenthaltsort einer Person. Erst indem sie sich entschließt, an diesem Ort unbegrenzt zu bleiben, wird er zum *domicile*. Ändert eine Person ihren gewöhnlichen Aufenthaltsort einmal oder mehrmals, ohne dabei je den Willen zu entwickeln, an ihrem

---

893 Fragen der *personal jurisdiction* und Fragen der *subject matter jurisdiction* fußen insofern auf ganz unterschiedlichen rechtspolitischen Konzepten (*policies*), *Insurance Corp. Of Ireland, Ltd. V. Compagnie des Bauxites de Guinee, 456 U.S. 694, 500 f. (1982).*

894 *Mas v. Perry, 489 F .2d 1396; 1399 (5th Cir. 1974).*

895 Dazu Shreve, Civil Procedure, § 5.05.

896 *Mas v. Perry, 489 F .2d 1396; 1399 (5th Cir. 1974).*

897 *Mitchell v. United States, 88 U.S. 350, 352 (1874).*

898 *Williamson v. Osenton, 232 U.S. 619, 623 (1914).*

899 Shreve, Civil Procedure, § 5.05; zur Illustration siehe die Leitentscheidung *Mas v. Perry, 489 F .2d 1396 (5th Cir. 1974).*

neuen Aufenthaltsort langfristig zu verweilen, so gründet sie kein neues *domicile*. Für Zuständigkeitsfragen wird dann ihr letztes tatsächliches *domicile* ausschlaggebend sein, und zwar solange, bis sie ein neues gründet[900]. Das kann etwa der Ort sein, an dem eine Person aufgewachsen ist[901].

Ausländer fallen unter *§ 1332 (a) (4)*, wenn sie eine dauerhafte Aufenthaltsgenehmigung besitzen. In diesem Fall werden sie für Fragen der *diversity* als *citizen* ihrers legalen Aufenthaltsstaates betrachtet[902].
Gesellschaften gelten dagegen gem. *28 U.S.C. § 1332 (c) (1)* inzwischen nicht mehr nur als Angehörige des Staates, in welchem sie eingetragen sind, sondern zusätzlich auch desjenigen, in welchem sich ihr Hauptgeschäftssitz (*principal place of business* oder auch *headquarter*) befindet. Mit der Einführung dieser Vorschrift hat der Gesetzgeber insofern eine duale Staatsangehörigkeit für gewisse Gesellschaften geschaffen[903]und so in einer Vielzahl von Fällen dem Missbrauch der *diversity jurisdiction* ein Riegel vorgeschoben[904]. Heute muss eine Partei, die sich auf *diversity* berufen will, diese nicht nur im Hinblick auf den Eintragungsort, sondern ebenso im Hinblick auf den Hauptgeschäftssitz darlegen[905]. Während die Bestimmung des Eintragungsorts unproblematisch ist, kann dabei die Frage nach dem *principal place of business* einige Schwierigkeiten aufwerfen, insbesondere, wenn zwischen mehreren in Frage kommenden Orten gewählt werden muss.

(2.) Principal place of business

Zur Bestimmung des *principal place of business* werden vornehmlich drei Theorien vertreten. Die erste Theorie wendet den sog. *muscle center*-Test an, und stellt dabei insbesondere darauf ab, wo der Großteil der Aktivitäten der Gesellschaft stattfindet, gemessen in dort belegenem Vermögen, Verkäufen oder ande-

---

900 *Sun Printing & Publishing Ass'n v. Edwards, 194 U.S. 377, 383 (1904).*

901 *Mas v. Perry, 489 F .2d 1396; 1400 (5th Cir. 1974).*

902 Die Terminologie ist allerdings verwirrend, weil sie vom *domicile* des Ausländers spricht, das grundsätzlich der *citizenship* entspricht und insofern ja gerade erst hergeleitet werden soll. Gemeint ist insofern wohl *residence*. *§ 1332 (a) (4)* lautet: „*For the purposes of this section, section 1335, and section 1441, an alien admitted to the United States for permanent residence shall be deemed a citizen of the State in which such alien is domiciled.*"

903 Shreve, Civil Procedure, § 5.05.

904 Nach der alten Rechtslage konnten Gesellschaften ohne Wechsel des Geschäftssitzes, nur durch Neugründung nach dem Recht eines anderen Staates, automatisch das Privileg der *diversity jurisdiction* für sich in Anspruch nehmen; ein solcher Fall lag etwa der Entscheidung *Black & White Taxicab & Transfer Co. v. Brown & Yellow Taxicab & Transfer Co., 276 U.S. 518 (1928)* zugrunde.

905 *Canton v. Angelina Casualty Co., 279 F .2d 553 (5th Cir. 1960).*

ren messbaren Einheiten[906]. Sinnvoll ist dieser Test insofern, wenn es sich um Gesellschaften handelt, die über einen Schwerpunktsort der Herstellung oder anderer wirtschaftlicher Aktivitäten verfügen[907], so etwa ein Automobilhersteller mit einem eindeutigen Produktionszentrum[908]. Hier kommt es im Ergebnis auf die „Masse" an wirtschaftlicher Tätigkeit an (*substancial corporate activity*)[909]. Alternativ wenden viele Gerichte den *„home office"*- oder *„nerve center"*-Test an, wobei sie auf den Ort der Direktion der Gesellschaft abstellen[910]. Hier wird gefragt, wo das „Gehirn" der Gesellschaft liegt, die Schaltzentrale, von der aus alles koordiniert wird. Dieser Test bietet sich insbesondere an bei großen gesellschaftsrechtlich organisierten Unternehemen mit intensiven aber weitgestreuten wirtschaftlichen Aktivitäten[911].

Schließlich wird auch teilweise eine Kombination aus beiden „Tests" angewendet[912]. In diesem Fall wird von einem sog. *total activity test* gesprochen[913]. Dabei wird die Gesellschaft als ganzes betrachtet und ein Ort bestimmt, der am ehesten als „Aktivitätszentrum" in Frage kommt. Dabei bekommt die *nerve center*-Theorie mehr Gewicht, wenn es sich um weit verstreute Aktivitäten handelt, während der Ort der größten wirtschaftlichen Aktivität im Sinne der *muscle center*-Theorie wichtiger ist, wenn die Gesellschaft über einen eindeutigen Schwerpunktsort verfügt, der aber von dem Ort verschieden ist, an dem das „Gehirn", also die Schaltzentrale der Gesellschaft, sitzt[914].

---

906 Z.B. *Anniston Soil Pipe Co. v. Central Foundry Co., 329 F .2d 313 (5th Cir. 1964)*(Standort des Werkes und Produktionsstätten eher als Standort der *executive offices* (Büros); *Kelly v. U.S. Steel Corp., 284 F 2d. 850 (3d Cir. 1960)* (Ort der höchsten Anzahl an *executive officers* und Sitz des *corporate operating committee* sowie des höchsten Prozentsatzes an Angestsellten und Vermögen)*; United States Fidelity & Guar. Co. v. DiMassa, 561 F.Supp. 348 (D.C. Pa. 1983)* (Ort der gesellschaftlichen Tätigkeiten (*operations*) sowie des Hauptcomputers).

907 *Chu v. Plastic Systems Corp., 308 F. Supp. 1189, 1190 (1969).*

908 *LEVE v. GMC, 246 F. Supp. 761, 764 Fn. 3 (1965)* (*"largest concentration of production activity and personnel"*).

909 *Inland Rubber Corp. v. Triple A Tire Service, Inc., 220 F. Supp. 490, 492 (1963).*

910 Z.B. *Scot Typewriter Co. v. Underwood Corp., 170 F. Supp. 862 (S.D.N.Y. 1959).*

911 *Lugo-Vina v. Pueblo International, Inc., 574 F.2d 41, 43 (1st. Cir. 1978).*

912 *J.A. Olson Co. v. Winona, 818 F.2d 401, 404 (5th. Cir. 1987); Lurie Co. v. Loew's San Francisco Hotel Corp., 315 F. Supp. 405, 416 (N.D. Cal. 1970),* wo das Gericht entschied, dass der *"nerve center"*-Test nur zur Anwendung gelangen sollte, wenn ein einzelner Staat als *principal place of business* aufgrund der verstreuten Aktivitäten der Gesellschaft nicht eindeutig lokalisierbar sei.

913 *Nauru Phosphate Royalties (Tex.) v. Drago Daic Interests, 138 F.3d 160, 164 (5th. Cir. 1998); Zavala v. G. D. Searle & Co., 1991 U.S. Dist. LEXIS 9502, 4 (1991).*

914 *Nauru Phosphate Royalties (Tex.) v. Drago Daic Interests, 138 F.3d 160, 164 (5th. Cir. 1998).*

Für *limited partnerships* dagegen stellt der *Supreme Court* schließlich nicht auf die der deutschen KG vergleichbare Gesellschaft selbst, sondern auf die einzelnen Gesellschafter einschließlich der Kommanditisten ab[915]. Das gleiche gilt für alle nicht eingetragenen Gesellschaften wie *partnerships* und Gewerkschaften. In allen Fällen ist die Staatsangehörigkeit der Parteien zum Zeitpunkt der Klageerhebung ausschlaggebend[916]. Nachträgliche Änderungen sind unerheblich und Manipulationen ab diesem Zeitpunkt damit ausgeschlossen.

(3.) Complete diversity und class actions im Rahmen der klassischen diversity Zuständigkeit

Im Rahmen der traditionellen *diversity* Zuständigkeit – d.h. außerhalb der bedeutsamen neu eingeführten *multistate class action*-Zuständigkeit, die durch den *CAFA* geschaffen wurde – gilt Folgendes: Im Rahmen von *class actions* muss das Merkmal der *diversity* nur im Hinblick auf die repräsentierenden Kläger bestehen und es wird nicht etwa auf alle Angehörigen der *class* abgestellt[917]. Dieses Prinzip ist außerordentlich bedeutsam, da ansonsten *class actions*, die Gruppenmitglieder aus mehreren Staaten umfassen, mangels *complete diversity* nie unter die *diversity jurisdiction* fallen könnten, und ein Bundesforum damit in vielen Fällen von vornherein ausgeschlossen wäre.
Das *diversity*-Kriterium ist damit erfüllt, solange keiner der Repräsentanten die gleiche Staatsbürgerschaft besitzt wie einer der Beklagten[918]. Ist im Hinblick auf einen von mehreren Beklagten das *diversity*-Kriterium nicht erfüllt, so kann dieser von der Klage ausgeschlossen werden[919]. Allerdings gilt die weitere Voraussetzung, dass der auszuschließende Beklagte „verzichtbar" für den Prozess ist (*dispensable*), was insbesondere dann zu bejahen ist, wenn die Beklagten gesamtschuldnerisch haften, so dass die Kläger durch den Ausschluss des Beklagten nicht benachteiligt werden[920].

Angesichts des Charakters der *class action* als Repräsentativklage ist das Abstellen auf den Repräsentanten hinsichtlich der Voraussetzung der *complete diversi-*

---

915 *Carden v. Arkoma Ass'n, 494 US 185 (1990); United Steelworkers v. Bouligny, Inc., 382 U.S. 145, 150 f. (1965).*

916 Gem. *Rule 3 FRCP* beginnt das Verfahren mit der Klageeinreichung bei Gericht.

917 Vgl. Insofern die Leitentscheidung *Supreme Tribe of Ben-Hur v. Cauble, 255 U.S. 356 (1921);* dem folgend *Ren-Dan Farms v. Monsanto Co., 952 F. Supp. 370, 374 (1997); Klempner v. Northwestern Mut. Life Ins. Co., 196 F. Supp. 2d 1233, 1239 (2001).*

918 *O'Keefe v. Mercedes-Benz United States, 214 F.R.D. 266,275 (2003). Ren-Dan Farms v. Monsanto Co., 952 F. Supp. 370, 374 (1997); Davies v. Belden & Blake Corp., 2001 U.S. Dist. LEXIS 2148(not for publication).*

919 Die Leitentscheidung ist *Newman-Green, Inc. v. Alejandro Alfonzo-Larrain, 490 U.S. 826 (1989).*

920 Vgl. etwa *Allendale Mut. Ins. Co. v. Excess Ins. Co., 62 F. Supp. 2d 1116, 1131 (1999).*

ty zumindest von einem systematischen Standpunkt aus folgerichtig und insbesondere auch ein kaum zu entkräftendes Argument dafür, im Rahmen der Streitwertschwelle ebenfalls auf die Repräsentanten und nicht jedes einzelne Gruppenmitglied abzustellen. Die diesbezüglich unterschiedliche Behandlung der beiden Tatbestandsmerkmale der *diversity jurisdiction* stellt eine offene Systemwidrigkeit sowohl im Zuständigkeitsrecht als auch im Hinblick auf die Klageform der *class action* dar und ist nur unter Zweckmäßigkeitsgesichtspunkten erklärbar[921].

2. *Die Erie-Doktrin: Anwendung einzelstaatlichen Rechts durch die Bundesgerichte*

Eine interessante Besonderheit bei der in der Praxis außerordentlich wichtigen *diversity jurisdiction* ist die Tatsache, dass die Bundesgerichte hier nach der „*Erie*-Doktrin" materiellrechtlich einzelstaatliches Recht anwenden und an die Rechtsprechung des höchsten Staatengerichts gebunden sind[922]. Die Bundesgerichte werden damit funktionell betrachtet „verlängerter Arm" der Staatengerichte mittels einer Art „Organleihe" tätig[923]. Sie stellen sich im Rahmen dieser Zuständigkeit also in den Dienst der Staatsgewalt des jeweiligen Einzelstaats[924] und müssen sich im Hinblick auf die Rechtsanwendung in jeder Hinsicht wie Staatengerichte verhalten, während sie prozessrechtlich Bundesrecht und damit die FRCP anwenden[925].

Der *Supreme Court* hat die *Erie*-Rechtsprechung noch erweitert, indem er klarstellte, dass auch die Durchsetzbarkeit von Rechten, die aufgrund von *state law* entstanden sind, sich ebenfalls nach *state law* richten muss[926]. Das gleiche gilt

---

921 Siehe zur Streitwertgrenze in diesem Teil oben unter 1.(a).

922 Vgl. insofern die Leitentscheidung *Erie Railroad Co. v. Tompkins, 304 U.S. 64 (1938)*; außerdem *Rosenthal v. New York Life Ins. Co., 304 U.S. 263 (1938)*.

923 In wenigen Ausnahmefällen soll allerdings weiterhin Bundesrecht i.S.v. *federal common law* anwendbar sein, so etwa, wenn es um besondere Interessen des Bundes (*federal interest*) geht, der in Ausübung seiner Staatsgewalt handelt; vgl. dazu die Leitentscheidung *Clearfield Trust Co v. United States, 318 U.S. 363 (1943)*, wo es um Rechte und Pflichten aus vom Bund ausgegebenen Wertpapieren ging. Hier sollte Bundesrecht anwendbar sein, um eine einheitliche Handhabung der Materie zu ermöglichen; vgl. insgesamt dazu Shreve, Civil Procedure, § 43.

924 Stürner/Bormann, JZ 2000, 81, 84.

925 Vgl. insofern die Leitentscheidung *Hanna v. Plumer, 380 U.S. 460, 465 (1965)*.

926 *Guaranty Trust Co. of New York v. York, 326 U.S. 99 (1945)*, wo es um die Frage nach der Anwendbarkeit der Verjährungsregel aus *state law* ging.

für den Bereich der Regeln des internationalen Privatrechts[927]. Sind verschiedene Verfahren in derselben Sache vor Bundesgerichten anhängig, so werden diese oftmals im Hinblick auf das vorprozessuale Verfahren vor einem Bundesgericht zusammengefasst (*consolidated*)[928]. In diesem Fall muss das Gericht nach der *Erie*-Doktrin das IPR sämtlicher transferierender einzelstaatlicher Gerichtsbarkeiten anwenden, um überhaupt zum materiell anwendbaren Recht zu gelangen[929].

(a) Nationwide classes: Die Entscheidung in Shutts

Im Rahmen von *class actions*, die Gruppenmitglieder aus mehreren unterschiedlichen (Bundes-)Staaten betreffen (sog. *multistate, nationwide* oder *international class actions*), erhält die IPR-rechtliche Problematik besondere Brisanz. Im Gegensatz zu *federal question*-Fällen, in denen Bundesrecht anwendbar ist, kommt es im Fall eines reinen *diversity*-Falles zu komplizierten Problemen hinsichtlich der Frage nach dem materiell anwendbaren Recht, insbesondere in multistate *class actions*. Dem Gericht ist seit einer Entscheidung des *Supreme Courts* ausdrücklich verboten, auf alle potentiellen Mitglieder der *class* das gleiche Recht – etwa das Recht des Forums – anzuwenden[930]. Mit der Entscheidung wurde einer verbreiteten Praxis eine Absage erteilt, nach der Gerichte in *mass tort class actions* der Einfachheit halber das materielle Recht eines einzelnen Staates auf den gesamten Sachverhalt angewendet hatten[931]. Ebensowenig steht den Gerichten hier eine Art uniformes Recht zur Verfügung, das sie einheitlich anwenden dürfen[932] und dass sich etwa als eine Art „gemeinsamem Nenner" aus den verschie-

---

927 Vgl. insofern die Leitentscheidung *Klaxon Co. v. Stentor Electric Mfg. Co., Inc., 313 U.S. 487 (1941)* unter Berufung auf das in *Erie* proklamierte Prinzip; ebenso *Day & Zimmermann, Inc. v. Challoner, 423 U.S. 3 (1975)*.

928 Zum Verfahren vor dem in diesem Fall zuständigen *Judicial Panel for Multi District Litigation* in diesem Teil unten unter VIII.4.

929 Werden also beispielsweise sechs *class actions* in Iowa zusammengeführt, so muss auf jede *class action* das IPR des transferierenden Staates angewandt werden. In der Regel führt dies dann wiederum zur Anwendung einer Vielzahl verschiedener materieller Rechtsordnungen. Angesichts der damit zusammenhängenden praktischen und rechtlichen Probleme, bedeutet diese Tatsache heute oftmals das „Aus" für die Zertifizierung als *class action*. Siehe dazu auch die Ausführungen oben unter Teil 2 C.VI.

930 In *Phillips Petroleum Co. v. Shutts, 472 U.S. 797; 819 f. (1985)* erteilte der Supreme Court dem Versuch eines Gerichts in Kansas, auf alle Mitglieder der *class* das gleiche Recht (das Recht von Kansas) anzuwenden, eine klare Absage, indem er darin eine Verletzung der *due process*-Garantie der Verfassung sah.

931 Kubes, 77 Ind. L. J. 825, 834 (2002) m.w.N.

932 Siehe zur Frage eines allgemeingültigen Fahrlässigkeitsmaßstabs *In re Rhone-Poulenc Rorer Inc., 51 F.3d 1293, 1300 (7th Cir. 1995)*.

denen Rechtsordnungen ableiten ließe[933]. Für jeden Anspruch muss vielmehr einzeln das auf ihn anwendbare Recht festgestellt werden. Im Falle einer bundesweiten oder sogar internationalen *class* führt dies theoretisch im Ergebnis zur Anwendbarkeit von mehr als 50 verschiedenen Rechtsordungen und damit zu einem enormen IPR-rechtlichen Prüfungsaufwand.

Die Problematik ist dabei von der zuständigkeitsrechtlichen zu unterscheiden. Der *Supreme Court* hat insofern ausdrücklich betont, dass die „Kontakte" zum Forum, die die Zuständigkeit eines Gerichts über *non-resident*-Mitglieder der Gruppe begründen, nicht automatisch den IPR-rechtlichen Anforderungen genügen, um das Recht des Forums anzuwenden[934]. Dass der Kläger das Recht hat, den Rechtsstreit in einem bestimmten Forum entscheiden zu lassen ist damit zunächst unabhängig von der Antwort auf die Frage nach dem materiell anwendbaren Recht.
Damit wird deutlich, dass grundsätzlich IPR-rechtliche Überlegungen und zuständigkeitsrechtliche Fragen zu trennen sind. Insbesondere kann es hier auf die Staatsangehörigkeit des Klägers ankommen. So darf im Rahmen einer multistate *class action* in einem bestimmten Forum, nicht automatisch das dort geltende materielle Recht zugunsten von *non-residents* angewendet werden. Ein solcher Grundsatz widerspräche nach der Rechtsprechung dem System des kooperativen Föderalismus[935].

Allerdings spielen die Argumente, die im Rahmen der IPR-rechtlichen Prüfung darüber entscheiden, ob das Recht des Forums anwendbar ist, eine wichtige Rolle im Hinblick auf die Zertifizierungsentscheidung. Die IPR-rechtliche Problematik wird sich, wie bereits dargelegt, häufig bei der Frage nach der Überlegenheit der *class action*, insbesondere im Hinblick auf die *manageability*-Voraussetzung, widerspiegeln[936]. Über diesen „Umweg" erlangt das Problem des anwendbaren Rechts im Rahmen von *class actions* besonderes Gewicht.

Für den Beklagten bedeutet diese neuere restriktive Rechtsprechung der Bundesgerichte zunächst oftmals, dass er einem *class action*-Verfahren dort entgeht. Allerdings wird der Prozess in diesem Fall unter Umständen vor einem *state*

---

933 Interessant zu diesem Problem insofern die „*Agent Orange*"-Rechtsprechung in *In re „Agent Orange" Product Liability Litigation, 580 F.Supp. 690 (E.D. N.Y. 1984),* wo *Judge* Weinstein entschied, dass ein einheitliches Recht Anwendung finden würde (sog. „*national consensus law*"). Da der Prozess in einem Vergleich endete, ist bis heute nicht geklärt, wie dieses Recht hätte aussehen sollen.

934 *Phillips Petroleum Co. v. Shutts, 472 U.S. 797; 821 (1985)*; zur Rechtsprechung der *state courts* siehe Feldman/Fleischmann, 297 ff.

935 *Nevada v. Hall, 440 U.S. 410, 424, Fn. 24 (1979).*

936 Newberg, § 13:29; siehe auch oben unter Teil 2 B.IV.1.(c) und C.VI.

court fortgesetzt. Die in der jüngeren Zeit insofern erfolgte allgemeine Verschiebung von *class action*-Verfahren hin zu *state courts* ist damit auch eine direkte Folge der restriktiven Rechtsprechung vieler Bundesgerichte[937].

(b) Sinn und Zweck der Erie-Regel

Die *Erie*-Regel verfolgt grundsätzlich zwei Ziele: Zum einen soll die gleiche Klage eines *non-resident*, die in einem *federal* statt in einem *state court* eingereicht wird, nicht zu einem wesentlich anderen Ergebnis führen[938]. Innerhalb eines einheitlichen Staatsgebietes soll ein und derselbe Sachverhalt einheitlich entschieden werden, unabhängig davon in welchem Gerichtszweig die Entscheidung ergeht[939]. Zum anderen verhindert *Erie* die Möglichkeit von *forum shopping* durch den *out-of-state* Kläger, der gegen den Inländer klagt. Würde es je nach Gerichtszweig zur Anwendung unterschiedlichen materiellen Rechts kommen, so könnte der Kläger durch seine Wahl das Forum mit dem ihm vorteilhafteren Recht auswählen[940]. *Erie* stellt insofern klar, dass die Schaffung einer *diversity jurisdiction* der Neutralität der Entscheidungen dienen, nicht dagegen den *federal courts* erlauben soll, mit ihrer Hilfe eigenes *federal common law* in Konkurrenz zum *state law* zu schaffen. Dem *out-of-state* Kläger sollte nur ein neutrales Forum zur Verfügung gestellt werden, nicht eine zweite Gerichtsbarkeit mit eigenen Regeln[941]. Die *Erie*-Rechtsprechung betont damit die weitgehende Unabhängigkeit der Einzelstaaten im Bereich der Judikative. Das hier zum Ausdruck kommende Föderalismusverständnis hat dabei bis heute seine Gültigkeit behalten[942].

---

937 Zu dieser „Trendwende" und den Folgen insgesamt in diesem Teil unten unter VII.

938 *"The nub (springender Punkt) of the policy that underlies Erie R. v. Tompkins is that for the same transaction the accident of a suit by a non-resident litigant in a federal court instead of in a State court a block away should not lead to a substantially different result."(Guaranty Trust Co. of New York v. York, 326 U.S. 99, 109 (1945).*

939 Vgl. *Justice* Scalia in der *dissenting opinion* in *Albert J. Ferens v. John Deere Company, 494 U.S. 516 (1990),* die von *"uniformity within a state"* als Ziel spricht.

940 So auch Hanna v. Plumer, 380 U.S. 460, 468, die von den *"twin aims of the Erie rule"* spricht, die da wären: *"discouragement of forum-shopping and avoidance of inequitable administration of the laws."*

941 *Guaranty Trust Co. of New York v. York, 326 U.S. 99 (1945).*

942 *„The Erie rule remains a vital expression of the federal system and the concomittant integrity of the seperate States".. (Albert J. Ferens v. John Deere Company, 494 U.S. 516 (1990)).*

3. *Die „internationale" diversity class action / alienage jurisdiction*

(a) Geltung der diversity jurisdiction im internationalen Kontext

Grundsätzlich gelten die aufgezeigten Grundsätze der *diversity jurisdiction* ebenso im Fall internationaler Verfahren, also in Fällen, in denen auf Kläger- oder insbesondere Beklagtenseite ein Ausländer steht. Diese Form der *diversity jurisdiction* ist ausdrücklich vorgesehen und wird auch als *alienage jurisdiction* bezeichnet[943].

Die *diversity* der Parteien wird damit in Fällen von *class actions* gegen ausländische Unternehmen regelmäßig die Zuständigkeit der *federal courts* begründen und ist damit für Fälle multinationaler Streitigkeiten außerordentlich wichtig. In der Praxis kann und wird dabei auch in internationalen Verfahren vor allem der ausländische Beklagte sich die *diversity jurisdiction* zu Nutze machen und im Fall von vor *state courts* anhängigen Klagen versuchen, über diesen Umweg eine Verweisung an ein Bundesgericht zu erreichen[944]. Angesichts der erweiterten Zuständigkeit der Bundesgerichte inklusive der entsprechenden Verweisungsmöglichkeiten in *class action*-Verfahren, die durch den *CAFA* geschaffen wurde, wird diese Form der Zuständigkeit in Zukunft in der Praxis internationaler *class action*-Verfahren erheblich an Bedeutung gewinnen[945].

(b) Grenzen der klassischen diversity jurisdiction im internationalen Kontext

Das Merkmal der *diversity* fehlt dann grundsätzlich, wenn beide Parteien Ausländer sind[946]. Damit hindert die Voraussetzung von *complete diversity* zunächst einmal Verfahren, in denen sowohl der Kläger als auch der Beklagte keine US-Bürger sind[947]. In einem Verfahren, in dem sich auf beiden Seiten Ausländer gegenüber stehen, muss jedenfalls auch auf jeder Seite ein US-amerikanischer

---

943 Vgl. *28 USC § 1332 (a) (2)*; Wright/Miller/Cooper, § 3661; *Brooks v. Girois, 2003 U.S. Dist. LEXIS 14051(2003).*

944 Zur Verweisungsmöglichkeit gleich in diesem Teil unten unter VII.1.

945 Dazu gleich in diesem Teil unten unter VI.

946 Moore's Federal Practice, § 102.77; *In re Ski Train Fire in Kaprun, Austria on November 11, 2000, 2003 U.S. Dist. LEXIS 17958, 9.*

947 *Hodgson v. Bowerbank, 9 U.S. 303 (1809); Universal Licensing Corp. v. Paola del Lungo S.p.A., 293 F.3d 579 (2002)*(Koreanische Gesellschaft klagt gegen italienische Gesellschaft); *Universal Licensing Corp. v. Paola del Lungo S.p.A., 293 F.3d 579(1997)*(Verfahren zwischen ausländischen Parteien fallen nicht in den Anwendungsbereich von § 1332); *Singh v. Daimler-Benz AG, 9 F.3d 303(1993)* (*diversity* war gegeben, weil neben dem ausländischen (deutschen) Hersteller, ein U.S.-amerikanischer Großhändler mitverklagt wurde und auf Klägerseite der indische Erbschaftsverwalter als *citizen* von Virginia angesehen wurde).

Staatsbürger vorhanden sein, der jeweils im Verhältnis zu seinem US-amerikanischen Gegner auch die *diversity*-Voraussetzung erfüllen muss[948]. Diese müssen nach der Rechtsprechung aber nicht etwa die Hauptbeteiligten sein (*principal adversaries*), sondern nur jedenfalls einen legitimen Anspruch geltend machen (*legitimate dispute*). In diesem Fall kann das Hauptverfahren eine oder mehrere ausländische Parteien betreffen[949]. Damit kann ein ausländischer Geschädigter im Rahmen eines *class action*-Verfahrens Ansprüche geltend machen, die er in einer Individualklage wegen fehlender *diversity* grundsätzlich nicht einklagen könnte, weil der Beklagte oder einer der Beklagten die gleiche Staatsbürgerschaft besitzt wie er selbst[950]. Einzige Voraussetzung ist, dass der Repräsentant US-amerikanischer Staatsbürger ist. Geling es also, einen US-amerikansichen Geschädigten ausfindig zu machen, der die notwendigen Voraussetzungen für den Status des Repräsentanten erfüllt, so lassen sich im Rahmen von *class actions* im Ergebnis unbegrenzt Ansprüche von Ausländern gegen ihre eigenen Landsleute einklagen, ohne dass grundsätzlich ein weiterer Bezug des Verfahrens zu den USA notwendig wäre[951].

Ist dagegen auf beiden Seiten nicht mindestens auch ein US-amerikanischer Staatsbürger beteiligt, so ist keine *diversity* gegeben[952]. Verklagt also der Ausländer einen Staatsbürger und einen weiteren Ausländer, so muss die Klage abgewiesen werden[953]. Etwas anderes gilt nur, sofern der Ausländer für den Rechtsstreit entbehrlich ist und das Verfahren ohne ihn weitergeführt werden kann[954]. In den anderen Fällen „zerstört" der beklagte Ausländer die Voraussetzung der *complete diversity*, weil bereits der Kläger ein Ausländer ist[955].

---

948 Vgl. *28 USC § 1332 (a) (3)*: "(...) *citizens of different States and in which citizens or subjects of a foreign state are additional parties*;(...)"

949 *Dresser Indus. v. Underwriters at Lloyd's of London, 106 F.3d 494 (1997).*

950 *In re Ski Train Fire in Kaprun, Austria on November 11, 2000, 2003 U.S. Dist. LEXIS 17958, 9, Fn. 19.*

951 Im Rahmen des Kaprun-Verfahrens klagten die Angehörigen der 8 getöteten Amerikaner – davon einer als tatsächlicher Repräsentant – für alle Erben, Berechtigten und Repräsentanten der insgesamt 155 Toten; siehe *In re Ski Train Fire in Kaprun, Austria on November 11, 2000, 2003 U.S. Dist. LEXIS 17958, 2.*

952 *Kuehne & Nagel v. Geosource, Inc., 874 F.2d 283(1989)* (Die beiden Beklagten Gesellschaften wurden unter der *„alter ego"*-Theorie als Ausländer betrachtet, obwohl eine Gesellschaft U.S.-amerikanisch war, so dass die *diversity* scheiterte); zur *„alter ego"*-Theorie unten unter Teil 4 D.III.2.(b).

953 Sog. *„alien versus alien plus citizen pattern"*; Moore's Federal Practice, § 102.77; *Israel Aircraft Indus. v. Sanwa Business Credit Corp., 16 F.3d 198, 202 (1994).*

954 *Faysound, Ltd. v. United Coconut Chemicals, Inc., 878 F.2d 290, 294 (1989).*

955 Kritisch dazu , *Allendale Mut. Ins. Co. v. Bull Data Sys., 10 F.3d 425, 428 (1993),* wo von einer *„puzzling rule"* die Rede ist.

Ein Ausländer wird allerdings immer dann als US-amerikanischer Staatsbürger im Sinne der *diversity* betrachtet, wenn er in einem Staat den Status des *permanent resident*, also dort seinen festen Wohnsitz hat[956]. Umstritten ist dennoch, ob die *diversity jurisdiction* daher auch eingreift, wenn insofern auf einer Seite ein Ausländer und auf der anderen Seite ein Ausländer mit festem Wohnsitz in den USA im Sinne von *§ 1332 (a)* sich gegenüberstehen[957]. Hier wird die Vorschrift zum Teil entgegen dem eindeutigen Wortlaut eher restriktiv ausgelegt, um möglichst begrenzt amerikanischen Fillialen ausländischer Unternehmen ein Bundesforum zur Verfügung zu stellen[958].

Die gleiche Frage stellt sich insbesondere im Hinblick auf ausländische Gesellschaften, die vorwiegend in den USA tätig sind. Diese haben regelmäßig jedenfalls ihren *principal place of business* in einem US-amerikanischen Bundesstaat und gelten damit gleichzeitig als US-Staatsbürger[959]. Für die Frage nach der *diversity* müssten sie damit im Fall von Klagen eines Ausländers Anspruch auf ein Bundesforum haben, da die *diversity of citizenship* insofern zu Bejahen wäre. Die Rechtsprechung behandelt sie aber im Gegenteil in solchen Fällen ausschließlich als ausländische Rechtssubjekte. Die duale Staatsbürgerschaft von Gesellschaften, die im US-amerikanischen Recht als Grundprinzip herrscht, wird hier also aus taktischen Gründen begrenzt, indem eine ausländische Gesellschaft, deren Hauptaktivität (*principal place of business*) in den USA stattfindet, im Rahmen der *diversity* dennoch auschließlich als ausländische Gesellschaft betrachtet wird, sofern auf der anderen Seite des Prozesses ebenfalls ein Ausländer steht[960].

4. Funktion und Notwendigkeit der diversity jurisdiction

Die starke Eigenständigkeit der amerikanischen Bundesstaaten, die sich gerade auch im Aufbau des Rechts- und Gerichtssystems wiederspiegelt, hat mit der *diversity* eine eigene Zuständigkeit für Streitigkeiten zwischen Angehörigen unterschiedlicher Staaten hervorgebracht[961]. Dahinter stand die Befürchtung, dass

956 Vgl. *28 USC § 1332 (a)*, letzter Satz; *Singh v. Daimler-Benz AG, 9 F.3d 303(1993)*.

957 Dafür *Singh v. Daimler-Benz AG, 9 F.3d 303(1993)*(Wortlaut-Argument); dagegen *Saadeh v. Farouki*, 107 F.3d 52, 58 *(1997)* und *China Nuclear Energy Indus. Corp. v. Arthur Andersen, LLP, 11 F. Supp. 2d 1256, 1258 (1998)*.

958 Siehe etwa im Fall einer Partnerschaft *China Nuclear Energy Indus. Corp. v. Arthur Andersen, LLP, 11 F. Supp. 2d 1256, 1258 (1998)*.

959 *28 U.S.C. 1332 (c) (1)*; siehe auch dazu in diesem Teil oben unter B.V.1.(b)(1.).

960 *Universal Licensing Corp. v. Paola del Lungo S.p.A., 293 F.3d 579; 581 (1997); Franceskin v. Credit Suisse, 214 F.3d 253, 258 (2000); Creaciones Con Idea, S.A. de C.V. v. Mashreqbank PSC, 232 F.3d 79, 82(2000)*.

961 Die Fälle von *diversity jurisdiction* machen regelmäßig ca. 20 % der zivilrechtlichen Fälle vor den *federal district courts* aus; siehe Shreve, Civil Procedure, § 5.04 (1).

die Staatengerichte in *diversity*-Fällen die eigenen Staatsangehörigen bevorzugen könnten[962]. Durch die Schaffung eines „neutralen" Forums sollte ursprünglich der *out-of state* Kläger, insbesondere, wenn es sich um Gesellschaften handelte, geschützt werden. Eigentliches Ziel war es dabei, zu verhindern, dass es aufgrund diskriminierender Entscheidungen zu Behinderungen bei der Entwicklung der interstaatlichen Handelsbeziehungen kommen würde [963].

Rechtspolitisch betrachtet kann die Notwendigkeit dieser Art von Bundeszuständigkeit fraglich erscheinen, und auch in den USA ist sie heutzutage zu Recht keineswegs unumstritten[964].
Eine wichtige Rolle spielt dabei die Tatsache, dass die *diversity jurisdiction* nicht auf die zunächst anvisierte Situation beschränkt ist, in der der *out-of state* Kläger gegen den Inländer klagt. Sie funktioniert auch andersherum, d.h. wenn der Beklagte Ausländer ist, und der Kläger in seinem eigenen Staat klagt. Hier ist aber gerade nicht ersichtlich, inwiefern eine Diskriminierung des Klägers zu erwarten sein sollte. Die *diversity jurisdiction* wird damit zum taktischen Instrument, dessen sich sowohl Kläger wie auch Beklagter bedienen können, um die Zuständigkeit eines Bundesgerichts zu erreichen oder aber gerade abzuwenden.
Damit stellt sie sich gerade auch als unwägbares Instrument in den Händen der Anwälte dar. Die diversen Manipulationsmöglichkeiten hinsichtlich des *diversity*-Kriteriums als Hauptanknüpfungspunkt für diese Bundeszuständigkeit begünstigt letztlich ein *forum shopping* erheblichen Ausmaßes. Gerade aufgrund der im Hinblick auf den Ausgang eines Prozess entscheidenden Weichenstellung, die mit der Festlegung des Forums getroffen wird, ist es bedenklich, wenn diese Entscheidung in solchem Maße von dem Willen der Parteien abhängen kann. In der Praxis gilt inzwischen, dass in den meisten *diversity*-Fällen von Anfang an kein Diskriminierungs-Risiko aufgrund unterschiedlicher Staatsangehörigkeit besteht, sondern dass aus ganz anderen Gründen die Zuständigkeit eines Bundesgerichts gesucht wird[965]. Vice versa ist in Fällen, in denen nach der

---

962 *"Diversity of citizenship jurisdiction was conferred in order to prevent apprehended discrimination in state courts against those not citizens of the State"*; siehe *Erie Railroad Co. v. Tompkins, 304 U.S. 64 (1938), 74 f.;Hanna v. Plumer, 380 U.S. 460, 467(1965).*

963 Klonoff/Bilich, Non Federal Question, 389; Kaufmann, 52 Ala. L. Rev. 1029, 1053 (2001).

964 Eine Auswahl der unterschiedlichen Argumente findet sich in Diversity of Citizenship Jurisdiction 1982: Hearings on H.R. 6691 Before the Subcomm. On Courts, Civil liberties and the Administration of Justice of the House Comm. On Judiciary, 97th Cong., 2d Sess. (1982); für die Abschaffung dieser Zuständigkeit eindeutig Bassett, 81 Wash. U. L. Q. 119 (2003).

965 Dabei ist sicherlich nicht zuletzt grundsätzlich die Frage zu stellen, ob ein Diskriminierungsgedanke, der an die unterschiedliche Staatsbürgerschaft – jedenfalls innerhalb der USA – anknüpft, überhaupt noch zeitgemäß ist; dagegen etwa Bassett, 81 Wash. U. L. Q.

zugrundeliegenden Logik tatsächlich ein Diskriminierungsrisiko bestehen kann, diese Zuständigkeit ausgeschlossen, weil das Kriterium der *complete diversity* nicht erfüllt ist, wie z.B. im Fall mehrerer Kläger oder/und Beklagter, von denen zufällig einer dem gleichen Staat angehört wie der Kläger oder einer der Kläger oder in den Fällen, in denen Ausländer beteiligt sind[966].

5. *Unadäquate Ergebnisse der klassischen diversity jurisdiction im Rahmen von class actions*

Die Regeln über die *diversity jurisdiction* wurden lange vor dem Auftauchen der modernen *class action* geschaffen und ihre Anwendung in diesem speziellen Kontext führt teilweise zu unhaltbaren Ergebnissen[967]. Zur Illustration soll folgendes Beispiel dienen:
Nach geltendem Recht kann der Bürger eines Bundesstaates eine Klage aufgrund der klassischen *diversity jurisdiction* vor ein Bundesgericht bringen, indem er einen Anspruch in Höhe von $ 75.000 gegen eine Partei aus einem anderen Bundesstaat behauptet. Dagegen wird eine aus Mitgliedern aller 50 Staaten zusammengesetzte *class* von 25 Mio. Eigentümern eines bestimmten Produkts, die Schadensersatz in einer Gesamthöhe von 15 Billionen gegenüber dem Hersteller einklagen will, dies vor einem *state court* tun müssen, da sie mit gewisser Wahrscheinlichkeit das Streitwertkriterium nicht erfüllen wird[968]. Verfahren, in denen es damit insgesamt um immense Summen geht, sind mangels Aggregationsmöglichkeit der einzelnen Ansprüche vor Bundesgerichten grundsätzlich nicht einklagbar. Der Leidtragende ist in diesem Fall oftmals der Beklagte. Für ihn macht es grundsätzlich keinen Unterschied, wie sich die Klageforderung zusammensetzt, sondern vielmehr ist deren Gesamthöhe entscheidend. Die *diversity* stellt nur auf den einzelnen Kläger bzw. das einzelne Gruppenmitglied ab, das ab einer bestimmten Summe das „Privileg" eines Bundesgerichts genießen soll. Ob nicht auch der Beklagte unter Umständen ein schützenswertes Interesse an einem Bundesforum haben kann, bleibt bei dieser Betrachtung außen vor.

Aber selbst, wenn grundsätzlich eine *diversity*-Situation gegeben ist, sind die Manipulationsmöglichkeiten für den klägerischen Anwalt enorm. So kann er versuchen, weitere Beklagte hinzuzufügen, nur um das Vorliegen von *complete diversity* zu vereiteln. Im Fall ausländischer Beklagter wird er also etwa versuchen, einen weiteren amerikanischen Beklagten hinzuzufügen, etwa in Form ei-

---

119, 150 (2003)(„*As a form of discrimination, local bias cannot serve as the basis for the continuing use of diversity jurisdiction*").

966 Dazu in diesem Teil oben unter 1.(b).

967 Klonoff/Bilich, Non Federal Question, 490; allgemein zur *diversity based class action*: Kaufmann, 52 Ala. L. Rev. 1029 (2001).

968 Im Fall eines amerikanischen Herstellers auch nicht das „*complete diversity*"-Kriterium.

ner Schwester- oder Tochtergesellschaft. Die Verteidigungsmöglichkeiten des ursprünlichen und eigentlich anvisierten Beklagten gegen ein solches Vorgehen sind diesbezüglich beschränkt.

Gem. *28 U.S.C. § 1359* ist die *diversity jurisdiction* ausdrücklich nur dann ausgeschlossen, wenn sie unecht ist oder kollusiv herbeigeführt wurde[969]. Werden z.B. in einem Produkthaftungsfall eines Klägers (*named plaintiff*) aus Missouri ein Hersteller aus Michigan und gleichzeitig ein Einzelhändler aus Missouri verklagt, so kann sich der Hersteller darauf berufen, dass der Einzelhändler in betrügerischer Absicht mitverklagt wurde (*fraudulently joined*[970]), um die *diversity* zu zerstören und er deshalb im Hinblick auf die *diversity*-Voraussetzung zu ignorieren ist[971].
Diese sog. *fraudulent joinder doctrine* findet nach der Rechtsprechung vor allem in zwei Fällen Anwendung: Wenn der Beklagte unter keinen Umständen einen Anspruch gegenüber dem (*non-diverse*) Beklagten geltend machen kann oder wenn offentsichtlich falsche Tatsachen im Bezug auf die Zuständigkeitsfrage behauptet wurden[972]. Hingegen versagt die *fraudulent joinder doctrine*, sobald nur die geringste Haftung gegenüber dem *non-diverse* Beklagten jedenfalls möglich erscheint[973]. Ihr Anwendungsbereich in der Praxis ist damit auf Fälle beschränkt, in denen eindeutig ersichtlich ist, dass der weitere Beklagte einzig zur Umgehung der *diversity* zwischen den Parteien mitverklagt wurde. Diese „Eindeutigkeit" wird gerade im Fall von gesellschaftsrechtlichen oder auch nur geschäftlichen Beziehungen zwischen Unternehmen bzw. Unternehmensteilen selten gegeben sein.

Gelingt es also dem Kläger im Rahmen einer *class action*, eine Partei mitzuverklagen, die die *diversity* zerstört, da sie die gleiche Staatsangehörigkeit wie einer der Repräsentanten hat, so ist außerhalb der Fälle von gleichzeitiger *federal question jurisdiction*[974] der Weg zu einer Bundeszuständigkeit verschlossen[975]. Gerade im Bereich von Unternehmen mit den verschiedensten Tochter-

---

969 *"improperly or collusively made"*.

970 siehe etwa *B., Inc. v. Miller Brewing Co., 663 F.2d 545, 549 f. (5th Cir. 1981)*.

971 Siehe Klonoff, Non Federal Question, 339.

972 So, wenn etwa die Klageschrift eine falsche Staatsangehörigkeit behauptet; Klonoff, Non Federal Question, 339.

973 In *Triggs v. Crump Toyota, Inc., 154 F.3d 1284 (11th Cir. 1998)* behauptete der Beklagte, dass bei 98 % der Gruppe kein denkbarer Anspruch gegenüber dem *non-diverse* Beklagten bestand. Das Gericht verwarf das *fraudulent joinder*-Argument und entschied, dass die Möglichkeit, dass der *named plaintiff* einen Anspruch gegen diesen Beklagten hat, ausreicht.

974 Allgemein zur *federal question jurisdiction* oben in diesem Teil unter B.IV.1.

975 So ist es etwa allgemeine Praxis bei den Klägeranwälten, einen Kläger als *named plaintiff* zu "rekrutieren", der dem gleichen Staat angehört wie der Hauptgeschäftssitz der be-

gesellschaften oder Fillialen in unterschiedlichen Staaten ist es damit vielfach relativ einfach für den Kläger, die *diversity jurisdiction* zu umgehen[976].

Klagt schließlich ein Ausländer gegen ein in den USA ansässiges ebenfalls ausländisches Unternehmen, so gilt nach oben Gesagtem dieses Unternehmen im Zweifel trotz seines *principal place of business* in den USA bei der Bestimmung der sachlichen Zuständigkeit als rein ausländisches Unternehmen mit der Folge, dass keine *diversity* vorliegt[977]. Klagen von Ausländern gegen deutsche Unternehmen bzw. insbesondere gegen Tochtergesellschaften, die jeweils ihren *principal place of business* in den USA haben, ist damit ebenfalls vor den *state courts* Tür und Tor geöffnet, ohne dass der Beklagte die Möglichkeit hätte aufgrund der strengen Voraussetzungen der klassischen *diversity*-Zuständigkeit, eine Verweisung an ein Bundesgericht zu erwirken.

6. Die Reformvorschläge: „Föderalisierung" der class action

Viele Stimmen in der Literatur forderten angesichts der eklatanten Missbräuche durch exessives *forum shopping* vor den *state courts* schon lange eine sog. „Föderalisierung" der class action[978].
Ziel sollte dabei insbesondere sein, nur solche *class actions* vor einzelstaatlichen Gerichten zu belassen, die gerade auch einen spezifischen Bezug zu dem jeweiligen Staat haben und gleichzeitig die problematischen Manipulationsmöglichkeiten, die sich aus dem Erfordernis der *complete diversity* ergeben, erheblich einzuschränken, um dadurch letztlich einen leichteren Zugang zu den Bundesgerichten sicherzustellen und damit indirekt die oft missbräuchlichen Verfahren vor den *state courts* zu unterbinden[979].
Die größeren Möglichkeiten vor Bundesgerichten, komplexe *class action*-Verfahren zu koordinieren und damit auch Parallelverfahren im Interesse der Prozessökonomie zu vermeiden, sind dabei oftmals ein weiteres angeführtes Argument für eine Erweiterung der Bundeszuständigkeit gewesen[980].

---

klagten Gesellschaft, selbst wenn der Großteil der *class* aus einem anderen Bundesstaat stammt; Klonoff/Bilich, Non Federal Question, 390.

976 Die klassische Strategie der Anwälte ist es daher, bei *in-state* Klägern einen lokalen Vertreter oder Einzelhändler einer *out-of-state* Gesellschaft mit zu verklagen, um *complete diversity* und damit ein Bundesgericht zu vermeiden; Klonoff/Bilich, Non Federal Question, 390.

977 Siehe dazu in diesem Teil oben unter 1.(b).

978 Siehe so bereits Kaufmann, 52 Ala. L. Rev. 1029, 1052 ff. (2001).

979 Dazu in diesem Teil oben unter 5.

980 So etwa auch Marsh, 71 UMKC L. Rev. 151, 163 f. (2002); zu den Koordinierungsmöglichkeiten insgesamt siehe auch in diesem Teil unten unter VIII.

Erst in den letzten Jahren wurde daraufhin schließlich auch erstmals von Seiten des Gesetzgebers mittels verschiedener im *Congress* eingebrachter Gesetzesentwürfe der Versuch unternommen, insbesondere die Voraussetzungen der *diversity jurisdiction* im Rahmen von *class actions* durch eine Ergänzung der Vorschrift des *28 USC § 1332* zu modifizieren[981]. Zuletzt scheiterten in dieser Richtung der *Class Action Fairness Act* von 2003 (*CAFA*) der im Juni 2003 vom Repräsentantenhaus angenommen wurde und im Oktober 2003 im Senat scheiterte[982]. Das gleiche Schicksal ereilte den Nachfolger, den *CAFA 2004*[983]. Im Februar 2005 wurde schließlich das so lange durch den *Senate* blockierte Gesetz nunmehr als *CAFA 2005* endgültig verabschiedet[984].

7. Der CAFA: Erweiterung der diversity jurisdiction im class action-Kontext

Der *CAFA*, der systematisch den *Title 28* des *U.S. Code*, der sich mit dem bundesrechtlichen Prozessrecht befasst, ergänzt, bringt zum einen eine Reihe relevanter Neuerungen im Rahmen von *class action settlement*-Verfahren mit sich und hat zum anderen vor allem eine erhebliche Erweiterung der *diversity*-Zuständigkeit der Bundesgerichte speziell in *class action*-Verfahren geschaffen. Er ist dabei innerhalb seines sachlichen Anwendungsbereiches auf alle Klagen anwendbar ist, die ab dem 18. Februar 2005 anhängig waren[985].

Das Gesetz schreibt insbesondere die Ablösung der Voraussetzung der *complete diversity* durch das Erfordernis der *„minimal diversity"* vor, die Summierung von Ansprüchen zur Erreichung der Streitwertgrenze vor den *federal courts* sowie weitergehende Verweisungsmöglichkeiten von *state* an *federal courts* .. Daneben sind insbesondere Verbraucherschutzvorschriften enthalten, die vor allem den speziellen Fall der *settlement-only class actions* im Auge haben[986].

---

981 Dabei handelte es sich zunächst um den *Interstate Class Action Jurisdiction Act* von 1999
(ICAJA, 106th Congress H.R. 1875) und den *Class Action Fairness Act*, zunächst von 1999 (siehe H.R. Report 106-320 at 4-12, 31-38, 40-41 (1999), dann von 2002 (H.R. 2341).

982 Insgesamt kritisch zu den grundsätzlichen Reformvorschlägen Marsh, 71 UMKC L. Rev. 151 (2002);

983 S. 2062, 108th Cong. (2004).

984 Siehe *Class Action Fairness Act of 2005*, 109th Cong. (2005) (enacted), Pub. L. No. 109-2, 119 Stat. 4.

985 Siehe *Sec. 9* des *CAFA*.

986 Geschaffen wird eine sog. *Consumer Class Action Bill of Rights*, die vor allem eine genauere Überprüfung der sog. *coupon settlements* vorsieht sowie Schutz vor Vergleichen, die im Ergebnis einen Nettoverlust für die Kläger zur Folge haben, das Verbot ungerechtfertigter Prämien an die Klägeranwälte und Schutz vor Diskriminierung von *out-of-state* Klägern im Rahmen von Vergleichen; siehe *Section 3 CAFA*; ausführlich dazu oben unter Teil 2 D.IV.3..

Ziel der Reform ist dabei in erster Linie die – von vielen Stimmen in den USA schon lange geforderte – „Föderalisierung“ der *class action* zu erreichen, indem der Zugang zu den Bundesgerichten erheblich erleichtert wird. Für eine Vielzahl von *class actions*, die bisher nur vor *state courts* möglich waren, ist damit in Zukunft ein Bundesforum gegeben, während vor den *state courts* fast ausschließlich *class actions* verbleiben , bei denen nur einzelstaatliche Interessen betroffen sind[987]. Damit besteht die Chance, dass bestimmte Klägerpraktiken, bei denen mittels gezielten *forum shoppings* vor bestimmten *state courts* missbräuchliche Klagen und erzwungene Vergleiche zu Lasten der Beklagten und/oder Mitglieder der *class* das Ergebnis waren, in Zukunft bereits durch die Existenz eines Bundesforums unmöglich gemacht werden[988]. Ob die vom Gesetzgeber im Rahmen der Reform getroffene „Mittelwahl“ der Erweiterung der *diversity*-Zuständigkeit dabei rechtssystematisch sowie im Hinblick auf die Geschichte, Sinn und Zweck dieser Bundeszuständigkeit wirklich als gelungen anzusehen ist, soll dabei an dieser Stelle dahinstehen[989]. Zu erwarten sind durch die erfolgte „Umschichtung“ des Prozessstoffes jedenfalls grundsätzlich erhebliche Veränderungen innerhalb des Bereiches von *class action litigation*[990].
Die Reform ist dabei in erster Linie für die potentiellen Beklagten in den betroffenen Verfahren von Bedeutung, da die erweiterte (konkurrierende) Zuständigkeit konsequent durch entsprechend weitgehende Verweisungsmöglichkeiten für den Beklagten ergänzt wurden[991]. Hier liegt prozessual gesehen der eigentliche Schwerpunkt der Reform, da die Kläger selbst unter Gesichtspunkten des *forum shopping* gerade ein Bundesforum vermeiden wollen und damit überwiegend ihre Klagen vor einzelstaatlichen Gerichten anhängig machen und wohl auch weiterhin machen werden[992].
Angesichts der besonderen Bedeutung dieser neuen Zuständigkeit für multi- und internationale *class action*-Verfahren, sollen ihre einzelnen Voraussetzungen im Folgenden näher untersucht werden.

---

987 Kritisch dazu Anderson, 35 Creighton L. Rev. 325 (2002); Weber, 26 Wm & Mary Envtl. L. & Pol'y Rev. 93, 99 (2001).

988 So auch im Ergebnis Blumstein, 41 Tenn. B.J. 16, 23 (2005).

989 Äußerst kritisch insofern etwa Morrison, insbesondere vor dem Hintergrund, dass in den relevanten Fällen einzelstaatliches materielles Recht Anwendung findet, für das traditionell die *state courts* zuständig sind, 57 Stan. L. Rev. 1521, 1535 ff (2005).

990 Siehe etwa (kritisch) Cabraser, 57 Stan. L. Rev. 1475, 1514 (2005).

991 So auch Morrison, 57 Stan. L. Rev. 1521 (2005); zu den Verweisungsmöglichkeiten ausführlich unten unter

992 Zu den verschiedenen *choice of forum*-Gesichtspunkten in diesem Teil unten unter VII.

VI. § 1332 (d) n.F.: federal jurisdiction over interstate class actions

Der *CAFA* ergänzt die gesetzlichen Vorschriften über die *diversity*-Zuständigkeit in *Title 28 U.S.C. § 1332*[993]. Die Folge ist, dass eine Vielzahl staatenübergreifender *class actions* in Zukunft von Bundesgerichten entschieden werden können. Erfasst werden dabei auf Tatbestandsebene Verfahren, die bestimmte Mindesterfordernisse erfüllen müssen; bei den Rechtsfolgen ist dann zwischen Situationen zu differenzieren, in denen die Bundesgerichte die Zuständigkeit bejahen müssen, Fällen, in denen ihn diesbezüglich ein Ermessen eingeräumt ist sowie den Rückausnahmen, d.h. Fällen, in denen aufgrund eines gewissen einzelstaatlichen Schwerpunktes des Streitgegenstands sie sich zwingend für unzuständig erklären müssen.

1. Allgemeiner Anwendungsbereich

Das Gesetz ist bezüglich seiner zuständigkeitsrechtlichen Regelungen nicht nur auf bestimmte *class actions*, sondern auch auf Klagen anwendbar, die von mehr als 100 Personen gemeinsam auf der Grundlage von gemeinsamen tatsächlichen oder rechtlichen Fragen anhängig gemacht werden (*common questions of law or fact*), den sog. „*mass actions*“[994]. Ausgeschlossen von der neuen Zuständigkeit sind hingegen überwiegend bestimmte Wertpapierklagen (*securities actions*) und Klagen, die bestimmte innergesellschaftliche Zusammenhänge (*internal affairs or corporate governance*) betreffen[995].

2. Größe der class und Streitwertgrenze

Um in den Anwendungsbereich der neuen Zuständigkeit zu fallen, muss im Fall einer „echten“ *class action* die angegebene Gruppe mindestens 100 Mitglieder und der Streitwert mindestens $ 5 mio. betragen[996]. Die Besonderheit ist dabei, dass im Gegensatz zum Fall der klassischen *diversity*-Zuständigkeit, in deren Rahmen die Frage nach der Zulässigkeit einer Addition der Einzelansprüche der class Mitglieder hoch umstritten ist, im Rahmen des *CAFA* ausdrücklich nunmehr eine solche „*aggregation of claims*“ vorgesehen ist[997]. Der Streitwert wird damit nunmehr durch Summierung aller geltend gemachten Ansprüche der class ermittelt, mit der Folge, dass insbesondere die problematischen Fälle der *small*

---

[993] Gesetzestechnisch wird dabei der alte *§ 1332 (d)* zu *§ 1332 (e)* und die Neuerungen werden in den neu gefassten *§ 1332 (d)* eingefügt; siehe *CAFA Sec. 4 (a)*.

[994] *§ 1332 (d) (11) (A), (B) (i)*, ausgenommen bestimmte Klagen nach *§ 1332 (d) (11) (B) (ii)*.

[995] Siehe insoweit die Ausnahmen in *§ 1332 (d) (9) (A)-(C)*.

[996] *§ 1332 (d) (2)* und *§ 1332 (d) (2) (5) (A)*.

[997] *§ 1332 (d) (6)*, wobei die Summe Zinsen und Kosten nicht berücksichtigen darf.

consumer claims, also Verbraucherklagen mit einer Vielzahl von geringen Einzelansprüchen in Zukunft vor ein Bundesforum getragen werden können[998]. Nur im Rahmen der *mass actions* muss jeder Kläger einen Einzelanspruch von $ 75.000 gemäß den Vorschriften über die klassische *diversity jurisdiction* geltend machen, um unter die Bundeszuständigkeit zu fallen[999].

3. „Minimal diversity" jurisdiction

Im Gegensatz zu der klassischen diversity jurisdiction, bei der zwischen Kläger und Beklagtem *complete diversity of citizenship* bestehen muss, bedarf es in den vom Anwendungsbereich des *CAFA* erfassten *class actions* nunmehr nur noch der *„minimal diversity"*, d.h. das *diversity*-Kriterium ist in diesen Fällen erfüllt, soweit nur ein Kläger – eingeschlossen die class Mitglieder – im Hinblick auf einen Beklagten *„divers"* ist, also aus einem anderen (Bundes-)Staat stammt[1000]. Die beiden am schwierigsten zu passierenden Hürden im Rahmen der klassischen *diveristy jurisdiction*, die *complete diversity* sowie das Erreichend der Streitwertgrenze wurden damit eliminiert[1001].

4. Fallkategorien innerhalb der Zuständigkeit nach dem CAFA

Class actions, die sowohl das *diversity*- als auch das Streitwert-Kriterium im Rahmen des *CAFA* erfüllen, werden in drei Kategorien eingeteilt, je nachdem ob das Bundesgericht zwingend seine Zuständigkeit aktzeptieren muss, über einen Ermessensspielraum hinsichtlich seiner Zuständigkeitsentscheidung verfügt oder seine Zuständigkeit im Gegenteil verneinen muss. In den beiden letzteren Fällen muss das Gericht dabei im Fall nicht bestehender Zuständigkeit, das Verfahren im Ergebnis zurück an den *state court* verweisen (*remand*)[1002].

(a) Mandatory jurisdiction

Zwingend ist die bundesgerichtliche Zuständigkeit – im Umkehrschluss zu den beiden anderen Kategorien – , wenn weniger als ein Drittel der angegebenen *class* Mitglieder Bürger (*citizen*) des gleichen Staates sind wie die Hauptbeklagten (*„primary defendants"*)[1003].

---

998 Blumstein, 41 Tenn. B.J. 16, 18 (2005).

999 *§ 1332 (d) (11) (B) (i).*

1000 *§ 1332 (d) (2) (A) – (C).*

1001 Blumstein, 41 Tenn. B.J. 16, 18 (2005).

1002 Kritisch dazu sowie zum grundsätzlich extrem engen Anwendungsbereich der Fälle nicht bestehender Bundeszuständigkeit Morrison, 57 Stan. L. Rev. 1521, 1534 ff. (2005).

1003 *§ 1332 (d) (2) und (3).*

(b) Discretionary jurisdiction

Wenn mehr als ein Drittel, aber weniger als zwei Drittel der *class* Mitglieder Bürger des gleichen Staates wie der Hauptbeklagte („*primary defendant*") sind, sind die Bundesgerichte grundsätzlich zuständig, dürfen aber nach ihrem Ermessen ihre Zuständigkeit nach Abwägung der folgenden sechs spezifischen Faktoren ablehnen[1004]:
(1) ob die geltend gemachten Ansprüche nationale oder interstaatliche (*interstate*) Interessen berühren; (2) ob die geltend gemachten Ansprüche dem Recht des Staates unterfallen, in dem die Klage ursprünglich anhängig gemacht wurde; (3) ob die Klage in einer Weise begründet wurde, die offensichtlich den Zweck hat, eine bundesgerichtliche Zuständigkeit zu vermeiden; (4) ob die Klage in einem Forum anhängig gemacht wurde, das über eine bestimmte Beziehung zu den Mitgliedern der *class*, den Beklagten oder dem behaupteten Schaden verfügt; (5) ob die Anzahl der Bürger (*citizens*) innerhalb der *class,* des Staates, in dem die Klage ursprünglich anhängig gemacht wurde erheblich größer ist als die der *class*-Mitglieder aus irgendeinem anderen Staat und ob die anderen Mitglieder der *class* aus einer Vielzahl unterschiedlicher Staaten stammen; und (6) ob eine oder mehr vergleichbare (*similar*) *class actions* innerhalb eines drei-Jahres-Zeitraums seit Anhängigkeit der eingereichten Klage anhängig gemacht worden sind[1005].

(c) No jurisdiction

Keine Zuständigkeit soll hingegen bestehen, wenn zwei Drittel oder mehr der *class*-Mitglieder und die Hauptbeklagten („*primary defendants*") dem Staat angehören, indem die Klage ursprünglich anhängig gemacht wurde. In diesem Fall bleibt das einzelstaatliche Gericht zuständig[1006].
Darüber hinaus bleibt das Verfahren auch dann vor dem einzelstaatlichen Gericht, wenn zum einen mehr als zwei Drittel der Mitglieder der *class citizen* des Staates sind, in dem die Klage ursprünglich anhängig gemacht wurde und zusätzlich die folgenden drei Voraussetzungen erfüllt sind: (1) wenigstens einer der Beklagten ist ein Beklagter, gegen den in erheblichem Umfang Ansprüche geltend gemacht werden (*significant relief*), dessen behauptetes Verhalten eine wichtige Grundlage für die behaupteten Ansprüche darstellt („*significant basis for the claims*") und der ein *citizen* des Staates ist, in dem die Klage ursprünglich anhängig gemacht wurde; (2) die überwiegenden Schäden (*principal injuries*), die aus dem Verhalten aller Beklagten resultieren, sind in diesem Staat

1004 *§ 1332 (d) (3) (A) – (F).*
1005 „Vergleichbar" meint dabei eine *class action*, die die gleichen oder ähnliche Ansprüche hinsichtlich derselben oder anderer Personen betrifft; siehe *§ 1332 (d) (3) (F).*
1006 *§ 1332 (d) (4) (B).*

eingetreten; und (3) keine auf die gleichen oder ähnliche Fakten gestützte *class action* ist gegenüber irgendeinem der Beklagten und zugunsten derselben oder anderer Personen in den letzten drei Jahren erhoben worden[1007].

(d) Bedeutung der Reform aus internationaler Sicht

Die Reform ist gerade aus internationaler Sicht grundsätzlich zu begrüßen. In internationalen *class actions* wird regelmäßig eine *diversity*-Situation zwischen Klägern und Beklagten vorliegen, so dass die Möglichkeiten für eine Bundeszuständigkeit im Interesse des ausländischen Beklagten erheblich erweitert werden[1008]. Auch die Mindestgröße der Gruppe von 100 Mitgliedern sowie das erreichen der Streitwertgrenze werden, ebensowenig wie die in der Praxis wohl wenig relevanten Zuständigkeitsrückausnahmen, in der überwiegenden Zahl von *class action*-Verfahren keine Hürde darstellen[1009].

Fraglich könnte allerdings sein, ob sich die Reform in der Praxis tatsächlich mit dem von ihren Befürwortern gewünschten Erfolg wird durchsetzen lassen. Angesichts der damit unweigerlich einhergehenden enormen Mehrbelastung der ohnehin schon überlasteten Bundesgerichte wurde dies schon im Vorfeld des Inkraftreten des *CAFA* wohl zu Recht jedenfalls bezweifelt[1010]. Insofern könnten sich durch die Neuregelungen in Zukunft unter Umständen zunächst einmal ganz andere Konsequenzen als die von den Befürwortern bezweckten ergeben.
So wird es voraussichtlich angesichts der oben angesprochenen überwiegend restriktiven Bundesrechtsprechung in Zertifizierungsfragen[1011] zunächst einmal grundsätzlich, aufgrund einer höheren Zahl an Verfahren, in der Praxis zu einer entsprechend höheren Anzahl negativer Zertifizierungsentscheidungen kommen[1012]. Dabei ist zu erwarten, dass der bereits bestehende Negativtrend allein durch die neue Masse an Verfahren noch verstärkt wird. Die eingeschränkte Zertifizierung von *class actions* könnte damit zum Mittel für die Bundesgerichte werden, sich vor der totalen Überlastung zu schützen. In diesem Fall würde sich das Gesetz ironischerweise quasi selbst „annulieren". Gedacht als Erweiterung

---

1007 *§ 1332 (d) (4) (A).*

1008 Zu den prozesstaktischen Vorteilen einer Bundeszuständigkeit in diesem Teil unten unter VII.

1009 So auch eindeutig Morrison, 57 Stan. L. Rev. 1521, 1535 f. (2005); zur grundsätzlichen Problematik der Bestimmung der tatsächlichen Anzahl der *instate-* bzw. *out-of-state-*Mitglieder der *class* hingegen zu Recht u.a. Carter, 4 NO. 7 A.B.A. J. E-Report 1 (2005).

1010 Marsh, 71 UMKC L. Rev. 151, 166 (2002).

1011 Siehe dazu oben unter Teil 2 C.VI.

1012 So bereits vor der Reform Marsh, 71 UMKC L. Rev. 151, 167 (2002). Nicht zuletzt aus dieser Befürchtung heraus wurden die Reformvorschläge von ihren Gegnern lange Zeit erfolgreich blockiert; Weber, 26 Wm & Mary Envtl. L. & Pol´y Rev. 93, 99 (2001).

der Möglichkeiten, *class action*-Verfahren vor Bundesgerichten zu führen, würde es solche Verfahren in der Praxis oftmals im Keim ersticken[1013].
Die derzeitige Interpretation der Voraussetzungen von *Rule 23* durch die Bundesgerichte lässt ein anderes Ergebnis kaum zu, wobei allerdings die Entwicklung eines gegenläufigen Trends angesichts der gestiegenen Bedeutung und damit auch Verantwortung der *federal courts* in *class action*-Verfahren ebenfalls nicht auszuschließen ist[1014]. Zum Teil wird daher in Frage gestellt, ob sich die Probleme und Missbräuche im Rahmen der großen multinationalen *class action*-Verfahren tatsächlich durch eine Ausweitung der Bundeszuständigkeit, wie sie im Rahmen des *CAFA* nun verwirklicht wurde, überhaupt in den Griff bekommen lassen oder ob nicht ein grundlegend anderer Ansatz sinnvoller wäre, der sich an erster Stelle an den materiellrechtlichen Problemen im Rahmen dieser Verfahren orientiert und gerade nicht auf der problematischen Ausweitung der Bundeszuständigkeit aufbaut[1015].

Für den ausländischen Beklagten ist durch das Gesetz dagegen zunächst einmal grundsätzlich eine erhebliche Verbesserung seiner prozessrechtlichen Situation zu erwarten. Insbesondere durch die erleichterte Verweisung an ein Bundesgericht allgemein und die Einführung der *minimal diversity* wird in der überwiegenden Zahl der Fälle ein Bundesforum zur Verfügung stehen. Damit kommt dem Beklagten nicht nur das oftmals günstigere Bundesprozessrecht zugute[1016], sondern gerade auch die aktuell resriktive bundesrechtliche Zertifizierungsrechtsprechung. Insbesondere muss der ausländische Beklagte nicht Alternativverfahren vor den *state courts* fürchten, sofern auf seiner Seite die *diversity*-Voraussetzungen vorliegen. In diesem Fall kann er immer die Verweisung an ein Bundesgericht und dort dann im Zweifel eine negative Zertifizierungsentscheidung erwirken[1017].
Die von den Kritikern befürchtete – und so nicht bezweckte – Verringerung von *class action*-Verfahren insgesamt als mittelbare Folge der Reform, wäre insofern aus internationaler Sicht nur zu begrüßen.

1013 So auch Marsh, 71 UMKC L. Rev. 151, 167 (2002).

1014 Siehe dazu auch oben unter Teil 2 C.VII.

1015 Denkbar wäre etwa – entgegen der Rechtsprechung des Supreme Courts in *Shutts* – ein Verbot von nationwide *state court class actions*; so Baker, 31 Seton Hall L. Rev. 698, 716 (2001); in die gleiche Richtung argumentiert Weber, 26 Wm & Mary Envtl. L. & Pol'y Rev. 93, 105 (2001).

1016 So etwa hinsichtlich der Möglichkeit, die Zertifizierungsentscheidung gesondert anzugreifen; siehe dazu oben unter Teil 2 F.VI.

1017 Zu den Verweisungsmöglichkeiten – insbesondere den Neuerungen im Rahmen des *CAFA* – gleich in diesem Teil unten unter VIII.

VII. Allgemeine choice of forum-Gesichtspunkte

Der Klägeranwalt wird das Forum, in dem er die *class action* anhängig macht, sorgfältig auswählen. Gerade im Rahmen von großen – *nationwide* oder internationalen – *class actions* wird theoretisch eine Vielzahl von Foren in Frage kommen. Der Anwalt wird dabei dasjenige auswählen, das ihm den größten taktischen Vorteil für seinen Mandanten bringt[1018].

Forum shopping ist dabei sowohl horizontal als auch vertikal möglich. Horizontales *forum shopping* findet insofern innerhalb desselben Gerichtssystems statt, während vertikales *forum shopping* gerade zwischen beiden Gerichtssystemen auswählt[1019]. Zum einen ist damit die Frage nach dem Gerichtszweig, d.h. *state* oder *federal court*, entscheidend, zum anderen gilt es oftmals, das konkrete Forum, d.h. den Staat, in dem das Gericht ansässig ist, auszuwählen. Das konkrete Forum ist dabei in allen Fällen, in denen kein Bundesrecht zur Anwendung kommt, zunächst einmal im Hinblick auf das materiell anwendbare Recht entscheidend, vor einem *state court* außerdem bezüglich des anwendbaren Prozessrechts[1020].

In deliktsrechtlichen Fällen, wie sie den *class actions* zugrunde liegen, wird dabei regelmäßig – jedenfalls auch – vor einem *state court* eine sachliche Zuständigkeit in Form der *subject matter jurisdiction* gegeben sein, da dieser Bereich materiellrechtlich von den Einzelstaaten geregelt wird[1021]. Sind Ausländer als Beklagte beteiligt, so wird außerdem oftmals die Zuständigkeit vor einem Bundesgericht aufgrund von *diversity of citizenship* bestehen[1022].
Die jüngeren Entwicklungen in der Rechtsprechung hatten allerdings dazu geführt, dass die Mehrzahl der Prozesse – sofern dies prozessrechtlich möglich war – vor einzelstaatlichen Gerichten geführt wurden. In welchem Maße sich dieser Trend nach Einführung der speziellen Bundeszuständigkeit für class action Verfahren, die unter die Bestimmungen des *CAFA* fallen, nunmehr – gezwungenermaßen – ändern wird, bleibt abzuwarten; aus den oben dargestellten Gründen ist von einer nicht unerheblichen Trendwende allerdings auszugehen.

1018 Occhiali, 149; Morrison, 57 Stan L. Rev. 1521, 1524 (2005).

1019 Algero, 78 Neb. L. Rev. 79 f. (1999).

1020 Im Rahmen von *class actions* sind dabei die prozessualen Möglichkeiten in *state* bzw. *federal courts* zunächst einmal oft ähnlich; zum Teil sehen insofern sogar manche Bundesgesetze ausdrücklich die Möglichkeit vor, vor einem *state court* zu klagen; siehe etwa *Magnussen-Moss Warranty Federal Trade Commission Improvement Act, 88 Stat 2183* (kodifiziert in *15 U.S.C. §§ 2301 – 2312*).

1021 Occhiali, 154.

1022 Dazu ausführlich in diesem Teil oben unter B.V.

1. *Die erste Trendwende bei der Wahl des Forums bis Februar 2005*

Selbst in Fällen konkurrierender Zuständigkeit, wendeten sich die Klägeranwälte im Rahmen komplexer *class action*-Verfahren traditionell eher den *federal courts* zu[1023]. Diese verfügten nicht nur über mehr Erfahrung im Umgang mit *class actions*[1024], sondern schienen auch angesichts weitergehender prozessualer Möglichkeiten besonders für die komplexen *multi-state actions* das geeignetere Forum[1025]. So haben etwa die Bundesrichter im Gegensatz zu den Richtern vor den *state courts* regelmäßig Zugriff auf eigenes Personal (*law clerks*) und insbesondere die Möglichkeit einer beschränkten Konsolidierung mehrerer anhängiger Verfahren[1026]. Insgesamt verfügen sie damit sowohl über mehr finanzielle Mittel als auch effektivere prozessuale Instrumente, um Fälle von *complex litigation* befriedigend zu bewältigen[1027]. Hinzu kam, dass *Rule 23* in mancher Hinsicht, so z.B. im Hinblick auf die Zuständigkeit oder auch Zustellungsfragen, liberaler als einzelstaatliche Vorschriften ausgestaltet ist[1028]. Auch hohe Anwaltshonorare waren teilweise vor Bundesgerichten leichter erreichbar, da eine Anzahl von Bundesgesetzen diese ausdrücklich vorsieht.

Etwa seit mitte der Neunziger Jahre kehrte sich der „Trend" eindeutig um und geht seither allgemein hin zu den *state courts*[1029]. Gerade auch viele große, bundesweite *class actions* werden inzwischen vor *state courts* ausgetragen[1030]. Ausschlaggebend sind dabei mehrere Faktoren:
Zunächst einmal ist heutzutage die Ansicht weit verbreitet, dass *state courts* generell offener für *class actions* sind als *federal courts*. Insbesondere gelten sie als besonders klägerfreundlich[1031]. Dabei steht zunächst einmal die Person des Richters im Mittelpunkt. Von vielen Seiten wird in diesem Zusamamenhang angeführt, dass die meisten Richter vor den *state courts* von der Bevölkerung gewählt werden und daher ein besonderes Interesse daran hätten, „populäre" Entscheidungen zu treffen, was im Rahmen von *class action*-Verfahren regelmäßig

---

1023 Weber, 26 Wm & Mary Envtl. L. & Pol'y Rev. 93, 95 (2001).

1024 *Rule 23* ist die älteste Vorschrift und es gibt mehr Rechtsprechung zu dieser Vorschrift; Newberg, § 13:22.

1025 Etwa Experten und die Möglichkeit, einen spezial master einzusetzen; Newberg, § 13:01.

1026 Dazu ausführlich unten unter

1027 Kaufmann, 52 Ala. L. Rev. 1029, 1053 (2001); a.A. Anderson, Creighton L. Rev. 325, 361 (2002).

1028 Newberg, § 13:01; Anderson, Creighton L. Rev. 325, 354 (2002).

1029 Morrison, 57 Stan. L. Rev. 1521, 1526 (2005); Newberg § 13:22; Anderson, Creighton L. Rev. 325, 355 (2002).

1030 Siehe Weinstein, 76 St. John's L. Rev. 379 (2002). Nach einer Schätzung ist zwischen 1988 und 1998 die Anzahl der *state court class actions* um 1300 % gestiegen, siehe Anderson, Creighton L. Rev. 325, 355 (2002).

1031 A.A. Anderson, Creighton L. Rev. 325, 360 (2002).

heißt, die beklagten Unternehmen zu horrenden Schadensersatzsummen zu verurteilen[1032]. Da Bundesrichter nicht gewählt werden und auf Lebenszeit benannt sind, wird ihnen diesbezüglich grundsätzlich größere Neutralität nachgesagt[1033].

Auch die Zusammensetzung einer potentiellen Jury variiert oftmals nicht unerheblich, je nachdem, ob man sich vor einem Bundes- oder einzelstaatlichen Gericht befindet und hat damit oftmals Einfluss auf die Wahl des Forums[1034]. Während die *district courts* oft ein ausgedehnteres Einzugsgebiet haben, zu dem auch größere Städte gehören, wird bei den Gerichten der Einzelstaaten die Jury oft aus einem kleineren und oft auch ländlichen Umkreis stammen. Die Chancen, von einer im Durchschnitt einkommensschwächeren Jury die angestrebte Verurteilung in der Sache sowie den maximalen Schadensersatz zu bekommen, sind gerade im Rahmen von Produkthaftungsfällen oder Verfahren aufgrund von Großschäden hier oft ungleich größer[1035].
Der allgemeine „Trend" bei *class actions* geht also dahin, sich als Kläger – wenn möglich – ein kleines Gericht in einem ländlichen Bezirk auszusuchen. Diese gelten regelmäßig als solchen Klagen positiv gegenüberstehend[1036].

Vorallem aber wird der Kläger – bzw. regelmäßig seine Anwälte – eine Abwägung der lokalen Unterschiede in der *class action*-Rechtsprechung vornehmen, da diese für die Entscheidung über die Wahl des spezifischen einzelstaatlichen Forums eine – wenn nicht sogar oftmals *die* – entscheidende Rolle spielen, sofern aufgrund des zugrundeliegenden Sachverhaltes theoretisch eine Klage in verschiedenen Bundesstaaten möglich ist. So werden inzwischen Klagen überwiegend taktisch vor Gerichten in ganz bestimmten Bundesstaaten eingereicht, die als besonders „schadensersatzfreudig" gelten[1037]. Man spricht in diesem Zusammenhang auch von sog. *„magnet" jurisdictions* bzw. *„magnet"* courts[1038].

1032 Klonoff, Non Federal Question, 358; dazu auch Morrison, 57 Stan. L. Rev. 1521, 1528 f. (2005).

1033 Siehe dazu Lerner, 2001 B.Y.U.L. Rev. 229, 302 (2001).

1034 Morrison, 57 Stan. L. Rev. 1521, 1529 (2005).

1035 Allerdings wird dieses Argument angesichts der verschwindend geringen Zahl der tatsächlich mit Urteil entschiedenen *class actions* eher sekundär von Bedeutung sein; siehe dazu auch Schuck, 48 DePaul L. Rev. 479, 479 (1998).

1036 So James Wootton, Präsident des Chamber's Institute for Legal Reform, USA Today v. 14.03.2002.

1037 So etwa bestimmte Produkthaftungsklagen, die bevorzugt in einigen Südstaaten eingereicht werden; vgl. Weinstein, 76 St. John's L. Rev. 379, 382 (2002) m.w.N.

1038 Siehe zu Beispielen, wie etwa das berüchtigte Madison County, Illinois, wo die Anzahl an eingereichten *class actions* seit 1998 um 5000 % gestiegen ist die Seite des Institute for Legal Reform unter www.instituteforlegalreform.com/issues/ und den Beitrag von Arnold/Porter, The Computer and Internet Lawyer, Vol. 22, No. 5, May 2005, 13, 15.

Auch die prozessualen *class action*-Vorschriften sind in einigen Bundesstaaten weniger strikt als auf Bundesebene[1039] und selbst, wenn der Einzelstaat wortgleich die Bundesvorschrift übernommen hat, so sind die Gerichte nicht an die Interpretation derselben durch die Bundesgerichte gebunden und können somit eine liberalere Rechtsprechung etablieren.
Schließlich spielt natürlich auch das allgemeine nationale Zivilprozessrecht eine nicht unerhebliche Rolle bei der Wahl des spezifischen einzelstaatlichen Forums[1040].

Neben diesen spezifisch „föderalistischen" Überlegungen, können schließlich auch allgemeine taktische Überlegungen Bedeutung erlangen. So kann etwa der Gerichtskalender eine nicht unerhebliche Rolle spielen, da es erwiesenermaßen schnellere und langsamere Gerichte gibt[1041]. Schließlich kann bei kleineren Gerichten auch die Kenntnis der Person des Richters durchaus ausschlaggebend sein.

Im Rahmen der im internationalen Kontext besonders relevanten *diversity jurisdiction* schließlich waren *state court class actions* in der jüngeren Zeit auch deshalb von großer Bedeutung, da, wie oben bereits ausgeführt wurde, unter den bis zum Inkraftreten des *CAFA* im Februar 2005 – ausschließlich – geltenden – klassischen – *diversity*-Voraussetzungen oft ein Bundesforum ausschied[1042]. Das galt insbesondere bei niedrigen Einzelansprüchen sowie fehlender *complete diversity* zwischen Klägern und Beklagten, wobei letzteres oftmals bewusst durch die Einbeziehung eines mehr oder weniger beliebigen *instate defendants* erreicht wurde. In diesen Fällen blieb den Parteien, und insbesondere dem ausländischen Beklagten, von vornherein nichts anderes übrig, als den Rechtsstreit vor einem *state court* zu führen. Der aufgezeigte Trend wurde schließlich allgemein von der jüngeren Rechtsprechung des *Supreme Courts* nicht unerheblich beeinflusst.

1039 So haben etwa Florida und New York ein liberaleres *class action*-Recht verabschiedet; siehe Shreve, Civil Procedure, § 9.09 (2) (b) Fn. 232 m.w.N. Zur Abkehr vom bundesrechtlichen Ansatz in Oregon; siehe (ohne Autorenangabe) *Comment, Oregon Class Actions: The Continuing Need for Legislative Reform, 72 Or. L. Rev. 205 (1993)*.

1040 So sehen z.B. bestimmte Einzelstaaten spezielle Vorschriften vor, nach denen die obsiegende Partei Anwaltshonorare von der unterliegenden Partei zugesprochen bekommen kann, wenn der Prozess im besonderen öffentlichen Interesse ist; siehe dazu *Serrano v. Priest, 20 Cal 3d 25 (Supreme Court of California 1977);* auch die Regeln über die *discovery* variieren nicht unerheblich; zur *discovery* oben unter Teil 2 F.II. und III.

1041 So betrug im Jahr 2000 die durchschnittliche Dauern eines Prozesses in *federal district courts* zwischen dreieinhalb Monaten im schnellsten und vierundzwanzigeindrittel Monaten im langsamsten; siehe 2000 Admin. Off. U.S. Courts Annual Report of the Dir. Table C-5.

1042 Zu den Voraussetzungen in diesem Teil oben unter V.1.

2. *Der Einfluss der Rechtsprechung des Supreme Court*

Die Rechtsprechung des *Supreme Court* hat zu der geschilderten Entwicklung hin zu einer Konzentration von *class action*-Verfahren vor den *state courts* maßgeblich beigetragen, indem sie mit einer Reihe von Entscheidungen bewusst die Erreichbarkeit der Bundesgerichte im Rahmen von *class actions* eingeschränkt hat[1043] und gleichzeitig den Einfluss der *state courts* nicht unerheblich gestärkt hat[1044]. Nicht zuletzt sind in diesem Zusammenhang auch die Voraussetzungen der *settlement class action* neu definiert worden, um Missbräuche dieser Klageform in Zukunft so weit wie möglich einzuschränken.

(a) Faktische und rechtliche Beschränkung der Bundesgerichtsbarkeit

Bereits 1974 hat der *Supreme Court* in *Eisen v. Carlisle & Jacquelin*[1045] den Anwendungsbereich von *(b) (3) class actions* in *federal courts* im Fall von geringen Einzelansprüchen stark eingeschränkt. Danach soll Rule *23 (c) (2)* a.F.[1046] die individuelle Benachrichtigung jedes Mitgliedes einer *(b) (3) class*, dessen Name und Adresse in Erfahrung gebracht werden kann, auf Kosten des Repräsentanten verlangen. In *Oppenheimer Fund, Inc. v. Sanders*[1047] entschied der *Supreme Court* außerdem, dass der Repräsentant dem Beklagten für die Kosten aufkommen muss, die diesem bei der Beschaffung der Namen und Adressen der *class* entstanden sind. Aus diesem Grund, kann es im Fall einer großen *class* zu einer enormen Kostenbelastung für den Kläger kommen. Da die beiden Entscheidungen kein Verfassungsrecht, sondern einfaches Bundesrecht betrafen, sind sie nicht bindend für *class actions* in *state courts*. Die Bundesstaaten können insofern theoretisch Verfahrensregeln verabschieden, die *Eisen* entgegenlaufen[1048] mit der Folge, dass der Kläger in diesem Fall unter Umständen von der Wahl eines Bundesforums absehen würde[1049].
Schließlich wurde durch die oben behandelte Rechtsprechung in *Snyder* und *Zahn* die Kummulation von Ansprüchen zum Zweck der Erreichung des *diversity*-Streitwerts ausdrücklich abgelehnt und entschieden, dass im Gegenteil jedes Gruppenmitglied einzeln den Streitwert erreichen muss[1050]. Eine Vielzahl von

---

1043 Dazu insg. Newberg § 13:22.

1044 Ein Kommentator spricht in diesem Zusammenhang von „einer Neubetonung des Föderalismus als zentraler Komponente der U.S.-amerikanischen Verfassung“; siehe Turley, 29 U.Tol. L. Rev. 177 (1997).

1045 417 U.S. 156 (1974).

1046 Siehe *23 (c) (2) (B)* n.F.

1047 437 U.S. 340 (1978).

1048 Vgl. Etwa N.Y. Civ. Prac. L. & R., Art. 9.

1049 In der Praxis wird aber regelmäßig der *Eisen*-Rechtsprechung gefolgt bzw. teilweise sogar darüber hinaus gegangen; Newberg, § 13:50.

1050 Dazu in diesem Teil oben unter V.1.(a)

class actions war seitdem grundsätzlich von der Bundeszuständigkeit ausgeschlossen.

(b) Erweiterung der Zuständigkeit der einzelstaatlichen Gerichte

Parallel zu der restriktiven Rechtsprechung im Hinblick auf die Erreichbarkeit der Bundesgerichte wurde den *state courts* ausdrücklich mehr Macht eingeräumt. So entschied der *Supreme Court* in *Phillips Petroleum Co. v. Shutts*[1051], dass die *state courts* autorisiert sind, über *class actions* zu entscheiden, bei denen die Mitglieder der *class* aus einer Vielzahl von Bundesstaaten außerhalb des Forums stammen, mit der Folge, dass auch ein für diese Mitglieder bindendes Urteil ergeht (sog. *nationwide class*)[1052]. Wie ein Bundesgericht darf damit auch ein *state court* über Ansprüche entscheiden, die von Nicht-Staatsbürgern geltend gemacht werden. Die *state courts* sind damit keineswegs darauf beschränkt nur solche Klagen zu hören, die von ihren eigenen Bundesbürgern geführt werden, sondern bundesweit zuständig.
Dies gilt sogar im Hinblick auf Ansprüche der Kläger, die ihren Ursprung im Bundesrecht haben und unter Umständen sogar für solche, für die eine ausschließliche Bundeszuständigkeit besteht. Auch über diese Ansprüche kann ein *state court* abschließend entscheiden mit der Folge, dass eine anschließende Klage vor einem Bundesgericht wegen der entgegenstehenden Rechtskraft (*full faith and credit*) nunmehr ausgeschlossen ist[1053]. Das gleiche gilt neuerdings auch im Rahmen von *class action settlements*, die auch bundesrechtliche Ansprüche beinhalten[1054]. Die eigentlich fehlende sachliche Zuständigkeit ist insofern irrelevant. Der Entscheidungsspielraum der *state courts* im Rahmen von *class actions* hat sich durch diese beiden Entscheidungen des *Supreme Court* damit nicht unerheblich erweitert[1055].
Auch die aktuell einschränkende Rechtsprechung des *Supreme Court* hinsichtlich der Zulässigkeit von *settlement-only class actions* ließ schließlich die Befürchtung aufkommen, dass die Anwälte in Zukunft mehr noch als bisher die *federal courts* meiden würden[1056].

Unabhängig von dieser grundsätzlichen Einschränkung der Erreichbarkeit von Bundesgerichten im Rahmen von *class actions*, spielt die allgemeine Zertifizie-

---

[1051] *472 U.S. 797 (1985).*
[1052] *472 U.S. 797, 811 (1985).*
[1053] *Marrese v. American Academy of Orthopaedic Surgeons, 470 U.S. 373, 380 (1985); Matsushita Electric Industrial Co. v. Epstein 516 U.S. 367, 385 (1996).*
[1054] *Matsushita Electric Industrial Co. v. Epstein* 516 U.S. 367, 385 (1996).
[1055] Schuck, 48 DePaul L. Rev. 479, 496 (1998).
[1056] Baker, 31 Seton Hall L. Rev. 698, 709 (2001); Weber, 26 Wm & Mary Envtl. L. & Pol'y Rev. 93, 96 (2001); zu den beiden Entscheidungen siehe oben unter Teil 2 D.IV.5.

rungspraxis der Bundesgerichte eine wichtige Rolle. Die Rechtsprechung der Berufungsgerichte (*appellate courts*) im Hinblick auf die Voraussetzungen der Zertifizierung nach *Rule 23 FRCP* ist insofern von entscheidender Bedeutung für die Wahl des Forums.

3. *Die Zertifizierungs-Rechtsprechung der appelate courts in diversity-Fällen bis Februar 2005*

Mit der Änderung der *supplemental jurisdiction*-Vorschrift 1990 bekamen die Bundesgerichte zum ersten Mal Gelegenheit, sich in bundesweiten oder internationalen, aber nicht von Bundesrecht regierten (*non-federal question*) *class actions* für zuständig zu erklären und bekamen damit gleichzeitig die Gelegenheit hier Zertifizerungsmaßstäbe zu entwickeln. Die Rechtsprechung der Berufungsgerichte, die seither mit Zertifizierungsentscheidungen befasst waren, spricht dabei eine eindeutige Sprache. Überwiegend wird im Ergebnis die Zertifizierung als *class action* abgelehnt[1057].

Das bereits im Rahmen der Untersuchung der Zertifizierungsvoraussetzungen behandelte IPR-rechtliche Problem der Rechtsvielfalt, das sich direkt aus der rechtlichen Konstruktion der *diversity jurisdiction* ergibt, hat die Bundesgerichte dazu gebracht, bundesweite *class actions* weitgehend an der Zertifizierung scheitern zu lassen und damit diese Domäne in erster Linie den *state courts* zu überlassen. Aktuell ist damit davon auszugehen, dass die meisten bundesweiten bzw. multinationalen *non-federal class actions* vor Bundesgerichten mit Blick auf die große Variantion sowohl an faktischen Fragen wie auch insbesondere an materiellrechtlich anwendbaren Vorschriften an der Zertifizierungsentscheidung scheitern[1058].

Auf einzelstaatliches (Delikts-)Recht gestützte *class actions* haben demnach zur Zeit wenig Erfolgschancen vor Bundesgerichten, selbst wenn sie grundsätzlich in den Bereich der sachlichen Zuständigkeit fallen[1059].

Die ungeschriebene „Regel“, die sich als Essenz aus der Vielzahl der Entscheidungen extrahieren lässt, lautet insofern: In einer bundesweiten *state law class*

[1057] U.a. *In re Rhone Poulenc Rorer Inc., 51 F.3d 1293 (7th Cir. 1995); Szabo v. Bridgeport Machs., Inc., 249 F.3d 672 (7th Cir. 2001); Isaacs v. Sprint Corp., 261 F.3d 679 (7th Cir. 2001); In re Bridgestone/Firestone, Inc. Tires Prods. Liab. Litig., Nos. 02-1437,02-1438, 02-1439, 2002 WL 831990 (7th Cir. 2002).*

[1058] *“ No class action is proper unless all litigants are governed by the same legal rules. Otherwise the class cannot satisfy the commonality and superiority requirements of Fed. R. Civ. P. 23(a), (b)(3).” (In re Bridgestone/Firestone, Inc. Tires Prods. Liab. Litig., 288 F.3d 1012, 1015 (7th Cir. 2002))*; siehe zur Zertifizierungspraxis insbesondere im Rahmen von *mass torts* oben unter Teil 2 C.VI.

[1059] Siehe dazu auch ausführlich Ryan, 54 Baylor L. Rev. 467 (2002).

action ist die *class*, sofern eine Mehrzahl materieller Rechtsordnungen anwendbar ist, „nicht zertifizierbar" im Sinne von *Rule 23 FRCP*[1060]. Angesichts der Voraussetzungen, die die Vorschrift aus Fairness und Effektivitätsgründen an das Verfahren stellt, ist diese Rechtsprechung sicherlich folgerichtig. Der enorme Aufwand, der notwendig wäre, um in diesen Fällen zu einer gesetzmäßigen Anwendung des jeweils einschlägigen Rechts auf den einzelnen Anspruch zu gelangen, revidiert den prozessökonomischen Ansatz, der sich hinter der Idee der *class action* verbirgt und verkehrt ihn sogar ins Gegenteil.

Auch systematisch betrachtet, entspricht dieser Trend der verfassungsrechtlichen Lage und insbesondere der *Erie*-Doktrin. Letztere stellt im Rahmen der *diversity jurisdiction* das einzelstaatliche Recht in den Vordergrund und macht die Bundesgerichte zu einer Art ausführender Helfer im Interesse und Dienst der „Neutralität", die diese garantieren sollen. Sie verbietet ihnen aber gerade die Schaffung oder Weiterentwicklung von einzelstaatlichem Recht und damit die Schaffung von Präzedenzfällen im Sinne von *binding precedents*. Diese Funktion bleibt ausdrücklich den *state courts* vorbehalten[1061]. Vor diesem Hintergrund müsste es diesen auch obliegen, die überwiegende Zahl von *class actions* zu entscheiden und auf diesem Gebiet die maßgeblichen Grundsätze zu formen.
Schließlich sind die *federal courts* bereits nach der Verfassung Gerichte limitierter Zuständigkeit. Der Schwerpunkt ihrer Funktion liegt bei der Auslegung und Weiterentwicklung des Bundesrechts. Eine Überlastung mit Fällen, die materiellrechtlich von *state law* regiert werden, widerspricht ihrer funktionellen Stellung und bedeutet damit nach Ansicht verschiedener Stimmen in der Literatur auch eine Verschwendung wertvoller Ressourcen[1062].
Gleichzeitig ist in der Praxis die Verlagerung der Prozessmasse auf die *state courts* nicht unproblematisch, insbesondere, wenn sie auf den bereits angesprochenen Praktiken exessiven *forum shoppings* beruht und nur dazu dient, auf materiellrechtlicher Ebene das vorteilhafteste Ergebnis – insbesondere für die klägerischen Anwälte – zu erzielen.

4. Tendenz: Missbrauch der state courts für class action-Verfahren

Auch dierestriktive Rechtsprechung der Bundesgerichte führte in den letzten Jahren – neben den entsprechenden Taktiken der klägerischen Anwälte – im Ergebnis zu einem zum Teil nicht unerheblichen Missbrauch der *class action* in einigen *state courts* bzw. fördert die entsprechenden Tendenzen jedenfalls nicht unerheblich.

1060 Ryan, 54 Baylor L. Rev. 467, 501 (2002).

1061 Newberg 13:22.

1062 Newberg 13:22; Weber, 26 Wm & Mary Envtl. L. & Pol'y Rev. 93, 103 (2001).

Obwohl die einzelstaatlichen Zertifizierungsvoraussetzungen sich meistens nicht grundlegend von den bundesrechtlichen unterscheiden, haben die einzelstaatlichen Gerichte zum Teil sehr laxe Haltungen diesbezüglich gezeigt[1063]. Die Anwälte suchen sich daher gezielt diese Staaten für ihre Klagen aus, was dazu führt, dass gewisse Staaten eine disproportionale Menge von bundesstaatenübergreifenden (*multi-state*) oder bundesweiten (*nationwide*) *class actions* bewältigen und damit in der Praxis die allgemeine „*class action*-Politik" „diktieren"[1064]. Hinzu kommt die verbreitete Praxis der sog. *copycat-class action*, die darin besteht, dass Klägeranwälte eine mehr oder weniger identische *class action* gleichzeitig in verschiedenen *state courts* anhängig machen, um mit dieser Art des *forum shoppings* schließlich das beste mögliche Ergebnis zu erzielen[1065]. Aufgrund der bereits erörterten Schwierigkeiten, die Voraussetzungen der *diversity jurisdiction* in *class actions* darzulegen, kann der Beklagte oftmals auch keine Verweisung an ein Bundesgericht erreichen.

Nichtsdestotrotz lehnen inzwischen auch immer mehr *state courts* die Zertifizierung oftmals aufgrund von Problemen im Zusammenhang mit *manageability* und *predominance* ab[1066]. Das gilt insbesondere im Hinblick auf sog. „Tabakklagen"[1067], nachdem eine solche in einer wichtigen Entscheidung vor einem

---

1063 So wurden zum Teil Klagen zertifiziert, bevor dem Beklagten überhaupt die Klage zugestellt wurde und er Gelegenheit hatte sich zu verteidigen; siehe Klonoff/Bilich, Non Federal Question, 390.

1064 „*Federal class action policy*"; siehe Klonoff/Bilich, Non Federal Question, 392.

1065 Diese Taktik ist insbesondere dadurch möglich, dass es vor den *state courts* keinen *18 U.S.C. §1407* entsprechenden Mechanismus zur Konsolidierung verschiedener Verfahren vor einem Gericht gibt ; Klonoff/Bilich, Non Federal Question, 391; zur Konsolidierung in diesem Teil unten unter VIII.4.

1066 Siehe z.B. *Cartiglia v. Johnson & Johnson Co., No. Civ.A.MID-L-2754-01, 2002 WL 922894, at 18 f. (N.J. Super. Ct. Apr. 24, 2002)* (class certification abgelehnt wegen *"factual variation"*)*; Weinberg v. Sun Co. , Inc., 777 A.2d 442 (Pa. 2001)* (ebenfalls Ablehenung der Zertifizierung wegen zu großer individueller Variation der Tatsachen)*;Stone v. Compuserve Interactive Servs., Inc., 804 So. 2d 383, 389 (Fla. Dist. Ct. App. 2001)* (keine *"predominance"* aufgrund zu vieler verschiedener auf den Sachverhalt anwendbarere materiellrechtlicher einzelstaatlicher Vorschriften)*; Ex Parte Green Tree, 723 So 2d. 6, 9 ff. (Ala. 1998)* (faktische und rechtliche Unterschiede)*;Zarrella v. Minnesota Mut. Life Ins. Co., 1999 WL 226223 (Superior Court of Rhode Island 1999)* (zu viele materiellrechtlich anwendbare Rechtsordnungen)*; Geiger v. American Tobacco Co., 696 N.Y.S.2d 345, 352 (N.Y. Sup. Ct. 1999)* (Die IPR-rechtliche Problematik verlangt die individuelle Behandlung der Ansprüche).

1067 siehe etwa *Arch v. American Tobacco Co., 175 F.R.D. 469, 474 (E.D. Pa. 1997); Smith v. Brown & Williamson Tobacco Corp., 174 F.R.D. 90, 92 (W.D. Mo. 1997); Reed v. Philip Morris Inc., No. 96-5070, 1997 WL 538921, at 1 (D.C. Super. Ct. Aug. 18, 1997).*

Bundesgericht nicht zertifiziert wurde[1068]. Die Notwendigkeit, im Ergebnis unterschiedliche einzelstaatliche Vorschriften anwenden zu müssen sowie die faktischen Unterschiede, führen im Ergebnis jedenfalls teilweise auch hier zu negativen Zertifizierungsentscheidungen[1069].
Das rechtliche Dilemma ist insofern in beiden Gerichtssystemen identisch und von den Richtern in beiden Fällen nicht lösbar. Die beiden Alternativen, die sich aktuell anbieten sind somit entweder ein Beibehalten des Status Quo, d.h. unvorhersehbare Einzelfallentscheidungen je nach herrschender Auffassung im jeweiligen Gerichtsbezirk oder eine endgültige Regelung durch den Gesetzgeber. Dabei wäre diesbezüglich bereits die Schaffung eines bundeseinheitlichen Internationalen Privatrechts ein möglicher erster Schritt. Zwar würde die grundsätzliche Problematik im Zusammenhang mit bundesweiten *class actions* damit nicht aus der Welt geräumt, zumindest aber ein Mindestmaß an Einheitlichkeit, Vorhersehbarkeit und damit Rechtssicherheit geschaffen[1070]. Noch weitergehend wäre die viel diskutierte Schaffung eines einheitlichen Deliktsrechts, sei es auch nur in spezifischen Bereichen, wie etwa der Produkthaftung[1071].

VIII. Verweisungsmöglichkeiten vor state und federal courts

Aufgrund der angesprochenen oftmals gegebenen konkurrierenden Zuständigkeiten zwischen Bundesgerichten und den Gerichten der Einzelstaaten einerseits sowie auch der Möglichkeiten konkurrierender Klagen innerhalb desselben Gerichtszweiges, bestehen verschiedene Möglichkeiten, die Verweisung eines Verfahrens an ein anderes Gericht oder aber die Zusammenlegung mit anderen Verfahren zu erreichen. Angesichts der inzwischen allgemein restriktiven Zertifizierungsrechtsprechung der Bundesgerichte im Rahmen von Verfahren, die unter eine Bundeszuständigkeit fallen, sollte der ausländische Beklagte insbesondere erwägen, ob er im Fall einer gegen ihn angestrengten Klage vor einem *state court* die Möglichkeit eines Verweisungsantrags in Betracht zieht. Mit dem *CAFA* sind dabei parallel zur erheblichen Ausweitung der *diversity*-Zuständigkeit auch die Möglichkeiten für den Beklagten im Rahmen großer *class action*-Verfahren eine solche Verweisung an ein Bundesgericht zu erwirken erheblich

---

1068 *Castano v. American Tobacco Co., 84 F.3d 734, 740 ff. (5th Cir. 1996)* (Dezertifizierung einer *class* aus Rauchern mangels Überwiegen gemeinsamer faktischer und rechtlicher Fragen).

1069 Etwa im Fall von Verbraucherschutzregelungen; siehe Feldman/Fleischmann, 297 ff.

1070 Siehe dazu auch Baker, 31 Seton Hall L. Rev. 698 (2001).

1071 So auch Harford , 38 Duq. L. Rev. 109, 125 (1999); zum *„tort reform movement"* siehe Baker, 31 Seton Hall L. Rev. 698, 700 ff. (2001).

verbessert worden. Schließlich ist teilweise auch an eine Verweisung innerhalb desselben Gerichtszweigs zu denken[1072].

1. Removal gem. § 1441

Die *removal*-Zuständigkeit ist eine Ausnahme zur allgemeinen Regel, dass der Kläger das zuständige Gericht auswählt. Die unter Umständen bestehende Option einer Klage vor einem Bundesgericht soll mit hiermit dem Beklagten ebenso wie dem Kläger eröffnet werden[1073]. Angesichts der großen Zahl von *class actions*, die heutzutage in *state courts* anhängig gemacht werden und der teilweise sehr unterschiedlichen Umgehensweise mit dieser Klageform, ist das *removal* in diesem Bereich ein wichtiges prozessuales Instrument für den Beklagten[1074].

Auf Antrag des Beklagten kann dabei gem. *28 USC § 1441* das einzelstaatliche Gericht an den jeweils zuständigen *Federal District Court* verweisen[1075]. Die umgekehrte Möglichkeit besteht hingegen nicht[1076]. Das entspricht den rechtspolitischen Vorstellungen, die hinter dem System der ineinander übergreifenden Zuständigkeiten zwischen bundes- und einzelstaatlichen Gerichten stehen. Die Bundesgerichte sind konkurrierend zuständig, wenn entweder „ihr" Bundesrecht ausschlaggebend in dem jeweiligen Rechtsstreit ist oder aber aufgrund der Erfüllung der *diversity*-Voraussetzungen ihre größere „Neutralität" gefragt ist. Umgekehrt ist kein Fall denkbar in dem insofern die Gerichte der Einzelstaaten in die Domäne der Bundesgerichte eingreifen können sollten[1077].

1072 Die Verweisungsmöglichkeiten sind dabei zu unterscheiden von den rechtlichen Möglichkeiten der Gerichte selbst, unter gewissen Umständen die Führung von Parallelprozessen zu vermeiden; sog. *„injunctions"*; siehe etwa die Vorschrift zur *„federal injunction"* in *28 USC § 2283*; dazu auch *Huffmann v. Pursue, Ltd., 420 US 592 (1975)* und oben unter Teil 2 A.V.3.

1073 Shreve, Civil Procedure, § 5.07 (1); allgemein dazu Feldmann, 74 Tul. L. Rev. 1621, 1626 (2000).

1074 Partridge/Miller, 74 Tul. L. Rev. 2125, 2142 (2000); siehe auch aus der Rechtsprechung *In re General Motors Corp. Pick-up Truck Fuel Tank Prods. Liab. Litig., 55 F. 3d 768, 779 (3d Cir. 1995); O'Keefe v. Mercedes-Benz United States, 214 F.R.D. 266 (2003).*

1075 Der Antrag muss innerhalb von 30 Tagen ab Erhalt der Klageschrift bzw. der Ladung gestellt werden (*28 USC § 1441*); zu den weiteren formellen Voraussetzungen Mucchetti, WIB 1997, 444, 446.

1076 Allerdings ist als Antwort auf den Verweisungsantrag durch den Beklagten ein Antrag des Klägers auf Rückverweisung an das einzelstaatliche Gericht denkbar (sog. *remand*), siehe dazu Mucchetti, WIB 1997, 444, 446.

1077 Etwas anderes ist dabei z.B. die ausschließliche Zuständigkeit der einzelstaatlichen Gerichte für Ehesachen (*domestic affairs*). Hier wird von vornherein ein Bereich abgesteckt, der –örtlich nah am Geschehen – von den Staatengerichten exclusiv übernommen werden soll.

Voraussetzung für ein *removal* ist damit eine originäre Zuständigkeit der Bundesgerichte[1078]., wobei es maßgeblich auf den Zeitpunkt des Verweisungsantrags ankommt[1079].
Macht der Beklagte also z.B. die Zuständigkeit wegen *federal questions* geltend, so muss die Klage auf Bundesrecht gestützt sein[1080]. Im Rahmen der klassischen *diversity jurisdiction* gilt allerdings eine Besonderheit: Hier muss das Kriterium der *complete diversity* sowohl zum Zeitpunkt der ursprünglichen Klage als auch zum Zeitpunkt des *removal* erfüllt sein[1081]. Schließlich muss im Zweifel – je nach Rechtsprechung im jeweiligen Bezirk – jedes Gruppenmitglied das Streitwertkriterium erfüllen[1082]. Mitglieder der *class*, die die Schwelle von 75.000 Dollar nicht erreichen, werden auch in diesem Fall mangels sachlicher Zuständigkeit von der Klage ausgeschlossen.[1083] Zu beachten ist schließlich, dass das Bundesgericht, an das das Verfahren verwiesen wurde, wiederum die Möglichkeit hat, die Klage auf Antrag wieder an den jeweiligen *state court* zurückzuverweisen (*remand*)[1084].

2. *Erweiterte removal-Möglichkeiten gem. § 1453 n.F.*

Parallel zu der erheblich erweiterten *diversity*-Zuständigkeit im Rahmen bestimmter *class actions* hat der *CAFA* auch neue *removal*-Möglichkeiten geschaffen. Diese ergeben sich zum einen bereits daraus, dass ein *removal* immer dann möglich ist, wenn ein Bundesgericht originär zuständig ist, so dass eine Erweite-

---

1078 *28 U.S.C. § 1441 (a)*; *Syngenta Crop Prot., Inc. v. Henson, 123 S. Ct. 366 (2002).*

1079 In *Caterpillar Inc. v. Lewis, 519U.S. 61, 64 (1996)* allerdings entschied der *Supreme Court* im Hinblick auf das *diversity*-Kriterium, dass dessen Fehlen insofern geheilt sein soll, wenn es im Zeitpunkt der entgültigen Entscheidung besteht. Allerdings lagen der Entscheidung besondere Umstände zugrunde, so dass wohl nicht von einer Allgemeingültigkeit der hier getroffenen Aussage ausgegangen werden kann; siehe dazu insbesondere differenzierend *Vasura v. Acands, 84 F. Supp. 2d 531 (2000).*

1080 Vgl. etwa *Carnegie-Mellon University v. Cohill, 484 US 343 (1988), Caterpillar, Inc. v. Williams, 482 US 386, 393 (1987);*(nicht ausreichend ist, dass die Verteidigung sich auf Bundesrecht stützt); *Merell Dow Pharmaceuticals, Inc. v. Thompson, 478 U.S. 804, 813 (1986)* (nicht ausreichend ist die bloße Existenz einer bundesrechtlichen Frage).

1081 *Vasura v. Acands, 84 F. Supp. 2d 531, 535 (2000); Kaneshiro v. North American Co. for Life and Health Ins., 496 F.Supp. 452, 455 (D. Hawai 1980);* eine Ausnahme gilt bei *removal* des *non-diverse defendant* vor dem Verweisungsantrag; siehe *LGP Gem, Ltd. v. Cohen, 636 F. Supp. 881, 883 (1986).*

1082 *O'Keefe v. Mercedes-Benz United States, 214 F.R.D. 266,283 (2003).*

1083 So etwa im Fall *O'Keefe v. Mercedes-Benz United States, 214 F.R.D. 266,283 (2003),* wo nur diejenigen Fahrzeugeigentümer erfasst wurden, die entweder mindestens 75.000 Dollar für ihr Fahrzeug gezahlt hatten oder aber es in Wisconsin für mindestens 37.500 Dollar gekauft hatten, weil dort das einzelstaatliche Recht einen doppelten Schadensersatzanspruch vorsieht.

1084 Siehe den Verweis in *28 U.S.C. § 1453 (c) (1).*

rung der Zuständigkeit automatisch in gleichem Maße weitergehende *removals* erlaubt[1085]. Zum anderen wurden aber auch einige spezifische Neuerungen eingeführt.

So war vor dem *CAFA* ein *removal* nur innerhalb eines Jahres nach Klageerhebung überhaupt möglich, was zu erheblichen Missbräuchen führte: So wurde in der Vergangenheit von Klägerseite oftmals zunächst ein beliebiger *instate defendant* mitverklagt, um ein *removal* wegen fehlender *complete diversity* unmöglich zu machen[1086]. Dieser *„token defendant"* wurde dann, sobald die Jahresfrist abgelaufen war, regelmäßig wieder aus dem Verfahren genommen mit der Folge, dass der eigentlich anvisierte Beklagte nun keinen Verweisungsantrag mehr stellen konnte[1087]. Mit dem *CAFA* wurde nunmehr die Jahresfrist für *class actions*, die unter die erweiterte *diversity*-Zuständigkeit fallen ausdrücklich abgeschafft[1088].

Darüber hinaus wurde die weiteren beiden einschränkenden *removal*-Voraussetzungen ausdrücklich abgeschafft, wonach zum einen jeweils die Zustimmung aller Beklagten notwendig war und zum anderen ein *removal* immer dann ausgeschlossen war, wenn einer der Beklagten *citizen* des Bundesstaates war in dem die Klage anhängig gemacht wurde[1089].
Neu ist schließlich auch die Möglichkeit, eine etwaige Entscheidung des Bundesgerichts über einen Zurückverweisungsantrag (*remand order*) nach erfolgtem *removal* sofort vor dem Berufungsgericht – nach Zulassung durch dieses – anzugreifen[1090]. Erfolgt die Zulassung, so muss das Berufungsgericht innerhalb von 60 Tagen entscheiden, anderenfalls gilt die Berufung als zurückgewiesen[1091]. Ein derartiges Zwischenurteil war nach der alten Rechtslage in der Praxis so gut wie unmöglich[1092].

Insgesamt wird es für den Beklagten in Zukunft bei Vorliegen der Voraussetzungen der neu geschaffenen *diversity*-Zuständigkeit im Rahmen von *class actions* unter erleichterten Bedingungen möglich sein, das gegen ihn vor einem *state court* anhängige Verfahren an ein Bundesgericht verweisen zu lassen.

1085 Sehr kritisch zu den durch den *CAFA* geschaffenen weitgehenden *removal*-Möglichkeiten und für einen nicht auf objektive Kriterien, sondern Ermessen gestützten Ansatz Morrison, 57 Stan. L. Rev. 1521, 1545 ff. (2005).

1086 Weintraub, 46 S. Tex. L. Rev. 893, 894 (2005).

1087 Blumstein, 41 Tenn. B.J. 16, 21 (2005).

1088 *28 U.S.C. § 1453 (b).*

1089 Siehe jetzt ausdrücklich erweiternd *§ 1453 (b).*

1090 *28 U.S.C. § 1453 (c) (1).*

1091 *28 U.S.C. § 1453 (c) (2).*

1092 Siehe dazu Blumstein, 41 Tenn. B.J. 16, 21 (2005).

3. *Transfer zwischen district courts*

Gem. *28 U.S.C. § 1404 (a)* kann ein *district court* einen zivilrechtliches Verfahren im Interesse von Parteien und Zeugen an jeden anderen *district court* verweisen, an dem dieses hätte geführt werden können[1093]. Dieser *federal transfer* dient dazu eine Änderung der örtlichen Zuständigkeit zwischen Bundesgerichten zu ermöglichen[1094].

In diesem Fall geht es also nicht mehr um Fragen der sachlichen subject matter jurisdiction oder „persönlichen" *personal jurisdiction*, sondern vielmehr Fragen der örtlichen Zuständigkeit (*venue*)[1095].

Dahinter steht der Gedanke, die oft sehr weiten örtlichen Zuständigkeiten der *federal courts* zu korrigieren, die in vielen Fällen dazu führen, dass ein Streit in einem „unpassenden" (*inconvenient*) Forum ausgetragen werden muss[1096]. Der *transfer* erlaubt insofern die Verweisung an ein besser geeignetes Forum[1097] aus rein praktischen Erwägungen[1098]. Einen Antrag auf Verweisung können sowohl der Kläger als auch der Beklagte stellen. Das nunmehr mit dem Verfahren befasste Gericht muss in beiden Fällen allerdings das IPR des verweisenden Ge-

---

1093 *28 U.S.C. § 1404 (a)* lautet: *„For the convenience of parties and witnesses, in the interest of justice, a District Court may transfer any civil action to any other district or division where it might have been brought."* Zu den Anforderungen an die Zuständigkeit des transferierten (aufnehmenden) Gerichts siehe *Hofmann v. Blaski, 363 U.S. 335 (1960).*

1094 *Piper Aircraft Co. v. Reyno, 454 U.S. 235, 253 (1981).*

1095 Verwischt wird diese Unterscheidung allerdings in *Piper Aircraft Co. v. Reyno, 454 U.S. 235, 241 Fn. 5 (1981),* wo implizit das Vorgehen des *district courts* abgesegnet wird, der seine Verweisung gem. *§ 1404* auf die fehlende *personal jurisdiction* gestützt hatte. Dogmatisch ist dieses Vorgehen verfehlt. Fehlt die Zuständigkeit so hat das Gericht per Definiton ja gerade nicht die Macht, eine Entscheidung über den Beklagten zu fällen, und kann also eigentlich nicht rechtsverbindlich entscheiden, dass das Verfahren gegen ihn vor einem anderen (insoweit zuständigen) *district court* verhandelt wird. Indem das Gericht diese Entscheidung über den Beklagten fällt, übt es ja gerade die Zuständigkeit über ihn aus, die es eben erst abgelehnt hat. Richtigerweise müsste das Gericht in diesem Fall die Klage abweisen.

1096 *Albert J. Ferens v. John Deere Company, 494 U.S. 516 (1990),*

1097 So können etwa zwei Verfahren, die auf dem gleichen Klagegrund (*issue*) beruhen, mittels dieser Vorschrift an einem *district court* zusammengefasst werden; so in *Albert J. Ferens v. John Deere Company, 494 U.S. 516 (1990),* wo eine vertragliche Garantie-Klage und eine deliktische Klage an *district courts* in verschiedenen Bundesstaaten anhängig waren. Vgl. auch *Continental Grain Company v. THE Barge FBL-585 and Federal Barge Lines, Inc., 364 U.S. 19 , 26.*

1098 Demgegenüber kann das Bundesgericht gem. *28 U.S.C. § 1406 (a)* eine Klage abweisen, wenn es örtlich nicht zuständig ist, oder – ähnlich wie im Fall von *§ 1404* – sollte es „in the interest of justice" sein, den Prozess an einen anderen *district court* verweisen, vor dem die örtliche Zuständigkeit korrekt gewesen wäre. Hier geht es insofern um einen Fall tatsächlich fehlender örtlicher Zuständigkeit.

richts anwenden[1099]. Hintergrund der Verweisung soll insofern nur ein rein praktischer Aspekt im Hinblick auf die örtliche Austragung des Rechtsstreits sein[1100]. Das annehmende Gericht übernimmt den Prozess exakt so, wie er im ursprünglichen Forum geführt worden wäre[1101]. Problematisch ist dennoch eine andere Form von *forum shopping*: Der Kläger kann theoretisch sein Forum einzig nach dem dort anwendbaren Recht auswählen und später durch einen Verweisungsantrag das „ungeeignete" Forum durch ein „geeignetes" – zum Beispiel innerhalb seines Wohnsitzstaates – ersetzen[1102]. Damit wird der Kläger in zweierlei Hinsicht privilegiert: Er hat die Wahl hinsichtlich des anwendbaren Rechts und die Wahl des Forums[1103].

Im Rahmen von *class actions* erlaubt *§ 1404 (a)* die Verweisung einer *class action* an einen *district court*, in dem eine (oder mehrere) parallele (*duelling*) *class action* anhängig ist[1104]. Für den Beklagten kann die Vorschrift unter Umständen einen taktischen Vorteil bedeuten, wenn die Mitglieder der *class* weit verstreut sind, so dass die Wahl des Forums durch den Kläger an Bedeutung verliert[1105]. In diesem Fall kann er versuchen, den Prozess an einen *district court* zu verweisen, der für ihn am vorteilhaftesten ist. Insbesondere, wenn bereits mehrere Verfahren vor Bundesgerichten anhängig sind, können diese so in den gleichen Bezirk gebracht werden.

1099 *Van Dusen v. Barrack, 376 U.S. 612 (1964)* bei Verweisungsantrag des Beklagten; *Albert J. Ferens v. John Deere Company, 494 U.S. 516 (1990)* bei Verweisungsantrag durch den Kläger.

1100 *"(...) a federal judicial housekeeping measure, (...) intended (...) simply to authorize a change of courtrooms", Van Dusen v. Barrack, 376 U.S. 612, 635 ff (1964).*

1101 Im Hinblick auf die von *Erie* angestrebte Einheitlichkeit der Rechtsprechung innerhalb eines bestimmten Bundesstaates mag diese dennoch fraglich erscheinen, da sie im Ergebnis dazu führt, dass bei *transfer*-Entscheidungen der *federal court* doch nicht das Recht des Forums, sondern vielmehr fremdes Recht (das des verweisenden Forums) anwendet. Insofern wurde hier das Ziel, *forum shopping* (des Beklagten) zu verhindern über das Ziel einer einheitlichen Entscheidungsfindung innerhalb der Bundesstaaten gestellt.

1102 Angesichts der Tatsache, dass der Kläger das ursprüngliche Forum auswählt, erscheint es ungewöhnlich, ihm auch noch die Möglichkeit einer Verweisung offen zu halten; dies entspricht aber im Ergebnis dem Ziel der Vorschrift, im Interesse aller Beteiligten den Rechtsstreit in dem objektiv geeignetsten Forum auszutragen; vgl. *Albert J. Ferens v. John Deere Company, 494 U.S. 516 (1990)*.

1103 Das Problem sieht *Albert J. Ferens v. John Deere Company, 494 U.S. 516 (1990): "Our rule may seem too generous because it allows the Ferensees to have both their choice of law and their choice of forum, or even to reward the Ferensees for conduct that seems manipulative."*

1104 Wenn die *class actions* dann im gleichen *district* anhängig sind, können sie gem. *Rule 42 (a)* konsolidiert werden; siehe Wasserman, 80 B.U.L. Rev. 461, 509 f. (2000); siehe dazu auch gleich in diesem Teil unten unter 4.

1105 Newberg, § 5:41.

4. *Zusammenführung gem. Rule 42 a und der Transfer unter dem Multidistrict Litigation Statute gem. 28 U.S.C. § 1407*

Rule 42 (a) erlaubt eine Zusammenlegung von Verfahren innerhalb desselben *districts*, wenn gemeinsame Tatsachen oder Rechtsfragen bestehen. Die Vorschrift ist insofern außerordentlich restriktiv, als sie nur für Verfahren gilt, die vor demselben Bundesgericht anhängig sind[1106]. Dagegen erlaubt der durch den *Multidistrict Litigation Act* eingeführte *28 U.S.C. § 1407 (a)* eine Zusammenlegung (*consolidation*) von Verfahren, die in unterschiedlichen Districts anhängig sind[1107]. Allerdings ist die Vorschrift insofern enger als Rule 42 (a), als sie nur auf das Verfahren vor der eigentlichen Verhandlung (*pretrial proceedings*) Anwendung findet und zudem grundsätzlich nur gemeinsame Tatsachenfragen betrifft. Schließlich wird der *transfer* nur dann erlaubt, wenn dies zur Annehmlichkeit der Parteien und Zeugen geschieht und die Effizienz des Verfahrens fördert[1108].

Der *Multidistrict Litigation Act* hat damit die Möglichkeit geschaffen, mehrere an Bundesgerichten anhängige Verfahren an einem einzigen *district court* zusammenzufassen[1109]. Zu diesem Zweck hat die Vorschrift ein eigenes Gremium (das *Judicial Panel on Multidistrict Litigation* oder *JPML*) etabliert, das aufgrund von praktischen Gesichtspunkten darüber entscheidet, wann Verfahren konsolidiert werden sollen und an welchen Richter bzw. welches Gericht sie verwiesen werden sollen[1110]. Nach Beendigung des gemeinsamen Verfahrens müssen die einzelnen Verfahren nach der jüngsten Rechtsprechung allerdings wieder an das transferierende Gericht zwecks der eigentlichen Verhandlung der Sache zurückgegeben werden[1111].

1106 Klonoff, Non Federal Question, 363.

1107 Ausführlich zum Verfahren Klonoff, Non Federal Question, 352 ff.; Klonoff/Bilich, Non Federal Question, 411 ff.

1108 "(…)*for the convenience of the parties and witnesses and will promote the just and efficient conduct of such actions*"; *28 U.S.C. 1407 (a)*.

1109 Die Situation im Fall eines *transfers* gem. § 1407 ist dabei zunächst die gleiche wie unter die des *transfers* unter *§ 1404*, vgl. *In re „Agent Organge" Product Liability Litigation, 580 F.Supp. 690 (E.D. N.Y. 1984)*; zum Verfahren *In re Silicone Breast Implants, 793 F.Supp. 1098 (J.P.M.L. 1992); In re Multi-Piece Rim, 464 F.Supp. 969 J.P.M.L. 1979)*.

1110 Siehe *In re Master Key, 320 F. Supp. 1404 (J.P.M.L. 1971)*.

1111 Der *Supreme Court* hat in *Lexecon v. Milberg Weiss, 523 U.S. 26 (1998)* insofern der Praxis der Bundesgerichte ein Ende bereitet, das konsolidierte Verfahren entgegen dem Wortlaut von *§ 1407* über das *multidistrict*-Verfahren hinaus zu behalten und das endgültige Urteil zu sprechen. Diese Rechtsprechung wird zum Teil als Argument dafür angeführt, dass *class actions* vor einem *state court* besser aufgehoben seien, weil hier die unter Umständen mit der Konsolidierung einhergehenden Verzögerungen vermieden würden; Weber, 26 Wm & Mary Envtl. L. & Pol´y Rev. 93, 98 (2001).

(a) Bedeutung des Multidisctrict Litigation Act im Rahmen von class actions

Die hier geschaffene Kollektivierungsmöglichkeit lässt sich dabei zunächst als Alternative zum Instrument der *class action* begreifen[1112]. In beiden Fällen wird im Interesse der Prozessökonomie versucht, durch das Mittel der „Kollektivierung" eine Vielzahl von Ansprüchen bzw. Verfahren zusammenzufassen. Gleichzeitig lässt sich der *transfer* aber auch mit dem Instrument der *class action* kombinieren[1113].

So kann dieVorschrift im Rahmen von *class actions* sowohl dazu benutzt werden, eine Konsolidierung mit anderen Einzelprozessen als auch die Zusammenlegung verschiedener *class action*-Verfahren aus unterschiedlichen *district courts* zu erreichen[1114]. Angesichts der Masse an Parallelprozessen in diesem Bereich ist die hier geschaffene Möglichkeit von besonderem Wert und spielt hier eine bedeutende Rolle[1115].

Sie wurde bislang insbesondere in kartellrechtlichen Fällen und bei Verfahren im Zusammenhang mit Großunfällen wie Flugzeugunglücken herangezogen, außerdem in patent- und markenrechtlichen Streitigkeiten, Produkthaftungsfällen und Aktionärsklagen[1116]. Auch im Rahmen der Verfahren gegen den Bayer-Konzern, wurde eine Vielzahl von Klagen im Dezember 2001 vom *JPML* vor dem *District Court of Minnessota* konsolidiert[1117]. Das Gleiche geschah im Rahmen von Verfahren im Zusammenhang mit dem Seilbahnunglück in Kaprun, wo die Verfahren gegen die unterschiedlichen Beklagten für die Behandlung von *pretrial questions* vor einem New Yorker Gericht konsolidiert wurden[1118]. Die Vorschrift ist dabei besonders nützlich, da sie oftmals hilft das Beweisverfahren zu beschleunigen und die immensen Kosten, die im Rahmen von *class action*-Verfahren anfallen, zu reduzieren[1119]. Insbesondere kann das Gericht, vor

---

1112 Erichson, 31 Seton Hall L. Rev. 877, 881 f. (2001).

1113 So sind seit Einführung der Vorschrift in ca. 35 % der Fälle, in denen ein *transfer* beantragt wurde, *class actions* involviert gewesen, im Fall von großen Produkthaftungsfällen sogar 41; Hensler, 31 Seton Hall L. Rev. 883 ,900 (2001).

1114 Newberg, § 4:31.

1115 Dazu insgesamt Erichson, 31 Seton Hall L. Rev. 877 (2001) und Hensler, 31 Seton Hall L. Rev. 883 (2001).

1116 Siehe etwa *In re Asbestos Products Liability Litigation, 771 F. Supp. 415 (1991); In re Ford Co Bronco II Product Liability Litigation, MDL-991 Sec. G (ED La Mar 20, 1995)* (hier wurden zunächst fünf Verbraucher *class actions* zusammengeführt und schließlich noch zwei hinzugefügt, siehe *In re Ford Motor Co. Bronco II Prod. Liab. Litig., 982 F. Supp. 388 (1997)).*

1117 Siehe *In re Baycol Products Litigation, 218 F.R.D. 197*

1118 Siehe *In re Ski Train Fire in Kaprun, Austria on November 11, 2000, 2003 U.S. Dist. LEXIS 17958.*

1119 Hensler, 31 Seton Hall L. Rev. 883, 890 (2001).

dem die Verfahren konsolidiert werden, nach verbreiteter Ansicht gem. *§ 1407 (a)* auch über die Zertifizierung entscheiden[1120].

Gerade der Beklagte wird in der Regel ein Interesse daran haben, Verfahren aus dem Bereich der *mass tort litigation* lieber kollektiv als individuell zu entscheiden. Das gilt insbesondere dann, wenn insgesamt die Masse an Verfahren die finanzielle Belastbarkeit eines Unternehmens zu übersteigen droht[1121]. Der Beklagte kann dann bezüglich der vor Bundesgerichten anhängigen Klagen in der gleichen Sache erreichen, dass möglichst viele davon konsolidiert und damit im vorprozessualen Bereich gemeinsam abgehandelt werden. Damit steigen die Chancen für ihn, dass der Prozessstoff auf einmal und endgültig im Hinblick auf bestimmte Fragen – nicht zuletzt z.B. die Frage der Zertifizierung – bindend geregelt wird und gleichzeitig die Transaktionskosten so gering wie möglich gehalten werden. Dadurch, dass die Verfahren nach Abschluss des *pre-trial*-Verfahrens zur eigentlichen Verhandlung wieder an die ursprünglich zuständigen Gerichte zurückverwiesen werden müssen, fehlt es allerdings dennoch weiterhin an einer Möglichkeit, insgesamt einen endgültigen und einheitlichen Verfahrensabschluss herbeizuführen. Allerdings kann der Beklagte oftmals im Rahmen des Verfahrens vor dem *JPML* einen Vergleich erzielen, so dass es faktisch nicht mehr zu einer Rückverweisung kommt.

(b) Ausblick: Erweiterte Konsolidierungsmöglichkeiten durch den CAFA

Mit der durch den *CAFA* geschaffenen erweiterten bundesgerichtlichen Zuständigkeit für bestimmte *class actions* und die parallel dazu erweiterten *removal*-Möglichkeiten des Beklagten[1122] wird schließlich in Zukunft auch das *JPML* an Bedeutung gewinnen. So besteht nunmehr für Beklagte, die sich einer Vielzahl von Verfahren vor verschiedenen *state courts* gegenübersehen, die Möglichkeit, die verschiedenen Verfahren zunächst an ein Bundesgericht verweisen zu lassen und in einem nächsten Schritt unter dem *mulitdistrict litigation statute* zu konsolidieren, mit der Folge, dass das brisante Problem einer notwendigen „Verteidigung an multiplen Fronten" zumindest teilweise entschärft wird[1123].

[1120] So ausdrücklich (entgegen der Ansicht der Beklagten) *In re Ski Train Fire in Kaprun, Austria on November 11, 2000, 2003 U.S. Dist. LEXIS 17958, 3* m.w.N. aus der Rechtsprechung.

[1121] Hensler, 31 Seton Hall L. Rev. 883, 890 (2001).

[1122] Siehe dazu bereits in diesem Teil oben unter VI. und VIII.2.

[1123] So auch Blumstein, 41 Tenn. B.J. 16, 17 (2005).

5. Verweisung und Abweisung bei Anwendbarkeit des Foreign Sovereign Immunity Act

Schließlich besteht ausnahmsweise die Möglichkeit, ein Verfahren vor ein Bundesgericht zu bringen, wenn der Beklagte ein fremder Staat im Sinne des *Foreign Sovereign Immunity Act* von 1976 (*28 U.S.C. 1602 ff.*) ist. *28 U.S.C. § 1441 (d)* erlaubt dem Beklagten in diesem Fall, die Verweisung von einem *state court* an einen *district court* zu verlangen, damit letzterer dann die Entscheidung über die möglicherweise bestehende Immunität der beklagten Einheit trifft und im negativen Fall über die Sache selbst entscheidet[1124].

Der *Foreign Sovereign Immunity Act* statuiert den Grundsatz, dass ein fremder Staat solange nicht unter die Zuständigkeit der US-amerikanischen Gerichte fällt, wie nicht eine der besonders vorgesehenen Ausnahmen vorliegt[1125]. Ein fremder Staat ist dabei jede politische Untereinheit eines fremden Staates, Behörde oder sonstige staatliche Einheit[1126]. Darunter fielen bis vor kurzem insbesondere Tochtergesellschaften von staatlichen Unternehmen sowie unter Umständen Gesellschaften, die jedenfalls indirekt in staatlichem Besitz waren[1127]. Seit der wichtigen Entscheidung des *Supreme Court* in *Dole Food Company v. Patrickson*[1128] wurde der Anwendungsbereich des *FSIA* dahingehend eingeschränkt, dass er nur noch für solche Gesellschaften gilt, die direkt im Besitz des Staates sind und gerade nicht mehr für solche, die nur über den Umweg – z.B. einer Muttergesellschaft – dem Staat gehören. Eine Abweisung aufgrund der Anwendbarkeit des *FSIA* kommt damit auch für ausländische Beklagte in *class action*-Verfahren nur noch in Ausnahmefällen in Frage[1129].

1124 Dann besteht eine Zuständigkeit der Bundesgerichte aus *§§ 1330 (a), 1441 (d), 1605 (a) (2)*; siehe *Dole Food Company v. Patrickson, 123 S. Ct. 1655, 71 USLW 4301 (23. April 2003).*

1125 Insbesonder die in *28 U.S.C. § 1605 (a) (2)* normierte *"commercial activity exeption"*, die eingreift, wenn der Staat sich im weitesten Sinne in den USA wirtschaftlich betätigt und in diesem Zusammenhang verklagt wird.

1126 *A „political subdivision of a foreign state or an agency or instrumentality of a foreign state"*, vgl.. *28 U.S.C. § 1603.*

1127 Str.; dafür: *Delgado v. Shell Oil Co., 231 F.3d 165, 176 (5th Cir. 2000)*; dagegen: *In re Ski Train Fire in Kaprun, Austria on November 11 2000, 2002 WL 432385 (S.D.N.Y.); Patrickson v. Dole Food Co., 251 F.3d 795, 807 (9th Cir. 2001).*

1128 *123 S. Ct. 1655, 71 USLW 4301 (23. April 2003).*

1129 Zu den Ausnahmen sowie zur aktuellen Rechtsprechung des *Surpeme Court* siehe auch Winkler / Graf von Recke, NZG 2005, 241, 242 ff.

6. Abschließende prozesstaktische Überlegungen des Beklagten

Der Ausgang eines Prozesses hängt in vielen Fällen nicht unwesentlich von der Tatsache ab, vor welchem Forum die Klage letztlich entschieden wird. Gerade die oben behandelte Ausgangsfrage, ob ein Bundes- oder Staatengericht zuständig ist, stellt bereits erste wichtige Weichen für den weiteren Verlauf. Der Klägeranwalt wird das Forum, vor dem er die Klage anhängig macht, daher sorgfältig auswählen, und dabei, wie dargelegt, in der Regel vor ein Staatengericht ziehen[1130]. Wird in *diversity*-Fällen materiellrechtlich das gleiche Recht angewandt, unabhängig, ob der Fall vor einem *state* oder *federal court* anhängig ist, so sprechen einige Argumente für dafür, eine Verweisung an einen *federal court* anzustreben. Unabhängig von der größeren Neutralität der Bundesgerichte sollte die Frage nach dem Prozessrecht eine Rolle spielen. Insofern wird das Bundesrecht hier teilweise für den Beklagten günstiger sein, so etwa, wenn das einzelstaatliche Recht keine Möglichkeit vorsieht, die Zertifizierungsentscheidung direkt anzugreifen[1131].

Der *federal transfer* ermöglicht dabei dem Kläger unter Umständen, seinen Prozess zusammen mit dem vom ursprünglichen Forum festgelegten darauf anwendbaren Recht nachträglich in das von ihm vorgezogene Forum zu verschieben. Der Kläger hat damit in einem *federal court* unter Umständen die „freie Wahl" hinsichtlich des anwendbaren Rechts sowie hinsichtlich des Forums. Da nach der *Van Dusen*-Regel der Prozess das Recht des transferierenden Gerichts „mitnimmt", lässt sich mit Hilfe des *transfers* also das Ergebnis erreichen, dass die in *Erie* und *Klaxon* entwickelten Doktrinen gerade verhindern wollten: Die Wahl eines *federal courts* mit dem Ziel, die Anwendung eines anderen materiellen Rechts als vor dem *state court* zu erreichen[1132]. Prozesstaktisch sucht sich der Kläger in dieser Situation zunächst den *federal court* in dem Staat mit dem vorteilhaftesten Recht aus, um dort seine Klage einzureichen. Steht dann das anwendbare Recht fest, lässt er an einen *federal court* in dem ihm günstigsten Forum verweisen.

Im internationalen Kontext spielt der *transfer*-Aspekt allerdings eine weniger gewichtige Rolle. Der Kläger, der ohnehin von außerhalb der USA kommt, hat weniger ein spezifisches Interesse an einem bestimmten Forum als in erster Linie an einem bestimmten materiellen Recht. Im Gegensatz zu der noch zu behandelnden Möglichkeit, eine Klageabweisung wegen *forum non convenience*[1133] zu erwirken, erlaubt der *federal transfer* schließlich nur eine örtliche Verschiebung ein und desselben Prozessen an einen anderen *district court*. Insbe-

---

[1130] Klonoff, Non Federal Question, 335.

[1131] Zu dieser in *Rule 23 (f)* vorgesehenen Möglichkeit oben unter Teil 2 F.VI.

[1132] vgl. Justice Scalia in der *dissenting opinion*: *Albert J. Ferens v. John Deere Company, 494 U.S. 516 (1990)*.

[1133] Dazu in diesem Teil unten unter C.XIII.

sondere kann der ausländische Beklagte mit dem *transfer* keinen Wechsel im anwendbaren materiellen Recht herbeiführen, was aber sein vorrangiges Ziel sein wird. Die bloße Möglichkeit, den Streit vor einem anderen Gericht – in einem anderen US-amerikanischen Staat – zu führen, wird auch für ihn in aller Regel nicht von großem Interesse sein[1134].

Die über den *transfer* hinaus bestehenden Möglichkeiten der Konsolidierung von Prozessen sind alles in allem noch sehr begrenzt. Insbesondere gibt es keine Möglichkeit, im Zusammenhang stehende Prozesse, die vor *state* und *federal courts* anhängig sind, an einem Gericht zusammenzuführen[1135]. *Transfer* und *consolidation* funktionieren vielmehr nur, wenn die verschiedenen *class actions* alle in der gleichen Zuständigkeitsebene (*jurisdiction*), d.h. vor Bundesgerichten, anhängig sind. Angesichts der Tatsache, dass inzwischen eine Vielzahl von modernen *multiparty*-Fällen parallele Prozesse sowohl vor *state* als auch vor *federal courts* nach sich ziehen, ist diese Lücke im Prozessrecht nicht unbedeutend[1136]. Viele der existierenden Probleme würden entfallen, bestünde die Möglichkeit alle *class actions*, die die die gleiche *class* betreffen, an ein einziges Gericht zu verweisen und dort zu einem gemeinsamen Verfahren zu konsolidieren[1137]. Die Versuche des *Comittee on the Judiciary,* Gesetzesentwürfe vom *Congress* verabschieden zu lassen, die eben diese Situationen einheitlich regeln, sind aber bislang alle gescheitert[1138].

Allerdings bedeutet die durch den *CAFA* eingeführte erweiterte Bundeszuständigkeit in *diversity*-Fällen – wie bereits ausführlich dargelegt – in Zukunft die Chance, in einer Vielzahl von Fällen nunmehr verschiedene *state court class actions* in der gleichen Sache vor ein Bundesforum zu bringen und von da aus zwecks Konsolidierung vor ein JPML zu transferieren, um somit im Ergebnis die erhebliche Konzentrierung des Prozessstoffes mit samt aller damit zusammenhängenden erheblichen Vorteile für den Beklagten zu erreichen.

1134 Anders insofern gerade, wenn er in einem bestimmten Staat besonders präsent ist, etwa durch dort belegene Gesellschaften oder Filialen einer größeren wirtschaftlichen Einheit.

1135 Eine enge Ausnahme besteht im Fall der Insolvenz des Beklagten gem. *11 U.S.C. §§ 105* und *362*; siehe Klonoff, Non Federal Question, 358 ff.

1136 Klonoff, Non Federal Question, 363.

1137 Ausführlich Wasserman, 80 B.U.L. Rev. 461, 508 (2000).

1138 Siehe insofern den Gesetzentwurf zum *Multiparty, Multiforum Jurisdiction Act* von 2001, H.R. 860, 107 Cong. 2001; zum *Complex Litigation Project* von 1994 des *American Law Institute (ALI)*, siehe Klonoff, Non Federal Question, 364 f.

IX. Zwischenergebnis

Eine sachliche Zuständigkeit der Bundesgerichte wird sich in der Regel aus *diversity of citizenship* der Parteien ergeben. Grundsätzlich ist damit neben dem einzelstaatlichen Forum außerdem ein Forum vor einem *federal court* gegeben. Dies gilt nach dem *CAFA* in Zukunft aufgrund des für bestimmte *class actions* eingeführten *minimal diversty*-Kriteriums und der Möglichkeit von *aggregation of claims* in einer Vielzahl von Verfahren. Ist bereits ein Verfahren vor einem *state court* anhängig, so kann der Beklagte durch ein *removal* die Verweisung an ein Bundesgericht erreichen, sofern die Streitwertgrenze erreicht ist und die weiteren Voraussetzungen vorliegen. Die Unterschiede in der Behandlung von *class actions* durch Bundes- bzw. einzelstaatliche Gerichte sind dabei in erster Linie verfahrenstechnischer und in zweiter Linie rechtspolitischer Natur. Für den ausländischen Beklagten ist regelmäßig das Bundesforum vorzugswürdig.

Vor den Bundesgerichten wird grundsätzlich Bundesprozessrecht angewendet und damit insbesondere *Rule 23 FRCP* als bundesrechtliche *class action*-Vorschrift. Der Kläger hat in diesem Fall insbesondere den prozessualen Vorteil der *Rule 23 (f) FRCP* und damit die Möglichkeit, die Zertifizierungsentscheidung anzufechten. Diese ist vor einem *state court* in vielen Fällen (noch) nicht gegeben. Bei mehreren anhängigen Prozessen vor Bundesgerichten besteht zudem die Möglichkeit einer Verfahrenszusammenlegung vor einem *district court* (*consolidation*), die allerdings nur für den vorprozessualen Bereich eingreift und gerade keine einheitliche Entscheidung erlaubt. Dennoch hat sie unter Umständen enorme Kosteneinsparungen zur Folge und regelt insbesondere oftmals die Frage der Zertifizierung abschließend und einheitlich. Darüber hinaus muss der Beklagte vor einem *state court* unter Umständen mit mehr Voreingenommenheit ihm gegenüber seitens des Richters und einer eventuell am Verfahren beteiligten Jury rechnen.
Von Vorteil für den Beklagten kann aktuell schließlich gerade auch die Zurückhaltung der Bundesgerichte sein, im Rahmen der *diversity jurisdiction* nationale und internationale *class actions* zu zertifizieren. Aufgrund der besonderen Schwierigkeiten bei der Bewältigung des Prozessstoffes, insbesondere im Hinblick auf IPR-rechtliche Probleme, sehen die Bundesgerichte oft von einer Zertifizierung ab. Gelingt es dem ausländischen Beklagten also, das gegen ihn gerichtete Verfahren an ein Bundesgericht verweisen zu lassen, so sind seine Chancen auf eine ablehnende Zertifizierungsentscheidung erheblich besser. In diesem Fall hat er zumindest das spezifische *class action*-Risiko gebannt und damit oftmals ein praktisch sehr viel geringeres finanzielles Verlustrisiko.

Aufgrund der Besonderheiten der *diversity jurisdiction* wird die Grundlage der sich anschließenden materiellrechtlichen Prüfung in beiden Gerichtssystemen

allerdings einzelstaatliches Recht sein[1139]. Ob die Klage damit in einer *diversity*-Situation zwischen Kläger und Beklagtem letztlich vor einem *state* oder *federal court* des jeweiligen Forums endet, ist zumindest im Hinblick auf das materiell anzuwendende Recht gleichgültig. Insofern wird auch die sich an die sachliche Zuständigkeit anschließenden Frage nach den Voraussetzungen der *personal jurisdiciton* über den Beklagten regelmäßig nach einzelstaatlichem Recht beantwortet, da sie dem materiellen und nicht dem Prozessrecht zugeordnet wird[1140] und weil die spezielle bundesrechtliche Verweisungsnorm regelmäßig ausdrücklich auf das einzelstaatliche Zuständigkeitsrecht verweist[1141].
Das rechtliche Fundament auf dem *class actions* gegen ausländische Beteiligte ausgetragen werden, ist damit vorwiegend das materielle Recht der Einzelstaaten, begrenzt durch die US-amerikanische Verfassung. Hier muss damit auch aus Sicht des (potentiellen) ausländischen Beklagten der Schwerpunkt seiner Verteidigungsstrategie liegen.
Während die Fragen der sachlichen Zuständigkeit vor allem den sachlich zuständigen Gerichtszweig (*federal* oder *state*) bestimmen und damit insbesondere oft für den – positiven oder negativen – Ausgang der Zertifizierungsentscheidung ausschlaggebend sein werden, kann der ausländische Beklagte im Rahmen der eigentlichen materiellrechtlichen Prüfung, den Prozess insgesamt abwenden, wenn es ihm gelingt eine Abweisung der Klage aufgrund fehlender internationaler Zuständigkeit in Form der *personal jurisdiction* zu erreichen. Dieses Ergebnis wird regelmäßig sein erklärtes Ziel sein.

C. Verfassungsrechtliche Grenzen der internationalen Zuständigkeit auf einzelstaatlicher Ebene / State law

Die einzelstaatliche Ebene umfasst grundsätzlich die Fälle, in denen einer Klage einzelstaatliches Recht zugrunde liegt. Im Rahmen von *class action*-Verfahren wird das regelmäßig einzelstaatliches Deliktsrecht sein. In diesen Fällen gilt – unabhängig von der sachlichen Zuständigkeit eines Bundes- oder einzelstaatlichen Gerichts – ein einheitlicher rechtlicher Standard hinsichtlich der Voraussetzungen der internationalen Zuständigkeit.

I. Personal jurisdiction: Interstaatliche und internationale Zuständigkeit

Das US-amerikanische Recht unterscheidet von der sachlichen *subject matter jurisdiction* die „persönliche“ *personal jurisdiction* und damit insbesondere auch

[1139] *„A federal court adjudicating a state-created right solely because of the diversity of citizenship of the parties is for that purpose, in effect, only another court of the State.“ (Guaranty Trust Co. v. York, 326 U.S. 99, 108 (1945)).*

[1140] Kelleher, 75 Ind. L. J. 1191, 1222 (2000).

[1141] *Rule 4 (k) (1) FRCP*, dazu ausführlich in diesem Teil unten unter III.2. und D.I.

die internationale Zuständigkeit[1142]. Ist von „*jurisdiction*" die Rede, so ist meistens die Reichweite einer inländischen Gerichtsbarkeit gemeint. Hier geht es in erster Linie um die Zuständigkeitsabgrenzung der Bundesstaaten untereinander, d.h. die Regelung der interstaatlichen Zuständigkeit. Involviert in diese Analyse sind aufgrund der sachlichen Zuständigkeitsverteilung zwischen den beiden vertikalen Gerichtsebenen sowohl Bundes- wie auch einzelstaatliche Gerichte.

1. Schutz des Beklagten

Die *personal jurisdiction* wird zum Angelpunkt der internationalen Zuständigkeit, indem sie eine territoriale Zuständigkeit begründet[1143].
Während es allgemein anerkannt ist, dass einem Staat aufgrund seiner (territorialen) Souveränität das Recht zusteht, die in seinem Gebiet ansässigen, natürlichen Personen seiner Gerichtsbarkeit zu unterwerfen[1144], ist dies etwa bei ausländischen Unternehmen, die über Staatsgrenzen hinweg geschäftlich tätig sind, nicht so eindeutig zu bejahen[1145]. Das internationale Zivilprozessrecht befasst sich insofern mit Fragen der Zuständigkeit eines Staates über Personen fremder Staaten, d.h. konkret mit den Voraussetzungen, die erfüllt sein müssen, damit ein Gericht sich trotz der fremden Staatsbürgerschaft einer (natürlichen oder juristischen) Person für zuständig erklären kann. Im Gegensatz zum Staatsbürger, bei dem grundsätzlich die Gerichtsbarkeit zu bejahen sein wird, muss das ausländische Rechtssubjekt erst bestimmte Beziehungen zum Forumstaat vorweisen, um eine Zuständigkeit zu rechtfertigen. Denn die grundsätzliche Regel der Zuständigkeit über Rechtssubjekte im eigenen Staatsgebiet beinhaltet negativ formuliert die grundsätzliche Unzuständigkeit über Personen außerhalb des eigenen Staatsgebietes[1146]. Hier zeigt sich auf prozessrechtlicher Ebene die Grenze staatlicher Souveränität[1147]. *Personal* und *international* bzw. *interstate jurisdiction* können damit zunächst einmal gleichgesetzt werden. Denn die Frage nach der „persönlichen" Zuständigkeit stellt sich ja gerade erst in einem Kontext, in dem ein Beklagter nicht Staatsbürger des Forumstaates ist.

1142 Zum Begriff der *personal jurisdiction* und ihrer Funktionsäquivalente im deutschen Recht siehe in diesesm Teil oben unter A.V.2.

1143 Siehe auch Bernstein, GS Martens, S. 752.

1144 Grundsätzlich dazu die Entscheidung *Pennoyer v. Neff, 95 U.S. 714 (1878).*

1145 Lejeune, RIW 1998, 8, 9.

1146 Die Zuständigkeit über die eigenen Staatsbürger kann damit betrachtet werden als zu zahlender „Preis" für die Vorteile und den Schutz, die der Beklagte als Staatsbürger genießt; *Miliken v. Meyer, 311 U.S. 457 (1940).*

1147 vgl. dazu allgemein die Entscheidungen des *Supreme Court*: *Shaffer v. Heitner, 433 U.S. 186 (1977), Pennoyer v. Neff, 95 U.S. 714 (1878).*

Die *personal jurisdiction* wird dabei von der Rechtsprechung als eine „Angelegenheit der persönlichen Freiheit“ und demgegenüber die *subject matter jurisdiction* als Mittel zur Bewahrung verfassungsmäßiger Interessen betrachtet[1148]. Während man bei der Bestimmung der *subject matter jurisdiction* also aus der Perspektive des regulierenden Staates in erster Linie eine sinnvolle Verteilung des Prozessstoffes im Rahmen des föderalen Systems anstrebt, ist die *personal jurisdiction* letztlich nichts weiter als der Ausdruck der persönlichen Freiheit des Einzelnen als eine Grenze staatlicher Kompetenz.

2. *Föderalistische Analyse und internationaler Kontext*

Aufgrund der föderalistischen Struktur der USA ist die Geschichte der *personal jurisdiction* in erster Linie die Geschichte der interstaatlichen Zuständigkeit. Die weitgehend unabhängigen Einzelstaaten regeln insofern vor allem die Reichweite ihrer Zuständigkeit im Hinblick auf die übrigen US-Staaten[1149]. Das einzelstaatliche Zuständigkeitsrecht ist dabei umso wichtiger, als auch die *federal courts* in den meisten Fällen mit internationalen Beteiligten zur Bestimmung der Zuständigkeit auf *state law* zurückgreifen müssen, so dass zuständigkeitsrechtlich keine klare Trennung der beiden Gerichtssysteme möglich ist. Fragen der *personal jurisdiction* richten sich also in der Mehrzahl aller Fälle nach einzelstaatlichem Recht und aus Sicht der Beziehung zwischen den Bundesstaaten innerhalb der Föderation[1150].
Dabei wird die Zuständigkeit im Ausgangspunkt als Frage der Gerichtsgewalt („*jurisdiction*“) angesehen und territorial begründet: Wer sich im Gerichtsbezirk aufhält, kann verklagt werden, das gilt unter Umständen auch für Auswärtige. Ausländer werden dabei grundsätzlich zunächst wie Beklagte aus anderen US-Bundesstaaten behandelt[1151].

Kommentatoren wie auch Gerichte haben sich ausführlich mit den Problemen von *personal jurisdiction* im interstaatlichen Kontext auseinandergesetzt. Sehr

---

1148 vgl. *Ruhrgas AG v. Marathon Oil Company et al., 526 U.S. 574 (1999)*; ausdrücklich so auch *Amusement Equipement, inc., v. Carl Heinz Mordelt, Heinz Mordelt GmbH and Co. KG. „Heimo“,779 F.2d 264 (1985).*

1149 Dabei spielten föderale Gesichtspunkte eine nicht unbedeutende Rolle; siehe grundsätzlich die Entscheidung in *Worldwide Volkswagen Corp. v. Woodson, 44 U.S. 286 (1980)*; in einer neueren Entscheidung hat der *Supreme Court* dagegen zunächste einmal die Idee aufgegeben, dass föderalistische Betrachtungen eine Rolle im Hinblick auf Fragen der *personal jurisdiction* Zuständigkeit haben ; vgl. *Insurance Corporation of Ireland v. Compagnie des Bauxites de Guinee 456 U.S. 694 (1982).*

1150 Das gleiche gilt im Übrigen für Fragen der Anerkennung ausländischer Entscheidungen in den USA; siehe dazu den Überblick bei Occhiali, 166 ff.

1151 Robinson, 27 J.C. & U.L. 187, 200 f. (2000); allgemein dazu auch Heß, ZZPInt 1 (1996), 371, 377; Schack, Einführung, S. 23.

viel weniger Beachtung hat dagegen bisher die Frage nach *personal jurisdiction* im internationalen Kontext gefunden[1152]. Erst in jüngster Zeit hat die Rechtsprechung überhaupt ausdrücklich eine Differenzierung zwischen bloßen *non-residents* und ausländischen Beklagten vorgenommen. Angesichts der steigenden Involvierung von nicht US-amerikanischen Parteien im Rahmen von Prozessen ist dies mehr als erstaunlich. Die Folge ist, dass auch weiterhin der Kern des Rechts der internationalen Zuständigkeit auf dem Recht der interstaatlichen Zuständigkeit in seiner heutigen Form beruht, auf dem folglich ein Schwerpunkt dieser Arbeit liegen wird. Die entscheidende Differenzierung innerhalb der Rechtsprechung ist damit zunächst einmal die zwischen *resident* und *non-resident*, wobei ein *non-resident* ebenso ein Bürger bzw. Bewohner eines anderen US-Staates sein kann wie ein Staatsbürger eines nicht US-amerikanischen Staates. Zum Teil wird insofern auch auf den Status als *domiciliary* abgestellt[1153]. Entscheidend ist letztlich die Tatsache eines dauernden und legalen Aufenthalts im Forum im Sinne eines Wohnsitzes[1154]. Im folgenden wird daher vor allem auf die Unterscheidung zwischen *resident* und *non-resident* zurückgegriffen, um die (zunächst) nicht existierende Unterscheidung zwischen Ausländern und bloßen Angehörigen anderer Bundesstaaten als des Forumsstaates zu verdeutlichen.

II. Personal jurisdiction und service of process

Um ein Urteil über einen Beklagten fällen zu können, bedarf es aus US-amerikanischer Sicht seitens des Gerichts der Begründung der *personal jurisdiction* über diesen. Das setzt traditionell die Erfüllung von zwei Voraussetzungen voraus, die auf unterschiedlichen Ebenen liegen[1155].

1. Die zwei Voraussetzungen der Ausübung von personal jurisdiction

Zur Begründung der *personal jurisdiction* über einen *non-resident*, müssen grundsätzlich gewisse *minimum contacts* des Beklagten zum Forum etabliert sein, die es fair erscheinen lassen, ihn der Gerichtsgewalt dort zu unterwerfen und ein bindendes Urteil gegen ihn zu erlassen. Sind diese Kontakte etabliert, so hat das Gericht dennoch keine Zuständigkeit über den Beklagten, solange es die-

1152 Born, 17 Ga. J. Int'l & Comp. L. 1 (1987).

1153 Siehe insofern auch z.B. die New Yorker Vorschrift *CPLR Art. 3 § 302*: *"Personal Jurisdiction by acts of non-domiciliaries"*; zur Unterscheidung zwischen *domicile* und *residence* siehe in diesem Teil oben unter B.V.I.(b)(1).

1154 Diese Unterscheidung ist auch insofern sinnvoll, als es in den Bundesstaaten keine eigene Staatsbürgerschaft, sondern nur eine „Staatszugehörigkeit", jeweils als *residence* oder *domicile* ausgestaltet, gibt.

1155 Nowberg, 1:15.

se nicht über den Weg der persönlichen Klagezustellung (*service of process*) oder ein anderes autorisiertes Mittel „etabliert“, also gewissermaßen ausübt[1156]. *Service of process* ist dabei die „Prozedur“ mittels der ein Gericht, das örtlich und sachlich zuständig ist, die Zuständigkeit über die Person (die Partei), der zugestellt wird, erklärt[1157].
Die Zustellung ist notwendiges Mittel zum Zweck, insofern als sie als eine Art Wirksamkeitsvoraussetzung im Sinne eines technischen „Vehikels“ fungiert[1158]. Während also etwa im deutschen Zivilprozess Zustellung und Zuständigkeit eindeutig voneinander getrennt sind, vielmehr die Zustellung zunächst die Zuständigkeit voraussetzt, ist im amerikanischen Zivilprozess die Zustellung konstitutiver Akt der Zuständigkeitsbegründung[1159].
Aus Sicht des Klägers, der einen Prozess anstrengen möchte, beantwortet insofern die Frage nach *personal jurisdiction* in erster Linie das „Wo“ einer Klage, während die Zustellung die Frage nach dem „Wie“ beantwortet[1160]. Systematisch sind beide Voraussetzungen streng voneinander zu trennen. Insbesondere kann die Erfüllung der einen Voraussetzung die Erfüllung der anderen niemals ersetzen[1161]. Schließlich handelt es sich außerdem bei der Zustellung um ein prozessrechtliches Instrument, während die *personal jurisdiction* ihrer Natur nach dem materiellen Recht entspringt[1162].
Beide werden außerdem begrenzt durch das *due process*-Gebot der Verfassung, wenn auch auf unterschiedliche Weise[1163]. Die *personal jurisdiction* verlangt insofern verfassungsrechtlich gewisse „*minimum contacts*“ mit dem Forumstaat, um verfassungsgemäß zu sein[1164], während *service of process* die „angemessene Benachrichtigung“ des Beklagten darstellen muss (*reasonable calculated notice standard*)[1165].

1156 Siehe insofern mit Blick auf die Bundesgerichte auch den Wortlaut von *Rule 4 FRCP*.

1157 *Mississippi Pub. Corp. V. Murphree, 326 U.S. 438, 444 f. (1946).*

1158 Dennoch ist die Terminologie oft uneindeutig und es findet eine Vermischung der beiden Begriffe statt. Insbesondere wird oft von *service of process* gesprochen, wenn eigentlich *personal jurisdiction* gemeint ist; siehe auch Kelleher, 75 Ind. L. J. 1191, 1223 (2000) m.w.N.

1159 Reus, RIW 1991, 542, 544.

1160 Lazarus, 31 Tort & Ins. L. J. 29 (1995).

1161 Newberg, § 1:15.

1162 Dazu Kelleher, 75 Ind. L. J. 1191, 1222 (2000).

1163 Kelleher, 75 Ind. L. J. 1191, 1225 (2000).

1164 Siehe die Leitentscheidung *International Shoe Co. v. Washington, 326 U.S. 310 (1945);* ausführlich zu der Entscheidung gleich in diesem Teil unten unter V.

1165 Siehe die Leitentscheidung *Mullane v. Central Hanover Bank & Trust Co., 339 U.S. 306, 314 (1950).*

2. *Service of process im internationalen Kontext: Die Entscheidung des Supreme Court zum Haager Zustellungsübereinkommen*

Besonders problematisch sind Zustellungsfragen im internationalen Kontext. Hier gilt grundsätzlich das Haager Zustellungsübereinkommen (HZÜ), dem neben Deutschland auch die USA beigetreten sind[1166]. Der *Supreme Court* hat dennoch in einer umstrittenen Entscheidung die Anwendung des HZÜ in den Fällen für nicht zwingend erklärt, in denen eine einzelstaatliche Vorschrift existiert, die eine Zustellung für den dem Verfahren zugrunde liegenden Sachverhalt im Inland vorsieht[1167]. Nachdem der *Supreme Court* in einer früheren Entscheidung das HZÜ als zwingendes Recht angesehen hatte[1168], ist die Anwendung des HZÜ damit nach der neuen Rechtsprechung optional. Der *Supreme Court* hat sich damit nunmehr auch in diesem Punkt seinen zu den Grundsätzen internationaler Beweisaufnahmen vertretenen Ansicht angenähert[1169].

In dem der Entscheidung zugrunde liegenden Fall war, anstatt gemäß den Vorschriften des HZÜ eine Zustellung im Ausland (Deutschlasnd) zu erwirken, gemäß der einzelstaatlichen Vorschrift von Illinois die Klage an die Tochtergesellschaft in Illinois (als Vertreter) mit Wirkung für die Mutter bewirkt worden. Der *Supreme Court* erklärte dieses Vorgehen unter Heranziehung einer äußerst fragwürdigen Argumentation für zulässig.
Die Entscheidung betont insofern zunächst noch einmal, dass das HZÜ angesichts seines Charakters als völkerrechtlicher Vertrag, entgegenlautende einfachgesetzliche Vorschriften in all den Fällen, in denen sein Anwendungsbereich eröffnet ist, verdrängt[1170]. Die Entscheidung führt dann weiter aus, dass eben dieser „Anwendungsbereich" vorliegend aber gerade nicht eröffnet sei. Ein solcher Fall, indem ein Sachverhalt außerhalb des Anwendungsbereichs des HZÜ liegt, soll demnach immer dann vorliegen, wenn eine Zustellungsvorschrift im einzelstaatlichen Recht existiert, die die Zustellung im Ausland gerade entbehrlich macht[1171]. In diesem Fall läge gerade kein Fall der „Auslandszustellung" im Sinne des HZÜ vor, sondern eine bloße „Inlandszustellung".

1166 Allgemein zu Zustellungsfragen im US-amerikanischen Zivilprozess Mucchetti, WIB 1997, 498 f.

1167 *Volkswagenwerk Aktiengesellschaft v. Schlunk, 486 U.S. 694 (1988);* dazu insgesamt Heidenberger/Barde, RIW, 1988, 683 ff.

1168 *Societe Nacionale Industrielle Aerospatiale, v. United States district court for the Southern District of Iowa, 482 U.S. 522, 534 Fn. 15 (1987).*

1169 Dazu oben unter Teil 2 F.III.

1170 *Volkswagenwerk Aktiengesellschaft v. Schlunk, 486 U.S. 694, 699 (1988).*

1171 *"Where service on a domestic agent is valid and complete under both state law and the Due process Clause, our inquiry ends and the Convention has no further implications", Volkswagenwerk Aktiengesellschaft v. Schlunk, 486 U.S. 694, 707 (1988).*

Das durch eine solche Interpretation das Haager Übereinkommen schlicht umgangen wird, braucht an dieser Stelle nicht weiter diskutiert zu werden[1172]. Insbesondere bleibt es den Einzelstaaten nunmehr unbenommen, bewusst zur Umgehung des Abkommens, Vorschriften zu erlassen, die eine Übersendung ins Ausland gerade nicht vorsehen[1173]. Ob der ausländische Beklagte in den Genuss des Schutzes des HZÜ gelangt, ist damit eine Frage der jeweiligen Definition von Inlands- oder Auslandszustellung im einzelstaatlichen Recht. Die im HZÜ vorgesehenen Schutzmechanismen für Beklagte aus den Unterzeichnerstaaten sind damit faktisch bedeutungslos im Rechtsverkehr mit den USA[1174].

3. *Exkurs: Die Entscheidung des Bundesverfassungsgerichts zur Zustellung US-amerikanischer class actions*

Mit einer jüngeren Entscheidung hat das Bundesverfassungsgericht nunmehr auf seine ganz eigene Weise auf die steigende Bedrohung durch *class actions* gegen deutsche Unternehmen reagiert[1175].

Interessant ist dabei zunächst, dass es nicht etwa um die Anerkennung eines Urteils bzw. Vergleichs in einem solchen Verfahren ging, sondern vorläufig nur um die Zustellung der Klage an ein in Deutschland ansässiges Unternehmen. Unter Berufung auf die missbräuchliche Ausnutzung von *class action* Verfahren durch die Kläger zur Erzwingung ungerechtfertigter Vergleiche, sieht das Gericht insofern *in der Zustellung selbst* die Möglichkeit einer Verletzung von Art. 2 Abs. 1, 14 GG in Verbindung mit dem Rechtsstaatsprinzip und ordnet daher im Verfahren des einstweiligen Rechtsschutzes die (vorläufige) Aussetzung der Zustellung der Klage an[1176]..

Im zugrundeliegenden Ausgangsverfahren war bei einem *district court* des Staates New York eine Schadensersatzklage in Höhe von 17 Mrd. (!) US-Dollar ge-

---

1172 Siehe insofern auch die abweichende Meinung von *Justice* Brennan, gefolgt von zwei weiteren Richtern, die im Ergebnis allerdings der Mehrheit zustimmen; *Volkswagenwerk Aktiengesellschaft v. Schlunk, 486 U.S. 694, 708 (1988).*

1173 So auch *Justice* Brennan, *Volkswagenwerk Aktiengesellschaft v. Schlunk, 486 U.S. 694, 741 (1988)*; Heidenberger/Barde, RIW 1988, 683.

1174 Zu weiteren Problemen im Hinblick auf Zustellungsfragen im internationalen Kontext siehe Born/Vollmer, 150 F.R.D. 221, 234 ff. (1993)

1175 2BvR 1198/03, IPRax 2004, 61.

1176 Dabei spielen insbesondere auch Zuständigkeitsfragen vorliegend keine Rolle spielen, da es in casu um angebliche unerlaubte Handlungen in den USA geht, also auch nicht etwa ein – unter Umständen aus deutscher Sicht sehr zweifelhafter – Fall von long arm jurisdiction vorliegt. Das international viel beklagte exorbitante US-amerikanische Zuständigkeitsrecht ist insofern gerade nicht Prüfungsgegenstand; siehe auch Oberhammer, IPRax 2004, 40, 42; zu den *long arms* ausführlich in diesem Teil unten unter III.

gen das deutsche Unternehmen Bertelsmann eingereicht worden, deren Zustellung im Wege der Rechtshilfe nach dem Haager Zustellungsabkommen beantragt worden war[1177]. Die Beklagte wehrte sich mit dem Verfahren vor dem Bundesverfassungsgericht insofern in letzter Konsequenz gegen die ursprünglich vom OLG Düsseldorf angeordnete Zustellung der Klage[1178].
Sie macht insbesondere geltend, dass es sich bei dem Verfahren um den Versuch handle, einen möglichst großen öffentlichen Druck aufzubauen, um sie zum Vergleich zu zwingen. Darüber hinaus sei die Klageforderung der Höhe nach nicht begründbar.

Angelpunkt der rechtlichen Analyse ist dabei die Vorschrift des Art. 13 HZÜ, wonach ein Zustellungsersuchen abgelehnt werden kann, wenn der ersuchte Staat die Zustellung für geeignet hält, seine Hoheitsrechte oder seine Sicherheit zu gefährden.

Die Entscheidung mutet auf den ersten Blick bereits deshalb bizarr an, weil der Ausgang des eigentlichen Verfahrens im Zeitpunkt der Zustellung noch völlig offen ist. Fraglich ist insofern insbesondere, inwiefern die reine Tatsache der Zustellung der Klage einen Verfassungsverstoß darstellen können soll[1179].
Nach Ansicht des Bundesverfassungsgerichts soll diesbezüglich die mit der Zustellung verbundene theoretische Möglichkeit einer enorm hohen Schadensersatzleistung unter Umständen einen Verstoß gegen rechtsstaatliche Grundsätze darstellen.
Im Ergebnis kommt eine solche Betrachtung einer Schlüssigkeitsprüfung der Klage vor Zustellung gleich, was auch nach deutschen Rechtsvorschriften nicht in Betracht kommt[1180]. Somit liegt hier bereits ein erster Ansatzpunkt für eine kritische Beleuchtung der Entscheidung.

1177 Der Sachverhalt betrifft dabei Urheberrechtsverletzungen, die durch die (mittlerweise insolvente) Musiktauschbörse *Napster* begangen worden sein sollen, an der Bertelsmann finanziell beteiligt war; dazu ausführlich Prütting, FS Jayme, S. 709 ff; Huber, FS Jayme, S. 361.

1178 Die Präsidentin des OLG Düsseldorfs stellt insofern die für Zustellungen in Nordrhein-Westfalen zuständige „zentrale Behörde" der Bundesrepublik Deutschland im Sinne des Art. 2 HZÜ dar.

1179 So auch Oberhammer, IPRax 2004, 40, 41; Huber, FS Jayme, S. 367, der gleichzeitig ein hervorragendes Beispiel liefert, wann ausnahmsweise die Zustellung einer Klage aufgrund von Art. 13 HZÜ verweigert werden könnte (369).

1180 So ausdrücklich auch das OLG Düsseldorf in seinem Beschluss zur Ablehnung des Antrags der Beschwerdeführerin auf Aufhebung der Entscheidung über die Zustellung der Klage; siehe 2 BvR 1198/03, 61, 62; a.A. Prütting, FS Jayme, S. 717 und Danwitz, DÖV 2004, 501, 505, der dem Gericht bei der Entscheidung über die Ablehnung von Zustellungsersuchen eine „Prognoseentscheidung" hinsichtlich der absehbaren Konsequenzen der beantragten Zustellung zubilligt.

Das Gericht beruft sich schließlich im Rahmen seiner (letztlich entscheidenden) Abwägung darauf, dass im Fall einer erfolgreichen Verurteilung diese den Maßstäben des Grundgesetzes – wie sie von Art. 13 Abs. 1 HZÜ in das Haager Übereinkommen aufgenommen werden – nicht standhielte. Insofern würde die Möglichkeit der Nichtanerkennung bzw. Nichtvollstreckung im Inland in einem späteren Verfahrensstadium die Beschwerdeführerin weder vor der Vollstreckung in das in den USA belegene Vermögen noch vor einem durch die Zustellung geförderten Reputationsverlust bewahren[1181]. Darüber, dass im entscheidungsrelevanten Zeitpunkt über mögliche Vollstreckungsfolgen im Fall des Obsiegen des Klägers – als Frage der Begründetheit (!) – noch gar keine Aussage möglich ist, kann diese Argumentation nicht hinweghelfen.

Die rechtliche Analyse lässt sich im Kern folgendermaßen zusammenfassen: Nach Ansicht des Bundesverfassungsgerichts soll jedenfalls die „Respektierungspflicht", die sich aus dem HZÜ für Deutschland ergibt und die grundsätzlich die Pflicht zur Zustellung von Klagen beinhaltet, die in für die deutsche Rechtsordnung unbekannten Verfahrensarten erhoben worden sind, dort ihre Grenze finden können, wo die ausländische, im Klagewege geltend gemachte Forderung – jedenfalls in ihrer Höhe – offenkundig keine substantielle Grundlage hat und die Klage damit offenkundig rechtsmissbräuchlich genutzt wird, um einen Marktteilnehmer gefügig zu machen[1182].

Im Ergebnis läuft diese Analyse, die in der Feststellung mündet, dass bereits die Zustellung einer *class action* unter Umständen einen Verstoß gegen Grundrechte darstellt, darauf hinaus, dass das ausländische Verfahren *an sich* wegen seiner Unvereinbarkeit mit deutschem Verfassungsrecht nicht tolerierbar ist[1183].
Denn nur, wenn das Verfahren selbst Prüfungsgegenstand ist, kann schon die Tatsache der Klagezustellung – und damit nichts weiter als die Möglichkeit der Durchführung des konkreten Verfahrens – einen von Art. 13 HZÜ umfassten Verfassungsverstoß beinhalten[1184].

Für den (beklagten) Inländer wird damit auf den ersten Blick der Grundrechtsschutz erweitert. Fraglich ist allerdings wie sich eine solche Rechtsprechung – sollte sie in der Hauptsache aufrecht erhalten werden – mit Grundsätzen wie dem der internationalen *Comity* und konkreter mit den Vorschriften des Haager

---

1181 2BvR 1198/03, 61, 64.
1182 2BvR 1198/03, 61, 64 ; kritisch zum Begriff des « Rechtsmissbrauchs » im internationalen Kontext Huber, FS Jayme, S. 368.
1183 So auch Oberhammer, IPRax 2004, 40, 41; grundsätzlich zu Verfassungsfragen des deutsch-amerikanischen Rechtshilfeverkehrs Danwitz, DÖV 2004, 501 ff.
1184 Grundsätzlich kritisch zu einem Verstoß gegen das Grundrecht der allgemeinen Handlungsfreiheit durch *settlement class action* Verfahren Oberhammer, IPRax 2004, 40, 42 f.

Zustellungsübereinkommens vereinbaren lassen, das nach h.M. gerade einen stark eingeschränkten *ordre public* Vorbehalt vorsieht[1185].
Nicht zuletzt scheint die Entscheidung auch dem US-amerikanischen Gericht die Fähigkeit, eine missbräuchliche Klage als solche zu erkennen bzw. den Willen, einer solchen auf der Entscheidungsebene angemessen zu begegnen, von vorneherein absprechen zu wollen[1186]. Angesichts des dem Haager Übereinkommen zugrundeliegenden Gedankens gegenseitiger Akzeptanz sowie nicht zuletzt im Hinblick auf die allgemeinen transatlantischen Beziehungen dürfte ein solcher Standpunkt durchaus problematisch sein; ganz abgesehen von der in dieser versteckten Aussage liegenden grundsätzlichen Diskriminierung US-amerikanischer Gerichte[1187]. Unabhängig von der durchaus berechtigten Kritik an der Praxis vieler US-amerikanischer Gerichte im Rahmen von *class actions* und *class action settlements* ist das Haager Zustellungsübereinkommen wohl nicht das geeignete Instrument, um etwaige missbräuchliche Verfahren gegen die eigenen Staatsangehörigen im Ausland zu unterbinden. Die hier geübte Kritik ergibt sich insoweit also nicht aus einer falschen Einschätzung der prozessrechtlichen Situation in den USA, als vielmehr aus der Verkennung von Souveränitätsinteressen.

Mit der Entscheidung setzt sich das Bundesverfassungsgericht schließlich auch in deutlichen Widerspruch zu seiner bisherigen Rechtsprechung, insbesondere in Auslieferungsfällen. Dort wurde traditionell dem Umstand, dass ein ausländischer Staat deutschen Grundrechtsstandards nicht gerecht wird, kein besonderes Gewicht beigemessen. Auch die Zustellung einer Klage, mit der *punitive damages* geltend gemacht wurden, hat das Bundesverfassungsgericht ausdrücklich zugelassen[1188]. In diesem Fall betonte es sogar gerade den Ausnahmecharakter von Art. 13 HZÜ, dessen Anwendungsbereich sich auf den oben angesprochenen besonders restriktiv verstandenen *ordre public* Vorbehalt beschränken soll[1189].

Mag es auch grundsätzlich zu begrüßen sein, dass das Bundesverfassungsgericht das Bedürfnis hegt, innerhalb seines Wirkungskreises den von *class action settlements* ausgehenden erheblichen Gefahren für nationale Unternehmen Einhalt zu gebieten, so muss man dennoch fragen, ob der in der Entscheidung angedeutete Weg der richtige sein kann.

1185 Siehe Oberhammer, IPRax 2004, 40, 45 m.w.N. und Huber, FS Jayme, S. 362 f. u. 365 f.

1186 So wohl auch Huber, FS Jayme, S. 368.

1187 Kritisch insofern auch Huber, FS Jayme, S. 368 f.

1188 Siehe zu beiden Bereichen ausführlich und zu Recht kritisch hinsichtlich des sich durch die aktuelle Entscheidung ergebenden Wertungswiderspruchs Oberhammer, IPRax 2004, 40, 43 f.; zu dem Institut der *punitive damages* siehe oben unter Teil 2 E.II.

1189 Dazu Huber, FS Jayme, S. 362 f.

Insbesondere muss an dieser Stelle die Befugnis des Bundesverfassungsgerichts in Frage gestellt werden, eine so weitreichende Entscheidung über die grundsätzliche Akzeptanz eines bestimmten ausländischen Verfahrens zu treffen[1190]. Dies gilt umso mehr, wenn – wie im vorliegenden Fall – auch aus unserer Sicht an der Zuständigkeit über den Beklagten und damit die grundsätzlich gegebene US-amerikanische Justizgewalt jedenfalls kein Zweifel besteht[1191].
Der Differenzierung von nationalen Verfassungsmaßstäben und dem Gebot der Akzeptanz ausländischer Gerichtsgewalt im Rahmen völkerrechtlicher Verträge muss insofern gerade in Entscheidungen auf Grundlage des Art. 13 HZÜ Rechnung getragen werden.
Die „Wahrung der Verfahrensfairness", wie sie das Bundesverfassungsgericht in seiner Entscheidung versteht, kann damit wohl kein ausreichender Ablehungsgrund im Sinne von Art. 13 HZÜ sein mit der Folge, dass auch Verfahren wie US-amerikanische *settlement class actions* grundsätzlich eine Ablehnung der Zustellung im Inland nach dem Haager Übereinkommen nicht rechtfertigen[1192].

Deutlich wird allerdings durch die vorliegende Entscheidung, dass das Problem internationaler *class action* Verfahren virulent ist und dass es tatsächlich nicht mehr primär auf der Anerkennungsebene, sondern in der Regel bereits im Entscheidungsverfahren anzusiedeln ist. Ergeht ein Urteil in den USA oder kommt es zu einem Vergleich in einem solchen Verfahren, so wird es regelmäßig auch Vollstreckungsmöglichkeiten in den USA geben[1193]. Der (weitergehende) Schutz

---

1190 A.A. Prütting, FS Jayme, S. 718, der die Entscheidung insgesamt positiv bewertet; ähnlich auch Danwitz, DÖV 2004, 501, 505, der die Zustellungsverweigerung gem. Art. 13 HZÜ unter bestimmten Umständen als einzige Möglichkeit zur Abwehr der Gefährdung von unverzichtbaren Grundsätzen des freiheitlichen Rechtsstaates durch bzw. im Rahmen der ausländischen Rechtsverfolgung.

1191 Das Risiko einer anschließenden Vollstreckung muss in diesem Fall grundsätzlich als Kehrseite der (auch aus deutscher Sicht rechtmäßigen) Zuständigkeit angesehen werden; siehe insofern folgerichtig Huber, FS Jayme, S. 367.

1192 Zu beachten ist abschließend bei aller Kritik allerdings der grobe Prüfungsmaßstab im Verfahren der einstweiligen Anordnung nach § 32 Abs. 1 BVerfGG, wonach der Hauptsachеantrag nicht von vorneherein unzulässig oder offensichtlich unbegründet sein darf und insbesondere auf die Folgenabwägung hinsichtlich eines potentiellen Ergehens oder Nichtergehens der Anordung abgstellt wird. Insbesondere müssen auch die Gründe, die für die Verfassungswidrigkeit sprechen, außer Acht bleiben müssen; so auch Oberhammer, IPRax 2004, 40; Huber, FS Jayme, S. 364.

1193 Im (Regel)Fall eines Prozessvergleichs wird es außerdem regelmäßig einer Anerkennungs- und Vollstreckungsentscheidung in Deutschland auch im negativen Fall nicht bedürfen, da der Beklagte freiwillig seinen Schadensersatzpflichten nachkommen wird.

deutscher Gerichte in Anerkennungsverfahren läuft damit im Ergebnis meistens leer[1194].

Gleichzeitig gilt aber auch, dass der aus eben diesem Grund vom Bundesverfassungsgericht angedeutete notwendige Schutz der inländischen Mutter durch eine Ablehnung der Zustellung in der Praxis ebenso wirkungslos sein wird.
Denn wie bereits oben angedeutet, wirft die Zustellung von Klagen – ebenso wie die noch ausführlich zu behandelnde vorgelagerte Frage der Zuständigkeitsbegründung[1195] – über den Umweg von Tochterunternehmen, anderen verbundenen Unternehmensteilen sowie bloßen Zustellungsvertretern aus US-amerikanischer Sicht auch im Anwendungsbereich des Haager Übereinkommens kaum Probleme auf[1196].
Da die nationalen Gerichte auf solches Geschehen in den USA selbst aber gerade keinen Einfluss nehmen können, würde auch eine Vertiefung des in der Entscheidung des Bundesverfassungsgerichts angedeuteten Ansatzes im Hinblick auf Klagezustellungen zu keiner tatsächlichen Verbesserung der Situation deutscher Beklagter in *class action* Verfahren führen. Auch dies spricht im Ergebnis gegen eine Verweigerung der Zustellung in Fällen wie dem vorliegenden[1197].

Das in der Entscheidung angedeutete Ziel, durch (quasi vorbeugende) Verhinderung der Klagezustellung im Ergebnis die Vollstreckung in den USA zu verhindern, weil dies durch Anerkennungs- und Vollstreckungshindernisse nach nationalem Recht in der überwiegenden Zahl der Fälle nicht mehr möglich ist, kann und darf auf diesem Weg nicht erreicht werden. Denn zum einen impliziert in den hier interessierenden Fällen die Existenz eines Vollstreckungsschuldners in den USA regelmäßig die Existenz eines Zuständigkeitsobjekts. Zum anderen kann der hier gewählte Ansatz – sollte er sich durchsetzen – letztlich als Umgehung des Haager Übereinkommens betrachtet werden, da der Sinn und Zweck dieses völkerrechtlichen Vertrags gerade nicht eine – unter Umständen wünschenswerte – Vollstreckungsvereitelung (im Ausland!) umfasst[1198].

1194 Zur internationalen Anerkennungszuständigkeit als Regulativ im – in der Praxis seltenen – Fall einer Verurteilung und nicht ausreichendem vollstreckbaren Vermögen in den USA siehe Mansel, FS Jayme, S. 563 ff.

1195 Dazu ausführlich unten unter Teil 4 D.

1196 Huber, FS Jayme, S. 363 f.

1197 So auch Huber, FS Jayme, S. 369.

1198 So wohl auch im Ansatz Huber, FS Jayme, S. 366, der darauf abstellt, dass das unter Umständen bestehende Recht, die Anerkennung und Vollstreckung eines Urteils gem. § 328 Abs. 1 Nr. 4 ZPO zu versagen, nicht das Recht beinhaltet, die zugrunde liegende Klage bereits nicht zuzustellen.

Ein Ausweg aus der grundsätzlichen Problematik kann daher auch aus deutscher Sicht nicht in einer extensiven Auslegung des Haager Übereinkommens bzw. dessen Nichtanwendbarkeit durch deutsche Gerichte in Zustellungsfragen zu finden sein[1199]. Vielmehr muss eine rechtlich unbedenkliche und für beide Seiten befriedigende Lösung letztlich wohl auf völkerrechtlicher Ebene gesucht werden, eventuell auch durch die Schaffung weitergehender internationaler Regelungen.

III. Die Quelle internationaler Zuständigkeit auf einzelstaatlicher Ebene: Die long-arm statutes

1. Die zweistufige Zuständigkeitsprüfung

Nach der aktuellen Rechtslage ist die *personal jurisdiction* gegenüber ausländischen bzw. *non-resident* Beklagten in den Bundesstaaten grundsätzlich in zwei Schritten zu prüfen: Maßgebend ist zunächst das sog. *long-arm statute* des Einzelstaates, in dem das Gericht seinen Sitz hat. Die *long-arm statues* der einzelnen Bundesstaaten sind dabei die Vorschriften, die bestimmen, wann es zulässig ist, Personen, die nicht im Forumstaat ansässig sind, zu verklagen, sie regeln also die *personal jurisdiction* der Gerichte des jeweiligen Forumstaates[1200]. Sind die Voraussetzungen des *long-arm statutes* erfüllt, wird in einem zweiten Schritt der Verfasssungsmaßstab des *due process*-Prinzips herangezogen, um das Ergebnis zu überprüfen[1201]. Die *due process clause* des XIV. *Amendments* der US-amerikanischen Verfassung ist damit die wichtigste Begrenzung der *personal jurisdiction* auf einzelstaatlicher Ebene[1202].

Sind dagegen bereits die Voraussetzungen des *long arms* nicht erfüllt, so entfällt der zweite Prüfungsschritt. Eine Zuständigkeit besteht dann von vornherein nicht. Deutlich wird an dieser Stelle, dass die Bundesverfassung nicht etwa einen „Anspruch" auf eine Zuständigkeit gewährt. Entscheiden die Bundesstaaten sich also für ein extrem restriktives Zuständigkeitsrecht, so wird dies nicht durch die Verfassung erweitert. Die *due process clause* statuiert damit nur die äußerste Grenze der Ausübung der Zuständigkeit durch die Bundesstaaten, aber keinerlei Mindeststandard.

1199 Folgerichtig insofern die abschließende Feststellung von Huber, FS Jayme, S. 370: „*The law of service of process is not the right forum to argue over the appropriateness of a foreign legal system's rules on civil procedure and private law.*"

1200 Lejeune, RIW 1998, 8, 11.

1201 Robinson, 27 J.C. & U.L. 187, 201 (2000).

1202 Die *due process clause* besagt dabei grundsätzlich, dass kein Staat eine Person ohne einen fairen Prozess ihres Lebens, ihrer Freiheit oder ihres Besitzes berauben darf.

2. *Personal jurisdiction vor Bundesgerichten in diversity-Fällen: Rule 4 (k) (1) FRCP*

Ist ein Verfahren vor einem Bundesgericht anhängig, so muss man differenzieren: Einen *general long arm statute* für Bundesgerichte gibt es nicht. Dagegen existieren in einigen Fällen *federa long arm statutes*, die im Hinblick auf bestimmte bundesrechtlich geregelte Materien die Reichweite der *federal courts* regeln und „*nationwide*" oder sogar „*worldwide*" *service of process* vorsehen[1203]. Solche Vorschriften stellen allerdings noch immer die Ausnahme dar[1204]. In der überwiegenden Zahl aller Fälle wird sich die Zuständigkeit eines Bundesgerichts über einen ausländischen Beklagten daher nach dem *long-arm statute* des Staates richten, in dem das Gericht seinen Sitz hat.
Die Regel für die Zuständigkeit vor Bundesgerichten bildet dabei die Vorschrift der *Rule 4 (k) (1) FRCP*[1205]. Sie bestimmt allgemein, dass ein Bundesgericht *personal jurisdiction* über einen Beklagten mittels Klagezustellung dann etablieren kann, wenn eine Zuständigkeit entsprechend der jeweiligen einzelstaatlichen Vorschrift gegeben ist, es sei denn eine Bundesvorschrift schreibt etwas anderes vor oder es liegt ein Fall von *federal question jurisdiction* vor[1206].

Insbesondere fällt der wichtige Fall der *diversity jurisdiction* unter diese Kategorie. In dem im Rahmen diesesr Arbeit relevanten Bereich ausländischer Beklagter im Rahmen von *class actions* wird außerhalb der bundesrechtlichen Klagen (*federal question*), wie bereits erläutert[1207], oftmals sachlich eine *diversity*-Situation gegeben sein, so dass unabhängig von dem mit dem Rechtsstreit befassten Gericht – *state* oder *federal court* – entweder direkt oder wegen *Rule (4) (k) (1)* der jeweilige *long-arm* des Forumstaates die Zuständigkeit über den Beklagten regelt. Bundesrecht kommt hier jeweils nur insoweit zur Anwendung,

---

1203 Hornbeck, 59 Alb. L. Rev. 1389, 1433 (1996).

1204 Ausnahmen bilden der *Clayton Act* (*15 U.S.C. § 22*), *federal securities laws* (*Security Exchange Act of 1934; 15 U.S.C. § 77 und Securites Act of 1933; 15 U.S.C. § 77* oder der *Foreign Sovereign Immunities Act; 28 U.S.C. §§ 1330 (b)*; zu diesem siehe in diesem Teil oben unter B.VIII.5.

1205 *FRCP Rule 4 (k) Territorial Limits of Effective Service. (1) Service of a summons or filing a waiver of service is effective to establish jurisdiction over the person of a defendant*

(A) who could be subjected to the jurisdiction of a court of general jurisdiction in the state in which the district court is located, or

(B) who is a party joined under Rule 14 or Rule 19 and is served at a place within a judicial district of the United States and not more than 100 miles from the place from which the summons issues, or

(C) who is subject to the federal interpleader jurisdiction under 28 U.S.C. § 1335,or

(D) when authorized by a statute of the United States.

1206 Zu den Fällen von *federal questions* siehe in diesem Teil unten unter D.I.

1207 Siehe in diesem Teil oben unter B.V. und VI.

als die Vereinbarkeit der gefundenen Zuständigkeit mit der amerikanischen Verfassung in Frage steht. Das Bundesgericht prüft damit im Rahmen der *diversity jurisdiction* – ebenso wie das einzelstaatliche Gericht – zunächst die Voraussetzungen des *long-arms* und anschließend die Vereinbarkeit dieser Zuständigkeit mit der Verfassung[1208]. Die *long-arms* werden damit sowohl vor den *state courts* als auch vor den *federal courts* zum zentralen Angelpunkt im Hinblick auf Fragen internationaler Zuständigkeit[1209].

Die Kernproblematik ist schließlich aus internationaler Sicht auf beiden Zuständigkeitsebenen identisch. Aus Sicht des internationalen Prozessrechts geht es auf Bundes- wie auf einzelstaatlicher Ebene darum, zu entscheiden, wie weit die Justiz sich über die territorialen Grenzen des jeweiligen Staates hinauslehnen und damit gleichzeitig in den Justizraum anderer souveräner Staaten eingreifen darf. Nur wird diese Frage aus US-amerikanischer Sicht einmal auf rein internationaler (*federal law*) und einmal auch auf föderaler Ebene (*state law*) gestellt[1210]. Aus unserer – in erster Linie internationalen – Sicht muss sie in beiden Fällen gleich ausfallen, da wir sowohl im Verhältnis zu den Bundesstaaten als auch zum Gesamtstaat gleichermaßen ausländische Rechtssubjekte sind.
Schließlich treffen sich beide Ebenen grundsätzlich wieder im zweiten Prüfungsschritt. Da die Zuständigkeit sich im Rahmen der Grenzen der Verfassung halten muss, ist diese schließlich der allgemeine Maßstab, an dem sich jede internationale Zuständigkeit orientieren muss, unabhängig davon, ob sie einzelstaatlicher oder bundesrechtlicher Macht entspringt[1211].

3. *Ausformung der long-arm statutes*

Die *long-arm statutes* der einzelnen Bundesstaaten regeln möglichst ausgreifend sowohl die interlokale als auch die internationale Zuständigkeit. Die Regelungsdichte ist dabei von Staat zu Staat unterschiedlich[1212].
Grundsätzlich sind zwei verschiedene Arten von *long-arm statutes* zu unterscheiden, die typisiert werden als das „Kalifornische Model" auf der einen und das „New Yorker Model" auf der anderen Seite. New York steht dabei für die

---

1208 Vgl. *Metropolitan Life Ins. Co. v. Robertson-Ceco Corp., 84 F.3d 560, 567 (1996)*

1209 Hornbeck, 59 Alb. L. Rev. 1389, Fn. 11 (1996).

1210 Auch im Rahmen der Entwicklung der EU wird man sich in Zukunft mit der Frage nach dem Harmonisierungsbedarf im Hinblick auf das internationale Prozessrecht der Mitgliedsstaaten beschäftigen müssen; siehe dazu Heß, NJW 2000, 23.

1211 Problematisch ist diesbezüglich allerdings, dass die Begrenzung der zuständigkeitsrechtlichen Macht der Gerichte einmal auf das V. und einmal auf das XIV. Amendment gestützt wird und die Rechtsprechung zum Teil im Rahmen des V. Amendments geringere Anforderungen an die Zuständigkeit stellt; dazu insgesamt in diesem Teil unten unter D.

1212 Man unterscheidet im Übrigen zwischen einer *long-arm authorization by statute* (Gesetz) oder *by rule* (Rechtsprechung); siehe Robinson, 27 J.C. & U.L. 187, 202 (2000).

Staaten, die besonders ausführliche Regelungen getroffen haben[1213], während Kalifornien sich im Gegenteil mit einer knappen „Blankettformel" begnügt, die auf die Grenzen der Verfassung des Einzelstaats und der Vereinigten Staaten verweist[1214].

Problematisch sind beide Modelle. Im Fall des „Kalifornischen Modells" liegt die Entscheidung über die Zuständigkeit weitestgehend im Ermessen des Gerichts, da es an eindeutigen und handhabbaren Kriterien fehlt. Hier wird sogar durch die einfache Verweisung auf verfassungsrechtlichen Grenzen zunächst die denkbar weiteste Zuständigkeit geschaffen[1215]. Dies ist auch unter Rechtssicherheitsgesichtspunkten problematisch, sofern nicht die Rechtsprechung in der Lage ist, ihrerseits eindeutige und funktionsfähige Kriterien herauszuarbeiten. Im Zweifel führt eine solche Regelung daher zu mehr oder weniger unvorhersehbaren Einzelfallentscheidungen sowie zu einem besonders weit ausgreifendem Zuständigkeitsrecht, mit der Folge, dass es zu unerwünschtem *forum shopping* kommt, indem sich *„outsider"* das großzügige Zuständigkeitsrecht zu Nutze machen. Dem Interesse des potentiellen ausländischen Beklagten entspricht das nicht. Auf der anderen Seite birgt eine besonders ausführliche Regelung die Ge-

---

1213 So gem. *CLRP § 302 (1991)*, der lautet:
"§302 Personal jurisdiction by acts of non-domiciliaries.
(a)Acts which are the basis of jurisdiction. As to a cause of action arising from any of the acts enumerated in this section, a court may exercise personal jurisdiction over any non-domiciliary, or his executor or administrator, who in person or through an agent:
1. transacts any business within the state or contracts anywhere to supply goods or services in the state; or
2. commits a tortious act within the state, except as to a cause of action for defamation of character arising from the act; or
3. commits a tortious act without the state causing injury to person or property within the state, except as to a cause of action for defamation of character arising from the act, if he
(i) regularly does or solicits business, or engages in any other persistent course of conduct, or derives substantial revenue from goods used or consumed or services rendered, in the state, or
(ii) expects or should reasonably expect the act to have consequences in the state and derives substantial revenue from interstate or international commerce; or
4. owns, uses or possesses any real property situated within the state."

1214 In *CCP § 410.10* heißt es : *„A court of this state may exercise jurisdiction on any basis not inconsistent with the Constitution of this state or of the United States."* Dieselbe Regelung
existiert in Hawai, Iowa, New Jersey, Oregon, Pennsylvania und Rhode Island.

1215 Vgl. kritisch Schack, Einführung, S. 24; zur Entwicklung der *long-arm statutes* siehe Shreve, Civil Procedure, § 3.07 (1).

fahr, wichtige Fallgestaltungen zu übersehen und in diesem Fall mangels Flexibilität zu Rechtsschutzlücken zu führen[1216].

Betrachtet man das Gesamtbild, lässt sich feststellen, dass sowohl die von der Legislative geschaffenen als auch die von den Berufungsgerichten etablierten Regeln der Zuständigkeit über ausländische Beklagte tendenziell von den Gerichten bis an die Grenze von *due process* ausgeschöpft werden[1217]. Man kann insofern davon ausgehen, dass grundsätzlich die Mehrheit aller *long-arm*-Vorschriften bzw. deren Interpretation durch die Rechtsprechung zunächst eine Zuständigkeit für den relevanten Sachverhalt mit Auslandsberührung bereithält oder eben nicht, so dass es an dieser Stelle keiner näheren Erläuterung der einzelnen *long-arm statutes* bedarf. Die allgemeine Ausschöpfung des einzelstaatlichen Zuständigkeitsrechts durch die Gerichte bis an die Grenzen von *due process* führt insofern dazu, dass *due process* zum entscheidenden Faktor innerhalb der Zuständigkeitsanalyse wird.

Der Schwerpunkt der rechtlichen Analyse im Rahmen dieser Arbeit liegt damit auf dem zweiten Prüfungsschritt und damit konkret auf der Interpretation der *due process clause* durch die höchstrichterliche Rechtsprechung[1218]. Die *personal jurisdiction* über einen ausländischen Beklagten wird insofern auch vor den *state courts* überwiegend bestimmt durch die Grenzen, die ihr die Verfassung und damit vor allem die Rechtsprechung des *Supreme Courts* auferlegt.

4. Die verfassungsrechtliche Grenze: due process

Die einzelstaatliche Regelungsbefugnis im Hinblick auf Fragen der Zuständigkeit im Sinne von *personal jurisdiciton* wird nach der Rechtsprechung des *Supreme Court* begrenzt von der Verfassungsgarantie des *due process*, also dem Recht auf ein faires Verfahren. Die *due process clause* des XIV. *Amendments* gilt dabei für die *long-arm*-Ermächtigung der Einzelstaaten, die des V. *Amendments* für die des Bundes und damit der *federal courts*[1219].

Die Rechtsprechung hat die *due process clause* dabei konkret dahingehend ausgelegt, dass der auswärtige Beklagte so ausgestaltete *minimum contacts* zum Forum besitzen muss, dass die Durchführung des Verfahrens nicht dem traditionellen Fairness-Standard widerspricht (*traditional notions of fair play and substan-*

1216 Kritisch insofern bzgl. beider Ansätze Shreve, Civil Procedure, § 3.07 (1).

1217 Hornbeck, 59 Alb. L. Rev. 1389, 1435 (1996); Robinson, 27 J.C. & U.L. 187, 201 (2000); Shreve, Civil Procedure § 3.07 (1) m.w.N.

1218 siehe auch Lejeune, RIW 1998, 8, 12.

1219 Dies gilt allerdings nur , sofern sie nicht im Rahmen der *diversity jurisdiction* tätig werden, in welchem Fall sie wie Staatengerichte behandelt werden und damit die *due process clause* des .XIV. *Amendments* gilt; siehe dazu in diesem Teil oben unter B.V.2.

tial justice)[1220]. Dabei ist regelmäßig nicht der Kontakt des Beklagten zu den USA insgesamt, sondern nur zum konkreten Forum entscheidend: *minimum contacts* müssen sich also grundsätzlich unter Anwendung des einzelstaatlichen *long-arms* auf den Gerichtsbezirk beziehen, dh. auf den jeweiligen Einzelstaat. Die angesprochenen „Kontakte" sind dabei ganz allgemein gesprochen „geographische Fakten" im Hinblick auf den Streitgegenstand oder die Partein, so etwa der Ort, wo der Beklagte eine deliktische Handlung begangen hat[1221]. Kern der Analyse ist insofern jeweils die konkrete Beziehung des Beklagten zum Forumstaat.

Die *long-arm statutes* der Bundesstaaten sind vor diesem Hintergrund nichts anderes als die positivrechtliche Ausformung des *minimum contacts*-Kriteriums. Mit ihnen werden – mehr oder weniger eindeutige – Tatbestände geschaffen, die festlegen, wann ein ausländisches Rechtssubjekt ausreichende Kontakte zum Forum unterhält, um eine Klage zu rechtfertigen. Insofern gilt auch hier grundsätzlich wieder die verfassungssrechtliche Grenze *due process*[1222].

Das moderne Zuständigkeitsrecht, das sich in den Regeln der einzelnen *long arm statutes* und der verfassungsrechtlichen Analyse durch den *Supreme Court* widerspiegelt, hat dabei seine Wurzeln in einem territorial geprägten Verständnis der *personal jurisdiction*. Die Entwicklung hin zu dem heute ausschlaggebenden „Fairness-Test", der sich – jedenfalls theoretisch – in erster Linie an der Person des Beklagten orientiert, hat sich erst in jüngerer Zeit unter dem Einfluss der wirtschaftlichen und technologischen Entwicklung vollzogen[1223]. Selbst aktuell ist das Zuständigkeitsrecht zum Teil noch stark von traditionellen Vorstellungen geprägt, was sich nicht zuletzt in besonderen exorbitanten Zuständigkeiten ausdrückt, die weiterhin existieren. Zum Verständnisdieses Rechtsgebietes ist insofern ein Blick auf seine historische Entwicklung unerlässlich.

IV. Die historische Grundlage der personal jurisdiction

Der erste, rein terrritoriale Ansatzpunkt des Zuständigkeitsrechts spiegelt sich am besten wider in dem vielzitierten Satz von Justice Holmes[1224]:

„The foundation of jurisdiction is physical power."[1225]

[1220] Vgl. die Leitentscheidung *International Shoe Co. v. Washington, 326 U.S. 310* ; ausführlich zu der Entscheidung in diesem Teil unten unter C.V.

[1221] Shreve, Civil Procedure, § 3.09 (1).

[1222] Rose, 82 Ca. L. Rev. 1545, 1556 f. (1994).

[1223] Hornbeck, 59 Alb. L. Rev. 1389, 1391 (1996).

[1224] Holmes war Richter am *Supreme Court* zwischen 1902 und 1932; zu seinem Einfluss auf Lehre und Praxis kritisch Bernstein, GS Martens, S. 755.

Um das in diesem Satz enthaltene Prinzip zu verstehen, muss man allerdings noch weiter, bis zur *Pennoyer*-Entscheidung, zurückgehen.

1. Pennoyer v. Neff: Das Prinzip nationaler Gerichtsbarkeit

Die erste Leitentscheidung im Hinblick auf Fragen der Reichweite von *personal jurisdiction* war die Entscheidung des *Supreme Court* in *Pennoyer v. Neff*[1226]. Der Entscheidung zugrunde lag die Beschlagnahme eines Stück Landes in Oregon, dass einem Bürger des Staates Kalifornien gehörte (Neff). Grundlage der Beschlagnahme war das Urteil eines Gerichts in Oregon, bei dem die Zustellung an den Beklagten Neff durch Veröffentlichung des Urteils in Oregon ersetzt wurde[1227]. Neff war weder Bürger des Forumstaates, noch wurde ihm jemals dort eine Klage zugestellt. Der *Supreme Court* erklärte schließlich Jahre später in seiner Entscheidung die Zuständigkeitsbegründung in Oregon für unwirksam.

Die Entscheidung stellte zwei Prinzipien auf:
Zum einen das Prinzip, dass jeder Staat ausschließlich zuständig ist für Personen und Eigentum innerhalb seines Territoriums[1228] und zum anderen das Prinzip, dass kein Staat direkte Zuständigkeit und Autorität ausüben kann über Personen oder Eigentum außerhalb seines Staatsgebiets[1229].
Die Zuständigkeit eines Gerichts über eine Person war damit direkt an dessen Aufenthalt im Staatsgebiet geknüpft. Sie konnte so einerseits sehr weit gehen, wenn sich etwa ein Fremder nur ganz zufällig und für kurze Zeit innerhalb des Forumstaates aufhielt. Andererseits gab es keine Möglichkeit, jemanden trotz unter Umständen starker – z.B. geschäftlicher – Beziehungen zum Forumstaat, dort zu verklagen, wenn dieser nicht tatsächlich persönlich innerhalb des Staatsgebietes angetroffen werden konnte.
In der Entscheidung spiegelt sich also eine „absolutistische" Konzeption des souveränen Staates als „unveränderliche territoriale Einheit" wieder, die sich gleichfalls auf die Grenzen von gerichtlicher Zuständigkeit überträgt[1230]. Ein Gericht ist begrenzt in seiner Zuständigkeit durch die Grenzen des Staates oder Gebietes für den und in dem es geschaffen wurde. Die *Pennoyer*-Doktrin ist damit eine äußerst formalistische, die den Gerichten wenig Spielraum erlaubt und insbesondere in Fällen versagt, in denen intensive Beziehungen des Beklagten zum Forumstaat bestehen, es aber an seiner physischen Präsenz fehlt. Auf

---

[1225] In *Mc. Donald v. Mabee, 243 U.S. 90, 91 (1917).*
[1226] *95 U.S. 714 (1878).*
[1227] Sog. *"service by publication"*.
[1228] *Pennoyer v. Neff*, 95 U.S. 714, 722 (1848)
[1229] *Pennoyer v. Neff*, 95 U.S. 714, 722 (1848); so auch *Piquet v. Swan, 19 F. Cass. 609 (C.C.D. Mass. 1828) (No. 11, 134).*
[1230] Robinson, 27 J.C. & U.L. 187, 189 (2000) m.w.N.

der anderen Seite ist die hier aufgestellte Regel gerade durch ihren Formalismus kalkulierbar und schafft damit zumindest Rechtsklarheit und damit -sicherheit. Nicht zuletzt machte ein solcher Ansatz in einem gesellschaftlichen Umfeld Sinn, in dem die Mehrheit der Bürger eines Bundesstaates tatsächlich wenig Gelegenheit und Grund hatten, ihr eigenes Staatsgebiet zu verlassen und die Interaktion zwischen Bürgern verschiedener Staaten begrenzt war[1231]. In einer immer mehr industrialisierten und damit auch immer mobileren Gesellschaft, die gekennzeichnet ist durch vernetzte wirtschaftliche Aktivitäten über Staatsgrenzen hinaus, konnte das mit *Pennoyer* etablierte Territorialitätsprinzip allerdings nicht lange überleben. Das Anwachsen bundesweiter wirtschaftlicher Aktivitäten und das Aufkommen des Automobils mussten damit auch die etablierte Rechtsprechung beeinflussen[1232].

2. *Die Modifizierung der Pennoyer-Doktrin*

Der zweite Entwicklungsschritt nach der *Pennoyer*-Entscheidung verlief in zwei Richtungen:

Zum einen wurde bald klargestellt, dass die Autorität eines Staates über seine Bewohner nicht durch deren bloße Abwesenheit vom Territorium begrenzt wird. Eine exterritoriale Zustellung (*service of process*) war somit grundsätzlich zulässig[1233]. Dabei wurde an die Beziehung zwischen einem Staat und seinen Bewohnern angeknüpft, die gegenseitige Rechte und Pflichten auslöst, die unabhängig von einer kontinuierlichen Präsenz im Staatsgebiet bestehen bleiben und damit die Zuständigkeit rechtfertigen[1234]. Zum anderen wurden Wege gesucht, eine Zuständigkeitsbegründung über Personen zu ermöglichen, die sich außerhalb der Staatsgrenzen aufhielten und nicht Bürger des jeweiligen Staates waren. Die grundsätzlich sehr eng gesteckten Grenzen von *Pennoyer* wurden dabei durch verschiedene Legalfiktionen umgangen.

So wurde etwa mit einer Einwilligungsfiktion operiert, die im Fall von Verkehrsunfällen, die durch Ausländer innerhalb des Forumstaates verursacht wurden, eingriff[1235]. Diese sog. *motorist's consent theory* funktionierte über einen fingierten Vertreter des Beklagten, den dieser konkludent durch das bloße "Fahren"(!) im Forumstaat beauftragte, und an den im Folgenden als „Vertreter“ die Zustellung der Klage erfolgen konnte. Begründet wurde diese Konstruktion mit dem besonderen Interesse eines Staates daran, seine Bewohner für erfahrenes Unrecht zu entschädigen. Gleichzeitig taucht in diesem Zusammenhang erneut

---

1231 Nguyen, 83 B.U.L. Rev. 253, 262 (2003).

1232 Hornbeck, 59 Alb. L. Rev. 1389, 1391 f. (1996); Dessem, 55 Tenn. L. Rev. 41, 43 (1987).

1233 *Milliken v. Meyer, 311 U.S. 457 (1941).*

1234 *Milliken v. Meyer, 311 U.S. 457 (1941).*

1235 *Hess v. Pawlowski, 274 U.S. 352 (1927).*

das territoriale Konzept der Macht des Staates über sein Territorium wieder auf. Mittels der *motorist's consent theory* soll dieser explizit ermächtigt werden, die Benutzung seiner Straßen umfassend zu reglementieren[1236]. Dass der Weg hin zu einer solchen Zuständigkeit allerdings mit der *Pennoyer*-Logik nicht zu vereinbaren ist, tritt dabei hinter den überwiegenden Staatsinteressen zurück[1237].
Eine andere Legalfiktion wurde benutzt, um die Zuständigkeit über ausländische Gesellschaften zu bejahen, die per Definition nur dort verklagt werden konnten, wo sie „präsent" waren bzw. einer Zuständigkeit zustimmten. Präsenz war dabei an den Gründungsstaat gekoppelt und unabhängig davon, in welchen anderen Staaten wirtschaftliche Aktivität entfaltet wurde. Hier erfolgte die Zuständigkeitsbegründung wiederum durch die fingierte „Zustimmung" zu Zustellung und Klage, wobei diese Zustimmung konkludent aus der Präsenz der Gesellschaft im Forumstaat mittels hier tätiger Vertreter geschlossen wurde[1238]. Damit war eine doppelte Fiktion notwendig, um zu der gewünschten Zuständigkeit zu gelangen. Zunächst wurde über die Präsenz von Vertretern der Gesellschaft eine „Präsenz" der Gesellschaft selbst fingiert, die dann als Zustimmung zu Klage und Zustellung gewertet wurde. Die Präsenz einer Gesellschaft auf einem bestimmten Markt (durch dort tätige Mitarbeiter) wurde damit letztlich zu einem entscheidenden Faktor, indem sie den Gerichten ermöglichte, ihre Zuständigkeit über wirtschaftliche Einheiten zu bejahen, die auf dem jeweiligen Markt des Forums tätig waren (sog. *doing business*)[1239].
Diese extrem weite Interpretation des Zuständigkeitsrechts ohne positivrechtliche Grundlage ist für das Rechtsverständnis mitteleuropäischer Länder, die durch das *civil law*-System geprägt sind, nicht zu rechtfertigen. In einem *common law*-System wie dem US-amerikanischen, mit grundsätzlich weit gefassten Zuständigkeitsregeln und einem erheblichem Ermessensspielraum der Gerichte, ist sie in erster Linie ein Ausdruck ergebnisorientierter Entscheidungen. Dennoch musste auch hier auf längere Sicht ein klares Zuständigkeitskriterium geschaffen werden, mit dem sich über Staatsgrenzen hinaus eine eindeutige Zuständigkeit etablieren ließ.

[1236] Und zwar im Hinblick auf *residents* ebenso wie auf *non-residents*; vgl. *Hess v. Pawlowski, 274 U.S. 352, 356 (1927)* und *Hendrick v. Maryland, 235 U.S. 610, 622 (1915)*

[1237] Shreve, Civil Procedure, § 3.05. (2).

[1238] Vgl. für einen Fall von *specific jurisdiction St. Clair v. Cox, 106 U.S. 350, 356 (1882)*; *Lafayette Ins. Co. v. French, 59 U.S. 404, 407 (1855).*

[1239] Diese Form der Zuständigkeitsbegründung spielt dabei heute wohl die größte Rolle bei der Etablierung internationaler Zuständigkeit über ausländische Gesellschaften; ausführlich dazu unten unter Teil 4 B.

V. Die moderne Analyse: Das minimum contacts-Kriterium der International-Entscheidung

Die allgemeine Tendenz die Zuständigkeiten über ausländische Beklagte immer mehr auszuweiten, ohne dass diesbezüglich eindeutig handhabbare Regeln erkennbar waren, fand ein vorläufiges Ende in der noch heute im Grundsatz unverändert gültigen Entscheidung in *International Shoe Co. v. Washington*[1240], in der der *Supreme Court* erstmals das sog. *minimum contacts*-Erfordernis als zentrale Voraussetzung für die Begründung der *personal jurisdiction* aufstellte[1241]. Nach der hier etablierten Regel, ist es nunmehr ausreichend, dass der Beklagte, wenn er nicht im Forum präsent ist, *minimum contacts* zum Forum hat, und zwar der Art, dass die Prozessführung im Forumstaat nicht gegen *„traditional notions of fair play and substantial justice"* verstößt, also positiv gesprochen einen gewissen Fairness-Maßstab beachtet. Diese neue Grenze der Zuständigkeit fand dabei ihre Verankerung in der amerikanischen Verfassung, und dem darin festgeschriebenen Gebot eines fairen Verfahrens, des *due process*[1242].

Mit der Entscheidung des *Supreme Court* in *International Shoe* wurde ein Maßstab geschaffen, an dem seither die Zuständigkeit über Angehörige anderer US-amerikanischer wie auch nicht-US-amerikanischer Staaten gemessen werden muss. Gerade für den Bereich multinationaler Aktivitäten von Unternehmen ist die Entscheidung dabei von enormer Bedeutung, da sie zur Begründung der Zuständigkeit primär eben auf diese wirtschaftlichen Aktivitäten im Forumstaat abstellt.

1. Fairness-Maßstab als Ersatz für die Präsenz des Beklagten

Der *Supreme Court* hat in *International Shoe* zum einen zum Ausdruck gebracht, dass gewisse Mindesterfordernisse erfüllt sein müssen, um zu erlauben, dass ein Staat über seine Landesgrenzen hinaus einzelne Personen seinen Gerichten – und damit oft auch seinem eigenen Recht – unterwirft. Zum anderen verschiebt er die ausschlaggebenden Anknüpfungskriterien. War bisher eine tat-

---

1240 *326 U.S. 310 (1945).*

1241 Der Entscheidung zugrunde lag die Frage, ob der Staat Washington eine in Delaware eingetragene Gesellschaft mit Sitz in Missouri besteuern durfte und damit auch die gerichtliche Zuständigkeit über sie ausüben durfte, um die Steuern durchzusetzen. Die Gesellschaft verfügte dabei über mehrere Verkaufsagenten (*salesmen*) in Washington.

1242 Allerdings muss man bedenken, dass *Pennoyer* ein Fall von *quasi in rem*-Zuständigkeit war, so dass die Ausführungen zur *personal jurisdiction* über ausländischen Gesellschaften keinen direkten Effekt auf die *Pennoyer*-Regeln hatte. Erst mit *Shaffer v. Heitner, 433 U.S. 186, 204 (1977)* nahm das Gericht die Gelegenheit wahr, das *Pennoyer* Regime auch diesbezüglich ausdrücklich abzulehenen; ausführlich dazu in diesem Teil unten unter X.2.

sächliche „Präsenz“ im Forumstaat notwendig, was zu den oben angesprochenen rechtlichen Konstruktionen führte, so ist fortan die persönliche Anwesenheit des Beklagten (*presence*) nur noch einer von vielen anderen möglichen *minimum contacts*[1243].

Das stark territorial geprägte Zuständigkeitsverständnis wird mit dieser Entscheidung abgelöst durch eine neue Konzeption, die das Kriterium der „Kontakte“ mit dem jeweiligen Forumstaat zum entscheidenden Faktor erhebt. Der Beklagte muss ein bestimmtes Maß an „Kontakten“ zum Forumstaat besitzen, um seiner Zuständigkeit zu unterfallen. Diese Kontakte werden schließlich überprüft am Verfassungsmaßstab des *due process*, welcher den Kläger zwingt, im Rahmen seiner Wahl des Forums nur ein solches auszuwählen, dass angesichts der Kontakte des Beklagten mit diesem noch als fair und angemessen(verhältnismäßig) anzusehen ist[1244].

Die starre *Pennoyer*-Regel wird somit zunächst einmal auf verfassungsrechtlicher Ebene durch einen mit wertausfüllungsbedürftigen Begriffen operierenden „offenen“ Tatbestand weitgehend verdrängt[1245]. Dabei werden mehrere Ansatzpunkte herausgearbeitet, die die Zuständigkeit der Gerichte rechtfertigen sollen und die die weitere Entwicklung der Rechtsprechung auf diesem Gebiet stark beeinflusst haben.

Zunächst einmal steht grundsätzlich die Natur und Intensität der Kontakte zum Forum im Vordergrund. Dabei wird auf das „Nutzen-Nachteil-Argument“ abgestellt, wonach einer Gesellschaft im Gegenzug zu den Vorteilen einer nicht unerheblichen wirtschaftlichen Tätigkeit im Forumstaat auch die „Bürde“ eventueller Pflichten in diesem Staat auferlegt wird[1246]. Angeknüpft wird also zunächst an Kontakte zum Forum, die als „erheblich“ einzustufen sind.

Der zweite Ansatzpunkt geht davon aus, dass die Pflichten des Beklagten, die aus den (erheblichen) Kontakten mit dem Forum erwachsen, wiederum eine Zuständigkeit nach sich ziehen können. Damit wird die Beziehung zwischen den bestehenden Kontakten zum Forum und dem geltend gemachten Anspruch bzw. dem Klagegrund angesprochen und gleichzeitig angedeutet, dass der *minimum contact*-Test unterschiedlich ausfallen muss, je nachdem, ob der zugrundeliegende Klagegrund mit den Aktivitäten des Beklagten im Forum zusammenhängt oder im Gegenteil davon unabhängig ist[1247]. Der Maßstab für die allgemeine Zuständigkeit über den Beklagten muss also ein anderer sein als der für die besondere Zuständigkeit. Damit wird bereits ausdrücklich die Möglichkeit einer all-

1243 Schack, Einführung, S. 25.

1244 Insofern wird oft von *„reasonableness-test“* gesprochen; vergleiche Shreve, Civil Procedure, § 3.06. (1) (a).

1245 Bernstein, GS Martens, S. 758.

1246 *International Shoe Co. v. Washington, 326 U.S. 310, 319 (1945).*

1247 *International Shoe Co. v. Washington, 326 U.S. 310, 318 (1945).*

gemeinen Zuständigkeit angedeutet, d.h. eine Zuständigkeit auch für Tätigkeiten unabhängig von den spezifischen Kontakten mit dem Forumstaat[1248].
Schließlich soll hinsichtlich der bestehenden Kontakte auch die „Belastung", die sich für den Beklagten daraus ergibt, dass er einen Prozess in einem fremden Forum führen muss, in die Beurteilung des Gerichts mit einfließen[1249].

Die *International*-Entscheidung schafft damit im Ergebnis mit den „*minimum contacts*" einerseits endlich ein eindeutiges, verfassungsrechtlich verankertes Zuständigkeitskriterium und mit der ausdrücklichen Berufung auf *due process* einen neuen „Fairness-Maßstab". Gleichzeitig ebnet sie – aufgrund der verschiedenen denkbaren Variationen von *minimum contacts* und der Unbestimmtheit des Begriffs „Fairness" – potentiell einer Ausweitung der Zuständigkeit den Weg[1250]. Denn eindeutig handhabbare Kriterien dafür, wann verfassungsrechtlich ausreichende Kontakte bestehen sollen, gibt die Entscheidung gerade nicht her[1251]. Im Gegensatz zur Situation unter *Pennoyer* ist aufgrund des neuen Fairness-Maßstabs damit zwar eine größerer Einzelfallgerechtigkeit möglich; der Preis dafür ist aber ein Verlust an Rechtssicherheit, da konkrete Maßstäbe für den unbestimmten Rechtsbegriff der *minimum contacts* ebenso wie für den der prozessualen „Fairness" fehlen.

2. *Aufgabe des territorialen Ansatzes?*

Eindeutig entschieden ist seit *International*, dass die körperliche Präsenz im Forumstaat nicht mehr notwendig ist, um eine Zuständigkeit über den Beklagten zu erreichen. Fraglich ist dagegen, ob eine solche zur Bejahung der Zuständigkeit noch ausreicht. Ersetzt das *minimum contact*-Konzept insofern insgesamt den territorialen Ansatz von *Pennoyer* oder gilt im Gegenteil letzterer fort, solange die physische Präsenz des Beklagten bejaht werden kann? Im letzteren Fall stellt sie nur eine Ausweitung der Zuständigkeit über das Territorialprinzip von *Pennoyer* hinaus dar und gerade keinen allgemeinen Fairnessmaßstab.
Die Entscheidung liefert keine ausdrückliche Antwort auf diese Frage, deutet aber bereits an, dass *Pennoyer* neben dem neuen Fairnessmaßstab weiter gilt, mit der Folge dass im Fall von physischer Präsenz das neue *minimum contact*-

---

1248 Später bestätigt in *Perkins v. Benguet Consol. Mining Co., 342 U.S. 437 (1952).*

1249 *International Shoe Co. v. Washington, 326 U.S. 310, 317 (1945)* („*An "estimate of the inconvenienss" which would result to the corporation from a trial away from its "home" or principal place of business is relevant in this connection.*").

1250 Shreve, Civil Procedure, § 3.06 (1) (b)

1251 Vielmehr betont das Gericht ausdrücklich, das das Abgrenzungskriterium, das die Grenze zwischen Aktivitäten aufzeigt, die die Zuständigkeit über eine Gesellschaft rechtfertigen und solchen, die nicht ausreichend sind, kein mechanisches oder quantitatives sein kann, siehe *International Shoe Co. v. Washington, 326 U.S. 310, 317 (1945).*

Erfordernis keine Geltung beanspruchen kann [1252]. Sie hält damit den territorialen Ansatz von *Pennoyer* am Leben, weicht allerdings das Territorialitätsprinzip dahingehend auf, dass sie nunmehr Klagen gegen *out-of-state* Beklagte ermöglicht, die genügend Kontakte zum Forumstaat besitzen[1253]. Konkret bedeutet das folgendes: War nach der *Pennoyer*-Regel physische Präsenz ausreichend, allerdings auch notwendig; so ist sie nunmehr ausreichend, aber nicht länger notwendig (sofern nämlich *minimum contacts* im Sinne von *International* bestehen).

Dennoch hat der *Supreme Court* mit der *International*-Entscheidung erstmals begonnen, einen verfassungsrechtlichen Rahmen für die Ausübung interstaatlicher bzw. internationaler Zuständigkeit zu schaffen, in dem sich die Einzelstaaten bei der Schaffung ihres Zuständigkeitsrechts bewegen müssen. Es folgten weitere Entscheidungen auf diesem Gebiet, die zusammen genommen allerdings eher ein „Meinungsspektrum" als einen festen Standpunkt darstellen und bis heute viele Fragen im Zusammenhang mit den Grenzen der *personal jurisdiction* offen lassen[1254].

Die bestmögliche Analyse dieser Leitentscheidungen des *Supreme Court* ergibt somit das aktuelle Recht der *personal jurisdiction*. Dabei muss allgemein unterschieden werden zwischen den Voraussetzungen der allgemeinen und denen der besonderen Zuständigkeit, d.h. zwischen *general* und *specific jurisdiction*. Diese, bereits in der *International*-Entscheidung ausdrücklich angelegte Differenzierung, wurde beibehalten und durch die Lehre und Rechtsprechung weiter konkretisiert.

VI. Differenzierung zwischen general und specific jurisdiction

Ähnlich wie im deutschen Recht wird im modernen US-amerikanischen Zuständigkeitsrecht eine grundsätzliche Unterscheidung gemacht zwischen einer generellen – allgemeinen – Zuständigkeit über eine Person, d.h. über alle sie betreffenden Klagen, und gewissen besonderen Zuständigkeiten, die jeweils aufgrund

---

[1252] *"Due process requires only that in order to subject a defendant to a judgment in personam, if he be not present within the territory of the forum, he have certain minimum contacts with it such that the maintenance of the suit does not offend "traditional notions of fair play and substantial justice", International Shoe Co. v. Washington, 326 U.S. 310, 316 (1945).*

[1253] Born, 17 Ga. J. Int'l & Comp. L. 1, 3 (1987).

[1254] Shreve, Civil Procedure, § 3.06. (2) (b); Juenger, 2001 U. Chi. Legal F. 141 (2001) (*„we are the only nation in the world to leave jurisdiction to a motley array of (frequently poorly drafted) state statutes, whose application to specific cases is subject to a vacillating and confused Supreme Court case law").*

bestimmter Kontakte zum Forum eine Zuständigkeit für ein bestimmtes Ereignis oder bestimmte Beziehungen begründen[1255]. Die allgemeine Zuständigkeit ist die Regel bei Inländern (*citizens* bzw. *residents*). Ein Staat hat insofern das Recht über seine Staatsbürger bzw. -bewohner im Hinblick auf sämtliche potentiellen Klagen zu Gericht zu sitzen. Aber auch der ausländische Beklagte kann unter Umständen zum Objekt allgemeiner Zuständigkeit in einem Bundesstaat werden, mit der Folge, dass die Gerichte des jeweiligen Staates umfassend für Klagen gegen ihn zuständig sind.

1. *Anknüpfungspunkte der Zuständigkeit im Rahmen internationaler class action-Verfahren*

Im Rahmen von *class action*-Verfahren gegen ausländische Unternehmen ergeben sich grundsätzlich zwei Hauptanknüpfungspunkte für die Begründung einer – allgemeinen oder besonderen – Zuständigkeit. Der erste betrifft dabei eine Zuständigkeit am Deliktsort ähnlich der Zuständigkeit gem. § 32 ZPO, die im Rahmen von deliktsrechtlichen Ansprüchen in Frage kommt, und regelmäßig in den *long-arm statutes* vorgesehen ist[1256]. Dabei handelt es sich um einen klassischen Fall besonderer Zuständigkeit. Die Tatsache einer deliktischen Handlung in einem Staat (*commission of a tortious act*[1257]) lässt sich dabei im Sinne der *International*-Doktrin dogmatisch als *minimum contact* einordnen, der mit dem geltend gemachten Klageanspruch in Verbindung steht. Etwas schwieriger ist dagegen unter Umständen der reine Deliktserfolg im Forum als *minimum contact* des Beklagten zu qualifizieren[1258].

Die andere Möglichkeit besteht darin, grundsätzlich an die Geschäftstätigkeit des ausländischen Beklagten im Forumstaat anzuknüpfen und somit an seine *contacts* in der spezifischen Form von *doing business*.
Doing business kann dabei *general* oder *specific jurisdiction* begründen[1259]. Die Unterscheidung erfolgt in diesem Fall danach, ob der in Frage stehende Klageanspruch direkt aus der geschäftlichen Tätigkeit entstanden oder davon unabhängig ist. *General jurisdiction* erfordert insofern nachhaltige Geschäftstätigkei-

1255 Die Unterscheidung wurde das erste Mal eingeführt von den Professoren von Mehren und Trautmann, siehe Mehren/Trautmann, 79 Harv. L. Rev. 1121, 1136 ff. (1966), in der Rechtsprechung taucht sie zuerst unter Berufung auf den genannten Beitrag auf in *Helicopteros Nacionales de Colombia, S. A. v. Hall, 466 U.S. 408, 414 Fn. 8 und 9(1984)* ausführlich zur Unterscheidung auch *Boaz v. Boyle & Co., 40 Cal. App. 4th 700, 714 ff. (1995).*

1256 Heß, ZZP Int. 1 (1996), 371, 378.

1257 Siehe z.B. Missouri, § 506.500 1. (3).

1258 Siehe beispielhaft den *long-arm* in Florida, *§ 48.193* und die Ausführungen in diesem Teil unten unter VII.3. und Teil 4 D.

1259 Zur Unterscheidung auch Winkler/Graf von der Recke, NZG 2005, 241, 244. ff.

ten des Beklagten im Gerichtsbezirk, während der Klagegrund selbst keinen Bezug zum Forum haben muss[1260]. Diese Form der allgemeinen Zuständigkeit ist in der Praxis von besonderer Bedeutung und wird eingehend im Rahmen der Behandlung der Zuständigkeitsbegründung über ausländische Gesellschaften behandelt[1261].

Bei der *specific jurisdiction* steht dagegen jeweils die Beziehung der klageanspruchsrelevanten geschäftlichen Aktivitäten zu dem Staat, dessen Gerichte der Kläger anruft, im Mittelpunkt[1262]. In diesem Fall reicht daher unter Umständen ein einzelner *minimum contact* zur Begründung der Zuständigkeit, sofern dieser mit dem geltend gemachten Anspruch in Zusammenhang steht[1263]. Damit reicht unter Umständen die *„transaction of any business within the state"*[1264], die z.B. in einer Werbemaßnahme oder Vertragsverhandlungen im Forumstaat bestehen kann[1265].
Konkret bedeutet das, dass ein ausländisches Unternehmen insbesondere aufgrund seiner generellen umfangreichen Geschäftsaktivitäten in einem Staat der USA in diesem verklagt werden kann oder aber aufgrund eines speziellen anspruchsrelevanten (geschäftlichen) Vorfalls. Die beiden ausschlaggebenden Faktoren im Hinblick auf die verfassungsrechtlichen Grenzen der Zuständigkeit sind damit zum einen das Ausmaß der Kontakte zum Forum allein und zum anderen der Zusammenhang der Kontakte mit dem jeweiligen Klagegrund[1266]. Einen Sonderfall bildet schließlich die Möglichkeit einer Zuständigkeit, die an eine tatsächliche (physische) Präsenz im Forum anknüpft[1267].

1260 Heß, AG 1999, 145, 147.

1261 Dazu ausführlich unten unter Teil 4 B.I.

1262 Lejeune, RIW 1998, 8, 10.

1263 Nicht der Fall war das in *In re Ski Train Fire in Kaprun, Austria on November 11, 2003 WL 22909153 (S.D.N.Y.),* wo das Gericht entschied, dass die Werbung für den Skiort Kaprun im Internet und die vorhandenen Buchungsmöglichkeiten über US-Amerikanische Reiseunternehmen nicht in einem genügenden Zusammenhang mit dem Gletscherbahnunglück standen, um eine besondere Zuständigkeit über den österreichischen Beklagten zu begründen und es insofern auch insbesondere offen bleiben konnte, ob die Internetseite tatsächlich interaktiv war oder nicht (siehe Fn. 57).

1264 N.Y.Civ. Prac.L. & R. § § 302 (a) Nr. 1 (McKinney 1990); dazu Grothe, RabelsZ 58 (1994), 686, 698.

1265 Siehe z.B. *Gregory v. Grove, 547 P.2d 381 (Okla. 1976); Wisconsin Electrical Manufacturing Co., Inc. v. Pennant Products, Inc., 619 F. 2d 676 (7th Cir. 1980).*

1266 *"(...) two principal factors must be considered in determining whether a court may constitutionally exercise personal jurisdiction over a given corporate defendant: the significance of the defendant's contacts with the forum and the relationship of the cause of action to those forum contacts." (Wells Fargo & Co. v. Wells Fargo Express Co., 556 F.2d 406, 412f. (1977)).*

1267 Dazu ausführlich in diesem Teil unten unter X.

2. *Das Konzept der general jurisdiction / Präsenz im Forum*

Die Theorie hinter dem Konzept der *general jurisdiction* geht davon aus, dass der Beklagte über so substantielle Präsenz im Forumstaat verfügt und in solchem Maße dessen Vorteile und Schutz genossen hat, dass der Staat nunmehr im Gegenzug das Recht hat, sich für Klagen aller Art gegen den Beklagten zuständig zu erklären[1268]. In diesem Fall wird der Beklagte behandelt wie ein Staatsbürger, so dass es keiner besonderen Vorschrift bedarf, kraft derer der Staat über seine Grenzen hinausgreift. Hier wird mittels einer Art Legalfiktion die Person unter die allgemeine Staatsgewalt der Gerichte gezogen. Während der *long-arm* per Definiton eines Objekts, das sich außerhalb des Staatsgebietes befindet, bedarf, befindet sich also im Fall von *general jurisdiction* das Objekt juristisch betrachtet gerade innerhalb des Staates[1269]. Ein ausländisches Unternehmen – ohne Sitz in einem Bundesstaat – kann in diesem Zusammenhang in zwei Situationen zum Objekt der allgemeinen Zuständigkeit werden.

Zum einen wird diese „Präsenz" im Forum aus der Tatsache hergeleitet, dass der Beklagte wirtschaftlich auf dem jeweiligen Markt tätig ist (*doing business*)[1270]. Das US-amerikanische Recht behandelt damit etwa eine ausländische Gesellschaft, die besonders intensiv wirtschaftlich in den USA tätig wird, wie eine US-amerikanische Gesellschaft[1271].

Die zweite Möglichkeit ist eine „fingierte" Präsenz der Gesellschaft über den Umweg eines im Forumstaat benannten Vertreters[1272], wie sie in vielen *long-arm statutes* vorgesehen ist[1273]. Hier wird also nicht an das Volumen wirtschaftlicher Aktivitäten im Forum angeknüpft, sondern vielmehr im Sinne des Territorialitätsprinzips an die physische Präsenz einer natürlichen Person als Vertreter der juristischen Person.

Im Hinblick auf das *minimum contact*-Erfordernis im Fall fehlender physischer Präsenz müssen vergleichbar intensive Kontakte mit dem Forumstaat bestehen, um eine allgemeine Zuständigkeit über ein ausländisches Rechtssubjekt zu rechtfertigen[1274]. Die allgemeine Zuständigkeit muss insofern ein fairer „Preis"

1268 Lazarus, 31 Tort & Ins. L. J. 29, 35 f. (1995).

1269 *Freeman v. Second Judicial Dist. Court, 1 P.3d 963, 965 (Supreme Court of Nevada, 2000*)

1270 Insofern sieht etwa das New Yorker Recht (unter *CPLR § 301*) vor, dass die Autorität der New Yorker Gerichte ihre Zuständigkeit über ausländische Gesellschaften auszuüben einzig auf die Tatsache gestützt ist, dass der Beklagte in so kontinuierliche und systematische wirtschaftliche Aktivitäten hier verwickelt ist (*„a continuous and systematic course of doing business"*), dass er im Forum "präsent" ist; siehe dazu *Laufer v. Ostrow, 55 N.Y.2d 305, 309 (Court of Appeals of N.Y. 1982).*

1271 Silberman, 52 DePaul L. Rev. 319, 340 (2002).

1272 Ein sog. *in-state agent for service of process.*

1273 Riou, 14 Rev. Litig. 741, 742 f. (1995) Dazu ausführlich unten unter Teil 4 A.II.

1274 *Boaz v. Boyle & Co., 40 Cal. App. 4th 700, 714 ff. (1995).*

für die erheblichen Vorteile sein, die der Beklagte im Forumstaat eingeräumt bekommt und genießt[1275].Dabei bedarf es nach der Rechtsprechung insofern allgemein solcher Forumaktivitäten, die *„extensive or wide ranging"*[1276] sind bzw. *„substantial (...) continous and systematic"*[1277].Die Intensität der Kontakte wiegt hier das Kriterium der Beziehung zwischen Kontakt und Rechtsfrage auf, das im Rahmen der *specific jurisdiction* ausschlaggebend ist[1278].

Für den ausländischen Beklagten stellt die *general jurisdiction* das größte Risiko dar[1279]. Sie erlaubt den US-amerikanischen Gerichten eine allgemeine Zuständigkeit über sämtliche ihn betreffenden Ansprüche, und damit insbesondere auch solche, die außerhalb der USA ihren Ursprung haben, wie insbesondere deliktische Ansprüche, die z.B. in seinem Heimatland ihren Entstehungsgrund haben. Einzige zusätzliche Voraussetzung ist dann unter Umständen noch, dass der Kläger zumindest US-amerikanischer Staatsbürger ist[1280]. Hinzu kommt, dass der Beklagte, der wirtschaftlich im gesamten Gebiet der USA tätig ist, zudem in jedem beliebigen Bundesstaat verklagt werden kann, unabhängig davon, ob der konkret geltend gemachte Anspruch irgendeine Verbindung zu diesem Staat aufweist[1281]. Die damit einhergehenden unbegrenzten Möglichkeiten von *forum shopping* liegen auf der Hand[1282].

3. *Das Konzept der specific jurisdiction / Related contacts*

Die besondere Zuständigkeit ist enger. Sie erfordert, dass die Kontakte des Beklagten zum Forum mit dem Gegenstand der Klage zusammenhängen[1283]. Sie besteht damit nur für solche Ansprüche, die mehr oder weniger direkt mit den

1275 Shreve, Civil Procedure, § 3.09 (2).

1276 *Buckeye Boiler Co. v. Superior Ct., 80 Cal. Rptr. 113, 118 (Cal. 1969).*

1277 *Perkins v. Benguet Consol. Min. Co., 342 U.S. 437, 447 f. (1952).*

1278 Heiser, 35 Wake Forest L. Rev. 915, 924 (2000).

1279 Im Rahmen der Entwürfe der Haager Konvention über ein weltweites Zuständigkeitsabkommen soll diese Art der Zuständigkeiten nach den jüngsten Entwürfen unter die Kategorie der exorbitanten – und damit verbotenen – Zuständigkeiten fallen, was in den USA auf großen Widerstand trifft, siehe etwa Silberman, 52 DePaul L. Rev. 319, 338 (2002); dazu auch Heiser, 35 Wake Forest L. Rev. 915, 945 f. (2000).

1280 Silberman, 52 DePaul L. Rev. 319, 340 (2002); zur fehlenden sachlichen Zuständigkeit bei Ausländern auf beiden Seiten, siehe auch bereits in diesem Teil oben unter B.V.3.(b).

1281 Siehe etwa *WorldWide Volkswagen Corp. v. Woodson, 444 U.S. 286 (1980)* hinsichtlich der Beklagten Audi und Volkswagen of America.

1282 Heiser, 35 Wake Forest L. Rev. 915, 924 f. (2000).

1283 Zum Teil wird daher auch von *"dispute-specific" jurisdiction* im Gegensatz zur *„dispute-blind" jurisdiction* gesprochen; siehe etwa, Juenger, 2001 U. Chi. Legal F. 141 (2001); Twitchell, 101 Harv. L. Rev. 610, 610 (1988); kritisch zu dieser Terminologie Brilmayer, 111 Harv. L. Rev. 1444 (1988).

Tätigkeiten des Beklagten im Forum zu tun haben oder aus diesen erwachsen. Die *minimum contacts* zum Forum müssen in diesem Fall sog. *related contacts* sein, d.h. eine Beziehung zum geltend gemachten Anspruch herstellen[1284].

„When a controversy is related to, or arises out of, a nonresident's contacts with the forum, the minimum contacts inquiry focuses on the relationship among the defendant, the forum, and the litigation."[1285]

Der Staat hat hier ein „Interesse" an einer bestimmten Klage, weil Teile des zugrunde liegenden Sachverhaltes sich auf seinem Territorium abgespielt haben[1286]. Dieses ureigene Interesse des Staates rechtfertigt seine Zuständigkeit.
Die Theorie der besonderen Zuständigkeit fußt damit letztlich auf der Idee „lokaler" gerichtlicher Macht als Ausfluss der staatlichen Regulierungsbefugnis. Hier bezieht sich der Streitgegenstand auf den innerstaatlichen Bereich und rechtfertigt so die Zuständigkeit des Staates, in dessen Territorium bestimmte Handlungen geschehen bzw. mit dem sie jedenfalls zusammenhängen[1287]. Die Entscheidungszuständigkeit ist insofern ein Mittel zum (legitimen) Zweck der Regulierung von Verhalten innerhalb des eigenen Territoriums oder der Determinierung der rechtlichen Konsequenzen solchen Verhaltens[1288]. Es ist dieses spezifische Interesse des Staates an der Streitigkeit, das den Ausschlag gibt für das Bejahen der Zuständigkeit und was gleichzeitig ein Weniger an Kontakten als im Fall der allgemeinen Zuständigkeit ausreichen lässt[1289].
Im Gegensatz zu dem Fall der *general jurisdiction* geht es also mehr um die Qualität der Kontakte als um die Quantität[1290]. Der Beklagte wird gerade nicht als „quasi-Staatsbürger" behandelt wie im Fall der *general jurisdiction,* mit der Folge, dass die Gerichte für alle ihn betreffenden Klagen zuständig sind. Hier geht es vielmehr um die Zuständigkeit für einen bestimmten gegen ihn gerichteten Anspruch, der damit folgerichtig in einer bestimmten Beziehung zum Forum stehen muss.Allgemein gilt somit ein dreistufiger Test: (1) Der Beklagte muss Kontakte zum Forum i.S.v. *minimum contacts* besitzen, (2) diese müssen im Zu-

---

1284 Zu den verschiedenen theoretischen Ansätzen zur Etablierung von *„related contacts"* siehe den Beitrag von Rose, 82 Ca. L. Rev. 1545 (1994).

1285 *Burger King Corp. v. Rudecewicz, 471 U.S. 462, 473 (1985).*

1286 Brilmayer, 111 Harv. L. Rev. 1444, 1457 (1988).

1287 Klassisches Beispiel ist insofern die deliktische Zuständigkeit am Handlungs- bzw. Erfolgsort im Fall eines Autounfalls; siehe Shreve, Civil Procedure, § 3.09. (2).

1288 *"Adjudication of a dispute is a means towards the legitimate end of regulating local conduct or prescribing its legal consequences";* Brilmayer, 111 Harv. L. Rev. 1444, 1457 (1988).

1289 Brilmayer, 111 Harv. L. Rev. 1444, 1457 (1988).

1290 Pevsner/Curry, 29 Tex. Tech. L. Rev. 977, 990 (1998).

sammenhang mit dem geltend gemachten Anspruch stehen und (3) die Ausübung der Zuständigkeit muss wiederum verhältnismäßig sein[1291].

Die zentrale Frage ist damit, wie eng die Beziehung zwischen Streitgegenstand, Beklagtem und Forum sein müssen, um eine solche Zuständigkeit zu rechtfertigen[1292]. Zugunsten des Beklagten muss im Rahmen dieser Abwägung schließlich immer die verfassungsrechtliche Grenze i.S.d. des Fairness-Maßstabs aus der *International*-Entscheidung beachtet werden[1293].

VII. Die Entwicklung der specific jurisdiction bis heute: Von minimum contacts zum purposeful availment

Nachdem mit der *International*-Entscheidung und dem dort aufgestellten *minimum contact*-Erfordernis der Grundstein des Rechts der internationalen Zuständigkeit gelegt war, folgten verschiedene Entscheidungen, in denen unterschiedliche Interpretationen der *minimum contacts*-Doktrin und damit der Voraussetzungen einer besonderen Zuständigkeit angeboten wurden. Das Ergebnis dieser Entwicklung im Bereich des internationalen Wirtschaftsrechts ist eine Verschiebung des Kernkriteriums, weg von der Idee der bloßen *minimum contacts* hin zu einem bewussten Ausrichten wirtschaftlicher Tätigkeit auf einen bestimmten Staat.

1. Mc.Gee / Single contact als ausreichende Zuständigkeitsbasis

In *McGee v. International Life Ins. Co.* [1294] entschied der *Supreme Court* einstimmig, dass schon ein einzelner Kontakt des Beklagten (der Abschluss eines einzigen Versicherungsvertrages) ausreichend sein kann, um dem *due process*-Erfordernis aus *International Shoe* zu genügen[1295]. Der wichtigste Aspekt der *McGee*-Entscheidung ist insofern die Festschreibung einer *personal jurisdiction* des Forums über Angehörige anderer (Bundes)Staaten im Fall von forumbezogenen Aktivitäten. Die Entscheidung wird angesichts des weiten Zuständigkeitsverständnisses als Höhepunkt der Entwicklung des Rechts der *personal ju-*

1291 *Burger King Corp. v. Rudecewicz, 471 U.S. 462, 473 (1985).*

1292 *Helicopteros Nacionales de Colombia S.A. v. Hall et al., 466 U.S. 408, 414 (1984).*

1293 Siehe *Burger King Corp. V. Rudzewicz, 471 U.S. 462, 476 f. (1985) quoting International Shoe Co. v. Washington, 326 U.S. 310, 320 (1945).*

1294 *355 U.S. 220 (1957).*

1295 Die Klägerin klagte aus einer Lebensversicherung ihres verstorbenen Sohnes gegen die Versicherungsgesellschaft in Kalifornien. Der Versicherungsvertrag war die einzige Verbindung der Gesellschaft mit Kalifornien, die dort keinerlei wirtschaftliche Aktivität unterhielt.

risdiciton seit *International* angesehen, und hat gleichzeitig bis heute ihre Gültigkeit behalten.

McGee war aber noch aus zwei weiteren Gründen von Bedeutung. Zum einen brachte diese Entscheidung einen neuen Faktor in die Zuständigkeitsanalyse ein, indem sie ausdrücklich ein Bedürfnis danach statuiert, das Recht der *personal jurisdiciton* im „Licht der fundamentalen Veränderungen der nationalen Wirtschaft" zu interpretieren, insbesondere der Nationalisierung des Handels und der steigenden Bedeutung von per Post geknüpften wirtschaftlichen Kontakten[1296]. Die mit dieser Entwicklung einhergehende Modernisierung des Personentransportverkehrs sollte insofern die Belastung für einen Beklagten, die aus einem fremden Forum entsteht, extrem relativieren.
Hier wird also erstmals ein gewisser „Globalisierungsgedanke" zur Begründung bzw. Erweiterung der lokalen Zuständigkeit herangezogen, der die Nationalisierung des Handels und die damit einhergehenden verbesserten Kommunikations- und Transportmöglichkeiten beinhaltet. Gleichzeitig deutet die Entscheidung an, dass die Belastung für den Kläger, die aus einem entfernten Forum resultiert, ein ausschlaggebender Faktor für die Bejahung der Zuständigkeit sein kann[1297] und betont wiederum das ureigene Interesse des Staates an der besonderen Zuständigkeit[1298]. Damt zeigt sich deutlich ein extrem weites Zuständigkeitsverständnis im Interesse des Klägers sowie des Forumstaates und unter Vernachlässigung der Interessen des Beklagten.

2. *Hanson v. Denckla*[1299] / *Der Begriff des « purposeful availment »*

In der *Hanson*-Entscheidung wurde die Frage den Voraussetzungen der *personal jurisdiction* erneut aufgeworfen[1300]. Der Streit betraf im Kern die Wirksamkeit eines *trusts*, der mit der Verstorbenen in Delaware abgeschlossen und zum Großteil in Pennsylvania abgewickelt wurde[1301]. Der *Supreme Court* von Florida hatte seine Zuständigkeit über die in Delaware eingetragene Treuhandgesell-

---

1296 *McGee v. International Life Ins. Co., 355 U.S. 220, 222 f. (1957).*

1297 *McGee v. International Life Ins. Co., 355 U.S. 220, 222 f. (1957).*

1298 Das Interesse des Forumstaates resultierte hier daraus, dass der Kläger kalifornischer Staatsbürger war ("(…)*...California has a manifest interest in providing effective means of redress for its residents if their insurers refuse to pay claims.", McGee v. International Life Ins. Co., 355 U.S. 220, 223 (1957)*).

1299 *357 U.S. 235 (1958).*

1300 Die Kläger waren Erben der Trustgeberin und Staatsangehörige von Florida, wo sie auch klagten. Die beiden beklagten Treuhänder hatten keine „kontinuierlichen und systematischen Kontakte" zum Forum. Sie besaßen dort keine Büros und machten keinerlei Geschäfte vor Ort.

1301 Zur Rechtsfigur des amerikanischen *trust* siehe Hansmann/Mattei, 46 Am. J. Comp. L. 133 (1998, Supplement).

schaft bejaht. Die Mehrheit des stark gespaltenen *Supreme Courts* optierte schließlich für die Ablehnung der Zuständigkeit aufgrund fehlender ausreichender Kontakte der Beklagten zum Forum[1302].

Dabei wurde hinsichtlich wirtschaftlicher Aktivitäten von Unternehmen zunächst festgestellt, dass *minimum contacts* nur vorliegen sollten, wenn der Beklagte bewusst und gewollt im Forumstaat und auf dessen Markt wirtschaftlich aktiv wurde (sog. *purposeful availment*-Kriterium)[1303]. Damit wurde plötzlich ein willentliches Moment für *minimum contacts* verlangt und damit ein bewusstes Agieren des Beklagten auf dem Markt des Forums im Gegensatz zu einer reinen wirtschaftlichen „Präsenz" dort. In der Entscheidung deutete sich mit dem Begriff des *purposeful availment* eine erste Weiterentwicklung des *minimum contacts*-Kriteriums an, die aber erst viel später von der Rechtsprechung tatsächlich umgesetzt wurde[1304].

3. *World-Wide Volkswagen: Purposeful availment, stream of commerce und die föderalistische Analyse*

Eine Konkretisierung des *purposeful availment*-Kriteriums im Rahmen der interstaatlichen Zuständigkeit folgte erst im Jahr 1980 mit der Entscheidung in *World-Wide Volkswagen*[1305]. Im Gegensatz zu der Grundsatzentscheidung in *International* ging es hier erstmals um einen deliktischen Anspruch und zwar im Rahmen einer Produkthaftungsklage. Damit stellte sich zum ersten Mal vor dem *Supreme Court* die wichtige Frage nach den verfassungsrechtlichen Grenzen der Gerichtspflichtigkeit von multinational agierenden Unternehmen, die fehlerhafte Produkte in den Verkehr bringen[1306]. Insbesondere galt es, Kriterien aufzustellen, die das *minimum contact*-Erfordernis ausfüllen, wenn etwa ein Hersteller Waren produziert, die von vornherein dafür bestimmt sind, Grenzen zu überschreiten.

1302 Die abweichende Meinung berief sich dagegen bewusst auf die Geeignetheit (*conveniens*) des Forums, um die Zuständigkeit zu rechtfertigen; 357 U.S. at 259 (Black, J. *dissenting*).

1303 *"Minimum contacts must have a basis in some act by which the defendant purposefully avails itself of the privilege of conducting activities within the forum State, thus invoking the benefits of it's laws"* (*Hanson v. Denckla, 357 U.S. 235, 353 (1958)*).

1304 Die Entscheidung wurde zunächst von den Gerichten eher mit Verwirrung aufgenommen und auch vom *Supreme Court* selbst lange nicht erwähnt. Später sollte sie dagegen zur Untermauerung wichtiger Entscheidungen im Zusammenhang mit extraterritorialer Zuständigkeit dienen, so etwa *Shaffer v. Heitner, 433 U.S. 186, 215 f. (1977); World-Wide Volkswagen Corp. v. Woodson, 444 U.S. 286, 294 ff. (1980);* siehe Shreve, Civil Procedure, § 3.07 (2).

1305 *World-Wide Volkswagen Corp. v. Woodson, 444 U.S. 286 (1980).*

1306 Lazarus, 31 Tort & Ins. L. J. 29, 41 (1995).

In dem zugrundeliegenden Fall verklagten zwei Bürger des Staates New York im Anschluss an einen Unfall in Oklahoma vor einem Gericht in Oklahoma neben dem ausländischen Hersteller und dem amerikanischen Großhändler unter anderem einen New Yorker Autoeinzelhändler, der ihnen ein defektes Auto verkauft hatte. Nur letzterer berief sich dabei zu seiner Verteidigung auf das Fehlen von *personal jurisdiction*, so dass die Entscheidung genau genommen nur über die Frage nach der Zuständigkeit über *non-residents* entschied ohne ausdrücklich die Zuständigkeit über den ausländischen Hersteller zu diskutieren[1307].

(a) Stream of commerce

Die Kläger stützen sich in ihrer Argumentation auf die Theorie der „tatsächlichen Vorhersehbarkeit" (*actual foreseeability*). Aufgrund der Tatsache, dass ein „mobiles Produkt" verkauft wurde, sollte der Hersteller voraussehen können, in all den Staaten verklagt zu werden, in die der Verbraucher fahren würde. Daher sollte die Zuständigkeit über ihn verfassungsgemäß sein. Der *Supreme Court* verwarf dieses Argument und stellte sich auf den Standpunkt, dass die bloße Vorhersehbarkeit der Tatsache, dass ein Produkt seinen Weg in einen Staat finden kann, nicht ausreicht, um die Zuständigkeit über den Beklagten zu begründen. Das einseitige Handeln des Klägers – hier das Verbringen des Produktes in einen anderen Staat -, über das der Beklagte keine Kontrolle hat, sollte insofern nicht ausreichen, um das *purposeful availment*-Kriterium zu erfüllen und damit dem *minimum contact*-Erfordernis zu genügen[1308]. Vielmehr sollte der Beklagte *aufgrund seiner Kontakte* mit dem Forumstaat „vernünftigerweise damit rechnen müssen", dort einem Prozess gegenüber zu stehen[1309]. Das Argument der „Vorhersehbarkeit" wird insofern zwar aufgegriffen, aber in einen anderen Kontext gebracht. Die *foreseeability* ist in dem vom Gericht benutzten Zusammenhang letztlich nur ein anderer Begriff, um das *purposeful availment*-Kriterium zu beschreiben. Anders ausgedrückt ist insofern *foreseeability* gegeben, wenn die Kontakte des Beklagten eine Intensität erreichen, dass er damit rechnen muss, im Forum verklagt zu werden. Die eigentliche Betonung liegt hier wiederum auf den *Kontakten zum Forum*. Die „Voraussehbarkeit" eines Prozesses ist dann nur eine logische Folge der besonders intensiven Kontakte im Sinne von *purposeful*

1307 Lazarus, 31 Tort & Ins. L. J. 29, 41 (1995).

1308 *"foreseeability" alone has never been a sufficient benchmark for personal jurisdiction under the Due process Clause."* (*World-Wide Volkswagen Corp. v. Woodson, 444 U.S. 286, 295 (1980)*).

1309 *„Rather, it is that the defendant's conduct and connection with the forum State are such that he should reasonably anticipate being haled into court there."* (*World-Wide Volkswagen Corp. v. Woodson, 444 U.S. 286, 297 (1980)*).

availment als bewusstem Ausnutzen des Forums[1310]. Erforderlich sollte insofern sein, dass der Hersteller seine Produkte mit der *Erwartung* dem Warenstrom („*stream of commerce*") übergibt, dass diese im Forumstaat vom Verbraucher gekauft werden[1311]. Damit wird ein ausreichend intensiver Kontakt zum Forum auch hier letztlich aus dem bewussten Ausnutzen des jeweiligen Marktes bzw. aus einer jedenfalls bewussten Ausrichtung wirtschaftlichen Handelns auf einen bestimmten Markt hergeleitet. Auf eine tatsächliche „Vorhersehbarkeit" eines Prozesses kommt es insofern gerade nicht an.

Interessant ist auch, dass angesichts der Fixierung auf das *minimum contacts*-Erfordernis im Sinne des *purposeful availment* und damit eine beklagtenspezifische Sichtweise auch nicht auf eine – aus deutscher oder mitteleuropäischer Sicht[1312] – naheliegende Zuständigkeit am Erfolgsort zurückgegriffen werden konnte[1313]. Der Versuch über das umständliche und wenig handhabbare Kriterium der *foreseeability* solchen Fallgestaltungen Herr zu werden zeigt dabei anschaulich das Dilemma. Die ausschließliche Konzentration auf forumbezogene Tätigkeiten des Beklagten lässt insofern – entgegen dem Interesse des Klägers – die Zuständigkeit in relevanten Bereichen zwingend scheitern.

(b) Die föderalistische Analyse

Die Entscheidung nennt verschiedene Faktoren, die bei der Beurteilung der Verhältnismäßigkeit der *personal jurisdiction* neben der potentiellen Belastung für den Beklagten eine Rolle spielen sollten, wie insbesondere das Interesse des Forumstaates an dem Prozess, das Interesse des Klägers sowie interstaatliche Interessen an einer möglichst effektiven Rechtsverfolgung [1314]. Neu ist hingegen die Einführung eines föderalistischen Arguments im Rahmen der Zuständigkeitsbegründung. Demnach soll die *due process clause* nicht nur Fairness für den Beklagten garantieren, sondern auch die geordnete Anwendung der Gesetze[1315]. Dementsprechend soll auch das – daraus hergeleitete – *minimum contact*-

---

1310 Die Terminologie ist insgesamt verwirrend, insbesondere ist nicht klar, warum die Voraussehbarkeit des Verbringens des Produkts ins Forum bzw. des Schadens dort nicht auch die Voraussehbarkeit des Prozesses mit sich bringen soll.

1311 *"The forum State does not exceed its powers under the Due process Clause if it asserts personal jurisdiction over a corporation that delivers its products into the stream of commerce with the expectation that they will be purchased by consumers in the forum State."(World-Wide Volkswagen Corp. v. Woodson, 444 U.S. 286, 298 (1980)).*

1312 Siehe insofern § 32 ZPO oder auch Art. 5 Nr. 3 EuGVVO.

1313 So auch Schack, Einführung, S. 29.

1314 *World-Wide Volkswagen Corp. v. Woodson, 444 U.S. 286, 298 (1980).*

1315 *„(…) the Due process Clause ensures not only fairness, but also the „orderly administration of the laws", World-Wide Volkswagen Corp. v. Woodson, 444 U.S. 286, 294 (1980).*

Konzept zwei unterschiedliche Funktionen erfüllen: zum einen den bereits bekannten Schutz des Beklagten vor einem unverhältnismäßigen Forum und zum anderen den allgemeinen Schutz vor der Überschreitung staatlicher Grenzen durch die Gerichte in einem föderalen System nebeneinanderstehender gleichberechtigter Staaten. *Due process* wird so zu einem „Instrument des interstaatlichen Föderalismus“, das dazu benutzt werden kann, die gerichtliche Macht eines Bundesstaates einzuschränken[1316]. Entgegen der Idee in *International* ist die Begründung der Zuständigkeit damit zweigleisig. Zum einen aus Sicht des Beklagten (Fairness-Argument) und zum anderen staatsrechtlich betrachtet im Sinne der notwendigen Begrenzung staatlicher Macht auf der horizontalen Zuständigkeitsebene der Bundesstaaten.

Eine Zuständigkeitsbegrenzung aus Souveränitätsgesichtspunkten ist dabei in einem föderalen System durchaus plausibel; die Herleitung aus dem Recht der *personal jurisdiction* und damit aus der Verfassungsgarantie der *due process clause* ist dagegen systematisch verfehlt, da letztere eindeutig den Schutz des Beklagten zum Inhalt hat und der hier benutzen Argumentation nicht zugänglich ist. Der *Supreme Court* hat dies in einer späteren Entscheidung ausdrücklich anerkannt und seine hier vertretene Auffassung insofern revidiert[1317].

(c) Die Folgen der Volkswagen-Entscheidung für die Herstellerindustrie

Die Entscheidung wurde von der Rechtsprechung sehr unterschiedlich aufgenommen[1318]. Aus der unklaren *foreseeability*-Analyse folgerten viele einzelstaatliche Gerichte, dass es nunmehr für eine Zuständigkeitsbegründung ausreichend sein sollte, dass der Beklagte es hätte voraussehen können, dass sein Produkt in einen Staat gelangen könnte. Die bloße Vermarktung von Produkten durch den Hersteller wurde damit in vielen Fällen zum einzigen und ausreichenden Anknüpfungspunkt der Zuständigkeit, da jedenfalls dieser immer voraussehen könne, dass seine Produkte auf irgendeinem Weg in entfernte Staaten gelangen[1319]. Diese Interpretation des *stream of commerce*-Gedanken wurde insofern immer dann relevant, wenn ein Produkt oder ein Teil eines Produktes mittels eines Wa-

---

1316 *"(...) the Due process Clause, acting as an instrument of interstate federalism, may sometimes act to divest the State of its power to render a valid judgment."* (*World-Wide Volkswagen Corp. v. Woodson, 444 U.S. 286, 294 (1980)*).

1317 *Insurance Corp. of Ireland, Ltd. v. Compagnie des Bauxites de Guinee, 456 U.S. 694, 702 (1982)* (*"The personal jurisdiction requirement recognizes and protects an individual liberty interest. It represents a restriction on judicial power not as a matter of sovereignty, but as a matter of individual liberty."*).

1318 siehe dazu Hornbeck, 59 Alb. L. Rev. 1389, 1405 ff. (1996).

1319 Han, Alien Defendants, 32 f. m.w.N.; aus der Rechtsprechung *Bean Dredging Corp. v. Dredge Technology Corp., 744 F.2d 1081, 1084 (5th Cir. 1984)* und *Hedrick v. Daiko Shoji Co., 715 F.2d 1355, 1358 (1983)*.

renstroms in ein bestimmtes Forum gelangte und dabei mehrere Stationen passierte. Im Gegensatz zur klassischen Verkäufer-Käufer-Situation, handelt es sich in diesen Fällen um eine Vermarktungskette, an der verschiedene Personen – i.S.v. Unternehmen – beteiligt waren. Die *Volkswagen*-Entscheidung wurde in diesen Fällen von der Rechtsprechung dazu benutzt, einen bloßen *forseeability*-Test im Hinblick auf das jeweilige Produkt zur Grundlage der Zuständigkeitsprüfung zu machen und somit in Produkthaftungsfällen die Zuständigkeit über den außerhalb des Forumstaates ansässigen Hersteller oder Zulieferer zu bejahen[1320]. Nach dieser Ratio etabliert ein ausländischer Beklagter ausreichende Kontakte zum Forum, wenn er sein Produkt etwa an einen unabhängigen Großhändler verkauft und vernünftigerweise damit rechnen kann, dass das Produkt den Forumstaat erreicht[1321]. Insofern gilt zum Teil auch aktuell noch, dass der Bereich des voraussehbaren Marktes jedenfalls generell weiter ist, wenn der Beklagte Hersteller oder primärer Vermarkter eines Produktes ist, also ganz oben in einem Warenverteilungssystem steht[1322]. Wenn also beispielsweise Hersteller A ein spezifisches Teil an Hersteller B verkauft, der es in ein fertiges Produkt integriert und wenn A objektiv wissen sollte bzw. subjektiv weiß, dass B das Produkt in den USA vermarktet, dann sind die Kontakte von A wahrscheinlich ausreichend, um die Zuständigkeit über ihn zu bejahen. Hier soll sich gerade die notwendige Verknüpfung von Vorhersehbarkeit und Verhältnismäßigkeit zeigen, weil A in diesem Fall vernünftigerweise damit rechnen müsse, im Forumstaat verklagt zu werden[1323]. Die Vorhersehbarkeit ergibt sich dabei aus der bloßen Tatsache, dass der Hersteller eine Vermarktung seines Produktes in den USA in Kauf nimmt.

Dieses sehr weite Verständnis der *Volkswagen*-Entscheidung wird allgemein als *stream of commerce*-Theorie bezeichnet[1324]. Mit der eigentlichen in der Entscheidung des *Supreme Court* getroffenen Aussage, die auf die tatsächliche Voraussehbarkeit eines Prozesses im Forumstaat aufgrund direkt und bewusst auf diesen ausgerichteter wirtschaftlicher Aktivität abstellte, hat diese Auffassung allerdings nichts mehr zu tun[1325].

1320 Dessem, 55 Tenn. L. Rev. 41, 53 ff. m.w.N (1987).

1321 *Oswalt v. Scripto, Inc., 616 F.2d 191, 201 (5th Cir. 1980).*

1322 Siehe auch *McCaskey v. Continental Airlines, Inc., 133 F. Supp. 2d 514, 521 (2001)* im Hinblick auf die Erbringung einer Dienstleistung.

1323 Hornbeck, 59 Alb. L. Rev. 1389, 1406 (1996).

1324 Siehe *Lesnick v. Hollingsworth & Vose Co., 35 F.3d 939, 946 (1994).*

1325 Folgerichtig dagegen die engere Interpretation der Volkswagenentscheidung in *Humble v. Toyota Motor Co., 727 F.2d 709, 710 f. (1984).*

(d) Der Wert der Entscheidung für die Rechtsprechung

Die Menge an unterschiedlichen Faktoren, die das Gericht im Rahmen seiner Analyse betrachtet, bedeutet im Ergebnis eine Fall-zu-Fall Entscheidung. Daraus resultiert ein hoher Grad an Rechtsunsicherheit und gerade kein Fortschritt hinsichtlich der konkreten Maßstäbe, nach denen die Zuständigkeit über den Beklagten zu bestimmen ist[1326]. Eindeutig klargestellt wurde insofern nur, dass der unilaterale Akt eines Verbrauchers, der darin besteht, ein gekauftes Produkt in einen bestimmten Staat zu verbringen, dafür nicht ausreichend ist, insofern als er nur zufällig geschieht und damit gerade keinen ausreichenden Kontakt zwischen Forum und Beklagtem herstellen kann[1327].
Im Hinblick auf den internationalen Kontext können ebenfalls keine eindeutigen Aussagen getroffen werden, da sich gerade nur die amerikanischen Beklagten auf fehlende Zuständigkeit beriefen[1328]. Bezüglich der nicht-US-amerikanischen Beklagten wurde die Zuständigkeit daher überhaupt nicht in Frage gestellt.

4. *Keeton, Calder und Burger King: Rückkehr zum purposeful availment*

Zwei weitere Entscheidungen des *Supreme Court* stellten im Folgenden auf das *purposeful availment*-Kriterium ab und rückten damit die willentlich-wissentliche Seite des *minimum contact*-Erfordernisses weiter in den Vordergrund. In *Keeton v. Hustler Magazine, Inc.* [1329] bejahte der *Supreme Court* das Vorliegen von *personal jurisdiction* in einer Verleumdungsklage und stellte dabei eindeutig auf die bewusste allgemeine Marktpräsenz des Zeitschriftenherausgebers im Forum ab. Aus dieser Präsenz wurde geschlossen, dass der Beklagte voraussehen konnte, im Forumstaat verklagt zu werden[1330]. Gleichzeitig

---

1326 Hornbeck, 59 Alb. L. Rev. 1389, 1407 (1996).

1327 Hornbeck, 59 Alb. L. Rev. 1389, 1408 (1996).

1328 Warum Volkswagen nicht ebenfalls das Vorliegen von *personal jurisdiction* in Frage gestellt hat, ist nicht eindeutig zu beantworten. Geht man davon aus, dass der Grund nicht einfach die schlechte anwaltliche Beratung war, so ist jedenfalls denkbar, dass die Chancen, mit einer auf das Fehlen von *minimum contacts* bzw. *purposeful availment* gestützen Argumentation durchzukommen als zu gering eingeschätzt wurden, da Volkswagen zwar nicht das streitgegenständliche Auto im Forumstaat verkauft hatte, jedenfalls aber ähnliche Autos dort vermarktet wurden.

1329 *465 U.S. 770 (1984).*

1330 Zwar spricht das Gericht nicht ausdrücklich von *purposeful availment*, benutzt aber dieselbe Argumentation, wenn es betont: *"Here, where respondet has continously and deliberately exploited the New Hampshire market, it must reasonably anticipate being haled there in a libel action based on the contents of its magazine."* (*Keeton v. Hustler Magazine, Inc., 465 U.S. 770, 781 (1984) quoting World-Wide Volkswagen Corp. v. Woodson, 444 U.S. 286, 297 (1980)*).

wurde auf das Interesse eines Staates abgestellt, Zuständigkeit über Personen auszuüben, die Delikte innerhalb seines Territoriums begehen[1331].
Interessant war dabei, dass die Klägerin keineswegs Staatsangehörige des Forumstaates war, sondern diesen nur ausgewählt hatte, um in den Genuss der dort geltenden günstigen Verjährungsvorschriften zu kommen. Auch waren im Forumstaat von der in Frage stehenden Ausgabe der Zeitschrift nur wenige Exemplare verkauft worden. Damit war der Fall war etwas anders gelagert als in einer am gleichen Tag ergangenen Entscheidung des *Supreme Court*, die ebenfalls eine solche Verleumdungsklage betraf. Allerdings war in diesem Fall die Klägerin Staatsbürgerin des Forumstaates und klagte gegen die Redakteure der Zeitschrift, die sich mit dem Argument der fehlenden Zuständigkeit verteidigten[1332]. Bei letzterer Entscheidung lag der Argumentationsschwerpunkt insofern vor allem auf der angeblich gezielten Ausrichtung der deliktischen Handlung auf den im Forumstaat ansässigen Kläger[1333]. Das auch hier im Vordergrund stehende Interesse des Forumstaates an dem Prozess ergab sich damit diesmal aus der Tatsache, dass ein Staatsbürger Ziel des deliktischen Handelns der Beklagten geworden war.

In *Keeton* dagegen wurde die Zuständigkeit mit dem Argument bejaht, dass das Interesse des Staates sich gerade auch auf Nicht-Staatsbürger erstreckt[1334] und insofern der Tatsache, dass ein Schaden innerhalb des Forumstaates eintritt, besondere Bedeutung beigemessen[1335].

Das Zusammenspiel beider Entscheidungen ergibt damit folgendes Bild: Das Interesse des Staates an einem Schadensersatzprozess ist nicht gleichzusetzen mit dem Interesse des Staates am Schutz seiner eigenen Bürger, sondern geht

1331 *"A state has an especial interest in exercising judicial jurisdiction over those who commit torts within its territory. This is because torts involve wrongful conduct which a state seeks to deter, and against which it attempts to afford protection, by providing that a tort-feasor shall be liable for damages which are the proximate result of his tort." (Keeton v. Hustler Magazine, Inc., 465 U.S. 770, 776 (1984)).*

1332 *Calder v. Jones, 465 U.S. 783 (1984).*

1333 *"In this case, petitioners are primary participants in an alleged wrongdoing intentionally directed at a California resident, and jurisdiction over them is proper on that basis", Calder v. Jones, 465 U.S. 783, 790 (1984).*

1334 *"This interest extends to libel actions brought by nonresidents. False statements of fact harm both the subject of the falsehood* and *the readers of the statement. New Hampshire may rightly employ its libel laws to discourage the deception of its citizens. There is "no constitutional value in false statements of fact."* (*Keeton v. Hustler Magazine, Inc., 465 U.S. 770, 776 (1984)*).

1335 Wobei man sich in diesem Fall sicherlich streiten kann, ob tatsächlich ein Schadenseintritt im Forum darin zu sehen ist, dass die Leser mit falschen Tatsachen konfrontiert werden, wenn das Opfer selbst dort nicht ansässig ist.

über dieses hinaus. Im Sinne von *Keeton* kann eine allgemeine, nicht ganz unerhebliche Marktpräsenz ausreichen, um die Zuständigkeit in einem spezifischen Fall zu bejahen. Darüber hinaus ist dann die konkrete Schädigung eines Angehörigen des Forumstaates nicht erforderlich, solange jedenfalls ein Schaden dort eintritt. *Purposeful availment* wird damit wiederum zu einem zentralen Faktor in der Analyse des Gerichts[1336]. Auf der anderen Seite deutet *Calder* an, dass es ausreichend sein kann, dass der Geschädigter Bürger des Forumstaates ist, sofern dieser gezielt geschädigt wird[1337]. Insofern haben die Entscheidungen zwei Argumente gemeinsam. Zum Einen das Argument des spezifischen Interesses des Forumstaates an einem Prozess. Dieses kann sich sowohl aus der Staatsbürgerschaft des Klägers als auch aus der Tatsache ergeben, dass der konkrete Schaden im Forum eingetreten ist. Zum anderen bedarf es nach beiden Entscheidungen zwingend eines forumspezifischen Tätigwerdens des Beklagten im Sinne von *purposeful availment.*

Die Entscheidung des *Supreme Court* in *Burger King v. Rudzewicz* betraf eine vertragliche Streitigkeit. Der Beklagte war Staatsbürger von Michigan und hatte einen Franchise-Vertrag mit einer Gesellschaft in Florida (Burger King) geschlossen. Der Vertrag zielte auf eine dauernde Beziehung zwischen den Parteien ab und stipulierte Zahlungen, die in Miami, Florida, erfolgen sollten. Während der gesamten Verhandlungen war der Beklagte allerdings in Michigan geblieben und niemals körperlich im Staat Florida anwesend gewesen. Dennoch entschied der *Supreme Court* in dem Verfahren wegen angeblichem Bruch des *franchising agreements,* dass die Gerichte von Florida in Einklang mit der Verfassung dieZuständigkeit über den Beklagten ausüben könnten. Hier wurde wiederum darauf abgestellt, ob der Beklagte

„by some act purposefully avails itself of the privilege of conducting activities within the forum state“;

ob er also gezielt wirtschaftlich an dem Ort des Forums tätig wird[1338]. In diesem Fall sollte es nicht unverhältnismäßig (*unreasonable*) sein, ihm auch die Last aufzubürden, an diesem Ort einem Rechtsstreit ausgesetzt zu sein. Das *purposeful availment* Kriterium wurde als erfüllt angesehen, weil der Beklagte *selbst* aktiv geworden war und nach Auffassung des Gerichts eine „wesentliche Ver-

---

1336 So auch Maltz, 1987 Duke L. J., 669, 674 (1987).

1337 Zwar war die Marktpräsenz in dem zugrunde liegenden Fall nicht unerheblich, spielte aber insofern keine Rolle als es um die persönliche Haftun der Redakteure ging und insofern die Argumentation des Gerichts auf die gezielt erfolgte Schädigung eines Staatsbürgers abstellte; siehe *Calder v. Jones, 465 U.S. 783, 790 (1984).*

1338 *Burger King Corp. v. Rudzewic, 471 U.S. 462, 475 (1985) quoting Hanson v. Denckla, 357 U.S. 235, 253 (1958).*

bindung“ (*substantial connection*) zum Forumstaat geschaffen hatte. Angesichts der Tatsache, dass das moderne Wirtschaftsleben sich zu großen Teilen ausschließlich über Post und drahtgebundene Kommunikation abspiele, brauche es insofern auch keiner persönlichen Präsenz innerhalb des Forumstaates[1339].
Zudem wurde deutlich gemacht, dass im Fall der Erfüllung des *purposeful availment*-Kriteriums der Beklagte, der die Zuständigkeit bestreiten will, einen eindeutigen Beweis dafür bringen muss, dass aufgrund anderer Faktoren dennoch die Zuständigkeit als unverhältnismäßig anzusehen ist[1340]. Damit wurde eine Beweislastregel dahingehend geschaffen, dass der Beklagte darzulegen und zu beweisen hat, dass trotz des Vorliegens von *minimum contacts* die Ausübung der *personal jurisdiction* unverhältnismäßig im Sinne von *due process* wäre. Die Bejahung von *minimum contacts* stellt also nunmehr einen prima facie Beweis für die Verhältnismäßigkeit der Zuständigkeit dar, den der Beklagte erschüttern muss.

Burger King ist in mehrerer Hinsicht ein wichtiger Meilenstein in der Entwicklung der modernen Zuständigkeitslehre. Zum einen wurde eindeutig die Gültigkeit des *International*-Tests bestätigt und es wurden die wichtigsten Kernbegriffe und Entscheidungen zitiert. Insbesondere wurde die schon in *Volkswagen* angedeutete Idee aufgenommen, den Zuständigkeitstest in zwei Schritten zu prüfen: Zunächst durch die Etablierung von *minimum contacts* in Form des *purposeful availments*. Daran anschließend die Überprüfung der Verhältnismäßigkeit der so etablierten Zuständigkeit unter Heranziehung und anschließenden Abwägung verschiedener Kriterien[1341]. Der Akzent liegt dabei eindeutig bei der Etablierung des *purposeful availments*, das nur in besonderen Fällen wieder durch Fairness-Überlegungen vernichtet werden kann. *Purposeful availment* wird damit zum Prüfstein für die *personal jurisdiction*-Analyse. Die Zuständigkeit gilt beim Vorliegen von *minimum contacts* prima facie als gegeben und muss nachträglich vom Beklagten wieder zunichte gemacht werden. Schließlich wurde mit der Entscheidung den unteren Gerichten ein gewisser Standard an die Hand gegeben, mit dem sie in vertragsrechtlichen Fällen die Zuständigkeit bestimmen können[1342].
Gleichzeitig birgt der in dieser Entscheidung etablierte Ansatz nicht unerhebliche Risiken für denjenigen, der sich bewusst einem Geschäftspartner in den USA zuwendet und damit nunmehr per se Gefahr läuft, eine Zuständigkeit für

---

1339 *Burger King Corp. v. Rudzewic, 471 U.S. 462, 476 (1985).*
1340 *Burger King Corp. v. Rudzewic, 471 U.S. 462, 477 (1985).*
1341 *Burger King Corp. v. Rudzewic, 471 U.S. 462, 476 (1985)* unter Berufung auf die in *Volkswagen* genannten ausschlaggebenden Faktoren; siehe dazu bereits in diesem Teil oben unter VII.3.
1342 Dazu Stephens, 28 Wm. and Mary L. Rev 89, 110 (1986).

Streitigkeiten im Zusammenhang mit den so etablierten Geschäftsbeziehungen zu kreieren[1343].

Einschränkend muss allerdings gerade auch berücksichtigt werden, dass es im zugrunde liegenden Sachverhalt ausschließlich um vertragliche Streitigkeiten ging. Damit ist jedenfalls fraglich, ob die extrem weite Interpretation des *purposeful availment*-Kriteriums auch im Rahmen von deliktischen Streitigkeiten zwingend ist[1344]. Die Situtation ist in beiden Fällen grundsätzlich verschieden. Während in vertraglichen Situationen der Vertragspartner immer freiwillig und bewusst den „Kontakt" mit dem jeweiligen Staat sucht, ist die Situation in deliktsrechtlichen Situationen konträr. *Burger King* ist insofern hinsichtlich der Anforderungen an das *minimum contact*-Erfordernis wohl in erster Linie Präzedent für Fragen der besondere Zuständigkeit im Rahmen von vertraglichen Streitigkeiten, ohne darüber hinaus allgemeingültige Aussagen zu liefern. Etwas anderes gilt hinsichtlich der Fairness-Analyse. Diese wird im Rahmen der Zuständigkeit reduziert auf ein Regel-Ausnahme-Verhältnis, indem sie grundsätzlich vermutet wird und nur ausnahmsweise entfallen soll; was der Beklagte zu beweisen hat.

5. Das Gesamtkonzept der specific jurisdiction bis zu Asahi

Das Vokabular im Zusammenhang mit Fragen der *personal jurisdiction* hat sich im Laufe der Zeit von Grund auf gewandelt: Von *presence* und *implied consent* entwickelte es sich zu *minimum contacts* und *purposeful availment*[1345]. Insgesamt etablieren dabei die Entscheidungen in *World-WideVolkswagen*, *Keeton* und *Burger King* den Vorrang des *purposeful availment*-Konzepts in der Analyse der *personal jurisdciton*[1346]. Hier liegt der Schwerpunkt der rechtlichen Analyse.

In *World-WideVolkswagen* wurde die Zuständigkeit abgelehnt, weil der einzige Kontakt des Beklagten zum Forum durch die einseitige Handlung des Klägers

1343 Ein ähnliches Problem stellt sich in jüngerer Zeit im Hinblick auf Internetsachverhalte, insbesondere im Internet geschlossene Verträge. Der *Supreme Court* hat sich zu diesem Problem noch nicht geäußert; siehe aber *Zippo Manuf. Co. v. Zippo Dot Com, Inc., 952 F. Supp 1119 (W.D. Pa. 1997) und CompuServe Inc. v. Patterson, 89 F. 3d 1257 (6th Cir. 1996);* dazu Shreve, Civil Procedure, § 3.12 (4).

1344 Hinzu kommt, dass das Gericht die Existenz einer Rechtswahlvereinbarung im Franchise-Vertrag betonte, um so die bewusste Eingehung einer Verbindung (*deliberate affiliation*) mit dem Staat seitens des Beklagten zu untermauern; siehe *Burger King Corp. v. Rudzewic, 471 U.S. 462, 482 (1985).*

1345 So auch *In re DES, 789 F.Supp. 552, 577(E.D.N.Y. 1992).*

1346 Siehe Maltz, 1987 Duke L. J., 669, 674 (1987); *In re DES, 789 F.Supp. 552, 577 (E.D.N.Y. 1992).*

geschaffen wurde und es somit an einem bewussten Ausrichten von Handlungen auf den Forumstaat fehlte. Im Gegensatz dazu wurde die Zuständigkeit für verfassungsgemäß erklärt, wenn die Beziehung zum Forum – wie in *Keeton* und *Burger King* – vom Beklagten selbst geschaffen worden war und gerade nicht außerhalb des Einflussbereichs des Beklagten lag[1347]. Die Kontakte zum Forum werden damit in erster Linie danach bemessen, dass der Beklagte wissentlich und willentlich wirtschaftlich „in Richtung auf den Forumstaat" tätig wird. Der zweite Strang der zuständigkeitsrechtlichen Prüfung im Sinne einer Verhältnismäßigkeitsprüfung (Fairness-Test) tritt dagegen immer mehr in den Hintergrund.

Insgesamt bleibt die Zuständigkeitsanalyse in weiten Teilen unsicher. Eindeutige Maßstäbe zur Handhabung des Begriffes des *purposeful availments* bleibt die höchstrichterliche Rechtsprechung schuldig und überlässt damit das Feld im Ergebnis weitgehend ermessensabhängiger Fall-zu-Fall-Entscheidungen der unteren Gerichte. Unbeantwortet bleibt schließlich aus internationaler Sicht weiterhin die Frage, ob der Zuständigkeitsmaßstab zu modifizieren ist, sofern es sich bei dem Beklagten nicht nur um den Angehörigen eines anderen Bundesstaates, sondern vielmehr um einen Ausländer (*alien*) handelt.

6. *Die Asahi-Entscheidung in der Analyse der specific jurisdiction*

(a) Die beiden Kernfragen der Asahi-Entscheidung

Die Entscheidung des *Supreme Court* in *Asahi*[1348] ist in zweierlei Hinsicht interessant. Zum einen wird erneut die Frage nach *personal jurisdiction* in Produkthaftungsfällen aufgegriffen, die seit *World-WideVolkswagen*[1349] außerordentlich kontrovers entschieden wurde. Es erfolgte insofern eine erneute Auseinandersetzung mit dem *purposeful availment*-Kriterium. Insbesondere lag der Entscheidung eine Situation zugrunde, deren rechtliche Klärung für den Bereich internationaler Wirtschaftsbeziehungen von besonderer praktischer Relevanz ist. Im Gegensatz zum klassischen Verkäufer-Käufer Modell lag dem Sachverhalt eine *distribution chain* zugrunde, d.h. eine Produktionskette, an der jeweils nacheinander verschiedene Hersteller- und Vermarktungsunternehmen beteiligt sind, bevor das Endprodukt in die Hände des Verbrauchers gelangt. Es galt damit, für diesen klassischen Fall wirtschaftlicher Verflechtungen einen handhabbaren zuständigkeitsrechtlichen Standard zu kreieren und damit zu entscheiden über welche Teile der „Kette" unter welchen Umständen im Produkthaftungsfall eine Zuständigkeit besteht.

[1347] Maltz, 1987 Duke L. J., 669, 674 (1987).
[1348] *Asahi Metal Industry Co. v. Superior Court, 480 U.S.102 (1987).*
[1349] *Worldwide Volkswagen Corp. v. Woodson, 44 U.S. 286 (1980).*

Über diese grundsätzliche Fragestellung hinaus hatte der Fall einen besonderen internationalen Bezug, da der Beklagte kein US-amerikanisches Unternehmen war. Bis zur *Asahi*-Entscheidung hatte der *Supreme Court* die Frage unbeantwortet gelassen, welche *minimum contact*-Maßstäbe zu gelten haben, wenn es sich bei dem Beklagten um einen (ausschließlich) ausländischen Beklagten handelt. Die Unterscheidung zwischen einem Beklagten aus einem anderen Bundesstaat als dem Forumstaat und einem ausländischen Beklagten war demnach bis dato in der Rechtsprechung nicht vorhanden; die Voraussetzungen der *personal jurisdiction* somit in beiden Fällen grundsätzlich die gleichen. In *Asahi* wurde nun erstmals ausdrücklich die besondere Situation eines ausländischen Beklagten angesprochen, was die Entscheidung für die Analyse der internationalen Zuständigkeit besonders bedeutsam macht.

(b) Der zugrunde liegende Sachverhalt

Der Entscheidung zugrunde lag eine klassische Produkthaftungssituation, bei der es um Schäden ging, die infolge fehlerhafter Motorradreifen in den USA entstanden waren. In diesem Zusammenhang wurde zunächst der taiwanesische Reifenschlauchhersteller (Cheng Shin), der 20% seines Umsatzes in Kalifornien machte, aufgrund eines Motorradunfalls in Kalifornien von den Geschädigten unter dem Gesichtspunkt der Produkthaftung verklagt[1350]. Der *Asahi*-Entscheidung lag nunmehr die Klage dieses ursprünglich beklagten Herstellers zugrunde, der in diesem Prozess mittels einer sog. *cross-claim* („Gegenklage“) den Zulieferer des Reifenventils vor einem kalifornischen Gericht verklagte, um für den Fall seiner eigenen Verurteilung bei diesem Rückgriff nehmen zu können.
Die beklagte japanische Gesellschaft *Asahi* hatte dabei zwischen 1978 und 1982 1,350,000 Ventile an den Kläger verkauft und die gleichen Ventile waren außerdem in die Reifen zahlreicher anderer Hersteller eingebaut worden, die ihre Produkte ebenfalls in Kalifornien verkauften. *Asahi* selbst verfügte weder über Büros noch irgendwelches Eigentum oder eigene Vertreter in Kalifornien und tätigte dort keinerlei direkte geschäftliche Tätigkeit oder Verkäufe. Die ursprüngliche Produkthaftungsklage des Verletzten gegen den Kläger endete außerdem im Laufe des Prozesses in einem Vergleich.

Die zu entscheidende Kernfrage in *Asahi* war nun, ob das Bewusstsein eines ausländischen Herstellers, dass von ihm gefertigte Teile durch den Warenstrom in das Forum gelangen würden, im Sinne der *minimum contacts*-Doktrin ausreicht, um die Zuständigkeit über ihn zu bejahen. Der Beklagte berief sich inso-

---

1350 Ursache des Unfalls war dabei eine Reifenpanne.

fern auf fehlende internationale Zuständigkeit wegen Verletzung von *due process*.

(c) Der Streit über die Voraussetzungen des purposeful availment

Der *Supreme Court* entschied im Ergebnis mehrheitlich, dass die *due process clause* Kalifornien daran hindere, die Zuständigkeit über *Asahi* zu bejahen. Dabei war die vorgelagerte Frage, ob *Asahi* das *purposeful availment*-Kriterium erfüllt hatte, höchst umstritten. Während vier Richter sich dafür entschieden, lehnten vier weitere das Vorliegen der Voraussetzungen von *purposeful availment* ab und der letzte Richter entschied sich schließlich für einen grundsätzlich anderen Ansatz.

Vier Richter um *Justice* O' Connor zogen einen direkten Vergleich zur Entscheidung in *World-WideVolkswagen* und verlangten, dass der Beklagte willentlich in Richtung auf den Staat tätig würde und nicht nur das Bewusstsein habe, dass der Warenstrom sein Produkt in den Staat befördern kann oder wird[1351]. *Minimum contacts* sollten insofern daran scheitern, dass *Asahi* gerade nicht bewusst in Richtung auf den Forumstaat tätig geworden sei[1352]. Die klassische *stream of commerce*-Theorie, wie sie nach der Entscheidung in *Volkswagen* von einem Teil der Rechtsprechung verstanden und vertreten wurde, wurde damit verworfen, da nunmehr ausdrücklich ein bloßes „Übergeben" von Produkten in ein (internationales) Güterverteilungssystem keine ausreichende Basis für die Zuständigkeit sein sollte[1353]. Vielmehr bedürfe es eines aktiven Tätigwerdens des Beklagten im Bezug auf den Forumstaat, wie etwa einer Vermarktung oder Bewerbung des Produktes, was vorliegend eindeutig nicht gegeben war[1354].

Im Gegensatz dazu bejahten vier weitere Richter um *Justice* Brennan das Vorliegen von *minimum contacts* und zogen dabei ebenfalls einen direkten Vergleich zur Entscheidung in *World-WideVolkswagen* und dem nach ihrer Ansicht dort etablierten Verständnis des *purposeful availment*-Kriteriums im Sinne der klassischen *stream of commerce*-Theorie. Demnach sollte das Platzieren eines Produktes in den *stream of commerce* jedenfalls dann ausreichen, wenn der Her-

---

1351 siehe *Justice* O'Connor *Asahi Metal Industry Co. v. Superior Court, 480 U.S.102, 111 (1987).*

1352 *Asahi Metal Industry Co. v. Superior Court, 480 U.S.102, 112 (1987).*

1353 Der hier vertretene Ansatz wird auch als *"stream of commerce plus"*-Theorie bezeichnet, vgl. z.B. *Vermeulen v. Renault, U.S.A., Inc., 985 F.2d 1534,1548 (11th Cir. 1993).*

1354 *"The 'substantial connection' between the defendant and the forum State necessary for a finding of minimum contacts must come about by an action of the defendant purposefully directed toward the forum State."* (*Asahi Metal Industry Co. v. Superior Court, 480 U.S.102, 112 (1987)*).

steller weiß, dass das Produkt eventuell im Forumstaat benutzt werden wird. Ein darüber hinausgehendes willentliches Handeln des Beklagten sei insofern gerade nicht erforderlich[1355]. Der neunte Richter (*Justice* Stevens) verschloss sich schließlich ganz der *purposeful availment*-Analyse, schloss sich aber im Ergebnis der zweiten Gruppe an, die das *purposeful availment*-Kriterium als erfüllt angesehen hatte.
Damit wäre nach Auffassung der Mehrheit die Zuständigkeit zu bejahen gewesen. Die entgegengesetzte Entscheidung beruhte damit auf anderen Faktoren. Trotz des Vorliegens ausreichender Kontakte wurde insofern die Zuständigkeit als unverhältnismäßig abgelehnt. Der Fall wurde damit als prima facie *case* im Sinne von *Burger King* entschieden[1356]: In diesem Fall etabliert das Vorliegen von *minimum contacts* eine prima-facie-Zuständigkeit, die vom Beklagten dadurch widerlegt werden muss, dass er die Unverhältnismäßigkeit der Zuständigkeit im Sinne der *due process*-Doktrin beweisen muss[1357]. Diesen Grundsätzen entsprechend wurde im Rahmen der Fairness-Analyse entschieden, dass die außerordentlichen Belastungen für den ausländischen Beklagten die Begründung der Zuständigkeit im Ergebnis verhinderten.

(d) Kritik an der Entscheidung

Hinsichtlich der in der Rechtsprechung umstrittenen Frage nach den verfassungsrechtlichen Voraussetzungen des *purposeful availment*-Kriteriums, verhinderten die uneinheitlichen Auffassungen innerhalb des Spruchkörpers im Ergebnis die notwendige Klärung der umstrittenen Frage. Die praktische Folge ist, dass die unteren Gerichte sich zum großen Teil weiterhin keineswegs genötigt sehen, von der klassischen *stream of commerce*-Theorie mit ihrem ausgreifenden Zuständigkeitsverständnis abzurücken[1358]. Die Konfusion über die Voraussetzungen von *minimum contacts*, die bereits nach der unklaren Entscheidung in *World-WideVolkswagen* herrschte, wurde mitnichten aufgelöst[1359].Aber auch die unterschiedlichen Ansätze der Richter überzeugen zum überwiegenden Teil nicht.

1355 *Justice* Brennan in *Asahi Metal Industry Co. v. Superior Court, 480 U.S.102, 116 f. (1987).*

1356 Vergleiche dazu oben unter C.VII.4.

1357 Hornbeck, 59 Alb. L. Rev. 1389, 1420 (1996).

1358 Siehe nur für den *5th Circuit* etwa *Ruston Gas Turbines v. Donaldson Co., 9 F.3d 415, 421 (1993),* weitere Nachweise bei Hornbeck, 59 Alb. L. Rev. 1389, 1411 ff. (1996).

1359 Im Gegenteil lassen sich nunmehr verschiedene Standards in der Rechtsprechung ausmachen, die sich an unterschiedlichen Auffassungen in *Asahi* oder *WorldWideVolkswagen* oder gar einer Fusion aus beiden Entscheidungen orientieren. Zu den vier Hauptströmungen, siehe Hornbeck, 59 Alb. L. Rev. 1389 (1996), aaO, 1422 ff.; kritisch Lazarus, 31 Tort & Ins. L. J. 29, 42 (1995).

So ist das grundsätzliche Verständnis der *World-WideVolkswagen*-Entscheidung der Gruppe um *Justice* O'Connor zwar richtig, die Parallele zu *Asahi* überzeugt dagegen nicht. Das voluntative Argument mag in solchen Fällen eine sinnvolle Begrenzung der Zuständigkeit ermöglichen, in denen ein Produkt ohne Zutun des Herstellers zufällig in einen Staat verbracht wird – wie in *Volkswagen* – in einem Fall wie *Asahi* muss es dagegen versagen. Zum einen war *Asahi* wohl bewusst, wohin seine Produkte über den Umweg des Reifenherstellers gelangen würden. Selbst wenn man ein direktes Bewusstsein für den kalifornischen Markt verneint, kann man realistisch betrachtet davon ausgehen, dass der Hersteller von solchen Einzelteilen regelmäßig den weitesten denkbaren Markt im Auge hat, mehr noch als einen bestimmten Staat[1360].
Im Übrigen handelte es sich im Gegensatz zum *World-WideVolkswagen*-Fall auch nicht um unilaterale Aktivitäten Dritter, die den Kontakt zum Forumstaat herstellten[1361]. Auch wenn der Reifenhersteller bei der Etablierung der Kontakte „assistierte", so ist diese Situation grundverschieden von der in Volkswagen[1362]. Die Tatsache allein, dass es der Reifenhersteller war, der die eigentliche Entscheidung traf, *Asahis* Produkte ausgerechnet nach Kalifornien zu vermarkten, kann insofern nicht ausreichen, um das *purposeful availment* zu verneinen.
Verträte man einen solchen Ansatz, so würde es ausreiche, dass ein Hersteller seine gesamten Marktaktivitäten über einen Mittelsmann, etwa einen Großhändler, abwickeln ließe und der die dementsprechenden Vermarktungsentscheidungen träfe. In diesem Fall könnte man sich stets auf fehlende zielgerichtete Aktivitäten berufen, da das Erfüllen des *purposeful availment*-Kriteriums grundsätzlich eines bewussten Tätigwerdens der Person des Beklagten selbst bedürfe[1363]. Ob es eben darauf tatsächlich ankommen kann, ist aber höchst fraglich.

Das so verstandene *purposeful availment* ist von einem stark subjektiven Verständnis geprägt, denn die hier gemeinte „Zielgerichtetheit" wirtschaftlicher Aktivitäten ist ohne einen diesbezüglichen ausdrücklichen Willen nicht denkbar. Damit tritt gleichzeitig eine objektive Betrachtung des jeweiligen Marktes bzw. der Ausnutzung des Marktes durch den Beklagten in den Hintergrund. *Minimum contacts* müssen dann etwa bejaht werden, wenn nur ein äußerst geringer Teil von Produkten bewusst in den Forumstaat gelangt; dagegen entfallen sie, wenn in erheblichem Maß Produkte über den Umweg eines Zwischenhändlers oder Herstellers von Endprodukten auf den Markt gelangen. Aus einer wirtschaftlichen Perspektive betrachtet, erscheint ein solches Ergebnis gerade wegen der Manipulationsgefahr nicht vertretbar. Vielmehr erscheint es erforderlich, dass

1360 So auch Seidelson, 53 Brooklyn L. Rev. 563, 575 (1987).
1361 In *Volkswagen* war es die Tatsache, dass der Käufer das Produkt in einen anderen Staat verbracht hatte, siehe dazu bereits oben in diesem Teil unter VII.3.
1362 Han, Alien Defendants, 42 f.
1363 Maltz, 1987 Duke L. J., 669, 683 (1987) spricht von einer *„highly individualistic vision"*.

neben das voluntative Kriterium ein quantitatives gesetzt wird, das darauf abstellt, in welchem Umfang Produkte auf den Markt eines Staates gelangen. Dies erscheint auch vor dem Hintergrund sachgerecht, dass im Fall einer erheblichen Marktpräsenz im Umkehrschluss davon auszugehen ist, dass dem Hersteller diese Tatsache wiederum bewusst ist; jedenfalls aber bewusst sein müsste.
Das bewusste Ausnutzen eines Forummarktes wird in diesem Fall also gerade durch die Quantität und Qualität der Kontakte indiziert und kann damit auch den – oft schwierigen – Nachweis der tatsächlichen „Zielgerichtetheit" entbehrlich machen. In der *Asahi* Entscheidung hätte eine Bejahung von *purposeful availment* unter Heranziehung einer ökonomisch orientierten Analyse zudem den positiven Effekt gehabt, dass die letztlich für das Ergebnis entscheidende Fairness-Analyse mehr Gewicht bekommen hätte[1364]. In diesem Fall hätte es wirkliche Bedeutung im Sinne einer echten Zuständigkeitshürde gehabt, insofern als *Asahi* die erste Entscheidung des *Supreme Court* darstellte, in der trotz Bejahung des *purposeful availment* die Zuständigkeit im Ergebnis verneint wurde.

Die Gruppe um *Justice* Brennan zog die klassische *stream of commerce*-Theorie heran. Diese beruht aber bereits auf einer Fehlinterpretation der *World-WideVolkswagen*-Entscheidung und ist deshalb abzulehnen. Grundsätzlich fehlt bei diesem Ansatz bereits das Element eines tatsächlichen Ausnutzens eines Marktes und damit auch beinahe jeder zuständigkeitsspezifischen Einflussmöglichkeit für den Beklagten. Das Ergebnis ist in Fällen wie *Asahi* ein bloßer *foreseeability* -Test ohne eigenen Handlungsspielraum für den Hersteller.

Jedenfalls bedenkenswert ist insofern, ob nicht im Ergebnis die individuelle Lösung von *Justice* Stevens das Problem am besten angeht. Dieser betritt juristisches Neuland, indem er das *purposeful availment*-Kriterium schlicht umgeht. Der hier gewählte Ansatz vermeidet dadurch einerseits die schwierigen Fragen nach der subjektiven Seite der *minimum contacts* und dem bis dato von Teilen der Rechtsprechung geforderten bewussten Tätigwerden in Richtung auf den Forumstaat. Auf der anderen Seite erteilt er auch den ausufernden Zuständigkeiten der klassischen *stream of commerce*-Theorie eine Absage. Die hier gewählte Betrachtung, die insbesondere auf Qualität und Quantität der in den Forumstaat gelangten Produkte abstellt, könnte insofern einen handhabbaren Ansatz darstellen, als sie sich an konkret messbaren Kriterien orientiert[1365]. Dabei entspricht es

[1364] Das Verneinen von minimum contacts durch die Gruppe um Justice O' Connor war insofern wohl mehr Mittel zum Zweck, um die Zuständigkeit zu verhindern.

[1365] Problematischer ist hingegen sicherlich das ebenfalls von Justice Stevens herangezogene Kriterium der „Gefährlichkeit" des Produktes. Dieses sog. *„dangerous instrumentality concept"* wird für die materiellrechtliche Frage nach einer möglich Haftung aus *strict liability* (verschuldensunabhängige Haftung) gegenüber der einfachen Haftung für *negligence* herangezogen; bei Fragen der *personal jurisdiction* ist es damit fehl am Platz; zu

aber wohl auch überwiegend den Marktrealitäten, dass ab einer bestimmten Menge und einem bestimmten Wert an Waren, die in ein Forum gelangen, der Hersteller oder Zulieferer dies auch bezweckt, jedenfalls aber davon Kenntnis hat bzw. haben müsste, so dass auch bei dieser Betrachtung ein subjektives Element nicht ganz fehlt. In diesem Fall „bedient" er letztlich tatsächlich einen existierenden Markt im Forum, so dass das Bejahen von *minimum contacts* folgerichtig erscheint[1366].

Schließlich ließe ein solcher, stark objektivierter Ansatz bei der Etablierung der *minimum contacts* unter Umständen eine stärkere Subjektivierung im Rahmen der Fairness-Analyse und damit eine stärkere Berücksichtigung der Situation des Beklagten im Einzelfall zu. Insbesondere aber bedeutet Objektivierung Voraussehbarkeit und damit Rechtssicherheit. Objektive Maßstäbe im Hinblick auf Qualität und Ausmaß wirtschaftlicher Aktivitäten würden dem ausländischen Beklagten zwar auch oftmals den Prozess in den USA nicht ersparen, jedoch diesen zumindest kalkulierbarer machen. International tätige Unternehmen könnten in diesem Fall ihr Prozessrisiko durch den Abschluss entsprechender Versicherungen oder auch ein Abwälzen potentieller Kosten auf den Konsumenten eindämmen.
In letzter Konsequenz kann schließlich bewusst der Kontakt zu einem bestimmten Staat unterlassen werden. Ein solches Zuständigkeitsrecht entspräche insbesondere dem wirtschafts- und rechtspolitischen Ziel, internationalen Unternehmen die Möglichkeit zu garantieren, ihre wirtschaftlichen Aktivitäten bewusst so zu gestalten, dass sie nicht unter die Rechtsvorschriften gewisser Staaten subsummierbar sind[1367]. Damit wäre ein großer Schritt im internationalen Rechtsverkehr mit den USA getan[1368].

VIII. Ausländische Beklagte in der zuständigkeitsrechtlichen Analyse

Vor der *Asahi*-Entscheidung wurde die Frage nach einem besonderen Maßstab der (besonderen) Zuständigkeit im Sinne von *specific personal jurisdiction* in

---

dem damit bestehenden Problem des (unzulässigen) „*double counting*" Dessem, 55 Tenn. L. Rev. 41, 76 f. (1987).

1366 So auch Dessem, 55 Tenn. L. Rev. 41, 77 (1987): „*(...)when a person is not only aware that his products have entered the forum, but the value and volume of those products are such that the person has „served...the forum market", the minimum contact test should be considered satisfied.*"

1367 Dieses Recht wird auch das Recht auf *nonaffiliation* genannt; siehe Rose, 82 Ca. L. Rev. 1545, 1586 (1994).

1368 Da nicht erwartet werden kann, dass die USA europäische "Fairnessmaßstäbe" im Hinblick auf zuständigkeitsrechtliche Fragen übernimmt, geht es aus internationaler Sicht in erster Linie um eine Kalkulierbarkeit von Risiken. Diese ist aber insofern bereits Teil ihrer Bewältigung.

internationalen Fällen vom *Supreme Court* nicht direkt angesprochen[1369]. Dabei liegt es auf der Hand, dass in solchen Fällen gewichtige Gründe dafür sprechen, bestimmte Faktoren in die verfassungsrechtliche Analyse mit einfließen zu lassen, die im Fall von inländischen Beklagten keine Rolle spielen[1370].

1. Differenzierung zwischen internationaler und interstaatlicher Zuständigkeit

Internationale Fälle unterscheiden sich von inländischen zunächst dadurch, dass die Belastung, die sich aus der Prozessführung an sich ergibt, vergleichsweise höher ist. Eine Partei wird stets das Risiko auf sich nehmen müssen, prozessualen Vorschriften zu folgen, die von denen ihres Heimatlandes verschieden sind. Somit wird praktisch in allen internationalen Fällen eine erhöhte prozessrechtliche Belastung für die Parteien unabhängig vom jeweiligen Forum bestehen. Das bedeutet zunächst, dass die Lösung von Zuständigkeitsproblemen nicht diese prozessualen Belastungen aufhebt, sondern nur darüber entscheidet, wer die unvermeidbare Unannehmlichkeit auf sich nehmen muss, im Ausland zu prozessieren[1371].
Praktisch kommen zudem unter Umständen weite Anreisewege sowie das Problem, sich in einer fremden Sprache verteidigen zu müssen hinzu. Ist das Forum ein US-amerikanisches Gericht, so bedeuten insbesondere die Besonderheiten der *discovery* und die Gefahr von *punitive damages* ein besonderes Risiko für den ausländischen Beklagten[1372].

All diese Faktoren sollten bei der Frage nach der internationalen Zuständigkeit eine Rolle spielen und zu einer differenzierten Analyse der *due process*-Voraussetzungen im Hinblick auf ausländische Beklagte in US-amerikanischen Gerichten führen. Die Situation, der ein nicht-amerikanischer Beklagter in einem US-amerikanischen Gerichtssaal gegenübersteht ist insofern grundverschieden von der eines New Yorker Beklagten, der sich vor einem Kalifornischen Gericht wiederfindet. Diese Unterschiede müssen sich auch in den Anforderungen widerspiegeln, die die Gerichte an die *due process*-Garantie der Verfassung stellen[1373].

1369 Allerdings waren bereits zwei Entscheidungen zur allgemeinen internationalen Zuständigkeit ergangen, siehe *Perkins v. Benguet Consolidated Mining Co. ,342 U.S. 437 (1952)* und *Helicopteros Nacionales de Colombia S.A. v. Hall et al.,466 U.S. 408 (1984)*; dazu ausführlich unten unter Teil 4 B.I.1. und 2.

1370 Born, 17 Ga. J. Int'l & Comp. L. 1, 26 f. (1987).

1371 Born, 17 Ga. J. Int'l & Comp. L. 1, 25 (1987).

1372 Siehe zu diesen beiden Rechtsinstituten auch oben unter Teil 2 E.II. und F.II und III.

1373 Han, Alien Defendants, 45 f.

Im Gegensatz zu reinen Inlandssachverhalten, können internationale Fälle außerdem mit Interessen der US-amerikanischen Regierung kollidieren. Die meisten Fälle von internationaler Zuständigkeit vor Bundesgerichten ebenso wie vor einzelstaatlichen Gerichten werden, wie bereits ausführlich dargelegt, durch die Regelungen in den *long-arm statutes* bestimmt, in denen sich nicht zuletzt rechtspolitische Sichtweisen der einzelnene Staaten widerspiegeln. Der Außenhandel der USA ist dagegen eine Bundesangelegenheit, die in der Zuständigkeit des *Congress* liegt[1374]. Insofern wird zum Teil vertreten, das die von den Bundesstaaten ausgeübte Kontrolle im Hinblick auf die Zuständigkeit über ausländische Rechtssubjekte in die verfassungsmäßigen Rechte des Parlaments eingreifen kann[1375].
Der *Supreme Court* selbst hat in verschiedenen Entscheidungen grundsätzlich anerkannt, dass das Interesse des Bundes an internationalen Handelsbeziehungen die Einzelstaaten verpflichtet, eine genaue verfassungsrechtliche Prüfung im Hinblick auf die Ausformung von Gesetzen, die den Außenhandel betreffen, vorzunehmen[1376]. Einen konkreten Standard für diese Prüfung hat das Gericht allerdings nicht an die Hand gegeben[1377]. Insbesondere betrafen diese Entscheidungen keine Fragen im Zusammenhang mit *personal jurisdiciton*.
Dennoch liegt in dieser Betrachtung ein wichtiger Ansatz. Im Rahmen ihrer Außenhandelsbeziehungen müssen die Vereinigten Staaten in einer Vielzahl von Fällen als Nation betrachtet werden. Ein Abstellen auf die Einheit „Bundesstaat" ist dagegen regelmäßig künstlich und entspricht überwiegend nicht den wirtschaftlichen Realitäten. Ausschlaggebend muss die Beziehung zwischen ausländischen Nationen zur Nation USA sein und Entscheidungsträger hinsichtlich gesetzlicher Vorgaben damit notwendigerweise der *Congress*.

Übertragen auf Fragen der *personal jurisdiction* bedeutet dies aber als logische Konsequenz, dass die entscheidende Autorität in diesem Fall wiederum der Bund sein muss und nicht die Einzelstaaten berufen sein können. Hier liegt gerade der entscheidende Unterschied zum Fall interstaatlicher Handelsbeziehungen zwischen einzelnen Bundesstaaten. Letzterer betrifft klassische Beziehungen im Innenverhältnis einer Föderation, während im Bereich des Außenhandels der Bundesstaat als Einheit betrachtet werden muss. Diese Betrachtung ent-

---

1374 *U.S. Const. Art. 1 § 8: "Congress shall have power (...) to regulate Commerce with foreign nations."*

1375 Born, 17 Ga. J. Int'l & Comp. L. 1, 31 (1987); kritisch dazu Haugen, 11 B.U. Int'l L.J. 109, 128 (1993).

1376 Siehe etwa *Japan Line, Ltd. V. County of Los Angeles, 441 U.S. 434, 448 (1979)* („*Foreign commerce is preemptly a matter of national concern*"); *Container Corp. v. Franchise Tax Bd., 463 U.S. 159, 185 (1983)* (*Given that it is international, however, we must subject this case to the additional scrutiny required by the Foreign Commerce Clause*").

1377 Born, 17 Ga. J. Int'l & Comp. L. 1, 31 (1987).

spricht zudem auch dem völkerrechtlichen Ansatz. Aus Sicht des internationalen Völkerrechts sind die USA ebenfalls als Einheit zu betrachten und damit die nur staatsrechtlich – also aufgrund von nationalem Recht – getrennten Einheiten, die die individuellen Staaten darstellen, in der Regel irrelevant[1378].

In den Worten des *Supreme Court* ausgedrückt:
„for local interests, the several states of the Union exist, but for national purposes, embracing our relations with foreign nations, we are but one people, one nation, one power.“[1379]

In der Vermischung der föderalen und der internationalen Situation im Bereich des Rechts der *personal jurisdiction* liegt damit bereits der grundsätzliche Systemfehler[1380].
Die Zuständigkeitskriterien, die im Verhältnis der souveränen Einzelstaaten untereinander gelten, können als simple Übertragung auf internationale Handelsbeziehungen nicht funktionieren.
Im internationalen Kontext wird der Ausländer in den allermeisten Fällen gerade den Standort „USA“ bzw. „den US-amerikanischen Markt“ als wirtschaftliche Einheit im Auge haben. Diesen Realitäten muss auch das internationale Zuständigkeitsrecht gerecht werden, wenn es Kohärenz und Fairness anvisiert. Die grundsätzlich verschiedene Ausgangssituation zwischen dem ausländischen und dem inländischen Beklagten verlangt damit nach unterschiedlichen Maßstäben, nicht nur in der Regelung des Handels an sich, sondern gerade auch im Rahmen des Zuständigkeitsrechts. Das Abstellen auf das föderalistische Fragment „Einzelstaat“ wird demnach nicht nur der verfassungsmäßigen Verteilung der Kompetenzen nicht gerecht, sondern missachtet auch die tatsächlichen Umstände internationaler Handelsbeziehungen. Dementsprechend kann das aktuelle Modell des internationalen Zuständigkeitsrechts wie es sich bereits in der Gesetzeslage widerspiegelt grundsätzlich keine befriedigenden Lösungen bieten. Da es eindeutig für eine Anwendung auf die Beziehungen zwischen den Gliedstaaten innerhalb der Föderation angelegt ist, muss es im internationalen Kontext versagen[1381].

1378 Born, 17 Ga. J. Int'l & Comp. L. 1, 36 (1987).

1379 *Chae Chan Ping v. United States, 130 U.S. 581, 606 (1889).*

1380 Kritisch im Bezug auf die kaum beachteten Unterschiede zwischen internationalen und zwischenstaatlichen Rechtsproblemen durch die Rechtsprechung auch Bernstein, GS Martens, S. 763 f.

1381 Als weiteres Argument für eine Differenzierung wird auch die Souveränität ausländischer Staaten herangezogen. Die vorschnelle Bejahung internationaler Zuständigkeit wird oftmals von den betroffenen Staaten als Eingriff in ihre Souveränität betrachtet werden und damit die Haltung gegenüber den ergehenden Urteilen bestimmen. Hier besteht nicht nur die Gefahr einer Verzerrung des amerikanischen Föderalismus-Modells, sondern in Reaktion auf mangelnde Rücksicht auf ausländische Beklagte auch die Gefahr

2. *Der ausländische Beklagte in der Rechtsprechung vor Asahi*

Die interstaatliche (föderalistische) Analyse, die der *International*-Entscheidung zugrunde liegt, wurde von den unteren Gerichten überwiegend eins zu eins auf Fälle übertragen, in denen der Beklagte kein US-amerikanischer Staatsbürger war. Ausländische Beklagte wurden damit in der Regel nicht anders behandelt als Beklagte aus anderen Bundesstaaten, trotz der oben aufgezeigten gravierend unterschiedlichen Ausgangssitutationen. Gerichte sowie Beklagte gingen in Fällen mit internationalem Bezug mangels anderslautender Vorgaben des *Supreme Court* regelmäßig davon aus, dass die inländische Zuständigkeitsanalyse Anwendung finden müsste[1382]. Zum Teil wendeten die Gerichte insofern unter Berufung auf das kollisionsrechtliche *Restatement Law*[1383] die gleichen *due process*-Kriterien auf Ausländer an wie auf bloße *non-residents*[1384]. Andere Gerichte verlangten dagegen substantiellere Aktivitäten im Fall von ausländischen Beklagten[1385].

Schließlich befasste sich erstmals 1987 in der *Asahi*-Entscheidung der *Supreme Court* bewusst mit den *due process*-Garantien im Rahmen der Zuständigkeit über ausländische Beklagte[1386].

3. *Zuständigkeit im internationalen Kontext in Asahi*

Die Entscheidung in *Asahi* stellt im internationalen Kontext der besonderen Zuständigkeit zwei Dinge klar: Zum einen die grundsätzliche Anwendbarkeit der traditionellen *personal jurisdiction*-Analyse auf ausländische Beklagte. Indem das Gericht eindeutig den in *World-WideVolkswagen* entwickelten Standard benutzt und die Zuständigkeit über *Asahi* erst im Ergebnis für unverhältnismäßig (*unreasonable*) erklärt, macht es implizit deutlich, dass grundsätzlich die gleichen Grenzen der *personal jurisdiction* über amerikanische Staatsbürger auch

negativer Reaktionen seitens ausländischer Staaten, insbesonderer in Form von Nichtanerkennung U.S.-amerikanischer Urteile; siehe Born, 17 Ga. J. Int'l & Comp. L. 1, 8 (1987).

1382 Han, Alien Defendants, 48 m.w.N.

1383 Restatement (Revised) Foreign Relation Law of the United States des American Law Institute, § 421; zum Restatement Law allgemein Droop, Jura 1993, 293, 298

1384 Siehe z.B *Thos. P. Gonzalez Corp. v. Consejo Nacional De Produccion De Cos..., 614 F.2d 1247, 1255 (9th Cir. 1980) ; Davis H Elliot Co. v. Caribbean Utility Co., 513 F .2d 1176, 1179 (6th Cir. 1975).*

1385 Siehe z.B. . *Pacific Atl. Trading Co. v. M/V Main Express, 758 F.2d 1325, 1329 f. (9th Cir. 1985); Kramer Motors, Inc. v. British Leyland, Ltd., 628 F.2d 1175, 1178 (9th Cir. 1980) quoting. Leasco Data Processing Equipment Corp. v. Maxwell, 468 F.2d 1326, 1341 (2d Cir. 1972); Duple Motor Bodies, Ltd. v. Hollingsworth, 417 F.2d 231, 238 f. (1969); Omstead v. Brader Heaters Inc., 487 P.2d 234, 240 f. (1971)*

1386 Maltz, 1987 Duke L. J., 669 (1987).

im internationalen Kontext gelten[1387]. In einem zweiten Schritt wendet sich die Entscheidung dann allerdings bewusst der Problematik der internationalen Zuständigkeit zu und etabliert diesbezüglich eine zweite Prüfungsstufe; den sog. *reasonableness-* oder *fairness-test*[1388].

(a) Neue Fairness-Maßstäbe für ausländische Beklagte

Die Verhältnismäßigkeit der internationalen Zuständigkeit wird in der *Asahi*-Entscheidung insbesondere unter den folgenden fünf Gesichtspunkten betrachtet und in Frage gestellt[1389]: (1) Die speziellen Bürden, die der Beklagte antrifft, der sich in einem fremden Rechtssystem verteidigen muss[1390], (2) das Interesse des Forumstaates, (3) das Interesse des Klägers an einem Rechtsmittel[1391] sowie (4) das Interesse des innerstaatlichen Justizsystems an der effektivsten Lösung des zugrunde liegenden Problems[1392]. Schließlich sollen auch (5) das prozess- und materiellrechtliche Interesse fremder Nationen an einem Prozess sowie das Interesse der Bundesregierung der Vereinigten Staaten im Hinblick auf ihre außenpolitischen Beziehungen gegeneinander abgewogen werden[1393].

Das Gericht betont insbesondere, dass die Belastung für den Beklagten in diesem Fall besonders groß sei, da er große Distanzen überwinden und sich in einem fremden Rechtssystem verteidigen müsse[1394]. Diese Belastung wird dann abgewogen gegen das Interesse des Forumstaates und des Klägers. Sind letztere Interessen sehr ausgeprägt, so soll die Zuständigkeit dennoch verhältnismäßig sein. Umgekehrt muss sie verneint werden wenn das Interesse des Forumstaates sowie das Interesse des Klägers als weniger bedeutend einzustufen sind, wie es

1387 Hornbeck, 59 Alb. L. Rev. 1389, 1417 (1996).

1388 Heise, 928.

1389 Siehe dazu auch Nguyen, 83 B.U.L. Rev. 253, 257 (2003).

1390 *"The unique burdens placed upon one who must defend oneself in a foreign legal system should have significant weight in assessing the reasonableness of stretching the long arm of personal jurisdiction over national borders."* (*Asahi Metal Industry Co. v. Superior Court, 480 U.S.102, 114 (1987)*).

1391 *"(...) the plaintiff's interest in obtaining relief"* (*Asahi Metal Industry Co. v. Superior Court, 480 U.S.102, 114 (1987)*).

1392 *"the interstate judicial system's interest in obtaining the most efficient resolution of controversies"* (*Asahi Metal Industry Co. v. Superior Court, 480 U.S.102, 114 (1987)*).

1393 *"The procedural and substantive interests of other nations in a state court's assertion of jurisdiction over an alien defendant will differ from case to case. In every case, however, those interests, as well as the Federal Government's interest in its foreign relations policies, will be best served by a careful inquiry into the reasonableness of the assertion of jurisdiction in the particular case, and an unwillingness to find the serious burdens on an alien defendant outweighed by minimal interests on the part of the plaintiff or the forum State."* (*Asahi Metal Industry Co. v. Superior Court, 480 U.S.102, 115 (1987)*).

1394 *Asahi Metal Industry Co. v. Superior Court, 480 U.S.102, 114 (1987).*

vorliegend nach Ansicht des Gerichts der Fall war. Das Interesse des Forumstaates und das des Klägers sind dabei eng verknüpft. Der Kläger hat in der Regel ein Interesse daran, in seinem Heimatstaat zu klagen. Das Forum wiederum hat dann ein besonderes Interesse an einem Prozess, wenn der Kläger ein Staatsbürger ist. Das gilt insbesondere für deliktsrechtliche Klagen. Der Staat hat ein besonderes Interesse, seinen Bürgern für die ihnen zugefügten Schäden die Möglichkeit zu eröffnen, Entschädigung zu erhalten[1395]. Das mangelnde Interesse des Staates Kalifornien an dem Prozess resultierte dabei in *Asahi* insbesondere daraus, dass der Kläger gerade kein kalifornischer Staatsbürger war[1396].

(b) Die Aufgabe der föderalistischen Analyse: Der internationale Kontext

Asahi deutet an, dass Prozesse, in denen Ausländer involviert sind, die Gerichte veranlassen sollten, das Interesse der amerikanischen Regierung an ihren auswärtigen Beziehungen mit in die Betrachtung mit einzubeziehen. Die föderalistische Analyse im Rahmen von Fragen der *personal jurisdiciton*, die insbesondere in der *World-Wide Volkswagen*-Entscheidung deutlich zum Ausdruck kamen, wurde im Hinblick auf die Problematik ausländischer Beklagter neu formuliert. Während es in inländischen Sachverhalten darum geht, die Reichweite der Zuständigkeit der Einzelstaaten im Verhältnis untereinander zu begrenzen, spielt der föderalistische Gedanke in *Asahi* eine ganz andere Rolle[1397]. Er soll im internationalen Zusammenhang den Blick auf das Interesse der „verschiedenen Staaten" neben dem Forumstaat lenken, also der USA als Gesamtstaat, und damit insgesamt auf das Interesse der Bundesregierung an ihren auswärtigen Beziehungen[1398]. Wie dieses Interesse zu bewerten ist, bleibt hingegen offen. Insbesondere die Frage nach dem Gewicht der internationalen Beziehungen neben den anderen in die Abwägung mit einzubeziehenden *reasonableness*-Faktoren bleibt im Dunkeln[1399].

(c) Asahis Bedeutung für das Recht der internationalen Zuständigkeit

Die *Asahi*-Entscheidung ist in mehrerer Hinsicht problematisch. Zum einen ergibt sich dies bereits aus dem der Entscheidung zugrundeliegenden Sachverhalt,

---

1395 Vgl. auch *Theunissen v. Matthews, 935 F.2d 1454, 1461(6th Cir. 1991); Seltzer Sister Bottling Co. v. Source Perrier S.A., 1991 U.S. Dist. LEXIS 18206 (1991).*

1396 *Asahi Metal Industry Co. v. Superior Court, 480 U.S.102, 114 (1987).*

1397 Die bis dahin insbesondere in *World-Wide Volkswagen* formulierten Ideen sind insofern hinsichtlich der Beziehung zwischen den Bundesstaaten und einem ausländischen Beklagten irrelevant. Ganz offensichtlich hat ein Bundesstaat der USA keinerlei verfassungsrechtlichen Verpflichtungen in dieser Hinsicht gegenüber ausländischen Nationen.

1398 *Asahi Metal Industry Co. v. Superior Court, 480 U.S.102, 115 (1987).*

1399 Heise, 927.

zum anderen überzeugt auch die dogmatische Begründung der Entscheidung nicht.

(1.) Die besondere Konstellation des Sachverhalts

In *Asahi* standen sich letztlich zwei Ausländer gegenüber, so dass das Interesse der USA an dem Prozess bereits aus diesem Grund gering war und sich der Verdacht aufdrängt, dass das Gericht keinen wirklichen Anlass gesehen hat, die Kontroverse zwischen den Parteien zu entscheiden. Die in *Asahi* vorgenommene Abwägung ergibt im Umkehrschluss, dass in dem Fall, in dem ein Forum gerade besonderes Interesse an einem Rechtsstreit hat, d.h. insbesondere, wenn der Kläger ein Staatsbürger des Forumstaates ist, dieses Interesse auch besonders schwere Belastungen für den Beklagten aufwiegen kann[1400]. Der Nationalität des Klägers kommt damit entscheidende Bedeutung zu[1401]. Zum Teil wird insofern auch davon ausgegangen, dass in der zugrunde liegenden Konstellation die Zuständigkeit verneint werden muss, weil die Belastung für den Beklagten besonders hoch ist. Das soll sich daraus ergeben, dass der Beklagte sich nicht nur in einem fremden Forum verteidigen muss, sondern auch noch gegen einen ausländischen Kläger, der selbst nicht dem Forumstaat angehört[1402]. Im Umkehrschluss wird die Belastung dann wiederum bereits dadurch geringer, dass der Kläger Staatsbürger des Forums ist[1403]. Hinzu kommt, dass der eigentliche Prozess, der der Rückgriffsklage zugrunde lag, aufgrund eines Vergleichs erledigt war, was die Entscheidung auch ausdrücklich anführt[1404]. Wäre dies nicht der Fall gewesen, so wäre wahrscheinlich faktisch ein gewisses Interesse des Forums am Ausgang der Rückgriffsklage zu bejahen gewesen.

Eine eindeutige Aussage über den tatsächlichen Wert bzw. die Reichweite dieser Entscheidung lässt sich nach alledem nicht treffen. Vieles spricht aber dafür, dass der *Supreme Court* zu einem anderen Ergebnis gekommen wäre, wenn etwa auf Klägerseite ein amerikanisches Unternehmen involviert gewesen wäre[1405]. Ebenso berechtigt ist die Frage, inwieweit die Tatsache, dass der zugrundeliegende Produkthaftungsfall verglichen war, Einfluss auf das Ergebnis der Richter

---

1400 *„When minimum contacts have been established, often the interests of the plaintiff and the forum in the exercise of jurisdiction will justify even the serious burdens placed on the alien defendant."(Asahi Metal Industry Co. v. Superior Court, 480 U.S. 102, 114 (1987).*

1401 So auch Han, Alien Defendants, 54

1402 So ausdrücklich *Ozuna v. American Home Prods. Corp. (In re Norplant), 899 F. Supp. 315, 317 f. (1995).*

1403 *Ozuna v. American Home Prods. Corp. (In re Norplant), 899 F. Supp. 315, 317 f. (1995).*

1404 *Asahi Metal Industry Co. v. Superior Court, 480 U.S.102, 106 (1987).*

1405 So auch Born/Westin, 89 Mich. L. Rev. 1456, 1468 (1991).

genommen hat. Wäre das Ergebnis das gleiche gewesen, wenn es sich um eine direkte Klage von Kosumenten gehandelt hätte, nicht um die Rückgriffsklage des ursprünglich Beklagten? In diesem Fall hätte der Bundesstaat (zumindest auch) über die Entschädigung seiner eigenen Bürger entscheiden müssen und die Interessenabwägung wäre damit höchstwahrscheinlich anders ausgefallen[1406]. Angesichts der besonderen Situtation in *Asahi*, die sich daraus ergab, dass beide Parteien Ausländer waren, lässt sich die Entscheidung eher als Ausnahmeregelung für eine „Drittstaatenproblematik“ denn als Grundsatzentscheidung im Hinblick auf Fragen der internationalen Zuständigkeit betrachten[1407]. Sie ist insofern in erster Linie Ausdruck eines Bestrebens der Rechtsprechung, ein „*procedure shopping*“ in Fällen zu unterbinden, in denen offenkundig kein legitimes Interesse an der Durchführung eines Verfahrens in den USA besteht[1408]. Damit ist sie allerdings gleichzeitig auch nicht geeignet und bestimmt, ausländische Beklagte durch besondere Fairnessmaßstäbe in Zukunft verstärkt vor den Risiken eines US-amerikanischen Forums zu schützen, sondern im Gegenteil wohl eher Mittel zum Zweck, die US-amerikanischen Gerichte vor Verfahren zu schützen, an denen die USA kein Interesse haben, in denen aber der Beklagte grundsätzlich über die nach der Rechtsprechung erforderlichen *minimum contacts* verfügt. Zwar können beide Interessenlagen im Einzelfall kollidieren, einen ausdrücklichen und vor allem allgemeinen Beklagtenschutz hat die Entscheidung damit aber gerade nicht etabliert.

(2.) Theoretische Bedeutung

Trotz der erheblichen Unklarheiten, die die Entscheidung bestehen lässt, wird sie im Hinblick auf das Recht der internationalen Zuständigkeit als wichtig eingestuft. Zwar sind die Umstände, unter denen ein Gericht die Zuständigkeit über einen ausländischen Beklagten verneinen wird, nicht eindeutig identifizierbar, dennoch hat die Entscheidung für solche Fälle grundsätzlich eine weitere Prüfungsvoraussetzung aufgestellt, die die Gerichte von nun an überprüfen müssen. Handelt es sich bei dem Beklagten um einen Ausländer, so verlangt die *due process*-Klausel nach dem in *Asahi* aufgestellten Grundsatz, dass die speziellen zusätzlichen Erschwernisse, die für den ausländischen Beklagten aus einem fremden Forum erwachsen, in Form eines spezifischen „*reasonable-test*“ in die Entscheidung mit einbezogen werden müssen[1409]. Der verfassungsrechtliche *mini-*

1406 So auch Bernstein, GS Martens, S. 767.

1407 So z.B. ausdrücklich *Barone v. Rich Bros. Interstate Display Fireworks Co., 25 F.3d 610, 614. (8th Cir. 1994)(„In short, Asahi stands for no more than that it is unreasonable to adjudicate third-party litigation between two foreign companies in this country absent consent by the nonresident defendant“).*

1408 So auch Bernstein, GS Martens, S. 768.

1409 So ausdrücklich Maltz, 1987 Duke L. J., 669, 681 (1987).

mum contacts-Test hat damit jedenfalls theoretisch eine zusätzliche Ebene im internationalen Kontext erhalten.

Ob sich damit faktisch die rechtliche Analyse ändern muss, erscheint dagegen eher unwahrscheinlich. So kommt es in erster Linie zu einer Betonung des Fairness-Maßstabs, der nunmehr insbesondere einen Blick auf die mögliche Belastung des ausländischen Beklagten durch das US-amerikanische Forum verlangt. Die tatsächliche Reichweite der Zuständigkeit der Gerichte über ausländische Beklagte wird damit allerdings wenig eingeschränkt. Insbesondere sind nur wenige Fälle denkbar, in denen ein Beklagter einerseits ausreichende Kontakte zum Forum hat, die Zuständigkeit aber dennoch gegen *due process* verstoßen soll[1410]. Hinzu kommt, dass der Begriff der Verhältnismäßigkeit (*reasonableness*) allgemein extrem unbestimmt und damit in gleichem Maße dehnbar ist. Auch die seit *Asahi* ergangenen Entscheidungen geben dieser (restriktiven) Interpretation der Entscheidung bis zum aktuellen Zeitpunkt Recht.

(3.) Post Asahi Entscheidungen im Hinblick auf Fragen der internationalen Zuständigkeit

Die *Asahi* Entscheidung wurde von den unteren Gerichten insgsesamt unterschiedlich aufgenommen[1411]. Tendenziell lassen die Entscheidungen weiterhin kaum eine Berücksichtigung der in *Asahi* angedeuteten Differenzierung im Hinblick auf ausländische Beklagte erkennen.
Die problematische Formulierung in *Asahi* im Hinblick auf die Abwägung der widerstreitenden Interessen[1412] wird vielmehr als willkommener Anlass genommen, ohne große Umschweife die Zuständigkeit mit Blick auf das Interesse des Klägers und des Forumstaates zu bejahen[1413]. Dies ist nicht verwunderlich, lädt die Entscheidung selbst doch geradezu dazu ein. Stellt das Gericht fest, dass *minimum contacts* vorhanden sind, so gilt, dass es grundsätzlich auch die Zuständigkeit bejahen wird. Die Verhältnismäßigkeit gemessen an der besonderen Be-

---

1410 Shreve, Civil Procedure, § 3.12 (2).

1411 Ausführlich zu den verschiedenen erkennbaren Strömungen innerhalb der Rechtsprechung der Beitrag von Hornbeck, 59 Alb. L. Rev. 1389 (1996).

1412 In *Asahi* hatte das Gericht ausdrücklich betont, dass oftmals das Interesse von Forum und Kläger die Zuständigkeit selbst im Fall von substantiellen Belastungen für den Beklagten rechtfertigen würden, siehe *Asahi Metal Industry Co. v. Superior Court, 480 U.S.102, 114 (1987)* und oben unter *C.VIII.3.(c)(1)*.

1413 *A.V. Imps., Inc. v. Col de Fratta, S.p.A., 171 F. Supp. 2d 369, 375 (2001) ; Leonard A. Feinberg, Inc. v. Central Asia Capital Corp., 936 F. Supp. 250, 258 (1996);Theunissen v. Matthews, 935 F.2d 1454, 1461(6th Cir. 1991); Ozuna v. American Home Prods. Corp. (In re Norplant), 899 F. Supp. 315 (1995); Andersen v. Sportmart, Inc., 57 F. Supp. 2d 651, 662(1999);* siehe dazu auch Hornbeck, 59 Alb. L. Rev. 1389, 1444 (1996).

lastung für den Beklagten spielt dann keine Rolle mehr[1414]. Fragen im Zusammenhang mit internationaler *Comity* und mit Souveränitätskonflikten werden in der Regel gar nicht erst diskutiert[1415]. Zum Teil wird sogar ganz auf eine Unterscheidung zwischen bloßem „*non-resident*" und ausländischem Beklagten verzichtet und schlicht der bisherige Standard für interstaatliche Fälle auch auf ausländische Beklagte angewandt[1416].
Die Praxis zeigt damit leider vor allem, dass der einzige Aspekt der *Asahi*-Entscheidung, hinsichtlich dessen das Gericht sich einig war, wenig Wirkung auf die unteren Gerichte gezeigt hat[1417]. Die in der Theorie vielbeachtete neue Fairness-Analyse im internationalen Kontext hat sich insofern nicht als zuständigkeitsbegrenzender Faktor durchgesetzt.

(4.) Purposeful availment im internationalen Kontext nach Asahi

Auch im Hinblick auf die Interpretation der *minimum contact*-Voraussetzung im Sinne von *purposeful availment* hat *Asahi* keine Lösung angeboten. Weiter unbeantwortet bleibt insofern die Frage, wie das Bemühen eines ausländischen Herstellers, den nationalen Markt auszunutzen, zu bewerten ist, wenn der Hersteller seine Aktivitäten nicht eindeutig auf den bestimmten Forumstaat gerichtet hat[1418].Um dieses Problem ging es auch in der Entscheidung *Tobin v. Astra Pharmaceutical Products, Inc.*[1419]. Der niederländische Arzneimittelhersteller berief sich hier auf fehlende *personal jurisdiction*, woraufhin das Gericht der „*stream of commerce plus*" Analyse folgte und erklärte, dass im Fall von Genehmigungsersuchen für ein Medikament das *purposeful availment*-Kriterium im Hinblick auf jeden einzelnen Staat erfüllt sei[1420].

Gleichzeitig beruft sich die Entscheidung auf einen Lizenzvertrag des Herstellers mit einem amerikanischen Großhändler (*distributor*), der eine Vermarktung in den gesamten USA vorsah. Auch das in *Asahi* vorgesehene „Mehr" als das reine Übergeben eines Produktes in den „*stream of commerce*" sei durch die freie Entscheidung des Herstellers, das Produkt in allen 50 Staaten zu vermark-

1414 Siehe auch *Barone v. Rich Bros. Interstate Display Fireworks Co., 25 F.3d 610, 615 (8th Cir. 1994)*, wo das Gericht seine Entscheidung darauf stützte, dass der Beklagte erheblich von seinen geschäftlichen Tätigkeiten im Forumstaat profitiert hatte und deshalb voraussehbar war, dass er im Forumstaat verklagt werden könnte.

1415 Siehe z.B. *Vermeulen v. Renault, USA, Inc., 985 F.2d 1534, 1552 (11th Cir. 1993); Grand Entertainment Group v. Star Media Sales, Inc., 988 F.2d 476 (3d Cir. 1993).*

1416 *Simmons v. Caterpillar, Inc., 874 F. Supp. 762 (1995).*

1417 Lazarus, 31 Tort & Ins. L. J. 29, 48 (1995).

1418 Lazarus, 31 Tort & Ins. L. J. 29, 44 (1995).

1419 *993 F.2d 528 (6th Cir. 1993), cert. Denied, 113 S. Ct. 2338 (1993).*

1420 *Tobin v. Astra Pharmaceutical Products, Inc Id., 993 F.2d 528, 543 (6th Cir. 1993).*

ten, erfüllt[1421]. Die ungezielte, allgemeine Vermarktung auf dem nationalen Markt ist damit gleichzeitig *purposeful availment* für jeden einzelnen der 50 Staaten[1422]. Worin tatsächlich das „Mehr“ bestehen soll, wird dabei ausdrücklich offengelassen, so dass diese Analyse in Wahrheit auf die klassische *stream of commerce*-Theorie von *Justice* Brennan hinausläuft. Denn nationale Vermarktung ist hier gerade nicht mehr als das Plazieren des Produktes auf dem allgemeinen Markt. Andere Gerichte sind diesem Beispiel gefolgt[1423]. Damit reicht im Zweifel die nationale Vermarktung eines Produktes in den USA aus, um die Zuständigkeit vor jedem beliebigen *state court* zu begründen.

Andere Entscheidungen haben demgegenüber einen höheren Anspruch hinsichtlich der Voraussetzungen von *purposeful availment* und halten die nationale Vermarktung nicht per se für ausreichend, um das *purposeful availment* für einen bestimmten Staat zu bejahen. Danach soll es einer *direkten* Vermarktung im Staat bedürfen, so dass ein nationaler Vermarktungsvertrag mit einem Verteiler gerade nicht ausreicht[1424]. Nach dieser Rechtsprechung wird tatsächlich im Sinne der *„stream of commerce plus“*-Analyse in *Asahi* ein „Mehr“ im Sinne eines willentlichen Ausrichtens auf den bestimmten Forumstaat seitens des Beklagten erwartet[1425].

Schließlich betrachten viele Bundes- und einzelstaatlichen Gerichte *Asahi* angesichts der fehlenden Mehrheitsentscheidung gar nicht erst für bindend im Sinne eines *binding precedent* und stützen ihre Entscheidungen weiterhin ganz direkt auf die *World-Wide Volkswagen*-Entscheidung interpretiert im Sinne der klassischen *„stream of commerce“*-Analyse[1426]. In diesem Fall reicht dann das Wissen oder Wissenmüssen darüber, dass das Produkt in den Forumstaat gelangen wür-

---

1421 *Tobin v. Astra Pharmaceutical Products, Inc Id., 993 F.2d 528, 543 (6th Cir. 1993).*

1422 *Tobin v. Astra Pharmaceutical Products, Inc Id., 993 F.2d 528, 544 (6th Cir. 1993).*

1423 *State ex rel. CSR Ltd. v. MacQueen, 190 W. Va. 695, 697 (1994 Supreme Court of Appeals of West Virginia); Hill v. Showa Denko, KK, 425 S.E.2d 609, 616 (W. Va. 1992), cert. Denied, 113 S. Ct. 2338 (1993); In re DES Cases, 789 F.Supp. 552, 572, 592 f. (E.D.N.Y. 1992).*

1424 Etwa *Davis Kidd Booksellers, Inc. v. Day-Impex, Ltd, 832 S.W.2d 572 (Tenn. Ct. App. 1992); Boit v. Gar-Tec Products, Inc. 967 F.2d 671 (1st Cir. 1992); Lesnick v. Hollingsworth & Vose Co., 35 F.3d 939, 946 f (4th Cir.1994), cert. Denied 115 S. Ct. 1103 (1995).*

1425 Siehe etwa *Boit v. Gar-Tec Products, Inc. 967 F.2d 671, 682 f. (1st Cir. 1992).*

1426 So z.B. *Forschner Group, Inc. v. New Trends, Vrolixs J.-C., 1994 U.S. Dist. LEXIS 18516; Barone v. Rich Bros. Interstate Display Fireworks Co., 25 F.3d 610, 613 ff. (8th Cir. 1994), cert. Denied Hosaya Fireworks Co., Ltd. v. Barone, 115 S. Ct. 359 (1994); Ruston Gas Turbines, Inc. v. Donaldson Co., 9 F.3d 415, 420 (5th Cir. 1993); Ex parte Lagrone, 2002 Ala. LEXIS 196, 19 (Supreme Court of Alabama 2002);* kritisch dazu Hornbeck, 59 Alb. L. Rev. 1389, 1440 (1996) m.w.N.

de, für die Begründung der Zuständigkeit aus[1427]. Für den ausländischen Hersteller oder Zulieferer bedeutet dies sicherlich den „*worst case*" und gleichzeitig allgemein gesprochen das Risiko, auch weiterhin mit der denkbar weitesten Zuständigkeit rechnen zu müssen.

(d) Zwischenergebnis: Keine handhabbaren Fairnessmaßstäbe und fehlende Rechtssicherheit

Die Entscheidung in *Asahi* wirft im Hinblick auf das Recht der internationalen Zuständigkeit letztlich zwei große Probleme auf und gibt auf keines eine befriedigende Antwort.
Die bestehende Verwirrung innerhalb der Rechtsprechung um die Voraussetzungen des *purposeful availment*-Kriteriums im allgemeinen wird mitnichten aufgelöst und das so dringend notwendige Zuständigkeitskonzept speziell im Hinblick auf die Behandlung ausländischer Beklagter ist weiter überfällig. Die diesbezügliche Etablierung eines speziellen Fairnessmaßstabs ist in erster Linie theoretisch und wird – wie bereits erkennbar – in der Praxis kaum Gewicht haben.

Mangels einer eindeutigen Mehrheitsentscheidung hat *Asahi* die unteren Gerichte ohne „Präjudiz" (*precedent*) gelassen, um festzulegen, wann eine auf *minimum contact* gestützte Zuständigkeit mit der Verfassung übereinstimmt[1428]. Ein handhabbares Konzept mit eindeutigen Maßstäben zur Bestimmung von *minimum contacts* ist aber unerlässlich, um in gewissem Maße Rechtssicherheit zu garantieren. Dies gilt um so mehr für den potentiellen ausländischen Beklagten, der oftmals aus einem rechtlichen, ökonomischen und kulturellen Umfeld kommt, dass sich signifikant von dem US-amerikanischen Gegenstück unterscheidet. Aus diesem Grund sind eindeutige und einheitliche Zuständigkeitsregeln notwendig um Überraschungen zu vermeiden und den ausländischen Unternehmen eine effektive Wirtschaftsplanung zu ermöglichen[1429]. Hinzu kommt, dass im internationalen Kontext regelmäßig andere Maßstäbe gelten müssten als im Rahmen von Zuständigkeiten gegenüber Angehörigen US-amerikanischer Bundesstaaten. Das extrem föderalisierte Zuständigkeitsrecht, das im Rahmen des *purposeful availment*-Kriteriums regelmäßig auf das Gebiet des jeweiligen Einzelstaates abstellt, ist insofern oftmals ungeeignet für andere als Binnensach-

[1427] In diesem Fall kann bereits eine nationale Werbekampagne ausreichend sein, in der ein Produkt vermarktet wird; siehe *Forschner Group, Inc. v. New Trends, Vrolixs J.-C., 1994 U.S. Dist. LEXIS 18516, 13 ff.*
[1428] Hornbeck, 59 Alb. L. Rev. 1389, 1394 (1996).
[1429] Born, 17 Ga. J. Int'l & Comp. L. 1, 10 (1987); so im Ergebnis auch Bernstein, GS Martens, S. 762.

verhalte und führt bereits deshalb oftmals zu wenig sachgerechten Ergebnissen oder aber wenigstens zu dogmatisch fragwürdigen Begründungen.

Auch der in *Asahi* angedeutete Ansatz, zumindest im Rahmen der Verhältnismäßigkeitsprüfung besondere Maßstäbe auf ausländischeBeklagte anzuwenden, überzeugt nicht. Die bereits in der Entscheidung selbst angelegte Einschränkung sowie die bisherige Rezeption durch die unteren Gerichte ergeben insofern kein hoffnungsvolles Bild für den ausländischen Beklagten.
Vielmehr ist davon auszugehen, dass die sog. „*Asahi*-Regel" den ausländischen Beklagten wohl nur dann vor einer Zuständigkeit bewahren kann, wenn eindeutig ein geringes Interesse von Kläger und Forumstaat anzunehmen ist, so z.B. wenn beide Parteien Ausländer sind[1430]. Negativ formuliert bedeutet dies, dass jedes Mal, wenn der Kläger Staatsbürger des Forums ist und es insbesondere um deliktische Ansprüche geht, das in *Asahi* angesprochene Interesse des Forumstaates die Belastungen des ausländischen Beklagten überwiegen wird. Ein amerikanischer Kläger in seinem Heimatstaat wird konsequenterweise bei der Etablierung von *minimum contacts* den *reasonableness*-Test regelmäßig für sich entscheiden[1431].
Durch die in der Entscheidung geführte Argumentation nimmt diese insofern der gerade erst durch sie eingeführten „Neuerung" – im Sinne des spezifischen Fairness-Tests – quasi durch die Hintertür wieder ihre Bedeutung: Indem hier der „Ausnahmecharakter" der Unverhältnismäßigkeit der Zuständigkeit betont wird, kehrt man in Wirklichkeit sogar zu einer Pre-*Volkswagen*-Analyse zurück, bei der vor allem das Interesse des Staates im Mittelpunkt steht[1432].
Anstatt also im Rahmen der Fairness-Prüfung auf das legitime Schutzinteresse des Beklagten abzustellen, wird im Gegenteil der Akzent auf Souveränitätsgedanken gelegt. Bedenkt man, dass *due process* verfassungsrechtlich betrachtet einen prozessualen Schutz des Beklagten garantieren soll, so muss man der Entscheidung damit zugleich vorwerfen, dass sie sich auf die falsche verfassungsrechtliche Grundlage stützt[1433].
Asahi bleibt damit tatsächlich nichts als die Festschreibung einer Ausnahmesituation, in der das geringe Interesse seitens des Klägers und des Forums eindeutig von den besonderen Bürden für den Beklagten überwogen wird[1434]. Anders ausgedrückt, etabliert sie den zuständigkeitsrechtlichen Vorrang einzelstaatlicher Interessen vor dem Schutz des Beklagten vor unverhältnismäßiger Zuständigkeit. Was sie damit gerade nicht leistet, ist im Gegenteil die ersehnte Festschrei-

1430 Siehe so auch Otte, IPRax 1991, 263, 266; ebenso Bernstein, GS Martens, S. 767.
1431 So auch Hornbeck, 59 Alb. L. Rev. 1389, 1446 (1996).
1432 So im Ergebnis auch Maltz, 1987 Duke L. J., 669, 687 (1987).
1433 Im Ergebnis so auch Heise, 931 f.
1434 So ausdrücklich *Beverly Hills Fan Co. v. Royal Sovereign Corp., 21 F.3d 1558, 1568 (Fed. Cir. 1994).*

bung einer – dem ausländischen Beklagten zu Hilfe kommenden – Beschränkung des Rechts der internationalen Zuständigkeit, gestützt auf den Gedanken des *due process*[1435].

Damit wird auch deutlich, dass das vielbetonte Fairness-Konzept, das bereits am Anfang der modernen Zuständigkeitsanalyse stand und sogar deren eigentlichen Kern in der verfassungsrechtlichen Theorie bildet, tatsächlich kaum praktischen Wert hat[1436]. In den seltensten Fällen wird ein Beklagter den Armen der amerikanischen Justiz entkommen, weil das Gericht tatsächlich die Begründung der Zuständigkeit für einen Verstoß gegen *„fair play and substantial justice"* hält. Können *minimum contacts* in einem ersten Schritt etabliert werden, so wird die Verhältnismäßigkeitsprüfung regelmäßig zu keinem anderen Ergebnis führen. Diese bereits mit der in *Burger King* etablierten Beweislast regel angedeutete Entwicklung wird damit in *Asahi* endgültig festgeschrieben[1437].

Das Recht der *personal jurisdiction* basierend auf der *minimum contact*-Analyse bleibt insofern im Ergebnis auch nach *Asahi* sowohl innerhalb der USA als auch im internationalen Kontext ein verwirrendes Feld, das kaum Voraussehbarkeit bietet[1438]. Solange der *Supreme Court* nicht eingreift und eine klare Definition der Rolle von *minimum contacts* liefert, wird keine Harmonisierung der verschiedenen Zuständigkeitstheorien stattfinden und das fragmentarische Bild der Rechtsprechung wird bestehen bleiben[1439].

(e) Lösungsansatz

Der in *Asahi* verfolgte Ansatz zur Etablierung eines Fairnessmaßstabs speziell im Hinblick auf ausländische Beklagte weist jedenfalls grundsätzlich in die richtige Richtung. Nicht zuletzt angesichts der wenig präzisen Vorgaben und der zögerlichen Anwendung dieses Maßstabs durch die Rechtsprechung muss man allerdings die Frage stellen, ob eine zufriedenstellende Lösung des Problems

---

1435 A.A. wohl Maltz, 1987 Duke L. J., 669, 681 (1987).

1436 Zum Teil wird insofern auch gefordert, das *"reasonableness/fairness"*-Argument ganz aus dem Recht der *personal jurisdiction* zu streichen und sich auf eine *contact/interest* Analyse zu beschränken (sog. *„minimum interest approach"*), die der kollisionsrechtlichen Prüfung entsprechen soll, d.h. den nach der Rechtsprechung geltenden Maßstäben für die Frage nach dem materiell anwendbaren Recht; siehe Heiser, 35 Wake Forest L. Rev. 915, 956 ff. (2000).

1437 Zu der Entscheidung in *Burger King* siehe in diesem Teil oben unter C.VII.4.

1438 Hornbeck, 59 Alb. L. Rev. 1389, 1447 (1996); siehe auch Heiser, 35 Wake Forest L. Rev. 915, 917 (2000) (*"The current due process doctrine of personal jurisdiction is badly in need of revision".)*.

1439 Hornbeck, 59 Alb. L. Rev. 1389, 1441 (1996); Lazarus, 31 Tort & Ins. L. J. 29, 47 (1995).

nicht verlangt, dass von vornherein ein anderer Zuständigkeitsmaßstab gelten muss, namentlich, ob nicht bereits der erste Teil der zuständigkeitsrechtlichen Prüfung einer Anpassung an den internationalen Kontext bedarf. Insbesondere vor dem Hintergrund, dass das Zuständigkeitsrecht auf das Fragment Einzelstaat sowie dessen Beziehung zu anderen Bundesstaaten abstellt und gerade kein nationales internationales Zuständigkeitsrecht für den Gesamtstaat USA existiert, wäre wenigstens eine solche allgemeine Differenzierung angebracht.

Anstatt erst im Rahmen der Fairness-Analyse nach den besonderen Belastungen für den ausländischen Beklagten zu fragen, könnte insofern bereits bei der Frage nach *minimum contacts* ein anderer Maßstab gelten. Die Kontakte, die ein ausländischer Beklagter haben muss, müssten dann bereits qualitativ und quantitativ substantieller gestaltet sein als in der interstaatlichen Analyse[1440]. Eine solche Analyse hätte zwei Vorteile: Zum einen lässt sich im Rahmen der *minimum contacts* leichter ein konkret handhabbarer Maßstab etablieren als im Rahmen eines so unbestimmten und damit subjektiven Begriffes wie „Fairness", der im Ergebnis die Frage nach der Zuständigkeit in das Ermessen des Gerichtes stellt.
Zum anderen ist es auch sinnvoll, bereits an dieser Stelle die Tatsache zu berücksichtigen, dass es sich bei dem Beklagten um ein ausländisches Rechtssubjekt handelt. Das ausländische Rechtssubjekt bleibt gerade Teil seines Heimatlandes und damit auch in erster Linie dem eigenen Rechtssystem unterworfen. Nicht zuletzt gebietet eine solche Betrachtung auch der völkerrechtliche Grundsatz des Respekts souveräner Staaten untereinander sowie die internationale *Comity*[1441]. Eine tatsächliche rechtliche Gleichstellung eines US-amerikanischen Unternehmens mit einem ausländischen Unternehmen kann insofern – auch im Rahmen der Zuständigkeitsfrage – nur in Ausnahmefällen gerechtfertigt sein.
Schließlich entspricht dieser Ansatz faktisch sogar der tatsächlichen Vorgehensweise der Rechtsprechung, die den eigentlichen Akzent auf die *minimum contacts*-Prüfung verlegt und nur scheinbar eine eigene, gleichwertige und davon getrennte Fairness-Prüfung vornimmt. Die Begründung der Zuständigkeit über einen ausländischen Beklagten bedarf damit von vornherein einer strengeren verfassungsrechtlichen Analyse als die über einen US-amerikanischen Beklagten. Die Schwelle, die die Verfassung mit *due process* für die Zuständigkeit setzt, muss damit im internationalen Kontext grundsätzlich höher sein[1442].

1440 So auch etwa Born, 17 Ga. J. Int'l & Comp. L. 1, 36 (1987).

1441 Diese wurde ja auch in *Asahi* implizit mit dem Hinweis auf das Interesse der USA an ihren internationalen Beziehungen angesprochen; Hornbeck, 59 Alb. L. Rev. 1389, 1419 (1996).

1442 Zum Teil wird aufgrund einer jüngeren Entscheidung des *Supreme Court* in *United States v. Verdugo-Urquidez, 494 U.S. 259, 271 (1990)* vertreten, dass sich ausländische Beklagte, die sich außerhalb des Territoriums befinden, nicht mehr auf die *due process clause* berufen dürften, was fatale Folgen für das Recht der *personal jurisdiction* hätte

IX. Besondere zuständigkeitsrechtliche Probleme im Rahmen von multistate class actions

Die allgemeinen Probleme des US-amerikanischen Rechts der *personal jurisdiction* bekommen im *class action*-Kontext eine besondere Brisanz. Hier wird der Beklagte oftmals zusätzlich mit einem prozessualen Verfahren konfrontiert, das seinem Heimatrecht fremd ist. Fraglich ist daher, ob sich aus der *personal jurisditction* Analyse der Rechtsprechung, insbesondere aus der international geprägten Entscheidung in *Asahi* spezifische Schlussfolgerungen für *class action*-Verfahren ziehen lassen.

1. Asahi und class actions / Due process standard for mass torts?

Asahi lag zunächst mal ein Fall von Produkthaftung zugrunde, so dass die dort angesprochenen Fragen auch im *class action*-Kontext – insbesondere im Rahmen von *mass torts* – relevant werden. Man muss sich insofern zunächst einmal fragen, ob der *due process*-Standard im Rahmen von *mass torts* grundsätzlich der gleiche ist und welchen Einfluss *Asahi* hier hatte.
Erwähnenswert ist in diesem Zusammenhan die rechtliche Lösung, die vor einem New Yorker Bundesgericht in einem spektakulären Verfahren um die sog. DES-Fälle gewählt wurde[1443]. Hier entschied *Judge* Weinstein, im Rahmen von Produkthaftungsfällen, die sich nach materiellem New Yorker Recht richteten, dass die *stream of commerce*-Analyse und die gesamte *due process*-

(*„An alien defendant who is "outside the sovereign territory of the United States" and has not "developed substantial connections with this country" cannot claim the protection of the due process Clause of the Constitution.* "); siehe Haugen, 11 B.U. Int'l L.J. 109, 110, 126 (1993). Da die Entscheidung aber keine Zuständigkeitsfragen betraf, geht eine diesbezügliche Interpretation sicherlich zu weit. Nichtsdestotrotz wird anhand dieser Entscheidung die Vermischung von Souveränitätsgedanken und Schutz des Beklagten innerhalb der *due process*-Analyse erneut deutlich.

1443 Die DES-Verfahren entstanden aus den in New York anhängigen Prozessen im Hinblick auf die Haftung für Schäden aus der Einnahme des Medikaments DES (diethylstilbestrol). DES sollte Fehlgeburten verhindern und war in den 50er und 60er Jahren Millionen von schwangeren Frauen verabreicht worden. Befürchtete Gesundheitsrisiken bestätigten sich in den 70er Jahren, was eine Schwemme von Prozessen zur Folge hatte. Besonders problematisch waren in diesem Zusammenhang die oft langen Latenzzeiten sowie die Tatsache, dass die Tabletten unter der gleichen Zusammensetzung national als Generikum von hunderten von Firmen vermarktet worden waren, was es quasi unmöglich machte, im Nachhinein festzustellen, welches Unternehmen die Pille, die die Mutter des jeweiligen Klägers eingenommen hatte, produziert hatte. Die Rechtsprechung entwickelte daher den sog. *„national market share"*-Ansatz, um zu einer Haftung der beklagten Unternehmen zu gelangen; siehe Korn, 97 Col. L. Rev. 2183, 2184 f. (1997).

Rechtsprechung auf den *mass tort*-Bereich nicht anwendbar seien[1444]. Stattdessen soll nach der Entscheidung des Gerichts die Zuständigkeit in solchen Fällen die folgenden zwei Voraussetzungen haben: An Stelle einer territorialen Betrachtung tritt zunächst einmal eine Interessenbetrachtung. Ausschlaggebend ist also nicht mehr auf der ersten Prüfungsstufe das Bestehen von *minimum contacts*, sondern das spezifische Interesse des Forumstaates. Hat der Forumstaat ein schützenswertes Interesse an dem Prozess, so ist die Zuständigkeit prima facie verfassungsgemäß. In einem zweiten Schritt wird dann die Belastung für den Beklagten geprüft[1445].

In den zugrunde liegenden Fällen hatten sich die Beklagten, die DES im Forum weder vermarktet noch verkauft hatten und auch keine dort ansässigen Gesellschaften waren, auf das Fehlen von *personal jurisdiction* berufen. Die Kläger waren alle New Yorker, nachdem *Judge* Weinstein alle „forumfremden" Kläger von dem Verfahren ausgeschlossen hatte.
Angesichts der jüngeren Rechtsprechung des *Supreme Court* hinsichtlich der Voraussetzungen von *purposeful availment*, traf die Entscheidung allerdings auf entscheidende konzeptuelle Probleme[1446]. Im Ergebnis stellte sie den aktuellen verfassungsrechtlichen Standard der *personal jurisdiction* einfach auf den Kopf, indem sie einen Verzicht auf ihre Grundvoraussetzung aussprach: die *minimum contacts* und damit die territoriale Verbindung zum Forum[1447]. Stattdessen verlangte sie an dieser Stelle ein besonderes Interesse des Forumstaates und näherte sich damit in ihrer Analyse dem IPR-rechtlichen Ansatz an[1448]. Der Grund für den hier eingeschlagenen Lösungsweg lag darin, dass es im Kern gar nicht um eine Frage der Zuständigkeit ging, sondern darum, ob das materielle New Yorker Recht auf den Beklagten Anwendung finden würde, welches eine besondere Haftungsgrundlage bot, die in seinem Heimatstaat nicht existierte[1449]. Um diese Anwendung aber zu erreichen, musste das Gericht in einem ersten Schritt seine Zuständigkeit bejahen.

Die Gefahr solcher Entscheidungen liegt auf der Hand. Hier wird das Zuständigkeitsrecht instrumentalisiert, um möglichst weitreichend zur Anwendung des materiellen Rechts des Forums zu gelangen. Die notwendige Differenzierung

---

1444 *In re DES Cases, 789 F. Supp. 552, 587 ff. (E.D.N.Y. 1992), appeal dismissed, 7 F. 3d 20 (2d Cir. 1993).*

1445 *In re DES Cases, 789 F. Supp. 552, 587 (E.D.N.Y. 1992)*

1446 Korn, 97 Col. L. Rev. 2183, 2185 f. (1997).

1447 Korn, 97 Col. L. Rev. 2183, 2189 (1997).

1448 Korn, 97 Col. L. Rev. 2183, 2189 f. und 2193 ff. (1997).

1449 Damit ging es in Wahrheit nicht um eine Frage von *judicial jurisdiction* (Entscheidungszuständigkeit), sondern um eine Frage von *legislative jurisdiction*, also der Reichweite nationalen materiellen Rechts, Korn, 97 Col. L. Rev. 2183, 2201 (1997).

zwischen Zuständigkeitsfragen und IPR-rechtlichen Fragen wird damit ergebnisorientiert außer Kraft gesetzt. Gleichzeitig wird das *minimum contact*-Konzept entgegen der Rechtsprechung des *Supreme Court* selbstgefällig ignoriert und durch einen vollkommen außerhalb der Einflussmöglichkeiten des potentiellen Beklagten liegenden *„interest approach"* ersetzt[1450].

Eine ältere Entscheidung hatte dabei schon früher einen ähnlichen Zuständigkeitsstandard angewendet, indem sie ein „Mehr" im Sinne von *Asahi* in diesen besonderen Fällen für nicht notwendig erklärte[1451]. Hier wurde – wiederum unter besonderer Betonung des Interesses des Forumstaates – insbesondere angenommen, dass das *minimum contact*-Erfordernis immer dann flexibler zu handhaben sei, wenn das betreffende Produkt „gefährlich" sei. In diesem Fall sollte dann das *purposeful availment*-Kriterium dahingehend umgedreht werden, dass derjenige, der nichts weiter tut als ein gefährliches Produkt in den nationalen *stream of commerce* zu bringen, in jedem einzelnen Staat verklagt werden kann; es sei denn, er hat eindeutig die Reichweite der Verteilung seines Produktes limitiert[1452].

Der Wert der *Asahi*-Entscheidung muss nach alledem insgesamt als noch geringer angesehen werden, wenn man den spezifischen Bereich der *class action* betrachtet. In diesen Fällen lässt sich regelmäßig mit dem Interesse der Kläger bzw. der *class* und des Forumstaates argumentieren. Handelt es sich in der Mehrzahl um Amerikaner, so ist die finanzielle und physische Belastung kaum zu leugnen, die den Klägern daraus entstehen würde, den Prozess außerhalb der USA zu führen[1453]. Handelt es sich gar um Bürger des Forumstaates, so wird insbesondere das Interesse des jeweiligen Staates eine Rolle spielen, seine Bürger zu schützen.
Außerdem kann hier ein anderer *Asahi*-Faktor relevant werden: Die effizienteste Lösung des Streitstoffes (*efficient judicial solution*)[1454]. Die Nicht-Existenz der *class action* in einem ausländischen Rechtssystem kann auch hier gleichfalls zum Argument für die Bejahung der Zuständigkeit im US-amerikanischen Forum werden.

1450 Für die generelle Abschaffung eines notwendigen territorialen Bezugs des Beklagten zum Forum angelehnt an das Konzept von *Judge* Weinstein insofern sogar Korn, 97 Col. L. Rev. 2183, 2208 (1997).

1451 *O'Neil v. Picillo, 682 F. Supp. 706, 717 f. (D.R.I. 1988).*

1452 *O'Neil v. Picillo, 682 F. Supp. 706, 714 Fn. 1 (D.R.I. 1988);* dagegen wurde in *In re San Juan DuPont Plaza Hotel Fire Lit., 742 F. Supp. 717, 723 (D.P.R. 1990) Asahi* zwar ausdrücklich angewandt, allerdings unter Heranziehung der klassischen *stream of commerce*-Analyse (dazu in diesem Teil oben unter VII.3.(a)) und damit im Ergebnis wiederum zu weitgehend.

1453 *Seltzer Sister Bottling Co. v. Source Perrier S.A., 1991 U.S. Dist. LEXIS 18206 (1991).*

1454 *Asahi Metal Industry Co. v. Superior Court, 480 U.S.102, 114 f. (1987).*

Angesichts der teilweise noch darüber hinausgehenden Tendenzen in der Rechtsprechung, die die *Asahi*-Entscheidung speziell oder gleich das gesamte *minimum contact*-Konzept für nicht bindend zu erklären, muss davon ausgegangen werden, dass das Risiko internationaler Zuständigkeit in einem US-amerikanischen Forum im Rahmen der spezifischen *class action*-Prozesse nach *Asahi* eher als noch größer zu bewerten ist.

2. Die Zuständigkeit des Gerichts über Mitglieder der class

(a) Minimum contacts und der Kläger allgemein

Man kann grundsätzlich die Frage stellen, ob die zuständigkeitsrechtliche Voraussetzung von *minimum contacts*, die den Angelpunkt der Zuständigkeit über ausländische Beklagte darstellt, in irgendeiner Weise Bedeutung im Hinblick auf den Kläger hat. Die Frage stellt sich aus internationaler Sicht insbesondere vor dem Hintergrund, dass die US-amerikanische *class action* nicht nur den ausländischen Beklagten bedroht, sondern quasi spiegelbildlich dazu den ausländischen Kläger lockt, sich dieses Instruments zu bedienen, um rechtliche Ergebnisse zu erzielen, die in dieser Form in seinem Heimatforum nicht realisierbar sind. Die grundsätzliche Frage ist daher zunächst, ob man gewisse *minimum contacts* auch von Seiten des Klägers voraussetzen muss, um die Zuständigkeit des Gerichts über ihn bzw. seinen geltend gemachten Anspruch zu bejahen.
Der *Supreme Court* hat diesbezüglich ausdrücklich betont, dass das zuständigkeitsrechtliche *minimum contact*-Erfordernis für den Kläger grundsätzlich keine Gültigkeit beansprucht[1455]. Ein Gericht kann damit seine Zuständigkeit ausüben, ohne dass der Kläger in irgendeiner Weise in Beziehung zum Forumstaat stehen muss[1456].

(b) Minimum contacts über abwesende Mitglieder der class: Die Entscheidung in Shutts

Besonders brisant ist die Frage nach notwendigen *minimum contacts* auf Klägerseite allerdings im Hinblick auf die passiven Mitglieder der *class,* insofern als diese keinen Einfluss auf die Wahl des Forums bzw. die Klageerhebung überhaupt haben. Insbesondere könnte man daher annehmen, dass es der besonderen

---

1455 *Keeton v. Hustler Magazine, at 779;* sowie früher bereits *in Rush v. Savchuk, 444 U.S. 320, 332 (1980);* unklar dagegen *Calder v. Jones, 465 U.S. 783, 788 (1984),* wo der *Supreme Court* die Kontakte in gewissen Fällen für relevant erklärt („*The plaintiff's lack of" contacts" will not defeat otherwise proper jurisdiction, but they be so manifold as to permit jurisdiction when it would not exist in their absence*").

1456 Vgl. etwa *Perkins v. Benguet Consol. Mining Co.,* wo der Beklagte eine ausländische Gesellschaft war und der Kläger keinerlei Kontakte zum Forumstaat hatte.

Begründung einer Zuständigkeit in *multi-state* oder internationalen *class actions* über *non-resident class members*, also insbesondere auch über ausländische Grupppenmitglieder, bedürfe.
Vor der Leitentscheidung des *Supreme Courts* 1985 in *Phillips Petroleum Company v. Shutts* [1457] war tatsächlich unklar, ob ein Gericht Zuständigkeit über diese Gruppenmitglieder ausüben konnte, wenn deren Kontakte zum Forum so gering waren, dass die Verfassungsgarantie des *due process* eine Zuständigkeit über sie als Beklagte in einem Prozess verhindert hätte[1458]. Einige *state courts* hatten insofern bis dato *nation-wide class actions* nicht zugelassen mit der Begründung, dass es an *minimum contacts* zwischen dem Forum und den *non-resident* Mitgliedern der *class* fehle[1459].
In *Shutts* stellte der *Supreme Court* klar, dass die Beziehung zwischen dem Forum und den Mitgliedern der *class* nicht den strengen *due process*-Anforderungen entsprechen muss, die im Bezug auf den Beklagten nach den Grundsätzen der *International*-Entscheidung Anwendung finden[1460]. Die Einzelstaaten wurden damit weitgehend ermächtigt, ausländische ebenso wie aus anderen Bundesstaaten stammende Kläger in *class actions* mit einzubeziehen.

(c) Die Notwendigkeit einer Begründung von personal jurisdiction über die Gruppe als Hindernis für multi-state class actions?

Wie bereits dargelegt, bedarf es grundsätzlich keiner Kontakte des Klägers zum Forum, um die Zuständigkeit des Gerichts zu begründen. Kern der *personal jurisdiction* Analyse soll grundsätzlich der Schutz des potentiellen Beklagten vor einem „unfairen" Forum sein. Auf den Kläger übertragen, existiert eine solche Schutzbedürftigkeit per se nicht, da er ja gerade selbst über das „Ob" und insbesondere das „Wo" des Prozesses entscheidet.

Gerade im spezifischen *class action*-Kontext erscheint diese „Schutzlosigkeit" allerdings problematisch. Hier entscheidet das passive Gruppenmitglied gerade *nicht*, ob und wo eine Klage unter welchen Umständen eingereicht wird, ist aber dennoch regelmäßig durch das Urteil oder den Vergleich gebunden. Im Gegensatz zum klassischen Individualprozess wird das rechtliche Schicksal des Gruppenmitglieds präjudiziert von dem des Repräsentanten, der auch die entschei-

1457 *472 U.S. 797 (1985).*
1458 Siehe dazu Winters, 73 Cal. L. Rev. 181 (1985).
1459 Z.B. *Feldman v. Bates MfG. Co., 362 A.2d 1177 (N.J. Sup. Ct. 1976);* für Pennsylvania *Klemow v. Time, 466 Pa 189 (1976), cert. Denied, 429 U.S. 828 (1976).*
1460 *Due process* soll insofern im Hinblick auf die Mitglieder der *class* nur eine angemessene Vertretung durch den Repräsentanten sowie die je nach Einzelfall zu leistende Benachrichtigung und in den einschlägigen Fällen das Recht eines *opt-out* verlangen; *Phillips Petroleum Company v. Shutts, 472 U.S. 797, 811 (1985).*

denden prozessualen Entscheidungen trifft. Die Frage nach einem notwendigen Schutz der Gruppe im Sinne eines zuständigkeitsrechtlichen *minimum contacts*-Bezugs ist insofern unter Umständen berechtigt.

Gleichzeitig muss in diesem Zusammenhang aber auch eine andere Feststellung getroffen werden. Bedarf es keiner Zuständigkeit über die Gruppe und damit keiner *minimum contacts*, so kann dies gleichfalls auch einen Vorteil für diese bedeuten und damit wiederum einen Nachteil für den Beklagten. Denn im Ergebnis kann diese Regel dazu führen, dass einer Vielzahl von Klägern jedes (einzelstaatliche) Forum zur Verfügung steht, sofern der Beklagte nur die *personal jurisdiction*-Voraussetzungen erfüllt. Die Situation ist hier äußerst verschieden von der klassischen Kläger-Beklagten-Situation, in der es ausreicht, sicherzustellen, dass der Beklagte hinreichende Verbindung zum Forum besitzt. Denn im Rahmen einer *class action* kann die Gruppe theoretisch zu einer enormen Summe an Klägern aus der ganzen Welt anwachsen, die alle von dem einen Forum profitieren mit dem sie unter Umständen keinerlei Verbindung haben. Eine *minimum contacts*-Voraussetzung für den Kläger bzw. die Gruppe würde in diesem Fall sowohl zum Schutz des Klägers als auch zum Schutz des Beklagten wirken müssen. Ein solcher Ansatz wäre jedenfalls grundsätzlich denkbar.

Betrachtet man die *minimum contact*-Voraussetzung als den verfassungsrechtlich garantierten Schutz des Beklagten vor einem „unfairen" Prozess, so ist nicht ersichtlich, warum sie in dieser Funktion nicht auch grundsätzlich auf Seiten des Klägers – auch zugunsten des Beklagten! – eingreifen soll. Schützenswert wäre damit im Kontext einer *class action* im Rahmen von *due process* sowohl das Interesse des passiven Klägers daran, dass nicht unter Umständen über seine Anspruch – entgegen seinen Interessen – bindend entschieden wird, als auch das Interesse des Beklagten, sich nicht einer Unzahl an multinationalen Klägern gegenüber zu sehen.

Schließlich kommt in diesem Zusammenhang notwendigerweise wiederum das Interesse des Forumstaates ins Spiel. Der Kläger, der in seinem eigenen Staat klagt, bedarf dazu aus seiner Sicht keiner besonderen Berechtigung. Der Staat hat hier eindeutig ein Interesse, ihm ein Forum zu gewähren, um sein Recht zu erstreiten. Im Fall von Klägern, die aus anderen Staaten stammen, insbesondere, wenn sie keinerlei offensichtliche Kontakte zum Forumstaat haben, ist dieses Interesse dagegen unter Umständen weniger leicht zu bejahen. Die einzelstaatlichen Gerichte erfüllen insofern in erster Linie die Funktion, den Bürgern des Forumstaates eine effektive Rechtsverfolgung zu ermöglichen, nicht dagegen die, ein Forum für eine unbeschränkte Zahl an Klägern aus den unterschiedlichsten Staaten zu schaffen. Dieser Aspekt ist ein viel diskutierter Punkt innerhalb der Rechtsprechung im Rahmen von *personal jurisdiction*und könnte daher gerade auch für eine notwendige Etablierung einer solchen Zuständigkeit – im Sinne einer Prüfung von *minimum contacts* – auf Seiten der Kläger sprechen[1461].

Tatsächlich wird die Frage in Rechtsprechung und Literatur allerdings nur im Hinblick auf die Rechte der abwesenden Gruppenmitglieder diskutiert. Das ergibt sich letztlich aus dem System der *class action* als Repräsentantenklage, das eine Anwendung zuständigkeitsrechtlicher Maßstäbe verbietet. Die *raison d'etre* der *class action* ist insofern, dass die Entscheidung über den individuellen Anspruch des Repräsentanten zwingend gemeinsame Fragen entscheidet, die den Ansprüchen der anderen, ähnlich gelagerten Fälle entsprechen, weshalb der Repräsentant ein Urteil für die gesamte *class* erwirken kann[1462]. Das ganze System der *class action* ist auf die Person des Repräsentanten und gerade nicht jedes einzelne Mitglied der *class* zugeschnitten. Angesichts dieser besonderen Funktionsweise der *class action* muss insofern auch die Anwendung der einzelnen Vorschriften der *FRCP* an die besonderen Umstände angepasst und damit zum Teil modifiziert werden[1463]. Das Interesse der Gruppe muss insofern stets im Auge behalten werden, während gleichzeitig der Repräsentant exemplarisch im Vordergrund steht. Hinter ihm „verschwindet" die Gruppe als solche und damit die einzelnen „Kläger" als Rechtssubjekte, über die eine Zuständigkeit bestehen könnte bzw. müsste.

Nicht zuletzt auch deshalb gilt der *International*-Standard von *minimum contacts* im Hinblick auf Mitglieder der Gruppe nicht. *Personal jurisdiction* ist grundsätzlich auch hier – trotz der besonderen Konstellation dieser Klage – keine Voraussetzung um ein bindendes Urteil über die Mitglieder der *class* zu erwirken[1464]. Der prozessuale Schutz der Gruppe im Sinne von *due process* muss damit über andere Mechanismen erreicht werden. Die Folge ist, dass die *class action* hinsichtlich der Gruppe der Kläger grundsätzlich keine geographische bzw. territoriale Begrenzung kennt, wie sie durch die Regeln der *personal jurisdiction* mit Blick auf den Beklagten gerade erreicht werden. Während der Beklagte damit nur in den Grenzen territorialer Reichweite des Forums verklagt werden kann, ist auf Seiten des Klägers eine solche Begrenzung der Reichweite

---

1461 Dieses Problem berücksichtigt der Ansatz von Heiser, 35 Wake Forest L. Rev. 915 (2000), der die *minimum contacts*-Doktrin durch einen *minimum interest approach* ersetzen will, bei dem insbesondere das Interesse des Forumstaates eine Rolle spielt und damit gerade auch Kontakte des Klägers zum Forumstaat in der Analyse der *personal jurisdiction* zu einem ausschlaggebenden Faktor werden; siehe Heiser, 35 Wake Forest L. Rev. 915, 969 ff. (2000).

1462 *General Tel. Co. v. Falcon, 457 U.S. 147, 155 (1982);* ganz früh bereits *Sovereign Camp, Woodmen of the World v. Bolin, 305 U.S. 66, 78 f. (1938).*

1463 *Van Gemert v. Boeing Co., 590 F2d 433, 440 Fn. 15 (2nd Cir. 1978).*

1464 Siehe auch Newberg, § 1:15.

der Gerichte nicht auszumachen[1465]. Es existiert damit unter dem Gesichtspunkt der Zuständigkeit keinerlei „Zuständigkeitshürde“ für *multi-state* oder internationale *class actions* in *state* oder *federal courts*[1466].

(d) Die Relatitivierung der Shutts-Regel in Ortiz

In der bereits erwähnten Entscheidung des *Supreme Court* in *Ortiz v. Fiberboard Corp* wurde das oben angesprochene Problem erneut thematisiert[1467]. Der *Supreme Court* deutete hier an, dass die *Shutts*-Regel unter Umständen keine Geltung beanspruchen könnte, wenn Mitglieder der *class* tatsächlich keine Benachrichtigung von der Klage oder zumindest die eindeutige Möglichkeit, aus der *class* auszuscheiden (*opt-out*), erhalten[1468]. Anvisiert sind damit konkret Fälle von *mandatory class actions*[1469], in denen ein Notifizierungsverfahren nicht vorgesehen ist (und damit auch kein Recht zum *opt-out*). Außerdem lag der Entscheidung ein *settlement-only*-Verfahren zugrunde, bei dem bereits aus der Natur des Verfahrens heraus die Rechtsposition der Mitglieder der *class* schwächer ist[1470]. Soll von vornherein vom Gericht nur ein Vergleich abgesegnet werden, so wird den abwesenden Mitgliedern auch der prozessuale Schutz einer gerichtlichen Verhandlung versagt, in der ihre Rechte durch das Gericht gewahrt werden. In diesem Fall könnte nach der Entscheidung des *Supreme Court* das *minimum contacts*-Kriterium auf Klägerseite wieder auftauchen. Dabei betonte das Gericht außerdem, dass seine Entscheidung in *Shutts* im Hinblick auf den Schutz abwesender *out-of-state* Mitglieder der *class* nur bezüglich ausschließlich oder überwiegend schadensersatzrechtlicher Ansprüche getroffen wurde[1471].

Damit ist die Entscheidung in *Shutts* nur – allerdings in diesem Fall wohl eindeutig – im Rahmen von *23 (b) (3) class actions* zwingend. Bei solchen Schadensersatz-*class actions* liegt aber der Schwerpunkt der *class action*-Problematik, mit der Folge, dass die *Ortiz*-Entscheidung voraussichtlich in diesen Fällen keine positiven Effekte für die abwesenden Mitglieder der Gruppe und damit mittelbar auch für den Beklagten haben wird[1472].

1465 Siehe ausdrücklich *Califano v. Yamasaki, 442 U.S. 682, 702 (1979).*

1466 Newberg, § 13:44.

1467 *Ortiz v. Fiberboard Corp., 527 U.S. 815 (1999);* zu der Bedeutung der Entscheidung für die Kategorie der *settlement class actions* siehe oben unter Teil 2 D.IV.5.(b).

1468 *Ortiz v. Fiberboard Corp., 527 U.S. 815, 847 f. (1999).*

1469 Zu den Fällen von *mandatory class actions* oben unter Teil 2 B.III.1. und 2.

1470 Zum speziellen Fall der *settlement-only class action* oben unter Teil 2 D.

1471 *Ortiz v. Fiberboard Corp., 527 U.S. 815, 848 (1999).*

1472 Zu beachten ist außerdem die unterschiedlichen Sachverhalte in beiden Entscheidungen. Während *Shutts* eine *state class action* war, bei der es um kleine Einzelsummen (Zinsbeträge) ging, lag der *Ortiz* Entscheidung eine Klage vor einem Bundesgericht im Zusammenhang mit zum Teil schwerwiegenden Asbestschäden zugrunde.

X. *Sonderfall transient jurisdiction / Verzicht auf minimum contacts*

Der Möglichkeit, eine Zuständigkeit über tatsächlich abwesende Personen zu bejahen, kann die Möglichkeit gegenüber gestellt werden, eine Zuständigkeit über Personen zu bejahen, die zwar im Staatsgebiet anwesend sind, davon abgesehen aber keinerlei Verbindung zu dem jeweiligen Staat unterhalten und unter Umständen auch nur sehr vorübergehend dort weilen.

Das US-amerikanische Recht kennt insofern traditionell eine sog. *transient jurisdiction*[1473] – auch *„tag" jurisdiction* genannt[1474] –, die eben solche Sachverhalte erfasst und denkbar umstritten ist[1475]. Nachdem sie schon als endgültig aufgegeben galt[1476], ist aktuell von einer Wiedergeburt dieser Zuständigkeit auszugehen. Der *Supreme Court* selbst hat sie in einer jüngeren Entscheidung ausdrücklich bestätigt[1477].

1. Voraussetzungen der transient jurisdiction

Ein Fall von *transient jurisdiction* liegt zunächst einmal dann vor, wenn einem *non-resident* Beklagten innerhalb des Forumstaates eine Klage zugestellt wird, die Anwesenheit des Beklagten aber zum einen nur vorübergehend ist und zum anderen in keinerlei Beziehung zum Klagegegenstand steht[1478]. In einem viel zitierten Fall wurde die *transient jurisdiction* bejaht, nachdem einem Beklagten während eines Fluges über dem Territorium des Forumstaates die Klage zugestellt worden war[1479]. In einer anderen Entscheidung wurde dem Inhaber einer deutschen GmbH bei einem Aufenthalt in Louisiana eine Klage persönlich sowie gleichzeitig in seiner Funktion als Vertreter dieser GmbH für diese zugestellt[1480]. Das Gericht stellte sich dabei auf den Standpunkt, dass die Klagezustellung jedenfalls für seine Person zuständigkeitsbegründend war und setzte sich bewusst über die bereits etablierten *International*-Grundsätze hinsichtlich der Voraussetzungen von *personal jurisdiction* hinweg. Als Argument wurde angeführt, die *International*-Grundsätze würden die Existenz von *minimum con-*

1473 Bernstein übersetzt diese Form der Zuständigkeit frei mit „Zuständigkeit im Vorübergehen" oder „ambulanter Zuständigkeit", GS Martens, S. 759.

1474 Mckinnon, 21 Pepp. L. Rev. 1219, 1230 (1994) (*„To tag"* heißt dabei soviel wie „etikettieren" bzw. „mit einem Etikett versehen").

1475 In der Literatur wird sie aufgrund ihrer Unvereinbarkeit mit den Grundsätzen aus *International Shoe* beinahe einhellig abgelehnt; siehe etwa Born, 17 Ga. J. Int'l & Comp. L. 1, 35 (1987) m.w.N.; Twitchell, 101 Harv. L. Rev. 610, 670 (1988).

1476 Vgl. *Shaffer v. Heitner, 433 U.S. 186(1977).*

1477 *Burnham v. Superior Court of Cal., Marin County, 495 U.S. 604 (1990).*

1478 Shreve, Civil Procedure, § 3.08 (3) (b).

1479 *Grace v. McArthur; 170 F.Supp. 442 (E.D. Ark. 1959).*

1480 *Driver v. Helms, 577 F.2d. 147, 156 (1st Cir. 1978)* sowie bereits *St. Clair v. Cox, 106 U.S. 356 (1882).*

tacts nur für denjenigen verlangen, der sich nicht im Forumstaat aufhält *(„not present within the territory of the forum")*.
International soll danach selbst eine Ausnahme der *minimum contact*-Analyse für den Fall kreieren, dass der Beklagte im Forumstaat gerade anwesend ist[1481]. Befindet sich der Beklagte innerhalb des Territoriums des Forums, müssen demnach *minimum contacts* gerade nicht bestehen, sondern die Zuständigkeit fließt dann aus der Souveränität des Staates[1482]. Aber selbst wenn man annähme, dass *minimum contacts* auch hier notwendig wären, so sollen diese wiederum bereits durch die bloße Anwesenheit in ausreichendem Maße vorhanden sein[1483]. Das *minimum contact*-Erfordernis, das den Beklagten gerade vor ausufernden Zuständigkeiten schützen soll, wird durch diese Argumentation geschickt umgangen.

2. *Implizite Aufgabe der transient jurisdiction in Shaffer v. Heitner*

In *Shaffer v. Heitner* stellte der *Supreme Court* zunächst einmal klar, dass die *minimum contacts* Voraussetzungen im Sinne der *International*-Entscheidung auch im Fall der speziellen *quasi in rem*-Zuständigkeit[1484] gelten müssen[1485]. Das Gericht entschied insofern, dass die Zuständigkeit über die Beklagten nicht an die bloße Präsenz von Teilen ihres Vermögens im Forumstaat geknüpft werden konnte, sondern dass auch hier die *International*-Grundsätze Geltung beanspruchen müssten[1486]. Der *minimum contact*-Standard wurde gleichzeitig ausdrücklich zum ultimativen Prüfungsmaßstab in allen Fragen von *personal jurisdiction* erhoben[1487].
Obwohl es im Sachverhalt um eine *quasi in rem*-Zuständigkeit ging, musste mit der Entscheidung gleichwohl auch die *transient jurisdiction* hinfällig werden, da diese gerade ihrer Natur nach ohne das *minimum contact*-Erfordernis auskommt, indem sie auf die rein zufällige Präsenz im Forum abstellt. Dieses Ergebnis war

---

1481 *Driver v. Helms, 577 F.2d. 147, 156 (1st Cir. 1978).*

1482 *Driver v. Helms, 577 F.2d. 147, 157 (1st Cir. 1978).*; bestätigt in *Amusement Equipement, inc., v. Carl Heinz Mordelt, Heinz Mordelt GmbH and Co. KG. „Heimo", 1985, 779 F.2d ,264, 269 (5th.Cir. 1985).*

1483 *Driver v. Helms, 577 F.2d. 147, 157 (1st Cir. 1978).*

1484 Zu dieser Zuständigkeit gleich in diesem Teil unten unter XI.

1485 *Shaffer v. Heitner, 433 U.S. 186, 207 (1977).*

1486 Die Kläger in ihrer Eigenschaft als Aktieninhaber hatten die Beklagten (Direktoren und Beamten der Aktiengesellschaft) wegen Verletzung ihrer Pflichten gegenüber der Gesellschaft in Delaware verklagt, wo die Gesellschaft, an der sie und die Beklagten Anteile besaßen, eingetragen war. Der *Supreme Court* erklärte die Begründung der *personal jurisdiction* über die Angestellten für unzulässig und hob das Urteil auf.

1487 *"The standard for determining whether an exercise of jurisdiction over the interests of persons is consistent with the Due process Clause is the minimum-contacts standard elucidated in International Shoe", Shaffer v. Heitner, 433 U.S. 186, 207 (1977).*

auch bereits deshalb folgerichtig, da nicht erkennbar ist, wieso die bloße Präsenz von Vermögen grundsätzlich anders zu behandeln sein sollte als die bloße Präsenz einer Person. Damit wurde auch endgültig klargestellt, dass die *Pennoyer*-Regel insgesamt ihre Berechtigung verloren hatte, insofern als sie besagte, dass die bloße Präsenz von Vermögen oder Personen in einem Staat zur Zuständigkeitsbegründung ausreichend sein sollte[1488].

3. *Wiedergeburt der transient jurisdiction: Die "physical presence rule" in Burnham*

Im Jahr 1990 erklärte der *Supreme Court* in der Entscheidung in *Burnham*[1489], dass die kalifornischen Gerichte die Zuständigkeit über einen *non-resident* bejahen konnten, der sich kurze Zeit in Kalifornien aufgehalten hatte, um seine Kinder zu besuchen und geschäftliche Termine wahrzunehmen. Das Gericht erklärte ausdrücklich, dass die physische Präsenz des Beklagten im Forum allein ausreichend sei und kehrte damit zurück zur Figur der *transient jurisdiction* und gleichzeitig zum traditionellen territorialen Zuständigkeitsverständnis im Sinne von *Pennoyer*.

Interessant ist dabei, dass sich das Gericht uneinig über die Begründung der Entscheidung war und insofern zwei verschiedene Ansätze wählte. Während ein Teil der Richter sich zur Rechtfertigung einfach explizit auf die „Tradition" der *transient jurisdiction* berief[1490], versuchte der andere Teil über eine Art *purposeful availment*-Analyse im Sinne von *International* und seinen Nachfolgern – insbesondere der Entscheidung in *Shaffer* – die Zuständigkeit zu begründen[1491]. Erstere Gruppe um *Justice* Scalia erklärte dabei ausdrücklich, dass *Shaffer* ihrer Analyse nicht im Wege stünde, da diese Entscheidung nur für *quasi in rem*-Fälle bindend sei, keineswegs dagegen für Fälle von *transient jurisdiction*[1492]. Die zweite Gruppe fühlte sich an die Entscheidungen in *International* und *Shaffer* gebunden und musste somit eine *minimum contact*-Analyse vornehmen. Das

---

1488 Die *International*-Entscheidung hatte dies offen gelassen bzw. sogar angedeutet, dass Präsenz weiterhin ausreichende Grundlage für das Vorliegen von *personal jurisdiction* sein sollte; siehe dazu auch bereits in diesem Teil oben unter V.2.

1489 *Burnham v. Superior Court of Cal., Marin County, 495 U.S. 604 (1990).*

1490 *"The short of the matter is that jurisdiction based on physical presence alone constitutes due process because it is one of the continuing traditons of our legal system that define the due process standard of „traditional notions of fair play and substantial justice."* (*Burnham v. Superior Court of Cal., Marin County, 495 U.S. 604, 619 (1990)*).

1491 Justice Brennan schlug in der *Dissenting Opinion* insofern einen anderen Weg ein, indem er die *minimum contacts*-Analyse auch für die traditionelle Regel des Vorliegens von *personall jurisdiction* aufgrund von Anwesenheit im Staatsgebiet für anwendbar erklärte. Im Ergebnis bejahte auch er die Zuständigkeit; siehe *Burnham*, at. 629 ff.

1492 *Burnham v. Superior Court of Cal., Marin County, 495 U.S. 604, 621 (1990).*

„Traditions-Argument" diente in diesem Zusammenhang dazu, die notwendige „Fairness" gegenüber dem Beklagten zu begründen. Danach müsste ein Beklagter in den USA wissen, dass seine Präsenz in einem Staat ihn zum Objekt von *personal jurisdiction*macht[1493].

Die Argumentation ist in beiden Fällen nicht haltbar. Während die erste Gruppe unter Berufung auf „Tradition" einfach über die bis dahin erzielten Ergebnisse der Rechtsprechung hinwegfegt, versucht die zweite Gruppe, die im Sachverhalt ganz offensichtlich nicht dem *minimum contacts*-Standard entsprechenden Kontakte zu fingieren. Im Rahmen der Fairness-Analyse muss man sich dabei fragen, inwiefern die angebliche „Tradition" der *transient jurisdiction* – die der *Supreme Court* doch gerade mit *Shaffer* begraben hatte? – als Argument für die Angemessenheit der Zuständigkeit herhalten kann. Traditon ist Tradition; Fairness ist Fairness; Fairness kann insofern der Tradition – falls eine solche zu bejahen ist – geopfert, nicht dagegen aus dieser hergeleitet werden. Wenn also das „Traditions-Argument" überhaupt eine Rolle spielen durfte, dann jedenfalls nur im Sinne der ersten Gruppe, d.h. unter Ignoranz der eigenen Rechtsprechung und damit auch unter Opferung des eigenen Fairness-Anspruchs[1494].

4. *Die Folgen von Burnham für die Zuständigkeit über Gesellschaften / Wiedergeburt exorbitanter Zuständigkeiten*

Der *Burnham*-Rechtsprechung wurde – trotz ihrer insgesamt wenig überzeugenden Argumentation – bisher in ähnlichen Sachverhalten von den unteren Gerichten gefolgt[1495].Fraglich ist dagegen, wie weit sie sich auf den Bereich wirtschaftlicher Aktivitäten von Gesellschaften übertragen lässt. Dabei stellen sich zwei vorrangige Fragen.
Zunächst die Frage nach der grundsätzlichen Übertragbarkeit von *Burnham* auf juristische Personen und damit auf die Zuständigkeit über Gesellschaften angesichts ihrer bloßen „Präsenz" in einem Staat ohne weitere Kontakte mit diesem. Angesichts der Tatsache, dass eine Gesellschaft im Gegensatz zu einer natürlichen Person in der Regel nicht nur ganz vorübergehend in einem Staat präsent sein wird, ist eine solche Zuständigkeit allerdings nicht wahrscheinlich. Interessanter ist dagegen die Frage, inwieweit Vertreter der Gesellschaft mittels *Burn-*

1493 *Burnham v. Superior Court of Cal., Marin County, 495 U.S. 604, 635 f. (1990).*

1494 Angesichts der vorangegangenen Aufgabe der *transient jurisdiction* in *Shaffer* kann allerdings im Ergebnis wohl auch nicht mehr von „Tradition" die Rede sein, so dass auch diese Argumentation insgesamt nicht überzeugt.

1495 Vgl. insb. die Eintscheidung *Rutherford v. Rutherford, 193 Ariz. 173 (Arizona Court of Appeals Division One, 1998)*, der ein beinahe identischer Sachverhalt wie in *Burnham* zugrunde lag; ähnlich auch *Tracy v. Wanck, 2001 Mass. App. Div. 20 (2001);* indirekte Bestätigung von *Burnham* in *Vu v. Meese, 755 F. Supp. 1375, 1378 (E.D. La. 1991).*

ham eine Zuständigkeit ermöglichen können. Erlaubt diese Rechtsprechung also die Begründung einer Zuständigkeit über eine ausländische Gesellschaft mittels Klagezustellung an einen im jeweiligen Forumstaat anwesenden Vertreter oder ist die *transient jurisdiction* im Gegenteil auf natürliche Personen beschränkt? Schließlich stellt sich außerdem die Frage, ob die herangezogene Argumentationslinie in *Burnham* nicht darüber hinaus geeignet ist, grundsätzlich wieder von den Voraussetzungen der *minimum contacts*-Doktrin abweichend, auch andere exorbitante Zuständigkeiten zu rechtfertigen.

Zunächst einmal gibt es in der Entscheidung selbst grundsätzlich keinen Anhaltspunkt für die Annahme, dass die *Burnham*-Rechtsprechung nicht auf Gesellschaften übertragbar sein könnte. In einer Fußnote der Entscheidung wird diese Möglichkeit sogar impliziert anvisiert[1496]. Dennoch haben die unteren Gerichte zunächst eine andere Richtung eingeschlagen und die *Burnham*-Regel nicht auf Gesellschaften ausgeweitet[1497]. Die Präsenz eines Vertreters sollte danach nicht auf die „nicht präsente" Gesellschaft durchschlagen können[1498]. Die jüngere Entwicklung in der Rechtsprechung zeigt dagegen ein ganz anderes Bild.
Schon wenig später wurde unter ausdrücklicher Berufung auf *Burnham* entschieden, dass die alleinige Tatsache, dass eine Gesellschaft eine Lizenz für den Staat New York besitzt[1499], verfassungsrechtlich ausreichend ist, um *general jurisdiction* über sie auszuüben[1500]. Dabei wurde darauf abgestellt, dass die Beklagte durch die Lizenzerteilung (implizit) der allgemeinen Zuständigkeit zugestimmt hätte[1501]. Eine *transient jurisdiction* im engeren Sinne – d.h. unter Anknüpfung and die physische Präsenz einer Person – war damit nicht einmal er-

1496 *"It may be that whatever special rule exists permitting "continous and systematic" contacts,(...) to support jurisdiction with respect to matters unrelated to activity in the forum applies only to corporations, which have never fitted comfortably in a jurisdictional regime based primarily upon "de facto power over the defendant's person.(Burnham v. Superior Court of Cal., Marin County, 495 U.S. 60, Fn. 1 (1990).*

1497 Etwa *MBM Fisheries v. Bollinger Machine Shop, 60 Wash App. 414, 421(1991)*, wo das Gericht sich weigerte die Zuständigkeit über eine ausländische Gesellschaft auf der Basis einer persönlichen Zustellung an den Vizepräsident, während dessen Aufenthaltes im Forumstaat, zu bejahen; ebenso *Wenche Siemer v. Learjet Acquisition Corp., 966 F.2d 179, 182 (5th Cir. 1992), cert. Denied, 506 U.S. 1080 (1993).*

1498 "*(...)even if service on a natural person merely present in forum state satisfies "minimum contacts," service on agent of unincorporated association while in forum state is insufficient."* (*MBM Fisheries v. Bollinger Machine Shop, 60 Wash App. 414, 421(1991)*).

1499 Gem. *C.P.L.R. § 301* hat ein Gericht *personal jurisdiction* über eine Gesellschaft, "*because it is licensed to do business here"*.

1500 *In re DES Cases, 789 F. Supp. 552, 591 f., 1992 U.S. Dist. LEXIS 5560.*

1501 *In re DES Cases, 789 F. Supp. 552, 591, 1992 U.S. Dist. LEXIS 5560.*

forderlich. Unter Berufung auf das „Traditions Argument" in *Burnham* sind damit vielmehr auch andere, exorbitante Zuständigkeiten gerechtfertigt.
So verstanden erweitert *Burnham* damit die *transient jurisdiction* sogar implizit auf alle Formen der Zuständigkeit, die ohne den *International*-Standard von *minimum contacts* und *due process* auskommen[1502].

Ein neueres Urteil gegen eine große Unternehmensberatung in England macht außerdem die Brisanz der *transient jurisdiction* im internationalen Kontext deutlich. Hier wurde ohne große Umschweife die Zuständigkeit über die Gesellschaft bejaht, da die Klage gemäß einer New Yorker Vorschrift einem der Gesellschafter persönlich zugestellt wurde[1503]. Die Verteidigung des Beklagten, die explizit darauf abstellte, dass im Gegensatz zu *Burnham* hier der Beklagte kein US-Bürger, sondern Ausländer sei, wurde für unbeachtlich erklärt[1504].

Am Beispiel der *transient jurisdiction* zeigt sich exemplarisch wieder einmal das Konzept des bloßen *physical power* über eine Person als Anknüpfungspunkt für die Zuständigkeit staatlicher Gerichte[1505]. Fairnesserwägungen, wie sie seit *International* angestellt werden müssen, spielen plötzlich keine Rolle mehr. Das verwundert umso mehr, als die *due process clause* mit dem ihr inhärenten Beklagtenschutz nach ganz allgemeiner Auffassung gerade den grundsätzlichen Maßstab für *personal jurisdiction* bilden soll[1506]. Um *personal jurisdiction* geht es aber auch im Falle der *transient jurisdiction*. Gerade die in diesem Fall ausschlaggebende körperliche „Präsenz" des Beklagten im Forumstaat zum Zeitpunkt der Klagezustellung lässt sich damit als Ausdruck der Rückkehr zum *physical power*-Prinzip der Zuständigkeit aber wohl regelmäßig nicht mit den Anforderungen an einen „fairen Prozess" vereinbaren. Hier werden vielmehr durch die Hintertür die eigens aufgestellten Fairnessmaßstäbe mit einem Schlag zunichte gemacht. Die Heranziehung der *transient jurisdiction* im Rahmen der Zuständigkeit über Gesellschaften lässt diese Kategorie der Zuständigkeit schließ-

---

1502 Zu den unterschiedlichen Formen exorbitanter Zuständigkeiten über ausländische Gesellschaften außerdem zusammenfassend unten unter Teil 4 A.

1503 *First American Corp. v. Price Waterhouse LLP vom 14. Juli 1998; 154 F.3d 16 (Second Circ. N.Y. 1998).*

1504 *"PW-UK argues that Burnham should be distinguished on the grounds that PW-UK is a non-U.S. citizen and is a non-party to the underlying suit. We see no reason for such per se distinctions."* (*First American Corp. v. Price Waterhouse LLP vom 14. Juli 1998; 154 F.3d 16, 20 (Second Circ. N.Y. 1998)*).

1505 So auch in *Opert v. Schmidt, 535 F.Supp. 591 (S.D.N.Y. 1982),* wo die Klage allerdings wegen *forum non conveniens* im Folgenden abgewiesen wurde (zur Rechtsfigur des *forum non conveniens* ausführlich in diesem Teil unten unter XIII).

1506 So auch ausdrücklich der *United States Court of Appeals for the Fifth Circuit* in *Amusement Equipement, inc., v. Carl Heinz Mordelt, Heinz Mordelt GmbH and Co. KG. „Heimo", 1985, 779 F.2d 264 (1985).*

lich endgültig zur Farce werden. Lässt sich bei natürlichen Personen jedenfalls noch über das – überholte – Territorialprinzip zu einer Zuständigkeit gelangen, so versagt dieses Konzept bei der Anknüpfung an den Zustellungsvertreter juristischer Personen. Hier kann von einer „Präsenz" des eigentlichen Beklagten gerade nicht mehr gesprochen werden, sondern diese wird vielmehr vollständig fingiert.
Grundsätzlich liefert die Wiedergeburt der *transient jurisdiction* ein weiteres Beispiel für die Tendenz der Rechtsprechung, sich bei Fragen der Zuständigkeit einer Perspektive staatlicher Souveränität im Sinne territorialer Macht zu bedienen, bei der der Gedanke von *due process* in Wahrheit kaum noch zum Tragen kommt. Im Vordergrund steht dabei ganz offensichtlich das Bestreben, das Vorliegen von *personal jurisdiction* immer dann zu bejahen, wenn aus U.S.-amerikanischer Sicht ein Interesse an dem zugrunde liegenden Prozessstoff besteht[1507]. Angesichts der allgemeinen Formulierung in *Burnham* bleibt die Zuständigkeit außerdem nicht auf Fälle physischer Präsenz beschränkt, sondern lässt sich auf sämtliche „traditionellen" Formen der Zuständigkeitsbegründung erweitern.

Im internationalen Kontext ist diese Form der Zuständigkeit dabei noch fragwürdiger als bereits in reinen Binnensachverhalten[1508]. Abgesehen davon, dass sie in keiner Weise im Einklang mit den *International*-Prinzipien des *Supreme Court* steht, ist sie insbesondere auch mit modernen Völkerrechtsprinzipien nicht vereinbar[1509]. Der Staat greift hier in einer Weise über seine Grenzen hinaus, die durch Souveränitätsargumente nicht mehr gerechtfertigt sind. Anders, als etwa in Fällen, in denen das Staatsgebiet Handlungs- oder Erfolgsort von Delikten ist, ist die rein zufällige Präsenz eines ausländischen Rechtssubjekts unter einer modernen Souveränitätsanalyse keine ausreichende Verbindung im Sinne eines von *minimum contacts* beherrschten kohärenten Zuständigkeitsrechts und führt als eigenständiges Kriterium somit die gesamte Entwicklung der *minimum contacts*-Rechtsprechung ad absurdum[1510].
Hier wird bewusst auf die Grundvoraussetzung der internationalen Zuständigkeit in Form von *minimum contacts* verzichtet, so dass der ausländische Beklagte

1507 Siehe auch *In re DES Cases, 789 F. Supp. 552, 576, 1992 U.S. Dist. LEXIS 5560: „(...)it is necessary to interpret jurisdictional law so that it meets the demands of the subject matter of the litigation."*

1508 In der internationalen Diskussion ist sie hoch umstritten; dennoch wollen die U.S.-Amerikaner diese Kagegorie im Rahmen des jüngsten Entwurfes zur Haager Konvention jedenfalls für bestimmte Fälle aufrecht erhalten, wie etwa bei Ansprüchen, die sich auf Genozide oder Kriegsverbrechen stützen; Silberman, 52 DePaul L. Rev. 319, 345 (2002).

1509 Born, 17 Ga. J. Int'l & Comp. L. 1, 35 (1987).

1510 Die EuGVVO hat diese Form der Zuständigkeit ausdrücklich verboten; siehe dazu auch Heiser, 35 Wake Forest L. Rev. 915, 945 f. (2000).

durch die Art und Weise der Gestaltung seiner Kontakte auch keinerlei Einfluss mehr auf die Zuständigkeit nehmen kann. Für das ausländische Unternehmen bedeutet dies zugespitzt, dass kein Vertreter US-amerikanischen Boden betreten darf, ohne per se damit das Risiko einer exorbitanten Zuständigkeit für sämtliche denkbare Klagen gegen das Unternehmen zu schaffen. Zu hoffen bleibt daher nur, dass Gesetzgeber oder Rechtsprechung dieser Zuständigkeit in naher Zukunft ein Ende machen.

XI. Exkurs: quasi in rem-Zuständigkeit als Methode zur Etablierung von personal jurisdiction

Neben der Zuständigkeitsbegründung über ausländische Beklagte gemäß der klassischen *minimum contact*-Analyse sowie ausnahmsweise über die exorbitante *transient jurisdiction*, existiert ein Gerichtsstand, der an die Belegenheit von Vermögenswerten anknüpft. Diese *quasi in-rem*-Zuständigkeit knüpft an Vermögen an, das sich innerhalb des Forumstaates befindet, zielt dabei aber indirekt auf die Person des Beklagten[1511]. Ebenso wie ein *in rem*-Urteil bindet ein *quasi in rem*-Urteil die Parteien dabei nur im Hinblick auf ihr Interesse an der „Sache“, auf die sich die Zuständigkeit gründet[1512]. Allerdings kann die *quasi in rem*-Zuständigkeit ebenso wie die *personal jurisdiction* benutzt werden, um persönliche Pflichten durchzusetzen[1513]. Diese Art der Zuständigkeit war lange Zeit insbesondere interessant, wenn der Beklagte *non-resident* des Forumstaates war, da insofern die Zuständigkeit einfach an das im Forumstaat vorhandene Vermögen geknüpft werden konnte. Seit allerdings der *Supreme Court* in *Shaffer* entschieden hat, dass diese Art der Zuständigkeit den gleichen *minimum contacts*-Anforderungen entsprechen muss wie die *personal jurisdiction*, besteht kein besonderer Anreiz mehr für den Kläger, sich bezüglich der Zuständigkeit auf im Forum Staat belegenes Vermögen zu stützen[1514].

Die Entscheidung in *Shaffer* hat der *quasi in rem*-Rechtsprechung damit viel von ihrer Bedeutung genommen[1515]. Der Vorteil dieser Zuständigkeit lag bis dato gerade darin, dass sie dort möglich war, wo die Voraussetzungen der *personal*

1511 Im Gegensatz zur *in rem*-Zuständigkeit wirkt sie allerdings nur inter partes.

1512 Insofern kann ein *in rem*-Urteil auch nicht den Wert der Sache übersteigen ; Shreve, Civil Procedure, § 3.02. (3).

1513 Vgl. insofern die Leitentscheidung *Harris v. Balk, 198 U.S. 215 (1905);* dazu Shreve, Civil Procedure, § 3.02 (3).

1514 *“All assertion of state-court jurisdiction must be evaluated according to the standards set forth in International Shoe and its progeny.”* (*Shaffer v. Heitner, 433 U.S. 186, 212 (1977)*); später bestätigt in *Rush v. Savchuk, 444 U.S. 320 (1980).*

1515 Weiter existiert die *quasi-in-rem*-Doktrin allerdings gem. *Rule B of the Supplemental FRCP* in *admiralty*-Fällen (Seerecht), siehe dazu Hildebrandt, 8 U.S.F. Mar. L.J. 339 (1996).

jurisdiction fehlten[1516]. Die *quasi in rem*-Zuständigkeit ist damit heute auf die seltenen Fälle beschränkt, in denen gewisse *minimum contacts* bestehen, aber dennoch keine *personal jurisdiction* gegeben ist[1517].

Mit dem Wiederaufkommen der *transient jurisdiction* seit der Entscheidung in *Burnham* besteht allerdings nunmehr ein Widerspruch innerhalb der Analyse der *personal jurisdiction*. Die *quasi in rem*-Zuständigkeit, die es erlaubte, Personen über den Umweg von im Forumstaat belegenem Vermögen vor Gericht zu ziehen, wurde in *Shaffer* ausdrücklich an das moderne Zuständigkeitsrecht angepasst, indem entschieden wurde, dass auch hier die Grundsätze aus der Entscheidung in *International* gelten müssten, der Beklagte also *minimum contacts* zum Forumstaat haben müsse. Damit wurde die Kohärenz innerhalb des Zuständigkeitsrechts hergestellt. Mit Wiederbeleben der *transient jurisdiction* dagegen ergibt sich nunmehr das paradoxe Ergebnis, dass zwar die Präsenz von Vermögen im Forumstaat nicht ausreichen kann um eine Zuständigkeit zu bejahen, die den Grundsätzen von *due process* entspricht, die bloße zufällige Präsenz der Person selbst dagegen im Sinne der überholten Territorialitätsgedanken wieder ausreichende Basis für jedwede Zuständigkeit ist. Auch hier zeigt sich wieder einmal die fehlende Stringenz der aktuellen Zuständigkeitsanalyse.

XII. Die Angelpunkte der Zuständigkeitsanalyse: Souveränität und Fairness

Betrachtet man die Entwicklung des Rechts der *personal jurisdiction*, so wird deutlich, dass zwei Aspekte jeweils im Mittelpunkt der zuständigkeitsrechtlichen Analyse stehen: Zum einen Gesichtspunkte der Fairness, d.h. mit Blick auf die Grundrechte des Beklagten die Beachtung des *due process*-Gebots und zum anderen das „Interesse" des Forumstaates als Ausfluss staatlicher Souveränität[1518].

Fälle wie *Keeton*, *Burger King* und *Asahi* machen deutlich, dass ein Abwägen mit den ureigenen Interessen des jeweiligen Staates mit in die Beurteilung der Zuständigkeit einfließen. Je größer das (politische) Interesse eines Forumstaates an dem Prozess ist, umso größer ist damit die Chance, dass ein Gericht die Zuständigkeit über den *non-resident* Beklagten bejahen wird. Insgesamt zeigt sich insofern deutlich eine traditionell enge Verzahnung des individuellen Grund-

---

1516 Auch wenn diese Zuständigkeit jeweils auf den Wert des im Forum belegenen Vermögens beschränkt war, was einen Nachteil gegenüber einem Fall von *personal jurisdiction* darstellt.

1517 So etwa, wenn der spezielle Sachverhalt nicht von dem *long-arm statute* des jeweiligen Staates erfasst wird; Shreve, Civil Procedure, § 3.08 (1) Fn. 242.

1518 Nguyen, 83 B.U. L. Rev. 253 (2003); ausdrücklich so auch *In re DES Cases, 789 F. Supp. 552, 584 f. 1992 U.S. Dist. LEXIS 5560: "The first is that the cases continue to rely on two distinct inquiries – sovereignty and fairness."*

rechtsschutzes einerseits und des bundesstaatlichen Strukturprinzips andererseits bei der Verfassungskontrolle der richterlichen Zuständigkeit[1519].

Das Problem besteht dabei zunächst darin, beide Ansätze zu vereinbaren. Legt man den Akzent auf das Interesse des Staates, so wird regelmäßig der (amerikanische) Kläger obsiegen. Begibt man sich auf Seiten des Beklagten und nimmt eine Fairness-Analyse vor, so müsste oftmals eine Zuständigkeit verneint werden. Ein versöhnendes Gesamtkonzept erscheint unmöglich und schlägt sich in der Rechtsprechung dementsprechend auch nicht nieder. Vielmehr lässt die Mehrzahl der Entscheidung eine deutliche Tendenz hin zu einem Vorrang der staatlichen Interessen erkennen.
Unabhängig von der Problematik dieser Rechtsprechungs-Praxis stellt sich schließlich die Frage, inwieweit die *due process clause*, die – auch weiterhin – als „Wurzel“ des Zuständigkeitskonzepts gehandelt wird, überhaupt geeignet ist, Souveränitätsargumente zu stützen[1520]. Unabhängig von der Frage, inwieweit solche Argumente in der Zuständigkeitsdiskussion ihre Berechtigung haben, werden sie also jedenfalls an der falschen Stelle diskutiert. *Due process* kann als verfassungsrechtliches Konzept im Sinne einer Grundrechtsgarantie nur auf den spezifischen Schutz des Beklagten ausgerichtet sein und hat gerade nichts mit den Beziehungen zwischen souveränen Staaten zu tun[1521]. Dementsprechend wird dieser Grundsatz auch in jedem anderen Kontext verstanden als Mittel zum Schutz privater Parteien von prozessualer Ungerechtigkeit. Einzig im Kontext von *personal jurisdiction* wurde von der Rechtsprechung der Schutzzweck staatlicher Souveränität in diesen Grundsatz hineingelesen, der aber weder durch den Wortlaut, noch durch die Geschichte oder Sinn und Zweck der Klausel gedeckt ist[1522]. Damit ist das in der Praxis herrschende Chaos hinsichtlich der Voraussetzungen von *personal jurisdiction* vor den *state courts* schon in dem vom *Supreme Court* vorgegebenen theoretischen Fundament angelegt. Im Ergebnis läuft der hier verfolgte Ansatz oftmals auf eine rein pragmatische Abwägung zwischen den öffentlichen Interessen eines (Bundes)Staates und dem Individualrecht des Beklagten hinaus. Das Grundrecht des Einzelnen auf einen fairen Prozess findet hier seine Grenze in den ureigenen Interessen eines Staates. Verlierer ist in diesem Fall regelmäßig das Individuum und damit der (ausländische) Beklagte.

[1519] So auch Bernstein, GS Martens, S. 753.
[1520] Siehe auch *Insurance Corporation of Ireland v. Compagnie des Bauxites de Guinee, 456 U.S. 694, 703 Fn. 10 (1982) :"That clause is the only source of personal jurisdiction requirements and the clause itself makes no mention of federalism concerns."*
[1521] Haugen, 11 B.U. Int'l L.J. 109, 120 (1993)
[1522] Haugen, 11 B.U. Int'l L.J. 109, 121 (1993).

XIII. Exkurs: Forum non conveniens als alternative Verteidigungsmöglichkeit

Das US-amerikanische Recht verfügt über eine besondere prozessuale Verteidigungsmöglichkeit außerhalb des Rechts der *personal jurisdiction*, die es dem ausländischen Beklagten erlauben kann, einem Prozess vor einem US-amerikanischen Gericht zu entgehen, wenn die Zuständigkeit über ihn bereits bejaht wurde. In diesem Fall besteht noch immer die Möglichkeit, eine Klageabweisung aufgrund der *forum non conveniens*-Doktrin zu erreichen, wenn das Forum für den Prozess „ungeeignet" erscheint[1523]. Dabei geht es nicht mehr um Fragen nach *minimum contacts* und *due process*. *Forum non conveniens* ist im Gegenteil ein Konzept der „*conveniens*", bei dem rein pragmatische Aspekte im Vordergrund stehen, die denen im Bereich der Bestimmung der örtlichen Zuständigkeit ähneln. Aufgrund einer gewissen Relevanz der Doktrin im internationalen Rechtsverkehr und ihrem engen Zusammenhang zu gewissen Fragen der *personal jurisdiction* soll im Folgenden ein kurzer Überblick über ihre Funktionsweise und praktische Nutzbarmachung gegeben werden.

1. Grundlage der Doktrin

Die *forum non conveniens*-Doktrin ist eine alteingesessene *common law*-Doktrin, die es einem Gericht ermöglicht, nach Bejahung der Zuständigkeit eine Klage abzuweisen, weil es sich als Forum für „ungeeignet" (*non convenient*) hält[1524]. Damit handelt es sich systematisch gesehen um eine Frage der praktischen Abwägung außerhalb der eigentlichen Zuständigkeitsfragen[1525]. Die Theorie wird von *federal* wie von *state courts* jeweils eigenständig angewendet, wobei die Bundesgerichte in *diversity*-Fällen nach neuerer Rechtsprechung trotz der *Erie*-Regel die bundesrechtliche *forum non conveniens*-Doktrin anwenden und nicht deren Ausformung im jeweiligen Forumstaat[1526]. Das ist systematisch insofern gerechtfertigt, als es hier um eine Entscheidung geht, die der materiellrechtlichen Entscheidung vorgelagert ist und ihrer Natur nach prozessrechtlich ist. Hier geht es aus Sicht der Bundesgerichte darum, ob jemandem Zugang zu den Bundesgerichten gewährt werden soll bzw. kann oder nicht und damit grundsätzlich um Bundesinteressen[1527]. Daneben existiert die Doktrin wie das Zuständigkeitsrecht aber auch auf einzelstaatlicher Ebene, d.h. jeder Bundesstaat

---

[1523] Newberg, § 13:28.

[1524] *Esfeld v. Costa Crociere, S.P.A., 289 F.3d 1300, 1303 (11th Cir. 2002)*; zur Entwicklung der Doktrin in den USA Reus, RIW 1991, 542, 543 ff.

[1525] *Gulf Oil Corp. v. Gilbert*, 330 U.S. 501, 504 (1947) ("*the doctrine of forum non conveniens can never apply if there is absence of jurisdiction or mistake of venue.*").

[1526] *Esfeld v. Costa Crociere, S.P.A., 289 F.3d 1300, 1303, 1309 (11th Cir. 2002).*

[1527] *Esfeld v. Costa Crociere, S.P.A., 289 F.3d 1300, 1303, 1314 (11th Cir. 2002).*

verfügt grundsätzlich über eine eigene, durch die Rechtsprechung entwickelte *forum non conveniens*-Doktrin[1528].

2. Prüfungsstandard

Nach der *forum non conveniens*-Theorie steht es im Ermessen des Gerichts, die Klage abzuweisen, wenn das Gericht der Überzeugung ist, die Klage sollte vor einem anderen Gericht verhandelt werden, das aufgrund der tatsächlichen Umstände besser geeignet wäre[1529]. Dazu muss das Gericht eine Abwägung zwischen mehreren in Frage kommenden Foren vornehmen. Umstände, die dabei eine Rolle spielen, sind z.B. der Zugang zu den Beweismitteln, die Möglichkeiten, Zeugen zu vernehmen bzw. diese notfalls vorzuladen, die Möglichkeiten der Vollstreckbarkeit des Urteils etc[1530]. Daneben wird die Belastung geprüft, die die Fortführung des Prozesses in dem vom Kläger gewählten Forum für den Beklagten darstellt[1531]. Die Doktrin verfügt über einen außerordentlich engen Anwendungsbereich, kann aber in zwei Fällen Bedeutung erlangen:
Zunächst einmal ermöglicht sie vor den *state courts* eine Abweisung mit dem Ziel der Verlagerung des Prozesses in ein anderes Gerichtssystem (insbesondere in einen anderen Bundesstaat), die sonst gerade nicht möglich ist[1532]. Hier ist sie auch für den inländischen Beklagten interessant. Für den ausländischen Beklagten ist sie schließlich insbesondere vor den Bundesgerichten interessant, weil dieser durch ihre Anwendung unter Umständen den Händen der amerikanischen Justiz insgesamt entgehen kann[1533].

1528 Da die *forum non conveniens*-Doktrin einzelstaatliches Prozessrecht darstellt, variiert sie von Staat zu Staat. Während einige Staaten großzügig die Möglichkeit einer darauf gestützten Klageabweisung ausnutzen, sind andere Staaten außerordentlich streng, was ihre Voraussetzungen angeht. Zum Teil haben die Einzelstaaten inzwischen allerdings die *forum non conveniens*-Lehre des Bundes übernommen (so etwa Florida), siehe dazu Ultsch, RIW 1997, 26 ff.

1529 Hier liegt der gewichtige Unterschied zum *transfer* gem. *§ 1404*, der nur einen „Transfer" des Prozesses vor einen anderen *district court* bewirkt, aber gerade keine Klageabweisung bedeutet; siehe dazu in diesem Teil oben unter B.VIII.3.

1530 Vgl. *Gulf Oil Corp. v. Gilbert, 330 U.S. 501 (1947); Piper Aircraft v. Reyno, 454 U.S. 235 (1981).*

1531 Vgl. *Gulf Oil Corp. v. Gilbert, 330 U.S. 501, 508 (1947); Koster v. Lumbermens Mut. Cas. Co., 330 U.S. 518, 532 (1947).*

1532 Siehe z.B. *Eric T. v. National Med. Enters., 700 A.2d 749 (D.C. App. 1997);* zur Verweisung von einem *state court* in ein ausländisches Forum (Canada) siehe *Berg v. AMF, Inc., 29 S.W.3d 212 (2000).*

1533 Allerdings kann auch ein nicht ausländischer Beklagter eine Abweisung wg. fnc. vor einem *district court* erreichen, wenn etwa das zugrunde liegende Ereignis im Ausland geschehen ist; siehe z.B. *Iragorri v. International Elevator, Inc., 203 F.3d 8 (1st Cir. 2000)* (Abweisung der Klage gegen amerikanischen Fahrstuhl-Hersteller wegen *forum non conveniens* im Fall eines Unfalls in Kolumbien).

Die Grundlage der Prüfung des *forum non conveniens* ist dabei interessanterweise keine rein rechtliche mehr. Vielmehr wird den Gerichten hier ein prozessuales Instrument an die Hand gegeben, um sich vor übermäßigem Aufwand und zu hohen Kosten zu schützen. Konkret nimmt das Gericht an dieser Stelle eine Interessenabwägung vor, bei der sowohl private als auch öffentliche Interessen eine Rolle spielen. Je nachdem, welche Seite nach dieser Abwägung höherwertige bzw. mehr Faktoren aufweisen kann, die für das gewählte bzw. das alternativ in Frage kommende Forum sprechen, wird dann über die Frage der Abweisung entschieden.

3. *Voraussetzung: Existenz eines alternativen Forums und Interessenabwägung*

Die erste Voraussetzung ist die Existenz eines alternativen Forums. Diese Voraussetzung ist zunächst einmal erfüllt, wenn dort die *personal jurisdiction* über den Beklagten gegeben ist[1534]. Zweiter Schritt ist die Vornahme einer Interessenabwägung, bei der die „privaten und öffentlichen Interessen“ abgewogen werden. Die sog. *private interest factors* beziehen sich dabei auf die beteiligten Parteien; insbesondere den Zugang zu Beweismitteln und Zeugen[1535]. Bei den „*public interest factors*“ wird dagegen unter anderem das „örtliche Interesse“ (*local interest*) oder die“ Kompetenz“ des Gerichts hinsichtlich des anwendbaren Rechts betrachtet[1536].

Zu beachten ist schließlich, dass grundsätzlich eine tatsächliche Vermutung für den Kläger und seine Forumswahl spricht (sog. *presumption in favor of plaintiff's forum choice*)[1537].

4. *Kein Einfluss des materiell anwendbaren Rechts und Vorliegen eines „adequaten“ Alternativforums*

Eine wichtige Einschränkung der Rechtsprechung betrifft die Frage nach dem Einfluss des materiell anwendbaren Rechts auf die Frage nach der Existenz eines alternativen Forums. Der Kläger darf sich insofern gerade nicht darauf stüt-

---

1534 *Piper Aircraft Co. v. Reyno, 454 U.S. 235, 255 Fn. 22 (1981); Iragorri v. International Elevator, Inc., 203 F.3d 8, 13 (1st Cir. 2000)*; *In re Corel Corp., Secs. Litig., 147 F. Supp. 2d 363, 365 (2001).*

1535 *Piper Aircraft Co. v. Reyno, 454 U.S. 235, 255 Fn. 22 (1981).*

1536 So kann die Tatsache, fremdes Recht anwenden zu müssen, für eine Abweisung sprechen; siehe *Gulf Oil Corp. v. Gilbert, 330 U.S. 501, 509 (1947).*

1537 Grundsätzlich gilt insofern, dass die Wahl der Forums durch den Kläger nicht in Frage gestellt wird. Dieser Grundsatz wird allerdings eingeschränkt, wenn der Kläger Ausländer ist. In diesem Fall wird seiner Entscheidung nicht so viel Gewicht beigemessen wie im – regulären – Fall, wenn der Kläger Staatsbürger des Forums ist; *Piper Aircraft Co. v. Reyno, 454 U.S. 235, 255 f.(1981); Lueck v. Sundstrand Corp., 236 F.3d 1137, 1143 (9th Cir.2001).*

zen, dass das im Forum zur Anwendung kommende Recht günstiger ist und eine Abweisung aus *forum non conveniens*-Gesichtspunkten deshalb ausscheidet[1538]. Der ausländische Beklagte hat damit kein verbrieftes Recht darauf, dass sein Prozess nach materiellem amerikanischen Haftungsrecht entschieden wird, nur weil dieses Recht zufällig günstiger ist, als das in seinem Heimatland zur Anwendung gelangende[1539]. Anders herum kann die Notwendigkeit, ausländisches materielles Recht anwenden zu müssen aber für eine Abweisung sprechen[1540].

Etwas anderes gilt, wenn das Alternativforum, auf das der Beklagte sich beruft, „gar keine" rechtliche Abhilfe für das zugrunde liegende Problem bereithält[1541]. Unter Umständen kommt es also darauf an, ob materiellrechtlich gesehen das alternativ in Betracht kommende Forum gerade im Hinblick auf die Durchsetzung der konkret geltend gemachten Ansprüche in Frage kommt; es in diesem Sinne also auch ein „adäquates" alternatives Forum darstellt[1542].
Dieser Faktor kann insbesondere im Rahmen von *class action*-Verfahren problematisch sein. Die Tatsache, dass das Alternativforum in Europa eine Klageform wie die *class action* nicht vorsieht, kann sich demnach negativ auf die Frage nach dem Vorliegen eines besser geeigneten Forums auswirken und damit im Ergebnis eine Berufung auf *forum non conveniens* erfolglos machen[1543]. Beson-

---

1538 Die Prozessvoraussetzungen in Form von *personal jurisdiction* und *venue* sind meistens leicht erfüllt. Das Resultat ist die Möglichkeit für viele Kläger, aus einer Anzahl verschiedener Foren auszuwählen, wobei die Wahl natürlich auf das Forum mit den günstigsten IPR-Regeln fallen wird. Würde also der Möglichkeit eines ungünstigen Wechsels im Hinblick auf das anwendbare Recht im Rahmen der *forum non conveniens* Doktrin ausschlaggebendes Gewicht beigemessen, würde die Doktrin quasi nutzlos werden (so ausdrücklich *Piper Aircraft Co. v. Reyno, 454 U.S. 235, 249 f. (1981)*).

1539 Die Tatsache etwa, dass das Heimatrecht keine Haftung für *strict liabilty* kennt, reicht nicht aus, um das Heimatforum inadäquat sein zu lassen; *Gonzalez v. Chrysler Corp., 301 F.3d 377, 381 (5th Cir. 2002);* das Gleiche gilt z.B. für das deutsche Recht hinsichtlich des Fehlens von *punitive damages*, siehe *Hull 753 Corp. v. Elbe Flugzeugwerke GmbH, 58 F. Supp. 2d 925, 929 (1999).*

1540 *Gulf Oil Corp. v. Gilbert, 330 U.S. 501, 509 (1947).*

1541 So ausdrücklich in *Nemariam v. Fed. Democratic Republic of Eth., 315 F.3d 390, 395 (Court of Appeals for the Distr. Of Columbia Circuit 2003);*in diesem Sinne angedeutet bereits in *Piper Aircraft Co. v. Reyno, 454 U.S. 235, 254 (1981)* (*"Of course, if the remedy provided by the alternative forum is so clearly inadequate or unsatisfactory that it is no remedy at all, the unfavorable change in law may be given substantial weight;(...)"*).

1542 *Piper Aircraft Co. v. Reyno, 454 U.S. 235, 255 Fn. 22 (1981); Iragorri v. International Elevator, Inc., 203 F.3d 8, 11 (1st Cir. 2000).*

1543 Siehe z.B. *Bodner v. Banque Paribas, 114 F. Supp. 2d 117, 132 (2000)* (*"the fact that there is not a functional equivalent in France of class-based judicial review strengthens plaintiffs' claim that France is not an adequate forum."*); *Trafton v. Deacon Barclays de Zoete Wedd Ltd., Fed. Sec. L. Rep. (CCH) P98,481, 37(1994)* („ *Defendant simply has not shown that anything like an American shareholder class action is clearly available in*

ders eindeutig gilt dies inzwischen wohl im Rahmen von *securities class actions*[1544]. Zwar wird in einer jüngeren Entscheidung ausdrücklich betont, dass das bloße Fehlen dieses Instruments nicht ausreicht, um das ausländische Forum inadäquat zu machen[1545]; dennoch wird auch hier darauf abgestellt, ob zumindest entsprechende prozessuale Möglichkeiten bestehen[1546].
Zu beachten ist außerdem, dass die Beweislast hinsichtlich der Existenz eines adäquaten alternativen Forums den Beklagten trifft. Liefert dieser nicht genügend Anhaltspunkte dafür, dass ein solches Alternativforum existiert, so wird im Zweifel der Antrag auf Abweisung wegen *forum non conveniens* abgelehnt[1547].

5. Funktion der Doktrin im US-amerikanischen Recht

Für das europäische Rechtsverständnis ist die *forum non conveniens*-Doktrin bereits deshalb befremdlich, weil hier eine Vermischung von rechtlichen und praktischen Fragen stattfindet[1548]. So ist etwa aus Sicht des deutschen Rechts eine einmal legitim begründete Zuständigkeit grundsätzlich nicht im nächsten Schritt aufgrund rein pragmatischer – oder auch politischer – Überlegungen wieder rückgängig zu machen[1549]. Die Zuständigkeit ist in ein prozessrechtliches

---

either Ontario or British Columbia."); *Derensis v. Coopers & Lybrand Chtd. Accountants, 930 F. Supp. 1003, 1008 (1996)*, wo zwar eine *class action* im Alternativforum existierte, aber nicht dargelegt war, dass die Kläger von dieser auch profitieren würden); in die gleiche Richtung geht *In re Phillip Servs. Corp. Sec. Litig., 49 F. Supp. 2d 629, 636 f. (1999)*, wo Kanada als adäquates Alternativforum für eine *class action* angesehen wurde, weil eine entsprechende *class action* dort existierte und die materielle Rechtslage jedenfalls ähnlich war.

1544 Siehe insofern ausdrücklich *In re Lernout & Hauspie Sec. Litig., 208 F. Supp. 2d 74, 92 (2002)* („ *The Court has found no cases, and counsel has cited none, where a court has dismissed a securities fraud class action on forum non conveniens grounds where the plaintiff class has purchased stock on the American exchange and no class action remedy was available in the alternative forum.* ").

1545 "*The absence of a rule providing for class actions in the alternative forum does not render the forum inadequate.*" (*In re Lloyd's Am. Trust Fund Litig., 954 F. Supp. 656, 643 (1997)*).

1546 „*Furthermore, although English law lacks the exact procedural equivalent of the American class action suit, it provides other procedural mechanisms to handle cases involving multiple plaintiffs -- including representative actions, "test" cases, and the consolidation of multiple actions. Thus, the English courts are an adequate alternative to a U.S. forum*" (*In re Lloyd's Am. Trust Fund Litig., 954 F. Supp. 656, 643 (1997)*)

1547 Siehe etwa *Mutambara v. Lufthansa German Airlines, 2003 U.S. Dist. LEXIS 5755, 7 (2003).*

1548 Dagegen existiert die Doktrin auch im englischen Recht, dazu Reus, RIW 1991, 542, 545 ff.

1549 Ansätze des *forum non conveniens* Gedankens finden sich aber im deutschen Zivilprozess insbesondere im Adoptionsrecht sowie in gewissem Maße auch im Rahmen der all-

Problem, das mit Hilfe der dazu existierenden detaillierten Vorschriften angegangen wird und grundsätzlich keinen Ermessensspielraum vorsieht. Das ergibt sich bereits aus der Verfassung. Generalklauselartige Instrumente wie die *forum non conveniens*-Doktrin im Zuständigkeitsrecht sind insofern verfassungsrechtlich bedenklich, als sie einen Verstoß gegen Art. 101 Abs. 2 GG darstellen können[1550]. Das dort normierte Recht auf den gesetzlichen Richter soll insbesondere Manipulationen bei der Bestimmung dieses gesetzlichen Richters verhindern[1551]. Die fehlende Konkretisierung anhand spezieller *forum non conveniens*-Regeln für bestimmte Prozessbereiche steht damit dem Recht auf den gesetzlichen Richter und damit der Übertragbarkeit der Doktrin auf den deutschen Prozess entgegen[1552]. Das deutsche Zuständigkeitsrecht ist bereits durch das ihm zugrundeliegende Grundverständnis von vornherein enger konzipiert. Extensive Zuständigkeiten wie im US-amerikanischen Recht sind ihm fremd und eine nachträgliche Korrektur damit in der Regel auch nicht erforderlich.

Demgegenüber ermöglicht es die *forum non conveniens*-Doktrin im US-amerikanischen Rechtssystem theoretisch gerade, exorbitante Zuständigkeiten, die erst durch das extrem weitgefasste Zuständigkeitsrecht zustande kommen, quasi „rückwirkend“ wieder aufzuheben und damit im Einzelfall unter Umständen ein „adäquateres“, den Umständen des Falles besser Rechnung tragendes, Ergebnis zu erzielen[1553]. Aus Sicht des US-amerikanischen Zuständigkeitsrechts erfüllt die *forum non conveniens*-Doktrin damit zuächst einen legitimen Zweck[1554].

Allerdings zeichnet sie sich gleichzeitig – bedingt durch diesen ihr zugrunde liegenden Zweck – insbesondere dadurch aus, dass sie keinen festgelegten Kriterien folgt, sondern eine reine Ermessensentscheidung des erkennenden Gerichts darstellt. Ob ein Forum als „*convenient*“ anzusehen ist oder nicht lässt sich mangels ausreichend gefestigter Kriterien in der Rechtsprechung damit kaum

---

gemeinen Prüfung des Rechtsschutzbedürfnisses; siehe Reus, RIW 1991, 542, 548 ff, 553.

1550 So jedenfalls uneingeschränkt Ultsch, RIW 1997, 26, 29.

1551 BverfGE 12, S. 294, 299; 20 S. 336, 344.

1552 Dazu sowie zu einem möglichen Verstoß gegen den Justizgewährungsanspruch sowie den Grundsatz der Bindung des Richters an das Recht Reus, RIW 1991, 542, 552; für eine begrenzte Übernahme der *forum non conveniens*-Dokrin in das europäische Zivilprozessrecht plädiert dagegen Gottwald, FS Jayme, S. 277 ff.

1553 So ist es in der Praxis tatsächlich zum Teil so, dass die Gerichte das Vorliegen von *personal jurisdiction* aufgrund verfassungsrechtlich ausreichender *minimum contacts* bejahen, dann aber die *forum non conveniens* Doktrin benutzen, um letztlich den ausländischen Beklagten vor dem Prozess im jeweiligen Forum zu bewahren; Born/Vollmer, 150 F.R.D. 221, 226 (1993).

1554 So im Ergebnis auch Gottwald, FS Jayme, S. 278; ebenso wohl auch Ultsch, RIW 1997, 26, 29.

voraussagen[1555]. Für den ausländischen Beklagten bedeutet das zunächst einmal, dass er eine potentielle Klageabweisung aus Gründen des *forum non conveniens* regelmäßig nicht einkalkulieren kann[1556].

Das Beispiel der *forum non conveniens*-Doktrin verdeutlicht damit auch noch einmal das Spannungsverhältnis zwischen Rechtssicherheit auf der einen und Einzelfallgerechtigkeit auf der anderen Seite, das aus US-amerikanischer und deutscher Sicht jeweils unterschiedlich gehandhabt wird[1557]. Während im deutschen Prozessrecht die Rechtssicherheit im Ergebnis den höheren Stellenwert einnimmt, zeigt sich im US-amerikanischen Recht allgemein die Tendenz, der Einzelfallgerechtigkeit den Vorrang zu lassen[1558]. Dass das eine Rechtssystem insofern eine Doktrin wie die des *forum non conveniens* kennt, während das andere eine solche jedenfalls grundsätzlich ablehnen muss, macht diesen fundamentalen Unterschied im Rechtsverständnis anschaulich deutlich.

6. Nutzbarmachung der Doktrin im Rahmen von internationalen class actions

Anlässlich von *class action*-Verfahren, die durch ihren Umfang an Beteiligten sowie prozessrelevantem Material einen immensen Zeit- und Kostenaufwand verlangen, kann der Gedanke des *forum non conveniens* für den Beklagten, der sich im Ausland befindet, theoretisch zunächst einmal zur Verteidigung nutzbar gemacht werden. Im Rahmen einer Art „Kosten-Nutzen-Rechnung“ ist es insofern in vielen Fällen nicht unwahrscheinlich, dass der zu tätigende Verwaltungsaufwand unverhältnismäßig groß wäre. Befindet sich der überwiegende Teil des zur Ermittlung des Sachverhalts notwendigen Materials im Ausland, ebenso wie wichtige Zeugen oder Sachverständige, so spricht einiges dafür, den Prozess aus praktischen Gründen nicht in den USA zu führen[1559].

1555 Die Rechtsprechung spricht insofern auch von der *„flexibility necessary and inherent in the doctrine of forum non conveniens“; Piper Aircraft Co. v. Reyno, 454 U.S. 235, 249 f. (1981); Boyer v. Robertson, 110 Wash.App. 1028, 2002; WL 226142 Wash.App. Div. 3; Feb 14, 2002.*

1556 Was allerdings keinesfalls gegen eine grundsätzliche Geltendmachung dieser Einwendung im Einzelfall spricht.

1557 Reus, RIW 1991, 542, 549.

1558 Ähnlich auch Reus, RIW 1991, 542, 551.

1559 Der Fall „Bhopal“ kann insofern als Präzedenzfall angesehen werden, siehe *In re Union Carbide Corp. Gas Plant Disaster at Bhopal, 809 F.2d 195 (1987)*. Hier folgte das Gericht letztlich dem Argument, dass alle Dokumente und Zeugen in Indien seien, weshalb eine korrekte Durchführung des Prozesses in den USA – nicht zuletzt auch wegen der Sprachschwierigkeiten – nicht möglich sei. Außerdem seien die Kosten eines solchen Verfahrens immens und es übersteige grundsätzlich die Kapazität der US-amerikanischen Gerichte. Die indische Regierung habe zudem ein primäres Interesse, die Folgen der Katastrophe zu regeln, weshalb sie prüfen können müsse, ob indische Vor-

Dennoch ist die *forum non conveniens*-Doktrin in der Praxis zum Schutz ausländischer Beklagter vor einem US-amerikanischen Forum in *class action*-Verfahren aus verschiedenen Gründen allgemein wenig geeignet.
Der erste Grund ist dabei weniger spezifisch für den internationalen Rechtsverkehr als vielmehr allgemeingültig und hat mit der Natur der *forum non conveniens*-Doktrin zu tun. Diese gilt allgemein als eine Art *„nuclear weapon"*, also nur als eine ultimative Lösungsstrategie, auf die ausschließlich im Notfall zurückgegriffen wird.
Dementsprechend wird regelmäßig von Seiten des Beklagten bzw. des Gerichts zunächst versucht, den Prozess bereits an Fragen der Zuständigkeit scheitern zu lassen bzw. ihn zumindest in ein anderes Forum zu transferieren (durch *removals* und *transfers*[1560]). Erst wenn offensichtlich auch dort keine befriedigende Lösung des Rechtsstreits zu erwarten ist, wird das Gericht eventuell aufgrund von *forum non conveniens* abweisen[1561].

Besonders problematisch im Rahmen von *class action*-Verfahren ist außerdem, dass grundsätzlich keine Abweisung auf Grundlage der *forum non conveniens* Doktrin erfolgt, wenn es sich bei den *named plaintiffs* um US-Bürger handelt, was erklärt, warum bei internationalen *class actions* die repräsentierenden Kläger aufgrund ihrer US-amerikanischen Staatsangehörigkeit ausgewählt werden[1562]. Dem US-amerikanischen Repräsentanten kommt hier also nicht nur bereits die *„presumption in favor of the chosen forum"* zugute[1563], sondern auch im Rahmen der Interessenabwägung wird sein Interesse an einem US-amerikanischen Forum ausschlaggebend sein[1564]. In diesem Zusammenhang muss auch das oben angesprochene Problem der „Adäquanz" des alternativen Forums gesehen werden. Ein adäqutes Forum kann insofern im Zweifel im Hinblick auf ein europäisches Forum bereits deshalb verneint werden, weil das eu-

---

schriften ignoriert oder missachtet worden seien; siehe ausführlich dazu der Beitrag von Kolvenbach, DwiR 1992, 322.

1560 Dazu in diesem Teil oben unter B.VIII.

1561 Rose, 82 Ca. L. Rev. 1545, 1565 (1994).

1562 Siehe *In re Ski Train Fire in Kaprun, Aus., 230 F. Supp. 2d 376, Fn. 6 (2002); In re Lloyd's Am. Trust Fund Litig., 954 F. Supp. 656,660 (1997);* siehe in diesem Zusammenhang auch die „Bhopal"-Entscheidung, wo die Kläger allesamt indische Staatsbürger waren und die Abweisung auf *forum non conveniens* gestützt wurde, *In re Union Carbide Corp. Gas Plant Disaster at Bhopal, 809 F.2d 195 (1987).*

1563 *Piper Aircraft Co. v. Reyno, 454 U.S. 235, 255 f.(1981); Lueck v. Sundstrand Corp., 236 F.3d 1137, 1143 (9th Cir.2001).*

1564 *„The conveniens of the named plaintiffs is most important to a forum non conveniens analysis because it is these individuals who will be responsible for the vigorous prosecution of this action."* (*In re Ski Train Fire in Kaprun, Aus., 230 F. Supp. 2d 376, 388 (2002)*).

ropäische Prozessrecht kein *class action*-Verfahren kennt[1565]. Dieses Argument wiegt dabei umso schwerer, wenn es sich bei den Klägern um US-Amerikaner handelt. Ihnen soll insofern eine Klageform zur Verfügung gestellt werden auf die sie grundsätzlich nach dem Recht ihres Heimatlandes vertrauen dürfen. Die *forum non conveniens*-Doktrin wird damit im Ergebnis allgemein zugunsten des US-amerikanischen Klägers extrem eng ausgelegt[1566].

Einschränkend kommt weiterhin hinzu, dass diese Doktrin von der Rechtsprechung in der Praxis vor allem dazu benutzt wird, US-amerikanische Beklagte vor der Anwendung des ungünstigen – weil weitreichenden – US-amerikanischen (Haftungs-)Rechts zu schützen, wenn der Kläger Ausländer ist und ausreichende Kontakte zum Ausland bestehen, etwa weil dort der Handlungsschwerpunkt lag[1567]. Damit wird nicht nur auf den US-amerikanischen Kläger abgestellt, dem sein „eigenes" Haftungsrecht gerade zugute kommen soll, sondern gleichzeitig aus Beklagtensicht ein Schutz vor ausländischen Klägern erreicht[1568].
Dieses Ergebnis ist dabei nicht zuletzt in der Systematik der Doktrin selbst angelegt.

Ausschlaggebend dafür ist zunächst, dass Fragen der *personal jurisdiction* vor *forum non conveniens*-Überlegungen zum Tragen kommen.
Die Doktrin ist somit erst anwendbar, wenn die Zuständigkeit bereits bejaht ist. Dies ist beim US-amerikanischen Beklagten regelmäßig (unstreitig) der Fall. Der ausländische Beklagte hingegen wird oftmals versuchen, das Vorliegen der *personal jurisdiction* zu bestreiten. Damit wird sich die Frage nach einem Forum in den USA überwiegend bereits an dieser Stelle entscheiden. Hat der ausländi-

---

1565 Siehe dazu in diesem Teil oben unter XIII.4.

1566 Auch der bereits angesprochene weite Ermessensspielraum des Gerichts im Fall einer Abweisung aufgrund von *forum non conveniens*, macht die Entscheidung nicht nur unkalkulierbar, sondern auch quasi unangreifbar, da sie abgesehen von eindeutigen Rechtsfehlern in der Berufung nur im Falle von klarem Missbrauch (*clear abuse of discretion*) aufgehoben werden darf; siehe *Iragorri v. International Elevator, Inc., 203 F.3d 8, 12 (2000); Piper Aircraft Co. v. Reyno, 454 U.S. 235,241 (1981).*

1567 So etwa in der Leitentscheidung in *Piper Aircraft Co. v. Reyno, 454 U.S. 235.(1981);* siehe auch *Iragorri v. International Elevator, Inc., 203 F.3d 8 (2000)*; zu diesem Ergebnis kommen auch Schütze, FS Jayme, S. 857 und Reus, RIW 1991, 542, 547.

1568 So auch in *Gonzalez v. Chrysler Corp., 301 F.3d 377 (5th Cir. 2002)* (Produkthaftungsklage kanadischer Kläger gegen einen U.S.-amerikanischnr Chemie-Konzern) sowie *Vasquez v. Bridgestone/Firestone, 192 F. Supp. 2d 715 (2001)* und *Stewart v. Dow Chemical Co., 865 F.2d 103 (6th Cir. 1989)* (Beides Produkthaftungsklage mexikanischer Kläger gegen U.S.-amerikanischen Hersteller); Schütze, FS Jayme, S. 857 spricht in diesem Zusammenhang zu Recht von der „Ausländerfeindlichkeit" der in den USA praktizierten *forum non conveniens*-Lehre.

sche Beklagte die notwendigen *minimum contacts* zum Forum, so sind wenig Fälle denkbar, in denen auf der anderen Seite plötzlich eine Abweisung der Klage wegen *forum non conveniens* in Betracht kommt[1569]. Die Argumente im Hinblick auf Erreichbarkeit von Zeugen und Beweismaterial sowie auf die Belastung des Beklagten durch das Forum werden bereits im Rahmen der Voraussetzungen für die Zuständigkeit herangezogen, so dass sie hinsichtlich der Frage der „*conveniens*" des Forums nicht anders zu bewerten sind[1570]. Grundsätzlich wird der ausländische Beklagte, über den die Zuständigkeit bejaht wurde, damit nicht im Rahmen der *forum non conveniens* Doktrin dem Forum entkommen können, es sei denn es liegt ein Fall von *general jurisdiction* vor[1571].

Da im Gegenteil über den US-amerikanischen Beklagten regelmäßig die (allgemeine) Zuständigkeit bestehen wird, bleibt hier Raum für „*conveniens*" Argumente also nur im Rahmen einer möglichen *forum non conveniens*-Verteidigung. Diese lässt sich insbesondere heranziehen, wenn trotz der (unproblematischen) Zuständigkeit der Schwerpunkt der der Klage zugrunde liegenden Tatsachen einen Auslandsbezug aufweist[1572]. Die Argumente, die der ausländische Beklagte im Rahmen der Zuständigkeit vorbringt, um dem US-amerikanischen Forum zu entkommen, bringt der US-Amerikaner über *forum non conveniens* ins Spiel. Im Umkehrschluss heißt das aber, dass der ausländische Beklagte, der sich nicht bereits im Rahmen der Frage nach der Zuständigkeit erfolgreich verteidigt, im Zweifel nicht über *forum non conveniens* dem Forum nachträglich wieder entkommt[1573].

1569 Siehe dazu auch Stewart, 74 Cal. L. Rev. 1259, 1324 (1986), die davon ausgeht, dass allgemein die *forum non conveniens* Doktrin in Fragen der *personal jurisdiction* aufgeht (*"When the jurisdictional inquiries are conducted properly, it becomes apparent that the doctrine of forum non conveniens has outlived its usefulness."*); a.A. wohl Born/Vollmer, 150 F.R.D. 221, 226 (1993).

1570 Siehe auch Rose, 82 Ca. L. Rev. 1545, 1549 (1994) („*the exercise of jurisdiction appears reasonable to the court based on a weighing of factors similar to those used by federal courts in deciding forum non conveniens.*").

1571 In diesem Fall kann er allerdings faktisch mit einem US-amerikanischen Beklagten verglichen werden.

1572 Der *Piper*-Fall ist insofern ein anschauliches Beispiel. Über die Zuständigkeit brauchte hier nicht debatiert zu werden, da der Beklagte eine amerikanische Gesellschaft war. Dennoch machte es Sinn, den Prozess in Amerika abzuweisen. Es handelte sich um deliktische Haftung, und das in Frage stehende Ereignis war im Ausland passiert. Auch die Opfer waren allesamt Ausländer. Ausnahmsweise bestand insofern trotz *personal jurisdiction* über den Beklagten eine engere Verbindung des Streitstoffes mit einem anderen Forum.

1573 So betrachtet ist die *forum non conveniens* Doktrin in der praktischen Anwendung quasi die Kehrseite der *personal jurisdiction*-Analyse . Werden bei letzterer zum Nachteil des ausländischen Beklagten Kontakte zum Inland konstruiert, um die Zuständigkeit zu bejahen, werden im Rahmen der *forum non conveniens* Analyse dem amerikanischen Beklag-

Die *forum non conveniens*-Doktrin ist damit in erster Linie ein Instrument, um Inländer zu schützen, egal ob diese im Einzelfall auf Kläger- oder Beklagtenseite stehen[1574]. Dem ausländischen Beklagten wird sie – auch im Rahmen von *class actions* – regelmäßig nicht zugute kommen. Etwas anderes kann höchstens gelten, sofern auch die (repräsentierenden) Kläger keine US-Amerikaner sind, was regelmäßig aber nicht der Fall sein wird[1575].

XIV. Zwischenergebnis

Die Antwort auf die Frage, ob ein ausländisches Unternehmen sich im Rahmen eines auf einzelstaatliches Recht gestützten *class action*-Verfahrens in einem US-amerikanischen Forum verteidigen muss, hängt aus Sicht des US-amerikanischen internationalen Zuständigkeitsrechts in entscheidendem Maße von seinen *contacts* mit dem spezifischen Forumstaat ab. Diese Forumkontakte bilden den Ausgangspunkt jeder zuständigkeitsrechtlichen Betrachtung; aus Klägersicht liegt hier regelmäßig der „Schlüssel" zu den US-amerikanischen Gerichtssälen.

Zwei Situationen sind dabei systematisch zu unterscheiden. Die klassische Zuständigkeitsbegründung erfolgt über das Konzept der *minimum contacts* und führt zu einer besonderen Zuständigkeit, d.h. einer Zuständigkeit, die im Zusammenhang mit dem Klageanspruch steht. Dieser Zusammenhang beschreibt allgemein die Beziehungen zwischen dem Beklagten, dem Forum und dem der Klage zugrunde liegenden Anspruch[1576]. Parallel dazu ist allerdings im Fall besonders intensiver Kontakte eine allgemeine Zuständigkeit denkbar, die keiner Beziehung zwischen Anspruch und Forumkontakten mehr bedarf, sondern die –

---

ten Kontakte zum Ausland zugute gehalten, um ihn so vor dem eigenen Haftungsrecht zu schützen.

1574 So im Ergebnis auch Schütze, FS Jayme, S. 857 f.; Grothe, RabelsZ 58 (1994), 686, 706 f.

1575 Siehe allerdings für einen solchen Fall (keine *class action*): *Nemariam v. Fed. Democratic Republic of Eth., 315 F.3d 390, 395 (Court of Appeals for the Distr. Of Columbia Circuit 2003)("While a more limited recovery than is available in the plaintiff's forum of choice does not automatically make the alternative forum inadequate, we fail to see how an alternative forum in which the plaintiff can recover nothing for a valid claim may also be deemed adequate.")*.

1576 *„In judging minimum contacts, a court properly focuses "on the relationship among the defendant, the forum and the litigation", Keeton v. Hustler, Magazine, Inc., 465 U.S. 770, 775 quoting Shaffer v. Heitner, 433 U.S. 186, 204 (1977);* siehe auch *Rush v. Savchuk, 444 U.S. 320, 332 (1980).*

einmal begründet – für sämtliche gegen den Beklagten gerichteten Ansprüche gilt[1577].

Aufgrund des US-amerikanischen Föderalismusmodells kann der Beklagte dabei sowohl einer *class action* vor einem *state court* als auch einem *federal court* gegenüber stehen. Gerade hinsichtlich multinational tätiger Unternehmen, deren Produkte in den meisten Teilen der USA erhältlich sind, ergibt sich so eine Vielzahl von potentiellen Klageforen. Dabei ist bedeutsam, dass im international wichtigen Bereich der bundesgerichtlichen Zuständigkeit in Form der reinen *diversity jurisdiction* die Bundesgerichte sowohl materiellrechtlich als auch prozessrechtlich im Ergebnis einzelstaatliches Recht anwenden und damit quasi als „Handlanger" der Einzelstaaten tätig werden. Sie sind damit funktionell der einzelstaatlichen Ebene viel näher als der bundesrechtlichen. Eine rein organschaftliche Trennung nach Gerichtsbarkeiten ist im Hinblick auf Fragen der internationalen Zuständigkeit insofern nicht möglich. Da sich internationale *class action*-Verfahren regelmäßig in diesem Zuständigkeitsbereich bewegen werden, sind es die Einzelstaaten, die mittels ihrer *long-arm statutes* über das Vorliegen der Zuständigkeit entscheiden[1578].
Da die unterschiedlichen *long-arms* wiederum in der Regel entweder durch ihre ausführliche Regelungsdichte oder gerade den generalklauselartigen Charakter zunächst eine Zuständigkeit im konkreten Fall begründen werden, hängt das Schicksal des Beklagten in besonderem Maß von den verfassungsrechtlich vorgegebenen Grenzen der Zuständigkeit ab und damit konkret von der Interpretation der *due process clause* durch den *Supreme Court*. Der von der Rechtsprechung etablierte zweistufige „Zuständigkeitstest" verlangt dabei neben dem Vorliegen gewisser Mindestkontakte, die Einhaltung eines Fairness- bzw. Verhältnismäßigkeits-Maßstabs. Nach der neueren Rechtsprechung muss dabei im Rahmen der *minimum contact*-Voraussetzung insbesondere ein willentliches Moment hinzukommen, insofern als der Beklagte sich das Forum bewusst für seine wirtschaftlichen Aktivitäten zu Nutze machen muss (*purposeful availment*), wobei die konkreten Anforderungen an dieses „willentliche Ausnutzen" höchst umstritten sind und von den verschiedenen *circuits* unterschiedlich gehandhabt werden. Aber auch bereits die Rechtsprechung des *Supreme Court* selbst zeigt durch ihre Diversität die uneinheitliche Handhabung des zentralen *minimum contacts*-Elements. Dabei muss jedoch auch bedacht werden, dass mangels grundsätzlicher Differenzierungen im Anwendungsbereich unter diesen Begriff so unterschiedliche Situationen wie Exportbeziehungen großer Unter-

[1577] Insgesamt zur allgemeinen Zuständigkeit über (ausländische) Gesellschaften auch unten unter Teil 4 A. und B.I.

[1578] Zum Bereich der bundesrechtlichen Verfahren, die unter die Zuständigkeit aus *federal questions* fallen, siehe in diesem Teil unten unter D.I.

nehmen, Unterhaltsklagen oder Franchise-Beziehungen subsummiert werden müssen[1579].

Speziell dem ausländischen Beklagten soll außerdem nach der *Asahi*-Entscheidung des *Supreme Court* neuerdings besonderer Schutz gewährt werden, indem die besonderen Schwierigkeiten, die sich aus der Prozessführung in einem fremden Forum ergeben, im Rahmen eines gesonderten Verhältnismäßigkeitstests zu berücksichtigen sind. Die grundsätzliche im Rahmen der Prüfung der *personal jurisdiction* vorzunehmende Fairness-Prüfung wird hier mit Blick auf die besondere Situation des ausländischen Beklagten modifiziert.
Die seitdem ergangene Rechtsprechung bestätigt allerdings den schon in der Entscheidung selbst angedeuteten Ausnahmecharakter dieses „internationalen Konzepts" und etabliert damit auch weiterhin das weite Zuständigkeitsverständnis US-amerikanischer Gerichte. Im Ergebnis können die stets wiederkehrenden und wohlklingenden Fairness-Überlegungen in der Rechtsprechung nicht darüber hinwegtäuschen, dass der eigentliche Angelpunkt des aktuellen Rechts der *personal jurisdiction* auch im internationalen Kontext sich auf ureigene Staatsinteressen beschränkt. Hat das Forum nach Ansicht des Gerichts ein berechtigtes Interesse an dem Prozess, so wird es auch seine Zuständigkeit über den ausländischen Beklagten bejahen. Ein solches Interesse wird dabei nicht unerheblich dadurch beeinflusst, dass der Kläger Staatsbürger des Forums ist. Im Rahmen von *class actions* genügt es damit im äußersten Fall, einen US-amerikanischen Staatsbürger als Repräsentanten einzusetzen.

Die Zuständigkeitsanalyse konzentriert sich also im Ergebnis auch weiterhin in erster Linie auf die bewusst etablierten Kontakte des Beklagten zum Forum und damit die erste Stufe des Zuständigkeitstests. Die Möglichkeiten zur Etablierung dieses *purposeful availment* sind allerdings denkbar weit, was sich niederschlägt in einer kaum klassifizierbaren Rechtsprechung der unteren Gerichte.
Die wenig eindeutigen und zudem oftmals auch unter den einzelnen Richtern des *Supreme Court* nicht einheitlich beurteilten Kriterien der (internationalen) Zuständigkeit haben damit in der Praxis insbesondere auch zu einem gefährlichen Mangel an Rechtssicherheit für den (potentiellen) ausländischen Beklagten geführt. Hinzu kommt die Existenz exorbitanter Zuständigkeiten wie der *transient jurisdiction*, in deren Rahmen nicht einmal mehr das vorliegen von *minimum contacts* erforderlich ist.

Für ausländische Unternehmen mit Kontakten zu den USA bedeutet diese zuständigkeitsrechtliche Situation in erster Linie eine notwendige Berücksichtigung von *class action*-Risiken im Zusammenhang mit nicht ganz unerheblichen

1579 Kritisch hinsichtlich der fehlenden Differenzierung auch Bernstein, GS Martens, S. 763.

wirtschaftlichen Tätigkeiten auf dem US-amerikanischen Markt. Das Zuständigkeitsrecht bietet insofern, abgesehen von Ausnahmefällen, in denen insbesondere kein Interesse des Forumstaates an dem Prozess zu erkennen ist, wenig Möglichkeiten, dieser Form der Klage zu entkommen.
Zwar kann das besondere Verteidigungsmittel des *forum non conveniens* theoretisch in bestimmten Produkthaftungsfällen interessant sein, wenn sich z.B. die Mehrzahl der Zeugen und anderen notwendigen Beweismittel im Ausland befindet und daher pragmatische Aspekte gegen einen Prozess im US-amerikanischen Forum sprechen. Allerdings gilt auch hier, dass dieses Verteidigungsmittel im Zweifel aussichtslos sein wird, sobald auf Klägerseite US-amerikanische Staatsbürger beteiligt sind und damit wiederum ein besonderes Interesse des Forums zu bejahen ist.

D. Personal jurisdiction über ausländische Beklagte auf bundesrechtlicher Ebene / Federal law

Die Zuständigkeit über ausländische Beklagte auf bundesrechtlicher Ebene umfasst zunächst einmal alle Fälle, denen materiell Bundesrecht zugrunde liegt und damit in erster Linie den praktisch wichtigsten und weitreichendsten Bereich der *federal question jurisdiction*[1580].
Gegenüber dem oben behandelten Fall der *personal jurisdiction* im Rahmen der *diversity jurisdiction* ist der sachliche Zuständigkeitsbereich von *federal questions* zunächst einmal deshalb leichter zu erfassen, als hier alle Gerichte in beiden Gerichtssystemen – also vor den *state* wie den *federal courts* – einheitlich materielles Bundesrecht anwenden. Damit ist diese Zuständigkeit zwar ebenfalls eine konkurrierende, da auch die Staatengerichte zuständig sind, allerdings wird hier einheitlich Bundesrecht angewandt[1581]. Für das Zuständigkeitsrecht gilt dies im Ergebnis allerdings nur zum Teil.
Die bundesrechtliche Ebene im Rahmen dieser Arbeit umfasst danach solche *class actions*, die von Bundesrecht regiert werden, d.h. denen Normen des Bundesrechts zugrunde liegen. Die Bundesgerichte wenden hier sowohl in prozessrechtlicher als auch in materiellrechtlicher Hinsicht Bundesrecht an, so dass das Erkenntnisverfahren bei *federal questions* vor allen Bundesgerichten nach denselben Regeln abläuft[1582].

Im Gegensatz zum Sonderfall der *diversity jurisdiction,* in deren Rahmen die Bundesgerichte grundsätzlich wie Staatengerichte agieren und ihre Zuständig-

---

1580 Siehe dazu bereits in diesem Teil oben unter B.IV.1.; zu den Ausnahmefällen ausschließlicher Bundeszuständigkeit oben unter B.IV.
1581 Mit der *federal question jurisdiction* soll insofern die einheitliche Auslegung des Bundesrechts gewährleistet werden.
1582 Stürner/Bormann, JZ 2000, 81, 83.

keit nur aufgrund der unterschiedlichen Staatsangehörigkeit von Kläger und Beklagtem begründet wird, ist der Bereich der *federal questions* originär bundesrechtlicher Art. Insofern gründet sich die Zuständigkeit der Bundesgerichte grundsätzlich auch nur auf die materielle Anwendbarkeit von Bundesrecht.
Für den (ausländischen) Beklagten bedeutet das, dass ihm bei Klagen, die auf Bundesrecht gestützt sind, regelmäßig die Möglichkeit offen steht, eine Verweisung an ein Bundesgericht zu erreichen (*removal*), sofern der Kläger vor einen *state court* gezogen ist[1583]. Aufgrund der Vorteile, die sich für ihn aus einem Bundesforum ergeben, wird er von dieser Möglichkeit auch regelmäßig Gebrauch machen[1584]. Internationale Klagen, die auf Bundesrecht gestützt sind, werden sich somit regelmäßig vor Bundesgerichten abspielen.

Damit ein Bundesgericht sich über einen ausländischen Beklagten für zuständig erklären kann, bedarf es grundsätzlich zunächst einer entsprechenden Vorschrift[1585]. Während die Einzelstaaten hier regelmäßig auf ihre *long-arm statutes* zurückgreifen, dürfen die *federal courts* dies zunächst einmal nur in den oben behandelten Fällen, in denen sie im Dienste des Einzelstaates, in dem sie ihren Sitz haben, tätig werden und materiell Landesrecht anwenden[1586]. In den übrigen Fällen bedarf es grundsätzlich eines die Zuständigkeit der Bundesgerichte regelnden Gesetzes. Die Bundesgerichte müssen bei der Zuständigkeitsbegründung schließlich ebenso wie die *state courts* die Grenzen von *due process* beachten[1587] und haben insbesondere keine Kompetenz, außerhalb existierender *long-arms* eigene *common law*-Vorschriften zu schaffen, die ihnen einen Zugriff auf ausländische bzw. *non-resident* Beteiligte ermöglichen[1588].

Im Fall von *federal questions* muss die Zuständigkeit vor Bundesgerichten demnach grundsätzlich anders begründet werden als vor einzelstaatlichen Gerichten und anders als im oben behandelten Fall der *diversity jurisdiction.* Aus internationaler Sicht stellt sich damit die Frage nach den Grundsätzen der *personal jurisdiction* im Rahmen von bundesrechtlichen *class actions* vor Bundesgerichten, der im Folgenden nachgegangen werden soll.

1583 Siehe zu dieser Verweisungsmöglichkeit oben in diesem Teil unter B.VII.1.

1584 Siehe dazu in diesem Teil oben unter BIV.

1585 *Omni Capital International, Ltd., et al. v. Rudolf Wolff & Co., Ltd., et al., 108 S.Ct. 404. (1987).*

1586 Insgesamt zur *personal jurisdiction* im Fall der sachlichen *diversity jurisdiction* in diesem Teil oben unter C.

1587 Die Bindung an *due process* ergibt sich bei der Anwendung bundesrechtlicher *long-arm*-Vorschriften dabei für die Bundesgerichte aus dem *V. Amendement* der amerikanischen Verfassung, für die *state courts* gilt dagegen immer das *XIV. Amendment*; siehe dazu auch in diesem Teil oben unter C.III.4.

1588 Siehe die Leitentscheidung *Omni Capital International, Ltd., et al. v. Rudolf Wolff & Co., Ltd., et al., 108 S.Ct. 404 (1987).*

I. *Begründung der personal jurisdiction vor Bundesgerichten im Fall von federal questions*

Nach *28 USC § 1331* können die Bundesgerichte angerufen werden, wenn es um *„civil actions arising under the...laws...of the United States"* geht. Voraussetzung ist, dass eine bundesrechtlich geregelte Frage den wesentlichen Bestandteil der Klage bildet[1589]. Dazu gehören im Bereich von *class actions* insbesondere Verfahren wegen Täuschung von Kapitalanlegern (*securities class actions*)[1590] sowie aufgrund von kartellrechtlichen Verstößen (*federal antitrust law*)[1591]. Als streitgegenständliches Bundesrecht können schließlich auch Verletzungen völkerrechtlicher Verträge bzw. von Völkergewohnheitsrecht behauptet werden, denn inkorporiertes Völkerrecht gilt innerstaatlich als Bestandteil des Bundesrechts[1592]. Die Voraussetzungen der Begründung der *personal jurisdiction* sind dabei wiederum grundsätzlich in *Rule 4 FRCP* geregelt[1593].

1. Personal jurisdiction gem. Rule 4 (k) (1) FRCP

Aus eigentümlichen Gründen gibt es keinen *general federal long-arm statute* für die Bundesgerichte, der ihre internationale Zuständigkeit einheitlich bestimmt. Hinsichtlich der Bestimmung der Zuständigkeit vor Bundesgerichten gilt insofern zunächst *Rule 4 (k) (1) FRCP*, wonach ein *district court* grundsätzlich dann wirksam die *personal jurisdiction* über einen Beklagten mittels Zustellung etabliert, wenn eine Zuständigkeit entsprechend der jeweiligen einzelstaatlichen Vorschriften (also dem entsprechenden *long-arm* des Forums) besteht[1594] oder

---

[1589] Die letzte wichtige Entscheidung des Supreme Court hinsichtlich der Reichweite der *federal question jurisdiction* war *Merrell Dow Pharmaceuticals, Inc. v. Thompson, 478U.S. 804 (1986)*. Zu den näheren Voraussetzungen von *federal questions* siehe auch in diesem Teil oben unter B.IV.1.

[1590] Solche Klagen stützen sich insbesondere auf den *Private Securities Litigation Reform Act of 1995 (PSLRA)*, ; Pub. L. No. 104-67, 109 Stat. 737 (1995)), der den *Securities Exchange Act of 1934* ergänzte und damit nun eigene spezielle *class action* Regeln vorsieht, die neben *Rule 23 FRCP* zur Anwendung kommen; siehe aus der Rechtsprechung dazu etwa *In re Enron Corporation, Securities Litigation, 206 F.R.D. 427, 2002 U.S. Dist. LEXIS 3688;* eine Überblick über diesen *class action* Bereich liefert der Beitrag von Cox, 39 Ariz. L. Rev. 497 (1997).

[1591] Z.B. unter dem *Sherman Antitrust Act* oder dem *Clayton Act;* insgesamt zu diesen Verfahren Calkins, 39 Ariz. L. Rev. 413 (1997).

[1592] Auf die *federal question jurisdiction* stützen sich insbesondere Zwangsarbeiterklagen im Zusammenhang mit dem Holocaust; ausführlich hierzu Heß, AG 1999, 145.

[1593] Zu der Bedeutung von *Rule 4 FRCP* im Bereich der *diversity jurisdiction* siehe in disem Teil oben unter C.III.2.

[1594] *FRCP 4 (k):Territorial Limits of Effective Service.*
(1) Service of a summons or filing of a waiver of service is effective to establish jurisdiction over the person of a defendant

aber eine Bundesvorschrift existiert[1595]. Fehlt also ein *federal long-arm*, so bestimmt sich die Zuständigkeit vor Bundesgerichten jedes mal nach den gleichen Grundsätzen, die nach einzelstaatlichem Recht vor einem *state court* gelten würden[1596].
Bei Klagen, denen von vornherein kein Bundesrecht zugrunde liegt, ist letzteres der Regelfall, da bundesrechtliche Vorschriften hier von vornherein keine spezielle Zuständigkeit vorsehen können. Insbesondere in den oben behandelten Fällen der reinen *diversity jurisdiction* wird daher die Zuständigkeit eines Bundesgerichts über einen ausländischen Beklagten immer nach dem *long-arm statute* des Staates bestimmt, in dem das Gericht seinen Sitz hat[1597]. In diesem Fall gilt insgesamt das im zweiten Teil der Arbeit dargestellte Zuständigkeitsrecht auf einzelstaatlicher Ebene.

Das gleiche gilt insofern aber auch im Fall von Klagen, die auf Bundesrecht gestützt sind, sofern dieses Bundesrecht über keine eigene Zuständigkeitsvorschrift im Sinne eines *federal long arms* verfügt. Mangels allgemeinem *federal long-arm* gilt dann nach dem Wortlaut der von *Rule 4 (k) FRCP* wiederum das einzelstaatliche Zuständigkeitsrecht im jeweiligen Forum. Angesichts der kaum existierenden bundesrechtlichen Zuständigkeitsvorschriften ist letzteres die Regel[1598]. Bis zur Ergänzung von *Rule 4 (k)* Anfang der neunziger Jahre waren die beiden dargestellten Alternativen der Zuständigkeitsbegründung auch insgesamt die einzigen, um im Einzelfall die Zuständigkeit über einen ausländischen Beklagten vor einem *district court* zu begründen[1599].

(a) Die Problematik der alten Rechtslage

Unter der alten Rechtslage bestand angesichts dieser Regelung immer dann ein Problem, wenn der Beklagte ein Ausländer war, der zwar mit dem Gesamtstaat USA ausreichende Kontakte hatte, um die Anwendung amerikanischen (Bundes)Rechts zu rechtfertigen, der aber unzureichende Kontakte mit dem jeweili-

---

(A) who could be subject to the jurisdiction in the state in which the district court is located, or (...)

1595 *(D) when authorized by a statute of the United States.*

1596 Siehe dazu ausführlich oben Teil 2.

1597 „Reine" *diversity*-Fälle sind insofern solche, bei denen sich die sachlich Zuständigkeit der Bundesgerichte allein aus dem Merkmal der *diversity* der Parteien ergibt und nicht zusätzlich Bundesrecht zugrunde liegt.

1598 Siehe dazu ausführlich in diesem Teil oben unter C.III.2.

1599 Problematisch ist die Vorschrift im Übrigen grundsätzlich durch die in ihr etablierte Vermischung von Zustellungs- und Zuständigkeitsfragen, insbesondere, weil letztere nicht in die Kompetenz der Gerichte fallen und somit nicht durch den *Supreme Court* im Rahmen der *FRCP* geregelt werden dürfen; dazu insgesamt der Beitrag von Kelleher, 75 Ind. L. J. 1191 (2000); kritisch auch bereits Born/Vollmer, 150 F.R.D. 221, 225 (1993).

gen Einzelstaat aufwies, um die Zuständigkeit unter einer *long-arm*-Regelung zu begründen[1600]. Die *personal jurisdiction* vor einem Bundesgericht war insofern in einem *federal question case* immer abhängig von einem *„state contact test"*, d.h. vom Vorliegen ausreichend spezifischer Kontakte mit dem bestimmten Forumstaat. Eine Summierung verstreuter einzelstaatlicher Kontakte auf Bundesebene war nicht vorgesehen, so dass es in vielen Fällen mangels existierender Bundesvorschriften zu Rechtsschutzlücken kam[1601]. Die Bundesgerichtsbarkeit wurde im Ergebnis eingeschränkt durch den zufällig gerade anwendbaren *long-arm*. Ein ausländischer Beklagter konnte damit bundesrechtliches Zuständigkeitsobjekt in einem Staat mit einem weitgreifenden *long-arm* sein und im Gegenteil immun im Hinblick auf die Zuständigkeit in einem Staat mit einem konservativen *long-arm*, obwohl die Kontakte zu beiden Staaten identisch waren[1602]. Die diesbezüglich ergangene Rechtsprechung der *courts of appeals* war gespalten.
Die überwiegende Zahl der Bundesgerichte verlangte insofern entsprechend der Vorschrift in *Rule 4 (k) (1)* die Etablierung von *minimum contacts* mit dem Forumstaat[1603]. Zum Teil wurde dagegen – entgegen dem gesetzlichen Wortlaut – vertreten, dass Bundesgerichte in *federal question*-Fällen die Kontakte zum Gesamtstaat zur Etablierung der Zuständigkeit betrachten dürften[1604]. Zum Teil wurde zu diesem Zweck die Vorschrift *(4) (e)* der *FRCP*[1605] so interpretiert, dass sie einen *„national contacts test"* erlaube. Technisch wurde dann der einzelstaatliche *long-arm* herangezogen, allerdings im Hinblick auf die Kontakte mit dem Gesamtstaat USA[1606]. Diese Rechtsprechung kreierte damit faktisch eine neue Form der *personal jurisdiction* vor Bundesgerichten.

Hauptargument für den *national contact*-Test war die Tatsache, dass der *federal question jurisdiction* ja gerade Bundesrecht zugrunde liegt und damit einheitliches nationales Recht, das einheitlich anzuwenden ist[1607]. Zudem wurde darauf

---

1600 Born/Vollmer, 150 F.R.D. 221, 225 (1993).

1601 Richardson, 69 U. Chi. L. Rev. 1427 (2002), 1430 f.; Ellencrig, 24 Cal. W. Int'l L. J. 363, 366 (1994).

1602 Ellencrig, 24 Cal. W. Int'l L. J. 363, 366 (1994).

1603 z.B. *Burstein v. State Bar of California, 693 F.2d 511 (5th Cir. 1982); Wells Fargo & Co. v. Wells Fargo Express Co., 556 F.2d 406, 418 f (9th Cir. 1977).*

1604 Etwa *United Rope Distributors, Inc. v. Seatriumph Marine, Corp., 930 F.2d 532, 534 (7th. Cir. 1991);* siehe insgesamt m.w.N. Born, 17 Ga. J. Int'l & Comp. L. 1, 9 ff. (1987) und Rouchell, 54 La. L. Rev. 407 (1993).

1605 Die Vorschrift lautete: *„service may be made under the circumstances as prescribed by a statute or rule of the state in which the court sits."*

1606 *United Rope Distribs. v. Seatriumph Marine Corp., 930 F.2d 532, 535 (1991);Handley v. Indiana & Michigan Electric Co.*, 732 F.2d 1269 *(6th Cir. 1984).*

1607 *"When a national court applies national law, the due process clause requires only that the defendant possess sufficient contacts with the United States"; United Rope Distribu-*

abgestellt, dass die Bundesgerichte als Institution die USA als Ganzes und gerade nicht den Staat, in dem sie ansässig sind, vertreten.
Im Gegensatz zu der Situation der *state courts* allgemein und der der Bundesgerichte in *diversity* Fällen, greift in *federal question*-Fällen schließlich auch nicht der vom XIV. *Amendment* garantierte Schutz vor einer Ausweitung der einzelstaatlichen Gerichtsbarkeit über Ländergrenzen hinaus, die ihr aufgrund ihrer Stellung in einer Föderation auferlegt sind[1608]. Die *federal courts* sind in diesem Fall im Gegenteil nur durch das V. *Amendment* beschränkt, das aber gerade nicht die Funktion hat, föderalistische Interessen zu wahren.

Die allgemeine Kritik an der Rechtslage war berechtigt. Die *long-arm statutes* wurden erlassen, um rechtspolitischen Zielen der Einzelstaaten zu dienen, nicht dagegen denen der Bundesregierung[1609]. In einem Bundesrecht betreffenden Fall ist insoweit kein Grund ersichtlich, warum die Zuständigkeit einzelstaatliche Interessen berücksichtigen soll. Insbesondere kann es aufgrund der unterschiedlich ausgestalteten *long-arms* in den einzelnen Staaten in der Anwendung der *federal question jurisdiction* zu inkonsistenten Ergebnissen kommen. Das führt dazu, dass Bundesrecht ungleich durchsetzbar ist, je nachdem in welchem Staat das Bundesgericht zufällig ansässig ist. Bundesgesetze büßen damit an Effektivität ein. Gleichzeitig hat die inkongruente Anwendung von Bundesrecht eine erhebliche Rechtsunsicherheit für potentielle Beklagte zur Folge, die mit der Anwendung von 51 verschiedenen *long-arms* rechnen müssen.

Problematisch sind außerdem auch hier die Fälle, in denen substantielle Kontakte eines Ausländers zum Gesamtstaat bestehen, nicht aber zum Forumstaat[1610]. Auch bei der Anwendung von materiellem Bundesrecht wird so der Beklagte bevorzugt, der seine Kontakte ausreichend streut, um unter keinen einzelstaatlichen *long-arm* zu fallen. Bestraft wird dagegen derjenige, der die gleiche Quantität an Kontakten unterhält, diese aber auf einen Staat konzentriert hat. Schließlich besteht die Gefahr, dass Bundesgerichte die *long-arms* über die Intention des Gesetzgebers hinaus ausweiten, um im Einzelfall zu einer Zuständigkeit zu gelangen. Eine solche Entscheidung kann dann – trotz fehlender Bindungswirkung im Hinblick auf die *state courts* – zumindest als Präzedenzfall im weiteren Einfluss auf die Rechtsprechung in dem jeweiligen Staat haben.

---

tors, Inc. v. Seatriumph Marine, Corp., 930 F.2d 532, 534 (7th. Cir. 1991) und *In re Oil Spill by Amoco Cadiz, 954 F.2d 1279, 1294 (7th Cir. 1992)*; so auch Rouchell, 54 La. L. Rev. 407, 429 (1993).

1608 *Handley v. Indiana & Michigan Electric Co., 732 F.2d 1269, 1271 (6th Cir. 1984).*

1609 Han, Alien Defendants, 59.

1610 Siehe insofern die Entscheidung *Velandra v. Regie Nationale des Usines Renault, 336 F.2d 292 (6th Cir. 1964),* der allerdings ein Fall von *diversity jurisdiction* zugrunde lag.

(b) Die Entscheidung in Omni Capital

Der *Supreme Court* entschied schließlich 1987 in der Entscheidung *Omni Capital International, Ltd., et al. v. Rudolf Wolff & Co., Ltd., et al.*, dass *Rule (4) (e) FRCP* so zu lesen sei, dass die Zuständigkeit nur dann bejaht werden kann, wenn entweder eine Bundesvorschrift existiert, die die Zustellung an den Beklagten vorsieht oder der jeweilige *long-arm* des Forumstaates erfüllt ist. Eine darüber hinausgehende von der Rechtsprechung kreierte *common law*-Zuständigkeit könne nicht existieren[1611]. Der Kläger hatte in dem der Entscheidung zugrunde liegenden Fall argumentiert, dass bei einer Verletzung von Bundesrecht durch den Beklagten grundsätzlich ein *federal long-arm* zur Anwendung kommen müsste. Da ein solcher aber nicht existierte, sollte nach seiner Auffassung der *Supreme Court* einen solchen schaffen[1612].

Entschieden war nun durch den *Supreme Court* erst einmal nur, dass es in Zukunft einer ausdrücklichen, vom Gesetzgeber erlassenen Vorschrift bedürfe, die jeweils die Zustellung an den ausländischen Beklagten vorsehen müsse. Die eigentliche Kontroverse um die *national contact*-Theorie wurde dagegen nicht ausdrücklich entschieden. Diese verfassungsrechtliche Frage wurde einfach offen gelassen, zumal im zugrundeliegenden Fall weder das ausschlaggebende Bundesgesetz noch der *long-arm* des Bundesstaates eine zuständigkeitsrechtliche Vorschrift enthielt, die die Einbeziehung von *national contacts* möglich gemacht hätte. Die entscheidende Frage, ob also die notwendige gesetzliche Vorschrift theoretisch auch der *long-arm* eines Einzelstaates – angewendet auf den nationalen Kontext – sein könnte, musste gerade nicht entschieden werden[1613]. Gleichzeitig wurde hingegen der Gesetzgeber ausdrücklich aufgerufen, die mangels Einbeziehungsmöglichkeit von *national contacts* innerhalb verschiedener Bundesgesetze bestehenden Rechtsschutzlücken zu schließen[1614]. Erst mit der Änderung der *FRCP* im Jahre 1993 wurde diesem Aufruf gefolgt und die viel kritisierte Regelung geändert, um das dargelegte Problem aus der Welt zu schaffen und die bestehende Zuständigkeitslücke durch einen *federal long arm*

1611 *Omni Capital International, Ltd., et al. v. Rudolf Wolff & Co., Ltd., et al., 484 U.S. 97 (1987);* ausführlich zu der Entscheidung Rouchell, 54 La. L. Rev. 407, 412 ff. (1993).

1612 Siehe dazu Corby, 30 McGeorge L. Rev. 167, 181 ff. (1998).

1613 Auch in der folgenden Entscheidung in *Asahi Metal Industry Co. v. Superior Court, 480 U.S.102, 113 (1987)* lehnte der *Supreme Court* ausdrücklich die Lösung der Frage in einer Fußnote ab : *"We have no occasion here to determine wether Congress could, consistent with the Due process Clause of the Fifth Amendment, authorize federal court personal jurisdiction over alien defendants based on the aggregate of national contacts, rather than on the contacts between the defendant and the State in which the federal court sits."*

1614 *Omni Capital International, Ltd., et al. v. Rudolf Wolff & Co., Ltd., et al., 484 U.S. 97, 110 (1987).*

zu schließen[1615]. Diese Änderung war damit die direkte – wenn auch nicht prompte – Antwort auf die Entscheidung des Supreme Courts in *Omni*[1616].

2. *Die neue Zuständigkeit gem. Rule 4 (k) (2) / Jurisdiction over foreign defendants*

Ziel der Neuregelung war es, den *district courts* zu erlauben zur Bestimmung ihrerZuständigkeit, in bestimmten *federal question cases* die nationalen Kontakte eines ausländischen Beklagten im Sinne eines *national contact*-Tests in Betracht ziehen zu können, anstatt wie bisher die Kontakte zum jeweiligen Forumstaat[1617].

Die neue Vorschrift ist dabei grundsätzlich sowohl in Binnensachverhalten (*domestic cases*) als auch im internationalen Kontext einschlägig und erlaubt jeweils die Summierung der gesamten Kontakte des Beklagten mit den Vereinigten Staaten und nicht länger nur einen Blick auf den jeweiligen Forumstaat allein[1618].

Die (internationale) Zuständigkeit US-amerikanischer Bundesgerichte wurde damit grundsätzlich erweitert in Fällen, in denen das anwendbare Bundesgesetz im Hinblick auf Zuständigkeitsvorschriften schweigt und der Beklagte auch nicht über ausreichende Kontakte zu einem Bundesstaat verfügt, um einen *state long-arm* zu erfüllen. Damit sollte insbesondere verhindert werden, dass der Beklagte nur deshalb vor der Durchsetzung von Bundesrecht geschützt würde, weil zufällig die zuständigkeitsrechtliche Macht der *state courts* begrenzt ist[1619].

(a) Einschränkungen der neuen Zuständigkeit

Der Anwendungsbereich der neuen Vorschrift wird zunächst vor allem in zweierlei Hinsicht begrenzt. Zum einen positiv hinsichtlich des materiell anwendbaren Rechts und zum anderen negativ im Hinblick auf die Frage nach einer eventuell bestehenden Zuständigkeit in einem anderen Bundesstaat. Insbesondere letztere Voraussetzung verleiht der Vorschrift dabei ihren spezifischen Ausnahmecharakter. Schließlich muss auch bei dieser Zuständigkeitsbegründung die *due process*-Grenze der Verfassung beachtet werden.

1615 Vgl. *United States v. Offshore Marine, 179 F.R.D. 156, 160 (1998).*

1616 *Central States, Southeast & Southwest Areas Pension Fund v. Reimc, 230 F.3d 934, 942 (7th Cir. 2000).*

1617 Born/Vollmer, 150 F.R.D. 221, 225 (1993).

1618 Siehe auch Ellencrig, 24 Cal. W. Int'l L. J. 363, 363 (1994); allgemein zur Zuständigkeitsproblematik vor Bundesgerichten in *domestic cases* Erichson, 64 N.Y.U.L. Rev. 1117 (1989); für die Begrenzung auf *non-residents* dagegen Corby, 30 McGeorge L. Rev. 167, 183 (1998).

1619 Siehe ausdrücklich die *Advisory Committee Notes* zu *Rule 4 (k) (2) (1993).*

(1.) Materielle Anwendbarkeit von Bundesrecht

Rule 4 (k) (2) findet zunächst einmal nur auf Klagen Anwendung, denen materiell Bundesrecht zugrunde liegt. Bereits in der Kommentierung der Vorschrift heißt es insofern ausdrücklich, dass sie keine Anwendung findet, wenn die jeweilige Klage bzw. der jeweilige Anspruch *state law* oder auch das Recht eines fremden Staates betrifft, auch wenn vom Standpunkt der sachlichen Zuständigkeit ein Fall von *diversity* bzw. *alienage jurisdiction* vorliegt[1620]. Insbesondere im Bereich der *diversity jurisdiction* ist damit weiterhin kein *national contact*-Test vorgesehen und die Zuständigkeit richtet sich mangels *federal long-arm* nach dem *long-arm* des Forumstaates[1621].

(2.) Keine personal jurisdiction in einem anderen Bundesstaat

Die zweite wichtige Einschränkung von *Rule 4 (k) (2)* ist die negative Voraussetzung, dass der Beklagte in keinem anderen Bundesstaat Objekt einer *personal jurisdiction* ist[1622]. Das heißt, der Beklagte darf nicht die Voraussetzungen irgendeines (!) einzelstaatlichen *long-arm statutes* erfüllen, insofern, dass nach diesem die Zuständigkeit über seine Person ausgeübt werden könnte.Ausschlaggebend ist also nicht etwa nur der *long-arm* des Forumstaates, wie im Fall der *diversity jurisdiction*, sondern vielmehr die Gesamtheit aller einzelstaatlichen *long-arms*.
Rule 4 (k) (2) wird damit zur Auffangvorschrift, die nur dann eingreift, wenn nach den traditionellen Regeln insgesamt keine Zuständigkeit begründet werden kann, also insbesondere nicht aufgrund der Voraussetzungen eines einzelstaatlichen *long-arms*[1623]. Die Folge ist, dass die Anwendung der Vorschrift in *domestic cases* quasi ausgeschlossen und sie für inländische Beklagte damit gleichermaßen uninteressant ist[1624]. Gesellschaften, die in einem U.S.-Bundesstaat gegründet wurden oder Bürger eines solchen Staates, werden insofern regelmäßig zumindest von der Zuständigkeit in diesem Staat erfasst, fallen also von vornherein nicht unter die Neuregelung[1625]. Das gleiche gilt für ausländische

---

1620 Vgl. *Advisory Committee Notes* zu *Rule 4(k) (2) (1993)* sowie insofern auch eindeutig z.B. *BP Chems. Ltd. v. Formosa Chem. & Fibre Corp., 229 F.3d 254, 258 f. (3rd Cir. 2000).*

1621 Ob der Wortlaut der Vorschrift *("arising under federal law")* dabei nur *federal question* Fälle im Sinne von *28 U.S.C. 1331* erfasst und damit von der sachlichen Zuständigkeit her zu beantworten ist, oder ob im Gegenteil *Rule 4 (k) (2)* weiter geht und etwa auch Fälle von *admiralty* umfasst, ist unter den unteren Gerichten umstritten; siehe Corby, 30 McGeorge L. Rev. 167, 191 ff. (1998) m.w.N.

1622 Sog. „*negation element*", Richardson, 69 U. Chi. L. Rev. 1427, 1445 (2002).

1623 Han, Alien Defendants, 67.

1624 Folgerichtig Corby, 30 McGeorge L. Rev. 167, 184 (1998).

1625 Vgl. *Advisory Comittee Notes* zu *Rule 4 (k) (2) (1993).*

Beklagte, die ausreichende *minimum contacts* zu einem bestimmten Bundesstaat haben[1626].

(3.) Die spezifische Bedeutung der Neuregelung im internationalen Kontext

Der neu geregelte Ausnahmefall einer *national contact*-Analyse findet nach alldem nur in der spezifischen Situation Anwendung, in der eine Verletzung von Bundesrecht Gegenstand der Klage ist und die Zuständigkeit über den Beklagten in keinem (!) Bundesstaat gegeben ist. Insbesondere diese zweite Voraussetzung schränkt die Anwendbarkeit der *national contact*-Analyse theoretisch nicht unerheblich ein[1627].

Die Neuregelung ist damit in erster Linie im internationalen Kontext von Bedeutung, da sie zwar nur, aber eben auch gerade dann einschlägig ist, wenn der Beklagte nicht bereits eindeutig unter die Zuständigkeit eines bestimmten Staates fällt[1628]. Für ausländische Firmen erhöht sich mit der Neuregelung dabei das Risiko einer Zuständigkeit im Bereich von Klagen nach Bundesrecht, da erstmals die Gesamtheit wirtschaftlicher Kontakte ausschlaggebend und ausreichend sein kann[1629]. Hinzu kommt, dass die unteren Gerichte es teilweise nicht besonders genau nehmen mit der zweiten Zuständigkeitsvoraussetzung. Zum Teil wird insofern nur geprüft, ob eine Zuständigkeit nach dem *long-arm* des Forumstaates in Frage kommt und im negativen Fall direkt auf *Rule 4 (k)* und damit den *aggregated contact*-Test zurückgegriffen[1630]. Nur teilweise wird dem Wortlaut der Vorschrift entsprechend tatsächlich geprüft, ob eine Zuständigkeit in einem anderen Bundesstaat in Frage kommt[1631].

1626 Dazu insgesamt oben unter Teil 2 C.

1627 So wäre insbesondere im *Omni*-Fall die Zuständigkeit nach *Rule 4 (k)* wohl an dem Vorliegen einer Zuständigkeit in New York gescheitert; Corby, 30 McGeorge L. Rev. 167, 189 f. (1998).

1628 Ellencrig, 24 Cal. W. Int'l L. J. 363, 369 (1994); Han, Alien Defendants, 67.

1629 Siehe auch Lejeune, RIW 1998, 8, 14.

1630 Siehe etwa *In re Telectoronics Pacing Sys., Inc., 953 F. Supp. at 914 (S.D. Ohio 1997)* (wo die Zuständigkeit gem. *Rule 4 (k) (2)* dann zulässig sein soll, *"if the defendant does not have sufficient minimum contacts with the forum state"*); *Kohler Co., 948 F. Supp. at 817(E.D. Wis. 1996)* (wo festgestellt wird, dass das Gericht bei Fehlen eines *federal long arms* jeweils prüfen muss, ob der Beklagte unter den *long-arm statute* des Staates fällt, in dem der *district court* belegen ist); *International Bhd. of Teamsters, 945 F. Supp. at 618-19 (S.D.N.Y. 1996)* (wo darauf hingewiesen wird, dass im Fall der Unanwendbarkeit von *Rule 4 (k) (2)* das Gericht zur Bestimmung der *personal jurisdiction* den *state long-arm* anwenden muss).

1631 *Warn v. M/Y Maridome, 961 F. Supp. 1357, 1368 (S.D. Cal. 1997)* (wo festgestellt wurde, dass der ausländische Beklagte in Virginia der *personal jurisdiction* unterfallen würde);
Aerogroup Int'l, Inc. v. Marlboro Footworks, Ltd., 956 F. Supp. 427, 432-34 (S.D.N.Y.

(4.) Due process und federal question

Die Zuständigkeit gem. *Rule 4 (k) (2)* darf schließlich, ebenso wie jede andere Form von *personal jurisdiction*, nicht gegen den *due process*-Grundsatz verstoßen[1632]. Die Bundesgerichte sind insofern begrenzt durch das V. *Amendment*, so wie respektive die einzelstaatlichen Gerichte durch das XIV. *Amendment* begrenzt werden[1633].

Die ergänzte *Rule 4* verschiebt den verfassungsrechtlichen *due process*-Schutz des ausländischen Beklagten damit in ihrem Anwendungsbereich nur von der bekannten *minimum contact*-Analyse im Hinblick auf den Forumstaat hin zu einer Analyse von *aggregate contacts* hinsichtlich der Vereinigten Staaten als Ganzes[1634]. Damit bedürfte es grundsätzlich neben der Etablierung der *contacts* auch hier einer Fairness- bzw. *reasonableness*-Analyse durch die Rechtsprechung[1635].

Die unteren Gerichte sind allerdings seit jeher gespalten hinsichtlich der Frage, ob es einer solchen besonderen Verhältnismäßigkeitsprüfung im Fall eines *federal long-arms* überhaupt bedarf. Da die *due process*-Analyse aus *International* und der nachfolgenden Rechtsprechung des *Supreme Courts* sich auf die Zuständigkeitsgrenzen von *state courts* bezieht und insofern auf das XIV. *Amendment* gestützt ist, lehnt die Mehrheit der Bundesgerichte eine Übertragung dieser Grundsätze auf die Zuständigkeit der Bundesgerichte im Rahmen des V. *Amendments* ab[1636].

1996) (wo bestimmt wurde, ob der Beklagte der *personal jurisdiction* in New York oder Massachusetts unterfallen würde, den einzigen zwei Orten, zu denen der Beklagte nach dem Sachverhalt irgendwelche Kontakte hatte); *Pharmachemie B.V. v. Pharmacia S.p.A., 934 F. Supp. 484, 487 (D. Mass. 1996)* (wo analysiert wurde, ob der Beklagte der *personal jurisdiction* in Ohio und New Mexico unterfallen würde, weil er nach dem Sachverhalt zu diesen Staaten gewisse Kontakte pflegte).

1632 Siehe ausdrücklich *(4) (k) (2) FRCP,* wo auf die Vereinbarkeit mit der Verfassung abgestellt wird.

1633 Siehe *Advisory Committee Notes* zu *Rule 4 (k) (2).*

1634 Ellencrig, 24 Cal. W. Int'l L. J. 363, 370 (1994).

1635 So auch ausdrücklich die *Advisory Committee Notes* zu Rule *4 (k) (2)*, die unter Berufung auf *Asahi* betonen, dass bei der Ausweitung des U.S.-amerikanischen Zuständigkeitsrechts auf das „internationale Feld“ besondere Vorsicht und Zurückhaltung geboten sei; zum Fairness-Test im Rahmen der *minimum contact*-Analyse auf einzelstaatlicher Ebene siehe in diesem Teil oben unter C.V.1.

1636 Siehe etwa *FTC v. Jim Walter Corp., 651 F.2d 251, 257 (5th Cir. Unit A July 1981) ("Fairness is a component of the jurisdictional test, but has no relevance to determining the constitutionality of Congressional regulation. . . .")*; a.A. dagegen *Oxford First Corp. v. PNC Liquidating Corp., 372 F. Supp. 191, 203-04 (E.D. Pa. 1974)* (wo ein Fairness-Test durchgeführt wird); außerdem Kelleher, 75 Ind. L. J. 1191,1217 (2000) m.w.N.; kritisch zu dieser Praxis und für eine ananloge Anwendung von *International* Corby, 30 McGeorge L. Rev. 167, 200 (1998).

(b) Beweislast

Ein besonderes Problem stellt die Frage nach der Beweislast im Hinblick auf das Vorliegen einer alternativen Zuständigkeit im Rahmen von *Rule 4 (k) (2)* dar. Der Wortlaut der Vorschrift schweigt dazu ebenso wie die Kommentierung des *Advisory Committees*[1637].
Grundsätzlich trägt hinsichtlich der Frage nach *personal jurisdiction* der Kläger die Beweislast[1638]. Der Beklagte kann sich also grundsätzlich auf die fehlende Zuständigkeit berufen, woraufhin der Kläger das Vorliegen der notwendigen Voraussetzungen beweisen muss.
Im Anwendungsbereich von *Rule 4 (k) (2)* haben sich die meisten Gerichte trotz teilweiser Kritik diesem Prinzip angeschlossen[1639]. Den Kläger trifft dann die Beweislast dahingehend, dass der Beklagte zu keinem anderen Bundesstaat ausreichende Kontakt hat, um eine Zuständigkeit dort zu begründen. Misslingt dieser Beweis, so besteht keine Zuständigkeit über den Beklagten nach *Rule 4 (k) (2)* und die Klage wird abgewiesen[1640]. Diese Beweislastregel ist dabei auch insbesondere deshalb gerechtfertigt, weil es der Kläger ist, der sich auf *Rule 4 (k) (2)* beruft und insofern auch deren Voraussetzungen darlegen und beweisen muss[1641].

Zum Teil wird dagegen in der Rechtsprechung neuerdings eine teilweise Beweislastumkehr vorgenommen. Danach muss der Kläger nur noch einen prima facie Beweis für das Vorliegen von *national contacts* bringen, während dem Beklagten dann auferlegt wird, darzulegen, dass entweder die Zuständigkeit in einem anderen Bundesstaat gegeben ist oder die Kontakte mit dem Gesamtstaat nicht ausreichend im Sinne der *minimum contacts*-Doktrin sind[1642].
In diesem Fall muss der Beklagte also unter Umständen paradoxerweise dem Kläger eine einzelstaatliche Zuständigkeit „liefern", um der bundesrechtlichen Zuständigkeit gem. *Rule 4 (k) (2)* zu entkommen, es sei denn, es gelingt ihm

1637 Kritisch insofern Born/Vollmer, 150 F.R.D. 221, 226 f (1993).
1638 Diese umfasst die Last der Darlegung, Produktion von Beweismitteln und Überzeugung , Richardson, 69 U. Chi. L. Rev. 1427, 1430 (2002).
1639 *United States v. Offshore Marine, Ltd; No. CIV.1994-40, 1998 WL 199687 (D.C.V.I. 1998);* Corby, 30 McGeorge L. Rev. 167 (1998) m.w.N; kritisch Richardson, 69 U. Chi. L. Rev. 1427, 1433 ff. (2002) m.w.N, der aus Effizienzgründen auf den differenzierenden Ansatz in *Swiss American Bank, 191 F3d 30 (1st Cir. 1999)* zurückgreifen will.
1640 Siehe z.B. *Smith v. S&S Dundalk Eng'g Works, Ltd., 139 F. Supp. 2d 610 (2001).*
1641 So auch Kelleher, 75 Ind. L. J. 1191, 199 f. (2000).
1642 Zuerst entwickelt in der Entscheidung *United States of America v. Swiss American Bank Ltd., et al.(1. Cir. 1999);* gefolgt von *Richards v. Tsunami Softgoods, Inc., 2003 U.S. Dist. LEXIS 717(2003); Isi Int'l, Inc. v. Borden Ladner Gervais LLP, 256 F.3d 548, 552 (7th Cir. 2001)* (wonach die Benennung eines anderen (geeigneteren Staates) gleichzeitig die Zustimmung zur *personal jurisdiction* dort beinhalten soll).

ausnahmsweise, zu beweisen, dass seine Gesamtkontakte mit den USA nicht ausreichen, um eine Zuständigkeit zu begründen[1643].
Sollte sich dieser Trend durchsetzen, besteht nicht nur allgemein die erhöhte Gefahr für den ausländischen Beklagten, aufgrund von *national contacts* gem. *Rule 4 (k) (2)* vor ein Bundesgericht gezogen zu werden, sondern er befindet sich insgesamt bei Anwendung dieser Vorschrift in einer aussichtslosen Lage[1644]. Beruft er sich nämlich zu seiner Verteidigung gem. *Rule 12 (b) (2) FRCP* auf die fehlende Zuständigkeit (*motion to dismiss for lack of personal jurisdiction*) und will er – wie dies regelmäßig der Fall sein wird – eine Zuständigkeit in den USA insgesamt vermeiden, so obliegt ihm zunächst der negative Beweis, dass in keinem anderen Bundesstaat eine Zuständigkeit besteht. Dieser negative Beweis kann leicht misslingen, mit der Folge, dass er dem Kläger ungewollt das richtige Klageforum liefert[1645]. Gelingt der Beweis doch, so steht damit im Zweifel gleichzeitig die Zuständigkeit gem. *Rule 4 (k) (2)* fest, da die erste Voraussetzung der Vorschrift bereits erfüllt ist und die *national contacts* oftmals schwer zu wiederlegen sein werden. Dieser Folge kann der Beklagte nur entgehen, wenn er auf die Verteidigung mit der fehlenden Zuständigkeit verzichtet und damit den Prozess von vornherein akzeptiert.
Der Beklagte hat bei dieser Beweislastverteilung also nur die Wahl, entweder die Zuständigkeit gem. *Rule 4 (k) (2)* zu akzeptieren oder aber dem Kläger ein Alternativforum vor einem *state court* zuzugestehen[1646].Klagen, denen Bundesrecht zugrunde liegt, wird der Beklagte damit in Zukunft kaum noch entkommen, da im Zweifel jedenfalls die Voraussetzungen von *Rule 4 (k) (2)* erfüllt sein werden[1647].

(c) Transient jurisdiction im Zusammenhang mit Rule 4 (k) (2)

Für potentielle ausländische Beklagte problematisch ist unter Umständen auch der Wortlaut der Vorschrift im Hinblick auf die Möglichkeit von *transient jurisdiction*[1648]. Da der *national contact*-Test insofern nur gilt, sofern alle anderen möglichen einzelstaatlichen Zuständigkeitskategorien versagen, ist zunächst auch weiterhin eine Zuständigkeit aufgrund persönlicher Zustellung der Klage

---

1643 Verteidigt er sich mit dem Vorliegen einer Zuständigkeit in einem anderen Bundesstaat, so hat der Kläger die Wahl zwischen drei Alternativen: Er kann einen *transfer* beantragen (siehe dazu in diesem Teil oben unter B.VIII.3.), die Klage zurücknehmen oder widerlegen, dass die vom Beklagten behauptete Zuständigkeit besteht; Richardson, 69 U. Chi. L. Rev. 1427, 1435 (2002) m.w.N.

1644 Sog. *"Catch 22" situation*; siehe Corby, 30 McGeorge L. Rev. 167, 196 (1998); ebenso *United States of America v. Swiss American Bank Ltd., et al., (1. Cir. 1999).*

1645 Corby, 30 McGeorge L. Rev. 167, 196 (1998).

1646 So auch *United States of America v. Swiss American Bank Ltd., et al., (1. Cir. 1999).*

1647 So auch Born/Vollmer, 150 F.R.D. 221, 227 (1993).

1648 So jedenfalls Born/Vollmer, 150 F.R.D. 221, 227 ff. (1993).

im Forumstaat möglich. Einer Anwendung von *Rule 4 (k) (2)* bedarf es also nicht, wenn es dem Kläger gelingt, den Beklagten persönlich auf U.S.-amerikanischem Territorium zu „erwischen“[1649]. In diesem Fall besteht jedenfalls eine Zuständigkeit des jeweiligen Bundesstaates, sofern dieser die *transient jurisdiction* vorsieht. In diesem Fall würde die Vorschrift im Ergebnis nur zur Anwendung kommen, sofern einem ausländischen Beklagten auch außerhalb der USA eine Klage zugestellt wird[1650].

Fraglich ist allerdings, ob die Neuregelung den Anwendungsbereich der *transient jurisdiction* nicht ungewollt sogar noch erweitert. Die Vorschrift erlaubt ausdrücklich eine Zuständigkeit der Bundesgerichte,

„when the exercise of jurisdiction is consistent with the Constitution and laws of the United States“.

Nach der aktuellen Rechtsprechung des *Supreme Court* wiederum ist die *transient jurisdiction* in den Einzelstaaten verfassungsgemäß[1651]. Das gleiche muss sicherlich auf Bundesebene gelten[1652]. Im Ergebnis bedeutet dies aber unter Umständen, dass auch im Rahmen von *federal question*-Klagen nunmehr eine Zuständigkeitsbegründung über den bloßen *tag service* zugelassen werden muss. Interessant wäre dies in dem Fall, in welchem dem potentiellen Beklagten die Klage in einem Bundesstaat zugestellt würde, der gerade diese Form der Zustellung nicht vorsieht[1653]. Hier wäre zunächst jedenfalls die Grundvoraussetzung von *Rule 4 (k) (2)* insofern erfüllt, als keine ausreichenden *minimum contacts* zum Forumstaat bestünden. Darüber hinaus müssten die weiteren negativen Voraussetzungen vorliegen, d.h. es dürften auch zu anderen Bundesstaaten keine ausreichenden Kontakte bestehen. Der verfassungsrechtlich ausreichende *national contact* wäre dann gerade die Zustellung an den Beklagten.
Damit würde in Zukunft eine eigene *„tag jurisdiction“* im Rahmen bundesrechtlicher Fragen vor den Bundesgerichten existieren, was insbesondere für ausländische Firmen verheerende Folgen haben könnte, wenn sich Vorstände oder leitende Angestellte zufällig vorübergehend in den USA aufhalten[1654]. Ob die Rechtsprechung tatsächlich so weit zu gehen bereit ist, bleibt abzuwarten.

1649 Corby, 30 McGeorge L. Rev. 167, 184 f. (1998); ebenso Kelleher, 75 Ind. L. J. 1191, 1218 (2000).

1650 So Kelleher, 75 Ind. L. J. 1191, 1218 (2000).

1651 *Burnham v. Superior Court of Cal., Marin County, 495 U.S. 604, (1990).* Dazu ausführlich in diesem Teil oben unter C.X.

1652 Born/Vollmer, 150 F.R.D. 221, 228 (1993).

1653 Born/Vollmer, 150 F.R.D. 221, 227 (1993).

1654 Kritisch insofern auch Born/Vollmer, 150 F.R.D. 221, 229 (1993).

II. Fehlende Kohärenz des internationalen Zuständigkeitsrechts auf Bundesebene

Anhand der Neuregelung in *Rule 4 (k) FRCP* wird das Dilemma des internationalen Zuständigkeitsrechts auf Bundesebene deutlich.

Während im Rahmen der Zuständigkeit der Staatengerichte durch die einfache Übertragung der Rechtsprechung zum interstaatlichen Zuständigkeitsrecht oft exorbitante Zuständigkeiten die Folge sind, die mit dem völkerrechtlichen Verständnis nationaler Souveränität ebenso wenig im Einklang stehen wie mit der Kompetenzverteilung innerhalb der Verfassung, so zeigt das Problem vor den *federal courts* im Rahmen von *federal questions* ein anderes Problem auf.

Zunächst einmal gilt in diesem Zusammenhang, dass es aus US-amerikanischer Sicht grundsätzlich legitim sein muss, eine Zuständigkeit zu schaffen, die im Fall wesentlicher, aber gleichmäßig verteilter Kontakte eines potentiellen Beklagten zu den USA insgesamt eingreift. Es ist insofern nicht ersichtlich, warum im Bereich bundesrechtlicher Regelungen angesichts fehlender ausreichender Kontakte zu einem einzelnen Gliedstaat keine Zuständigkeit vor einem Bundesgericht bestehen sollte[1655].

Andererseits ist aber auch nicht ersichtlich, wieso auch weiterhin ausreichende Kontakte zu irgendeinem Bundesstaat eine Bundeszuständigkeit gestützt auf Bundesrecht nach sich ziehen sollen. Im Fall von Klagen nach Bundesrecht besteht insofern nach der Neuregelung nun nicht mehr nur ein Zuständigkeitsrecht, das im Sinne der *long-arms* auf einzelstaatlichen Souveränitätsansprüchen fußt, sondern parallel dazu ein Zuständigkeitsrecht, dass (ausnahmsweise) auf den Gesamtstaat abstellt. Die Verwirrung ist damit komplett. Hinzu kommt, dass die neu etablierte Auffangzuständigkeit der Bundesgerichte im Ergebnis begrenzt ist durch das Zuständigkeitsrecht der einzelstaatlichen Gerichte, da die etablierte Gesamtbetrachtung immer nur zum Tragen kommt, wenn ausnahmsweise keine einzelstaatliche Zuständigkeit besteht. Damit besteht auch im Bereich der Anwendung von Bundesrecht ein grundsätzlicher Vorrang einzelstaatlichen Zuständigkeitsrechts, der sich weder systematisch noch dogmatisch überzeugend begründen lässt.

III. Plädoyer für einen national contact-Test

Grundsätzlich wünschenswert wäre nach dem oben Gesagten zunächst einmal ein einheitlicher verfassungsrechtlicher *due process*-Test im internationalen Kontext. Die einheitliche Beantwortung (Bundes)verfassungsrechtlicher Fragen ist dabei grundsätzlich ein wichtiges Anliegen; das gilt umso mehr dort, wo das

---

1655 *„Rule 4 (k) prevents foreign defendants from evading United States adudication by carefully scattering their contacts throughout the United States"*; Ellencrig, 24 Cal. W. Int'l L. J. 363, 381 (1994).

Interesse anderer Nationen und die internationalen Beziehungen der USA mit betroffen sind. Das gilt insbesondere auch im Rahmen von Regelungen der internationalen Zuständigkeit, wo eindeutige und einheitliche Regeln erforderlich sind, um Rechtssicherheit zu garantieren und damit einhergehend eine effektive Wirtschaftsplanung internationaler Unternehmen möglich zu machen[1656].

Ein *due process*-Test, der insgesamt auf die nationalen Kontakte abstellt, würde auch erstmals zu einer Übereinstimmung des Zuständigkeitsrechts mit völkerrechtlichen Grundsätzen führen[1657]. Das Völkerrecht als internationales Recht ist blind für föderalistische Konzepte und schaut auf den Staat als Gesamtgebilde und damit auf die Nation als solche. Es spricht damit auch die Frage nach der Verhältnismäßigkeit einer internationalen Zuständigkeit zwischen souveränen Staaten im Sinne des Völkerrechts an und kümmert sich gerade nicht um die sachliche Verteilung der Zuständigkeiten zwischen den inländischen Gerichten, etwa zwischen nationalen und einzelstaatlichen Gerichten innerhalb eines föderalen Systems[1658]. Aus der Sicht internationaler Zuständigkeitsverteilung geht es insofern um die Kernfrage, welcher Staat im Sinne eines Subjekts des Völkerrechts die Zuständigkeit über einen Beklagten für sich beanspruchen darf. Darüber hinausgehende innerstaatliche Verteilungssysteme müssen damit außen vor bleiben. Die einzig legitime Frage lautet also zunächst, ob Staat A oder B über die überwiegenden Kontakte zum Beklagten und dem zugrundeliegenden Rechtstreit verfügt.
Dieser Grundgedanke entspricht dabei nicht zuletzt auch der Situation im Bereich internationaler Wirtschaftsbeziehungen. Dort geht es insofern auf der ökonomischen Ebene um eine Interaktion zwischen Staaten, bei der föderalistische Strukturen, zumindest in der überwiegenden Zahl der Fälle, ebenfalls außen vor bleiben. Für ausländische Unternehmen steht an erster Stelle der Markt USA, weniger ein spezifischer Bundesstaat innerhalb der Föderation[1659].

Auch im Hinblick auf die anzustellenden Fairness-Überlegungen im Rahmen der Frage nach dem Vorliegen von *personal jurisdiction* ist diese Betrachtung lebensnäher. Für den Ausländer beschränkt sich in den meisten Fällen die Frage nach der besonderen Belastung auf die Frage danach, ob ein Forum in den Vereinigten Staaten gegeben ist oder nicht[1660]. Jedenfalls im Hinblick auf reine Zuständigkeitsaspekte ist es insofern regelmäßig irrelevant, ob das Forum Kalifornien oder New York heißt.

[1656] Born, 17 Ga. J. Int'l & Comp. L. 1, 13 (1987).
[1657] Born, 17 Ga. J. Int'l & Comp. L. 1, 37 (1987).
[1658] Born, 17 Ga. J. Int'l & Comp. L. 1, 37 (1987).
[1659] Dazu auch bereits in diesem Teil oben unter C.VIII.1.
[1660] Born, 17 Ga. J. Int'l & Comp. L. 1, 38 f. (1987).

Das muss jedenfalls immer gelten, sofern es sich sachlich gesehen um bundesrechtliche Fragen handelt, also im Fall von sachlicher Zuständigkeit der Bundesgerichte aufgrund von *federal question*. Bundesrecht ist das Recht der Vereinigten Staaten insgesamt und das richtige Forum, an dem die Kontakte gemessen werden müssen, sollten insofern ebenfalls die Vereinigten Staaten sein. Die uniforme Anwendung von Bundesrecht vor Bundesgerichten ist in internationalen Fällen im Hinblick auf auswärtige Beziehungen der USA besonders wichtig[1661]. *State long-arms* sind zum Teil unterschiedlich ausgestaltet und produzieren damit unter Umständen eine willkürliche Anwendung von Bundesrecht in der Weise, dass hinsichtlich des gleichen Sachverhalts Kläger in einem Staat klagen können, während in einem anderen Staat eine *personal jurisdiction* an der Vorschrift des *long arms* scheitert. Uniformität würde dagegen Einheitlichkeit und damit Rechtssicherheit für potentielle ausländische Beklagte schaffen[1662]. Aus diesem Grund wäre im Rahmen von bundesrechtlichen Klagen grundsätzlich ein reiner *national contacts*-Test angebracht[1663].

Aber auch im Rahmen von *diversity*-Fällen wäre im internationalen Kontext ein einheitlicher Maßstab vor den Bundesgerichten sicherlich wünschenswert. Zunächst einmal unabhängig von der Frage nach dem in solchen Fällen materiellrechtlich anwendbaren Recht, sollte aus zuständigkeitsrechtlicher Sicht auch hier ein einheitlicher Maßstab gelten. Es mutet seltsam an, dass die Zuständigkeit über einen Ausländer, der außerhalb bundesrechtlicher Fragen – und damit insbesondere im wichtigen deliktsrechtlichen Bereich – einem Prozess in den USA ausgesetzt werden soll, oftmals willkürlich von dem jeweiligen Forum geltenden *long-arm* und insbesondere damit auch den zum Forum etablierten Kontakten abhängt.

Problematisch ist in diesen Fällen allerdings, dass zum einen sowohl *state courts* als auch *federal courts* –in der Funktion von *state court* – mit dem Prozess befasst sind und dass vor allem materiellrechtlich regelmäßig einzelstaatliches Recht angewendet wird[1664]. Die Einführung eines *national contact*-Tests gestaltet sich damit in diesen Fällen angesichts des geltenden Systems über die Zuständigkeit der beiden Gerichtsebenen und das im Ergebnis anwendbare materielle Recht grundsätzlich komplizierter. Dennoch bleibt zu bedenken, dass die Aufrechterhaltung zweier verschiedener Maßstäbe aus internationaler Sicht rechtspolitisch in den meisten Fällen keineswegs wünschenswert ist[1665].

[1661] Ellencrig, 24 Cal. W. Int'l L. J. 363, 368 f. (1994).

[1662] Ellencrig, 24 Cal. W. Int'l L. J. 363, 369 (1994).

[1663] Born, 17 Ga. J. Int'l & Comp. L. 1, 39 (1987) („*„pure" national contacts Due Process standard*"); so im Ergebnis auch Kelleher, 75 Ind. L. J. 1191, 1230 (2000).

[1664] Siehe dazu in diesem Teil oben unter B.V.2.

[1665] Born, 17 Ga. J. Int'l & Comp. L. 1, 40 (1987).

Angesichts der starken Eigenständigkeit der Einzelstaaten ist nach alledem im Bereich der *diversity jurisdiction* zum aktuellen Zeitpunkt sicherlich eine differenziertere Lösung notwendig, die in gewissem Maße die Kontakte zum Forumstaat mit einbezieht. Das ergibt sich nicht zuletzt notwendig aus der Tatsache, dass die Bundesstaaten im Ergebnis oftmals zur Anwendung ihres eigenen materiellen Rechts Forumrechts – gelangen, bezogen auf den *class action*-Kontext, also insbesondere zu Anwendung des Deliktsrechts des Forums gelangen[1666]. Bei der Existenz von 50 verschiedenen materiellen Rechtsordnungen kann aber die Entscheidung, welches Recht zur Anwendung gelangt, nicht willkürlich danach getroffen werden, welcher *state court* rein zufällig mit dem Prozess befasst wird. Ein solcher Ansatz würde ein unkontrollierbares *forum shopping* zur Folge haben.

Daher muss sich bereits bei der Frage nach der Zuständigkeit der *state courts* (bzw. der *federal courts* in *diversity*-Fällen) zusätzlich zu der – auf den Gesamtstaat bezogenen – internationalen Zuständigkeit eine gewisse Rechtfertigung des konkreten Forums ergeben, die sich dann nur folgerichtig in den jeweiligen *long-arms* finden lässt und damit in gewissen *minimum contacts* zum Forumstaat. Solange insofern ein nationales Deliktsrecht oder wenigstens nationales IPR noch nicht in Sicht ist, muss der föderalen Struktur der USA auch im Rahmen des internationalen Zuständigkeitsrechts in Teilbereichen Rechnung getragen werden[1667].

Die Erhöhung der Schwelle für *minimum contacts* insgesamt in Fällen mit ausländischen Beklagten, kombiniert mit einem *national contacts*-Test, insbesondere im Bereich des Bundesrechts, würde wenigstens die größten Probleme im Recht internationaler Zuständigkcit lösen. Unter diesen Voraussetzungen bestünde jedenfalls ein kohärentes System im Hinblick auf ausländische Rechtssubjekte, das mehr Vorhersehbarkeit und damit Rechtssicherheit zur Folge hätte[1668].

Demgegenüber führt aktuell die Erweiterung von *Rule 4* aus internationale Sicht nur zu einer praktischen Ausweitung des ohnehin schon extrem weitgefasstem internationalen Zuständigkeitsrechts der Vereinigten Staaten, indem der klassischen *forum contact*-Analyse eine zusätzliche Möglichkeit der *national contact*-

---

[1666] Zur kollisionsrechtlichen Problematik in diesem Teil oben unter A.IV.2.

[1667] Dorn, 17 Ga. J. Int'l & Comp. L. 1 (1987)schlägt insofern einen „*modified national contact*" Test vor, bei dem ein *state court* jedenfalls dann seine Zuständigkeit nicht ausüben kann, sofern nicht wenigstens eine gewisse Verbindung (*minimal link*) zwischen Beklagtem und Forumstaat besteht; 41.

[1668] Zur Notwendigkeit eine Differenzierung zwischen ausländischen und US-amerikanischen Beklagten bereits auf der Ebene der *minimum contacts* siehe auch in diesem Teil oben unter C.VIII.3.(e).

Analyse hinzugefügt wird[1669]. Zwar ist die Bedeutung der Vorschrift angesichts des engen Anwendungsbereichs in der Theorie gering, dennoch besteht in der Praxis insbesondere die Gefahr, dass sich die Rechtsprechung durchsetzt, die – entgegen des eindeutigen Wortlauts der Vorschrift – darauf verzichtet, das Vorliegen einer alternativen Zuständigkeit vor einem *state court* zu überprüfen[1670]. Eine solche Entwicklung würde zu einer nicht unerheblichen Erweiterung der Zuständigkeit der Bundesgerichte führen.

1669 Die Gefahr von „*international retaliation*" als Antwort auf die Gesetzesänderung und derzeitige Anerkennungspraxis im Ausland werden angesprochen von Ellencrig, 24 Cal. W. Int'l L. J. 363, 378 ff. (1994) und Born, 17 Ga. J. Int'l & Comp. L. 1, 43 f. (1987).

1670 Siehe dazu in diesem Teil oben unter D.I.2.(a)(3).

4. Teil: Grundsätze internationaler Zuständigkeit über ausländische Gesellschaften

Handelt es sich bei dem Beklagten um eine juristische Person, so müssen die zunächst für natürliche Personen entwickelten Zuständigkeitskonzepte an die besondere Situation angepasst und damit oftmals modifiziert werden. Dabei kommt nicht zuletzt gesellschaftsrechtlichen Verflechtungen, wie sie im modernen Wirtschaftsleben eine immer größere Rolle spielen, entscheidende Bedeutung zu.
An dieser Stelle soll insofern noch einmal zusammenfassend ein Überblick über die gängigen Möglichkeiten der Zuständigkeitsbegründung über ausländische Gesellschaften gegeben werden, insbesondere auch im Hinblick auf die weitreichenden Möglichkeiten der Begründung einer allgemeinen Zuständigkeit. Schließlich sollen in diesem Zusammenhang die spezifischen Möglichkeiten einer indirekten Zuständigkeitsbegründung über den Umweg gesellschaftsrechtlich verbundener Unternehmensteile erörtert werden, bei der es eigener Kontakte des Beklagten zum Forum nicht mehr bedarf, sofern die Voraussetzungen einer Zurechnungsnorm erfüllt sind.

A. Allgemeine Zuständigkeit ohne Anknüpfung an Forumkontakte der Gesellschaft

Im Lichte der problematischen Entscheidung des *Supreme Courts* in *Burnham*[1671] zeichnet sich zum Teil ein Trend hin zu einer Wiederbelebung „traditioneller" exorbitanter Zuständigkeiten ab. Dabei wird die Zuständigkeit von Faktoren abhängig gemacht, die außerhalb der gängigen *minimum contact*-Analyse angesiedelt werden müssen und insofern auf tatsächliche Kontakte zum Forum zum Teil sogar gänzlich verzichten.
Zum Teil wird dabei an die Erteilung einer Lizenz zum wirtschaftlichen Tätigwerden (sog. *license to do business*) an den Beklagten angeknüpft, auf deren Grundlage die Gerichte wiederum eine Zustimmung zur Zuständigkeit fingieren. Das gleiche gilt, wenn das einzelstaatliche Recht die Bestellung eines Zustellungsvertreters im Forum verlangt (sog. *agent of service*). In diesem Fall wird die Bejahung der (allgemeinen) Zuständigkeit wahlweise mit einer durch die Bestellung erklärte (implizierte) Zustimmung oder die physische Präsenz der Person selbst als ausreichendes Zuständigkeitskriterium begründet. Das Ergebnis ist in beiden Fällen dasselbe.

1671 Siehe dazu oben unter Teil 3 C.X.3. und 4.

I. Zuständigkeit wegen Erteilung einer Lizenz

Eine gängige Anknüpfung zur Begründung von *personal jurisdiction* ist die Zustimmung(*consent*). Es ist allgemein anerkannt, dass die Voraussetzungen der *personal jurisdiction* – anders als die der *subject matter jurisdiction* – Gegenstand eines Verzichts sein können, d.h. dass ein Gericht Zuständigkeit über die Parteien erlangen kann, weil diese auf den Schutz, der ihnen durch die (verfassungsrechtlichen) Anforderungen an die Zuständigkeit gewährt wird, verzichten[1672]. Die Zustimmung kann dabei explizit oder implizit gegeben werden.

Unter die Kategorie der Zuständigkeit wegen expliziter Zustimmung fallen dabei insbesondere vertragliche Gerichtsstandklauseln, die in jüngerer Zeit auch von U.S.-amerikanischen Gerichten überwiegend für gültig angesehen werden[1673].

Problematischer sind Fälle impliziter Zustimmung zu einer Zuständigkeit. In diesen Fällen wird aus einem bestimmten Verhalten der Gesellschaft die konkludente Zustimmung zu einer (allgemeinen) Gerichtszuständigkeit über sie hergeleitet.

Dabei wird zum Teil an die Existenz einer „Lizenz" angeknüpft, insbesondere an eine Genehmigung, wirtschaftlich im Territorium tätig zu werden (*license to do business*).

Die Zuständigkeit kann dabei allein daher rühren, dass der Beklagte Inhaber einer „Lizenz" für den jeweiligen Markt des Forums ist[1674]. Er muss also nicht einmal tatsächlich wirtschaftlich tätig werden, sondern die Existenz einer diesbezüglichen Erlaubnis ist ausreichend, um die Zuständigkeit über ihn zu begründen.

Ein Teil der Rechtsprechung geht insofern davon aus, dass die Gesellschaft durch die Erteilung der Lizenz einer allgemeinen Zuständigkeit im Forumstaat zugestimmt hat[1675]. So sieht etwa das Recht von New York vor, dass eine ausländische Gesellschaft, die über eine Genehmigung verfügt, auf dem Markt von New York wirtschaftlich tätig zu werden, damit gleichzeitig zustimmt, dass New Yorker Gerichte für sämtliche Klagen im Zusammenhang mit innerstaatlichen

---

1672 *„Personal jurisdiction can be waived by consent of the party over whom a court purports to exercise jurisdiction"*; Newberg, § 13:37.

1673 Siehe insofern die Leitentscheidung *Carnival Cruise Lines, Inc. v. Shute, 499 U.S. 585 (1991)*.

1674 Grundsätzlich sehen sämtliche einzelstaatlichen Gesetze vor, dass ausländische Gesellschaften sich zunächst durch eine Lizenz „qualifizieren" müssen, bevor sie wirtschaftlich im Staat tätig werden dürfen und dass ein Zustellungsvertreter (*agent for service of process*) bestellt wird; Riou, 14 Rev. Litig. 741, 744 (1995).

1675 *„being licensed to do business in New York, Boeringer has consented to general jurisdiction."* (*In re DES Cases, 789 F. Supp. 552, 591, 1992 U.S. Dist. LEXIS 5560*).

und außerstaatlichen Aktivitäten, zuständig sein sollen[1676]. Der *Supreme Court* hat sich zu diesem Problem ausdrücklich noch nicht geäußert. Seit seiner missglückten und umstrittenen Entscheidung in *Burnham* im Hinblick auf die Zulässigkeit exorbitanter Gerichtsstände beruft sich ein Teil der Rechtsprechung allerdings zur Begründung dieser Zuständigkeit auf eben diese Rechtsprechung[1677].

II. Zuständigkeit wegen Zustellung an einen Vertreter

Viele einzelstaatlichen Vorschriften kennen eine ähnliche Zuständigkeit, die sich aus der Benennung eines Zustellungsvertreters (*agent of service*) im Forum ergibt[1678]. Eine ausländische Gesellschaft muss hier, sofern sie auf dem Markt tätig werden will, einen Vertreter benennen, dem im Fall einer Klage diese zugestellt werden soll. Damit stimmt sie nach einem Teil der Rechtsprechung gleichzeitig implizit der allgemeinen Zuständigkeit zu[1679].
Die grundsätzlich von der Frage nach *personal jurisdiction* losgelöste Frage nach den Voraussetzungen einer wirksamen Klagezustellung an ausländische Rechtssubjekte wird damit einfach auf die zuständigkeitsrechtliche Problematik übertragen. Liegen die Voraussetzungen für eine wirksame Zustellung vor, so ist gleichzeitig die Zuständigkeit gegeben. Hier wird nicht nur unzulässigerweise eine Vermischung zweier völlig unterschiedlicher Prozessvoraussetzungen vorgenommen, sondern gleichzeitig die rechtmäßige Zuständigkeit aus der Rechtmäßigkeit der Zustellung hergeleitet. Das ist umso bedenklicher als die Zustellung systematisch nachrangig nach der Zuständigkeitsfrage zu behandeln ist[1680].

Der *Supreme Court* hat diese „Methode“ der Zuständigkeitsbegründung dennoch nach verbreiteter Ansicht Anfang des 20. Jahrhunderts in der *Pensylvania Fire Insurance*-Entscheidung abgesegnet und seitdem nicht ausdrücklich widerrufen[1681]. Lange Zeit wurde damit von der Rechtsprechung grundsätzlich in diesen

---

1676 *LeVine v. Isoserve, Inc., 170 Misc. 2d 747, 334 N.Y.S.2d 796, 799 (Sup. Ct. 1972) (citing, inter alia, Bagdon v. Philadelphia & Reading Coal & Iron Co., 217 N.Y. 432, 111 N.E. 1075 (1916).*

1677 *In re DES Cases, 789 F. Supp. 552, 591 f., 1992 U.S. Dist. LEXIS 5560;* zu der Entscheidung in *Burnham* und den Folgen auch oben unter Teil 3 C.X.3 und 4.

1678 Dazu *Sternberg v. O'Neil, 550 A.2d 1105, 1109-13 (Del. 1988),* hinsichtlich der Verfassungsmäßigkeit von allgemeiner Zuständigkeit basierend auf einer Vorschrift, die ausländische Gesellschaften verpflichtet, einen "Zustellungsvertreter" zu ernennen siehe.

1679 *Bendix Autolite Corp. v. Midwesco Enterprises, Inc., 486 U.S. 888 (1988),* Riou, 14 Rev. Litig. 741, 745 (1995).

1680 So auch Riou, 14 Rev. Litig. 741, 754 (1995); zur Differenzierung der beiden Prozessvoraussetzungen ausführlich oben unter Teil 3 C.II.

1681 Vgl. *Pennsylvania Fire Insurance Co. of Philadelphia v. Gold Issue Mining and Milling Co., 243 U.S. 93 (1917);* in diese Richtung auch *Bendix Autolite Corp. v. Midwesco En-*

Fällen eine allgemeine Zuständigkeit für sämtliche Klagen gegen die jeweilige Gesellschaft für zulässig erklärt. Sofern ein *agent* existierte, bedurfte es also keines weiteren *due process*-Tests mehr, sondern die Zuständigkeit wurde in jedem Fall bejaht. Damit wurde missbräuchliches *forum shopping* seitens potentieller Kläger gefördert und der Beklagte in die Situation versetzt, einen Prozess in einem Bundesstaat führen zu müssen, zu dem er unter Umständen keine über die Existenz eines Vertreters hinausgehenden Kontakte pflegte und ohne dass der Streitgegenstand mit seinen Kontakten zum Forum in irgendeinem Zusammenhang stehen muss[1682].

Heute sind allerdings viele Stimmen in der Literatur sowie Teile der Rechtsprechung zu Recht der Auffassung, dass insbesondere im Hinblick auf die Entwicklung des Zuständigkeitsrechts seit der *International*-Entscheidung die bloße Ernennung eines *agent of service* allein nicht ausreichend sein kann, um die allgemeine Zuständigkeit über eine *non-residence corporation* aufrecht zu erhalten, sondern dass das Gericht darüber hinaus das *minimum contact*-Erfordernis prüfen muss[1683]. Die allgemeine Zuständigkeit über eine ausländische Gesellschaft bedarf dann der Etablierung von *„continous and systematic contacts"* mit dem Forumstaat, unabhängig davon, ob der Beklagte über einen Zustellungsvertreter im Forumstaat verfügt oder nicht[1684].
Dieser Weg ist dabei sicherlich der einzige, der mit der Verfassung und den modernen Grundsätzen der *personal jurisdiction* vereinbar ist.
Einer expliziten Aufhebung der Grundsätze der *Pensylvania Fire Insurance*-Entscheidung bedarf es insofern gerade nicht, da durch die mit *International* und den nachfolgenden Entscheidungen des *Supreme Court* implizit gerade ein neuer Zuständigkeitsstandard eingeführt wurde[1685].

---

terprises, Inc., 486 U.S. 888 (1988); gegen eine solche Interpretation der Entscheidungen aber Riou, 14 Rev. Litig. 741, 759 ff., 781 ff. (1995).

1682 Riou, 14 Rev. Litig. 741, 745 (1995).

1683 Siehe *Wenche Siemer v. Learjet Acquisition Corp.*, 966 F.2d 179, 183 (5th Cir. 1992) unter Berufung auf *Perkins v. Benguet Consolidated Mining Co., 342 U.S. 437,446 (1952)*; ausdrücklich auch *Freeman v. Second Judicial Dist. Court, 1 P.3d 963, 968 (2000); Lyons v. Swift Transp. Co., 2001 U.S. Dist. LEXIS 15585, 23 (2001); XL Specialty Ins. Co. v. Bullocks Express Tra., 2002 Cal. App. Unpub. LEXIS 2372 (2002).*

1684 Riou, 14 Rev. Litig. 741, 779 (1995).

1685 *„To assert, as plaintiffs do, that mere service on a corporate agent automatically confers* general jurisdiction *displays a fundamental misconception of corporate jurisdictional principles. This concept is directly contrary to the historical rationale of* International Shoe *and subsequent Supreme Court decisions."* (so ausdrücklich *Siemer v. Learjet Acquisition Corp., 966 F.2d 179, 182 (5th Cir. 1992)*); ebenso Riou, 14 Rev. Litig. 741, 779 f. (1995).

Dennoch geht ein großer Teil der Rechtsprechung weiterhin unter Berufung auf diese Entscheidung davon aus, dass die Benennung eines Vertreters ausreichende Grundlage für die Begründung der allgemeinen Zuständigkeit über eine Gesellschaft ist[1686].
Zum Teil wird auch die Entscheidung in *Burnham* herangezogen, um eine allgemeine Zuständigkeit über den Umweg eines Vertreters im Forumstaat zu rechtfertigen[1687]. In diesem Fall wird nicht an die Zustimmung, sondern an die Tatsache der physischen Präsenz des Vertreters im Forum angeknüpft. Problematischer als die Berufung auf die überholte Entscheidung in *Pensylvania Fire Insurance* ist dies insofern, als die *Burnham*-Entscheidung zeitlich nach *International Shoe* datiert, so dass sie tatsächlich vorrangig hinsichtlich Fragen der *personal jurisdiction* sein könnte. Dem steht jedoch entgegen, dass die Entscheidung nach Sinn und Zweck sowie ihrem speziellen Kontext gerade nicht so verstanden werden darf, dass sie das *minimum contacts*-Konzept so weitgehend relativieren wollte oder konnte[1688].

Deutlich wird dennoch, dass es Zeit wird, dass der *Supreme Court* sich bewusst der Klärung dieser Frage annimmt und die grundsätzliche Geltung der *minimum contact*-Doktrin – unabhängig von der Existenz spezieller Zustellungsvorschriften – bei der Bestimmung von *personal jurisdiction* deutlich macht. Diese Klarstellung gebietet dabei nicht nur das Bedürfnis nach einer bundesweit einheitlichen Rechtsprechung in dieser Frage und nach einer Begrenzung der ohnehin schon weitgefassten Zuständigkeiten mit dem Ziel, den (potentiellen) ausländischen Beklagten zu schützen. Vor allem gebietet dies auch das System des Zuständigkeitsrechts selbst. Es kann insofern nicht angehen, dass das gesamte Fundament des Rechts von *personal jurisdiction*, wie es sich in der modernen Interpretation der *minimum contact*-Doktrin durch die Rechtsprechung widerspiegelt, mittels einfacher einzelstaatlicher Zustellungsvorschriften quasi „durch die Hintertür" zunichte gemacht wird. Zur Bewahrung eines kohärenten und insbesondere auch verfassungsgemäßen Zuständigkeitsrechts muss im Gegenteil die klare Differenzierung zwischen von Zustellungs- und Zuständigkeitserfordernissen in aller Deutlichkeit ausgesprochen werden.

B. Personal jurisdiction wegen „doing business"

Der zweite wichtige Anknüpfungspunkt der Zuständigkeitsbegründung über Gesellschaften ist deren wirtschaftliche Tätigkeit, das sog. *doing business*, im Forumstaat. Im Gegensatz zu der Zuständigkeit aufgrund von (expliziter oder im-

---

1686 Riou, 14 Rev. Litig. 741, 773 ff. (1995) m.w.N.

1687 *First American Corp. v. Price Waterhouse LLP vom 14. Juli 1998; 154 F.3d 16 (Second Circ. N.Y. 1998).*

1688 Siehe dazu ausführlich oben unter Teil 3 C.X.3. und 4.

pliziter) Zustimmung, wird im Fall einer *doing business*-Zuständigkeit rein faktisch auf die tatsächliche Existenz und das Volumen der wirtschaftlichen Tätigkeit im Forumstaat abgestellt. Ob darüber hinaus eine Lizenz existiert oder ein Zustellungsvertreter benannt wurde, ist in diesem Fall ohne Bedeutung. Vielmehr entwickelte sich diese Form der Zuständigkeitsbegründung aus einem praktischen Bedürfnis, ausländische Gesellschaften in den Herrschaftsbereich der einzelstaatlichen Gerichte zu bringen, wenn sie in gewissem Umfang am Wirtschaftsleben im Forumstaat teilnehmen ohne dort unbedingt über eine physische Präsenz mittels natürlicher Personen zu verfügen.

Seit 1839 war nach Ansicht des *Supreme Court* eine ausländische Gesellschaft eine Art Fiktion (*fictious entity*), die außerhalb des Territoriums, auf dem sie gegründet wurde, keinerlei Existenz besaß[1689]. Alle ihre Handlungen außerhalb dieses Territoriums wurden als solche eines „abwesenden Souveräns" betrachtet, die von einem autorisierten Vertreter ausgeführt wurden. Daraus resultierte, dass *personal jurisdiction* über eine Gesellschaft nur möglich war, wenn ein Vertreter benannt worden war, der ausdrücklich autorisiert wurde für die ausländische Einheit aufzutreten oder die Klage entgegenzunehmen (Zustellung). Die Etabilerung derZuständigkeit war damit nur über den Umweg des Vertreters innerhalb des Forums möglich. Diese Auffassung wurde dann im Jahr 1858 zunächst dahingehend modifiziert, dass ein wirtschaftliches Tätigwerden im Forum (*doing business*) den fehlenden Vertreter ersetzen kann[1690].

I. General doing business: "continous and systematic contacts"

Im Gegensatz zu den im dritten Teil der Arbeit eingehend behandelten Fragen der besonderern Zuständigkeit (*specific jurisdiction*) über ausländische Beklagte, zu denen der *Supreme Court* erst 1987 in der *Asahi*-Entscheidung ausdrücklich Stellung nahm, war die Frage nach den Voraussetzungen allgemeiner internationaler Zuständigkeit bereits früher in zwei Entscheidungen angesprochen worden. In beiden Fällen war das *doing business* im Forum dabei der Anknüpfungspunkt für die Zuständigkeit.

1689 *Bank of Augusta v. Earle, 13 Pet. 519 (1839).*

1690 In *Lafayette Insurance Co. v. French, 18 How. 404 (1858)* war die Benennung eines rechtlichen Vertreters entgegen der einzelstaatlichen Vorschriften ausgeblieben, allerdings existierte ein Vertriebsvertreter, der vor Ort Verträge schloss.

1. Perkings v. Benguet

Perkins v. Benguet Consolidated Mining Co. [1691] ist bis heute der einzige Fall, in dem der *Supreme Court* die allgemeine Zuständigkeit über einen Ausländer bejaht hat.
Gestützt wurde die Zuständigkeit dabei insbesondere auf das Vorliegen von *„continous and systematic contacts"* zum Forum.
Die Beklagte war hier eine Gesellschaft unter phillipinischer Konzession. Während der japanischen Besetzung der Phillipinen im Zweiten Weltkrieg betrieb die Gesellschaft kontinuierlich und systematisch einen limitierten Teil ihrer Geschäftstätigkeit im Staat Ohio. Die Aktivitäten in Ohio umfassten Direktoren-Meetings, Geschäftskorrespondenz, Kontoführung, Zahlung von Gehältern und den Einkauf von Maschinen. Der *Supreme Court* entschied, dass *due process* die Gerichte in Ohio weder zwingt, noch davon abhält, ihre (*postwar*) Zuständigkeit über die Gesellschaft in einem Verfahren auszuüben, das nicht in Beziehung zu den Aktivitäten in Ohio stand oder aus diesen erwachsen war.
Offen gelassen wurde dagegen, wie viele oder wie intensive Kontakte grundsätzlich notwendig sind, um die allgemeine Zuständigkeit zu bejahen[1692].

2. Helicopteros Nacionales

Die Entscheidung in *Helicopteros Nacionales de Colombia S.A. v. Hall et al.*[1693] ist die zweite und bisher letzte Entscheidung des *Supreme Court* im Hinblick auf die Frage nach den Voraussetzungen allgemeiner Zuständigkeit über ausländische Beklagte.
In diesem Fall stellte der *Supreme Court* zunächst fest, dass den verfassungsrechtlichen Anforderungen von *due process* Genüge getan ist, wenn die Gerichtsbarkeit auch für Ansprüche angenommen wird, die nicht aus den Geschäftsaktivitäten des Beklagten in dem betreffenden Staat, dessen Gerichtsbarkeit in Frage steht, herrühren, sofern ausreichende geschäftliche Kontakte des Unternehmens in dem Staat bestünden. Im konkreten Fall gelangte das Gericht allerdings zu dem Ergebnis, dass die Geschäftsaktivitäten nicht ausreichend i.S.v. *„continous and systematic"* seien, um die Zuständigkeit texanischer Gerichte für Ansprüche zu begründen, die nicht aus den geschäftlichen Aktivitäten in diesem Staat entstanden waren. Dabei waren die Kontakte objektiv betrachtet insgesamt nicht unerheblich[1694]. Das Gericht entschied dennoch, dass ein Niveau

---

1691 *342 U.S. 437 (1952).*

1692 Hornbeck, 59 Alb. L. Rev. 1389, 1399 (1996).

1693 *466 U.S. 408 (1984).*

1694 Eine in Kolumbien ansässige Firma hatte von einem texanischen Unternehmen Helicopter gekauft und zu diesem Zweck auch Mitarbeiter zur Schulung nach Texas geschickt und weiteres Equipement gekauft. Diese geschäftlichen Aktivitäten hatten sich über siean Kontakten, wie es im Fall *Perkins* vorhanden war, nicht erreicht sei, da die dort gegebene physische Präsenz vorliegend fehlte. Implizit stellte das Gericht damit eine Regel auf, wonach ein gewisses Maß an physischer Präsenz im Forumstaat erforderlich sein muss[1695]. Darüber hinaus lässt die Entscheidung viele Fragen hinsichtlich der Voraussetzungen der allgemeinen Zuständigkeit über ausländische Beklagte offen[1696]. Die konkrete Ausfüllung des Begriffes der *„contionous and systematic contacts"* bleibt damit auch hier wieder im Dunkeln[1697].

3. Verzicht auf den Fairness-Test

Weder in *Perkins* noch in *Helicopteros Nacionales* geht der Supreme Court offensichtlich davon aus, dass im Hinblick auf Fragen der Zuständigkeit ein ausländischer Beklagter anders zu behandeln sei als ein US-amerikanischer Staatsbürger oder eine US-amerikanische Gesellschaft[1698]. Das Gericht übernimmt damit gänzlich die in den *domestic cases* entwickelte *minimum contacts*- bzw. *„continous and systematic contacts"*-Analyse und wendet sie einfach im internationalen Kontext an[1699]. Die spezielle Problematik, die sich aus der Tatsache ergibt, dass der Beklagte nicht nur aus einem anderem Bundesstaat als dem Forumstaat stammt, sondern vielmehr außerhalb der USA seine Heimat hat, spricht die Entscheidung mit keinem Wort an.
Das typische *„fairness"*- und *„reasonableness"*-Vokabular, dass man aus den Entscheidungen zur besonderen Zuständigkeit kennt, fehlt gänzlich, die Belastung für den Beklagten wird nicht angesprochen. Dabei sprechen die Fakten nach Ansicht einiger Kommentatoren sogar dafür, dass es in diesem Fall nicht nur für den Beklagten voraussehbar, sondern noch nicht einmal besonders belastend war, in Texas verklagt zu werden[1700]. Dennoch scheint die Fairness-Analyse hier von vornherein unbeachtlich zu sein.

Erklärbar ist diese Betrachtung wohl dadurch, dass derjenige, der zum Objekt allgemeiner Zuständigkeit im Forum erklärt wird, so substantielle Kontakte zu diesem hat, dass eine Unterscheidung zwischen einem Beklagten eines anderen

---

ben Jahre hingezogen. Bei dem Absturz eines Hubschraubers wurden amerikanische Staatsangehörige getötet, deren Angehörige die kolumbianische Firma vor einem texanischen Gericht verklagten.

1695 Etwa Büros, Angestellte, Unterlagen oder Bankkonten; siehe Hornbeck, 59 Alb. L. Rev. 1389, 1399 (1996).

1696 So auch Pevsner/Curry, 29 Tex. Tech. L. Rev. 977, 987 (1998).

1697 Riou, 14 Rev. Litig. 741, 809 (1995).

1698 Born, 17 Ga. J. Int'l & Comp. L. 1, 5 (1987); Maltz, 1987 Duke L. J., 669, 676 (1987).

1699 Ellencrig, 24 Cal. W. Int'l L. J. 363, 372 (1994).

1700 Siehe Haugen, 11 B.U. Int'l L.J. 109, 123 (1993); Weinberg, 58 Cal. L.Rev. 913, 919 (1985).

Bundesstaates und einem Beklagten außerhalb der USA an Bedeutung verliert[1701]. Diese Unterscheidung ist es aber gerade, die es in Fällen besonderer Zuständigkeit rechtfertigt bzw. sogar gebietet, dass zusätzlich zur Frage nach den bestehenden Kontakten zum Forum eine Fairness-Prüfung zu erfolgen hat, die insbesondere eine Analyse der Belastungen für den ausländischen Beklagten im Hinblick auf einen Prozess im Forum zum Gegenstand hat. Gerade weil der ausländische Beklagte in diesem Fall nicht dem Inländer gleichsteht, muss eine zusätzliche „Härteprüfung" erfolgen.
Im Gegensatz dazu wiegen im Fall der Begründung von *general jurisdiction* aufgrund systematischer Kontakte zum Forumstaat die vorhandenen dauerhaften und intensiven Beziehungen zum Forum die Notwendigkeit einer Differenzierung hinsichtlich der Herkunft auf. Der ausländische Beklagte wird hier zum *„local insider"* bzw. zum *„quasi-domicilary"*[1702].

4. *General doing business-Zuständigkeit in der Praxis*

Die dürftige höchstrichterliche Rechtsprechung lässt viele wichtige Fragen unbeantwortet. Grundsätzlich fehlt es insofern an einer Ausfüllung des unbestimmten Begriffes der *„continous and systematic contacts"* als zentralem Anknüpfungspunkt für die Begründung einer potentiellen allgemeinen Zuständigkeit[1703]. Damit fehlen insbesondere auch konkrete Maßstäbe für die Etablierung der internationalen Zuständigkeit über multinationale Unternehmen, insbesondere solche, die in großem Umfang Produkte in die USA exportieren[1704].
Einigkeit besteht dagegen grundsätzlich zwischen *Supreme Court* und Lehre darüber, dass ausländische Gesellschaften, die ein ausreichendes Maß an wirtschaftlicher Tätigkeit in einem Bundesstaat entfalten, dort der allgemeinen Zuständigkeit unterfallen, selbst wenn sie weder im Forum eingetragen sind, noch ihren *principal place of business* dort haben[1705]. Ein deutsches Unternehmen, das in den USA geschäftliche Aktivitäten in einer gewissen Intensität betreibt, läuft damit grundsätzlich Gefahr, in quasi jedem Bundesstaat ein Klageforum für jegliche denkbaren Klagen zu eröffnen[1706].
Anschaulich wird dies auch an einer jüngeren Entscheidung im Zusammenhang mit dem Gletscherbahnunglück in Kaprun, in der die allgemeine Zuständigkeit

1701 Maltz, 1987 Duke L. J., 669, 676 f. (1987).
1702 Riou, 14 Rev. Litig. 741, 815 (1995).
1703 So auch Riou, 14 Rev. Litig. 741, 809 (1995).
1704 So auch Juenger, 2001 U. Chi. Legal F. 141, 158 (2001).
1705 Juenger, 2001 U. Chi. Legal F. 141, 159 (2001).
1706 Auch im Falle der Holocaust *class actions* gegen deutsche Unternehmen wurde die internationale Zuständigkeit an *doing business* in Form der *general jurisdiction* geknüpft, dazu Heß, AG 1999, 145, 147.

über die deutsche Siemens AG bejaht wurde[1707]. Zur Begründung wurde neben verschiedenen Einzelkontakten – wie eine Hand voll Angestellte, Konten etc. – insbesondere auch die Werbung auf der firmeneigenen Website herangezogen, auf der es heißt:

„Siemens has been an integral part of the U.S. economy for almost fifty years" and "We are building on that presence in all fifty states: The American market now generates about 22 percent of Siemens'[s] worldwide revenues and was the company's largest source of new orders in fiscal 2000";

außerdem die Tatsache, dass die Seite interaktive Angebote bereithielt[1708]. Verhältnismäßigkeitsgesichtspunkte wurden mit keinem Wort angesprochen. Interessanterweise wurde in einem Parallelverfahren gegen den österreichischen Bahnbetreiber die allgemeine Zuständigkeit wegen *doing business* nicht zuletzt deshalb abgelehnt, weil dessen internetgestützte Marketingaktivitäten offensichtlich gerade keinerlei interaktive Angebote enthielten[1709].
Das Beispiel verdeutlicht insofern auch, dass eine (allgemeine) Zuständigkeit im Zusammenhang mit Internet-Aktivitäten wie Vermarktung und Vertrieb in Zukunft sicherlich eine entscheidende Rolle spielen wird und auf längere Sicht auch die Entwicklung neuer Zuständigkeitsmaßstäbe verlangt[1710].

Die allgemeine Zuständigkeit aufgrund von *doing business* stellt aktuell ein enormes Risiko für ausländische Gesellschaften dar, die kontinuierlich in den USA wirtschaftlich tätig sind. Ein Autohersteller oder eine Versicherungsgesellschaft, die routinemäßig ihre Produkte in verschiedene U.S.-amerikanische Staaten exportieren, müssen sich fragen, ob sie allein durch diese Tatsache unter die allgemeine Zuständigkeit all dieser Staaten fallen und damit unter Umständen ruinösen *class actions* ausgesetzt werden können, die nicht einmal mit den Aktivitäten in den USA im Zusammenhang stehen müssen. Die Vorteile eines wirtschaftlichen Tätigwerdens auf U.S.-amerikanischem Territorium über ein gewisses Maß hinaus sind damit nur zum Preis potentieller Gerichtsbarkeit für beinahe sämtliche denkbare – insbesondere nicht-vertraglichen – Ansprüche zu haben. Fatal ist dabei vor allem auch die fehlende Kalkulierbarkeit dieser Zustän-

---

1707 *In re Ski Train Fire in Kaprun, Aus., 230 F. Supp. 2d 376, 382 ff. (2002).*

1708 *In re Ski Train Fire in Kaprun, Aus., 230 F. Supp. 2d 376, 382 f. (2002).*

1709 Allerdings wurde auch das Volumen der Aktivitäten bereits als nicht ausreichend betrachtet, *In re Ski Train Fire in Kaprun, Austria on November 11, 2003 WL 22909153 (S.D.N.Y.).*

1710 Siehe zum Überblick über *personal jurisdiction* bei Internetaktivitäten etwa Burns/Bales, 53 Me. L. Rev. 29 (2001); außerdem *In re Ski Train Fire in Kaprun, Austria on November 11, 2003 WL 22909153 (S.D.N.Y.),* wo die besondere Zuständigkeit aber trotz Internetaktivitäten (nur Werbung) verneint wurde.

digkeit mangels konkreter Maßstäbe bezüglich der von der Rechtsprechung geforderten Qualität und Quantität der Kontakte zum Forum und das damit einhergehende erhebliche Maß an Rechtsunsicherheit[1711].

II. Der Sonderfall einer „hybriden" Zuständigkeit in Keeton

Die Kriterien der Rechtsprechung für die Begründung besonderer Zuständigkeit über ausländische Beklagte sind im Rahmen des dritten Teils der Arbeit ausführlich behandelt worden. Im Fall von *doing business* geht es im Kern um die Beziehung zwischen den notwendigen Kontakten des Beklagten zum Forum, also den *minimum contacts* in Form von geschäftlichen Kontakten (*doing business*), und dem Klagegrund. Ergibt sich der Klagegrund aus den bestehenden Kontakten zum Forum oder hängt mit diesen zusammen, so muss weiterhin im Sinne eines Fairness-Tests die Verfassungsmäßigkeit der Zuständigkeit überprüft werden.
Die Zuständigkeit über einen ausländischen Beklagten kann sich also grundsätzlich entweder aufgrund intensiver Beziehungen zum Forumstaat ergeben (*general jurisdiction*) oder aber aufgrund von spezifischen Beziehungen, die im direkten Zusammenhang mit dem geltend gemachten Anspruch stehen (*specific jurisdiction*).

In einer jüngeren Entscheidung hat der *Supreme Court* nunmehr eine Art dritte Kategorie geschaffen, die es erlaubt, die Zuständigkeit auch dann zu bejahen, wenn keine der eben genannten Voraussetzungen erfüllt sind.

In *Keeton v. Hustler Magazine*[1712] wurde dementsprechend die Zuständigkeit bejaht, obwohl sowohl die mit dem Klagegegenstand in Beziehung stehenden Kontakte des Beklagten im Sinne von *doing business* mit dem Forumstaat als auch die davon unabhängigen Kontakte für sich genommen nicht ausgereicht hätten, um die Zuständigkeit zu bejahen[1713]. Die Zuständigkeit wurde daher da-

---

1711 Unklar ist insofern etwa auch, welche Zeitspanne in die Beurteilung mit einfließt; präzise Aussagen lassen sich hier nicht treffen. So wurde etwa in einem Fall in der Berufungsinstanz gerügt, dass der *district court* nur ein Jahr als relevante Zeitspanne betrachtet hatte, während sechs Jahre unter den Umständen des Falles angebracht gewesen wären,; siehe *Metropolitan Life Ins. Co. v. Robertson-Ceco Corp., 84 F.3d 560, 570 (1996). Siehe auch Helicopteros Nucionales de Colombia S.A. v. Hall et al., 466 U.S. 408, 409 ff. (1984)* (7 Jahre)*; Wilson v. Belin, 20 F.3d 644, 650 f. (5th. Cir. 1994)* (5 Jahre).

1712 *465 U.S. 770 (1984).*

1713 Im Sachverhalt hatte der Kläger eine Verleumdungsklage gegen Hustler angestrengt. Hustler hatte von der in Frage stehenden Ausgabe in New Hampshire nur wenige Exemplare verkauft, vertrieb allerdings unabhängig davon regelmäßig Ausgaben des Magazins auf dem relevanten Markt.

durch begründet, dass beide Arten von Kontakten kummuliert wurden[1714]. Die Entscheidung schafft damit eine Art „hybrider" Zuständigkeit für Fälle, in denen die klassischen Kategorien von allgemeiner und besonderer Zuständigkeit nicht zum gewünschten Ergebnis führen und erweitert damit noch einmal die potentielle Gerichtspflichtigkeit ausländischer Beklagter im Fall wirtschaftlicher Aktivitäten im Forumstaat.

C. Handlungs- und Erfolgsortzuständigkeit

In der Rechtsprechung ist allgemein anerkannt, dass die Einzelstaaten ein besonderes Interesse daran haben, *personal jurisdiction* über die Personen auszuüben, die deliktische Handlungen innerhalb ihres Territoriums begehen[1715]. Das ergibt sich nicht zuletzt aus dem Regulierungsinteresse des Staates sowie dem berechtigten Interesse, die eigenen Bürger vor deliktischen Handlungen zu schützen bzw. ihnen rechtliche Mittel zur Verfolgung solcher Delikte an die Hand zu geben. In diesem Fall wird regelmäßig eine Deliktsortzuständigkeit greifen[1716]. Bezugspunkt für die Zuständigkeit ist hier das konkrete Geschehen innerhalb des Territoriums, das im Hinblick auf daran geknüpfte Rechtsfolgen der Autorität des Einzelstaates unterfällt.

Etwas schwieriger einzuordnen sind Fälle, in denen Handlungs- und Erfolgsort auseinanderfallen, sog. Distanzdelikte. Gerade im Bereich der Produkthaftung sind diese Konstellationen dabei heute von großer praktischer Bedeutung. Im modernen Wirtschaftsleben wird ein Produkt oftmals an einem vollkommen anderen Ort hergestellt als dem, an welchem es schließlich in die Hand des Verbrauchers gelangt und benutzt wird. In diesem Fall muss man insofern die Frage stellen, wie etwa die Kontakte des originären Herstellers zum Forum ausgestaltet sein müssen, wenn dieser ein Produkt außerhalb der USA herstellt, das im Folgenden in das spezifische Forum in den USA gelangt und dort Schaden anrichtet.
Viele *long-arms* kennen neben der Zuständigkeit aus *doing business* und der Handlungsortzuständigkeit eine Erfolgsortzuständigkeit, die Anwendung findet, wenn Personen innerhalb des Staates durch außerhalb des Staates begangene Handlungen geschädigt werden[1717]. Denn die Einzelstaaten haben grundsätzlich ein Interesse daran, ihre Zuständigkeit auf solche Fälle auszuweiten, in denen

[1714] *"Respondent is carrying on a "part of its general business" in New Hampshire, and that is sufficient to support jurisdiction when the cause of action arises out of the very activity being conducted, in part, in New Hampshire."(Keeton v. Hustler Magazine, Inc., 465 U.S. 770, 780 (1984)).*

[1715] *Keeton v. Hustler Magazine, Inc., 465 U.S. 770, 776 (1984).*

[1716] Siehe z.B. zu einer solche Zuständigkeit in Texas etwa Occhiali, 158.

[1717] Vgl. etwa für New York *C.P.L.R. § 302 (a) (3).*

zwar die deliktische Handlung nicht im eigenen Territorium stattfindet, dennoch aber nicht unerhebliche Auswirkungen dort hat. Hierher gehört insbesondere die Haftung für die Herstellung fehlerhafter Produkte. In diesen Fällen findet die eigentliche deliktische Handlung, die in der Herstellung des defekten oder schädigenden Produktes liegt, *out-of state* statt.

Während dieser Fall etwa in Deutschland eindeutig unter die Zuständigkeit gem. § 32 ZPO fallen würde, die sowohl eine Handlungs- also auch eine Erfolgsortzuständigkeit begründet[1718], ist aufgrund der zuständigkeitsrechtlichen Grundsätze des US-amerikanischen Rechts die Lösung dort weniger eindeutig.
Der *Supreme Court* hat sich ausführlich mit der Problematik in seinen Entscheidungen in *World-Wide Volkswagen* und *Asahi* befasst und insbesondere das sog. *purposeful availment*-Kriterium als Kernelement der Zuständigkeitsbegründung in solchen Fällen entwickelt[1719], wonach es eines wissentlichen und gezielten Ausnutzens des jeweiligen Marktes durch den Beklagten bedarf. Der Eintritt des Schadens im Forumstaat ist damit in diesen Fällen gerade deshalb ausreichend für die Begründung der Zuständigkeit, weil der Hersteller regelmäßig wollte bzw. jedenfalls damit rechnen musste, dass sein Produkt in den betreffenden Staat gelangt und außerdem ein schützenswertes Interesse des Forumstaates selbst bejaht wird, seinen Bürgern gerichtlichen Schutz gegen derartige Schäden zu gewähren. Grundsätzlich bedarf es also neben dem bloßen Schadenseintritt im Forum der ausdrücklichen Feststellung eines *purposeful availment* in Richtung auf den Forumstaat.

Problematischer ist die Begründung der Zuständigkeit, wenn Handlungs- und Erfolgsort beide im Ausland belegen sind, wie insbesondere im Fall von Massenunfällen außerhalb des US-amerikanischen Territoriums. Hier kann es schwierig sein, den notwendigen Zusammenhang zwischen Klagegrund und Forum zu begründen und damit zu einer Zuständigkeit zu gelangen. Ein solcher Sachverhalt lag dem Gletscherbahn-Unglück in Kaprun zugrunde. Hinsichtlich der Klage gegen den österreichischen Betreiber verneinte das Gericht insofern die Zuständigkeit, weil es nach dem vorzunehmenden *situs-of-injury test* gerade an einem Schaden im Forumstaat fehlte und damit die Voraussetzung des *long-arm* nicht erfüllt war[1720].

1718 Vgl. Hartmann, in: Baumbach/Lauterbach/Hartmann, § 32 Rn. 17 f.

1719 Siehe dazu ausführlich oben unter Teil 3 C.VII.3. und 6.

1720 *"Austria corporation's tortious activities that allegedly caused fatal ski train fire at its ski resort did not cause injury to a person "within New York," as required to exercise personal jurisdiction over the corporation under New York's long-arm statute; "original event" that caused the injuries occurred in Austria", In re Ski Train Fire in Kaprun, Austria on November 11, 2003 WL 22909153(S.D.N.Y.)* (zugelassen wurde die *class action* vor dem *Judicial Panel on Multidistrict Litigation* in *In re Ski Train Fire in Kaprun,*

D. Zuständigkeitsdurchgriffe: Zurechnungsmaßstäbe bei körperschaftlichen Verknüpfungen

Ein besonderes Problem innerhalb der Frage nach den Möglichkeiten der Zuständigkeitsbegründung über ausländische Gesellschaften ergibt sich aus den unterschiedlichen Möglichkeiten von besonderen Zuständigkeitsdurchgriffen, die die Rechtsprechung im Laufe der Zeit entwickelt hat.

Parallel zu der Existenz einer materiellrechtlichen Durchgriffshaftung[1721] kennt das U.S.-amerikanische Zuständigkeitsrecht damit auch Möglichkeiten, über den Umweg der Zuständigkeit über eine vom Beklagten zunächst einmal verschiedene rechtliche Einheit die Zuständigkeit über diesen selbst zu begründen. In der Praxis bedeutsam sind insbesondere Zuständigkeitsdurchgriffe im Rahmen von Prozessen gegen US-Tochtergesellschaften ausländischer Unternehmen, wie es regelmäßig im Rahmen von Produkthaftungsklagen gegen US-Vertriebsgesellschaften der Fall ist, wenn die Produktentwicklung und –herstellung bei der ausländischen Muttergesellschaft erfolgt ist[1722].
Unter bestimmten Voraussetzungen erlaubt damit die rechtmäßige Zuständigkeit über eine gesellschaftsrechtliche Einheit die Etablierung der Zuständigkeit über eine andere Einheit. Der Zurechnungsfaktor kann sich dabei aus Gesichtspunkten der Rechtsnachfolge sowie insbesondere aufgrund allgemeiner gesellschafts- oder konzernrechtlicher bzw. unter Umständen auch nur tatsächlicher Verflechtungen ergeben.

I. Die Zuständigkeit aufgrund von "successor liability" und "corporate „embodiement"

Grundsätzlich gilt, dass die Nachfolgegesellschaft die Kontakte des Vorgängers mit dem Forumstaat in dem gleichen Maße wie dessen materiellrechtliche Haftung (nach dem Recht des Forums) übernimmt[1723]. Haftet der Nachfolger materiellrechtlich für Handlungen des Vorgängers, so ist auch die Zuständigkeit gegeben. Jedenfalls in deliktsrechtlichen Fällen wird dabei das materiell anwendbare Recht regelmäßig das Recht des Forumstaates sein.

Austria on November 11, 2000, 2003 U.S. Dist. LEXIS 17958, allgemein zum JPML oben unter Teil 3 B.VIII.4.).

1721 Für einen Überblick über die Durchgriffshaftung im US-amerikanischen Recht siehe Veltins, RIW 1983, 713 ff.

1722 Schwung, AnwBl. 1993, 436, 437.

1723 *Williams v. Bowman Livestock Equip. Co., 927 F.2d 1128, 1132 (10th Cir. 1991); Richmond v. Madison Mgmt. Group, Inc., 918 F.2d 438, 454 f. (4th Cir. 1990); Duris v. Erato Shipping, Inc., 684 F.2d 352, 356 (6th Cir. 1982), affirmed on other grounds, 461U.S. 529 (1983); McClary v. Erie Engine & Mfg. Co., 856 F. Supp. 52, 57 (D.N.H. 1994); Mesiti v. Microdot, Inc., 739 F. Supp. 57, 60 (D.N.H. 1990).*

Nach dieser sog. *doctrine of successor liability* muss der Kläger zwei Dinge darlegen: Zum einen, dass *personal jurisdiction* über den Vorgänger besteht und zum anderen, dass der Nachfolger für das Verhalten des Vorgängers nach dem Recht des Forumstaates haftet[1724].
Damit ist die Frage nach einem Zuständigkeitsdurchgriff letztlich identisch mit der Frage nach der Existenz der Rechtsfigur der *successor liability* im jeweiligen Forumstaat[1725]. Die Zuständigkeit folgt in diesen Fällen dem materiellen Haftungsrecht und verliert durch diese Vermischung ihre eigenständige rechtliche Bedeutung. Hier gilt dann entgegen jeder Systematik: Wer haftet, für den sind wir auch zuständig.

Eine ganz ähnliche Möglichkeit der Zuständigkeitsbegründung über Nachfolgegesellschaften gerade im Hinblick auf deliktische Handlungen (etwa Produkthaftung) der Vorgänger ist die *corporate embodiment*-Theorie. In diesem Fall besteht aufgrund der Tatsache, dass der Beklagte zum „gesellschaftsrechtlichen Körper" des Vorgängers wird, die Zuständigkeit für dessen frühere Handlungen[1726].
Diese Theorie, die grundsätzlich konzipiert ist für Situationen wie Fusionen (*merger*), Zusammenschlüsse (*consolidation*) und ähnliche Zusammenführungen von Unternehmen, wird dabei zum Teil ausgeweitet auf Situationen, die nur Teilverkäufe beinhalten, wie beispielsweise den Verkauf einer Produktlinie samt Marke und Patentrechten[1727].

Hauptargument ist in diesen Fällen die erwünschte Konnexität zwischen Zuständigkeits- und materiellem Recht. Die Zuständigkeit wird also bejaht, nachdem festgestellt wurde, dass die Nachfolgegesellschaft materiellrechtlich haftbar ist für die von der Vorgängerin begangenen Handlungen. In diesem Fall soll auch die Zuständigkeit grundsätzlich bejaht werden[1728].

[1724] *McClary v. Erie Engine & Mfg. Co., 856 F. Supp. 52, 57 (D.N.H. 1994)*

[1725] *Patrick v. Mass. Port Auth., 141 F. Supp. 2d 180, 185 (DNH 2001).*

[1726] Vgl. allgemein zu diesen Fällen *Simmers v. American Cyanamid Corp., 394 Pa. Super. 464 (Pa. Super.Ct. 1990).*

[1727] *"A successor which through a merger, consolidation or de facto merger is the corporate embodiment of its predecessor must not be permitted to immunize itself in a specific jurisdiction from the liabilities of its predecessor. Likewise, a successor company which purchases and manufactures a predecessor's product line cannot avoid the jurisdiction of those forums wherein the product was previously manufactured and distributed."(Simmers v. American Cyanamid Corp., 394 Pa. Super. 464, 490 f. (Pa. Super.Ct. 1990)).*

[1728] *Simmers v. American Cyanamid Corp., 394 Pa. Super. 464, 481, 485 (Pa. Super.Ct. 1990)* quoting *Duris v. Erato Shipping, 684 F.2d 352 (6th Cir. 1982).*

Hier findet somit bewusst eine Vermischung von Fragen des materiellen Haftungsrechts und Fragen der Zuständigkeit statt und zwar in der Weise, dass das materielle Recht im Ergebnis eine weitere Zuständigkeit schafft[1729].

II. Die Lizenz des Nachfolgers

Die bereits angesprochene Zuständigkeit über Gesellschaften aufgrund einer erteilten Lizenz erstreckt sich auch auf Handlungen, die eine Vorgängergesellschaft im Bezug auf ein bestimmtes Forum begangen hat, da die allgemeine Zuständigkeit grundsätzlich auch im Hinblick auf Handlungen besteht, die nicht mit den Kontakten des Beklagten mit dem Forum in Zusammenhang stehen[1730]. Im Rahmen der Bewältigung der DES-Prozesse in New York[1731] wurde die Zuständigkeit über eine Nachfolgegesellschaft im Hinblick auf Handlungen ihrer Vorgängerin unter Berufung auf die Vorschrift *C.P.L.R. § 301*[1732] allein darum bejaht, weil die Nachfolgerin eine Genehmigung besaß, in New York wirtschaftlich tätig zu werden[1733]. Die Tatsache einer existierenden Lizenz reichte insofern aus, um die Zuständigkeit über in New York begangene Handlungen der Vorgängergesellschaft zu begründen[1734]. Die Nachfolgerin war weder jemals in New York präsent gewesen, noch hatte sie DES dort vertrieben. Im Sinne der *minimum contacts*-Doktrin verfügte sie damit nicht über ausreichende Beziehungen zum Forumstaat.
Die Zuständigkeit wurde auch nicht etwa aus den Beziehungen der Vorgängergesellschaft mit dem Forum hergeleitet, indem diese der Nachfolgegesellschaft im Hinblick auf die Zuständigkeit zugerechnet wurden. Ein solcher Umweg war unnötig, da die Lizenz als solche ein ausreichendes Kriterium für die Zuständigkeit darstellte. Die durch sie begründete allgemeine Zuständigkeit erlaubte insofern einen Prozess in New York, obwohl die Beklagte über keinerlei Kontakte zu diesem Forum verfügte, geschweige denn über *„continous and systematic contacts"*, wie sie im Rahmen einer allgemeinen Zuständigkeit aus *doing business* notwendig wären.

1729 *"Certain principles of the substantive law with respect to the assumption by successor corporations of products liability are relevant to a jurisdictional question."*(*Simmers v. American Cyanamid Corp., 394 Pa. Super. 464, 481 (Pa. Super.Ct. 1990)*)

1730 *Helicopteros Nacionales de Colombia S.A. v. Hall et al., 466 U.S. 408, 414 (1984).*

1731 Zu den DES-Prozessen als spektakuläres Beispiel für *national toxic tort litigation* siehe auch oben unter Teil 3 C.IX.1.

1732 *C.P.L.R. § 301* lautet:" *Jurisdiction over persons, property or status: A court may exercise such jurisdiction over persons, property, or status as might have been exercised heretofore.* "

1733 *In re DES, 789 F. Supp. 552, 591(1992).*

1734 Die Stayner Corporation war mit Boehringer fusioniert und Boehringer besaß die Lizenz gem. *C.L.P.R. § 301.*

Dogmatisch ist nicht nachvollziehbar, warum derjenige, der tatsächlich Geschäfte in den USA betreibt, diese jedenfalls kontinuierlich und systematisch betreiben muss, um unter die allgemeine Zuständigkeit zu fallen, während derjenige, der im Zweifel nur über eine Lizenz auf dem Papier verfügt, ohne tatsächlich auf dem Markt tätig zu sein, bereits deshalb umfassend gerichtspflichtig ist. Mit dem Grundsatz des *due process* ist eine solche Zuständigkeit jedenfalls nicht vereinbar. Dies gilt umso mehr, wenn die dem Prozess zugrundeliegenden Handlungen der Beklagte selbst nicht vorgenommen hat, sondern diese ihm nur haftungsrechtlich zugerechnet werden. Die immer weitergehende Entfernung von der Notwendigkeit eines notwendigen und nachvollziehbaren konkreten Bezugs zwischen Beklagtem und Forum zur Rechtfertigung einer Zuständigkeit erreicht in diesem Fall ihren Höhepunkt.

III. Die Zuständigkeit über Tochter- bzw. Muttergesellschaften

Eine andere wichtige Frage betrifft die Zurechnung von Kontakten im Rahmen wirtschaftlicher und gesellschaftsrechtlicher Verflechtungen, etwa bei großen Konzernen, insbesondere im Hinblick auf die Beziehungen zwischen Mutter- und Tochtergesellschaften oder Filialen[1735].

Fraglich ist dabei, inwieweit die Präsenz oder die Kontakte einer Tochtergesellschaft (*subsidiary*) im Rahmen von Zuständigkeitsfragen ihrer ausländischen Mutter zugerechnet werden und umgekehrt.

Kann also etwa ein selbständiges ausländisches Tochterunternehmen einer U.S.-amerikanischen Mutter wegen im Ausland begangener deliktischer Handlungen nur aufgrund seiner (gesellschafts-)rechtlichen Beziehung zur Mutter als einzigem Kontakt zu den USA dort verklagt werden?

Oder kann ein Kontakt im Sinne von *doing business* einer nationalen Tochtergesellschaft eine Zuständigkeit über die im Ausland belegene Mutter begründen[1736]?

Im internationalen Zuständigkeitsrecht sind diese Fragen von besonderer Bedeutung. Die Möglichkeit einer Zurechnung von Kontakten gesellschaftsrechtlich verbundener Unternehmen bzw. Teile eines Unternehmens bedeutet eine nicht unerhebliche Ausweitung der Zuständigkeit über ausländische Unternehmen, oftmals unter Missachtung gesellschaftsrechtlicher Grundsätze.

1735 Siehe zu der parallelen Problematik im Leistungssport hinsichtlich des Durchgriffs auf den internationalen Verband über den Umweg der Zuständigkeit über den nationalen Verband Heß, ZZPInt 1 (1996), 371, 378 ff.

1736 Eine solche Zuständigkeit ist dabei besonders problematisch, da sie regelmäßig in Form der *general jurisdiction* existieren wird, so dass die allgemeine Zuständigkeit über die Tochter eine allgemeine Zuständigkeit über die ausländische Mutter nach sich zieht; Grothe, RabelsZ 58 (1994), 686, 702 f.

1. Fillialen und andere nicht gesellschaftsrechtlich getrennte Teile

Teile von Unternehmen, die von vornherein nicht klar gesellschaftsrechtlich von dem Mutterunternehmen zu trennen sind, wie etwa eine abhängige Filiale, werden regelmäßig als Teil des Hauptunternehmens betrachtet. Rechtlich werden beide also als eine Einheit behandelt, so dass die Präsenz von einem Teil im Forum jeweils gleichsam als Präsenz des anderen gilt. *Personal jurisdiction* besteht dann eindeutig über sämtliche Teile des Unternehmens sowohl im Ausland als auch im Inland[1737].

Die Situation ist dagegen weniger eindeutig, wenn die Muttergesellschaft eine selbstständige Tochtergesellschaft oder ein *joint venture* im Ausland errichtet. In diesem Fall fragt sich, ob die gesamte *corporate group* Zuständigkeitsobjekt im jeweiligen Forum ist. Rechtlich gesehen sind Mutter und Tochter getrennte Einheiten und jede ist *„citizen"* eines anderen Staates. Jede Einheit verfügt vermutlich über ihre eigenen Geschäftsführer, Angestellte und eine eigene Buchführung, so dass zwei vollkommen eigenständige Gesellschaften bestehen[1738]. Insofern sollte die Zuständigkeit über die eine Gesellschaft auch nicht automatisch Zuständigkeit über die andere verleihen. Das gilt grundsätzlich selbst dann, wenn die Tochter hundertprozentig der Mutter gehört[1739].

2. Behandlung gesellschaftsrechtlich autonomer Teile durch die Rechtsprechung

In derRechtsprechung besteht zunächst einmal Einigkeit darüber, dass die Mutter-Tochter-Beziehung für sich alleine genommen einem Gericht nicht erlaubt, die Kontakte der einen Einheit der anderen zuzurechnen. Insbesondere kann die Zuständigkeit über die Tochter nicht automatisch die Zuständigkeit über die

1737 Mckinnon, 21 Pepp. L. Rev. 1219, 1236 (1994).

1738 Mckinnon, 21 Pepp. L. Rev. 1219, 1236 (1994).

1739 Siehe auch das *Restatement (Second) of Conflict of Laws : Foreign Corporations § 52 com. b. (1971): "Judicial jurisdiction over a subsidiary corporation does not itself give a state judicial jurisdiction over the parent corporation. This is true even though the parent owns all of the subsidiary's stock. So a state does not have judicial jurisdiction over a parent corporation merely because a subsidiary of the parent does business within its territory (...) Judicial jurisdiction over a parent corporation does not of itself give the state judicial jurisdiction over a subsidiary corporation...,* "(die *Restatements of Law*, die vom *ALI* herausgegeben werden, stellen dabei eine Darstellung der Rechtslage unter Berücksichtigung der Leitentscheidungen in verschiedenen Jurisdiktionen dar; zu Reformvorschlägen siehe Hill, 75 Ind. L. J. 536 (2000)).

Mutter verleihen[1740]. Ebenso ist die bloße Existenz einer *holding* mit eignen Untereinheiten nicht ausreichend, um gegenseitig Zuständigkeiten zuzurechnen[1741].

Jenseits dieser grundsätzlichen Fragen werden dagegen unterschiedliche Ansätze gewählt, um Zuständigkeitsdurchgriffe zu rechtfertigen[1742]. Diese unterscheiden sich oftmals vor allem in der Wahl der gebrauchten Begriffe und weniger in den tatsächlichen Anforderungen an die Eigenständigkeit der einzelnen Einheiten. Die erreichten Ergebnisse sind damit oft identisch[1743]. Zum Teil liegen den verschiedenen Theorien aber auch verschiedene tatsächliche Ausgangssituationen zugrunde und oftmals werden darüber hinaus unterschiedliche Ansätze in ein und derselben Entscheidung evaluiert[1744]. Das Gesamtbild der Rechtsprechung in diesem Bereich ist nach alledem recht uneindeutig und teilweise zusammenhangslos[1745].
In erster Linie sind insofern unterschiedliche Lösungsansätze zu erkennen, die insgesamt kombiniert werden können und zum Teil auch werden und die sich allerhöchstens in verschiedene „Rechtsprechungskategorien" einteilen lassen.

(a) Die Cannon-Rechtsprechung

Ein erster Ansatz folgt grundsätzlich der Entscheidung des *Supreme Courts* in *Cannon Manufacturing Co. v. Cudaby Packing Co.*[1746] und wird daher auch als *Cannon*-Doktrin bezeichnet[1747]. Danach werden die Kontakte nicht gegenseitig zugerechnet, solange sowohl Mutter wie auch Tochter die gesellschaftsrechtli-

---

1740 *Cannon Manufacturing Co. v. Cudaby Packing Co., 267 U.S. 333, 336 (1925); Delagi v. Volkswagenwerk AG of Wolfsburg, 29 N.Y.2d 426, 432 (1972); Volkswagenwerk Aktiengesellschaft v. Beech Aircraft Corp., 751 F.2d 117, 120 (2d Cir. 1984);* Lazarus, 31 Tort & Ins. L. J. 29, 37 (1995) m.w.N.

1741 *"The relationship of a holding company and the subsidiaries of which the holding company owns stock is not of a nature to support an agency relationship, or consequently, personal jurisdiction over the holding company or its day-to-day managing company."(SGI Air Holdings II LLC v. Novartis Int'l, AG, 192 F. Supp. 2d 1195, 1199 (2002 District of Colorado))*

1742 Lazarus, 31 Tort & Ins. L. J. 29, 37 (1995) unterscheidet drei Hauptansätze („*Cannon*", „*but for*" und „*alter ego*"); Mckinnon, 21 Pepp. L. Rev. 1219 (1994) unterscheidet zwei („*alter ego*" und „*agency*").

1743 Brown, 61 U. Cin. L. Rev. 595, 600 (1992), der dabei wiederum insgesamt von fünf verschiedenen Kategorien ausgeht.

1744 Siehe z.B. *Wells Fargo & Co. v. Wells Fargo Express Co., 556 F.2d 406, 426 f (9th Cir. 1977).*

1745 Brown, 61 U. Cin. L. Rev. 595, 601 (1992).

1746 *267 U.S. 333, 335 ff. (1925).*

1747 Brilmayer/Paisley, 74 Cal. L. Rev. 1, 2 (1986).

che Form einhalten und beachten[1748]. Dies wird aus der generellen Regel geschlossen, dass eine eigens eingetragene Tochtergesellschaft grundsätzlich ihren eigenen Hauptgeschäftssitz (*principal place of business*) hat. Die Kontakte einer Tochtergesellschaft, die als eigenständige Einheit geführt wird *(„operated as a distinct corporation")*, können damit nicht der Mutter zugerechnet werden[1749].
In *Cannon* war dabei das von den Klägern angeführte Argument für die Bejahung der Zuständigkeit ein faktischer *merger* („Verschmelzung") der beiden Gesellschaften. Die Mutter sollte danach sowohl durch die bloße Innehabung von 100% der Aktien der Tochter als auch angesichts weiterer Faktoren die komplette Kontrolle über die Tochter ausüben. Das Gericht entschied dennoch, dass aufgrund der Tatsache, dass es sich um zwei rechtlich voneinander verschiedene Einheiten handelte, die Zuständigkeit über die eine nicht die Zuständigkeit über die andere zur Folge haben konnte[1750].

Im Rahmen der *Cannon*-Doktrin wird vor allem eine formale Betrachtung vorgenommen. Solange rechtlich zwei eigenständige Gesellschaften bestehen, muss diese Trennung grundsätzlich respektiert werden. Damit kann umgekehrt dort, wo zwei Gesellschaften keine wirklich getrennten Einheiten (*seperate identies*) bilden, die wirksame Zustellung an die Mutter für die ausländische Tochter wirksam sein[1751].
Die Trennung zwischen beiden körperschaftlichen Gebilden muss also auch „echt" sein und nicht nur „fiktiv" bestehen, die Tochter darf also gerade nicht nur als „Vertreterin" der Mutter (*agent*) erscheinen.[1752] Damit kommt auch hier ein tatsächliches Moment ins Spiel, indem die gesellschaftsrechtliche Trennung, solange sie quasi nur auf dem Papier besteht, nicht ausreicht, um den Zuständigkeitsdurchgriff zu verhindern.

Dennoch ist dieser Standard relativ streng und der Beklagte ist solange geschützt, wie er die gesellschaftsrechtliche Trennung theoretisch und faktisch

---

[1748] Siehe z.B. *Schwartz v. Electronic Data Sys., Inc., 913 F.2d 279, 283 (6th Cir. 1990)*, wo es allerdings um die Frage der *diversity* und damit eine Frage der sachlichen Zuständigkeit ging, das Gericht aber ausdrücklich die *Canon*-Regel als auch hier gültig heranzog, außerdem *Southmark Corp. v. Life Investors, Inc. 851 F.2d 763, 773 f. (5th Cir. 1988), I.A.M. Nat'l Pension Fund v. Wakefield Indus., Inc., 699 F.2d 1254, 1258 f. (D.C. Cir. 1983), Savin Corp. v. Heritage Copy Prods., Inc., 661 F.Supp. 463, 467 f. (M.D. Pa. 1987).*

[1749] *Southmark Corp. v. Life Investors, Inc. 851 F.2d 763, 773 f. (5th Cir. 1988), Hargrave v. Fibreboard Corp., 710 F.2d 1154, 1159 ff (5th Cir. 1983).*

[1750] Brilmayer/Paisley, 74 Cal. L. Rev. 1, 3 (1986).

[1751] *I.A.M. Nat'l Pension Fund v. Wakefield Indus., Inc., 699 F.2d 1254, 1259 (D.C. Cir. 1983).*

[1752] *Savin Corp. v. Heritage Copy Prods., Inc., 661 F.Supp. 463, 467 f. (M.D. Pa. 1987).*

durchhält[1753]. In der Literatur wird insofern davon gesprochen, dass nach diesem Ansatz ein „formales Durchstoßen" der „körperschaftlichen Hülle" notwendig ist, die zunächst einmal beide Einheiten voneinander trennt[1754]. Die Gesellschaften werden hier solange als eigene Rechtssubjekte im Hinblick auf Zuständigkeitsfragen behandelt als nicht eindeutig die „gesellschaftsrechtliche Hülle" durchbrochen wird, indem der Nachweis erbracht wird, dass faktisch gerade keine selbständigen Rechtssubjekte existieren.

(b) Die „alter ego"-oder „mere department"-Theorie

Vielfach wird zur Begründung des Zuständigkeitsdurchgriffes die sog *„alter ego"*-Theorie herangezogen, bei der darauf abgestellt wird, dass die gesellschaftsrechtlichen Vorgaben in der Form missachtet werden, dass es zu einer faktischen „Vermischung" beider Rechtssubjekte kommt[1755].
Hier werden die Kontakte vor allem dann zugerechnet, wenn die Mutter totale Kontrolle über die Aktivitäten und Angelegenheiten der Tochter ausübt und damit eine Art *„alter ego"* der Tochter darstellt[1756]. Hier wird der Akzent also weniger auf eine formale Trennung als stärker auf die tatsächlichen Machtverhältnisse zwischen beiden Einheiten gelegt[1757]. Der Kläger muss darlegen, dass etwa die rechtlich getrennten Einheiten in Wirklichkeit nur Fiktion darstellen und die Tochter in Wahrheit nur als eine Art „Unterabteilung" (*department*) der Mutter fungiert[1758]. Beide Gesellschaften werden in diesem Fall wie eine Einheit behandelt, weil die Tochter nur Werkzeug der Mutter ist (*„instrumentality or tool"*[1759]).

1753 Siehe auch *Wehner v. Syntex Agribusiness, Inc., 616 F. Supp. 27, 29 (E.D. Mo. 1985)* (*"The law of corporations treats a parent and its subsidiary as two distinct and separate entities unless the parent and subsidiary act in a manner to destroy that separation."*).

1754 Sog. *"formal piercing of the corporate veil"*, Brown, 61 U. Cin. L. Rev. 595, 604 (1992);zu dieser Theorie im materiellen Haftungsrecht siehe Easterbrook/Fischel, 52 U. Chi. L. Rev. 89, 109 ff. (1985).

1755 *SGI Air Holdings II LLC v. Novartis Int'l, AG, 192 F. Supp. 2d 1195, 1201 (2002 District of Colorado).*

1756 *Vermeulen v. Renault, U.S.A., Inc., 985 F.2d 1534, 1548 (11th Cir.)* („alter ego"-Beziehung verneint), *cert. Denied, 113 S. Ct. 2334 (1993); Hargrave v. Fibreboard Corp., 710 F.2d 1154, 1160 (5th Cir. 1983); Omega Homes, Inc. v. Citicorp Acceptance Co., 656 F. Supp. 393, 399 (W.D. Va. 1987); Barber v. Pittsburgh Corning Corp., 317 Pa. Super 285, 299 (Pa. Super. Ct. 1983).*

1757 So auch ausdrücklich: *Taca International Airlines v. Rolls-Royce of England, Ltd., 15 N.Y.2d 97, 100 f. (1965).*

1758 *Akzona, Inc. v. E. I. Du Pont de Nemours & Co., 607 F. Supp. 227, 237 (1984).*

1759 *Miles v. American Tel. & Tel. Co., 703 F.2d 193, 195 (5th Cir. 1983).*

Im Ergebnis ähnelt die *„alter ego"*-Theorie der reinen *Cannon*-Rechtsprechung insofern, als auch hier letztlich echte Unabhängigkeit beider Einheiten gefordert wird, ohne dass eine die andere kontrolliert oder beherrscht. Der mehr formalistische Ansatz in der *Cannon*-Entscheidung wird hier nur zugunsten einer stärkeren Betonung tatsächlicher Organisationsstrukturen und Einflussnahme abgeschwächt. Beide Ansätze schließen sich damit nicht grundsätzlich aus und werden teilweise auch parallel verwendet[1760].
Der Kernbegriff ist im Fall des *„mere department"*-Ansatzes dabei der der „Kontrolle"[1761]. Das Ausmaß an tatsächlicher Kontrolle der Mutter über die Tochter entscheidet insofern darüber, ob die Tochter tatsächlich unabhängiges Rechtssubjekt oder in Wahrheit nur Teil der Mutter ist, mit der Folge, dass ein Durchgriff möglich ist. Kein Durchgriff auf die Mutter ist dagegen möglich, wo z.B. die finanzielle Unabhängigkeit der Tochter gepaart mit anderen Faktoren darauf hinweist, dass sie gerade nicht nur ein *department* der Mutter ist[1762].
Ausschlaggebend für die Abgrenzung sind dabei in erster Linie folgende Faktoren: die Beteiligung an der Tochter, die finanzielle Abhängigkeit, die Einmischung in Personalangelegenheiten und die Beachtung gesellschaftsrechtlicher Formen; außerdem die Kontrolle über das Marketing und allgemeine Betriebsabläufe (*operational policies*) der Tochter[1763].

Im Rahmen der bereits angesprochenen Klage vor einem New Yorker Gericht im Zusammenhang mit dem Kaprun-Unglück hatten die Kläger versucht, die Zuständigkeit über Siemens Austria mit Hilfe der *„alter ego"*-Theorie herzuleiten, indem sie die Zuständigkeit über Siemens Deutschland darlegten und im Folgenden die diesbezügliche Abhängigkeit von Siemens Austria behaupteten[1764]. Das Gericht entsprach dem Antrag auf Abweisung (*motion to dismiss*) von Siemens Austria mangels Darlegung, dass diese ein *„mere department"* von Siemens Germany war. Insbesondere fehlte insofern nach seiner Ansicht eine

---

1760 So etwa in *Hargrave v. Fibreboard Corp., 710 F.2d 1154, 1159 ff (5th Cir. 1983)*, wo das Gericht die *alter ego* Theorie aus der *Cannon* Rechtsprechung herleitet; ähnlich auch *Barber v. Pittsburgh Corning Corp., 464 A.2d 323 (Pa. Super. Ct. 1983)*, der die *Cannon*-Theorie als Ansatz nimmt.

1761 *Japan Petroleum Co. (Nigeria), Ltd. v. Ashland Oil Co., 456 F. Supp. 831, 841 (1978).*

1762 *Volkswagenwerk Aktiengesellschaft v. Beech Aircraft Corp., 751 F.2d 117, 120 (2d Cir. 1984);Marantis v. Dolphin Aviation, Inc., 453 F. Supp. 803; 805 (S.D.N.Y. 1978); Taca International Airlines v. Rolls-Royce of England, Ltd., 15 N.Y.2d 97, 100 f. (1965).*

1763 Siehe *Volkswagenwerk Aktiengesellschaft v. Beech Aircraft Corp., 751 F.2d 117, 120 ff.(2d Cir. 1984); In re Ski Train Fire in Kaprun, Aus., 230 F. Supp. 2d 403, 409 f. (2002); Schenker v. Assicurazioni Generali S.p.A., Consol., 2002 U.S. Dist. LEXIS 12845, 24 (2002); Larball Publishing Co. v. CBS, Inc., 664 F. Supp. 704, 707 (S.D.N.Y. 1987).*

1764 Siehe insofern zur Bejahung der Zuständigkeit über Siemens Deutschland in diesem Teil unten unter (d).

ausreichender Kontrolle in Personalangelegenheiten[1765]. Außerdem wurde die bloße Tatsache von „überlappenden" Posten in beiden Einheiten als nicht ausreichend gewertet, um daraus auf eine umfassende faktische Beherrschung im Sinne der Idee des „*mere department*" zu schließen[1766].

In bundesrechtlichen Kartellklagen (*federal antitrust*) hat der *Supreme Court* dagegen einen etwas weniger strengen Standard für den Zuständigkeitsdurchgriff zugelassen als die klassische „*alter ego*"-Doktrin. Hier gilt insofern das Stichwort der „signifikanten Kontrolle" (*significant control*[1767]. Damit bedarf es in diesen Fällen nicht mehr einer faktischen Identität im Sinne eines „*alter egos*", sondern es reicht aus, dass ein gewisses – signifikantes – Maß an Kontrolle über die Tochter ausgeübt wird. Dem sind andere Bundesgerichte gefolgt[1768].

Angesichts des weniger formalistischen Ansatzes der „*alter ego*"-Theorie ist die Gefahr, hier im Ergebnis zu einem Zuständigkeitsdurchgriff zu gelangen, grundsätzlich sicherlich größer als bei einem Rückgriff auf die *Cannon*-Doktrin. Hier kann trotz streng eingehaltenere gesellschaftsrechtlicher Formen die Zuständigkeit bejaht werden, wenn das Gericht der Ansicht ist, dass faktisch zuviel Macht über die inländische Gesellschaft ausgeübt wird[1769]. Für den potentiellen ausländischen Beklagten bedeutet das vor allem, dass er sich auch durch die Einhaltung einer strengen gesellschaftsrechtliche Trennung unter Umständen nicht ausreichend vor einem Zuständigkeitsdurchgriff schützen kann.

(c) Die „but for"-Theorie oder Theorie der Funktionseinheit

Ein weiterer Ansatz innerhalb der Rechtsprechung stellt für die Frage des Zuständigkeitsdurchgriffs in erster Linie auf den durch die Tochter übernommenen Aufgabenbereich ab.

1765 *In re Ski Train Fire in Kaprun, Aus., 230 F. Supp. 2d 403, 409 f. (2002).*

1766 *„Having common directors and officers is a normal business practice of a multi-national corporation and absent complete control [it] is no justification to labeling a subsidiary a mere department of the parent."(In re Ski Train Fire in Kaprun, Aus., 230 F. Supp. 2d 403, 412 (2002)).*

1767 Siehe etwa *United States v. Scophony Corp. of America, 333 U.S. 795 (1948)*, wo die gesesllschaftsrechtliche Trennung streng eingehalten wurde, aber die ausländische Mutter ein beachtliches Maß an direkter Kontrolle und Überwachung über die Tochter ausübte; siehe auch McKinnon, 21 Pepp. L. Rev. 1219, 1238 (1994) m.w.N.

1768 Siehe z.B. *Chrysler Corp. V. General Motor Corp., 589 F. Supp. 1182, 1200 ff. (D.D.C. 1984); King v. Johnson Wax Assocs., 565 F. Supp. 711, 718 f. (D. Md. 1983); Zenith Radio Corp. V. Matsushita Elec. Indus., 402 F. Supp. 262, 327 f. (E.D. Pa. 1975).*

1769 Kritisch dazu Brown, 61 U. Cin. L. Rev. 595, 607 f. (1992).

Dabei wird insbesondere überprüft, ob die Tochter nur deshalb errichtet wurde, um Tätigkeiten zu übernehmen – oder eben solche tatsächlich nur übernimmt –, die ohne ihre Existenz die Mutter selbst übernehmen müsste und würde (sog. *but for*-Test)[1770].
Im positiven Fall übernimmt die Tochter also originäre Aufgaben der Mutter und fungiert insofern als eine Art „*double*"[1771]. Dahinter steckt nicht zuletzt die Idee, dass ein Unternehmen sich nicht hinter einer quasi identischen bzw. teilidentischen Tochterfirma „verstecken" können soll, um so bewusst unangenehmen Zuständigkeiten im Forum zu entgehen. Die Tochter ist hier bildlich gesprochen nur ein Ausschnitt aus der Mutter, d.h. sie übernimmt eine originäre Funktion der Mutter im Ausland, wie z.B. das *sales department* in den Vereinigten Staaten[1772].
Solange damit die Tochtergesellschaft unter Anweisung der Mutter oder im laufenden Wirtschaftsbetrieb der Mutter bestimmte Tätigkeiten ausführt oder bewirkt, besitzt der Forumstaat im gleichen Maße die Zuständigkeit über die Mutter, wie dies der Fall gewesen wäre, wenn die Mutter selbst das spezifische Verhalten gezeigt oder die konkreten Effekte erreicht hätte[1773].

(d) Die „agency"-Theorie: Die inländische Einheit als Funktionsäquivalente

Ganz ähnlich, nur mit etwas anderen Begriffen, funktioniert die sog. *agency*-Theorie. Sie erlaubt einen Zuständigkeitsdurchgriff ebenfalls in Fällen, in denen die ausländische und inländische Einheit strikt getrennt sind und keine komplette Kontrolle der einen über die andere besteht[1774]. Das Argument ist auch hier weniger das von faktischer Kontrolle, sondern das der Übernahme von Funktionsbereichen[1775]. Die inländische Gesellschaft übernimmt hier originäre Aufgaben der Mutter zu deren Gunsten[1776].

1770 Siehe etwa *Wells Fargo & Co. v. Wells Fargo Express Co., 556 F.2d 406, 420 f. (9th Cir. 1977); Bridgeport Music v. Agarita Music, 182 F. Supp. 2d 653, 660 f.(2002); (Mirrow v. Club Med, Inc., 118 F.R.D. 418, 419 f. (E.D. Pa. 1986); Allen Organ Co. v. Kawai Musical Instruments Mfg. Co., Ltd., 593 F. Supp. 107, 111f. (E.D. Pa. 1984).*

1771 Siehe z.B. *Bridgeport Music v. Agarita Music, 182 F. Supp. 2d 653, 660 f.(2002),* wo der Durchgriff verneint wurde, weil die inländische Tochter nur Rechtelizensierungsaufgaben wahrnahm, während die ausländische Mutter eine *music publishing company* war.

1772 Siehe *Mirrow v. Club Med, Inc., 118 F.R.D. 418, 419 f. (E.D. Pa. 1986),* wo die Tochterfirma als *sales department* für die U.S.A. angesehen und die Zuständigkeit über die Mutter deshalb bejaht wurde.

1773 Siehe *Restatement (Second) of Conflicts of Laws: Foreign Corporations, § 52 cmt. B) (1971).*

1774 McKinnon, 1239 ff.

1775 "*Agency*" bedeutet dabei soviel wie "Geschäftsstelle" oder aber auch "Stellvertretung".

1776 *"an agency relationship would be found where "[one corporation] does all the business which [the other corporation] could do were it here by its own officials."(Frummer v.*

Die Idee der „*agency*"-Theorie ist dabei, dass die inländische Gesellschaft in Wirklichkeit für die ausländische Gesellschaft – quasi als Vertreterin – tätig wird. Sie übernimmt Aufgaben und tätigt Geschäfte zugunsten der ausländischen Firma und in deren Auftrag[1777]. Die inländische Gesellschaft ist quasi der „verlängerte Arm" der ausländischen und kontrolliert wiederum tatsächlich das Geschehen im Inland[1778] Diese Situation entsteht insbsesondere, wenn die inländische Einheit zugunsten der ausländischen Einheit oder in ihrem Auftrag tätig geworden ist[1779].

Im Rahmen einer „*agency*"-Analyse kann es unter Umständen sehr einfach sein, den Zuständigkeitsdurchgriff zu bewerkstelligen. Hier bedarf es weder eines Nachweises totaler Kontrolle, noch des Nachweises tatsächlicher Missachtung gesellschaftsrechtlicher Formvorschriften. Im Gegenteil reicht es hier aus, darzulegen, dass die inländische Einheit Funktionen der Mutter übernommen hat, die diese theoretisch selbst übernehmen könnte oder bei Fehlen einer Tochter müsste. Unter Umständen ist die „*agency*"-Theorie insofern die „billige Alternative" zur anspruchsvolleren „*alter ego*"-Theorie[1780]. Je nach dem wie intensiv die Kontakte der Tochter sind, kann insofern auch *general jurisdiction* über die Mutter bestehen[1781].

Im Rahmen des bereits angesprochenen Verfahrens im Zusammenhang mit dem Seilbahnunglück in Kaprun wurde z.B. die allgemeine Zuständigkeit über den deutschen Hersteller als Mutter (Siemens AG) sowohl hinsichtlich seiner direkten intensiven Kontakte bejaht als über den Umweg der Kontakte der amerikanischen Tochter Siemens Corporation mittels eines „*agency*"-Durchgriffs[1782]. Angesichts der Wichtigkeit der Aufgaben und deren originärem Funktionsbereich innerhalb von Siemens AG wurde die amerikanische Gesellschaft insofern für

---

Hilton Hotels International, Inc., 19 N.Y.2d 533, 537 (1967); International Cultural Prop. Soc'y v. Walter de Gru..., 2000 U.S. Dist. LEXIS 9447, 4.).

1777 *"An agency relationship arises from the manifestation of consent by one person to another that the other shall act on his behalf and subject to his control, and consent by the other so to act."(Filho v. Rodriguez, 36 P.3d 199, 200 (Colo. App. 2001)).*

1778 *SGI Air Holdings II LLC v. Novartis Int'l, AG, 192 F. Supp. 2d 1195, 1201 (2002 District of Colorado).*

1779 Siehe etwa *Massey-Ferguson Ltd. V. Intermountain Ford Tractor Sales Co., 325 F. 2d 713, 714 (10th Cir. 1963); Ginter v. Swedish Match, A.B., 755 F. Supp. 545, 546 (E.D.N.Y. 1990); Larball Publishing Co. v. CBS, Inc., 664 F. Supp. 704, 707 (S.D.N.Y. 1987) ; Frummer v. Hilton Hotels International, Inc., 19 N.Y.2d 533, 537 (1967).*

1780 Dasselbe gilt angesichts des gleichen Argumentationsansatzes für die „*but for*"-Theorie.

1781 *Frummer v. Hilton Hotels International, Inc., 19 N.Y.2d 533, 538 (1967).*

1782 *In re Ski Train Fire in Kaprun, Aus., 230 F. Supp. 2d 376, 382 ff. (2002).*

zuständigkeitsrechtliche Zwecke als *agent* (Stellvertreter) betrachtet[1783]. Die Notwendigkeit eine *„alter ego“*-Beziehung darlegen zu müssen, wurde hier ausdrücklich verneint[1784].

Nach diesen Grundsätzen bedarf es im Zweifel nicht einmal mehr zwingend einer Mutter-Tochter-Beziehung, sondern nur einer inländischen und einer ausländischen Gesellschaft. Die inländische Gesellschaft wird in diesen Fällen als „Vertretung“ der ausländischen Gesellschaft behandelt[1785].
Insgesamt geschieht die Zuständigkeitsbegründung über die *„agency“*-Theorie allerdings seltener. In der Regel wird es insofern mindestens einer *„alter ego“*-Beziehung bedürfen, um die Zuständigkeit über die ausländische Einheit zu begründen[1786].

(e) Zuständigkeit wegen “conspiracy”

Eine ähnliche Theorie wie die *„agency“*-Theorie liegt der sog. *conspiracy jurisdiction* zugrunde[1787]. Diese neuere Theorie erlaubt es den Gerichten die Zuständigkeit über alle *„co-conspirators“*, sowohl *residents* als auch *non-residents* auszuüben, gestützt auf ihre Beteiligung (*involvement)* an einer Verschwörung (*conspiracy)*, die jedenfalls zum Teil im Forum stattgefunden hat[1788]. Der Kläger

---

1783 *“It is fair to say, given the importance to Siemens of its United States business, and the necessity of Siemens Corporation's tasks, that Siemens AG would perform these functions were no agent available.” (In re Ski Train Fire in Kaprun, Aus., 230 F. Supp. 2d 376, 386. (2002))*.

1784 *“the Court need not make any determination with respect to piercing the corporate veil -- to find that Siemens Corporation is an agent of Siemens AG.”(In re Ski Train Fire in Kaprun, Aus., 230 F. Supp. 2d 376, 385 (2002))*.

1785 *“Even in the absence of a stock relationship between a local and a foreign corporation, jurisdiction over the foreign corporation has sometimes been exercised on the basis of activities that the local corporation has conducted in the state as the agent of the foreign corporation. The existence of an agency relationship may be found when the foreign corporation consigns goods to the local corporation and exercises control over the latter with respect to price, merchandising or advertising.”*(Siehe *Restatement (Second) of Conflicts of Laws: Foreign Corporations, § 52 cmt. B) (1971))*

1786 So McKinnon, 21 Pepp. L. Rev. 1219, 1241 (1994); Brown, 61 U. Cin. L. Rev. 595, 611 (1992).

1787 Mckinnon, 21 Pepp. L. Rev. 1219, 1241 (1994).

1788 Siehe dazu *American Land Program v. Bonaventura Maatschappij, N.V., 710 F.2d 1449, 1454 (10th Cir. 1983)* (*nonresident publisher*ist nicht *co-conspirator* mit dem Autor solange er nicht im Forumstaat involviert ist); *Leasco Data Processing Equip. Corp. V. Maxwell, 468 F.2d 1326, 1343 (2d Cir. 1972)* (*partnership* allein reicht nicht für *jurisdiction based on conspiracy*); *Allstate Life Ins. Co. v. Linter Group, Ltd., 782 F.Supp. 215, 220 ff. (S.D.N.Y. 1992)* (Zuständigkeit über australische Banken bejaht, deren einziger

muss insbesondere nachweisen, dass eine Verschwörung vorliegt, dass der Beklagte daran beteiligt war und dass der „*co-conspirator*" des Beklagten einen verschwörerischen Akt im Forum begangen hat[1789]. Zugrunde liegt dieser Theorie das deliktsrechtliche Prinzip, wonach der *conspirator* verantwortlich ist für alle Handlungen seiner „*co-conspirators*" im Zusammenhang mit der *conspiracy*[1790].

(f) Der stream of commerce-Ansatz

Der *stream of commerce*-Ansatz betrifft grundsätzlich ebenfalls Fälle, in denen die inländische (Tochter)Gesellschaft zunächst einmal gewisse Funktionen der ausländischen (Mutter)Gesellschaft übernimmt. Die Situation ähnelt dabei der in *Asahi* oder *World-Wide*, wo ein Hersteller sich einem oder mehrerer „Verteiler" bedient und damit eine sog. *distribution chain* vorliegt, d.h. eine Verbringung zum Endverbraucher über mehrere Vertriebsstufen.
In diesem Fall wird von der Rechtsprechung zum Teil ausdrücklich für die Zwecke der Zurechnung die klassische im Zuständigkeitsrecht entwickelte *stream of commerce*-Theorie herangezogen[1791] und so quasi eine direkte Verbindung zwischen der Mutter und dem Forumstaat hergestellt, ohne dass es auf die genaue Beziehung zwischen den beiden Gesellschaften ankommt[1792]. Der Hersteller etwa soll sich hier nicht durch das Einschalten von Mittelsmännern – etwa in Form von Großhändlern – der Zuständigkeit entziehen können, erst Recht nicht, wenn es sich bei der inländischen Gesellschaft um eine Tochter handelt [1793]. Hierunter fallen insbesondere auch Situationen, in denen die ausländische Mutter über ihre eigenen Distributoren im Forum verfügt, die ihre Produkte dort verkaufen[1794].

Kontakt mit dem Forum die Verwicklung (*involvement*) in eine *securities fraud conspiracy* war).

1789 *Best Cellars, Inc. v. Grape Finds at Dupont, Inc., 90 F. Supp. 2d 431, 446 (2000); Laborers Local 17 Health & Benefit Fund v. Philip Morris, Inc., 26 F. Supp. 2d 593, 601 f. (1998); Allstate Life Ins. Co. v. Linter Group, Ltd., 782 F.Supp. 215, 221 (S.D.N.Y. 1992)*

1790 Brilmayer/Paysley, 19.

1791 Zu dieser Theorie siehe ausführlich oben unter Teil 3 C.VII.3.(a).

1792 *Wessinger v. Vetter Corp., 685 F. Supp. 769, 777 ff. (D. Kan. 1987); Allen Organ Co. v. Kawai Musical Instruments Mfg. Co., Ltd., 593 F. Supp. 107, 111 ff. (E.D. Pa. 1984) unter Berufung auf WorldWide Volkswagen; Electro Med. Equip. Ltd v. Hamilton Med. AG, 1999 U.S. Dist. LEXIS 18483, 17 ff. (1999).*

1793 "*underlying the assumption of jurisdiction in these cases is the belief that the fairness requirements of due process do not extend so far as to permit a manufacturer to insulate itself from the reach of the forum state's long-arm rule by using an intermediary or by professing ignorance of the ultimate destination of its products.*" (*Allen Organ Co. v. Kawai Musical Instruments Mfg. Co., Ltd., 593 F. Supp. 107, 112 (E.D. Pa. 1984)*).

1794 Brown, 61 U. Cin. L. Rev. 595, 611 (1992).

Da diese Zuständigkeit, wie oben dargestellt[1795], bereits funktioniert, wenn der inländische Verteiler in keinerlei Verbindung zum ausländischen Hersteller steht, ist die Situation im Rahmen von Mutter-Tochter-Beziehungen a fortiori noch unproblematischer[1796]. Gesellschaftsrechtliche Organisationsstrukturen sind bei dieser Betrachtung allerdings grundsätzlich nebensächlich und insbesondere nicht geeignet, den Zuständigkeitsdurchgriff zu verhindern. Hier stehen vielmehr wirtschaftliche Interessensgesichtspunkte im Vordergrund.
Die inländische Einheit ist insofern nur Mittel zum Zweck, um die Verbindung zur ausländischen herzustellen und so zu einer Art Zuständigkeitsdurchgriff zu gelangen. Im Ergebnis ähnelt dieser Ansatz aber mehr der klassischen *minimum contact*-Analyse als einem wirklichen Zuständigkeitsdurchgriff, insofern als die Beziehungen zwischen der inländischen und der ausländischen Einheit gerade vollkommen nebensächlich erscheinen und im Gegenteil hauptsächlich auf den (ausländischen) Beklagten selbst abgestellt wird.

(g) Ablehnung der Cannon-Grundsätze nach International Shoe

Zum Teil wird vertreten, dass der sog. *Cannon*-Standard mit der *International*-Entscheidung unzulässig geworden sei, weil ersterer auf die "Präsenz" der Gesellschaft im Staat abstelle. Seit *International* komme es insofern aber nur noch auf *minimum contacts* irgendeiner Art an, so dass die formalrechtliche gesellschaftsrechtliche Beziehung zwischen Mutter und Tochter im Sinne einer strikten Trennung nicht ausschlaggebend für die zuständigkeitsrechtliche Betrachtung sein könne[1797]. Nach dieser Auffassung dient vielmehr die reine Existenz einer Tochter als ein *contact* mit dem Forum, insbesondere wenn diese Erträge an die Mutter liefert[1798]. Ein „Durchstoßen" der „körperschaftlichen Hülle" ist damit von vornherein nicht notwendig[1799]. Die spezifischen gesellschaftsrechtlichen Fragen sind in dieser Analyse nichts weiter als *ein* Faktor im Rahmen der *minimum contact*- Analyse[1800].

[1795] Dazu ausführlich oben unter Teil 3 C.VII.3.

[1796] Brown, 61 U. Cin. L. Rev. 595, 611 (1992).

[1797] *Energy Reserves Group, Inc. v. Superior Oil Co., 460 F. Supp. 483, 490 (D. Kan. 1978)*; ausdrücklich übernommen in *Brunswick Corporation v. Suzuki Motor Co., Ltd., U.S., 575 F. Supp. 1412, 1420 (E.D. Wis. 1983); Meredith v. Health Care Products, Inc., 777 F. Supp. 923, 925 f. (Dist. Wy. 1991); Hoffman v. United Telecommunications, Inc., 575 F. Supp. 1463, 1470 ff. (Dist. Ka. 1983).*

[1798] *Energy Reserves Group, Inc. v. Superior Oil Co., 460 F. Supp. 483, 507 (D. Kan. 1978).*

[1799] *Energy Reserves Group, Inc. v. Superior Oil Co., 460 F. Supp. 483, 489 f. (D. Kan. 1978).*

[1800] *"Corporate law factors reflect only one aspect of the "quality and nature" of one of the non-resident's ties with the forum, namely, its business relationship with an affiliated corporation in the forum" (Energy Reserves Group, Inc. v. Superior Oil Co., 460 F. Supp. 483, 507. (D. Kan. 1978)).*

Folgerichtig an dieser Betrachtung ist sicherlich, dass der *Cannon*-Ansatz nur dadurch funktioniert, dass eine Zurechnung gerade dann erfolgt, wenn die formale Trennung nicht eingehalten wird. In diesem Fall wird eine Einheit fingiert und über diese Einheit eine „Präsenz" der ausländischen Gesellschaft im Inland (in Form der inländischen Gesellschaft). Eine solche Präsenz ist aber grundsätzlich nicht mehr die Grundlage der modernen Zuständigkeitsanalyse seit *International Shoe,* so dass in dieser Beziehung die *Cannon*-Rechtsprechung tatsächlich überholt ist. Andererseits ist es sicherlich zu vereinfacht, wenn mit der Gegenansicht unter Ignorierung eindeutiger gesellschaftsrechtlicher Organisationsformen und damit der Existenz unabhängiger juristischer Personen, die rechtlich unabhängige Einheit innerhalb des Forums schlicht als „Kontakt" der außerhalb liegenden Einheit betrachtet wird und so die gewünschte Zuständigkeit über diese regelmäßig erreicht wird.

Schließlich muss man vor allem auch die grundsätzliche in *Cannon* aufgeworfene Frage im Zusammenhang mit der Zuständigkeitsbegründung beachten, die unabhängig von einer aus der Antwort vielleicht abgeleiteten „physischen Präsenz" im Forumstaat zunächst einmal fragt, wann die Kontakte einer Gesellschaft in Wahrheit als Kontakte einer anderen Gesellschaft gelten müssen. In diesem Sinne verstanden schafft *Cannon* einen Zurechnungsmaßstab und zwar unabhängig von der spezifischen *International*-Frage nach der notwendigen Qualität der *minimum contacts* mit dem Forum. *Cannon* entscheidet insofern in erster Linie darüber, wann die Kontakte zwischen zwei in unterschiedlichen Staaten belegenen Gesellschaften so ausgestaltet sind, dass diese nicht mehr als getrennte rechtliche Einheiten betrachtet werden können, mit der – sich erst daran anschließenden – logischen Folge, dass auch die *minimum contacts* einer Gesellschaft für die andere mitgelten müssen[1801]. Die Gegenansicht missachtet in ihrer Kritik insofern die wichtige Trennung zwischen der grundsätzlichen Zuständigkeits- und der davon verschiedenen Zurechnungsfrage. Letztere kann sich dabei nur auf das Verhältnis zwischen den beiden Gesellschaften beziehen. Die beiden Entscheidungen schließen sich damit gerade nicht insgesamt gegenseitig aus, sondern ergänzen sich sogar in wichtigen Punkten.

Die *Cannon*-Rechtsprechung hat dabei auch den großen Vorteil, durch ihren (relativen) Pragmatismus Rechtssicherheit zu schaffen und Gesellschaften eine (legitime) Möglichkeit zu eröffnen, durch strikte Einhaltung der rechtlichen Trennung einem Zuständigkeitsdurchgriff zu entgehen. Hinzu kommt, dass die Entscheidung niemals ausdrücklich vom *Supreme Court* modifiziert (*overruled*) wurde.

[1801] So wohl auch Brilmayer/Paisley, 74 Cal. L. Rev. 1, 4 (1986).

Dennoch wird der Zuständigkeits-Standard in *International* grundsätzlich anders formuliert und kann nach dem eben gesagten in den hier interessierenden Fällen zu Missverständnissen führen. Eine eindeutige höchstrichterliche Klärung der Frage, wie dieser Standard im Rahmen von gesellschaftsrechtlichen Verflechtungen anzuwenden ist, wäre damit sicherlich wünschenswert[1802].

(h) Gemischte Ansätze

Die verschiedenen dargestellten Theorien zum Zuständigkeitsdurchgriff werden schließlich in der jüngeren Rechtsprechung zum Teil auch vermischt und im Rahmen einer „Multifaktor-Analyse" herangezogen. Dann wird insgesamt geprüft, inwieweit etwa die Tochter nur *„agent"* oder *„alter ego"* der Mutter war oder ob die gesellschaftsrechtlichen Organisationsnormen tatsächlich beachtet wurden[1803]. Die Frage nach der gegenseitigen Zurechenbarkeit läuft insofern grundsätzlich auf eine Analyse aller denkbaren Faktoren hinaus, die darauf hindeuten könnten, dass die nach außen sichtbare gesellschaftliche Struktur sich nicht in einer tatsächlichen Unabhängigkeit der Einheiten voneinander widerspiegelt, sondern faktisch eine Vermischung von Funktionen und Aufgaben besteht. In diesem Fall wird die formale Trennung missachtet und von der Rechtsprechung daher eine Einheit angenommen[1804].

(i) Gefahr exorbitanter Zuständigkeitsdurchgriffe

Die Rechtsprechung hat es in einem Fall für ausreichend erklärt, dass eine Gesellschaft im Besitz einer Tochtergesellschaft im Forum ist, um die besondere Zuständigkeit über die Muttergesellschaft zu begründen[1805]. Die Inhaberschaft sollte insofern ausreichender Kontakt mit dem Forum im Sinne der *due process clause* sein, um die besondere Zuständigkeit zu begründen[1806]. Der Entscheidung zugrunde lag eine Aktionärsklage (*shareholder derivative action*)[1807] in der be-

---

1802 Brown, 61 U. Cin. L. Rev. 595, 618 (1992).

1803 So ausdrücklich z.B. *Lucas v. Gulf & Western Industries, Inc., 666 F.2d 800, 805 f. (3rd Cir. 1981).*

1804 "(...) *the notion of a separate corporate existence of a parent and subsidiary will not be recognized where one corporation is so organized and controlled, and its business conducted in such a manner, as to make it merely an agency, instrumentality, adjunct, or alter ego of another corporation. In this context, the separate corporate identity of the two corporations will be disregarded to prevent one of the corporations from evading its just obligations, or from promoting fraud, illegality, or injustice."*(*Colcord v. Armstrong World Indus., 1985 U.S. Dist. LEXIS 19870, S. 8 (1985)*).

1805 Siehe z.B. *Sternberg v. O'Neil, 550 A.2d 1105 (Supreme Court of Del. 1988).*

1806 *Sternberg v. O'Neil, 550 A.2d,1105, 1107 (Supreme Court of Del. 1988).*

1807 *Shareholder derivative actions* sind Klagen, die vom Aktionär einer Gesellschaft angestrengt werden, der einen Anspruch im Namen der Gesellschaft geltend macht, den das

sonderen Form der *double derivative action*[1808] gegen die Mutter einer in Delaware eingetragenen Gesellschaft. Das Gericht verlangte in diesem Fall für die Begründung der Zuständigkeit nicht einmal, dass die Mutter über die Tochter eine gewisse Kontrolle ausübte[1809].
Allerdings ging es in der Klage konkret um spezifische Pflichten einer in Delaware gegründeten Gesellschaft nach dem dort geltenden Recht[1810]. Der Klage zugrunde lagen dabei Fragen im Zusammenhang mit einer Unternehmensfusion, deren Teil die Tochtergesellschaft sein sollte. Dennoch kann nach dieser Entscheidung nunmehr theoretisch der bloße Erwerb bzw. die Gründung einer (Tochter-)Gesellschaft in einem Staat jedenfalls ausreichend sein, um die Zuständigkeit über die Mutter für Klagen im Zusammenhang mit dem Eintragungsakt zu begründen[1811]. Mit der weiterhin gültigen *Cannon*-Rechtsprechung ist das allerdings nicht zu vereinbaren[1812].

3. *Service of process im Rahmen gesellschaftsrechtlicher Gefüge*

Im Hinblick auf die Zustellungsvorausetzungen im Rahmen von Zuständigkeitsdurchgriffen gilt grundsätzlich das gleiche wie hinsichtlich der Zuständigkeit. Sofern danach festgestellt ist, dass beide wirtschaftlichen Einheiten nicht (tatsächlich oder rechtlich) getrennt voneinander zu betrachten sind und damit die Zuständigkeit über eine Einheit auf die andere „durchschlägt“, so kann ebenfalls die Zustellung an die inländische Gesellschaft als wirksam für die ausländische Gesellschaft gelten[1813]. Zuständigkeit und *service of process* gehen hier wieder-

---

Management der Gesellschaft versäumt hat, geltend zu machen; siehe Cary/Eisenberg, 928 ff.

1808 Bei der *double derivative action* wird die Klage gegen eine *affiliated corporation* (z.B. die Mutter) angestrengt, um über diesen Umweg einen Anspruch zugunsten der verbundenen Gesellschaft (z.B. die Tochter) durchzusetzen; siehe *Blasband v. Rales, 971 F.2d 1034, 1042 f. (3rd Cir. 1992).*

1809 Damit setzt sich das Gericht in klaren Widerspruch zur Rechtsprechung des *Supreme Court* in *Shaffer v. Heitner*, wo das Gericht entschied, dass die Verfassung eine Zuständigkeit über eine Partei verbietet, die nur daraus fließt, dass diese Anteile an einer Delaware Gesellschaft hält (*433 U.S. 186, 193, 216 (1977)*, siehe dazu Brown, 61 U. Cin. L. Rev. 595, 610 (1992).

1810 Diese Differenzierung stellt klar *Applied Biosystems, Inc. v. Cruachem, Ltd., 772 F. Supp. 1458, 1471 (Del. 1991)*, wo die Zuständigkeit in einem ähnlichen Fall insofern mangels Beziehung zwischen den angelasteten Delikten und dem Fakt der Eintragung in Delaware verneint wurde.

1811 Darin soll ein mit dem *due process*-Standard vereinbares *purposeful availment* liegen; so jedenfalls *Sears, Roebuck & Co. v. Sears, 744 F. Supp. 1297, 1303 (1990)* unter Berufung auf *Burger King Corp. v. Rudzewic, 471 U.S. 462, 472 (1985).*

1812 So auch Brown, 61 U. Cin. L. Rev. 595, 610 (1992).

1813 *Akzona, Inc. v. E. I. Du Pont de Nemours & Co., 607 F. Supp. 227, 237 (1984).*

um Hand in Hand, insofern als erst durch wirksame Zustellung wirksam die bestehende Zuständigkeit ausgeübt werden kann[1814].

IV. Zwischenergebnis und Kritik am Status Quo

Der aktuelle Stand der Rechtsprechung ist im Hinblick auf Zuständigkeitsdurchgriffe im Rahmen der Kooperation unabhängiger und gesellschaftsrechtlich organisierter wirtschaftlicher Einheiten ist zum Teil verwirrend und oftmals im Ergebnis eher zufällig[1815].
Allgemein lässt sich insofern nur die Feststellung treffen, dass eine organisationsrechtlich einwandfrei etablierte sowie insbesondere auch tatsächlich durchgehaltene funktionale Trennung von selbständigen Teilen eines ausländischen bzw. international präsenten Unternehmens zum fundamentalen Faktor wird, wenn des darum geht, Zuständigkeitsdurchgriffe – insbesondere von der inländischen auf die ausländische Einheit – zu verhindern.
Die Gerichte analysieren dabei im Gesamtbild regelmäßig eine Vielzahl unterschiedlicher Faktoren, um festzustellen, ob faktisch eine Art *„agency"*-Beziehung besteht oder nicht[1816]. Wichtige Faktoren können dabei beispielhaft die getrennte Buchführung[1817], eine getrennte Geschäftsführung oder eine eindeutige finanzielle Unabhängigkeit sein. Nicht zuletzt angesichts der kaum einheitlichen Maßstäbe innerhalb der Rechtsprechung sprechen allerdings mehrere Gründe für eine Rückbesinnung auf einen mehr formalistischen Zurechnungsmaßstab im Sinne des traditionellen *Cannon*-Ansatzes[1818].
Das gilt zunächst einmal wegen einer damit möglichen Reduzierung von *forum shopping*, die sich aus den nachfolgenden Überlegungen ergibt.

Bei Ansprüchen im Zusammenhang mit spezifischen Tätigkeiten im Forumstaat wird regelmäßig eine Zuständigkeit über die ausländische Gesellschaft (in der Regel die Mutter) in Form von *specific jurisdiction* aufgrund von *minimum contacts* bestehen. In diesem Fall ist ein Durchgriff über den Umweg der inländischen Tochter uninteressant. Insbesondere bei Produkthaftungsklagen, bei der der Kläger im Forum geschädigt wurde, wird insofern oft bereits die *stream of commerce*-Theorie greifen[1819].

1814 Siehe allgemein zum Verhältnis zwischen Zustellung und *personal jurisdiction* sowie zu Fragen der Zustellung im internationalen Kontext nach den Vorschriften des HZÜ oben unter Teil 3 C.II.

1815 Brown, 61 U. Cin. L. Rev. 595, 622 (1992).

1816 *Japan Petroleum Co. (Nigeria), Ltd. v. Ashland Oil Co., 456 F. Supp. 831, 841 (1978).*

1817 *Savin Corp. v. Heritage Copy Prods., Inc., 661 F.Supp. 463, 467 f. (M.D. Pa. 1987).*

1818 Dazu in diesem Teil oben unter III.2.(a).

1819 Dazu oben unter Teil 3 C.VII.3. und VIII.3.(c).(4.).

Übrig bleiben Fälle, in denen die direkten Kontakte der ausländischen Gesellschaft selbst grundsätzlich so gering sind, dass eine Zuständigkeit fehlschlägt. Wenn allerdings die Mutter keine ausreichenden eigenen Kontakte mit dem Forum hat und der Kläger daher alternativ versucht, die Tochter dort zu verklagen, so geschieht das in der Regel aus Gesichtspunkten des *forum shopping*, d.h. weil er die Anwendung des Forumrechts erreichen will und insbesondere ohne oftmals selbst Bürger des Forums zu sein[1820]. Nur in diesen Fällen wird in der Regel der Durchgriff überhaupt notwendig sein. Die strikte Einhaltung organisationsrechtlicher Trennung gesellschaftsrechtlicher Gebilde und die Respektierung dieser Trennung durch die Rechtsprechung im Zuständigkeitsrecht verhindert damit diese Art von *forum shopping.*

Parallel dazu erlaubt ein solcher Ansatz die Steigerung der wirtschaftlichen Aktivität und der Leistungsfähigkeit (*judicial efficiency*) der Rechtsprechung. Die Chance für große internationale Unternehmen, sich durch die strenge Befolgung gesellschaftsrechtlicher Formen Rechtssicherheit im Hinblick auf potentielle Zuständigkeiten in den USA zu verschaffen, ist insofern von allgemeinem Interesse. Denn das unkalkulierbare Risiko für große *corporate groups* in allen Staaten, in denen Tochtergesellschaften bestehen, für sämtliche wirtschaftliche Transaktionen ungewollt eine Zuständigkeit zu begründen, verführt grundsätzlich entweder zu einer enormen Einschränkung wirtschaftlicher Aktivitäten auf diejenigen Foren, deren materielles Recht am günstigsten ist oder aber zu einer Einschränkung auf Aktivitäten, die in jedem Fall (zuständigkeitsrechtlich) „ungefährlich" sind. Erlaubt man dagegen den Gesellschaften, die Anzahl an Foren, in denen eine Zuständigkeit möglich ist, insbesondere durch organisationsrechtliche Strukturen (und deren Einhaltung) bewusst zu reduzieren und damit auch die Unsicherheit über das anwendbare Recht zu beseitigen, so fördert dies die freie wirtschaftliche Betätigung[1821].

Die hier in Rede stehende *„observance of corporate seperatness"* dient schließlich auch der rechtlichen Effizienz. Staaten können sich bewusst vor Prozessen schützen, deren Sachverhalte mit anderen Foren enger in Kontakt stehen als mit ihrem eigenen und werden damit nicht mit Verfahren belastet an denen sie kein Interesse haben. Hinzu kommt, dass die Aufspaltung von Konzernen in unabhängige (Unter)Gesellschaften hilfreich auch im Bereich IPR-rechtlicher Probleme ist. Wird nämlich die *corporate group* entgegen ihrer gesellschaftsrechtlichen Struktur als Einheit behandelt, so stellt sich als nächstes die heikle Frage, welches Recht auf sie und welches Recht auf die konkrete Transaktion anwendbar ist[1822]. Respektiert man dagegen die einzelnen Einheiten als eigenständige

---

[1820] Brown, 61 U. Cin. L. Rev. 595, 620 (1992).
[1821] Brown, 61 U. Cin. L. Rev. 595, 620 (1992).
[1822] Brown, 61 U. Cin. L. Rev. 595, 621 (1992).

Rechtssubjekte, so lassen sich auch im Hinblick auf das materiell anwendbare Recht klarere Maßstäbe entwickeln.

E. Gesamtergebnis

Die *class action* ist trotz zum Teil sehr weitgehender Kritik auch aus den Reihen der eigenen Juristen sowie aktueller Reformen in diesem spezifischen Prozessrechtsbereich, weiterhin ein Instrument, das aus dem U.S.- amerikanischen Rechtssystem nicht wegzudenken ist[1823]. Angesichts des extrem weiten Zuständigkeitsverständnisses U.S.-amerikanischer Gerichte bedeutet dies auch in Zukunft zunächst einmal, dass multinational agierende Unternehmen mit *class action*-Verfahren in den USA rechnen müssen.

Das Recht der internationalen Zuständigkeit befindet sich dabei in einem für das kontinentaleuropäische Rechtsverständnis chaotischen Zustand. Dem Wunsch nach Kalkulierbarkeit und damit vor allem Rechtssicherheit als zentralem Element des europäischen Prozessrechts steht in den USA eine prozessrechtliche Realität gegenüber, die sich durch ein Entscheidungsspektrum auszeichnet, das so weitgehend ist, dass es sogar wirksame Vermeidungsstrategien für den ausländischen Unternehmer fast nicht möglich macht[1824].
Problematisch ist in dieser Hinsicht dabei aber nicht nur der Mangel an Vorhersehbarkeit und damit Rechtssicherheit. Die Rechtsprechung ist darüber hinaus in tatsächlicher Hinsicht geprägt von der Tendenz, die Zuständigkeit über ausländische Beklagte so weitestgehend wie möglich zu bejahen und somit die verfassungsrechtlichen Grenzen der *personal jurisdiction* mittels tatkräftiger Unterstützung seitens des *Supreme Court* aufs äußerste zu strapazieren. Das Recht der internationalenZuständigkeitist damit zugespitzt formuliert ebenso extensiv wie unkalkulierbar.

Dieser Zustand ist um so gravierender in einer Zeit, in der die USA eine klare und verankerte Basis zur Bestimmung legitimer – und damit gleichzeitig begrenzter – Zuständigkeit über ausländische Beklagte benötigen. Wirtschaftliche und politische Interessen im internationalen Umfeld verlangen in diesem Zusammenhang gleichermaßen nach Lösungen[1825].
Der *Supreme Court* hat es grundsätzlich versäumt, seit dem Beginn der Ära der modernen Zuständigkeitsanalyse ein kohärentes und konsistentes Konzept der *personal jurisdiction* zu schaffen, dass erklärt, wie *due process* die Gerichte bei der Begründung ihrer Zuständigkeit beschränkt. Die existierenden Zuständigkeitstheorien sind zu vieldeutig, um im Rahmen der Pflege internationaler (Ge-

1823 „*The class action device is a necessary and important part of our legal system*" (Klonoff/Bilich, Non Federal Question, 389).

1824 Siehe insofern auch Nguyen, 83 B.U.L. Rev. 253 (2003) („*Evidenced by the ineffectiveness of the present rule and the inconsistency of its application, there is a serious and urgent need for a new method to analyse moder issues of specific personal jurisdiction*").

1825 So auch Haugen, 11 B.U. Int'l L.J. 109, 110 (1993).

schäfts-)Beziehungen die dringend benötigte eindeutige und einfache Anwendung auf konkrete Sachverhalte und die damit einhergehende Sicherheit und Vorhersehbarkeit hinsichtlich gerichtlicher Entscheidungen zu ermöglichen[1826]. Hinzu kommen die erheblichen *forum shopping*-Möglichkeiten für den Kläger, die sich aufgrund des fehlenden einheitlichen Internationalen Privatrechts auf Bundesebene und der weitreichenden Anwendung des Forumrechts durch die Gerichte ergeben.
Der aktuelle Rechtszustand geht damit insgesamt zu Lasten stabiler *foreign relations* und schadet der internationalen Gemeinschaft insgesamt[1827].

Prozesstaktisch gilt daher für den potentiellen ausländischen Beklagten, sofern nicht unerhebliche wirtschaftliche Kontakte mit den USA bestehen, die weitgehendste Zuständigkeit in Form der *general jurisdiction* einzukalkulieren. Unabhängig von der konkreten deliktsrechtlichen Situation, die später als Anknüpfungspunkt für eine *class action* in Frage kommt, sind es diese wirtschaftlichen Kontakte in Form von *general doing business,* die später eine allgemeine Zuständigkeit begründen können. Als nicht unerheblich müssen in diesem Sinne insbesondere umfangreiche Exporte der unterschiedlichsten Produkte gelten.

Im Falle geringerer Aktivitäten in den USA, ist im Zweifel jedenfalls dann von einer (besonderen) Zuständigkeit auszugehen, wenn ein gewisser Zusammenhang zwischen dem Klagegrund und den Kontakten zum Forum gegeben ist. Im Fall deliktsrechtlicher Haftung ist dies jedenfalls dann regelmäßig der Fall, wenn die Handlungen im Forum erfolgt sind bzw. der Schaden dort eingetreten ist und der Beklagte dies voraussehen konnte. Besonders im Fall von Klägern, die Staatsbürger des Forums sind, wird das innerhalb der Prüfung der *personal jurisdiction* regelmäßig in die Abwägung einfließende Interesse des Staates an dem Rechtsstreit regelmäßig so überwiegend sein, dass wenig Hoffnung besteht, die Zuständigkeit aus anderen Gründen – insbesondere wegen besonderer Belastung für den Beklagten – abwenden zu können.

Die neuerdings von der höchstrichterlichen Rechtsprechung verlangte besondere Berücksichtigung der „Bürden“, die ein Prozess im U.S.-amerikanischen Forum für den ausländischen Beklagten bedeutet, wird in den wenigsten Fällen helfen, einen Prozess wegen fehlender internationaler Zuständigkeit tatsächlich abzuwenden. Sofern die erste Stufe der Zuständigkeitsprüfung erfolgreich ist, also *minimum contacts* mit dem Forumstaat und damit die prima-facie-Zuständigeit bejaht wurde, wird kaum ein Gericht aus Fairness-Gesichtspunkten die Zuständigkeit wieder scheitern lassen. Abgesehen von besonderen Einzelfallkonstella-

[1826] Occhialino, 4 U.S.-Mex. L.J. 147, 168 (1996); ebenso Mckinnon, 21 Pepp. L. Rev. 1219, 1224 (1994).
[1827] Mckinnon, 21 Pepp. L. Rev. 1219, 1224 (1994).

tionen, in denen sowohl Kläger als auch Beklagte keine U.S.-Bürger sind, kommt dem ausländischen Beklagten diese Rechtsprechung damit im Ergebnis nicht zugute. Das aktuelle Zuständigkeitsrechts ist nach alledem nicht nur aufgrund fehlender handhabbarer Maßstäbe wenig kalkulierbar, sondern die richterlich Praxis außerdem dahingehend, von den beiden Angelpunkten der Zuständigkeitsprüfung, den dem Beklagtenschutz dienenende Fairness-Test regelmäßig zugunsten der Berücksichtigung staatlicher Interessen faktisch unberücksichtigt zu lassen.

Ähnliches muss wohl für die spezielle *forum non conveniens*-Doktrin gelten, die in besonderen Ausnahmefällen aufgrund pragmatischer Überlegungen im Hinblick auf die Prozessführung im konkreten Forum noch zu einer Abweisung der Klage führen kann. Nicht zuletzt, weil im Rahmen dieser *conveniens*-Prüfung ähnliche Gesichtspunkte zum Tragen kommen, wie sie regelmäßig bereits im Rahmen der zweiten Stufe der internationalen Zuständigkeitsprüfung erörtert werden, ist sie für den ausländischen Beklagten von geringer Bedeutung. Dringt dieser mit seiner Verteidigung nicht bereits auf der Zuständigkeitsebene durch, so muss er davon ausgehen, dass auch die *forum non conveniens*-Doktrin nicht zu seinen Gunsten eingreifen wird.

Eine nicht zu unterschätzende Gefahr für ausländische Unternehmen bedeuten außerdem die durch die Rechtsprechung geschaffenen weitgehenden Möglichkeiten der Gerichte, über den Umweg spezieller Zuständigkeitsdurchgriffe, ihre Zuständigkeit insbesondere auf außerhalb der USA belegene Mutter- oder Tochterunternehmen nationaler Gesellschaften auszuweiten. In diesem Fall kommt es nicht einmal mehr auf die Kontakte der ausländischen Gesellschaft zum Forum an, sondern einzig auf solche der nationalen. Letztere müssen dann nur noch der im Ausland angesiedelten Gesellschaft zugerechnet werden, was mittels unterschiedlicher rechtlicher Konstruktionen geschieht und insbesondere dann relativ unproblematisch ist, wenn die gesellschaftsrechtlich autonomen Teile tatsächlich betrachtet eine gewisse Einheit bilden.
Je nach Rechtsprechung im konkreten Forum kann unter Umständen die strikte Bewahrung der Eigenständigkeit von Mutter- und Tochtergesellschaften sowohl in formaler wie insbesondere in tatsächlicher Hinsicht einen Zuständigkeitsdurchgriff verhindern. Diese ist aber nach der Rechtsprechung zum Teil schon dann zu verneinen, wenn die Tochter „originäre Aufgaben“ der Mutter wahrnimmt und daher mit ihr eine „Funktionseinheit“ bildet. Besteht die einzige Aufgabe der Tochter also etwa im Vertrieb von Waren, so werden Mutter- und Tochtergesellschaft im Zweifel zuständigkeitsrechtlich als Funktionseinheit betrachtet werden. Zugerechnet werden Kontakte insbesondere auch regelmäßig dann, wenn die Mutter faktisch die Kontrolle über die Tochter innehat, mit der

Folge, dass letztere als *„mere department"* der ersteren anzusehen ist, beide also tatsächlich eine Person darstellen.

Trotz der damit insgesamt bestehenden erheblichen Risiken internationalen Zuständigkeit im Fall gewisser forumsbezogener Aktivitäten, sollte der ausländische Beklagte nach Verfahrenseröffnung alle prozessualen Möglichkeiten nutzen, um ein Klageabweisung zu erreichen. Grundsätzlich gilt dabei – unter dem Vorbehalt der spezifischen Konstellation des Sachverhalts im Einzelfall –, dass ihm hier drei primäre Verteidigungsmittel zur Verfügung stehen, von denen zwei spezifisch auf zuständigkeitsrechtlicher Ebene angesiedelt sind und die letzte nach bereits etablierter Zuständigkeit relevant wird. Der Beklagte kann und sollte insofern mit den entsprechenden Anträgen und unter Beachtung seiner Darlegungs- und Beweislast parallel auf eine Abweisung wegen fehlender (internationaler)Zuständigkeit (*lack of personal jurisdiction*), wegen unzulässiger bzw. fehlender Klagezustellung (*improper service of process*) sowie aufgrund von *forum non conveniens* hinwirken[1828].

Hinsichtlich des – von der grundsätzlichen Zuständigkeitsproblematik verschiedenen – spezifischen *class action*-Risikos existieren aktuell für den ausländischen Beklagten unter bestimmten Umständen nicht unerhebliche Vorteile, die in vielen Fällen sogar zu einer Vermeidung dieser Klageform führen können. Angesichts der tendenziell restriktiven Zertifizierungsrechtsprechung der Bundesgerichte gerade auch in internationalen *class actions*, kann der Beklagte einem solchen Massenverfahren entgehen, sofern er sich vor einem Bundesgericht befindet bzw. es ihm gelingt, das vor einem *state court* anhängige Verfahren an ein Bundesgericht verweisen zu lassen (*removal*). Da es sich bei den meisten *class action*-Verfahren um Fälle sachlicher *diversity jurisdiction* handeln wird, kommt dem Beklagten dabei in Zukunft insbesondere die durch den *CAFA* etablierte erhebliche Ausweitung dieser bundesgerichtlichen Zuständigkeit und den damit einhergehenden *removal*-Möglichkeiten zugute, was faktisch zu einem nicht unerheblichen Rückgang von internationalen *class action*-Verfahren führen könnte.

Unabhängig von den tatsächlichen Erfolgsaussichten einer *class action* kommt schließlich im Fall einer einmal erfolgten Zertifizierung das erhebliche Prozesskostenrisiko hinzu. Gelingt es nicht, den Prozess in einem frühen Stadium abzuwenden, so kann allein durch die sich anhäufenden Prozesskosten im Laufe des Verfahrens, insbesondere bedingt durch aufwendige *discovery*-Verfahren, für den ausländischen Beklagten ohne entsprechende Absicherung die Prozess-

[1828] Siehe etwa – erfolgreich im Ergebnis hinsichtlich der Verteidigung im Sinne eines *lack of personal jurisdiction* – die Entscheidung in *In re Ski Train Fire in Kaprun, Austria on November 11, 2003 WL 22909153(S.D.N.Y.).*

führung selbst zum ruinösen Unterfangen werden. Die Folge ist dann unter Umständen ein vom Kläger „erzwungener“ Vergleich, der sich für den Beklagten oftmals als das faktisch geringere Übel gegenüber den nicht absehbaren finanziellen sowie auch haftungsrechtlichen Konsequenzen einer weiteren Prozessführung darstellt. Prozesstaktisch gilt es, zumindest die Zertifizierungsentscheidung abzuwarten, bevor die Möglichkeit eines – oftmals zu Lasten des Beklagten gehenden – Vergleiches in Betracht gezogen werden sollte. Vor Bundesgerichten ist in diesem Zusammenhang auch die relativ neue Möglichkeit zu beachten, die Zertifizierungsentscheidung isoliert anzugreifen und sich damit eine zweite Chance zur Abwendung einer Klage in Form der *class action* zu verschaffen[1829].

Abschließend gilt, dass das oft nicht unerhebliche Haftungs- und Prozesskostenrisiko vor allem von Anfang an gesehen und unter Umständen auch mit Hilfe von Risiko-Management-Maßnahmen, wie etwa dem Abschluss von entsprechenden Versicherungen, aktiv und vorausschauend angegangen werden muss. Neben der bewussten Steuerung der spezifischen Marktexploration und der (gesellschaftsrechtlichen) Gestaltung der internationalen Geschäftsbeziehungen sollte also auch das finanzielle Risiko an sich evaluiert und in die strategische Planung mit einbezogen werden. Die hinsichtlich der Zuständigkeitsbegründung und des spezifischen *class action*-Risikos bestehenden erheblichen rechtlichen Unsicherheiten werden sich insofern oftmals nur präventiv umfassend bewältigen lassen.

[1829] Keinen Erfolg wird hingegen in den meisten Fällen der Versuch versprechen, einem Verfahren dadurch zu entgehen, dass die (mögliche) Ablehung der internationalen Zustellung durch die im Inland zuständige Stelle erreicht wird; siehe dazu ausführlich oben unter Teil 3 C.II.3.

Literatur

Abbott, Guthrie T. / Mallette, Pope S., Complex/Mass Tort Litigation in State Courts in Mississippi, 63 Miss. L. J. 363 (1994)

Amchen, Steven / Cordova, Jessica / Cicero, Paul, Securities Fraud, 39 Am. Crim. L. Rev. 1037, 1047 (2002)

Anderson, Lloyd C., The American Law Institute Proposal to Bring Small-Claim State-Law Class Actions within Federal Jurisdiction: An Affront to Federalism that Should Be Rejected, 35 Creighton L. Rev. 325 (2002)

Algero, Mary Garvey, In Defense of Forum Shopping: A Realistic Look at Selecting a Venue, 78 Neb. L. Rev. 79, 106 (1999)

Baker, John S. Jr., Respecting a State's Tort Law, While Confining its Reach to that State, 31 Seton Hall L. Rev. 698 (2001)

Bassett, Debra Lyn, The Hidden Bias in Diversity Jurisdiction, 81 Wash. U. L. Q. 119 (2003)

Baumbach, Adolf / Lauterbach, Wolfgang / Albers, Jan / Hartmann, Peter, Zivilprozessordnung, Band 1, 62. Auflage, München 2004 (zit.: Bearbeiter, in: Baumbach/Lauterbach/Hartmann)

Bazyler, Michael J., World War II-Era Restitution Claims in U.S. Courts, International Civil Liberties Report, 2000, im Internet unter: http://archive.aclu.org/library/iclr/2000/iclr2000_4.pdf (zit.: Bazyler, International Civil Liberties Report, 2000)

Beisner, John H. / Shors, Matthew / Davidson Miller, Jessica, 2005 Stanford Law Symposium: The Civil Trial: Adaptation and Alternatives: Symposium Article: Class Action "Cops": Public Servants or Private Entrepreneurs?, 57 Stan. L. Rev. 1441

Bendref, Bernd, Erfolgshonorar und internationale Mandate, AnwBl 6/1998, 309

Bernstein, Herbert, Verfassungsschranken der Personal Jurisdiction in den USA, in: Gedenkschrift für Wolfgang Martens, 1987, S. 751 (zit.: Bernstein, GS Martens, S.)

Beshar, Peter J. / Jones, Megan A., The New Class Action Rules, New York Law Journal, Volume 230, No. 109 (2003)

Blumstein, Andree Sophia, The Class Action Fairness Act of 2005, 41 Tenn. B.J. 16 (2005)

Born, Gary B. / Westin, David , International Civil Litigation in United States Courts: Commentary and Materials, 89 Mich. L. Rev. 1456 (1991)

Born, Gary B./ Vollmer, Andrew N., The effect of the revised federal rules of civil procedure on personal jurisdiction, service and discovery in international cases,150 F.R.D. 221 (1993)

Born, Gary B., Reflections on Judicial Jurisdiction in International Cases, 17 Ga. J. Int'l & Comp. L. 1 (1987)

Born, Gary B. / Hoing, Scott, Comity and the Lower Courts: Post-Aerospatiale Applications of the Hague Evidence Convention, 24 Int'l Law. 393 (1990).

Brown, Daniel G., Jurisdiction Over a Corporation on the Basis of the Contacts of an Affiliated Corporation: Do You Have to Pierce The Corporate Veil?, 61 Cin. L. Rev. 595 (1992)

Brandi, Tim Oliver, The Strike Suit: A Common Problem of the Derivative Suit and the Shareholder Class Action, 98 Dick. L. Rev. 355 (1994)

Brewer, David, Obtaining Discovery Abroad: The Utility of the Comity Analysis in Determining Whether to Order Production of Documents Protected by Foreign Blocking Statutes, 22 Hous. J. Int'l L 525 (2000)

Brilmayer, Lea, Related Contacts and Personal Jurisdiction, 111 Harv. L. Rev. 1444 (1988).

Brilmayer/Paisley, Personal Jurisdiction and Substantive Legal Relations: Corporations, Conspiracies, and Agency, 74 Cal. L. Rev. 1 (1986)

Burnham, William, Introduction to the Law and Legal System of the United States, 3rd Edition, 2002, West Group (zit.: Burnham, Introduction)

Burns, Joseph S. / Bales, Richard A., Personal Jurisdiction and the Web, 53 Me. L. Rev. 29 (2001)

Cabraser, Elizabeth, 2005 Stanford Law Review Symposium: The Civil Trial: Adaptation and Alternatives: Symposium Article: The Class Action Counterreformation, 57 Stan. L. Rev. 1475 (2005)

Calkins, Stephen, An Enforcement Official's Reflections On Antitrust Class Actions, 39 Ariz. L. Rev. 413 (1997)

Callow, Joseph M. Jr., The Class Action Fairness Act of 2005, Overview and Analysis, 52 May Fed. Law. 26 (2005)

Carter, Terry, Class Action Climax, 4 NO. A.B.A. J. E-Report 1 (2005)

Cary, William L / Eisenberg, Melvin A., Cases and Materials on Corporations 151 – 77, 6th Edition 1988, Easterbrook & Fischel, Foundation Press (zit.: Cary/Eisenberg)

Carrington, Paul D. / Apanovitch, Derek P.,The Constitutional Limits of Judicial Rulemaking: The Illegitimacy of MassTort Settlements Negotiated Under Federal Rule 23, 39 Ariz. L. Rev. 461 (1997)

Coffee, John C. Jr, Class Action Accountability: Reconciling Exit, Voice, and Loyality in Representative Litigation, 100 Colum. L. Rev., 370 (2000)

Coffee, John C. Jr., The Corruption of the Class Action: The New Technology of Collusion, 80 Cornell L. Rev. 851 (1995)

Coffee, John C. Jr., Class Wars: The Dilemma Of the Mass Tort Class Action, 95 Colum. L. Rev. 1343 (1995)

Coffee, John C. Jr., The Regulation of Entrepreneurial Litigation: Balancing Fairness and Efficiency in the Large Class Action, 54 U. Chi. L. Rev. 877, 883 (1987)

Cooper, Edward H., The (Cloudy) Future of Class Actions, 40 Ariz. L. Rev. 923 (1998)

Corby, Dora A., Putting Personal Jurisdiction Within Reach: Just What has Rule 4 (k) (2) Done for the Personal Jurisdiction of Federal Courts?, 30 McGeorge L. Rev. 167 (1998)

Cox, James D., Making Securities Class Actions Virtuous, 39 Ariz. L. Rev. 497 (1997)

Danwitz, Thomas von, Verfassungsfragen des deutsch-amerikansichen Rechtshilfeverkehrs, DÖV 2004, 501

Dessem, Lawrence R., Mr Justice Potter Stewart: Personal Jurisdiction after Asahi: The other (International) Shoe Drops, 55 Tenn. L. Rev. 41 (1987)

Droop, Christian, Sachrechte der Gliedstaaten der USA und ihre kollisionsrechtliche Bewältigung, Jura 1993, 293

Easterbrook, Frank H. / Fischel, Daniel R., Limited Liability and the Corporation, 52 U. Chi. L. Rev. 89 (1985)

Ebke, Werner F., Bestechung ausländischer Amtsträger und Act of State Doctrine: Anmerkungen zur Kirkpatrick-Entscheidung des United States Supreme Court, IPRax 1991, 147

Eichholtz, Stephanie, Die US-amerikanische Class Action und ihre deutschen Funktionsäquivalente, Diss. 2002, Tübingen (zit.: Eichholtz, Funktionsäquivalente, S.)

Ellencrig, Holly A., Expanding Personal Jurisdiction Over Foreign Defendants: A Response To Omni Capital International v. Rudolf Wolff & Co., 24 Cal. W. Int'l L.J. 363 (1994)

Erhard, Carey M., A Discussion of the Interlocutory Review of Class Certification Orders under Federal Rule of Civil Procedure 23(f), 51 Drake L. Rev. 151,172 (2002)

Erichson, Howard M., Nationwide Personal Jurisdiction In All Federal Question Cases: A new Rule 4, 64 N.Y.U.L. Rev. 1117 (1989)

Erichson, Howard M., Multidistrict Litigation and Aggregation Alternatives Foreword, 31 Seton Hall L. Rev. 877 (2001)

Faulk, Richard O., Armageddon Through Aggregation? The Use and Abuse of Class Actions in International Dispute Resolution, 10 MSU-DCL J. Int'l L. 205 (2001)

Federal Rules of Civil Procedure, As Amended to May 21 2002, 2002-2003 Educational Edition, West Group, St. Paul, Minnessota

Feldman, Joel S. / Fleischmann, Keith M., Non-Federal Question Class Actions 2002, Prosecution & Defense Strategies, New York, Practising Law Institute, 2002 (zit.: Feldman/Fleischmann)

Feldmann, Martin L.C., Class Actions in the Gulf South Symposium: Predominance and Product Liability Class Actions: An Idea Whose Time Has Passed?, 74 Tul. L. Rev. 1621 (2000)

Fisch, Jill E., Class Action Reform: Lessons From Securities Litigation, 39 Ariz. L. Rev. 533 (1997)

Folsom, Ralph H./ Gordon, Michael Wallace/ Spangole jr., John A., International Business Transactions, 5th Edition, Westgroup, 2002 (zit.: Folsom/Gordon/Spangole)

Franklin, Darren M., The Mass Tort Defendants Strike Back: Are Settlement Class Actions a Collusive Threat or Just a Phantom Menace?, 53 Stan. L. Rev. 163 (2000)

Garth, Bryant G., Symposium: Studying Civil Litigation Through the Class Action, 62 Ind. L.J. 497 (1987)

Garth, Bryant / Nagel, Ilene H. / Plager, S. Jay, The Institution of the Private Attorney General: Perspective From an Empirical Study of Class Action Litigation, 61 S. Cal. L. Rev. 353 (1988)

Gebauer, Martin / Schulze, Götz, Kalifornische Holocaust-Gesetze zugunsten von NS-Zwangsarbeitern und geschädigten Versicherungsnehmern und die Urteilsanerkennung in Deutschland, IPRax 1999, 478

Geimer, Reinhold, Anerkennung ausländischer Entscheidungen in Deutschland, München, 1995 (zit.: Geimer, Anerkennung)

Geimer, Reinhold, Internationales Zivilprozessrecht, 4. Auflage, Köln, 2001 (zit.: Geimer, Internationales Zivilprozessrecht)

Gottwald, Peter, Das Wetterleuchten des forum non conveniens, in: Festschrift für Erik Jayme, 2004, S. 277 (zit.: Gottwald, FS Jayme, S.)

Grothe, Helmut, „Exorbitante" Gerichtszuständigkeiten im Rechtsverkehr zwischen Deutschland und den USA, RabelsZ 58 (1994), 686

Günther, Christoph, Schadenersatz und Prozesskosten in den USA, Versicherungswirtschaft 2002, 13

Gyandoh, Mark K., Foreign Evidence Gathering: What Obstacles Stand in the Way of Justice?, 15 Temp. Int'l & Comp. L. J. 81, 87 f. (2001)

Haas, Ulrich, Zur Anerkennung US-amerikanischer Urteile in der Bundesrepublik Deutschland, (zu BGH, 29.4.1999 – IX ZR 263/97), IPRax 3/2001, 195

Hall, Alyssa / Schoeberlein, Adam M., Securities Fraud, 37 Am. Crim. L. Rev. 941 (2000)

Han, Younjoon, Personal Jurisdiction over Alien Defendants in the United States, Diss., Indiana University, 1999 (zit.: Han, Alien Defendants)

Hansmann, Henry / Mattei, Ugo, Trust Law in the United States. A Basic Study of Its Special Contribution, 46 Am. J. Comp. L. 133 (1998, Supplement)

Hantler, Steven B. / Norton, Robert E., Coupon Settlements: The Emperor's Clothes of Class Actions, 18 Geo. J. Legal Ethics 1343 (2005)Harford, Scott A., It's Time to Loosen Rule 23's Belt: Problems with Class Action Lawsuits , 38 Duq. L. Rev. 109, 125 (1999)

Harvard Law Review Association (N.N.), Leading Cases: II.Note: Federal Jurisdiction and Procedure, 113 Harv. L. Rev. 306 (1999) (zit.: Harvard, Leading Cases II)

Harvard Law Review Association (N.N.), Note: The Rules Enabling Act and the Limits of Rule 23, 111 Harv. L. Rev. 2294 (1998) (zit. Harvard, Rules Enabling Act)

Haugen, Gary A., Personal Jurisdiction and Due Process Rights for Alien Defendants, 11 B.U. Int'l L.J. 109 (1993)

Hazard, Geoffrey C. Jr./Gedid, John L./Sowle, Stephen, An Historical Analysis of the Binding Effect of Class Suits, 146 U. Pa. L. Rev. 1849 (1998)

Hefferon, Thomas M. / Thompson, Douglas A., Class Action Update: The Increasing Scrutiny of Class Action Settlements and Other Developments, 60 Bus. Law. 797 (2005)

Heidenberger, Peter, Der amerikanische Juryprozess in Produkthaftungsfällen, RIW 1982, 872

Heidenberger, Peter, Der U.S. Supreme Court wird über die Anwendung des Haager Beweisübereinkommens entscheiden, RIW 1986, 489

Heidenberger, Peter / Barde, Knut, Die Entscheidung des U.S. Supreme Court zum Haager Zustellungsübereinkommen, RIW 1988, 683

Heiser, Walter W., A „Minimum Interest" Approach to Personal Jurisdiction, 35 Wake Forest L. Rev. 915 (2000)

Henderson, Jennifer Dinham, Protecting Rule 23 Class Members From Unfair Class Action Settlements: The Supreme Court' s Anchem and Ortiz Decisions, 27 Wm. Mitchell L. Rev. 489 (2000)

Henderson, James A. Jr., Settlement Class Actions and the Limits of Adjudication, 80 Cornell L. Rev. 1014 (1995) (zit.: Henderson Jr.)

Hensler, Deborah R., The Role of Multi-Districting in Mass Tort Litigation: An Empirical Investigation, 31 Seton Hall L. Rev. 883 (2001)

Hensler, Deborah R., Revisiting the Monster: New Myths and Realitiies of Class Action and Other Large Scale Litigation, 11 Duke J. Comp. & Int'l L. 179 (2001)

Heß, Die Anerkennung eines Class Action Settlement in Deutschland, JZ 2000, 373

Heß, Die „Europäisierung" des internationalen Zivilprozessrechts durch den Amsterdamer Vertrag – Chancen und Gefahren, NJW 2000, 23

Heß, Entschädigung für NS-Zwangsarbeit vor US- und deutschen Zivilgerichten, AG 1999, 145

Heß, Hochleistungssportler zwischen internationaler Verbandsmacht und nationaler Gerichtsbarkeit, ZZPInt 1 (1996), 371

Heß, Inländische Rechtsbesorgung gegen Erfolgshonorar?, NJW 1999, 2485

Hildebrandt, James E., A Substantive Due Process Analysis of Supplemental Rule B in Admiralty: Does Due Process Require „Minimum Contacts" to Maintain in Personam Jurisdiction Against a Nonresident Defendant?, 8 U.S.F. Mar. L.J. 339 (1996)

Hill, Alfred, For a Third Conflicts Restatement – But Stop Trying To Reinvent The Wheel, 75 Ind. L. J. 536 (2000)

Hirte, Heribert, Sammelklagen – Fluch oder Segen? Ein Blick in die amerikanische Diskussion, Festschrift für Hans G. Leser (1998), S. 335 (zit.: Hirte, FS Leser, S.)

Hirte, Heribert, Spielt das amerikanische Rechtssystem verrückt?, NJW 2002, 345

Hoffmann, Bernd v. / Hau, Wolfgang, Zur internationalen Anerkennungszuständigkeit US-amerikanischer Zivilgerichte, RIW 1998, 344

Hoffmann, Bernd v. / Thorn, Karsten, Internationales Privatrecht, 8. Auflage, 2005 (zit. Hoffmann / Thorn, S.)

Hornbeck, Sean K., Comment: Transnational Litigation and Personal Jurisdiction over Foreign Defendants, 59 Alb. L. Rev. 1389 (1996)

Huber, Peter, Playing the same old song – German courts, the "Napster"-case and the international law of service of process, in: Festschrift für Erik Jayme, 2004, S.361 (zit.: Huber, FS Jayme, S.)

Juenger, Friedrich K., The American Law of General Jurisdiction, 2001 U. Chi. Legal F. 141 (2001)

Junker, Abbo, Einheit und Vielfalt: Die Zivilprozessrechte der Vereinigten Staaten von Amerika – Geschichte, Systematik, Rezeption, ZZP 101 (1988), 241

Kahan, Marcel / Silberman, Linda, The Inadequate Search for "Adequacy" in Class Actions: A Critique of Epstein v. MCA, Inc., 73 N.Y.U.L. Rev. 765 (1998)

Kamer, Marc T., Recent Development: Amchem Products, Inc. v. Windsor, 13 Ohio St. J. on Disp. Resol. 749 (1998)

Kelleher, Leslie M., Amenability to Jurisdiction As a "Substantive Right" : The Invalidity of Rule 4 (k) Under the Rules Enabling Act, 75 Ind. L. J.1191 (2000)

Kaufmann, Stephen Daniel, "Federalizing" Class Actions: The Future of the Jurisdictional Requirements for Diversity-Based Class Actions, 52 Ala. L. Rev. 1029 (2001)

Klonoff, Robert H., Class Actions and Other Multy-Party Litigation in a Nutshell, in : Klonoff, Robert H. / Bilich, Edward K.M. (Hrsg.), Non Federal Question Class Actions: Prosecution and Defense Strategies, New York, Practising Law Institute, 2002, 331 (zit.: Klonoff, Non Federal Question)

Klonoff, Robert H. / Bilich, Edward K.M., Class Actions and other Multi-Party Litigation, in: Klonoff, Robert H. / Bilich, Edward K.M. (Hrsg.), Non Federal Question Class Actions: Prosecution and Defense Strategies, New York, Practising Law Institute, 2002, 367 (zit.: Klonoff/Bilich, Non Federal Question)

Kolvenbach, Walter, Internationale Umwelthaftung – eine neue Gefahr für Multinationale Unternehmen?, DWiR 1992, 322

Korn, Harold L., Rethinking Personal Jurisdiction and Choice of Law in Multistate Mass Torts, 97 Colum. L. Rev. 2183 (1997)

Kubes, Kenneth G., „United We Stand": Mangaging Choice-of-Law Problems in September-11-based Toxic Torts Trough Federal Substantive Mass-Tort Law, 77 Ind. L.J. 825 (2002)

Lazarus, Alan J., Jurisdiction, Venue and Service of Process Issues in Litigation Involving a Foreign Party, 31 Tort & Ins. L. J. 29 (1995)

Lejeune, „Personal Jurisdiction" über ausländische Firmen nach amerikanischem Zivilprozessrecht, RIW 1998, 8

Lenenbach, Markus, Reformen des U.S.-amerikanischen Kapitalanlagerechts: Abwehr missbräuchlicher Schadensersatzklagen und ein „safe harbor" für Unternehmensprognosen, WM 1999, 1393

Lerner, Rene Lettow, International Pressure to Harmonize: The U.S. Civil Justice System in an Era of Global Trade, 2001 B.Y.U.L. Rev. 229 (2001)

Lorenz, Stephan, Die Neuregelung der pre-trial-Discovery im US-amerikanischen Zivilprozessrecht – Inspiration für den deutschen und europäischen Zivilprozess?, ZZP 111 (1998), 35

Mackay, Aimee G., Appealability of Class Certification Orders Under Federal Rule of Civil Procedure 23 (f): Toward a Principled Approach, 96 Nw. U.L. Rev. 755 (2002)

Maltz, Earl M., Comment: Unraveling the Conundrum of the Law of Personal Jurisdiction: A Comment on Asahi Metal Industry Co. v. Superior Court of California, 1987 Duke L.J. 669 (1987)

Manesh, Mohsen, The New Class Action Rule: Procedural Reforms in an Ethical Vacuum, 18 Geo. J. Legal Ethics 923 (2005)

Mansel, Heinz-Peter, Vermögensgerichtsstand und Inlandsbezug bei der Entscheidungs- und Anerkennungszuständigkeit am Beispiel der Anerkennung US-amerikanischer Urteile in Deutschland, in: Festschrift für Erik Jayme, 2004, S. 561 (zit.: Mansel, FS Jayme, S.)

Mark, Jürgen, Amerikanische Class Action und deutsches Zivilprozessrecht, EuZW 1994, 238

Marsh, M. Jared, The Class Action Lack of Fairness Act 2002: Congress Attempts to Federalize Class Action Lawsuits, 71 UMKC L. Rev. 151 (2002)

Mattei, Ugo / Lena, Jeffrey, U.S. Jurisdiction Over Conflicts Arising Outside of the United States: Some Hegemonic Implications, 24 Hastings Int'l & Comp. L. Rev. 381 (2001)

Maunz/Dürig, Kommentar zum Grundgesetz, Band V, Art. 89 – 146, Stand: März 2001 (zit.: Bearbeiter, in: Maunz-Dürig)

Maxeiner, James, Die Gefahr der Übertragung deutschen Rechtsdenkens auf den US-amerikanischen Zivilprozeß, RIW 1990, 440

Mckinnon, Michael G., Federal Judicial And Legislative Jurisdiction Over Entities Abroad : The Long-Arm of U.S. Antitrust Law And Viable Solutions Beyond The Timberlane/Restatement Comity Approach, 21 Pepp. L. Rev. 1219 (1994)

Mehren, Arthur von / Trautmann, Donald, Jurisdiction To Adjudicate: A Suggested Analysis, 79 Harv. L. Rev. 1121 (1966)

Mengler, Thomas M. / Pea, Janice F. , The American Class Action During a Period of Reconsideration, ZZPInt 2 (1997), 297

Miller, Arthur R., Of Frankenstein Monsters and Shining Knights: Myth, Reality, and the "Class Action Problem," 92 Harv. L. Rev. 664 (1979)

Miller, Geoffrey P., The Institute of Judicial Administration Research Conference on Class Actions: Class Actions and Jurisdictional Boundaries: Overlapping Class Actions, 71 N.Y.U.L. Rev. 514 (1996)

Moore, James Wm. et al., Moore's Federal Practice, Matthew Bender & Company, Inc., 3rd Edition, 2002, Volume 5 (zit.: Moore's Federal Practice)

Moore, James Wm. et al., Moore's Federal Practice, Matthew Bender & Company, Inc., 3rd Edition, 2002, Volume 15 (zit.: Moore's Federal Practice)

Moore, James Wm. et al., Moore's Federal Practice, Matthew Bender & Company, Inc., 3rd Edition, 2002, Volume 19 (zit.: Moore's Federal Practice)

Morrison, Alan B. 2005 Stanford Law Review Symposium: The Civil Trial: Adaptation and Alternatives: Symposium Article: Removing Class Actions to Federal Court: A Better Way to Handle the Problem of Overlapping Class Actions, 57 Stan. L. Rev. 1521

Moyer, Bruce, Class Actions Move to Federal Court, 52-APR Fed. Law. 10 (2005)

Mucchetti, Michael J., Leitfaden zu prozessualen Vorfragen für einen deutschen Beklagten in den USA, Teil. 1, WiB 1997, 444

Mucchetti, Michael J., Leitfaden zu prozessualen Vorfragen für einen deutschen Beklagten in den USA, Teil 2, WiB 1997, 498

Mullenix, Linda S., Some Joy in Whoville: Rule 23 (f), a Good Rulemaking, 69 Tenn. L. Rev. 97 (2001)

Mullenix, Linda S., Re-Interpreting American Class Action Procedure: The United States Supreme Court Speaks, ZZP Int 5 (2000), 337

Mullenix, Linda S., The Complex Litigation Project Rests, 54 La. L. Rev. 977 (1994)

Nafziger, James A. R. / Stoel, Thomas B., Another Look at the Hague Evidence Convention After Aerospatiale, 38 Tex. Int'l L.J. 103, 105 (2003)

Nagareda, Richard A., Autonomy, Peace and Put Options in The Mass Tort Class Action, 115 Harv. L. Rev. 747 (2002)

Nelson, Alternatives to litigation of international disputes, in: Folsom, Ralph H. / Gordon, Michael Wallace / Spangole jr., John A., International Business Transactions, 5th Edition, Westgroup, 2002, 1154 (zit.: Nelson, Folsom / Gordon / Spangole)

Neuborne, Burt, Litigation in a Free Society: Preliminary Reflections On Aspects Of Holocaust-Era Litigation in American Courts, 80 Wash. U. L. Q. 795 (2002)

Newberg, Herbert B. / Conte, Albert , Newberg on Class Actions, McGraw-Hill, Inc., 4th Edition, 2002, Volume 1 (Chapters 1-3) (zit.: Newberg, §)

Newberg, Herbert B. / Conte, Albert , Newberg on Class Actions, McGraw-Hill, Inc., 4th Edition, 2002, Volume 2 (Chapters 4-6) (zit.: Newberg, §)

Newberg, Herbert B. / Conte, Albert , Newberg on Class Actions, McGraw-Hill, Inc., 4th Edition, 2002, Volume 3 (Chapters 7-10) (zit.: Newberg, §)

Newberg, Herbert B. / Conte, Albert , Newberg on Class Actions, McGraw-Hill, Inc., 4th Edition, 2002, Volume 4 (Chapters 11-14) (zit.: Newberg, §)

Newberg, Herbert B. / Conte, Albert , Newberg on Class Actions, McGraw-Hill, Inc., 4th, 2002, Volume 5 (Chapters 15-17) (zit.: Newberg, §)

Nguyen, Kendrick D., Redefining the Threshold for Personal Jurisdiction: Contact and the Presumption of Fairness, 83 B.U.L. Rev. 253 (2003)Oakley, John B./ Coon, Arthur F.,The federal Rules in State Courts: A Survey of State Court Systems of Civil Procedure, 61 Wash. L. Rev. 1367 (1986)

Oberhammer, Paul, Deutsche Grundrechte und die Zustellung US-amerikanischer Klagen im Rechtshilfeweg, IPRax 2004, 40

Oberhammer, Paul / Reinisch, August, Zwangsarbeiter vor deutschen Gerichten, IPRax 2001, 211

Occhialino, M.E., Representing Mexican Clients in U.S. Courts in Claims of Liability in Industrial Accidents, 4 U.S.-Mex. L.J. 147 (1996)

Otte, Karsten, Territorial jurisdiction – persönliche Anwesenheit als ausreichender Minimalkontakt für internationale Zuständigkeit, IPRax 1991, 263

Pace, Kimberley A., Recalibrating the Scales of Justice Through National Punitive Damage Reform, 46 Am. U.L. Rev 1573 (1997)

Partridge, Scott S. / Miller, Kerry J., Some Practical Considerations for Defending and Settling Products Liability and Consumer Class Actions, 74 Tul. L. Rev. 2125 (2000)

Pastor, Nikita Malhotra, Equity and Settlement Class Actions: Can there be Justice for All in Ortiz v. Fibreboard?, 49 Am. U. L. Rev. 773 (2000)

Perino, Michael A., Class action chaos? The theory of the core and an analysis of opt-out rights in mass tort class actions, 46 Emory Law Journal 85 (1997)

Pevsner, Joseph S. / Curry, Gregory W., Down the Block but Outside Jurisdiction: Personal Jurisdiction in a Modern World, 29 Tex. Tech L. Rev. 977 (1998)

Pucket, Donald G., Note: Peering into a Black Box: Discovery and Adequate Attorney Representation for Class Action Settlements, 77 Tex. L. Rev. 1271 (1999)

Prütting, Hans, Ein neues Kapitel im Justizkonflikt USA-Deutschland, in: Festschrift für Erik Jayme, 2004, S. 709 (zit.: Prütting, FS Jayme, S.)

Real, Manuel L., What Evil Have We Wrought: Class Action, Mass Tort, And Settlement, 31 Loy. L.A. L. Rev. 437, 448 f. (1998)

Reimann, Beyond Fishing – Weitreichende Neuerungen im amerikanischen Discovery-Verfahren, IPRax 1994, 152

Reimann, Mathias, Nazi-Verbrechen und Staatenimmunität: Kann die Bundesrepublik Deutschland von KZ-Opfern vor US-amerikanischen Gerichten verklagt werden?, IPRax 1995, 123

Reinisch, NS-Verbrechen und „political questions“: Können deutsche Unternehmen von ehemaligen Zwangsarbeitern vor US-Gerichten verklagt werden?, Anmerkungen zu Burger-Fischer et al. v. Degussa und Iwanowa v. Ford Motor Company and Ford Werke A.G., IPRax 2000, 32

Reitz, John C., Grundlegende Unterschiede zwischen dem deutschen und dem U.S.-amerikanischen Zivilprozessrecht: Vorzüge, die sich ausschließen?, ZZP 104 (1991), 381

Reufels, Martin J., Pre-trial discovery-Maßnahmen in Deutschland: Neuauflage des deutsch-amerikanischen Justizkonflikts?, RIW 1999, 667

Reus, Alexander, Die „forum non conveniens-doctrine“ in Großbritanien und den USA in Zukunft auch im deutschen Prozess?, RIW 1991, 542

Richardson, Julius Ness, Symposium: Management and Control of the Modern Business Corporation: Comment: Shifting the Burden of Production under Rule 4 (k) (2), 69 U. Chi. L. Rev. 1427 (2002)

Riou, Pierre, General Jurisdiction over Foreign Corporations: All That Glitters Is Not Gold Issue Mining, 14 Rev. Litig. 741, 742 f. (1995)

Robinson, John H., Symposium on International Programm: The extraterritorial application of American Law: Preliminary Reflexions, 27 J.C. & U.L. 187 (2000)

Rose, Flavio, Related Contacts and Personal Jurisdiction: The "But For" Test 82 Ca. L. Rev. 1545 (1994)

Rosenberg, David, Adding a Second Opt-Out to Rule 23 (b) (3) Class Actions: Cost Without Benefit, 2003 U. Chi Legal F. 19 (2003)

Roth, Ryan Kathleen, Mass Tort Malignancy: In the Search For a Cure, Courts Should To Certify Mandatory, Settlement Only Class Actions, 79 B. U. L. Rev. 577 (1999)

Rouchell, Lisa, Federal Question Jurisdiction: Must a Defendant Have Minimum Contacts With the State whose Long-Arm Statute is Used to Serve Process?, 54 La. L. Rev. 407 (1993)

Ryan, Rory, Uncertifiable?: The Current Status of Nationwide StateLaw Class Actions, 54 Baylor L. Rev. 467 (2002)

Safferling, Christoph J.M., Zwangsarbeiterentschädigungsgesetz und Grundgesetz, Kritische Justiz, Jahrgang 34, 2001, 208

Safferling, Christoph J.M., Zwangsarbeit vor US-amerikanischen Gerichten, NJW 2000, 1922

Schack, Haimo, Einführung in das US-amerikanische Zivilprozessrecht, 2. Auflage, 1995 (zit.: Schack, Einführung, S.)

Schäfer, Hans-Bernd, The Bundling of similar Interests in Litigation. The Incentives for Class Action and Legal Actions taken by Associations, Universität

Hamburg, Diskussionsbeiträge Recht und Ökonomie, Nr. 43, September 1999 (zit.: Schäfer, Bundling of Interests, S.)

Schmitz, Stefan, Notwendiger Verbraucherschutz oder übertriebene Strafe? – Schadenersatzzahlungen in den USA, JuS 1999, 941

Schneider, Sven H., AG 2005 Beilage, 168

Schuck, Peter H., Judicial Avoidance of Juries in Mass Tort Litigation 48 DePaul L. Rev. 479 (1998)

Schütze, Rolf A., Forum non conveniens und Rechtschauvinismus, in: Festschrift für Erik Jayme, 2004, S. 851 (zit.: Schütze, FS Jayme, S.)

Schütze, Rolf A., Probleme der Anerkennung US-amerikanischer Zivilurteile in der Bundesrepublik Deutschland, WM 1979, 1147

Schwartz, Charles W. / Sutherland, Lewis C., Class Certification for Environmental and Toxic Tort Claims, 10 Tul. Envtl. L. J. 187, 216 f. (1997)

Schwarz, E. / Lorber, Leah, State Farm v. Avery: State Court Regulation Through Litigation Has Gone Too Far , 33 Conn. L. Rev. 1215 (2001)

Schwarzer, William W., Structuring Multiclaim Litigation: Should Rule 23 be Revised?, 94 Mich. L. Rev. 1250 (1996)

Schwarzer, William W., Symposium: Settlement of Mass Tort Class Actions: Order Out Of Chaos, 80 Cornell L. Rev. 837 (1995)

Schwung, Siegfried, Der US-Prozeß in der Beratung des deutschen Rechtsanwalts, AnwBl. 1993, 436

Seidelson, David E., A Supreme Court Conclusion and Two Rationales that Defy Comprehension: Asahi Metal Indus. Co., Ltd. V. Superior Court Of California, 53 Brooklyn L. Rev. 563, 575 (1987)

Sherman, Edward F. Group Litigation under Foreign Legal Systems: Variations and Alternatives to American Class Actions, 52 DePaul. L. Rev. 410 (2002)

Shreve, Gene R. / Raven-Hansen, Peter, Understanding Civil Procedure, 3rd Edition, 2002 (zitiert: Shreve, Civil Procedure, §)

Shreve, Gene R., Reform Aspirations of the Complex Litigation Project, 54 La. L. Rev. 1139 (1994)

Silberman, Linda, Comparative Jurisdiction in the International Context: Will the Proposed Hague Judgements Convention Be Stalled?, 52 DePaul L. Rev. 319 (2002)

Solimine, Michael E. / Hines, Christine Oliver, Deciding to decide: Class Action Certification and Interlocutary Review by the United States Courts of Appeals Under Rule 23 (f), 41 Wm. and Mary L. Rev. 1531 (2000)

Solovy, Jerold S. / Refo, Patricia Lee / Bahe-Jachna, Ruth A., Current Problems in Federal Civil Practice, 7: Class Action Controversies, Practising Law Institute, Litigation and Administrative Practice Course Handbook Series,

Litigation, Jenner & Block, 1991 (zit.: Solovy et al., Class Action Controversies)

Spindler, Johannes Carl, Anerkennung und Vollstreckung ausländischer Prozessvergleiche unter besonderer Berücksichtigung der U.S.-amerikanischen Class Action Settlements, Diss., 2001, Konstanz (zit.: Spindler, Anerkennung, S.)

Stadler, Astrid, Bündelung von Verbraucherinteressen im Zivilprozess, Konstanz, September 2000, www.rws-verlag.de/volltext/stadler.htm (zit.: Stadler, Bündelung von Verbraucherinteressen)

Starnes, John, Class Certification in Mass Product Liability Litigation: Argument for Pragmatic Approach ,31 U. Mem. L. Rev. 175, 183 (2000)

Stephens, Pamela J., The Single Contract as Minimum contacts: Justice Brennan „Has It His Way", 28 Wm. and Mary L. Rev 89, 110 (1986)

Stewart, Margaret G., Forum Non-Conveniens: A Doctrine in Search of a Role, 74 Cal. L. Rev. 1259, 1324 (1986)

Stiefel, Ernst / Maxeiner, James, Civil Justice Reform in the United States, in Festschrift für Karl Beusch, 1993, S. 852 (zit.: Stiefel/Maxeiner, FS Beusch, S.)

Stiegler, Matthew C., The Uncertain Future of Limited Fund Settlement Class Actions in Mass Tort Litigation After Ortiz v. Fibreboard Corp. , 78 N.C. L. Rev. 856 (2000)

Stürner, Rolf / Bormann, Jens, Internationale Anerkennungszuständigkeit US-amerikanischer Bundesgerichte und Zustelllungsfragen im deutsch-amerikanischen Verhältnis, JZ 2000, 81

Thomas, Heinz / Putzo, Hans, Zivilprozessordung, Kommentar, 26. Auflage, 2004 (zit.: Thomas / Putzo, Bearbeiter, § Rn)

Turley, Anthony, Matsushita Electric Industrial Co. v. Epstein: Tragedy Tomorrow, Comity Tonight, 29 U.Tol. L. Rev. 177 (1997)

Twitchell, Mary, The Myth of General Jurisdiction, 101 Harv. L. Rev. 610 (1988)

Ultsch, Michael L., Die Forum-non-conveniens-Lehre im Recht der USA (insbesondere Floridas), RIW 1997, 26

Veltins, Michael A., Durchgriffshaftung im amerikanischen Recht, RIW 1983, 713

Wagner, Rolf, Die Anerkennung und Vollstreckung von Entscheidungen nach der Brüssel II-Verordnung, IPrax 2001, 73

Wagner, Rolf, Die Bemühungen der Haager Konferenz für Internationales Privatrecht um ein Übereinkommen über die gerichtliche Zuständigkeit und ausländische Entscheidungen in Zivil- und Handelssachen, IPRax 2001, 533

Wasserman, Rhonda, Dueling Class Actions, 80 B.U.L. Rev. 461 (2000)

Weber, Mark C., Forum Allocation in Toxic Tort Cases: Lessons from the Tobacco Litigation and Other Recent Developments, 26 Wm. & Mary Envtl. L. & Pol'y Rev. 93 (2001)

Weinberg, Louise, The Helicopter Case and the Jurisprudence of Jurisdiction, 58 S.Cal.L.Rev. 913 (1985)

Weinschenk, Fritz, Anwaltskosten in den USA, RIW 1990, 435

Weinstein, Jack B., A Survey of Changes in United States Litigagion, 76 St. John´s L. Rev. 379 (2002)

Weinstein, Andrew S., Avoiding the Race to Res Judicata: Federal Antisuit Injunctions of Competing State Class Actions, 75 N.Y.U.L. Rev. 1085 (2000)

Weintraub, Russel J., Choice of Law as an Impediment to Certifying a National Class Action, 46 S. Tex. L. Rev. 893

Willging, Thomas E. / Hooper, Laural L. / Niemic Robert J., The Institute of Judicial Administration Research Conference on Class Actions: Class Actions and the Rulemaking Process: An Empirical Analysis of Rule 23 to Adress the Rulemaking Challenges, 71 N.Y.U.L. Rev. 74 (1996)

Winkler, Rolf M. / Graf von der Recke, Kai, US-amerikanischer Gerichtsstand für Klagen gegen ausländische Unternehmen – Aktuelle Entwicklungen in der amerikanischen Rechtsprechung, NZG 2005, 241

Winters, Barbara A., Jurisdiction Over Unnamed Plaintiffs in Multistate Class Actions, 73 Cal. L. Rev. 181 (1985)

Wright, Charles Alan / Miller, Arthur R. / Cooper, Edward H., Federal Practice And Procedure, Volume 7 B (Sections 3659 to 3700), 3rd Edition, West Publishing Co., St. Paul, Minn., 1998 (zit.: Wright/Miller/Cooper, §)

Wright, Charles Alan / Miller, Arthur R. / Kane, Mary Kay, Federal Practice And Procedure, Volume 7 B (Sections 1781 to 1820), 2nd Edition, West Publishing Co., St. Paul, Minn., 1986 (zit.: Wright/Miller/Kane, §)

Wunderlich, Wolfgang, Zivilprozessuale Möglichkeiten für ein gemeinschaftliches Vorgehen geschädigter Kapitalanleger, DB 1993, 2269

STUDIEN ZUM VERGLEICHENDEN UND INTERNATIONALEN RECHT

Herausgeber: Bernd von Hoffmann, Erik Jayme und Heinz-Peter Mansel

Band 1 Ferdinand Henke: Die Datenschutzkonvention des Europarates. 1986.

Band 2 Peter Czermak: Der express trust im internationalen Privatrecht. 1986.

Band 3 Peter Kindler: Der Ausgleichsanspruch des Handelsvertreters im deutsch-italienischen Warenverkehr. Eine rechtsvergleichende und kollisionsrechtliche Untersuchung. 1987.

Band 4 Wilhelm Denzer: Stellung und Bedeutung des Engineers in den FIDIC-Bauvertragsbedingungen. 1988.

Band 5 Marijan-Maximilian Lederer: Die internationale Enteignung von Mitgliedschaftsrechten unter besonderer Berücksichtigung der französischen Enteignungen 1982. 1989.

Band 6 Rainer Esser: Klagen gegen ausländische Staaten. 1990.

Band 7 Chang Jae-Ok: Auf dem Weg zu einer Materialisierung des Immateriellen? Personen-, Persönlichkeitsschutz und Geldersatz des immateriellen Schadens in rechtsvergleichender Hinsicht am Beispiel des koreanischen und japanischen Zivilrechts unter besonderer Berücksichtigung des deutschen Rechts. 1990.

Band 8 Paul-Frank Weise: Lex mercatoria. Materielles Recht vor der internationalen Handelsschiedsgerichtbarkeit.1990.

Band 9 Werner Born: Der Auftrittsvertrag für Musikgruppen im Bereich der Rock- und Popmusik. 1990.

Band 10 Ralf Erich Jürgens: IPR und Verfassung in Italien und in der Bundesrepublik Deutschland. 1990.

Band 11 Rainer Gildeggen: Internationale Schieds- und Schiedsverfahrensvereinbarungen in Allgemeinen Geschäftsbedingungen vor deutschen Gerichten. 1991.

Band 12 Klaus Grabinski: Die kollisionsrechtliche Behandlung des Durchgriffs bei rechtlich verselbständigten Unternehmen in privater oder öffentlicher Hand. 1991.

Band 13 Dieter Stummel: Konkurs und Integration. Konventionsrechtliche Wege zur Bewältigung grenzüberschreitender Insolvenzverfahren. 1991.

Band 14 Joachim Güntzer: Die Rechtsstellung des Geschäftsführers im spanischen Aktienrecht. Die Neuregelung des spanischen Aktienrechts nach dem Beitritt Spaniens zur EG. 1991.

Band 15 Sabine Isenburg-Epple: Die Berücksichtigung ausländischer Rechtshängigkeit nach dem Europäischen Gerichtsstands- und Vollstreckungsübereinkommen vom 27.9.1968. Untersuchungen zum Anwendungsbereich von Art. 21 EuGVÜ unter schwerpunktmäßiger Behandlung der Frage nach der Bestimmung eines europäischen Streitgegenstandsbegriffs. 1992.

Band 16 Ulrich Nickl: Die Qualifikation der culpa in contrahendo im Internationalen Privatrecht. 1992.

Band 17 Theo Rauh: Leistungserschwerungen im Schuldvertrag. Eine rechtsvergleichende Untersuchung des englischen, US-amerikanischen, französischen und deutschen Rechts unter besonderer Berücksichtigung der gerichtlichen Praxis. 1992.

Band 18 Bernadette Chaussade-Klein: Vorvertragliche "obligation de renseignements" im französischen Recht. 1992.

Band 19 Josef Sievers: Verbraucherschutz gegen unlautere Vertragsbedingungen im französischen Recht. Vom Code civil zum "Code de la consommation" – die Entstehung eines Sonderprivatrechts für Verbraucher. 1993.

Band 42 Helene Boriths Müller: Die Umsetzung der europäischen Übereinkommen von Rom und Brüssel in das Recht der Mitgliedstaaten. Dargestellt am Beispiel Deutschlands und Dänemarks. 1997.

Band 43 Bernd von Hoffmann / Myong-Chang Hwang (eds.): The Public Concept of Land Ownership. Reports and Discussions of a German-Korean Symposium held in Seoul on October 7-9, 1996. 1997.

Band 44 Oliver Heeder: Fraus legis. Eine rechtsvergleichende Untersuchung über den Vorbehalt der Gesetzesumgehung in Deutschland, Österreich, der Schweiz, Frankreich und Belgien unter besonderer Berücksichtigung des Internationalen Privatrechts. 1998.

Band 45 Heinrich Schütt: Deliktstyp und Internationales Privatrecht. Dargestellt an grenzüberschreitenden Problemen der Arzthaftung. 1998.

Band 46 Axel Steiner: Die stillschweigende Rechtswahl im Prozeß im System der subjektiven Anknüpfungen im deutschen Internationalen Privatrecht. 1998.

Band 47 Martina Schulz: Der Eigentumsvorbehalt in europäischen Rechtsordnungen. Rechtsvergleichende Untersuchung des deutschen, englischen und französischen Rechts unter besonderer Berücksichtigung von Erweiterungen und Verlängerungen. 1998.

Band 48 Karin Dreher: Die Rechtswahl im internationalen Erbrecht. Unter besonderer Berücksichtigung des italienischen IPR-Reformgesetzes N. 218 vom 31. Mai 1995. 1999.

Band 49 Giuliano Gabrielli: Das Verhältnis zwischen der Anfechtung wegen Eigenschaftsirrtums und den Gewährleistungsansprüchen im deutschen, österreichischen und italienischen Recht. 1999.

Band 50 Bernd von Hoffmann / Myong-Chan Hwang (eds.): Developments in Land Law. Reports and Discussions of a German-Korean Symposium held in Berlin and Trier on July 21-24, 1997. 1999.

Band 51 Volker Heidbüchel: Das UNCITRAL-Übereinkommen über unabhängige Garantien und Standby Letters of Credit. Vergleiche mit den Richtlinien der Internationalen Handelskammer, dem deutschen, englischen und US-amerikanischen Recht. 1999.

Band 52 Jan Christoph Nordmeyer: Pflichtteilsansprüche und Wiedervereinigung. Eine systematische Analyse der Ausgleichsansprüche nach BGB-Pflichtteilsrecht unter besonderer Berücksichtigung der durch den Wiedervereinigungsprozeß eingetretenen Wertveränderungen. 1999.

Band 53 Bettina Linder: Vertragsabschluß beim grenzüberschreitenden Verbraucherleasing. 1999.

Band 54 Almontasser Fetih: Die zivilrechtliche Haftung bei Vertragsverhandlungen. Eine rechtsvergleichende Studie zum deutschen, französischen, ägyptischen und islamischen Recht. 2000.

Band 55 Sona Rajani: Die Geltung und Anwendung des Gemeinschaftsrechts im Vereinigten Königreich von Großbritannien und Nordirland. Der Grundsatz der Parlamentssouveränität im Wandel. 2000.

Band 56 Joachim Kayser: Gegenmaßnahmen im Außenwirtschaftsrecht und das System des europäischen Kollisionsrechts. Eine Analyse der EU-Abwehrverordnung gegen die Auswirkungen extraterritorialer Rechtserstreckung eines Drittlandes. 2001.

Band 57 Albrecht Conrad: Qualifikationsfragen des Trust im Europäischen Zivilprozeßrecht. 2001.

Band 58 Bernd Borgmann: Die Entsendung von Arbeitnehmern in der Europäischen Gemeinschaft. Wechselwirkungen zwischen Kollisionsrecht, Grundfreiheiten und Spezialgesetzen. 2001.

Band 59 Aleksandar Jaksic: Arbitration and Human Rights. 2002.

Band 60 Islamisches und arabisches Recht als Problem der Rechtsanwendung. Symposium zu Ehren von Professor Emeritus Dr. iur. Omaia Elwan. Veranstaltet vom Institut für ausländisches und internationales Privat- und Wirtschaftsrecht der Universität Heidelberg und der Gesellschaft für Arabisches und Islamisches Recht e.V. Herausgegeben von Herbert Kronke, Gert Reinhart und Nika Witteborg. 2001.

Band 61 Patrick Fiedler: Stabilisierungsklauseln und materielle Verweisung im internationalen Vertragsrecht. 2001.

Band 62 Werner Mangold: Die Abtretung im Europäischen Kollisionsrecht. Unter besonderer Berücksichtigung des spanischen Rechts. 2001.

Band 63 Eike Dirk Eschenfelder: Beweiserhebung im Ausland und ihre Verwertung im inländischen Zivilprozess. Zur Bedeutung des US-amerikanischen discovery-Verfahrens für das deutsche Erkenntnisverfahren. 2002.

Band 64 Bernd Ehle: Wege zu einer Kohärenz der Rechtsquellen im Europäischen Kollisionsrecht der Verbraucherverträge. 2002.

Band 65 Heiko Lehmkuhl: Das Nacherfüllungsrecht des Verkäufers im UN-Kaufrecht. 2002.

Band 66 Jochen Nikolaus Schlotter: Erbrechtliche Probleme in der Société Privée Européenne. IPR-Harmonisierung im einheitlichen Europäischen Rechtsraum. 2002.

Band 67 Konrad Ost: Doppelrelevante Tatsachen im Internationalen Zivilverfahrensrecht. Zur Prüfung der internationalen Zuständigkeit bei den Gerichtsständen des Erfüllungsortes und der unerlaubten Handlung. 2002.

Band 68 Tobias Bosch: Die Durchbrechungen des Gesamtstatuts im internationalen Ehegüterrecht. Unter besonderer Berücksichtigung deutsch-französischer Rechtsfälle. 2002.

Band 69 Ursula Philipp: Form im amerikanischen Erbrecht. Zwischen Formalismus und harmless error. 2002.

Band 70 Christian Stefan Wolf: Der Begriff der wesentlich engeren Verbindung im Internationalen Sachenrecht. 2002.

Band 71 André Fomferek: Der Schutz des Vermögens Minderjähriger. Ein Vergleich des deutschen und des englischen Rechts unter Berücksichtigung des schottischen und irischen Rechts. 2002.

Band 72 nicht erschienen

Band 73 Markus Dreißigacker: Sprachenfreiheit im Verbrauchervertragsrecht. Der Verbraucher im Spannungsfeld zwischen kultureller Identität und Privatautonomie. 2002.

Band 74 Vassiliki Myller-Igknay: Auskunftsansprüche im griechischen Zivilrecht. Auswirkungen im deutsch-griechischen Rechtsverkehr sowie im deutschen internationalen Privat- und Verfahrensrecht. 2003

Band 75 Stefan Bruinier: Der Einfluss der Grundfreiheiten auf das Internationale Privatrecht. 2003.

Band 76 Nika Witteborg: Das gemeinsame Sorgerecht nichtverheirateter Eltern. Eine Untersuchung im soziologischen, rechtsgeschichtlichen, verfassungsrechtlichen, rechtsvergleichenden und internationalen Kontext. 2003.

Band 77 Peter Stankewitsch: Entscheidungsnormen im IPR als Wirksamkeitsvoraussetzungen der Rechtswahl. 2003.

Band 78 Jan Wilhelm Ritter: Euro-Einführung und IPR unter besonderer Berücksichtigung nachehelicher Unterhaltsverträge. Eine Untersuchung mit Blick auf das deutsche, französische und schweizerische Recht. 2003.

Band 79 Wolf Richard Herkner: Die Grenzen der Rechtswahl im internationalen Deliktsrecht. 2003.

Band 80 Ira Ditandy: Internationale Zuständigkeit. Neuregelung durch die LOPJ 1985. Vergleich mit dem europäischen Vorbild und Auswirkungen auf das spanische internationale Zivilverfahrensrecht. 2003.

Band 81 Andrea Verena Schefold: Werbung im Internet und das deutsche Internationale Privatrecht. 2004.

Band 82 Klaus Herkenrath: Die Umsetzung der Richtlinie 93/13/EWG über missbräuliche Klauseln in Verbraucherverträgen in Deutschland, dem Vereinigten Königreich, Frankreich und Italien. Auswirkungen nationaler Umsetzungstechniken auf dem Harmonisierungserfolg. 2003.

Band 83 Alexander Thünken: Das kollisionsrechtliche Herkunftslandprinzip. 2003.

Band 84 Barbara v. Daumiller: Die Rechtswahl im italienischen internationalen Erbrecht: und ihre Auswirkungen im deutsch-italienischen Rechtsverkehr. 2003.

Band 85 Robert Mödl: Macht, Verantwortlichkeit und Zurechnung im Konzern. Eine rechtsvergleichende Untersuchung auf der Grundlage des deutschen, spanischen und US-amerikanischen Rechts. 2003.

Band 86 Ursula Kerpen: Das Internationale Privatrecht der Persönlichkeitsrechtsverletzungen. Eine Untersuchung auf rechtsvergleichender Grundlage. 2003.

Band 87 Barbara Ploeckl: Umgangsrechtsstreitigkeiten im deutsch-französischen Rechtsverkehr. Bestehende internationale und nationale Regelungen und der geplante *europäische Besuchstitel*. 2003.

Band 88 Katrin Wannemacher: Die Außenkompetenzen der EG im Bereich des Internationalen Zivilverfahrensrechts. Der räumliche Anwendungsbereich des Art. 65 EGV am Beispiel der EuGVO und der EheVO. 2003.

Band 89 Maren B. Eilinghoff: Das Kollisionsrecht der ungerechtfertigten Bereicherung nach dem IPR-Reformgesetz von 1999. 2004.

Band 90 Patrick Niehr: Die zivilprozessuale Dokumentenvorlegung im deutsch-englischen Rechtshilfeverkehr nach der deutschen und der englischen Prozessrechtsreform. 2004.

Band 91 Anna Christina Gördes: Internationale Zuständigkeit, Anerkennung und Vollstreckung von Entscheidungen über die elterliche Verantwortung. Die VO(EG) Nr. 1347/2000, ihre geplanten Änderungen und das Verhältnis beider zum Minderjährigen- und Kinderschutzabkommen. 2004.

Band 92 Martin Rädler: Rechtsbehelfe des Käufers eines Unternehmens oder einer unternehmerischen Beteiligung gegen den Verkäufer im deutschen und französischen Recht. 2004.

Band 93 Marc-Yngve Dietrich: Rechtsstellung und Beteiligung der Gläubiger im französischen Insolvenzverfahren. 2004.

Band 94 Katia Niemann: Die rechtsgeschäftliche und organschaftliche Stellvertretung und deren kollisionsrechtliche Einordnung. Deutschland und England im Vergleich. 2004.

Band 95 Daniel Ludwig: Neuregelungen des deutschen Internationalen Insolvenzverfahrensrechts. Eine Untersuchung unter vergleichender Heranziehung der Europäischen Insolvenzverordnung. 2004.

Band 96 Cordelia Faulenbach: Der gemeinschaftsrechtliche Vorbehalt im europäischen Wettbewerbsrecht. Die Herkunftslandanknüpfung der E-Commerce-Richtlinie unter dem Einfluss der Grundfreiheiten. 2004.

Band 97 Ulf Dörner: Der Vertragsgerichtsstand nach dem Protokoll von Buenos Aires. 2004.

Band 98 Martin Schmidhuber: Verhaltenskodizes im nationalen und grenzüberschreitenden elektronischen Geschäftsverkehr. Zur Frage der Integration der Selbstregulierung durch Private in die staatliche Rechtsordnung. 2004.

Band 99 Florian Kienle: Die fehlerhafte Banküberweisung im internationalen Rechtsverkehr. Unter besonderer Berücksichtigung des Artikels 4A US Uniform Commercial Code. 2004.

Band 100 Thomas Alexander Brandt: Die Adoption durch eingetragene Lebenspartner im internationalen Privat- und Verfahrensrecht. 2004.

Band 101 Florian Pulkowski: Subunternehmer und Internationales Privatrecht. Der Subunternehmer als Quasi-Verbraucher im Europäischen Kollisionsrecht. 2004.

Band 102 Ulrich Becker: Grundrechtsschutz bei der Anerkennung und Vollstreckbarerklärung im europäischen Zivilverfahrensrecht. Bestimmung der Grenzen für die Einführung eines europäischen Vollstreckungstitels. 2004.

Band 103 Thomas Badelt: Aufrechnung und internationale Zuständigkeit unter besonderer Berücksichtigung des deutsch-spanischen Rechtsverkehrs. 2005.

Band 104 Florian D. Wagner: Vorvertragliche Aufklärungspflichten im internationalen Franchising. Zur Harmonisierung von Delikts- und Vertragsstatut im internationalen Privatrecht unter besonderer Berücksichtigung der Franchise-Gesetzgebung des US-Bundesstaates Kalifornien. 2005.

Band 105 Vera Heine: Die Umsetzung der *EG-Richtlinie über missbräuchliche Klauseln in Verbraucherverträgen* im englischen und deutschen Recht. 2005.

Band 106 Alexander Franz: Überregionale Effektentransaktionen und anwendbares Recht. Eine kollisionsrechtliche Untersuchung unter besonderer Berücksichtigung der Vorschrift des § 17 a DepotG. 2005.

Band 107 Hanna-Maria Uhlenbrock: Gesetzliche Regelungen für nichteheliche Lebensgemeinschaften in Deutschland und Frankreich. Ein Vergleich des Unterhaltsrechts bei der eingetragenen Lebenspartnerschaft und beim Pacte civil de Solidarité. 2005.

Band 108 Katrin Stieß: Anknüpfungen im internationalen Urheberrecht unter Berücksichtigung der neuen Informationstechnologien. 2005.

Band 109 Hendrik Otto: Der gesetzliche Abschlussprüfer im italienischen Recht. Eine rechtsvergleichende Untersuchung unter besonderer Berücksichtigung der zivilrechtlichen Haftung. 2005.

Band 110 Frauke Stuphorn: Bankhaftung für Kreditauskünfte im deutschen und französischen Recht. 2005.

Band 111 Nina Fürer: Die zivilrechtliche Haftung für Raucherschäden. 2005.

Band 112 Giovanni B. Barillà: *Contratto autonomo di garanzia* e *Garantievertrag*. Categorie civilistiche e prassi del commercio. 2005.

Band 113 Timo Torz: Gerichtsstände im Internationalen Insolvenzrecht zur Eröffnung von Partikularinsolvenzverfahren. 2005.

Band 114 Martina Schmid: Die Grenzen der Auslegungskompetenz des EuGH im Vorabentscheidungsverfahren nach Art. 234 EG. Dargestellt am Beispiel der überschießenden Richtlinienumsetzung. 2005.

Band 115 Stephan Lesage-Mathieu: Dispositives Kollisionsrecht im prozessualen Kontext. 2005.

Band 116 Jürgen Görtz: Die subjektiven Grenzen der Rechtskraft US-amerikanischer Urteile. 2005.

Band 117 Vera Hoppe: Die Einbeziehung ausländischer Beteiligter in US-amerikanische class actions. Unter Berücksichtigung des Class Action Fairness Act 2005. 2005.

www.peterlang.de

Dieter C. Umbach / Daniel Dettling (Hrsg.)

Vom individuellen zum kollektiven Verbraucherschutz

Amerikanische „class action", europäische Produkthaftung und deutsches Rechtssystem

Frankfurt am Main, Berlin, Bern, Bruxelles, New York, Oxford, Wien, 2005.
XXVI, 135 S.
Potsdamer Rechtswissenschaftliche Reihe.
Herausgegeben von Dieter C. Umbach. Bd. 20
ISBN 3-631-53380-2 · br. € 34.–*

Deutsche Unternehmen mit internationaler Ausrichtung sehen sich in letzter Zeit verstärkt Sammelklagen von Aktionären und Verbrauchern ausgesetzt. In den USA sind „class actions" ein seit Jahrzehnten von der Wirtschaft gefürchtetes Instrument, das aufgrund der damit verbundenen hohen Schadensersatzforderungen bereits ganze Zweige wie die Asbest- oder Siliconindustrie vernichtet hat. Von solchen Verhältnissen ist Deutschland zwar noch weit entfernt. Der Rechtsstandort Deutschland steht aber vor neuen Herausforderungen, deren Ausmaß noch schwer vorherzusagen ist. Verbraucherinteressen überlagern bzw. verdrängen zudem immer mehr den Schutz des Wettbewerbs als wichtigstes Ziel. Die Tendenz zu einer Ausdehnung des Anleger- und Verbraucherschutzes ist eindeutig. Verbraucherverbände und zunehmend auch die Politik fordern daher die Einführung von Sammelklagen in Deutschland. Vor diesem Hintergrund gehen die Autoren dieses Bandes – Wissenschaftler, Politiker und Unternehmer – zentralen Fragen hinsichtlich der Europäisierung des Produkthaftungsrechts sowie der Globalisierung der US-amerikanischen Sammelklage nach.

Aus dem Inhalt: Verbraucherschutz · Produkthaftung · Sammelklage · Zukunft des deutschen Rechtssystems · System der US-class action

FSC
www.fsc.org
MIX
Papier | Fördert gute Waldnutzung
FSC® C083411

Kolibri 360 GmbH
Ferdinand-Jühlke-Straße 7
99095 Erfurt, Deutschland
produktsicherheit@kolibri360.de

Druck:
CPI Druckdienstleistungen GmbH
im Auftrag der
Kolibri 360 GmbH
Ferdinand-Jühlke-Str. 7
99095 Erfurt